윤명철 해양논문선집 ①

해양활동과 해양문화의 이해

| 윤명철 해양논문선집 ① | 해양활동과 해양문화의 이해

2012년 1월 16일 초판 1쇄 인쇄
2012년 1월 26일 초판 1쇄 발행

지은이 | 윤명철
펴낸이 | 권혁재
책임편집 | 윤석우
편집 | 김현미, 조혜진

펴낸곳 | 학연문화사
출판등록 | 1998년 2월 26일 제2-501호
주소 | 서울시 금천구 가산동 371-28 우림라이온스밸리 B동 712호
전화 | 02)2026-0541~4
팩스 | 02)2026-0547
이메일 | hak7891@chol.com
홈페이지 | www.hakyoun.co.kr

ISBN 978-89-5508-260-9 94910
ISBN 978-89-5508-259-3 (전8권)

책값은 뒤 표지에 있습니다.
잘못된 책은 바꾸어 드립니다.

윤명철 해양논문선집 ①

해양활동과 해양문화의 이해

| 윤명철 지음 |

학연문화사

머리글

"역사는 인간의 발명품이고, 역사학은 발명의 도구이며, 역사학자는 창조자이며, 수리공이다."

개체의 경험은 아침햇살에 녹아내리는 이슬처럼 흔적을 남기지 않는다. 모든 생명체들은 불유쾌하고 전율을 일으키는 죽음의 자각을 극복하기위해 부단한 노력을 기울였고, 자손을 만들어 종의 기억을 지속시킨다.

생물학적으로 독특한 생성배경을 지닌 인간은 자발적으로 획득한 인식능력으로 인하여 본의 아니게 비자발적으로 또 다른 허무감을 동반자로 삼게 되었다. 실로 오랜 세월 혹독스러운 고뇌 끝에 인간은 색다른 하나의 발명품을 내놓았다. 역사이다. 자연사와 또 다른 역사를 만들므로써 인간은 개체로서 시간과 공간의 한계를 극복하였고, 전체로서 자유의지와 존엄성을 동반하게 되었다. 인간은 역사 속에서만 인간은 끊임없이 존재하고, 자신의 존재가치를 시시각각 확인하고 만족스러워 한다.

역사학은 별로 중요하지 않을 수도 있다. 하지만 역사적인 인식은 중요하다. 그것이 있으면 인간은 개체로 머무르지 않고 무한한 生命體 및 非生命體와 섞여진 통일체로서 전체를 지향하고 있음을 느낀다. 현재는 한 부분일 뿐이고, 이 부분은 파편이 아니라 먼 과거와 먼 미래와 연결된 끈이며 '터' 라는 사실을 이해한다. 인류는 물론이고 한 개체의 탄생과 존재, 다른 개체와의 만남 등이 '우연과 필연' 여부를 떠나서 유일무이한 불가능의 가능태임을 자각한다.

2011년 12월 윤명철

fore-word

History is an invention and a means of invention. A historian is a creator and an engineer. The author had a view and a model as a historian since the first time he had an interest in studying history. He held questions and critical consciousness about modern-history which led to develop a new research method through various research fields. With the reason, he developed theories, concepts, and terms as well as introduced a way of understanding through modelling.

In 1985, the term, 'HANLYUKDO', was developed in the way of overcoming 'the Korean Peninsula' and 'a historic view of peninsular'. In 1993, 'The East-mediterranean sea model' was developed. 'The East-mediterranean sea model' is a matter of idea and civilization which will be developed to 'theory of the East-mediterranean civilization'. In 1995, he linked governing style and space to categorize 'direct-sovereignty', 'indirect-sovereignty', and 'orbit' with a model of Goguryo. He suggested geo-culture and geo-mentalogy besides geo-economics and geo-politics as the way of human use of space and field. He explained a meaning of nature environment through academic theories from various studies and apprehended comprehensively.

In 2003, He introduced 'the oceanic view of history' in national Congress of historical science and declared a necessity of interpreting Korean history from the oceanic perspective. He also suggested 'a historic view of ocean and land' which is to view the ocean and the land as one organic system. Since the time until 2011, he have presented academic accomplishments that supported and proved those suggestions including 'the ocean-land systen', 'a ocean city', 'a river-ocean city', 'the oceanic defense system'.

He had a question about 'motility' observed in history. He established stability, mobility, migratory, and mo-stability cultures. Those theories are comprehensively systemized based on modern physics, astrophysics, proxemics, biology, ethology, physiology and architecture. In the process, he established 'mother-civilization', 'east-asian civilization', and 'pan-asian theory' in order to understand our culture from the civilized perspectives.

Theories that such models are logically and ideologically based upon include 'history organicism theory', 'field & multi-core theory', and 'reflux system theory'.

'History is anthropology'
'History is praxeology'
'History is futurology'
'History is lifelogy'

He suggests a few points to Korean history academia.

First, It is to understand a reason of being, a role, a meaning, and a value of history. A historian is a recorder, an evaluator as well as a creator.

Second, it is to approach through various research methods. It is necessary to expand a research field and apply more themes and subject materials.

Third, intellectuals have an accountability to be free. It is a duty to develop 'own theories' with own thoughts and methods.

Forth, it is to understand an appropriate research method to study the ocean-related field. Theoretical approach regarding an essence and a system of the ocean needs to be a priory. It is to analyze and investigate mechanisms of the ocean scientifically and theoretically. There are oceanophysics, oceanography, Nautical Science, shipbuilding, geography, political science, urban geography, ocean folks, Fishery anthropology and other natural sciences.

The author have presented about 40 books, 10 co-authored works, and 140 dissertations. This does not include history related reviews, poems and essays. He primarily organized research accomplishments in this collection. In the future, he intends to focus on the study of human, idea, and the future. He looks for criticisms and advice from scholars.

序言

"历史是人类的发明,史学是发明的工具,史学家则是它们的创造者和不断修葺的匠人"。

笔者自跨入史学之门开始,便确定了独立的史观与史家范式。带着对现存韩国近代史学研究的强烈不满与批判意识,渴求以浑然独到的科学研究方法,开拓多彩斑斓的未知学术领域。基于上述端由,时获独得之见,别创有多样语汇、理论、概念;渐由此而设定范式,演绎逻辑,导入阐释。

自1985年始,为克服处处冠以"韩半岛"用词的半岛史观影响,竭力试图赋以"韩陆岛"之称,取而代之。1993年,别出机杼,独创"东亚地中海模式"理论,承望借穷极之思想,行文明之进路,向"东亚地中海文明论"方向平流缓进。

1995年始,又以高句丽历史为鉴,贯穿其统治方式与空间的互动,将"直接统治圈"、"间接统治圈"、"影响圈" 三者严格区分,进而利用"空间"、"地域"、"人间"三维分析方式,提出了独立于既存的"地政学"(geo-politics)、"地经学"(geo-economics)等概念之外的"地文化学"(geo-culture)、"地心学"(geo-mentalogy)等概念。从自然环境等多重意味及角度加以论证,潜心冥会、融释贯通,具体地把握了史实。

2003年在韩国全国史学大会上,主张导入"海洋史观",宣告并阐述了立足于海洋,重新诠释韩国史的必要性,藉此提出将陆地与海洋有机结合的"海陆史观"。此后至2011年,续以多种方式逐步立证补完,相继出版了各类研究成果。

围绕针对解释东亚地中海空间与世界观的"海陆体系"学说,又形成了"海港都市"、"江海都市"等等都市理论,以及海洋防御体系理论,以多重论证范式构成了整体作业不可或缺的环节。

针对历史发展过程中呈现的"运动性问题",从运动的观点出发,在对文化与人类生活方式特征关系的论证之中,设定了"农耕定居性文化"(stability)、"游牧与狩猎流动性文化"(mobility)海洋流动性文化(liquidity)与回游性文化(migratory)以及对各种文化都有所并融的"动中静文化"的(mo-stability)概念。这些理论借助了新近发展的现代物理学、空间学、生物学、动物行动为学、生理学、建筑学等多重学科知识概念,贯穿融会,使浑然于一体。在此过程中,为了从东方文明角度贯穿把握,还添加了"母文明"、"东方文明圈"、"泛亚洲论"等理论观点。

由上述模型、理论等构成的学说和思想,为论证历史有机体系及其特征的"历史有机说"、论证历史构成与体系关系的"地域多核说"以及论证历史运动方式的"环流系统说"提供了必要的补充。

'史学乃人间之学'
'史学乃行动之学'
'史学乃未来之学'
'史学乃生命之学'

至此,笔者对韩国近代史学研究提出如下建议。

首先,必须对史学的存在理由、作用、真义、价值深入探索,加以根本性理解。史学家不应单一局限于"记录者"、"评价者"的范畴,同时应担负"行为者"的职责。

其次，史学研究方法应竭力接近多样。需广泛开拓研究领域，多方选择主题素材。在空间上力求突破半岛界限，实现向东亚，乃至泛亚洲领域的拓展。

第三，学者应以崇尚自由为己任。凭借自由的思考方式，励志竭精、独辟蹊径、自出机杼、成一家之风。

第四，对于海洋相关研究，需对针对方法，由表及里、谙练通达。为此，须优先对海洋空间本质、体系，予以深刻的理论性接近；对海洋文化之构成、机制，予以科学的理论性分析；以力求谨本详始、穷本溯源。

海洋研究，大千世界；琳琅珠玉、包罗万象。既兼收有：海洋物理、气候物理、航海学、造船术；人文地理、自然地理、气候地理、政治地理、都市地理；又并蓄及：与海洋史紧密相关的海洋民俗学、渔业人类学等多门自然科学。无所不包、无所不容、无所不及、无所不至。

笔者独撰书籍40余卷，另与他人合著书籍又10卷有余，出版论文140余篇。外与历史相关的史评、书评、诗集、随笔等不涉其内。倾平生之所学，聚渊渟泽汇，萃为此编。以为将来，人间之问题、思想之问题、文明之问题、未来之问题，集中研究之所共用。

恭望同仁，不吝赐教。

东国大学教授 尹明喆 youn, myung-chul（东亚海洋史及高句丽史）

序文

 "歴史は人間の発明品であり、歴史学は発明の道具であり、歴史学者は創造者であり、また修理工でもある。"

 筆者は歴史を構想する決意をした時から、歴史観と歴史学者としての目指すべきモデルがあった。加えて韓国の近代歴史学に対する強い不満と批判意識があったゆえ、自然に他とは違う新しい研究方法を追求し、研究領域を多彩に開拓した。その結果、多様な理論と概念、用語などを作り上げ、モデルを設定し演繹的な解釈をする方法を導入した。

 1985年度に韓半島という用語と半島史観を克服する試みとして '韓陸島' という造語を作った。1993年には '東亜地中海モデル' を作り出した。この東亜地中海モデルは究極的には思想と文明の問題であり '東亜地中海文明論' として発展するものである。1995年には高句麗をモデルとする統治方式と空間を連動させ '直接統治圏'、'間接統治圏'、'影向圏' として分類した。人間が空間、もしくは地（土地）を利用する方式として既存の '地政学(geo-politics)' '地経学(geo-economics)'、他に '地文化学(geo-culture)' '地心学(geo-mentalogy)' などの概念を提案した。自然環境の意味を多様な分野の学問理論として説明し、具体的な実状を把握した。

 2003年には全国歴史学大会において '海洋史観' の導入を主張し、韓国歴史を海洋的観点で解釈する必要性を宣言した。これに続き海洋と陸地を一つの有機的なシステムとして捉えようとする '海陸史観' を提案した。その後、

2011年に至るまで多様な方式でこれをさらに補完し、理論と理論を立証する研究成果を発表した。'東亞地中海' という空間と世界観に対する解釈である'海陸的システム'、これを実現する '海港都市'、'江海都市' の都市理論、'海洋防御体制' などのモデルはこの研究の一環である。

またこれらとは別に、歴史に現れる '運動性' の問題がある。運動の観点で文化と人間の性格を論ずる農耕の安住性(stability)文化、遊牧と狩猟の移動性(mobility)文化、海洋の流動性(liquidity、及び回遊性〈migratory〉)文化、そしてこのような性格を集約した '動中静(mo-stability)文化' などを設定した。このような理論を近世再び現代物理学、天体物理学、空間学、生物学、動物行動学、生理学、建築学などそれぞれの各学問の理論を借り、精巧に体系化させている。この過程で韓国の文化を文明的な観点で把握するため '母文明'、'東方文明圏論'、'凡アジア論' などを設定した。

このようなモデルと理論の論理的、思考的基礎になるものは歴史が有機体的である体系と性格をもっているという '歴史有機体說'、歴史の構成と体系を論ずる '場と多核 (field&multi-core)理論'、歴史の運動方式を論じた '環流システム論' などであり、他にこれを補完する小理論である。

'歴史学は人間学だ'。
'歴史学は行動学だ'。
'歴史学は未来学だ'。
'歴史学は生命学だ'。

筆者は韓国近代歴史学会に数々の提言している。

一つ、歴史学の存在理由と役割、意味と価値を追求し、基本的な理解をするようにしなければならない。歴史学者は '記録者' であり '評価者' であるだけでなく、同時に '行為者(creater)' の役割も担っている。

二つ、歴史学の研究方法論は多様な接近方法が必要である。研究する領域を拡張させ、主題と素材を多様に選択する必要がある。空間的には半島を超え東アジア、更には汎アジアに拡張させる必要がある。

　三つ、知識人は自由な存在でいなくてはいけない。自由な思考と方式でもって可能な限り'自己理論'を啓発することが学者の任務である。

　四つ、海洋と関連する研究をしようとするならばそれに相応しい研究方法を理解しなければならない。海洋空間の本質と体系に関連した理論的接近が優先しなければならない。海洋文化のメカニズムを科学的に、なおかつ理論的に分析し糾明しなければならない。

　海洋物理や気候などの海洋学、航海学と造船術（工学ではなく）、人文地理、並びに自然地理、気候などを含んでいる地理学、政治学（海洋力と関連した）、都市地理学、そして海洋史と密接な学問として海洋民族、漁業陣路医学、その他、自然科学などがある。

　筆者は40余りの著書と10余りの共著と、その他に約140編程度の論文を発表してきた。もちろんここに歴史と関連した評論、詩、手記などは含めていない。筆者はこの選集を通して研究成果を一次的に整理した。これからは人間の問題、思想の問題、文明の問題、未来の問題などの主題を集中的に研究していく考えである。学者達の批判と助言をお願いしたい。

韓国東国大学教授 尹明喆 youn, myung-chul

（東アジア海洋史、並びに高句麗史）

왜 선집을 내는가?

'개체는 끊임없이 망각해가고, 역사는 묻혀버린 기억을 되새긴다.'

 필자는 사회적 나이와는 무관하게 학자로서는 아직 젊고, 학문적으로도 덜 무르익었으며, 개척할 미답지와 연구할 분야들이 너무나 많다. 특히 필자가 어린 날부터 생각했던 역사학자가 되려면 인간과 역사를 통찰하는 수준을 넘어 관조할 단계에 이르기 위해 공부와 경험이 더 필요한 나이이다. 필자의 연구물들에서 심각한 오류가 발생할 수도 있고, 그 때문에 지적인 좌절감에 휩싸일 수도 있다. 또 한국의 지성계 또는 역사학계의 풍토로 보아 이러한 작업은 성급하고, 오만하다는 비판을 받을 수 있다. 그럼에도 불구하고 나는 이러한 작업을 할 수밖에 없었고, 거기에는 몇 가지 까닭이 있다.
 첫 번째는 학자로서 그 동안에 진행했던 연구사를 한 단계 정리하기 위해서이다. 이는 일종의 자기점검 작업이다. 역사학자로서 연구를 한 목적은 무엇이었는지, 초기에 설정한 목적과 목표를 어느 정도 실천하였으며, 중도에 어떤 변화를 겪었는지, 역사학을 연구하는 방법론을 모색하고 적용시키기 위해 어떤 고민을 했고, 어떤 방식을 택했고, 어떤 과정들을 겪었으며, 그 것들이 지닌 장점과 한계는 무엇인지를 점검하는 작업이었다. 일종의 자기성찰이고 반성이고, 자아비판작업이다. 그리고 앞으로 학문을 어떤 방식으로 어떻게 접근해야하는지를 고민하려는 작업이었다.
 선집을 준비하면서 그 동안 발표했던 논문들을 살펴보고 반추할 기회로 삼았다. 그리고 출판용으로 정리하면서 몇 가지를 정리할 수 있었다.
 첫 논문을 발표한 이후에 비교적 많은 숫자의 글들을 발표하였는데, 그것들은 단계성을 지닌 채 변화과정을 거치고 있음을 확인하였고, 큰 틀 속에서 초기의 역사관과 연구방법론에 대한 생각은 변하지 않았지만 인식은 확장되었음을 확인하였다. 또한 보다 논리적이며, 주변학문의 도입을 활발하게 시도하였고, 하나의 주제를 놓고 다양한 방식으로 이론을 제기하면서 연구를 진행시켜왔다. 경험이 깨달음은 모르지만, 적어도 기술력만큼은 향상시켜주는 것이 분명하다. 하지만 문제점도 많이 드러났다. 필자가 세워놓은 연구계획에 따라서 차근차근 진행되지 못하고 발표나 요청을 받아 집필된 경우가 적지 않았다. 그러다 보니 주제나 소재가 중복되는 경우가 적지 않았다. 때론 일관성을 잃기도 하였다. 소재가 중복되는 것은 가능한한 빼놓고 편집을 하였으며, 주제가 중복되는 것은 그대로 실었다.

또 하나 얼핏 보면 유사한 내용들이 많고 특히 도형이나 자료들은 중복되는 경향이 많다. 필자는 새로운 분야에 처음 접근한 경우가 많았고, 그러다 보니 자기이론을 만들거나 적용시킬 수밖에 없었고, 그러한 과정 속에서 이론들을 각 논문마다 다시 언급할 수밖에 없었다. 또한 사실을 규명하는 논문이 아니고, 해석의 측면이 강한 글들은 앞부분에 반드시 그와 연관된 이론들과 필자의 관점을 소개해야만 했다. 이 때문에 연구자들에게 이해의 혼란을 야기시키거나 또는 비약이 심하다는 평가를 피할 수가 없을 것 같다.

또 하나, 필자가 창안하거나 다른 인접학문에서 차용한 개념과 용어들은 논문들을 작성할 경우에 때로는 내용의 차이가 생기거나 또는 문장내용이 달라진 경우들도 있었다. 그리고 전공별로 필자의 이론과 해석에 대해 각각 다른 견해를 갖는 경우가 있었다. 예를 들면 고고학과 건축학, 지리학과 물리학, 생물학과 철학 등이다. 그 외에도 2중, 3중으로 중복되기도 하였다. 이는 학문, 특히 인문과학이 가질 수밖에 없는 한계라고 생각하지만, 필자의 논문은 채 정리하지 못해서 일관성이 부족한 탓에 정도가 심하다.

두 번째는 필자의 사관과 연구방법론을 유형화 범주화시켜서 실제적으로 점검하고 분명하게 결과를 알고 싶었다.

필자는 역사를 공부하는 마음을 가질 때부터 역사관과 역사학자로서의 모델 등이 있었다. 연구의 '원핵(原核)'이라고 할 수 있는 그 기본틀은 정식으로 학문에 입문한 초기부터 현재까지 그리 크게 벗어나지 않았다. 또한 한국의 근대역사학에 대한 강한 불만과 비판의식이 있었으므로, 자연스럽게 색다른 연구방법론을 추구했고, 연구영역을 다채롭게 개척하였다. 그러다보니 필요에 따라 이론들과 개념, 용어들을 만들어 사용했고, 또한 모델을 설정해서 연역적으로 해석하는 방식을 도입했다.

제일 먼저 만든 논리는 '3의 논리' 이다. 단군신화를 구조적으로 분석하면서, 우리식의 변증법적 논리의 구조, 그 것에 기초한 사상과 역사상을 규명하고자 하였고, 거기서 재발견한 것이 '3의 논리' 라는 논리틀이다. 1992년에는 몇 편의 논문 및 '역사는 진보하는가' 라는 책에서 역사학을 몇 가지로 정의하였다. '인간학(人間學)', '행동학(行動學)', '미래학(未來學)', '배합비율론(配合比率論)', '역사존재가치설(歷史存在價値說)' 등이다. 이후에 2004년을 계기로 '생명학(生命學)' 을 추가하였고, 그와 관련된 몇 편의 논문들을 발표하였다.

우리 역사공간에 대한 재해석을 시도하여 1985년도에 한반도라는 용어와 반도사관을 극복하는 시도로서 '한륙도(韓陸島)' 라는 조어를 만들었다. 1993년에는 '동아지중해(東亞地中海) 모델' 을 만들어냈고, 이를 우리 역사는 물론이고 동아시아 역사를 이해하는 도구로 삼았으며, 21세기 미래문제와 연동시켜 연구를 진행해왔다. 동아지중해 모델은 궁극적으로 사상과 문명의 문제이며, '동아지중해 문명론' 으로 발전할 것이다. 1992년에 시간과 공간을 논하면서 '단위시간(單位時間)', '단위공간(單位空間)' 개념을 정립했다. 시간문제는 '시대구분론' 을 재설정할 필요성을 환기시키면서 민족의 형성문제와 연관하여 '원핵(原核)' 개념과 역사적 시간의 '계통성' 문제가 대두됐다.

공간문제는 비교적 비중을 두고 연구했다. 역사공간을 대하는 방식을 재고하여 1995년에 고구려를 모델로 삼아서 통치방식과 공간을 연동시켜 '직접통치권', '간접통치권', '영향권' 으로 구분하였다. 근래에 들어서는 '통치' 대신에 '관리' 이라는 관점에서 '면(面)의 관리', '선(線)의 관리', '점(點)의 관리' 라는 구분을 하고 있다. 물론 여기에는 구체적인 역사상과 역사학 외에 다른 학문의 성과가 반영되어 있음을 분명히 한다. 또한 우리 역사와 연관하여 '원터' 또는 '원토(原土)' 개념을 적용하였다. 1995년부터 고대사에서

'시대정신'과 '정체성'의 문제를 거론하면서 조선을 민족국가의 시원이면 원핵으로 설정하고 '원조선(原朝鮮)'이라는 용어를 사용했다. 고구려를 원조선(原朝鮮)을 계승한 체제로 해석하면서 역사에서 주체 뿐만 아니라 시간적 공간적인 계승성의 의미를 강조하였다. 「高句麗人의 時代精神에 대한 探究」, 1996, 「고구려 담론 1-그 미래 모델의 의미」, 2000, 「고구려의 고조선 계승성에 관한 연구 1」, 2002 등은 그러한 연구의 소산이다. 또한 인간이 공간 또는 땅을 이용하는 방식으로 기존의 '지정학(地政學, geo-politics)', '지경학(地經學, geo-economics)' 외에 '지문화학(地文化學, geo-culture)', '지심학(地心學, geo-mentalogy)' 등의 개념을 제안했다. 자연환경의 의미를 다양한 분야의 학문이론으로 설명하고, 구체적으로 실상을 파악했다.

이후 2003년에는 전국역사학대회에서 '해양사관'의 도입을 주장하며 「해양사관으로 본 고대국가의 발전과 종언-동아지중해 모델을 통해서」를 발표하였다. 한국 역사를 해양적 관점에서 해석해야할 필요성을 선언한 것이다. 이어 2004년에 「한국사 이해를 위한 몇 가지 제언」을 발표하여 해양과 육지를 하나의 유기적인 시스템으로 보자는 '해류사관'을 제안하였다. 그 이후 2011년에 이르기까지 다양한 방식으로 이를 보완한 이론들과 이론을 입증하는 연구성과들을 발표하였다. '동아지중해'라는 공간과 세계관에 대한 해석인 '해류적(海陸的) 시스템', 이것을 실현하는 '해항도시(海港都市)', '강해도시(江海都市)' 등의 도시이론, '해양방어체제' 등의 모델들은 그 작업이 일환이다.

또한 역사에서 나타난 '운동성(運動性)'의 문제가 있다. 80년대 후반에서 90년 초반에 걸쳐서 변증법의 문제와 '보수(保守)'와 '진보(進步)'의 논쟁 등이 한국사회를 휩쓸아칠 때 '운동성(運動性)'의 문제와 '진보(進步)'의 문제를 역사철학적으로 접근해서 정리한바 있다. 이 때 우리 역사 속에서 작동하고 있었던 변증법을 모색했다. 그 가운데 하나가 '배합비율론'이었는데, 이는 단군신화가 지닌 '3의 논리'와 동일한 맥락이다. 운동의 관점에서 문화와 인간의 성격을 논하는 가운데 농경의 정주성(定住性, stability)문화, 유목과 수렵의 이동성(移動性, mobility)문화, 해양의 유동성(流動性, liquidity, 그리고 회유성(回遊性,

migratory))문화, 그리고 이러한 성격들을 수렴한 우리 문화의 특성으로 '동중정(動中靜, mo-stability) 문화' 등을 설정했다. 이러한 이론들은 근래에 다시 현대물리학, 천체물리학, 공간학, 생물학, 동물행동학, 생리학, 건축학 등 여러 학문의 이론들을 빌어 정교하게 체계화시키고 있다. 그 과정에서 우리문화를 문명적인 관점에서 파악하기 위해 '모(母)문명', '동방문명권론', '범(汎)아시아론' 등을 설정했다.

이러한 모델과 이론의 논리적 사상적 바탕이 되는 것들은 역사가 유기체적인 체계와 성격을 가지고 있다는 '역사유기체설', 역사의 구성과 체계를 논한 '터와 다핵(多核, field & multi-core)이론' 역사의 운동방식을 논한 '환류(環流)시스템 이론' 등과 기타 이를 보완하는 소이론들이다. 이러한 이론들의 근본토대는 단군신화를 비롯한 우리 문화와 사상이고, 서양을 비롯한 주변의 문화와 이론들은 보완요소로서 활동했다. 그리고 근래에 발표한 서양의 각종 학문적인 성과들은 정교하고 구체적이며, 과학적이고 검증된 것이 많았으므로 필자가 세운 논리를 보완하고, 역사와 문화의 현상을 설명하는데 유효적절했다.

이번 선집을 준비하면서 필자의 이론 창안과 모델설정 작업들이 하나의 맥락 속에서 진행됐고, 유효성이 있음을 확신했다. 반면에 이론들과 모델의 개념에 혼란스러운 부분이 다소 발생했고, 다른 주제와 소재에 적용되는 과정에서 약간씩 변색되거나 중복되는 현상을 발견하였다. 그러므로 이것들을 체계적으로 보완할 필요성을 느꼈으며, 필자는 물론이고 연구자들을 위해서 정교하게 다듬은 이론집을 집필해야겠다는 생각을 갖게되었다.

세 번째는 역사학 연구자들에게 제언하고 싶었다.

한국 근대역사학계는 태생적 한계가 지닌 각종 문제점들을 비롯하여 실로 많은 문제점들이 있다. 식민주의 사학은 우리가 알 듯 그렇게 간단한 문제가 아니며, 실제로 극복한 것도 아니다. 이는 한국의 지성계가 공유한 현실이지만, 본 선집에 실린 몇 편의 논문에서 일부 언급하였듯이 유독 역사학계가 심하다. 지성계는 이러한 문제점들의 구체적인 내용들을 거론하여 극복해야 할 뿐 아니라, 역사의 평가를 받도록 작용해야만 한다. 필자는 이와 관련하여 몇 가지 전제를 하고 있다.

첫째, 역사학의 존재 이유와 역할, 의미와 가치를 탐구하고, 기본적인 이해를 해야 한다. 이와 관련된 글들을 발표한 바 있으므로 간단하게 언급하고자 한다. '역사학은 인간학(人間學)이다.' 한국 근대 역사학은 역사학의 존재 이유, 즉 목적에 대한 논의를 게을리하거나 회피해왔다. 역사연구는 목적의식이 있고, '가치 지향적(價値 指向的)'일 필요성이 있다. 그래서 역사학의 기본 목적은 주체인 인간을 이해하고, 인간의 삶을 완성에 가깝도록 하는 방법론을 제시하는 일이라고 생각한다. '역사학은 미래학(未來學)'이다. 역사는 현재뿐 아니라 예측하였던, 또는 실행하고 싶었던 일을 수정할 수 있게 한다. 심지어는 이미 결정난 과거마저 간섭하여 변형(變形)시키거나 개조(改造)할 수 있다. 때문에 역사학자는 '기록자(記錄者)'이면서 '평가자(評價者)'일 뿐만 아니라, 동시에 '행위자(行爲者, creater)의 역할을 겸하고 있다. 역사학은 과거를 연구대상으로 하고 있음에도 불구하고, 현재에 있고, 본질적으로는 '미래학(未來學)'이다.

'역사학은 행동학(行動學)이다.' 인간은 시좌구조(視座構造), 후각(嗅覺), 피부접촉, 공간 감지능력 등과 잠복해있던 본능 등을 활용하면서 사실과 현상을 유추하고, 현상외적인 본질을 감지해낼 수 있으며, 사고를 통일적으로 할 수 있는 가능성이 높아진다. 이렇게 해야 학문과 삶으로 분리된 이분법적인 관계를 지양하고 다수의 삶과 직접 연결되는 살아있는 역사학이 될 수 있다. 그리고 ' 역사학은 생명학(生命學)'이다. 역사(행위, 활동개념)가 존재하는 궁극적인 목적은 '온전한' 생명을 구현하는 과정을 지속시키는 것이다. 또한 연구대상을 살아있는 것, 일종의 생명체로서 인식하며, 스스로가 생명을 획득해 가는 것으로 이해한다.

둘째, 역사학의 연구 방법론을 다양하게 접근할 필요가 있다. 우선은 연구하는 영역을 확장시키며, 주제와 소재를 다양하게 선택할 필요가 있다. 특정집단에게 선택된 문헌위주의 일반사만이 역사학의 전부가 아니다. 또한 정치사와 제도사 등 외에 각종 생활사를 비롯한 여러 분야의 역사를 연구대상으로 삼아야 한다. 연구의 주체에 대해서도 민족 내부는 물론이지만 주변 종족들로 확대할 필요가 있다. 공간적으로는 반도를 넘어 동아시아,

더 나아가 범(汎)아시아로 확장시키고, 그 연관성 속에서 역사상을 파악할 필요가 있다. 또한 연구방법론을 다양하게 모색하고 적용할 필요가 있다.

학문은 영역이 끊임없이 변화하며, 인식은 물론이고, 연구방법론 또한 변화할 수밖에 없다. 인간과 사회가 복잡해지고, 다양한 학문이 발달하기 때문이다. '학제간의 연구', '융합학문' 등의 유행어들과 무관하게 역사학은 출발부터 그러한 성격을 지닌 학문이었고, 근대 이전에는 실제로 그러했다. 이제 다시 다양한 분야의 지식을 학습하고 이해하며, 간접적으로 반영하는 방식을 복원해야 한다. 상식이나 대중언론의 내용들을 기초로 연구에 직접 도입하거나, 외국의 이론과 연구성과를 맹신하고, 추수하는 행위는 지양해야 한다. 지식인은 자유로운 존재이어야 한다는 책무가 있다. 자유로운 사고와 방식으로 가능한 한 '자기이론(自己理論)'을 계발하는 것이 학자의 임무이다.

네 번째는 해양과 연관된 연구를 하려면 거기에 걸맞는 연구방법론을 이해해야 한다. 어느 분야나 고유의 존재방식이 있듯이 해양문화는 육지와는 다른 점이 매우 많다. 해양활동과 해양역사상을 이해하려면 우선 해양공간의 본질과 체계에 대한 이론적인 접근이 우선되어야 한다. 해양문화의 메커니즘을 과학적으로 이론적으로 분석하고 규명해야 한다. 이러한 차별성과 해양문화가 지닌 고유의 메커니즘을 이해하지 못한 채로 연구를 진행하면 오류를 범할 확률이 높아진다. 또한 남의 연구성과를 도입할 때 그 연구의 내용과 배경을 진지하게 이해한 후에 시도하는 자세가 필요하다. 문장 속의 단어나 표피적인 내용을 차용하거나 도용하면 문제가 심각해진다.

학문은 상식을 넘어 지식이나 이론으로 수용하는 자세가 필요하다. 해양사와 연관해서는 해양물리나 기후 등의 해양학, 항해학과 조선술(공학이라고는 안한다.) 인문 지리 및 자연 지리, 기후를 포함한 지리학, 정치학(해양력과 연관), 도시지리학, 그리고 해양사와 밀접한 학문으로 해양민속, 어업인류학, 기타 자연과학 등의 연관학문이 있다. 필자는 비전문가의 입장에서 인접학문을 도입하고 적용하려는 시도를 많이 한 편이다. 검증여부와는 별도로 이러한 연구자세가 갖추어질 필요가 있다.

연구과정

　한 분야에 천착하면서 전문성을 확보한 학자가 자기의 연구과정을 회고하고 정리하는 일은 본인에게는 물론 다른 연구자나 관심있는 사람들에 대한 예의라고 생각한다. 비록 1차 정리작업이지만, 본 선집을 발표하면서 다른 이들에게 필자의 역사관과 내용을 보다 편안하고 정확하게 이해할 수 있도록 배려하는 과정이 필요하다고 생각한다. 지나간 연구과정을 돌이켜보면 필자의 연구주제는 대략 5가지 정도로 유형화시킬 수 있다. 역사이론과 사상, 고구려사, 해양사, 민족문제와 문명권, 그리고 역사와 미래의 상관성이다. 이 주제들은 시기별로 단계별로 집중된 양상을 보이지만, 큰 맥락 속에는 서로 영향을 끼쳐가면서 중첩적으로 연구가 이루어졌다.

　필자는 역사에 관심을 기울인 초기부터 역사사상이나 철학 등에 의미를 두었으며, 1980년도에 학사학위 논문으로 '단군신화(檀君神話)에 대한 구조적 분석'을 제출했다. 비교적 많은 분량의 내용을 언급했는데, 그 덕에 석사논문을 작성하면서 동일한 제목과 대동소이한 내용으로 발표했다. 이 논문에서 단군신화를 구조적으로 분석하면서, 변증법적인 논리의 구조와 그 것에 기초한 사상과 역사상을 규명하고자 하였고, 거기서 재발견한 '3의 논리' 라는 논리틀을 만들었다. 그 후에 '3의 논리' 는 대부분의 연구영역과 구축한 이론 및 모델 등에 직접 간접으로 반영되어 있다.

　'보수와 진보'의 문제 '배합비율론', '해륙(海陸)사관', '역사유기체설', '터와 다핵(多核)이론', '환류(環流)시스템', '강해(江海)도시론', '동중정(動中靜, mo-stability)문화' 등의 이론들은 용어만 보더라도 상반되어 보이는 두 분야를 하나로 체계화시킨 것임을 눈치 챌 수 있다. 필자의 문학작품들이나 탐험 등도 이와 직접 또는 간접적으로 연관되어 있었다. 1982, 1983년도에 필자는 '대한해협 뗏목 역사탐험'을 시도하였고, 그와 관련하여 몇 권의 책을 출판하였다. '해모수'라는 뗏목명칭과 상징물, 발표한 글을 통해서 뗏목탐험은 단군신화의 연장이고, 우리 민족의 사상과 논리를 실증하는 행위임을 밝혔다. 하지만 전혀 이해받지 못했고, 이는 지금도 마찬가지이다. 그 후로 단군신화를 다양한 관점에서 해석한 몇 편의 논문과 함께 역사이론, 사관 등에 대한 논문들을 발표하였다. 그 과정에서 민족문제에 관한 글을 썼고, 특히 1990년도에는 「南北 歷史學의 비교를 통한 共質性 회복」이라는 제목의 글을 썼는데, 여기서 식민주의사학, 민족주의 사학 등을 거론하였고, '공질성(共質性)'이라는 신용어와 함께 통일역사학의 대안을 제시하였다. 역사이론에 대한 관심과 연구들을 바탕으로 1992년에는 '역사는 진보하는가'라는 책을 집필하였다.

그런데 문헌고증과 정치사 중심의 연구 풍토 속에서 신인학자로서 이러한 주제와 소재를 갖고 연구하는 일은 현실적으로 어려웠다. 필자는 그 무렵 역사학을 몇 가지로 정의하였다. 그 가운데 하나가 '행동학(行動學)'이라는 것이다. 현장답사 사고실험, 상황체험 중요시하였으며, 그러한 경험과 학문적 연구를 토대로 이론들을 계발하고, 역사를 구성하는 몇 가지 메커니즘들을 찾아냈다. '한국해양사'는 필자가 출간한 책들의 명칭과 내용에서 보듯이 필자가 본격적으로 시작했고, 연구의 기본 틀을 만든 학문이다. 물론 이 전에 몇 분들이 해양과 연관된 주제와 소재를 갖고 글을 쓴 것은 있지만, 그것을 '해양사'라는 학문영역에 넣기는 힘들다. 다만 해군사관학교의 장학근 교수가 군사사(軍事史)의 입장에서 '한국해양활동사'를 집필한 것은 후에 알았지만 의미있는 선행작업이었다. 그리고 조선공학 분야에서 김재근 교수의 연구는 몇 가지 점은 필자와 견해를 달리하지만 매우 의미 깊고 선구적인 작업이었다. 이해준 교수는 소외된 도서문화에 주목하고 연구의 길을 터놓았다.

필자는 우리 역사공간에 대한 재해석을 줄기차게 시도하였다. 1985년도에 '한반도(韓半島)'라는 용어와 반도사관을 극복하는 시도로서 '한류도(韓陸島)'라는 조어를 만들었다. 본격적인 해양논문을 처음 발표한 것은 1989년도이다. 항해경험과 해류·조류·바람·시인거리 등 해양의 메커니즘을 파악하면서 해양학 분야의 이론과 지식들을 원용해서 작성했다. 이어 91년도에는 중국, 동남아시아, 인도, 네팔 등 아시아 지역의 해양문화를 장기간 답사하고, 신문에 연재했다. 신문기자이며 문화재 전문위원이었던 서희건씨가 기획한 아시아 전체를 대상을 삼은 한민족문화의 원류를 찾는 대기획의 한 부분이었다. 이 조사로 인하여 해양문화를 이론이나 관념이 아닌 실생활과 문화자체로 받아들이게 되었다. 나로서는 '조선적 사고'와 '세계관'에서 크게 벗어나는 계기가 되었다. 처음 기획대로 장기간 연재하는데 실패해서 매우 아쉬웠지만 큰 성과였다.

    1991년에는 대학가에서 처음으로 유물사관을 강의하는 기회가 생겼다. 역사이론에 관한 논문들이 있고, 유물사관을 따로 공부한 전력을 아는 터라 학생들의 추천을 받아 '사관의 이해'라는 제목으로 강의를 시작했다. 그 무렵에도 강단 주류사학이 문제가 있었음은 많은 사람들이 인지하고 있었다. 거기에 대한 반동으로 등장한 몇 가지 흐름이 있었다. 그 가운데 하나로서, '한국적 민족주의'라는 딱지 때문에 국사와 민족주의가 평가절하되고, 사회경제사학을 중요시하면서, 맑시즘에 긍정적인 역사학 흐름이 형성되었다. 그 때 의욕적인 젊은 연구자들이 만든 단체가 '한국역사연구회'이다. 시대상황이나 학문의 존재이유로 보아 그 나름대로 가치가 있었다고 판단하면서도, 국사가 왜 일률적으로 평가절하되어야 하는지, 그리고 특정국가들에 대한 편향적인 판단을 내리지에 대해서는 수용하기 힘들었다. 나는 이미 중견학자를 넘어선 단계로 진입하였고, 다소 복잡하지만 나름대로 또 다른 주류가 그들이 공동으로 자기평가를 해야 한다고 생각한다.

    지식인들이 그러하듯 역사학자들은 늘 객관적인 입장에서 자유로운 사고를 토대로 사실과 진실을 추구해야한다고 생각한다. 내가 분명하게 말할 수 있는 것은 한국역사학계는 사고가 경직되어있으며, 신선한 이론을 수용하거나 자기이론을 정립하려는 노력을 기울이기 보다는 배타적이면서도 남의 성과물을 차용하는 못된 습성을 버리지 못하고 있다. 그리고 권력의 향배와 정치적인 흐름에 너무 촉각을 곤두세우고 있다보니 학문의 정치화를 유도하고 있다. 이론을 갖고 이론과 싸우는 것은 싸움꾼이 할 짓이다. 학자는 사실과 진리를 놓고 이론을 제기하고 실제의 입장에서 논쟁을 벌여야 한다.

그 무렵 필자는 '이론가' 라고 칭하는 대부분의 사람들과 마찬가지로 맑시즘, 유물사관을 제대로 이해할 능력이 부족했다. 그런데도 그것이 나의 역사관과 다른 점이 있으며, 문제점이 있다고 생각할 수밖에 없었다. 그래서 바람직한 역사관 세계관 이론 등을 우리 역사와 문화 속에 내재된 사상과 논리체계 속에서 찾는 작업을 시도하였다. 그래서 진보의 개념과 용례, 대안 등의 문제를 정면으로 거론하였다. 이때 『역사는 진보하는가?』(온누리)라는 저서를 통해서 '진보', '주체', '시간', '공간', '자유의지', '배합비율론' 등 몇 가지 이론들을 전개하였다. 그 작업결과들은 20여년이 흐른 최근의 연구물에 이르기까지 기본 토대가 되고 있다.

뒤이어 1993년에 『高句麗 海洋交涉史 硏究』로 박사학위를 받았다. 처음에 잡은 논문 주제는 동남아시아의 바다까지 연결되는 해양남방문화와 한국문화의 형성과정이었다. 그런데 내용이 방대한데다가 개인적으로나 학계에서 연구가 축적되지 않았으므로 문제가 있다고 지적받았다. 다소 오기삼아 주제를 '고구려 해양사 연구' 로 급선회한 것인데, 결과적으로 유효적절한 선택이었다. '해모수' 라는 뗏목 명칭에서 보이듯 개인적으로는 고구려를 지향했기 때문에 반사적으로 선택한 것이었지만, 운명이라는 생각을 가끔 떠올릴 정도로 극적인 전환이었다. 극히 짧은 기간에 집필된 글이었지만 연구내용도 만족스러웠다. 그때 새로운 설들을 제기하였다. '동아지중해 모델', 광개토태왕과 장수왕의 '동아지중해(東亞地中海) 중핵조정론(中核調整論)', 고구려와 수(隋)·당(唐) 간에 벌어진 전쟁을 동아시아 국제대전 즉 '70년 전쟁' 으로 규정한 것 등이 있다. 또한 고구려의 해양활동을 빌어 고대 한민족의 해양활동을 항로 등 실제적인 문제들과 연관시켜 구체적으로 논하였다. 발표한 이후에 일반학술계와 달리 유독 역사학계에서는 무시되어왔던 설이었지만, 2003년에 중국이 동북공정을 추진하자 방어논리로서 그 이론과 필자의 연구성과를 수용할 수밖에 없었다. 그 때도 필자의 연구임을 밝히지 않은 채 '70년 전쟁' 을 비롯하여 용어 자체와 몇 가지 내용들을 사용한 학자들이 있었다. 노태돈이 최근에 발표한 글에서 필자의 용어와 개념을 차용했는지 여부를 검증하지는 않았지만 용어의 유사성과 시대 분위기로 보아 영향을 끼치지 않았을까라는 생각이 들었다.

그때 박사학위 논문에 반영된 이론이 '동아지중해(東亞地中海, EastAsian-Mediterranean-Sea)모델' 이었다. 심사과정에서 동아지중해라는 말은 다 생략되었지만, 이어 각각의 개별 논문으로 발표할 때는 복원시켜 사용했다. 이 후 우리 역사는 물론이고 동아시아 역사를 이해하는 도구로 삼았으며, 21세기 미래문제와 연동시켜 연구를 진행해왔다. 역사해석 모델로 출발한 동아지중해 모델은 궁극적으로 사상과 문명의 문제이며, 머지않아 '동아지중해 문명론' 으로 발전할 것이다. 박사논문의 제목처럼 필자는 자연스럽게 고구려연구와 해양사 연구에 집중하였다. 고구려의 해양활동을 간접적이지만 입증할 수 있는 사료들과 관련된 논문들을 찾아냈고, 구체성을 보완하기 위해 자연과학적 성과들을 최대한 도입하여 분석하였다. 특히 시인거리 등의 계산은 필자의 항해경험과 자료들을 토대로 시도한 것이었고, 지금은 자연스럽게 사용들하고 있다. 그러면서 이론연구와 모델의 설정이라는 접근방식을 선호하게 하였다. 대륙국가로 알려진 고구려와 해양사를 결합시키는 일은 자연스럽게 해양과 육지를 하나의 관계, 즉 유기적으로 보는 역사관을 떠올리게 만들었고, 이 인식이 '해륙사관(海陸史觀)' 을 낳게 하였다.

필자가 해양사에 몰입하고 중요성을 더욱 인식하였으며, 몇 가지 이론틀을 만드는데 큰 역할을 한 것은 1994년에 한국해군사관학교 유럽순항훈련에 초빙교수형식으로 참여한 체험이다. 해군함정에 동승하여 진해항을 출항한 후에 동남아시아, 인도, 아라비아, 수에즈 운하를 통과하여 그리스에 입항한 후에 다시 지중해를 서쪽으로 횡단하여 이탈리아 포르투갈 스페인 영국 프랑스 독일을 방문하고 다시 지중해를 동진하여 터키를 경유한 후에 보스포루스 해협을 통과해서 흑해를 건너 러시아의 노보루시스크에 입항했다. 이후 본국으로 귀환하는 도중에 이집트의 알렉산드리아항에서 하선했다.

꼭 90일 동안 이루어진 항해 동안에 필자는 해양과 해양문화의 메커니즘에 대하여 많은 내용들을 체험하고 이해할 수 있었다. 항해와 항해술과 선박, 해양환경과 항로와 항구의 연관성, 도시의 생성과 문명의 발전, 해양인들의 습성과 성격, 독특한 세계관, 문화의 개방성과 다양성 등이었고, 이러한 것들이 그 후 계속해서 해양에 관한 이론들을 만들어내게한 토양이 되었다. 특히 해양방어체제나 1995년부터 제기한 삼한 소국들의 '나루국가설' 을 비롯하여 '도시국가론', '해항도시', '강해도시론' 등의 이론과 일련의 연구물들은 그 당시의 항해경험에서 착상한 것이었다. 그리고 해양사 자체와 연구방법론에 대해서 여러차례 발표했다. 특히 「해양사 연구의 방법론 검토와 제언」(『해양문화학 학술대회』, 목포대학교 도서문화연구소), 2009는 이론만을 정리해서 발표한 것이었다. 일부 학자들이 '동아지중해 모델', '항구도시론' 들을 비롯해서 '환류(環流)시스템 이론' 등 필자의 연구와 이론들을 마치 서양이나 일본 등의 것을 모방한 것으로 표현하는 사례들이 있다. 하지만 그렇지 않다. 학자는 글을 발표한 시기와 내용으로 검증받을 수 있다. 해양과 연관하여 필자의 연구성과들과 관점들을 차용하고, 표절하면서도 일본이나 중국의 연구성과를 인용하는 사례들이 많다. 추후에는 실명과 글들을 거론하면서 공개적으로 질문하고 책임을 물어야 함을 절감하고 있다.

    필자는 1982년도에 '한일 역사뗏목탐험' 을 시도하였는데, 폭풍 때문에 실패하였고, 대원들은 구조되었다. 그런데 해모수호는 저 홀로 바다를 건너 하기현(萩縣) 미시마(見島) 에 표하하였다. 뗏목을 찾는다는 목적을 갖고 떠나 43일 동안 일본열도를 주유하였다. 대학생들을 비롯하여 많은 종류의 사람들을 만났고, 일본속의 한국문화 흔적을 실제로 답사할 수 있었다. 돌아온 즉시 현장메모와 자료들을 섭렵하여 기행문을 집필하였으나 뒤늦게인 1987년에야 '일본기행-일본속의 한국문화' 라는 제목으로 출판되었다. 탁월한 연구가인 재일동포 김달수 선생의 책을 빼놓고는 첫 책으로 알려져 있다. 그 책의 가치를 인정받아 1988년도부터 일선의 역사지리 담당교사들을 대동하여 언론사가 기획한 '일본속의 한국문화' 사업에 참여하였다. 2008년까지 20년 동안 현장강의를 하였으며, 때때로 개인적으로 일본지역을 답사하였다. 너무나 당연한 일이지만 고대 한일관계사는 근본이 교류사인 만큼 해양사와 불가분의 관계를 맺고 있었다. 해양의 메커니즘은 복잡할 수밖에 없는 한일 고대사의 매듭을 풀 수 있는 대안 가운데 하나였다. 필자는 『일본고대사 이해』(터울림)라는 소책자를 출판하고, 이어 1996년도에는 동아지중해라는 모델과 해양의 메커니즘을 적용하여 『동아지중해와 고대일본』(청노루)을 출판하였다. 이는 그 무렵까지 북한과 한국의 일부에서 제기되었으나 강단 주류사학에 무시당한 한민족의 일본열도 진출설을 해양의 메커니즘 속에서 재구성한 내용이다. 이 또한 일본사 전공자들의 관심을 끌지 못했었는데, 그 책의 내용을 고대 한일관계사를 연구하는 최근의 동향과 연구성과들을 비교하면 좋을 것 같다.

1991년에 중국의 해안지방을 답사한 이후에 1994년 여름부터 고구려 지역을 조사하고 답사하였다. 1995년에는 고구려의 기마문화를 체험할 목적으로 북만주에서 말을 타고 고구려의 수도였던 국내성(집안)까지 내려왔고, 이어 요동지방의 산성들을 답사하고 다녔다. 이 때의 체험을 '말타고 고구려 가다'라는 제목으로 신문에 연재하였고, 방송 다큐멘터리로 방영하였으며, 단행본으로 출판했다. 이 체험으로 만주라는 공간의 성격과 규모를 비로소 이해하였고 자연환경 또한 실제적으로 알게 되었다.

우리의 역사터가 한반도가 아님을 확인하였고, 압록강과 두만강은 자연장벽도, 국경의 강도 아님을 확신했다. 특히 고구려에게 압록강은 서울이라는 항구도시의 한강 수준도 못되는 청계천 정도의 샛강이었음을 확인했다. 1920년을 전후해서 박은식·신채호·김교헌·안재홍 등은 고구려의 유적들과 자연환경을 현장에서 조사하고 연구하였기 때문에 민족사의 진실을 볼 수 있었다. 반면에 '조선사편수회'에 소속된 이병도 등의 학자들은 가 본적이 없으므로 '반도사관(半島史觀)'을 맹종했던 것이다. 이러한 현상은 바로 얼마 전까지도 지속됐었고, 지금도 그 흔적은 남아있다. 필자는 이때 유목민 등의 공간은 농경인들의 공간과는 다른 메커니즘이 있었고, 원조선 고구려 발해의 역사와 사람은 만주라는 공간의 메커니즘 속에서 이해해야 함을 인식했다. 이러한 관점에서라면 고구려는 초기부터 이미 압록강 이남까지를 수도권으로 삼았으며, 또한 고구려를 비롯한 소국들은 '부족국가'나 '성읍국가'라는 이름으로 역사발전이 미흡하고 국가단계에 이루지 못한 정치체가 아니었다. 붕괴된 원조선의 역사공간에서 모든 계승성을 표방하며 역사적인 유산을 부활시킨 정치체로 볼 수밖에 없었다. 그래서 '다물(多勿)' 이었고, 필자는 1995년에 발표한 '고구려의 시대정신 탐구시론' 에서 고구려의 발전기를 '재정립(re-naissance, re-discovery, re-foundation)시대' 라고 정의했다.

또한 이 때 말을 타고 내려오면서 고구려의 전쟁방식, 문화 성격, 정치체제에 대하여 또 다른 점을 이해하게 되었다. 신문에 연재하면서 그린 지도는 고구려 역사의 터를 '직접통치', '간접통치', '영향권' 으로 구분한 것이었다. 이 지도는 그 후 1997년에 월간조선에서 부록으로 제작되었고, 2005년에는 MBC-TV와 협조하여 해류사관에 근거하여 항로까지 상세하게 그려놓은 역사지도로 제작하였다. 이 지도 5만부는 국민들에게 무료로 공급하였다.

필자는 그 이후 지금껏 고구려 유적지를 답사하면서 고구려의 공간과 시간, 그리고 문화와 정신성, 미의식 등에 대하여 필자의 이론과 견해들을 밝히고 있다. 일부는 고구려의 정신과 정책이라는 논문집과 '고구려는 우리의 미래다' 라는 단행본에 실려있고, 근래의 것으로는 「단군신화 해석을 통한 장군총의 성격 이해」, 2009 등이 있다.

필자는 '고구리즘(gogurism)' 이라는 용어와 개념을 사용하고 있으며, 이를 정교하게 보완하기 위해 고구려 자체의 역사상은 물론이고, 21세기 한민족 동아시아 문명의 문제를 주목하면서 연구에 도입하고 있다. 1995년에 「廣開土大王의 對外政策과 東亞地中海戰略」을 발표한 이후 계속해서 고구려를 비롯한 장보고 해양활동 등을 놓고 현재 및 미래적인 관점에서 재해석해왔다. 「장보고를 통해서 본 경제특구의 역사적 교훈과 가능성」을 비롯한 다수의 논문들이 발표되었고, 저서『고구려는 우리의 미래다』, 『광개토태왕과 한고려의 꿈』, 『장수왕 장보고 그들에게 길을 묻다』(포름)등이 발표됐다.

필자는 1996년, 1997년에 동아지중해 모델을 전파하고, 그 실증성을 탐색할 목적으로 황해뗏목탐사를 실시하였다. 이 때 동국대학교와 중국의 절강대학교(다시 항주대학교)가 공동 주최하고, 중국인 1명을 탑승시켜 합동탐험을 형식을 갖추었다. 그 사업이 일으킨 파급효과는 매우 컸으며, 특히 중국의 관심을 끌어냈다. 이 항해를 통해서 황해와 동중국해에 개설된 항로 및 해류 · 조류 · 바람 · 기타 자연환경 등에 대한 실증적이고 과학적인 연구를 시도하였다. 특히 1997년 항해는 GPS를 사용해서 항적을 추적한 후에 결과물 등을 다양한 자료들로 제공했다. 이후 탐험기의 출판들을 통해서 해양문화의 실상과 특성들을 거론하였으며, 이는 두 지역 간에 학술교류가 활발해지는 계기가 만들어졌다. 여러 차례의 국제회의가 조직되었고 논문들이 발표되었다. 이 탐험 때에 동국대학교의 조영록 교수, 작고하신 이 시대의 원로이신 김준엽 교수, 절강대학교의 김건인 교수가 애정과 격려, 그리고 협조를 해주었다.

1998년은 발해가 건국한지 1300주년이 되는 해였다. 특히 동북공정을 통해서 발해에 대한 관심들이 늘어났다. 하지만 1998년까지 발해사로 박사학위를 받은 사람은 2명뿐이었다. 그리고 2003년 동북공정이 공개됐을 때까지는 3명이었다. 그만큼 우리학계는 발해 아니 만주에 관심이 없었다. 이용범 김위현 등 몇 분의 연구가 있었을 뿐이었다. 1997년 12월 31일, '발해 1300호'라는 뗏목 1척이 러시아의 블라디보스토크항을 출항했다. 그리고 다음해 1월 24일 일본 오키제도의 도고섬 해안에서 전복되면서 전원이 희생당했다. 그들은 사람들에게 우리 역사, 발해라는 존재를 알리고 싶었다. 그들과 인연이 깊었던 필자는 대원들을 현장에 파견하여 수습을 도와주게 하였고, 항해일지와 카메라를 입수했다. 그리고 필자가 이사로 있는 고구려연구회에서 주최한 발해건국 1300주년 기념 국제학술회의에서 '발해의 해양활동 능력에 대한 검토'이라는 논문을 발표하고, 발해 1300호의 항해와 항로도를 인용했다. 필자가 쓴 발해 및 동해의 해양활동에 관한 논문은 매우 구체적이고 과학적인 면에서 학문적인 가치가 높다고 판단한다. 그런데 놀라운 사실은 발해사 전공자들이 해양 및 대일 교류와 연관된 연구를 하면서 '발해 1300호'의 사례를 언급하지 않는다는 점이다. 물론 필자의 논문을 모방하고 표절을 하면서도 일본의 사례들을 인용하는 경우도 있다. 똑같은 사례가 있다. 필자는 해양탐험을 수차례 하였고, 국내외에서 다수의 발표를 하였으며, 논문이나 저서들이 매우 많다. 이 또한 학계에서는 똑같은 양상을 보인다. 이유가 무엇일까?

2000년에 들어오면서 신문 연재물들을 토대로『바닷길은 문화의 고속도로였다』(사계절)라는 이름으로 한국 해양사를 출간하였다. 첫 번째 책인줄 알았지만, 육당 최남선이 해방 직후에『조선해양사』라는 제목으로 책을 냈다. 북한에서는『조선수군사』가 있었고, 1994년에 펴낸 장학근의『한국해양활동사』가 있었다. 그때는 아쉽게도 조선시대의 해양활동은 단독으로 연구한 바가 없어서 생략시켰다. 그 후『장보고 시대의 해양활동과 동아지중해』(학연, 2002),『한민족의 해양활동과 동아지중해』(학연, 2002),『고구려 해양사 연구』(사계절, 2003)를 출판하였다. 2003년에는 '장보고 기념사업회'의 후원으로 중국의 절강에서 한국의 인천·완도·청해진을 거쳐 일본열도의 오도열도까지 뗏목탐험을 하였고, 그 결과물들을『장보고의 나라』(정신세계사)로 출간하였다. 2003년에『바닷길은 문화의 고속도로였다』를 보완한 후에『한국해양사』를 출간하였다. 물론 이때도 아쉬운 점은 있었고, 이 때 미진한 부분은 최근까지의 연구성과와 다양한 현장 자료들을 반영하여 2012년 상반기에 또 다른 이름으로 출판할 예정이다. 그리고 해류사관의 입장에서『수륙도시 서울의 역사와 미래』(동국대학교, 중구청, 2010)을 집필했다.

이 무렵에 필자는 장보고와 관련된 연구논문들을 계속해서 발표하였다. 많지는 않았지만 기존의 연구성과들이 있었다. 그런데 필자는 항로와 해양의 메커니즘 속에서 장보고와 그 무렵의 동아시아 세계를 조명했고, 특히 2003년에「장보고를 통해서 본 경제특구의 역사적 교훈과 가능성」을 발표하면서 미래적 관점에서 해석을 시도하였다. '범신라인'이라는 조어를 만들어 장보고의 체제를 네트워크의 시스템 속에서 규명했고, 이를 동아지중해 물류장 역할론이라고 명명했다. 장보고를 경제적인 관점에서 보게 한데는 라이샤워와 함께 김성훈의 시사를 받았으며, 필자의 항해체험 또한 강력하게 작용하였다. 이 연구결과들은『장보고 시대의 해양활동과 동아지중해』(학연, 2002)에 실려있으며,『장수왕 장보고 그들에게 길을 묻다』(포름, 2006)에 비교적 상세하게 서술하였다.

필자는 발해관련 논문을 계기로 필자는 남해와 서해에 이어 동해로 관심의 폭을 넓히

기 시작했다. 「독도와 해양정책-울릉도와 독도의 해양 역사적 환경검토」(2001)를 비롯해서 2005년도에는 본격적으로 암각화 및 「동해문화권의 설정 검토」등으로 시작해서 지금까지 논문들을 발표하고 있다. 특히 연해주 지역의 문화와 사할린 및 홋카이도 문화의 교류 가능성을 1998년도에 가설로 제기했었고, 타타르해협을 따로 언급하면서 항로도까지 친절하게 그렸었는데, 이제 본격적으로 연구가 시작되고 있다. 한편 동해발전전략으로서 동해시 일대의 '경제특구론'을 제기하면서 모델로 광개토태왕과 장수왕의 정책을 거론하였다. 최근에는 우산국의 해양전략적 위상을 규명하는 작업의 일환으로 연해주 일대를 주목하면서 매우 놀라운 결과들을 얻고 있다. 아울러 최근에 확대 개편한 '이사부학회'의 기획으로 동해중부와 울릉도 독도 문제를 해양전략적인 관점에서 발표하고 있다. 앞으로도 필자는 동해문제에 관심을 기울일 예정이다. 2003년도 11월 동북공정이 이슈화한 이후 열린 세미나에서 중국의 연해주 문제와 동해진출을 예견했다. 또한 '남해대전(南海大戰)'(남중국해 전쟁) 시나리오의 존재를 여러 논문에서 언급하였으며, 대안 모델들을 발표하였다. 최근에 발표한 것으로는 「역사 현재 미래, 동해권의 설정」, 2008, 정치외교사학회에서 발표한 「연해주 지역의 역사 및 현재적 의미」, 2010이다. 지금 동해는 '불의 바다', '황금의 바다', '해군의 바다'로 변신하고 있다. 동해에 대한 전략적인 접근을 위해서는 역사상에서 모델을 찾을 필요가 있기 때문이다.

필자가 주장한 해양활동 관련 이론 가운데 하나가 '항구도시 모델'이다. 1994년에 유럽순항훈련에 참가하면서 가장 놀라웠던 점은 항구도시들의 존재와 생성의 메커니즘이었다. 그 후에 발표한 '강해도시론' 등에서 중요 도시들을 바다와의 거리 등 연관성을 계산하여 항구도시 이론을 입증해갔다.

1995년에 「한반도 서남해안의 海洋歷史的 환경에 대한 검토」(전주박물관 죽막동유적학술회의)에서 '나루국가설'을 주장했다. 삼한의 소국들은 일종의 해양폴리스라는 이론이다. 그 후 전주 및 서산도 항구도시이며, 심지어는 경주도 해항도시라(「경주의 해항도시적 성격에 대한 검토」, 2010)고 발표했다. 그 과정에서 해항도시와 하항도시의 중간 형태가 있음을 착안하고 '강해도시론(江海都市論)'을 주장했다. 즉 강과 바다가 만나는 접점에 있는 도시인데, '해류사관'과 '3의 논리'가 적용된 도시모델로서 서울이 대표적인 도시이다. 서울지역의 이러한 특성을 발표하였으며, 앞으로도 이와 연관된 논문은 몇 편 더 발표할 예정이다. 다만 기술적인 형태적인 분석이 아니라 역할과 의미를 중시하고자 한다. 필자는 「변산반도의 해양사적 의미와 21세기적인 가치에 대한 모색」(2007)에서 동아지중해는 정치적 공동체를 구성하기 전의 단계로서 '해양도시연맹(league)'이 필요하다는 주장을 했다. 이는 장보고 연구를 통해서 필자가 만들어낸 몇 가지 체계론에 근거한 것인데, 매우 유효성이 있으며, 활용가능성이 높다고 본다. 필자는 주로 정치학 관련 학회에서 '동아지중해 공동체론'을 주장하면서 그 논리를 발표해왔고, 그 이론과 모델의 연장선상에서 하나의 방법론으로 간략하게 제기한 것이다. 필자가 주목하고 연구한 분야 가운데 하나가 해양방어체제 및 강변방어체제이다.

1999년에 「江華지역의 해양방어체제연구-關彌城 位置와 관련하여」과 「遼東지방의 해양방어체제연구」를 발표하였다. 이후 계속해서 관련된 논문들을 발표하고 2000년에는 신형식·최근영·윤명철·오순제·서일범 등의 공저로 『고구려 산성과 해양방어체제』를 출판하였다. 지역별로 나라별로 분담하여 집필했는데, 고구려의 방어체제에 관한한 가장 종합적이고 학문적인 가치가 풍부한 책이라고 판단한다. 그 때 무리라고 평가됐던 내용들 가운데 다수는 학계에서 수용되고 있다. 이 책에서 특기할 만한 내용은 서일범이 북한지역에 장기간 체류하면서 현장조사를 하였고, 풍부한 사진 자료들을 찍어 수록하였다는 점이다. 만주일대의 해양방어체제들도 필자가 처음 공개한 것들이 많았다. 이 책은 각각 외부에서 인력이나 경제적인 도움없이 스스로 현장답사를 해가면서 정확하게 조사한 결과물이다.

해양방어체제를 조사하는 과정에서 서울과 경기도 일부지역을 조사해서 먼저 책을 냈던 오순제 한종섭의 도움을 받았으며, 많은 공부를 했다. 필자는 '해안방어체제'라는 용어 대신에 '해양방어체제'라는 용어를 선택하고, 그 체계와 특성들을 이론화시켰다. 요동반도 남쪽의 장산군도에서 고구려 성의 존재를 처음 제기하였고, 2003년에 실제로 조사한 다음에「고구려의 요동 장산군도의 해양전략적 가치 연구」를 비롯한 논문들을 발표하였다. 최근에도 잠입해서 답사하고 왔지만 이 섬방어체제의 존재로 고구려의 수군활동을 간접적으로 입증할 수 있었으며, 고구려가 해양을 지배한 사실이 분명해졌다.

이어 江의 존재와 역할에 주목해「한강 고대 강변 방어체제 연구-한강하류지역을 중심으로-」, 2001,「국내성의 압록강 방어체제연구」, 2003 외 몇 편을 발표하였으며, 강변방어체제라는 용어와 함께 연구분야를 확장시켰다. 나아가 육지와 해양 및 강이 유기적으로 방어체계를 구축한다는 이론을 바탕으로「고구려 수도의 해륙적 성격」, 2008을 발표하였다. 2004년에「한국사 이해를 위한 몇 가지 제언」에서 공식적으로 처음 거론한 해륙사관의 정신성을 방어체제에 적용한 것이었다.

필자는 '역사학은 미래학'이라는 명제와 이론을 1992년에 발표한바 있다. 그 연장선상에서 역사상을 미래적인 관점에서 파악하고 대안을 제시하는 글들을 발표했는데, 평론의 성격이 강하므로 이번 선집에는 일부만 실었다. 필자는 일찍부터 '중국 위협론'을 줄기차게 주장했으며, 역사왜곡에 대해서 언급하였고, 이러한 상황들을 이론으로 발표해왔다. 역사학은 미래학이라는 기본인식때문일 뿐만 아니라 현장에서 관련된 상황들을 지속적으로 확인했기 때문이다. 동북공정의 실체가 알려지고, 대응책을 강구했을 때 정부나 학술단체의 지원을 받지 않거나 못 받은 채 현장을 조사하면서 연구하던 학자들은 소외되었다. 오히려 정부기관이나 단체의 지원을 받으면서 어쩌다 간 사람들이 전면에 등장했다. 예측했던 현상이지만 그들은 역사의식이 첨예하지 못했으므로 상황파악이 서툴렀고, 대응논리를 자체적으로 계발하는데 미숙했다. 과거에 박은식·신채호·김교헌·안재홍·장도빈 등이 현장에서 독립전쟁을 벌이면서 역사연구를 하는 그 순간 국내에서 일본 학자들이 전해준 만주상황을 근거로 식민주의 사학의 틀 속에서 역사연구를 한 사람들이 지금까지도 근대역사학의 태두라고 평가받고 있다. 역사는 어쩌면 이리도 똑같은 형태로 진행되는지 모르겠다.

필자는 '고구려 연구회'가 2003년 11월에 동북공정 문제로 주최한 쎄미나에서 동북공정은 역사의 문제가 아니며, 고구려의 문제는 더더욱 아니라고 발표하였다. 그리고 정치문제라고 하였으며, '신중화(新中華) 제국주의(帝國主義)'라는 용어를 사용했다. 이러한 관점에서 동북공정의 대응논리를 기술한 논문들과 함께 집필한 단행본으로는 『역사전쟁』(2004), 『고구려는 우리의 미래다』(2004), 『광개토태왕과 한고려의 꿈』(2005), 『장수왕 장보고 그들에게 길을 묻다』(2006), 그 외에 고구려 및 단군과 관련하여 논문집인 『고구려의 정신과 정책』(2004), 『단군신화, 또 하나의 해석』(2008), 저서인 『말타고 고구려 가다(고구려 유적답사기)』(1997) 등이 있다.

필자는 1990년 말에 "나는 좌파(左派)도 우파(右派)도 아니고 '민파(民派)'이다."라고 선언한바 있다. 물론 이때 민파라는 말은 민족주의를 의미한다. 역사학에 입문하기 이전부터 민족은 내게 각별한 의미를 지닌 단어이고 개념이고 실체였다. 어릴 때 지녔던 민족에 대한 생각들이 부분적으로 변했을 수는 있지만 기본은 변하지 않았다고 자평한다. 필자가 생각하는 민족은 극단적인 민족주의자나 보편주의를 표방하는 서양사학자나 사회과학자들, 주사파를 비롯한 맑시즘을 지향하는 학자나 운동가들의 민족 및 민족주의와는 분명히 다르다. 이론과 사변, 운동으로 정립되기 이전에 본능적으로 민족을 이해하고 실천해온 사람들과 터와 시간에 대한 강한 인연으로 채워진 것들이다. 필자는 '민족'이라고 불리는 역사적 실체와 현상을 소중히게 여기며, 그것을 '틀'로 삼아 역사와 인간 삶을 해석하고 문제점들을 찾아내고 해결방법론을 찾아내는 입장이다.

언어와 개념은 시간과 공간의 변이에 따라 변한다. 근대화 과정이 가진 불가피한 비자발성으로 인하여 서양의, 그것도 근대적인 의미의 'nation'을 일본의 지식인들이 '민족(民族)'이라는 번안어를 선택할 때부터 한자문화권의 개념적 혼란스러움은 시작된 것이었다. 그 후 자신들을 설명할 수 있는 고유하고 적합한 언어를 만들어내거나 찾지 못한 것은 동아시아 지식인들의 수치이다. 필자는 '민족'이라는 용어를 불가피하게 한시적으로 선택하고 있지만, 그렇다고 해서 개념과 우리의 실체마저 그것과 동일시 할 수는 없다고 본다.

민족과 민족주의는 인류사에서도 그러하지만 동아시아 세계에서 앞으로 색다른 의미를 지니면서 파급력을 지닐 것이 분명하다. 특히 남북이 분단된 우리로서는 이 문제에 대한 논의와 함께 공동의 개념이 필요하다. 통일을 위한 전술적인 측면에서나 실제로 공질성(共質性)을 회복하는데 가장 적합하면서도, 동시에 부정적인 파괴력을 내뿜을 것이 분명하기 때문이다. 그러므로 민족문제는 정치학자나 사회과학자들에게만 맡길 수 있는 문제가 아니다. 민족은 이론과 사변 이전에 실재했던 존재이고, 역사이기 때문이다. 역사학자들은 역사 속에서 민족의 다양한 문제들을 포착할 뿐 아니라 시대별로, 공간별로, 또 담당주체별로 비교 검토해야만 한다. 역사적인 접근은 적어도 검증된 모델을 분석의 대상으로 삼기 때문에 현실성이 높고 실패할 확률이 상대적으로 낮다.

필자는 역사학자로서 원핵개념 및 공간, 생물학적 요소 등의 이론들을 만들어 적용하면서 민족에 대한 이론을 정립해왔고, 이를 통해서 역사상을 분석해왔다. 「우리 민족성에 대한 재고찰」(1998), 「고구려의 고조선 계승성에 관한 연구」(2002), 「고구려의 고조선 계승성에 관한 연구」(2006), 「고구려 문화형성에 작용한 자연환경의 검토– '터와 多核(field & multi-core)이론'」(2008), 「한민족 형성의 질적 비약단계로서의 고구려 역사」(2008), 「역사학적 측면에서 본 한민족의 정체성」(2010)이 그러한 시도의 일부이다. 몇 년 전에 동북공정 문제 등을 놓고 임지현 교수와 TV토론을 벌인 적이 있다. 필자는 그의 역사학에 대한 통념과 한국 역사에 관한 무지함, 그리고 지적 오만함에 매우 놀랐다.

필자는 한 때 항간에 유행할 듯했던 '국사해체론'이나 '탈민족주의론'에 대해서 구체적으로는 알지 못한다. 다만 몇 권의 책과 글을 읽어보았을 뿐이다. 한국사 전공자들이 이 이론들을 모방하거나 기계적인 적용을 시도한 것이라면 그들과 논쟁할 필요는 없다. 하지만 몇 번이나 공개적으로 언급했지만 민족문제를 놓고 서양사학자들이나 정치학자들과 상호간의 학문적인 이해나 지적인 교류를 위해서는 물론이고, 사회발전을 위해서도 공개적으로 논쟁을 할 필요가 있다고 생각한다.

필자가 생각하는 민족개념으로서의 문제는 자연스럽게 집단의 정체성 문제와 유기적으로 연결되며, 나아가 문명의 문제로 확장될 수밖에 없다. 과거에 선학들이 언급한 바 있지만, 필자 또한 몇 편의 글을 발표한 정도로 가설 상태이지만 동방을 하나의 '단위문명권' 으로 설정하고 있다. 그동안 발표해 온 황해문화권, 동해문화권, 동아지중해모델, 터이론 역사유기체설 등은 이러한 틀을 염두에 두고 언급한 것들이었다. 「동아시아 고대문명 네트워크의 현대적 부활을 위하여」(2005), 「渤海 유역의 역사문화와 동아시아 세계의 이해- '터(場, field) 이론' 의 적용을 통해서」(2008), 「동아시아 문명의 생성과 강의 연관성」(2010, 12, 04), 「한민족 문화의 생성을 이해하는 몇 가지 모델의 설정과 제언-범아시아라는 관점에서-」(2011, 11) 등은 대체로 이러한 내용을 반영하고 있다. 앞으로 필자는 논리와 사상이라는 측면에서 문명의 문제에 더욱 진지하고 적극적으로 접근할 예정이다. 그리고 연구대상을 그동안 답사를 해왔고, 틈틈이 공부해온 범(汎)아시아 지역으로 확장시킬 것이며, 2011년 말 부터 시작되는 미크로네시아 현지답사를 시작으로 태평양의 일부지역까지 넓혀갈 예정이다.

필자의 이러한 작업들은 얼핏 보면 일본인들이 근대화와 제국주의화의 도구로 삼은 '대동아 공영권' 의 추진과정 및 범위와 유사해 보일 수도 있다. 뜻있는 분들에 의해서 그런 우려와 비판이 생길 수도 있다. 하지만 기우이다. 전혀 그럴 가능성은 없다. 필자가 연구의 질료로 삼고 있는 우리 문화의 성격과 체계에서는 그런 논리를 찾아낼 수 없다. 그리고 필자는 생리적으로 그런 것들과는 거리가 멀다. 1910년대에서 40년내에 이르는 기간 동안에 민족사관 또는 신민족주의로 평가되는 학자들의 연구내용을 보면 서구적 의미나 일본제국주의자들의 민족주의와는 다름을 확인할 수 있다. 물론 최근에 논리적으로 교조화되고, 근본주의에 경도되는 지성계의 일부 양상들을 보면 다소 우려되는 점이 없지는 않다. 하지만 조선조 수 백 년 동안 생성된 악습이 희석되는 과정에서 나타나는 일시적인 현상으로 치부하고 싶다. 아직도 잔재를 남긴 그러한 문제점들을 무화시키기 위해서라도 민족문제, 문명문제 등에 대한 시각을 달리할 필요가 있다. 이러한 부분에 대해서 논리적으로 설명한 이론은 일부 발표하였으며, 앞으로도 더욱 보강해서 발표하면서 선배 동학들의 조언과 질정을 구할 것이다. 인간은 자유로워야 한다. 특히 지성인은 자유롭고 독립적으로 사고해야할 필요가 있다. 생활에 숨가쁜 일반인들에게 대가를 지급받고 위탁받은 임무가 아닌가? 글의 첫머리에 언급하였지만, 역사학은 특별한 학문이다. 세상을 걱정하는 뜻있는 많은 이들이 그 특별함을 기대하면서 오랜세월 역사학계를 지켜봐왔다. 앞으로 의미깊고 가치가 높은 연구성과들이 나올 것을 기대하고 있다. 필자가 역사학의 존재이유와 사관 등을 주제로 최근에 발표한 논문으로는 「한국역사학, 과거를 안고 미래로-신사학을 제안하며」, 『근대 100년 한국역사학연구의 반성과 제언』(2011, 04) 과 「반도(半島)사관의 극복과제와 해륙(海陸)사관의 제언」(2011)이 있다.

필자는 이러한 연구과정을 거치는 동안에 40여권의 저서와 10여권의 공저 외에 어림잡아 140편 정도의 논문을 발표하였다. 물론 여기에는 역사와 연관된 평론 시 수필 등은 포함시키지 않았다. 첫 발표 이후 25년 동안이라는 기간에 비하면 결코 많은 편은 아니다. 다소 게으른 면이 있지만, 워낙 해외답사 등 현장조사 기간이 긴 탓도 있다. 그나마 이 정도라도 연구성과물을 낸 것은 해양사를 비롯하여 필자가 선택한 연구주제와 소재가 비교적 논문작성하는데 유리했기 때문이다. 연구소재는 무한대에 가까웠으며, 학계의 수요 때문에 비자발적으로 연구할 수밖에 없었던 경우도 많았다. 필자는 이 선집을 마련하면서 그 동안의 연구 성과물들을 1차적으로 정리하였다. 앞으로는 일반적인 역사학 연구에서 벗어나 인간의 문제, 사상의 문제, 문명의 문제, 미래 문제 등의 주제들에 대하여 집중적으로 연구할 작정이다.

선집의 내용과 구성

필자는 이미 주제와 소재에 따라서 몇 권의 논문집을 출간하였다.

『장보고 시대의 해양활동과 동아지중해』(2002), 『한민족의 해양활동과 동아지중해』(2002), 『고구려의 정신과 정책』(2004), 『단군신화, 또 하나의 해석』(2008)이다. 그 후 시간이 지나면서 논문들을 발표했다. 따라서 약 140여 편의 논문들 가운데에서 먼저 출판한 논문집과 가능한 중복되지 않는 범위 내에서 선택하여 8권의 논문집으로 발간했다.

편집방침은 아래와 같다.

첫째, 해양이라는 큰 틀 속에서 주제를 선정했다. 일부를 제외하고는 해양사 관련 논문이다. 고구려관련 단군연구 관련 해양관련 논문집들이 이미 있으므로, 그 외 논문들 가운데 필요한 것들을 선별해서 실었으며, 이는 주로 해양관련 논문들이었다. 따라서 선집의 제목을 〈윤명철 해양논문선집〉이라고 명명했다.

둘째, 주제와 소재를 고려하여 유형화시킨 다음에 각 권별로 배치하였다. 각 권별로 가능한 발표한 순서대로 편집하는 것을 원칙으로 삼았다. 그래야 연구주제 및 소재의 변화는 물론이고, 연구방법론의 변화가 어떻게 진행됐는가를 반영할 수 있기 때문이다.

셋째, 개별 논문들 가운데에는 내용이 중복된 부분들이 있었고, 특히 항로도, 자연환경, 일부 도형들은 중복돼서 사용됐다. 편집하는 과정에서 유사한 부분을 빼서 정리하려는 생각도 하였으나 그대로 싣기로 했다. 해석의 측면이 강하고 새로운 이론들을 계발하고 적용하는 관계로 각 논문마다 서문이나 전제격의 장과 절은 연구의 전제로서 이론들을 소개할 수밖에 없었다. 내용의 설득력을 기하기 위해서는 자연과학적인 자료들을 사용해야하는데, 그런 과정에서 유사한 자료들이 계속 이용될 수밖에 없었다.

넷째, 논문의 형식과 내용은 발표한 당시의 상태를 그대로 유지했다. 다만 각주의 양식통일, 한글 한자 병용양식의 채택, 논문의 편집양식은 편의상 통일을 시켰다.

여섯째, 발표당시의 원문을 그대로 실었으므로, 일부의 오류가 있거나 각 논문들 사이에 약간의 표현 차이가 있다.

왜 해양사인가?

한국 근대 역사학 연구는 몇 가지 치명적인 한계를 지니고 있다.

첫째, '가치 지향성'을 추구하지 못했다. 근대 역사학은 헤게모니를 장악한 일본제국주의자와 역사학자들의 책략으로 '객관성과 가치중립적'이라는 미사여구로 위장한 '몰가치성(沒價値性)'을 역사학의 본령으로 삼았다. 그러므로 역사학의 존재 이유, 즉 목적에 대한 논의를 게을리하거나 회피해왔다. 역기능의 측면을 강조하면서 기본책무를 져버릴 수는 없다. 특히 근대문명의 비자발적인 도입과 능동적인 역사변동의 좌절, 식민지체제로의 강제편입 등이 이루어지는 특별한 상황에서는.

둘째, 분석의 도구를 지극히 제한하였다. 문자를 압도적인 우위로 하는 연구방법론을 채택하였으며, 그것도 특정분야의 문헌을 위주로 하였다. 그 문헌들은 승자나 지배계급 중심의 관찬사료였으며, 또 하나는 우리역사에서 경쟁과 갈등을 반복했던 중국사료 일본사료들이었다. 따라서 필연적인 결과이지만 역사연구와 해석에 편향성이 강하게 작동하였다. 근대역사학의 이러한 편향성은 '소재의 선택'에서도 나타난다. 소재주의에 매몰되면 역사연구에서 인식이 실종된다. 인식과 연구방식에 '교조성'을 띠게 되고, 기계적 사고에 안주하면서 존재물과 사건을 파악하는데 '맥락관계'를 등한시하고 있다. 또한 연역적인 사고를 병행하는 것이 바람직함에도 불구하고 귀납적 사고를 위주로 하다보니 역사를 이해하고 해석하는데 모델을 설정하는 일이 없다. 그러므로 총론적인 접근이 아닌 각론적 접근에 치중하고, 거시적인 관점보다는 미시적인 관점에 사로잡힌다.

셋째, '현장주의'의 가치를 인식하는 점이 부족하다. 현장상황을 등한시하면 현장과 역사에 대한 애정이 결핍될 뿐 아니라 공간 개념이나 상황에 대한 이해가 부족할 수밖에 없다. 과학을 표방하면서 기본을 무시한 것이다. 만주일대와 해양이라는 역사의 현장을 조사하지 않았거나 기피한 탓에 우리 역사를 반도적 시각이나 일국사적시각에 매몰되게 하였다.

넷째, 역사학들이 필수적으로 갖추어야할 지적모험이 결여되어 있다. 연구활동을 하면서 과감하고 창조적인 자세가 부족하며, 새로운 이론을 만드는 것을 비우호적으로 대하고 있다. 반면에 외국의 연구성향들을 소개하는데 그치거나, 표피적인 활용정도에 머무른 경우가 많다. 자체이론을 창조하고 적용하는 노력을 게을리하며, 당연히 표절과 모방현상이 생겨났다.

이러한 한계들은 소중화의식의 연장선상에서 일본제국주의의 식민주의 사관을 비판 없이 수용한 결과이다. 식민주의 사학 가운데 하나가 공간의 왜곡인 '반도사관'이다.

반도사관의 폐해

1. 반도사관은 역사공간, 지리공간을 왜곡했다.

반도사관은 '공간', '주체', '시간'의 왜곡, '민족국가의 생성'과 '민족문화 생성' 및 '세계관'의 오해 등을 낳았다. 아울러 '역사연구 목적'과 '방식', '연구주제'와 '소재'의 선택, '역사학자의 인식'과 '학풍' 등 역사학 자체에 영향을 끼쳤다. 그런데 반도사관의 핵심이고 출발점은 역사공간의 왜곡이다. 역사공간은 지리정치적(geo-politic)인 영토의 의미만은 아니다. 지리경제적(geo-economy)으로도, 지리문화적(geo-culture)으로도 지리심리적(geo-mentalogy)으로 다양한 성격과 역할을 갖고 있다. 그러므로 공간을 놓고 국가를 비롯하여 집단 간에 벌어지는 작업들은, 특히 왜곡 작업들은 영토문제들을 비롯하여 다양하고 중대한 문제들과 직결되어 있다.

반도사관은 유기적인 역사공간을 단절시킴으로써 우리 역사터가 협소하게 인식하도록 강요했으며, 한반도 이북의 만주일대는 우리의 역사영역이 아닌 것처럼 해석했다. 바다 또한 반도의 일반적인 특성인 적극적인 해양활동의 무대가 아닌 육지를 포위하는 장벽으로 인식하도록 만들었다. 그러므로 우리를 폐쇄된 한반도라는 공간 속에서 살아온 역사로 인식하게 만들었다. 그리고 우리 역사의 터전은 대륙에 붙어있는 부수적인 존재로서 타율성이 강할 수밖에 없다는 운명론적인 논리를 펼쳤으며, '사대성', '다린성', '반도적 성격론' 등을 특성이라고 주장했다. 최근에 중국이 조직적으로 추진하고 있는 동북공정에서 고구려·발해 등의 우리역사를 해석하는 방식과 지향하는 목적도 이와 유사하다.

반도사관은 지리공간을 인식하는 관점도 왜곡하였다. 우리는 다양한 요소들이 유기적으로 연결된 것으로 인식하였다. 심지어는 공간의 다양성이 상대적으로 미약한 한반도에서 조차 지리공간을 유기적인 관점에서 이해하고 그것에 기초하여 역사상을 구축하여 왔다. 그런데 반도사관은 지리공간을 분할과 격절구조로 재단화시켜 전통적인 산수관(山水觀)을 파괴하였다. 산맥 등의 용어로서 재편한 것은 그 한 예이다. 그러데 고려 이전의 우리 역사의 공간은 만주 일대, 한반도 전체, 해양, 그리고 일본열도의 일부지역으로서 대륙과 바다가 만나는 해륙적 환경(海陸的 環境)의 지역이다. 필자는 1985년도부터 '한륙도(韓陸島)'라는 조어를 만들어 사용하고 있다.

2. 반도사관은 역사의 주체를 왜곡하고 설정하는데도 나쁜 영향을 끼쳤다.

반도사관을 만들고, 이를 추수해온 학자들은 '인종', '종족', '민족', '국민' 등의 개념과 해당시대의 정치체들의 성격, 고유한 자연환경에 따른 거주방식의 차이 등을 이해하지 못했다. 반도사관을 적용하면 남쪽의 신라 가야 왜 등과 북쪽의 부여·고구려·동예·옥저 등은 하나의 역사체라고 인식하기가 어렵다. 비록 각각 다른 정치체들이며, 자연환경은 크고 작은 차이점들이 있으며, 역사적으로도 경험한 내용들이 차이가 있다 해도 사용한 언어와 생물학적인 특성, 역사적인 경험들, 무엇보다도 본인들이 인식하고 주장한 조선계승성과 계통성 등을 고려하면 통일체임이 분명하다.[1] 뿐만 아니라 만주지역에서 명멸했던 부여 계통의 주민들, 선비 계통의 주민들, 거란 계통의 주민들, 말갈 계통의 주민들, 그리고 기타 종족들은 고대에는 강고하진 않지만 느슨한 역사공동체였다.

3. 반도사관은 역사적 시간을 왜곡하였다.

우리 역사의 시원과 편년을 설정하고, 나아가 민족의 계통성을 세우는 문제에도 심각한 영향을 끼쳤다. 원조선(原朝鮮)은 남만주를 핵심영역으로 삼은 정치체이므로 반도사관은 우리역사의 첫 출발과정을 진공화시키고, 처음부터 분열된 상태로 출발한 것으로 인식시키고 있다. 조선의 존재에 소극적이었고, 압록강과 두만강 북쪽에서 발견되는 유적과 유물을 우리 역사로 해석하거나 편입시키는 일을 거부하였다. 그렇게해서 우리 역사의 시작을 자동적으로 하향조정시킨 다음에, 원조선(原朝鮮)의 건국 기원은 추상과 신비의 영역으로 넘겨버리는 교활함을 보였다. 즉 우리 역사의 시원과 편년을 설정하고 계통성을 세우는 문제에 영향을 끼치면서 정체성 확립에 혼선을 야기시킨 전형적인 예이다. 뿐만 아니라 우리가 운용해온 시간에 대한 관념과 이용방식도 왜곡시켰다. 농경민은 시간을 '순

---

1 박은식 등은 우리민족의 범위를 넓게 설정하면서 여진·선비·몽고·흉노 등을 우리민족과 동족으로 보고, 東夷(九夷)도 우리민족의 지파로 생각하였다. 필자는 그 분들의 학설과 약간의 견해 차이는 있지만 큰 맥락 속에서는 유사하다. 다만 동이의 개념과 분포지역 성격, 그리고 우리와의 연관성에 대해서는 다양한 학문적인 접근이 중요하다. 필자의 관점에 대해서는 다음 논문들을 참고할 것.
윤명철, 「한국 고대사 연구의 반성과 대안」, 『단군학 연구』11, 단군학회, 2004, 9.
윤명철, 「동아시아 고대문명 네트워크의 현대적 부활을 위하여」, 『동아시아 문예부흥과 생명평화』, 세계생명문화포럼, 2005.
윤명철, 「고구려를 바라보는 몇가지 관점」, 한민족학회 창립기념학술회의 발표논문, 한민족학회, 2006, 5.
윤명철, 「동아시아의 해양공간에 관한 재인식과 활용-동아지중해모델을 중심으로」, 『동아시아 고대학』 14, 2006, 12.
윤명철, 「고구려 문화형성에 작용한 자연환경의 검토- '터와 多核 (field & multi-core)이론' 을 통해서」, 『한민족연구』4호, 2008.
윤명철, 「발해 유역의 역사문화와 동아시아 세계의 이해- '터(場, field) 이론' 의 적용을 통해서」, 『동아시아 고대학』17집, 2008.
윤명철, 「한국사를 이해하는 몇 가지 틀을 모색하면서-터(field & multi-core) 이론의 제기」, 한국사학사학회발표, 2008, 6.

환과 주기'라는 법칙으로 이해하고, 앉은 채 수동적으로 시간의 변화 혹은 시간이 가져온 변화를 맞이한다. 반면에 유목민에게 시간이란 자연환경의 이동, 먹이감의 이동, 초지의 이동을 의미하므로 쫓아다니는 대상이다. 그리고 해양민에게 시간이란 순간순간 변화하고, 그 변화는 생존 그 자체인 경우가 많다. 반도사관은 이러한 다양한 개념이 혼재된 시간을 농경인 시간으로 해석하였다.

4. 반도사관은 민족국가가 생성되는 명분과 과정을 왜곡했다.

반도사관은 '일국사적(一國史的) 관점'에 사로잡혀 분열과 단절인식을 심화시켰다. 선행(先行)국가인 원조선의 실체에 대해서는 물론이고, 그 이후에 생성된 국가들 간의 '계승성'을 적극적으로 설명하지 않았다. 뿐만 아니라 고구려 백제 신라 가야 왜 등을 하나의 역사체에서 출발한 '계열성'으로 설명하지 않고, 마치 무관계한 세력들이 독자적으로 최초의 정치체를 만들어 발전해가는 과정으로 설명하고 있다. 또한 정치적인 측면을 중시하여 각 시대마다 생성된 국가들의 관계를 권력의지의 소산으로 파악하고, 정치적인 분열과 분단으로 강조하였다. 그러다보니 우리 역사를 하나의 '역사공동체' '문화공동체' '경제공동체' '정신공동체'로서의 성격을 규명해내는데 실패했다.

5. 반도사관은 일국사적(一國史的)인 관점으로 국제관계 소홀하게 취급했다.

역사를 해석하는 인식과 관점, 그리고 이론의 적용대상을 일국사적으로 한정시키면서 국제관계를 소홀히해왔다. 국가의 발전과 문명의 형성이란 주변집단 혹은 국가와의 관계에서 질(質)과 양(量)이 영향을 받으며 생성된다. 반도사관은 우리역사의 확장된 역사공간과 다양한 자연환경을 간과하였다. 거기에는 물론 한반도라는 용어 속에 연관될 수밖에 없는 해양을 역사에서 사상시켜왔다. 해양활동이 활발했던 역사는 국제적인 관점에 비중을 두고 해석할 필요가 있다. 우리 역사의 터는 한반도와 만주일대 그리고 해양을 하나로 엮는 유기적인 시스템 속에 있다. 따라서 우리역사(조선을 제외)는 한 국가의 역사라고 할 지라도 일국사적인 관점을 넘어서 일민족사적(一民族史的)인 관점(觀點)에서 살펴보아야 하고, 나아가서는 일문명사적(一文明史的)인 관점(觀點)에서 역사상을 해석할 필요가 있다.

6. 반도사관은 우리 문화의 성격을 왜곡시키고 다양성을 축소시켰다.

한 집단의 문화는 특정한 시대 특정한 공간 특정한 담당주체들의 것을 선별적으로 선택해서 개념화시키거나 유형화시켜서는 안 된다. 전체사를 고려할 때, 특히 남북국 시대에 이르기까지 우리 '역사터'에서는 한반도 내부의 농경문화만을 이루고 산 것은 아니었다. 한반도와 남만주 일대에서 생성된 벼농사를 비롯한 농경문화, 요서지방과 북만주 일대의 초원에서 이루어지던 목축문화, 동만주 일대의 삼림과 큰 강 일대에서 이루어진 수렵 채취 어렵문화 등이 있었고, 동아지중해를 범위로 전개됐던 해양문화가 있었다. 그렇다고 해서 각 문화들이 개별적으로 분리도서 존재하는 복합문명의 성격이라기보다는 유기적으로 이어져 있고, 생활 공동체 역사공동체로서 문화가 매우 뒤섞인 일종의 '혼합문명(混合文明)'이었다. 다양한 문화권, 생활하는 자연환경에 따라 신체의 구조 일부나 능력까지도 다른 점이 있다. 농경적 인간, 유목적 인간, 수렵적 인간, 그리고 해양적 인간은 다양한 면에서 다른 점이 있다. 가치관과 신앙 등 생활양식 등 또한 다른 것은 말할 나위조차 없다. 우리 민족문화는 문화적 다양성을 갖고 생성된 것이다.

7. 반도사관은 우리 문화의 세계관과 운동성을 왜곡시켰다.

역사연구를 국내정치의 권력관계 조직 등 역학관계에 몰입하여 역동적이고 복합적인 국제관계를 소홀히 취급한 측면이 다분히 있다. 이를 토대로 비긍정적으로 설정한 역사용어와 개념에 걸맞는 세계관과 정체성(正體性)을 강요했다. '반도적 성격론', '당파성' 등이다. 그리고 농경적인 세계관을 전 역사과정에 일방적으로 투영시켜 마치 농경일변도의 생활체계 속에서 정주적인 운동양식과 때로는 쇄국적이고 교조적인 세계관을 갖은 것처럼 주장했고, 이를 모방하도록 도록 강요했다. 하지만 문화의 운동성만 하더라도 농경문화는 정주성, 유목문화는 왕복의 이동성, 수렵문화는 해양문화는 환류와 회유의 유동성이라는 특성을 지니고 있다. 우리문화에는 정(靜)적인 농경과 함께 동(動)적인 유목, 그리고 더욱 동(動)적인 해양적인 특성이 함께 있다. 역동적인 문화와 운동방식·세계관 등을 갖고 있었다. 필자의 용어로 표현하면 '동중정(動中靜)', '동화정(動和靜)'의 문화, 'mo-stability' 문화이다.

8. 반도사관은 역사학의 연구방식과 학풍을 다양한 면에서 왜곡시켰다.
역사학의 존재이유 역사학의 목적, 해석하는데 적용하는 판단의 기준이나 평가, 연구분야, 연구태도, 역사인식 등이다.

1) 반도사관은 역사학이 존재하는 이유에 대한 탐구를 게을리했고, 역사학을 몰가치성 학문으로 왜곡시켰다.
역사학은 '인간학'이며 '생명학'이다. 인간의 가치와 삶의 의미, 인간을 위한 다양한 탐구와 제언을 하는 역할을 해야 한다. 구한말, 일제강점기, 남북분단과 6.25라는 시대에 역사적 인간에 대한 탐구를 게을리했고, 시대정신에 무감각했다. 민족모순과 계급모순을 발견하여 인식시키고, 해결방법론을 제시하는 역할을 하지 않았다. 그리고 그들의 역사연구가 일본제국주의가 정치적인 이익을 추구하는데 도움을 준다는 사실을 인식하지 않았다. 물론 일부의 예외는 있었지만 말이다.

2) 반도사관은 연구주제와 소재의 편협함을 가져왔다.
연구주제는 조선조의 성리학적인 역사관에 영향을 받은 탓도 있지만 식민주의 사학이 가진 권력의 추수성으로 인하여 정치권력구조, 권력관계 등 정치사 내지는 제도사, 소수인물 등에 집중하였다. 연구의 관심주체도 지식인 위주와 관료적 학자들로 집중되었다. 이는 민족주의 사학자들이 국난을 극복한 영웅이나 문화 생활사에 집중한 것과는 다르다.

해방 이후에도 사상사 민속학 지리학 기후학 해양사 등과 연관하여 연구하는 일이 부족했다.

연구의 소재 또는 제한됐고, 편향적이었다. 국가별로는 주로 신라사 조선사에 집중되었으며, 고구려 발해사는 거의 전무하였고, 고려 또한 소외되었다. 불과 10여 년 전부터 고구려사와 부여사에 관한 연구가 상대적으로 부족했으며, 심지어 발해사는 2003년도까지 연구자가 거의 없었다. 물론 일본제국주의 시대 때 민족주의 사학에서는 고대사, 특히 고구려 발해 등에 관한 연구를 진행하였고, 식민사학의 범주에서도 고대사에 관한 연구는 있었다. 세월이 흐른 현재의 관점에서 보면 어떤 부류가 더 역사적 진실에 가까웠는가를 검증하고 평가할 필요가 있다. 또한 만주에 터를 둔 거란사·선비사·여진사 등을 비롯하여 북방지역에 해당하는 몽골사·유목사 등에 대한 연구가 없었으며, 현재까지도 부족했다.

분야별로도 민속학 인류학 사회과학 자연과학 등 인접학문의 연구나 공동연구는 추진되지 않았으며, 근래에 학제간 연구라는 또 다른 흐름이 도래하면서 관심들을 보이고 있다. 과학사 기후사 질병사 문명사 등도 연구자들이 턱없이 부족하다. 다만 해양사의 경우는 시대적인 요구와 정부의 지원으로 관련 연구들이 진행되고 있는 상황이다.

3) 사물과 사건을 인식하고 이해할 때 각론적 미시적 분석적·분절적 방식에 매몰되었다.

유기적인 사고를 통해서 역사상의 큰 틀과 사건의 '맥락관계'를 이해하는 데에 서툴렀고, 무엇보다도 역사연구의 근본이랄 수 있는 역사의 의미와 가치를 모색하는 인식과 태도가 부족했다. 거시적인 안목이 부족했고, 지역이나 세계 또는 시대를 해석할 수 있는 담론이나 모델이 나오지 않고 있다. 동 시대의 사람들에게 도움을 주는 역할을 제대로 못할 뿐 아니라 미래에 대한 인식을 환기시키면서 사고의 틀을 변화시키는데도 도움을 주지 못하고 있다.

4) 역사연구과정에서 비현장성을 특성으로 갖게 하였다.

근래 고고학의 발전과 위상의 확대, 민속학 등의 활동, 외국 조사의 기회가 확대되면서 이런 비현장성은 빠르게 해소되고 있다. 그런데 일제시대를 비롯하여 그 이후 한참동안 이러한 비현장성은 정당한 평가를 받지못했을 뿐 아니라 평가절하되는 경향도 있었다. 역사뿐만 d니라 모든 학문에서 현장성이란 과학적 태도와 합리적인 인식의 근본이고 기본이다. 일일이 거론하기 힘들 정도지만 일본제국주의 시대에 일본인 학자들이 가장 중요하게 여긴 학문방법론이 바로 현장성이다. 그럼에도 불구하고 조선 내부의 역사학자(손진태·안재홍 등의 학자군을 제외하고)들은 현장을 외면했다. 이유를 추적하고 평가하는 것 또한 한국 역사학이 풀어야할 숙제이다.

반도사관의 폐해는 이보다 더 종류도 다양하고 심도도 깊다. 반도사관을 포함한 식민주의 사학이 지닌 이러한 경향은 해방 이후에 지속적이었으며, 탈피하는 의지도 약하고 속도도 느렸을 뿐 아니라 철저하지 못했다. 오히려 일본학자들이 다양한 연구주제와 소재를 선택하고, 범공간적으로 인식하고 역사를 연구했다는 사실은 제국주의의 정치적인 목적 때문이기도 하지만 놀라운 일이 아닐 수 없다. 이는 그 당시 조선의 식민사학자들이 일본학자들의 그러한 영구경향과 연구성과도 알았을 가능성을 시사한다. 불가사의한 일이다.

이러한 반도사관이 지니고, 악영향을 끼친 문제점들을 극복할 의무가 있다. 아울러 우리의 역사상을 정확하게 파악하고, 우리의 생물학적 정체성과 문화적 정체성을 이해하기 위한 다양한 노력들을 기울여야 한다. 그 가운데 하나로서 해양사관이 있고 더 나아가 해류사관(海陸史觀)이 있다.

해류사관이란 무엇인가?

해류사관은 역사이론이며, 세계관이고, 사상의 기본배경이 되는 논리이다. 따라서 해양과 육지라는 공간의 문제만은 아니다. 시간의 문제, 주체의 성격문제, 사물과 역사의 체게 및 관계, 그리고 의미와 목적의 문제까지 수렴한다.

공간적으로는 자연환경을 놓고 볼 때 동아시아의 역사상을 대륙과 반도, 해양이라는 자연을 통일적이고 유기적인 하나의 단위로 보는 시각이다. 우리역사와 연관시키면 고대사에 관한 한 우리의 역사영역은 해양과 대륙 그리고 반도를 하나의 역사권으로 파악하고, 기록하고 해석하는 작업이다. 실제로 최소한 원조선과 고구려 발해는 만주와 한반도 중부이북 그리고 바다를, 즉 해륙(海陸)을 하나의 통일된 영역으로 인식하였고, 활동하였다. 동아시아라는 일지역적인 관점과 범아시아라는 범공간적인 관점에서 우리 역사를 바라 볼 필요가 있다. 필자는 한반도와 대륙을 포함해서 유기적으로 파악하는 '한류도(韓陸島)'라는 조어를 만들었고, 해류사관의 핵심인 동아지중해 모델을 설정한 것이다.

주체적으로는 한민족의 범주를 설정할 경우에 만주 지역에서 생멸을 한 종족들과 일본열도에 이주하고 정착했던 왜 또한 깊은 연관성이 있는 존재로, 상호영향을 주는 관계로 파악하는 것이다. 여기엔 터이론(field & multi-core)과 환류시스템 이론 등이 있다. 시간적으로는 근원이 불분명했고, 분절적으로 파악해왔던 역사를 근원의 인식은 물론 우리 역사의 존재이유까지 인식할 수 있다. 그 다음 단계로 자체의 완결성과 복원력을 지닌 유기체로서 파악한다. 자연스럽게 모질서(母秩序)인 조선의 계승성을 인식하면서 계통성과 계열성을 확인할 수 있다. 원핵개념 등이 있다.

문화적으로도 고유성을 가진 문화권들의 유기적인 만남으로 다양성을 확보하면서, 각각 개별문화의 존재도 인정하고 상생하는 관계로 파악할 수 있다. 실제로 우리 역사는 반도와 대륙과 해양이 만나고, 북방과 남방이 모여들며, 다양한 종족들이 직접충돌하면서 이합집산을 하고, 자연환경도 다양한 것이 만나고 있으며, 문화 또한 독특한 성격을 지닌 것들이 관련을 맺어 왔다. 그러므로 민족국가 혹은 민족역사 혹은 민족문화 등을 설정하면서 '계통화 작업'을 원활하게 추진할 수 있다. 뿐만 아니라 중국문명과는 동일하지 않으면서도 유사하고, 상호존중하고 교호하면서도 다른 독특한 문명권의 설정이 가능하다.

인간은 역사를 통해서 전체성, 통일성을 획득하므로써 개체들 간의 일체감을 인식하고, 동일한 방향성을 유지하면서 집단을 운영할 수 있다. 집단은 더욱 그러하다. 해륙사관은 우리 역사를 통일적(統一的)으로 이해할 수 있게 한다. 또한 우리는 대륙에 부수적인 반도적 존재가 아니며 역사발전도 주변부가 아닌 중핵에서 자율적으로 진행시켜 왔다는 사실을 확인할 수 있으면서 우리역사의 위상을 회복할 수 있다.

차례

머리글 · 5
왜 선집을 내는가? · 15
연구과정 · 22
선집의 내용과 구성 · 39
왜 해양사인가? · 41

01 | 한국의 해양역사와 배

    1. 서언 · 59
    2. 동아지중해의 해양 환경 · 60
    3. 동아지중해의 각 시대의 해양활동 · 64
    4. 에필로그 · 78
    ※영문 · 79   ※중문 · 103   ※일문 · 117

02 | 해양조건을 통해서 본 고대한 · 일 관계사의 이해

    1. 서론 · 145
    2. 동아시아의 해양문화 · 146
    3. 선사시대의 교섭과 해양조건 · 154
    4. 역사시대의 교섭과 항로의 상관성 · 161
    5. 결론 · 185

03 | 황해문화권의 형성과 고조선의 해양활동

    1. 서론 · 189

2. 선사시대의 해양활동과 황해의 해양환경 · 191
3. 고조선과 춘추전국 및 진(秦)의 해양활동 · 199
4. 위만조선(衛滿朝鮮)과 한(漢)시기의 해양활동 · 213
5. 결론 · 228

04 | 중국 山東半島의 해양사적 위치와 東亞地中海

1. 머리말 · 229
2. 산동반도의 해양환경 · 231
3. 산동지역의 해양역사 · 236
4. 산도반도의 항구도시와 항로 · 255
5. 맺음말 · 269

05 | 한국의 고대문화와 해양 남방문화

1. 머리말 · 271
2. 동아시아의 해양환경 검토 · 272
3. 동아지중해권의 발아와 해양남방문화-고조선·한(漢)시대 · 278
4. 동아지중해권의 형성과 해양남방문화-삼국시대 · 286
5. 동아지중해권의 완성과 해양남방문화-남북국시대 · 297
6. 맺음말 · 305

06 | 동아시아속의 瑞山과 그 해양문화적 의미

    1. 서언 · 307

    2. 동아시아의 해양문화 · 309

    3. 동아시아 해양문화의 검토-항로를 중심으로- · 317

    4. 서산지역의 해양환경 검토 · 324

    5. 맺음말 · 329

07 | 동해문화권의 설정 가능성 검토

    1. 서론 · 331

    2. 동아지중해 문명의 설정, 그 이유와 실제 · 333

    3. 동해문화권 설정의 전제 · 342

    4. 동해의 해양환경과 문화접촉 항로 · 348

    5. 맺음말 · 371

08 | 東아시아의 海洋空間에 관한 再認識과 活用

    1. 서언 · 373

    2. 역사에서 공간(空間)의 의미와 터(場, field)이론 · 374

    3. 동아지중해 모델 · 385

    4. 海洋空間의 활용과 동아지중해권의 發芽 · 390

    5. 맺음말 · 401

09 | 海岸島嶼 지역과 동아시아의 歷史와 문화
-동아지중해 모델을 중심으로-

1. 서언 · 407
2. 동아시아역사를 바라보는 관점 · 410
3. 해양 역사상의 메커니즘 · 416
4. 동아 지중해의 역사상-한국사를 중심으로 · 425
5. 결론을 대신하여 · 437

10 | 渤海 유역의 역사문화와 동아시아 세계의 이해

1. 서론 · 441
2. 역사해석의 틀인 터이론의 적용과 동아시아 문명의 성격 · 443
3. 渤海유역의 자연환경 검토 · 455
4. 渤海유역의 역사와 동아시아 문명의 생성 · 464
5. 결론 · 478

11 | 漂流의 발생과 역할에 대한 탐구
-동아시아 해역을 배경으로-

1. 서론 · 483
2. 역사에서 漂流의 性格과 發生의 메커니즘 · 485
3. 동아시아 해역에서 발생한 표류 상황-중세 이전을 중심으로 · 493

4. 역사발전에 작용한 표류의 메커니즘 · 510
5. 맺음말 · 521

12 | 울산지역 천전리 암각화와 해양문화의 연관성

1. 서언 · 529
2. 역사공간의 이해 · 530
3. 울산지역의 해양환경과 역사상 · 543
4. 동해 항로-고대 역사상과 연관하여 · 548
5. 맺음말 · 554

13 | 百濟의 역사 속에 함축된 해양 문화적 요소

1. 서언 · 557
2. 해양문화 형성의 타당성과 명분 검토 · 559
3. 해양문화의 체계적 특성-백제와 역사와 연관하여 · 579
4. 정책적 측면-백제역사를 중심으로 · 583
5. 결어 · 601

14 | 동아지중해 문명과 邊山半島의 海洋的 위상

1. 서언 · 607
2. 동아지중해 문명 · 608

3. 변산반도의 해양적 환경 · 613
4. 변산반도의 해양적 역사상과 죽막동 유적 · 618

15 | 東海文化圈의 성격과 迎日灣의 문화적 위상

1. 서론 · 635
2. 동해문화권 설정의 이론 검토 · 637
3. 동해문화권의 자연환경 검토 · 643
4. 동해의 해양문화와 영일만의 해양환경 · 653
5. 결론 · 680

01 한국의 해양역사와 배
―동아지중해 모델을 중심으로―

1. 서 언

동아시아는 현재 중국이 있는 대륙, 북방으로 연결되는 대륙의 일부와 소위 우리가 살고 있는 한반도, 그리고 일본열도로 구성되어있다. 그런데 한반도를 중심축(core)으로 하면서 한반도와 일본열도 사이에는 광대한 넓이의 동해와 비교적 폭이 좁고, 넓지 않은 남해가 있고, 중국과 한반도 사이에는 황해라는 내해(inland-sea)가 있다. 그리고 한반도의 남부(제주도 포함)와 일본열도의 서부(규슈지역), 그리고 중국의 남부지역(양자강 이남에서 복건성 지역을 통상 남부지역으로 한다.)은 이른바 동중국해를 매개로 연결되고 있다. 이른바 다국간지중해(多國間地中海, Multinational-Mediterranean-Sea)의 모습을 띠우고 있다.

이렇게 해양을 포함한 자연지리적인 환경의 영향 때문에 역사적으로는 북방과 중국에서 뻗쳐오는 대륙적인 질서(유목문화, 농목문화, 수렵삼림 문화 등을 공유하고 있다.)와 남방에서 올라가는 해양적 질서(해양문화, 남방문화)가 만나고 있다. 이렇게 농경의 정착성(stability) 문화와 유목 해양의 이동성(mobility) 문화가 만나 상호보완되면서 독특한 성격을 탄생시켰다. 이동성이 우위를 점한 형태인 'mo-stability형 문화지대'이다. 그렇지만 실제로 각 지역 간에 일어났던 교류는 주로 해양을 통해서 이루어졌다. 그러므로 주민들의 생활과 문화가 해양과 관련을 맺으면서 이루어졌고, 각 지역 간이나 혹은 나라들 간에 일어난 교섭이나 전파, 그리고 그 경로 또한 마찬가지로 해양과 밀접한 관계가 있다. 해양에서는 다른 지역이나 나라, 문화 간에 교류가 빈번하기 때문에 주변 문화와 공통성(共通性)이 많다. 따라서 필자는 1993년 이래 동아지중해(EastAsian-mediterranean-sea)모델을 설정하여 동아시아 역사와 한국의 역사를 해석해왔다.

역사는 일종의 유기체로서 시간과 공간은 연속성을 지니고 있으며, 문화는 강한 계승성을 갖고 있다. 한국의 역사무대는 현재의 한반도 만으로 구성된 것이 아니다. 대륙의 일부인 만주일대와 한반도 그리고 삼면의 바다를 포함한 곳이다. 따라서 한국 역사의 무대는 동아지중해(東亞地中海)의 한가운데(中核, core)에서 모든 육지와 바다를 유기적으로 연결하는 곳이다. 그러므로 해양문화가 발달할 수밖에 없었고, 또 그것을 활용하는 정도에 따라 동아시아의 국제질서가 영향을 받았다. 과거에는 한국의 역사를 이해하는 도구로서 반도사관(半島史觀)을 주장하여 적용해왔으나 필자는 해류사관(海陸史觀)을 주장하며 역사를 해석해왔다.

2. 동아지중해의 해양 환경

황해는 좁고, 거리도 짧아(중부는 동서간이 약 300~400km 정도) 중국과 한반도의 서부 해안 전체, 만주남부의 요동지방을 하나로 연결하였다. 또한 해상상태도 안정되어 호수 같은 성격을 지니면서 인접한 모든 나라들이 공동으로 활동할 수 있는 장(場)의 역할을 하였다. 그렇기 때문에 비교적 일찍부터 문화가 발달했고, 인간과 문화의 교류가 빈번했고, 그 결과 비교적 공질성(共質性)이 강한 문화권이 형성되었다.

정치적으로 제약이 약하고, 교류가 비교적 자유로운 편이다.

그런데 해양은 해류·조류·계절풍, 해안선의 움직임, 해상상태, 암초 등 자연조건에 절대적인 영향을 받는다.

1) 해류

동아시아에는 쿠로시오(黑潮)라는 필리핀 북부에서 발생한 비교적 따뜻하고 유속이 빠른 해류가 있고, 여러 개의 지류들이 있다. 대만을 거쳐 제주도로 북상을 하다 양쪽으로 갈라지고, 한 지류는 황해남부해안으로 부딪쳐 동쪽연안을 타고 북상한다.

남해에서 대한난류는 대마도(對馬島)를 가운데에 두고 동수도(東水道)와 서수도(西水道)로 분지(分枝)된다. 서수도를 통과한 해류는 북북동으로 1kn 미만의 속력

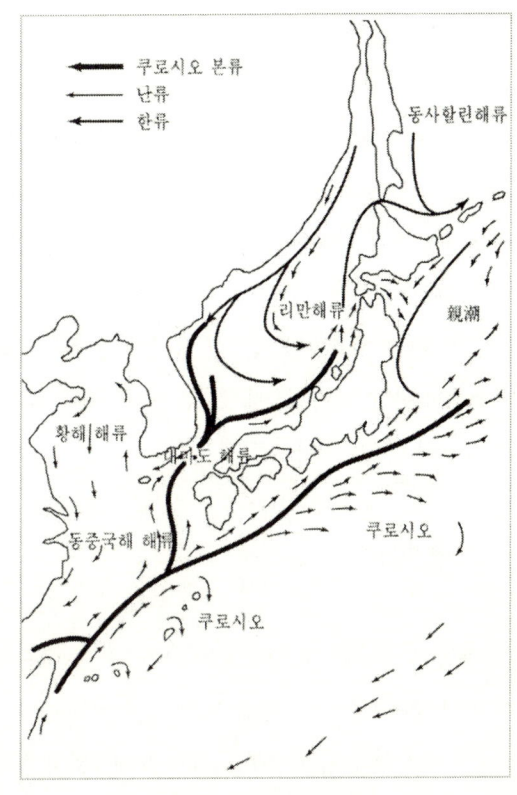

| 그림 1 | 동아시아 해류도

으로 동해로 올라간다. 동수도를 통과한 해류는 북동방향으로 흐르면서 일본해안을 끼고 북상한다. 한편 리만 해류는 연해주(沿海洲)의 연안을 통과해서 한반도 동안에 접근해서 남하하고, 북상해온 대한난류와 만나 동해중부 해상에서 일부는 동으로 움직여 횡단한다. 해류는 지역에 따라 조류의 영향을 받으며, 바람의 영향 또한 상당히 받는다.

2) 조류(潮流)

연안항해나 근해항해를 할 때 가장 중요한 것은 해역마다 독특한 조류의 흐름을 파악하는 일이다. 특히 내해(內海)나 육지사이의 해협(海峽), 리아스식 해안이 발달한 곳에서는 조류가 매우 빠르고, 방향의 지역적인 편차가 심하다. 한반도의 서해안과 남해안, 대한해협, 그리고 중국의 동해안(특히 浙江省의 舟山群島 해역) 같은 곳이다.

고대에는 해역마다 독특한 물길과 상황에 익숙한 집단이 해상권을 장악하고, 정치세력화 한다. 동아지중해에서는 한국, 중국, 일본 모두 이러한 곳에 해양도시(海洋都市, polis)가 형성되었다.

3) 바람(風)

바람의 종류는 지역과 계절에 따라 다양하다. 바람에 따라 항로가 개설되고, 항로에 따라 모든 활동이 영향을 받았다. 동아시아는 계절풍 지대이다.

봄에서 여름에 걸쳐 부는 남풍(南風)계열의 바람은 중국(中國) 남부(南部)해안과 한반도 혹은 일본열도(日本列島) 간의 교류를 가능하게 한다. 반면에 가을에서 겨울에 걸쳐 부는 북풍(北風)계열의 바람은 한반도 북부와 중국(中國)의 중부(中部) 혹은 남부해안(南部海岸) 간의 교류를 가능하게 한다. 또한 남풍(南風)계열의 바람은 일본열도에서 한반도로의 교류를, 북풍계열의 바람은 한반도에서 일본열도의 남부와 서부해안과의 교섭을 가능하게 한다.

여름에는 바람이 없는 무풍지대이나, 때때로 태풍을 비롯한 바람이 불어오며, 그 해역에서 특별한 바람을 이용하면 항해가 가능하다.

고대에는 외국과 바다로 교섭을 할 때는 계절풍과 해류·조류의 영향을 받았다.

은나라 시대의 유물인 갑골문에는 '범(帆)'을 나타내는 글자들이 있다. 한나라의 무제는 수군으로 남월(南越)과 동월(東越)을 정벌할 때에 계절풍을 이용하였다.

4) 항해거리

　근해항해를 할 경우에 선박은 육지나 높은 산을 보면서 항해하기 때문에 익숙한 지형일 경우에는 어디서나 자기위치를 확인할 수 있다.

　황해는 한국과 중국 사이에서 최단거리는 불과 약 250km정도에 불과하며, 중간에는 곳곳에 크고 작은 만(灣)들과 백령도(白嶺島) 같은 섬들이 산재(散在)해 있는 내해(內海, inland sea)와 같은 곳이다. 그러므로 반대편에 사는 주민들과 직접 또는 간접적으로 접촉할 수 있다.

　남해(南海)에서 한반도(韓半島)와 대마도(對馬島)는 거리가 불과 55km 정도이다. 또 대마도의 남동쪽 53km정도에는 이키(一岐)섬이 있어 모든해역이 간접적으로 연결된다. 지문항법(地文航法)을 활용하여 근해항해를 할 수 있었다. 선사시대에도 징검다리처럼 이용한다면 한반도와 일본열도는 쉽게 건너다닐 수 있었다.

　동해(東海)는 수심이 깊고, 해안선이 비교적 단순하여 조류의 영향도 적다. 하지만 좋은 항구시설은 부족하다. 겨울에는 파도가 3~4m로서 항해에 부적합하다. 또한 일본열도와 간격이 넓어 고대에는 항해에 어려움이 많다. 하지만 다른 대양과 비교할 때 넓거나 육지 사이의 거리가 먼 것은 아니다.

　전반적으로 보아 동아지중해는 대체적으로 거리가 짧은 내해, 지중해로서의 성격을 가지고 있기 때문에 대부분의 경우, 지문항법을 활용한 근해항해를 하는 데에 큰 난관은 없었을 것이다. 따라서 주민들은 목적을 가진채 상호교류(相互交流)를 하였으며, 심지어는 표류 등 인간의 의지에 무관하게 교류하였다. 또한 해류, 조류, 바람, 해상조건 등이 모두에게 공통적인 것이므로 해양민들 사이에는 기술과 경험을 공유하는 일이 서로를 위해서도 필요하다.

3. 동아지중해의 각 시대의 해양활동

1) 선사시대

동아시아의 해양근처에 살았던 사람들은 선사사대부터 해양문화가 발달하였다. 남해는 부산 근처나 울산과 대마도 등에서 이미 약 6000~7000년 전 부터 한일 지역 간에 교섭흔적을 보여주는 유물들이 발견되었다. 특히 최근에는 한반도 남부의 창녕군 비봉리에서 8000년 전의 통나무배 유물이 발견되었다. 길이는 약 3m이며, 소나무로 만들었다. 패총(貝塚)과 함께 발견되었다.

황해는 수심이 얕은데다가 중국지역과 만주지역, 한반도가 만나는 공동의 해역으로서 일종의 내해(inland-sea)이어서 바다가 매우 안정되고 교류에 매우 유리하였다. 단동(丹東) 등 압록강(鴨綠江) 하구 및 요동반도 및 산동반도 북부 등에서도 역시 약 6000~7000년 전의 해양유적지들이 발견되고 있다. 산동반도의 대호촌(大浩村) 출토의 용산문화(龍山文化) 유지(4000여 년 전)에서는 선미(船尾)의 흔적들을 발견하였다. 또 근처의 북경(北慶)유지에서는 석망추(石網墜) 등을 발견하였다. 대장산군도(大長山群島)의 장해현(長海縣) 광록도(廣鹿島)와 대련시의 여순구구(旅順口區) 곽가촌(郭家村) 신석기 유지(5000년 전후)에서 배모양 토기가 발견되었다. 6000년 내지 7000년 전, 신석기 중기에는 산동반도와 요동반도연해를 오고가는 항해가 있었다는 견해들도 있다.

동해북부에서는 함경북도의 서포항(西浦港) 유적에서 고래뼈로 만든 노(櫓)가 발견되었다. 기원전 3000년 기 후반 이전에 두만강 하구와 동해가에서 고래잡이와 함께 배가 사용되었다. 두만강, 한강, 대동강에는 20세기 초까지 마상이(亇尙), 메생이로 알려진 일종의 통나무배가 운행되었었다.

경상북도 울주군(蔚州郡) 반구대(盤龜臺) 선각화(線刻畵)에는 청동기 시대(BC. 10C 전후)고래잡이 어선이 새겨져 있다. 선미와 선수가 분명하고 특히 선수가 높이 올라가고 선미에는 키겸용으로 사용하던 노의 흔적이 뚜렷하다. 천전리(川前里)의 것은 더욱 발달한 형태로서 범(帆), 즉 돛의 흔적도 있다. 그렇다면 일종의 구조선이라고 볼 수 있다.

동아지중해의 전반적인 문화형태와 해양유적지들의 분포로 보아 처음으로 해양문화를 발전시킨 사람들은 황해의 양쪽 연안에 환상형(環狀形)으로 포진한 동이족(東夷族)이었다. 특히 황해서안, 즉 현재의 중국해안에 거주한 동이족은 해양문화를 발전시켰으며 해양을 통해서 벼농사(稻作)와 고인돌(支石墓)문화 등을 동아시아의 여러지역으로 전파하였다. 뛰어난 해양활동 능력을 갖춘 동이인들이 환황해(環黃海) 교역권을 형성하는데 큰 역할을 하였을 것으로 여겨진다.

2) 기원전 후한 시대 〈原朝鮮과 列國時代〉

고조선은 황해북부해안을 끼고 발전하였는데, 특히 요동반도와 서한만, 대동강 하구지역을 중심으로 해서 해양문화가 발달하였다. 고인돌과 함께 기원전 6~7세기경의 강상(崗上)무덤(旅大市 甘井子區 后牧城驛 근처)과 약간 늦은 시기의 누상(樓上)무덤 등은 요동반도의 남쪽에 있다. 그들은 산동반도의 봉래(蓬萊)와 요동반도 끝의 여순(旅順)지역을 잇는 묘도군도(廟島群島) 등을 항해하였고, 발해만에서 서한만(西韓灣)을 왕래하는 선박들을 관리하고 통제하였다. 고조선은 춘추전국(春秋戰國)시대에 산동(山東)의 제(齊, 나라임) 등과 교역을 하였다. 『관자(管子)』에는 조선이 문피(文皮)를 수출하였다고 기록하였다. 위만조선(衛滿朝鮮)과 한(漢)나라 사이에 벌어진 전쟁은 황해북부(黃海北部) 해상권을 둘러싼 전쟁, 즉 역학관계의 재편을 목적으로 한 전쟁이었다. 두 나라 간에 벌어진 전투는 수륙양면전으로 장기간 펼쳐졌다.

한반도 남쪽에는 삼한(三韓)의 소국(小國)들이 있었다. 소국들은 삼국지(三國志)·후한서(後漢書) 등의 기록에 의하면 해상활동이 활발했다. 소국들은 중국 지역 및 일본열도(日本列島)의 소국(小國)들과도 정치적, 경제적으로 교섭하였다. 생산한 철(鐵)을 교역하고 철을 화폐로 사용하였다. 『삼국지(三國志)』 위서(魏書) 변진전(弁, 卞辰傳)의 기록 『통전(通典)』의 기록 에도 '진한에는 철이 생산이 되어 한·예·왜가 모두 와서 취해 간다.'고 되어 있다.

이 소국들은 대부분 해안 또는 강 하구에 위치한 일종의 해항(海港) 또는 하항(河港) 도시국가이다.

일본열도의 청동기문화와 철기문화에 해당하는 야요이(彌生)문화(BC. 3C 부터 AD. 3C까지)는 무덤양식이나 토기·농기구·무기 등으로 보아 한반도 남부에서 건너갔음을 알 수 있다. 발견되는 인골(人骨)은 한반도 남부의 것과 동일하여 주민이 집단으로 이동하였음을 알 수 있다. 이 이동은 한반도의 각 지역에서 출발하여 일본열도의 여러 지역에 도착하였다. 야요이 시대의 선박은 노를 사용한 준구조선(準構造船)이었다. 오사카부(大阪府)의 하쓰다(蓮田)유적에서 발견된 과주는 초기의 것으로 전장이 18m에 봉(棒, 느릅나무)나무로 만들었는데, 약 30인승 정도이다. 돗토리(鳥取)현의 스미다(角田) 유적지에서 발견된 항아리의 표면에는 배를 선각한 그림이 있다.

우리역사에서는 기원을 전후한 이 시대에 이르러 황해와 남해, 그리고 동해의 일부 등을 포함한 해양을 역사의 중요하고 영향력을 지닌 공간으로 탈바꿈하였다. 해양과 관련하여 정치세력이 흥망을 거듭하였고, 바다를 건너 무역을 벌이고, 주민들 간에도 접촉이 활발해졌다.

3) 고대국가 시대(기원후~ 7세기 중)

(1) 고구려

고구려는 초기에는 만주지역에 동맥처럼 발달한 송화강·압록강·혼강 등 큰 강을 이용한 내륙수군활동(內陸水軍活動)이 있었다. 전기부터 압록강(鴨綠江) 하구를 통해 황해북부로 진출하였다.

고구려시대의 유일한 목선은 박작성(단동시)의 우물에서 발견되었다. 길이 3.7m의 목선과 함께 몇 개의 나무노가 출토되었다.

동천왕(東川王) 때(233년)양자강 하구 유역인 건강(建康, 현 남경)의 오(吳)나라와 교섭하였다. 화북의 위(魏)나라를 피해서 먼 바다에서 근해항해를 하면서 장거리 외교를 한 것이다. 고구려는 오(吳)에게 담비가죽(貂皮) 1000枚와 갈계피(鶡鷄皮) 10具 등 북방의 토산물과(『三國志 吳書』) 각궁(角弓) 등 군수물자를 보냈다. 그 다음에는 80필의 말을 선사했다.

광개토태왕(廣開土太王)은 수륙양면작전을 구사하여 한강을 직공하고 경기만을 장악하였으며, 400년 경에는 요동만 해안지역에 닿았다. 장수왕 때인 439년에는 800필의 말을 배에 실어 당시 송나라(양자강 하류인 남경에 수도가 있었음)에게 수출한다.

고구려가 4C부터 일본열도에 진출한 흔적들은 혼슈(本洲)남단(南端)의 지역에서 발견된다. 6세기 중반에 이르러 본격적인 해양외교를 전개하였다.

고구려는 대륙(大陸)정복과 함께 황해중부 이북과 동해중부이북의 해상권을 완전히 장악했기 때문에 국제적으로는 분단된 중국(中國)의 남북조를 해양을 통해서 동시등거리외교로서 역학관계를 조정했으며 무역을 활발하게 하였다. 수도인 국내성(國內城, 중국 吉林省 集安市)과 평양성(북한의 수도)은 하항도시(河港都市)로서 황해와 연결되었다. 고구려는 7세기 내내 중국지역을 통일한 수(隋)·당(唐)의 수륙양면(水陸兩面)공격을 받으면서 승리를 거두었다. 그 후 해양외교를 이용한 나당연합군(羅唐聯合軍)의 협공을 받고 멸망하였다.

고구려의 대외진출 항로는 다음과 같다.

첫째는 황해북부 연안항로이다. 두번째는 황해북부 사단(斜斷)항로이다. 근해항해를 통해서 남조정권이 있었던 양자강 유역까지 남진해가는 항로이다. 세번째는 황해중부 사단(斜斷) 및 횡단(橫斷)항로이다. 네 번째 동해안에서 출발하는 일본항로가 있다.

(2) 백제

백제는 수도였던 한성(漢城, 서울시 風納토성으로 추정) 등은 일종의 하항(河港)도시였다. 4세기 초에는 고구려를 공격하여 황해도 해안지방과 황해중부해상권을 장악하였다.

한편 남쪽에서는 서해남부지역을 완전히 장악하고, 이어서 일본열도에 본격적으로 진출하기 시작하였다. 중국의 『송서(宋書)』(488)에는 '百濟國 本與高麗 俱在遼東之東 千餘里 其後高麗略有遼東百濟略有遼西 百濟治所 謂之晉平郡晉平縣.'라고 하여 백제가 중국지역에 진출한 듯한 기록이 있다. 이 기록은 『남제서(南齊書)』(6세기 전반), 『양서(梁書)』(7세기 전반), 『남사(南史)』(7세기 전반) 등 남조의 사서들에 나타나고 있다.

그 후 고구려의 공격을 받고 경기만을 빼앗겨 수도를 남으로 이전하였다. 그 결과 해양활동이 일시적으로 위축되었다. 다시 제주도를 복속하고, 중국의 송(宋)·제(齊)·양(梁)·진(陳) 등 남조국가(南朝國家)들과 활발하게 교섭하였으며, 일본열도로 진출하여 고대국가(古代國家)가 성립하고 불교 등 문화가 발달하는데 중요한 역할을 하였다. 『주서(周書)』권49 백제전에는 '진(晉) 이래로 송(宋)·제(齊)·양(梁)시대에는 현재 양자강의 좌(左)에 있었다고 되어 있으며, 『북사』백제전에는 역시 진(晉) 이래로 강(江)의 좌우(左右)에 거하고 있었다고 기록하고 있다.

백제는 5세기에 이르러 일본열도에 본격적으로 진출하였으며, 6세기 중반에는 불교의 전파를 기반으로 고대국가 발전에 큰 역할을 담당하였다.

그러나 나당연합군(羅唐聯合軍)의 금강(錦江) 상륙작전으로 수도가 함락당하고 의자왕은 항복하였다. 이후에 왜군을 동원하는 등 부흥운동을 시도하였으나 실패하고 말았다.

일본은 오진천황(應神天皇) 때에 길이 10丈(약 33m)의 배를 만들게 하였다. 그 후에도 우수한 배의 상징으로 백제선이란 말이 등장하고, 645년에는 왕명으로 아키국(安藝國)에 명하여 백제선 2척을 만들었다. 일본의 『동정회전회권(東征繪傳繪卷)』에는 백제·

신라인들이 배 만드는 것을 지도하는 내용이 있다.

백제의 대외항로는 다음과 같다.

첫째, 경기만을 출발하여 황해중부를 횡단한 다음 산동반도 혹은 발해만으로 들어가서 화북으로 들어갔다.

둘째, 금강하구에서 황해를 횡단하거나, 황해남부를 사단하여 양자강하구로 들어가 남조정권과 교섭하였다.

셋째, 서해남부 혹은 남해서부 해안을 출발하여 구주 서북부에 있는 고토(五島)열도(列島)를 경유하여 구마모토(熊本)의 내륙지방으로 진입해 들어갔다. 기쿠치강(菊池川) 유역에 후나야마고분(船山古墳) 등 백제계 유적과 유물이 많다.

넷째, 규슈 북부에 상륙하고, 세토(瀨戶) 내해(內海)를 항해하여 오사카(大坂)에 상륙하여 나라(奈良) 지역으로 진출한다.

(3) 가야

가야(伽倻)는 서기 42년부터 562년까지 존속하였던 나라이다. 현재의 부산인 김해(金海)지역은 중국지역과 한반도, 일본열도를 이어주는 동아지중해의 최적의 중계지였고, 무역선이나 국가의 용무를 대신하는 사신선들이 경유하는 국제항이었다.

가장 먼저 일본열도(日本列島)로 진출하여 거점의 토대를 마련하였다. 일본국가가 성립되는 과정에서 유물과 건국신화 등에는 가야적 요소가 많이 있다. 천손(天孫)인 니니기노미코도(瓊瓊杵尊)는 삼종신기(三種神器)를 갖고 다까마노하라(高天原)를 떠나 히우가(日向)의 다가치호노다게(高天穗峰)의 쿠시후루(槵觸峰, 久士布流多氣)로 하강(下降)한다. 이 신화는 김수로왕(金首露王)의 천손강림신화(天孫降臨神話)와 구조는 물론 내용이 같고, 등장하는 지명도 비슷하다.

가야가 한반도에서 멸망할 때 까지 가야와 일본열도간의 교섭은 매우 활발하게 이루어졌다. 대마도나 규슈북부에는 가야계 지명이 지금도 매우 많이 남아있다.

가야인들의 항로는 다음과 같다.

현재 부산(釜山)인 김해(金海)를 출발하여 대마도(對馬島)를 경유하고, 다시 중간에 있는 이키(一岐)를 지나 규슈의 북부로 상륙하는 것이다. 한반도에서 일본열도로 가는 데 가장 손쉽게 사용되어 왔다.

(4) 신라

신라는 초기에는 해양문화가 발달하지 못했다. 수도인 경주(慶州)는 내륙의 분지에 고립된 산간도시가 아니라 바다로 이어진 일종의 해항도시(海港都市)였다. 일본신화나 역사적 사실 등을 보면 신라인이 진출했음을 알려준다. 하지만 초기부터 바다를 건너 공격한 왜(倭)와 해상에서 화공전(火攻戰)까지 벌이고, 가야와도 해전을 벌인다.

512년에는 동해를 건너 우산국을 정벌했다. 5세기 중반에 들어와 경기만을 차지하였고, 이것을 이용하여 중국지역과 교섭을 빈번하게 하였다. 신라는 583년에 선부서(船付署)라는 관청을 두어 본격적으로 선박관리를 했다. 후에 해양외교를 통해서 당나라와 동맹을 맺고 백제와 고구려를 멸망시켰다.

안압지를 발굴할 때 나온 통나무배는 호수에서 사용되던 쪽배였다. 그 시대에 신라는 이미 발달된 배를 건조하여 바다를 건너 일본열도로 항해하고 있었다.

신라인들의 항로는 다음과 같다.

첫째, 경기만(京畿灣)을 출발하여 산동반도 권으로 들어가는 황해중부 횡단항로가 있다.

둘째, 일본열도로는 동해남부의 울산·포항 등을 출발하여 동해남부를 횡단한 다음에 본주남부에 있는 시마네현(島根縣)이나 쓰루가(敦賀)해역으로 들어간다.

4) 南北國 時代(7세기 중엽~10세기 전반)

(1) 통일 신라

이 시대는 동아지중해에서 군사적인 긴장이 풀리면서 외교·문화·경제적 목적을 위한 해양활동이 활발해졌다.

신라는 해양능력을 바탕으로 국제교역을 활발히 하였다. 전기에는 주로 당나라와 산동반도의 등주항을 통해서 교역을 활발하게 하였다. 등주(봉래시)에는 발해관 신라관이 함께 있었다. 대모(玳瑁)·자단(紫檀)·심향(沈香)·공작미(孔雀尾)·슬슬(瑟瑟)·구수(毬毹)·비취모(翡翠毛) 등은 당(唐)에서 수입한 것이다.

신라는 일본과 긴장관계에 있었다. 하지만 무역은 활발했고, 특히 민간인들은 물건들을 사고 팔았다. 752년에 일본에서 나라(奈良)의 도다이사(東大寺)가 완공되고, 불상이 완성되었을 때에, 신라정부는 축하사절을 빌미로 7척의 선박에 700명의 대사절단을 파견하여 무역활동을 하였다. 신라는 일본무역을 거의 독점하였기 때문에 당나라나 서역, 아라비아 등에서 일본으로 들어오는 물품들도 역시 신라를 거쳐야 했다.

신라는 아라비아·페르시아 등 이슬람교권 상인들과 교역을 했다. 몇몇 문헌에는 아랍·무슬림 상인들의 신라 내왕이나 신라 견문에 관한 기술과 함께 신라로부터 수입한 상품에 관한 기사도 실려 있다.

한편 당에서는 이른바 '재당신라인(在唐新羅人)'들이 상업적으로, 때로는 외교사절의 역할까지 하면서 동아시아의 바다를 장악하였다. 그들은 중국의 대운하의 주변에 정착하여 운하경제를 활성화시켰다. 운하(運河)주변과 산동성(山東省)·강소성(江蘇省)·절강성(浙江省) 등 해안가에 신라방(新羅坊)·신라소(新羅所)·신라촌(新羅村) 등 정착촌(定着村)을 건설하였다. 상인들이나 사신들을 위해서 신라관(新羅館)·신라원(新羅院) 같은 건물도 있었다.

동아지중해(東亞地中海)의 전체 항로는 신라인(新羅人)들과 재당신라인(在唐新羅人)

들, 그리고 일본열도에 거주하는 재일신라인(在日新羅人)들이 장악했다. 결과적으로 '범신라인(凡新羅人)들' 이 단절된 항로를 유기적으로 연결하면서 바다의 물길과 상권을 독점한 것이다.

장보고(張保皐, 張寶高)는 '청해진대사(淸海鎭大使)' 라는 독특한 직책으로 청해진(淸海鎭)을 설치하여 황해(黃海), 남해(南海), 동해(東海) 및 동중국해(東中國海)의 전항로(全航路)를 장악하면서, 상인(商人)들과 해양민(海洋民)들을 조직하였다. 즉 동아지중해(東亞地中海) 서쪽(環黃海圈)의 요소요소(要所要所)에 포진해 있는 거점도시(據點都市)들을 유기적으로 연결하였고, 조직적으로 역할분담(役割分擔)을 시키면서 군사력(軍事力)을 동원하여 민간상인조직(民間商人組織)을 연결시켰다. 그리고 본거지를 군항이며, 자유무역항으로 만든 청해진에 두어 재당신라인과 재일신라인, 본국신라인을 동시에 관리하고, 역할분담을 조정할 수 있었다. 이들이 일정한 연계성을 가지고 활발한 해상활동을 하게끔 하므로서 동아지중해의 해상권을 장악하였다. 라이샤워는 장보고를 'The Trade Prince of the Maritime Commercial Empire' 라고 명명(命名)했다.

9세기 전기에 신라의 해적이 일본열도를 침입하였다. 869년에는 신라의 해적선 2척이 일본의 하카다를 습격하였다. 870년에는 역시 신라해적이 풍전국(豊前國)의 공물선에 실린 견면(絹綿)을 약탈하였다. 이어 893년과 894년에도 규슈북부와 대마도를 습격하였다.

통일신라인들의 항로는 다음과 같다.

첫째, 황해중부의 횡단항로는 남양만, 현재의 화성군의 당은포를 출발하여 직항한 다음에 산동반도 등주(봉래시)에 도착하였다. 민간인들은 산동반도 아래의 적산포(赤山浦, 현재의 榮成市 石島港) 유산포(乳山浦) 등에 도착하였다.

둘째, 황해남부 사단항로이다. 전남해안 출발하여 회하(淮河) 유역의 도시와 양자강하구(揚子江河口) 및 현재 닝보우(寧波)인 밍조우항(明州港)이다. 장보고의 선단들은 주산군도(舟山群島)를 출발하여 북상하다가 한반도 남부로 상륙하거나 동중국해를 사단하여 신라 혹은 일본까지 항해하였다. 절강성(浙江省) 주산군도(舟山群島)의 보타도(補陀島)에는 신라상인들에 대한 전설과 함께 신라초(新羅礁)가 남아있다.

셋째, 동해남부 횡단항로는 경주의 외항인 울산(蔚山), 감포(甘浦), 포항(浦項) 등 동해남부의 해안을 출발하여 일본열도의 혼슈(本洲) 남부인 돗토리현(鳥取縣)·시마네현(島根縣)의 이즈모(出雲) 등에 도착한다. 또 하나는 주목해야 할 지역은 와카사만(若狹灣)의 쓰루가(敦賀)이다.

넷째, 남해항로이다. 대마도를 경유하여 규슈 북부에 있는 하카다만(博多灣)이다. 신라의 해적들은 남해항로를 적극적으로 활용하였다.

조선술

671년 10월에 당의 조선(漕船) 70여척을 격파하였고, 673년에는 당나라의 침입을 경계하기 위하여 문무왕은 병선(兵船) 100척(隻)을 서해에 파견하였다. 752년에는 신라 사신단 700명이 7척의 배에 나누어 타고 갔다. 1척당 평균 100명이 승선한 꼴이다. 839년에는 정부가 대재부(大宰府, 西京)에 '신라선(新羅船)를 만들어 능히 풍파를 감당할 수 있게 하라.'고 명령하였다. 840년에는 대마도(對馬島)의 관리가 신라선(新羅船)의 우수성을 말하고 대재부(大宰府, 西京)가 가진 신라배 6척 중에서 1척을 나누어 달라고 요청하였다. 839년에는 일본이 파견한 15차 견당사가 귀국할 때에 초주(楚州)에 있었던 신라배 9척을 얻어 타고 왔었다. 그 시대 일본 승려들이 타고 온 신라선이 현재 일본 시가현(滋賀縣) 히에이산(比叡山)의 명덕원(明德院)에 그림으로 남아있다. 쌍(雙) 돛대에 활대가 9개, 사각범(四角帆)과 누각(樓閣)이 있었는데, 닻을 물레를 이용하여 조정하고 있다.

(2) 발해

발해는 건국 초기인 732년에 장문휴(張文休)가 수군을 거느리고 발해만을 건너 당나라의 등주를 점령하였다. 그 후 무역활동을 벌였다.

일본과는 초기부터 우호관계를 유지했다. 신라와 당이라는 두 강대국을 경계해야 하는 지정학적(地政學的)인 목적이 있었다. 하지만 국제환경이 변하면서 주로 경제적인 목적을 띄고 이루어졌다. 초피(貂皮), 호피(虎皮), 웅피(熊皮), 꿀, 인삼(人蔘), 명주(明紬)나 철(鐵)·동(銅), 곤포(昆布), 대모배(玳瑁盃) 등을 수출하였다. 무역역조(貿易逆調) 현상이 심해서 871년에는 일본왕정에서 발해사신단에게 물건값으로 지불한 금액만도 40만량(萬兩)에 달하였다. 그러자 일본정부는 발해 사신이 12년마다 오고, 1회에 내방(來訪)하는 인원수도 105명으로 제한하였다.

발해는 북서풍을 이용하기 위해 주로 11월부터 3월까지 한겨울에 동해를 건너갔다. 그러므로 항해술과 조선술 등의 해양능력이 뛰어났다. 발해는 공식적인 외교사절만 34회 파견하였으며, 746년에는 민간인 1100명으로 구성된 선단이 일본에 도착한 적도 있었다. 반면에 일본은 발해에 13회 파견하였다. 승려 등은 물론이고 사신들도 발해배를 이용하는 경우가 있었다. 항해술과 조선술이 부족했기 때문이다.

발해인들의 항로 다음과 같다.

첫째, 압록강(鴨綠江)의 하구인 박작구(泊灼口, 현재 丹東市)에서 항해를 시작해서 서한만(西韓灣)으로 빠져나가 연안항해를 한 다음에 마석진(馬石津, 旅順시)에서 묘도군도(廟島群島)를 타고 내려가 산동(山東)반도 북부의 등주(登州, 봉래시)에 도착하였다.

둘째, 두만강 하류 또는 러시아의 블라디보스토크 근처에서 출발하여 동해북부를 사단하여 원양항해한 다음에 혼슈 중부의 니가타(新潟)·노토반도(能登半島)·쓰루가(角鹿) 등에 도착하였다. 쓰루가에는 지금도 발해사신들이 묵었던 객관이었던 게히신궁(氣比神宮)이 있다.

셋째, 연해주의 남부 등에서 출발하여 타타르해협을 건너 사할린 또는 홋카이도(北海道)에 도착하였다. 전반적으로 동해항로는 위험하여 항해에 어려움이 많았으며, 희생도 많이 뒤따랐다.

5) 고려시대(10세기 전반~ 14세기 말)

고려를 세운 왕건은 백선장군(百船將軍)이었고, 해군대장(海軍大將)이라는 칭호를 받은 해양세력이었다.

그는 경기만(京畿灣) 일대의 해양세력으로서 해전을 통해서 후삼국을 통일하였다.

그 시대 동아시아의 역학관계는 북방의 요(遼), 중국지역의 송(宋), 그리고 고려(高麗)로 3분되었으며, 서하(西夏), 여진(女眞), 일본(日本) 등의 주변 국가들이 있었다.

고려(高麗)와 송(宋)은 요(遼)를 견제하기 위하여 외교교섭이 절실했고, 문화의 교류와 무역도 필요했다. 양국은 바다를 통해서만 이루어졌다. 약 160여 년 동안 고려는 송나라에 사신을 57번, 송은 고려에 사신을 30번 파견하였다. 평균 2년에 1번 비율이다.

고려와 송나라는 엄청난 규모의 공무역을 했다. 보통 100명에서 300명을 태운 사신선들은 곧 공무역선이었다. 송나라는 고려에 의복, 상아, 물소뿔, 옥, 술, 새(鳥), 차, 칠, 악기 등을 수출하였고, 고려는 비단, 금, 은, 나전 세공품, 꽃방석, 자개박이 그릇, 인삼, 소나무, 부채, 종이, 붓, 먹, 가죽 등 수 천 점을 보냈다. 1078년에는 송이 100종이 넘는 품목과 6천 건에 달하는 물건을 보냈고, 고려 역시 그에 상당하는 물건을 보냈다.

민간상인들도 활발하게 무역을 하였다. 주로 현재의 복건(福建) · 광동(廣東) · 절강(浙江)의 상인(商人)들이 고려에 많이 왔다. 1012년부터 1278년까지 266년간 송나라의 상인이 129회에 걸쳐 약 5000여명이 왔다. 아랍인인 대식국상인(大食國商人)들도 많이 왔다. 마팔국(馬八國, 印度), 섬라곡국(暹羅斛國, 泰國), 교지국(交趾國, 베트남) 등의 국가들과도 교역을 하였다. 일본과 무역을 하였으며, 일본상인들도 김해를 통해서 고려에 들어왔다. 현재의 오키나와인 유구국(琉球國)과 교섭이 활발했다.

고려는 후기에 들어서 몽골의 침입을 받아 강화도(江華島) 등에서 바다를 근거지로 항전했다. 후에 삼별초(三別抄) 정부는 진도(珍島) · 제주도(濟州道) 등에 세운 일종의 해양왕국이었다. 4년 간 고려정부와 몽골을 대상으로 항쟁을 했다. 강력한 해양력 때문이다.

고려는 군선 무역선 조운선(哨馬船)등이 있었다. 서긍이 쓴 『고려도경』에는 순찰용 배인 순선, 관선, 소나무로 만든 송방(松舫), 막선(幕船, 일종의 누선) 등으로 분류하고 있다.

여진해적을 공격한 과선(戈船)은 선체에 창을 꽂아 근접전에 유리하고, 선수(船首)에는 철로 충각(衝角)을 만들어 적선을 깨뜨릴 수 있다. 70여명 정도가 승선하며, 적재용량은 1000石 정도이다. 검선(劍船)도 있었다.

1274년 여몽연합군(麗蒙聯合軍)이 일본열도를 침공할 때 900隻의 배를 4개월 반에 건조하였다. 300척은 경질선(輕疾船)이었고, 300척은 급수선(給水船)이었으며, 남은 배는 전선(戰船)이었다. 이 큰 배가 보통 3천석에서 4천석을 실을 정도였다. 이때 돌에 화약을 넣어서 적선을 부순다(入火石打)' 라는 기록이 있다. 후기에 들어서서 왜국의 침입을 받으면서 국가적으로 어려움을 겪었으나, 왜구 격퇴와 대마도정벌(對馬島征伐) 등 해양력을 유감없이 발휘하였다. 군선의 갑판에 화포를 설치하였다.

고려인들이 사용한 국제항로는 다음과 같다.

첫째, 전기인 북송시대에는 주로 예성강하구 출발하여 황해중부를 횡단하여 산동반도의 등주항이나 밀주(密州)에 도착하였다.

둘째, 후기에는 남송(南宋)이 성립되면서 황해남부항로를 횡단하여 양자강(揚子江) 이남의 지방과 활발한 교섭을 하였다. 서긍(徐兢)이 쓴 고려도경(高麗圖經)에는 항로가 기록되어 있다. 영파(寧波)를 출발하여 주산군도(舟山群島)의 섬들을 지난 다음에 상해만(上海灣)까지 북상한 다음에 동북으로 사단(斜斷)하여 흑산도(黑山島)를 경유(經由)하여 경기만으로 진입한 후에 개경의 외항인 벽란도(碧瀾渡)에 도착하였다. 『송사(宋史)』에는 절강성의 정해(定海, 주산군도)에서 흑산도까지 건너는데 순풍이면 닷새가 걸린다고 하였다. 필자는 3차례의 표류항해를 시도하였는데, 주산(舟山)군도를 출발하여 동중국해를 거쳐 황해남부를 사단하는 항로도 사용하였다. 광동성이나 복건성을 통해서 들어온 서역문화(西域文化)도 이 항로를 이용하였다.

6) 조선시대(15세기 초~19세기 말)

조선시대에 들어와서 한국의 해양문화는 매우 미약해졌다. 초기에는 수군을 동원하여 대마도 정벌 등을 추진하는 등 적극적이었다. 조선술(造船術)에도 관심을 기울여 새로운 형태의 선박을 건조하려는 시도도 있었다. 그러나 해양문화는 천시되고 수군 활동도 미미해졌으며 공도(空島)정책을 취하는 등 민간인들의 대외해양활동을 원천적으로 금하였다. 이는 명(明)나라도 마찬가지였다.

동아시아와 조선에서 해양의 중요성이 확인된 것은 임진왜란(壬辰倭亂, 1592~1598)이었다.

초기의 일방적인 열세에서 벗어나 승리를 이끌어낼 수 있었던 것은 수군(水軍)의 승리 덕분이다. 수군체제와 함선의 우수성을 활용한 이순신의 활약으로 강력한 일본 수군을 격파하였다. 특히 거북선은 매우 독특한 기능을 보유한 함선으로서 조선의 해양능력을 단적으로 웅변하는 선박이다. 하지만 조선은 이후에도 해양의 중요성을 인식하지 못한 채 해양문화를 발전시키지 못하였다. 다만 국내의 물류체계를 위해서 조운을 발전시켰으며, 이에 합당한 선박들을 건조하였다.

강에서 운행되던 큰 배들은 길이가 50척, 넓이가 10척 3촌 정도였다. 중선(中船)은 길이가 46척, 넓이가 9척, 소선은 길이 41척, 넓이가 8척정도 였다. 한강에는 곡식을 200석에서 1000여석까지 실을 수 있는 강선(江船)들이 수 백 척 있었고, 1000~1500석의 곡물을 적재하는 배들도 있었다.

그 후 근대에 접어들면서 본격적으로 해양의 중요성과 역할이 거론되었으며, 해양력은 동아의 역학관계를 결정하는데 상당한 역할을 하였다. 제너럴 샤먼호사건, 병인양요, 신미양요 등을 겪으면서 해양의 중요성을 깨달아갔으나 이미 때는 늦었다. 운양호 사건으로 불리우는 강제적인 개항, 청일전쟁, 러일전쟁, 일본의 식민지화는 해양력 및 해양질서와 깊은 관련이 있다.

4. 에필로그

　동아시아는 해양이 중요한 역할을 했고, 특히 한국·중국·일본이라는 세 지역 간에 이루어진 사람들의 이동과 물자와 문화의 교류, 전쟁은 해양이 아니면 불가능했다. 특히 한국역사는 고대사에 관한 한 대륙과 한반도 그리고 해양을 포함한 곳이었다. 그럼에도 한국역사는 육지, 그것도 한반도라는 한정된 시각과 통념에 사로잡혀 해양이라는 중요한, 의미있는 장르를 소홀히 하였다. 필자는 우리역사, 특히 고대사를 해석하는 과정에서 하나의 모델로서 '동아지중해(東亞地中海)'를 설정하였고, 육지와 해양을 하나의 유기적인 관계로 보는 '해륙사관(海陸史觀)'을 제창했다.
　그 모델을 통해서 한국사 및 동아시아를 해석하는 과정에서 몇 가지 새로운 사실을 확인했다.
　정치군사적인 교섭외에 문화의 교류, 경제적 교역이 동아시아사는 물론 우리역사에서도 상당한 비중이 있었음을 확인하였다. 또 구체적인 해양교통로와 해양의 메커니즘이 역사가 형성되는 데에 상당한 영향을 끼쳤으며, 때로는 동아시아의 질서가 전면적으로 재편되는 과정에서 해양이 결정적인 역할을 했다는 사실도 확인할 수 있었다.

Maritime History and Ships in Korea Based the East Asian-Mediterranean-Sea Model

1. Introduction

East Asia contains the continent where China sits, some part of the Northern continent, the Korean Peninsula, and the Japanese Islands. With the Korean Peninsula at its central position, there is the East Sea of a great width and the South Sea of a rather narrow width in between the Korean Peninsula and the Japanese Islands, and the Yellow Sea, an inland sea is in between China and the Korean Peninsula. The southern part of the Korean Peninsula (including Jeju Island), the western part of the Japanese Islands(Kyushu: 九州) and the southern part of the China(the area covers Fujian Province(福建省) in the southern part of the Yangtze River) are connected to the East China Sea, which is a multinational-mediterranean-sea.

Under the influence of this geographical environment including seas, continental order of the northern district and China (it contains nomadic, agricultural and hunting culture) and oceanic order of the southern part(oceanic and southern culture) meet in this area in history. The mutual complement of a stability culture from agricultural life and a mobility culture from a nomadic and oceanic life produced unique characteristics. It is a 'mo-stability' culture area in which a mobility culture holds a dominant position. Particularly, exchanges between the areas generally occurred through the sea. So, a daily life and culture was build around the sea, and contacts, spread and routes in between regions or countries have a close relation to the sea. Frequent exchange between regions, countries and cultures around the sea allows many things to be common between adjacent cultures. This is why, since 1993, I have interpreted East Asian history and Korean history with an East Asian-mediterranean-sea model.

History is a kind of organism. Time and space has continuity, and culture has strong successional characteristics. The stage of Korean history is not limited to the current Korean Peninsula. It contains Manchuria, the Korean Peninsula and the sea on three sides. So, the stage of Korean history coordinately connects the entire continent and the sea at the core of the East Asian-mediterranean-sea. This circumstance brought development of oceanic cultures and its use had effects on the international order in East Asia. In the past, a peninsula-oriented historical view claimed to describe Korean history, but I have interpreted the history with a land and sea-oriented historical view.

2. Maritime Environment in the East Asian-Mediterranean-Sea

The Yellow Sea is narrow and short(approximately 300-400 kilometers from east to west in its central part). It connects China, all the western seaside of the Korean Peninsula and Liaodong(遼東) in southern Manchuria. Like a lake, the sea is stable and therefore becomes a place that adjacent countries can work together. This area developed culture comparatively early days, and frequent exchange between people and cultures took place. As a result, fairly common culture was established. There are few restrictions on politics and free exchange.

The sea is absolutely influenced by natural conditions such as currents, tides, seasonal winds, movement of shoreline, sea status and reefs.

1) Current

East Asia has the Kuroshio(黑潮) and many branches that begin off the northern Philippines, which is warm and has a current. The Kuroshio flows northward past Taiwan to Jeju Island and diverges into two currents. One of these moves to the south side of the Yellow Sea and flows northward along the east side of the Yellow Sea.

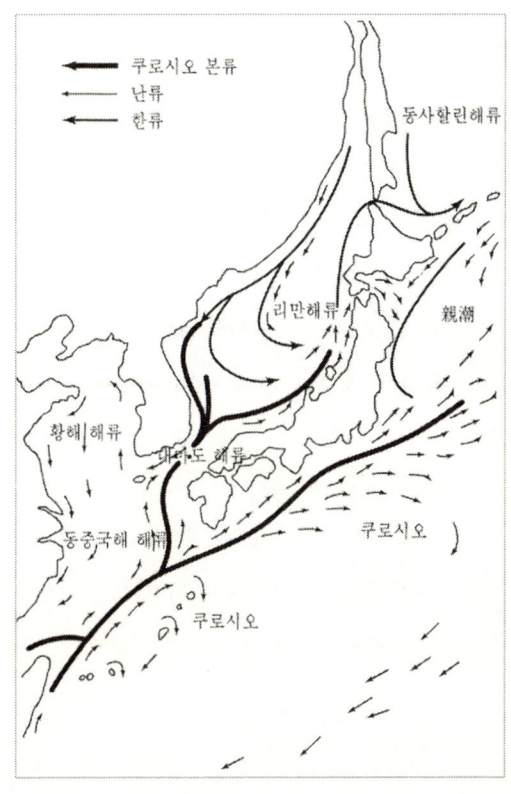

|1| Map of Currents in East Asia

In the South Sea, the East Korea Current diverges into the east and the west currents at *Tsushima*(對馬島). The current following the western route moves north-northeast ward to the East Sea at under 1 kilometer speed. The current following the eastern route flows northeast ward along the coast of Japan. The Liman Current passes the seaside of the Littoral Province(沿海洲) and moves southward along the east side of the Korean Peninsula, and joins with the East Korea Current that moved from the south, then some of the current flows eastward in the middle of the East Sea. A current is influenced by tides by region and by winds to different degrees.

2) Tide

The most important element of coastal sailing is to identify unique tides in different sea areas. Particularly, tides are very fast in inland seas, the straits that lie between land masses and ria coasts. Tide directions are extremely different in different regions, for example, the west and the south coast of the Korean Peninsula, the Korean Strait and the east coast of China(especially the Zhousan Archipelago, Zhejiang Province: 舟山群島, 浙江省).

In ancient times, a group that was familiar with particular water streams and their status ruled the sea and came to political power. Polis was established in such areas in Korea, China and Japan in East Asian-mediterranean-sea.

3) Wind

Types of winds vary by region and by season. A route is planned with winds, and all human activities were influenced by the route. East Asia is the region where monsoon blows.

The south wind that occurs in spring to summer enables exchange between the south coast of China and the Korean Peninsula or the Japanese Islands. On the other hand, the north wind that occurs in autumn to winter enables to exchange between the northern part of Korea and the middle or the south coast of China. The south wind allows exchange from the Japanese Islands to the Korean Peninsula, and the north wind from the Korean Peninsula to the south and the west coast of the Japanese Islands.

There is no wind in summer, but sometimes typhoons occur. Sailing is possible in the area using a particular wind. In ancient times, a move to foreign countries and the seas was substantially influenced by seasonal winds, currents and tides. Inscriptions on bones and tortoise carapaces, a relic of Chinese Yin Dynasty, have some characters that denote a ship. Chinese King Mu of the Han Dynasty used a seasonal wind to conquer *Namwol*(南越) and *Dongwol*(東越) with his naval forces.

4) Voyage Distance

In case of coast sailing, travelers voyage watching lands or high mountains so that they can identify their location at familiar geographical features.

The shortest distance across the Yellow Sea between Korea and China is about 250 kilometers, and the sea is an inland sea that has large and small bays and islands such as *Baekyoungdo*(白嶺島). So, people may contact directly or indirectly with those who live in the other side.

The distance between the Korean Peninsula and Tsushima(對馬島) from the South Sea is merely about 55 kilometers. There is Iki(一岐) Island at the 53 kilometer southeast from Tsushima, so sea areas are connected indirectly. Coast sailing is possible using terrestrial navigation. Even in the prehistoric age, it might be possible to move between the Korean Peninsula and the Japanese Islands easily using islands as stepping stones.

The East Sea is deep and the coastline is comparatively simple, so it is little influenced by tides. However, it has few great harbor facilities. It is not suitable to sail in winter due to its waves of 3-4 meters high. The distance between the Japanese Islands made it very difficult to sail in ancient times. However, comparing with other oceans, it is not far and wide between land masses.

Generally, East Asian-mediterranean-seas have the characteristics of an inland sea and a mediterranean sea that have short travel distances, so there might be minor difficulties for coastal sailing using terrestrial navigation. People exchanged on purpose, and sometimes they exchanged unwillingly through drifting. Currents, tides, winds and sea conditions are common factor to all involved, so sea people need to share their technology and experience with each other.

3. History of Maritime Activities in the East Asian-Mediterranean-Sea

1) Prehistoric Age

People who lived near East Asia developed ocean culture from the prehistoric age. Relics that prove the fact that Korean and Japanese interchanged near Busan City, Ulsan City and Tsushima about 6000-7000 years ago were discovered in the South Sea. A canoe built about 8000 years ago was recently found at *Bibong-ri, Changyoung-gun*, the southern part of the Korean Peninsula. It is about 3 meter long and made from pine trees. A shell mound was discovered as well.

The Yellow Sea is shallow and adjacent to China, Manchuria and the Korean peninsula. As an inland sea, the Yellow Sea, is very stable and convenient for exchange. About 6000 to 7000-year-old maritime historic sites have discovered at *Dandong*(丹東), the mouth of the Yalu River(鴨綠江), the Liaodong Peninsula and the northern part of the Shandong Peninsula. A mark from stern was found at the Lungshan(龍山) cultural site(about 4000 years old) located at *Daeho-chon*(大浩村), the Shandong Peninsula. Also, stone net pendants were discovered at Beijing. A boat-shaped earthenware was discovered at *Gwangnock-do*(廣鹿島), *Janghae-hyun*(長海縣) in the Daejangsan Archipelago(大長山群島) and at *Gwakgo-chon*(郭家村), *Yeosungu-gu*(旅順口區), Daeryun City(大連市), a Neolithic cultural site(about 5000 years old). It shows that people sailed from the Shandong Peninsula to the Liaodong Peninsula about 6000 and 7000 years ago, in the middle Neolithic Age.

In the northern part of the East Sea, an oar made from whale bones was found at a port, *Seopohang*(西浦港), *Hamgyungbukdo*. A boat was found, used for whale fishing before 3000 B.C, at the east coast and the mouth of the Duman River. A kind of canoe called as *Masangyi*(?舟) or *Mesengyi* was served at the Duman River, the Han River and the Daedong River until the early 20th century.

A whale fishing boat of the Bronze Age(about 10 B.C.) was carved on a rock, *Bangudae*(盤龜臺) at *Ulju-gun*(蔚州郡), *Gyeongsangbuk-do*. A bow and stern is clearly described. The bow is highly tilted upward, and a mark of an oar used as a steering wheel as well is shown at the stern. The trace of a more developed sail was founded at *Sanjeon-ri*(川前里). It was likely a rescue boat.

By overall culture types and distribution of maritime cultural sites in East Asian-mediterranean-sea, those who developed oceanic culture first are the Dongyi-tribe(東夷族) who lived round each coast of the Yellow Sea. The Dongyi who lived in the west coast of the Yellow Sea, current the coast of the China Sea developed oceanic culture and spread rice farming and dolmen to many regions in East Asia through the sea. Equipped with outstanding maritime activity skills, it is believed that the Dongyi played a major role in establishing a trade zone on the Yellow Sea rim.

2) Later Han Period 〈Old proto-Joseon(原朝鮮) and Warring States Period (列國時代)〉

Old proto-Joseon flourished along the north coast of the Yellow Sea. The Liaodong Peninsula, the Seohan Bay and the mouth of the Daedong River were particular centers of development of oceanic culture. Along with a dolmen, the Gangsang Tomb (崗上墓) dating back to 6-7 B.C. is located near *Humokseongyeok*(后牧城驛), *Gamjeongjagu*(甘井子區), Yeodae City(旅大市) and the Rusang Tomb(樓上墓) from slightly after that period is located in the south of the Liaodong Peninsula. Old Joseon sailed the Myodo Archipelago(廟島群島) that links *Bongrae*(蓬萊), the Shandong Peninsula and *Yeosun*(旅順), the Liaodong Peninsula. They controlled the traffic of boats that ran between the Balhae Gulf and the Seohan Bay(西韓灣). Old Joseon traded with Qi(齊) in Shandong(山東) in the Spring and Autumn & Warring States Period(春秋戰國). The war between Wiman Joseon(衛滿朝鮮) and the Han(漢) Dynasty aimed to gain maritime power in the north of the Yellow Sea; in other words, it was to reorganize relations. The war was lasted a long time on land and sea.

There were three small countries, Three Han Federations, in the southern part of the Korean Peninsula. According to the Three Kingdoms(三國志) and the History of the Later Han Dynasty(後漢書), maritime endeavors of the small countries were active.

They politically and economically exchanged with China and the small countries in the Japanese Islands. They traded produced iron and used iron as money. The *Byunjinjeon*(弁, 卞辰傳) from the history of Wei, *Weiseo*(魏書) in the Three Kingdoms(三國志) and the *Tongjeon*(通典) says that Jinhan produced iron and the Han, Ye and Japan came and took it. The small countries are located on the coast or the mouth of the river, in other words, they are kind of city states located at a seaport or a river port.

The Yayoi(彌生) culture(from 3 B.C. to 3 A.D.) was developed in the Bronze Age and the Iron Age in the Japanese Islands. By the pattern of tombs, earthenware, agricultural implements and weapons, the culture was first spread from the southern part of the Korean Peninsula. Human bones found in Japan are identical to those found in the southern Korean Peninsula. This shows that many people moved into the place. The movement started from many areas on the Korean Peninsula and arrived at many areas on the Japanese Islands. A boat of the Yayoi period is a kind of structured boat that uses oars. This kind of boat was discovered in *Hatsuda*(蓮田), *Osaka-bu*(大阪府) is 18 meter long and made from elm trees in the early period. The capacity was about 30 people. A boat shape was carved on a jar, which was discovered at the historic site of *Sumida*(角田), *Tottori* (鳥取).

In this period, Korea changed the Yellow Sea, the South Sea and a part of the East Sea into a region equipped with significant power in history. Political powers cycled up and down, like the sea. People traded across the sea and came into active contact with each other.

3) Ancient Kingdom Period (~7 A.D.)

(1) Goguryeo

In the early period, Goguryeo operated its naval forces using big rivers such as the Songhwa River, the Yalu River and the Hon River which developed like an artery in Manchuria. From early days Goguryeo entered into the northern part of the Yellow Sea through the mouth of the Yalu River. The only wooden boat in Goguryeo was discovered at a well in a fortress called *Pakjaksung* in Dandong City. Several wooden oars were discovered with the 3.7 meter long wooden boat.

Goguryeo came in touch with Wu in *Gungang*(建康, currently Nanjing) near the mouth of the Yangtze River in the King Dongcheon(東川王) period(233). It was long-distance diplomacy accomplished by sailing far out at sea, keeping out of Wei(魏) in *Hwabuk*. Goguryeo sent local products of its northern region to Wei, including 1000 pieces of marten skin, 10 pieces of chicken skin (a record in the history of Wu, *Wuseo* (吳書), the Three Kingdoms(三國志) and sent war supplies such as bows made from bones. Goguryeo also offered 80 horses.

Gwanggaeto the Great of Goguryeo directly attacked the Han River to conquer the Gyeonggi Bay, implementing strategies on land and sea. In the King Jangsu period, in 439, 800 horses were exported by boats to the Song Dynasty(its capital is located in Nanjing near the mouth of the Yangtze River).

The evidence that shows Goguryeo entered into the Japanese Islands beginning in 4 B.C. has been discovered in the southern end of *Honshu*(本州). Goguryeo developed a full-fledged maritime diplomacy in the middle of 6th century.

Goguryeo took complete maritime power in the northern part of the middle

Yellow Sea and the middle part of the East Sea so that it could control the relations of the divided Southern and Northern Dynasties of China with equidistant diplomacy and trade actively through the sea. The capital cities, *Gooknaesung*(國內城: current Jiban City(集安市), Jilin Province(吉林省, China) and *Pyongyangsung*(current capital of North Korea) were connected to the Yellow Sea as a river port city. On land and sea, Goguryeo defeated attacks of the Sui Dynasty and the Tang Dynasty that had unified China over the 7th century. Later, Goguryeo was destroyed by joint attacks of the Silla-Tang allied forces(羅唐聯合軍).

Goguryeo moved abroad with the following routes.

The first route was the north coast of the Yellow Sea route. The Second route was a diagonal route from the northern part of the Yellow Sea. It moved southward by coast sailing to the Yangtze River where the Southern Dynasties ruled. The third route was a diagonal route from the middle of the Yellow Sea and a trans-Yellow Sea route. The fourth ran from the East Sea coast to Japan.

(2) Baekje

The capital of Baekje, a river port city, *Hansung*(漢城) is assumed to have been *Pungnap-tosung*(風納), an earthen fortress in Seoul City. Baekje attacked Goguryeo in the 4th century and controlled the coastal area of *Hwanghae-do* and the middle of the Yellow Sea.

Baekje came to power in the southern part of the West Sea and started entering into the Japanese Islands. The history of Song, *Songseo*(宋書, 488) recorded that Baekje seemed to enter into China(百濟國 本與高麗 俱在遼東之東 千餘里 其後高麗略有遼東百濟略有遼西 百濟治所 謂之晋平郡晋平縣). The record was described in the books of the Southern

Dynasties such as the *Nanchi-shu*(南齊書, the first half of the 6th century), the *Liang-shu*(梁書, the first half of the 7th century) and the *Namsa*(南史, the first half of the 7th century).

As Goguryeo took Gyeonggi Bay, Baekje moved its capital to the southern part of the country. For that reason, maritime activities were temporarily contracted. Baekje conquered Jeju Island and traded actively with the countries of the Southern Dynasties including Song(宋), Qi(齊), Liang(梁) and Chen(陳). It also entered into the Japanese Islands and played important roles in establishing ancient kingdoms and developing culture including Buddhism there. The 49th chapter, Baekjejeon in the *Zhou-shu*(周書) says that Baekje was located on the left side of the Yangtze River in the Song(宋), Qi(齊), Liang(梁) period after the Jin Dynasty. The *Buksa*(北史), history of the Northern Dynasties says that Baekje was located on the left and the right side of the river after the Jin Dynasty.

Baekje actively entered into the Japanese Islands in the 5th century, and contributed to improvement of ancient kingdoms based on propagation of Buddhism in the middle of the 6th century. The capital of Baekje was taken under the Geum River landing-operations led by the Silla-Tang allied forces(羅唐聯合軍) and King Uija surrendered. Baekje tried to revive using Japanese forces, but failed.

During the Emperor Ojin(應神天皇) period Japan made a boat about 33 meters long. The term *Baekjesun* was coined, standing for an excellent boat. Two more boats of *Baekjesun* quality were made in *Anyegook*(安藝國) by order of the emperor in 645. The *Dong-jeong-huei-jeon-huei-gwon*(東征繪傳繪卷), a Japanese book describes that people of Baekje and Silla instructed how to build these.

Baekje entered into other countries along the following routes.

First, it started from the Gyeonggi Bay and passed the middle of the Yellow Sea to the Shandong Peninsula or the Balhae Gulf and to the *Hwabok*.

Second, it crossed the Yellow Sea from the mouth of the Geum River or moved diagonally across the southern part of the Yellow Sea to the mouth of the Yangtze River. Baekje mingled with the Southern Dynasties there.

Third, it started from the southern part of the West Sea or the west coast of the South Sea and entered into the inland area, *Kumamoto*(熊本) via the Goto Archipelago (五島列島) that was located in the northwest of *Kyushu*(九州). There are many historic sites and relics originating from Baekje at the Kikuchigawa River(菊池川).

Fourth, it landed in the northern part of *Kyushu*(九州) and crossed an inland sea, *Seto*(瀬戸), then landed in *Osaka*(大坂) and moved to *Nara*(奈良).

(3) Gaya

Gaya existed from 42 to 562. The Kimhae(金海), currently Busan City, was the best hub in East-Asian-Mediterranean-Sea to connect China, the Korean Peninsula and the Japanese Islands. Additionally it was an international port that trade ships and diplomatic dignitary ships passed through.

Gaya initially entered into the Japanese Islands and established a base. Many influences originating from Gaya were foundational in the course of establishing Japan. A descendant of emperor, Niniginomikoto(瓊瓊杵尊) left *Takaamahara*(高天原) with *Sansyu-jingi*(三種神器) and went down to *Kusifuru*(槵觸峰. 久士布流多氣), *Takachihonodage*(高天穗峰), *Hiuga*(日向). The format and content of the myth is same as the Gaya myth of descent from heaven, *Cheonson-ganglim-sinhwa*(天孫降臨神話) about King Kim, Su-ro(金首露王). Even the names of characters are similar.

Trade between Gaya and the Japanese Islands was very active until Gaya fell on the Korean Peninsula. The names originating from Gaya remained at Tsushima and the northern part of *Kyushu*.

The route that Gaya people moved along is as follows.

They started from *Kimhae*(金海), currently *Busan*(釜山) past *Tsushima*(對馬島) and *Iki*(一岐) Island, then landed in the northern part of *Kyushu*(九州). The route was the easiest way to go to the Japanese Islands from the Korean Peninsula.

(4) Silla

Oceanic culture was not developed in the early period of Silla. The capital city, *Gyeongju*(慶州) was not a mountain city but a sea port city. The Japanese myth and history shows that Silla people entered into Japan. Silla fought against Japan who invaded across the sea, attacking by fire. Japan also fought against Gaya on the sea.

Silla conquered Woosangook across the East Sea in 512. It occupied Gyeonggi Bay in the middle of the 5th century and frequently traded with China through the bay. Silla established a department of shipping, *Sunbuseo*(船付署) to manage shipping affairs. It conquered Baekje and Goguryeo by allying with the Tang Dynasty through maritime diplomacy.

Anapji Pond and a canoe used at the pond were discovered. Silla constructed boats and sailed to the Japanese Islands across the sea.

The two routes of the Silla people were as follows.

First, it was the Trans-the middle Yellow Sea route. They started from the Gyeonggi Bay(京畿灣) and entered into the Shandong Peninsula.

Second, they started from Ulsan or Pohang City, the southern part of the East Sea, and entered into *Simane-ken*(島根縣) or *Tsuruga*(敦賀), the southern part of the *Honshu*

(本州) across the East Sea.

4) Southern and Northern Kingdoms Period(from the middle of the 7th century to the first half of the 10th century)

(1) United Kingdom of Silla

Maritime activities for diplomatic, cultural and economic purposes were actively conducted in this period, easing military tension in the East-Asian-Mediterranean-Sea.

Silla actively conducted international trade based on maritime power. It traded with the Tang Dynasty through Deungju Port on the Shandong Peninsula. *Dengzhou* (Bongrae City) has Silla-gwan and Balhae-gwan, which were kinds of accommodations. Hawksbill turtle, rosewood, aloeswood, tail of peacock, emerald, velvet ball and tail of kingfisher were imported from the Tang Dynasty.

Silla and Japan had strained relations, even though trade was actively conducted and people bought and sold goods. Japan established a Buddhist statue and a temple *Dodaisa*(東大寺) at *Nara*(奈良) in 752. Silla used this event to sent 700 envoys by 7 boats in congratulation, and actively conducted trading activities. Silla occupied trade in Japan, so goods from the Tang Dynasty, the countries bordering on Western China and Arabia could be handed over to Japan via Silla.

Silla traded with Islamic merchants such as Arabia and Persia. Some books describe exchanges with Arab and Muslim merchants, knowledge and technology of Silla and imported goods from Silla.

During the Tang Dynasty, Silla people living in Tang worked as merchants and diplomats and controlled the sea of East Asia. They settled near the Grand Canal in

China and operated a canal economy. They established settlements such as Silla-bang(新羅坊), Silla-so(新羅所) and Silla-chon(新羅村) near canal and coastal areas such as Shandong Province(山東省), Jiangsu Province(江蘇省) and Zhejiang province(浙江省). They also build Silla-gwan(新羅館) and Silla-won(新羅院) for merchants and themselves.

All routes in East-Asian-Mediterranean-Sea were controlled by Silla people in home land Silla, Silla people living in Tang and Silla people living in the Japanese Islands. As mentioned above, Silla people served as linkages between routes that did not completely connect and occupied the routes and commercial power.

As a unique position, ambassador to *Cheonghaejin*(淸海鎭), Jang Bo-Go(張保皐, 張寶高) established *Cheonghaejin*(淸海鎭) and controlled all routes of the East China Sea including the Yellow Sea, the South Sea and the East Sea, organizing merchants and sea people. In other words, he connected the base cities that were located in important points on the Yellow Sea rim(環黃海圈) in the East-Asian-Mediterranean-Sea and organically linked merchant organizations. He positioned a military port and free trade port, *Cheonghaejin*(淸海鎭), as the base of operations, and controlled Silla residents in Tang, the Japanese Islands and home land. He enabled them to conduct maritime activities under regular relations and came into power in East-Asian-Mediterranean-Sea. Reischauer called Jang Bo-Go 'the Trade Prince of the Maritime Commercial Empire.'

Pirates of Silla invaded the Japanese Islands in the first half of the 9th century. Two pirate ships from Silla attacked Hakada in Japan in 869. Again, pirates of Silla looted silk and cotton from a ship that transported tributes to *Buzen*(豊前國) in 870. They attacked the northern part of *Kyushu* and *Tsushima* in 893 and 894 respectively.

United Kingdom of Silla sailed along the following routes.

First was the trans-Yellow Sea route. They started from the Namyang Bay, currently *Dangeunpo* in *Hwasung-gun* and arrived at Dengzhou(Bongrae City) in the Shandong Peninsula. People landed in *Tsusanpo*(赤山浦), currently Seokjo Port(石島港) at Youngsung City(榮成市) and *Yousanpo*(乳山浦) in the bottom of the Shandong Peninsula.

The second route moved diagonally across the southern part of the Yellow Sea. It started from the coast of *Jeollanam-do* and landed in cities adjacent to the Hui River(淮河), the mouth of the Yangtze River and Minzhou(明州) Port, currently *Ningbou*(寧波). A fleet of Jang, Bo-Go started from the Zhousan Archipelago(舟山群島) and moved northward to land in the southern part of the Minghan Peninsula. Otherwise, they moved diagonally across the East China Sea to Silla or Japan. The legend of Silla merchants and Silla-cho(新羅礁) remains at Pota Island(補陀島) at the Zhousan Archipelogo(舟山群島) in Zhejian Province(浙江省).

Third, a trans-East Sea route started from outer ports of *Gyeongju* such as *Ulsan*(蔚山), *Gampo*(甘浦) and *Pohang*(浦項) on the south coast of the East Sea and landed in *Izumo*(出雲) at *Shimane-ken*(島根縣) and *Tottori-ken*(鳥取縣), the southern part of *Honshu*(本洲). Another important region is *Tsuruga*(敦賀) in Wakasa Bay(若狹灣).

Fourth, the South Sea route landed in Hakada Bay(博多灣) in the northern part of Kyusyu via Tsushima. Pirates of Silla actively used this route.

(2) Shipbuilding Technology

King Munmu defeated 70 cargo ships of Tang in October, 671 and dispatched 100 warships to the West Sea to guard against a Tang invasion in 673. In 752, seven boats transported 700 delegations of Silla, about 100 people per a boat. In 839, the government ordered *Taijaechon, Xijing*(大宰府, 西京) to build Silla boats, *Sillasun*(新羅船) to bear wind and waves. In 840, one of managers in *Tsushima* asked to get one boat out of six Silla boats that *Taijaechon, Xijing*(大宰府, 西京) held, giving Shilla a complement of boats. In 839, the 15th envoy sent by Japan arrived by 9 Silla boats that were in *Chuzhou*(楚州). A picture of the Silla boat that transported Japanese Buddhist monks remained in *Meitokuin*(明德院), *Hieisan*(比叡山), *Shiga-ken*(滋賀縣), Japan. The ship has a pair of sails with 9 cross-sticks, square sails and a tower. The anchor was controlled by means of a spinning wheel.

(3) Balhae(渤海)

In 732, the early period of foundation, Jang Mun-Hyu conquered *Dengzhou* in Tang across the Balhae Gulf with his naval forces and also traded with them.

Balhae maintained friendly relations with Japan from the very start. It had a geopolitical purpose in keeping watch on the two powers, Silla and Tang. As the international environment had changed, friendly relationships with Japan was maintained for economic purposes. Balhae exported pig skin, tiger skin, bear skin, honey, ginseng, silk, iron, copper, kelp and cups made from hawksbill turtle. With the trade imbalance, in 871, the Japanese government paid about 400,000 nyang(兩) for goods from the Balhae delegations. So, the Japanese government limited the number of visits and visitors to once every 12 years and 105 people per visit.

Balhae crossed the East Sea from November to March, using the northwest wind. This demonstrates that the Balhae people were very good at maritime activities such as sailing and shipbuilding. Balhae dispatched official envoys 34 times. It also sent a fleet to Japan in 746, which included of 1100 people. On the other hand, Japan sent envoys only 13 times. Envoys as well as Buddhist monks went on board in Balhae boats due to lack of shipbuilding technology in Japan.

Balhae people moved along the following routes.

The first route started from *Baekjakgu*(泊灼口), currently Dandong City(丹東市) in the mouth of the Yalu River and moved to the Seohan Bay(西韓灣), then sailed along the coast. Then, it arrived at *Maseokjin*(馬石津), Yeosun City(旅順) and then again moved down to *Dengzhou*(登州), Bongrae City in the northern part of the Shandong Peninsula along with the Myodo Archipelago(廟島群島).

The second route started from the lower part of the Duman River or near Vladivostok in Russia and moved diagonally across the northern part of the East Sea then set out an ocean voyage to *Nigata*(新潟), *Notohanto*(能登半島) and *Tsuruga*(角鹿) in the middle of *Honshu*. An accommodation for Balhae envoys, *Kehijingu*(氣比神宮), remains in *Tsuruga*(角鹿).

Third, Balhae ships started from the southern part of the Littoral Province and landed in Sakhalin or *Hokkaido*(北海道) across the Tatar Strait. The overall route through the East Sea was dangerous for sailing, and considerable sacrifice was necessary.

5) Goryeo Dynasty(from the first half of the 10th century to the late 14th century)

Wanggun, a founder of Goryeo, was *Baeksun-janggun*(百船將軍) in the military system. He controlled maritime power and was a general of the navy.

The founder had maritime power near Gyeonggi Bay and unified the Later Three

Kingdoms through naval battles.

The power of East Asia in that period was divided into three regions, Liao(遼) in the north, Song (宋) in China and Goryeo. Also neighboring countries such as Xixia(西夏), Jurchen(女眞) and Japan(日本) were involved.

Goryeo and Song desperately needed diplomatic relations to control Liao(遼), and also needed cultural exchange and trade. The two dynasties conducted exchanges only on the sea. Goryeo sent envoys to Song 57 times, and Song sent 30 times during about 160 years. Such exchanges conducted once every two years on average.

Goryeo and Song conducted a considerable amount of trade. Diplomatic dignitary ships usually carrying between 100 to 300 people were de-facto trade ships. Song exported clothes, ivory, horns of water buffalo, jade, alcohols, birds, tea, lacquer and musical instruments. Goryeo exported thousands of goods including silk, gold, silver, mother-of-pearl works, fancy cushions, wooden bowls inlaid with mother-of-pearl, ginseng, pine trees, fans, paper, brushes, ink sticks and leather. In 1078, Song sent over 100 items and about 6000 goods, and so did Goryeo.

General merchants also traded actively. Merchants mainly came from current Fujian(福建), Guangdong(廣東), and Zhejiang(浙江). Merchants from Song visited Goryeo 129 times and the number of visitors reached at about 5000 from 1012 to 1278. Many Arab merchants visited as well. Goryeo also traded with India(馬八國, 印度), Thailand(暹羅斛國, 泰國), Vietnam(交趾國). Goryeo traded with Japan and Japanese merchants entered into Goryeo through *Kimhae*. Trade with Ryukyu Kingdom(琉球國), current Okinawa was very active.

Goryeo resisted a Mongolian invasion in the second half of this period based on the sea area including Ganghwa Island(江華島). Later, the *Sambyulcho*(三別抄)

government established in Jindo(珍島) and Jeju Island(濟州道) was a kind of maritime kingdom. It fought against the Goryeo government and Mongolia for four years thanks to strong maritime power.

Goryeo had military ships, trade ships and cargo ships(哨馬船). The *Goryeo-dogyeong*(高麗圖經) written by Seogeung categorized ships into patrol ships like *Soonsun* and *Gwansun*, *Songbang*(松舫) made from pine trees and *Maksun*(幕船) that have a kind of two-story house in each ship. A battle ship that attacked the pirates of Jurchen(女眞) had an advantage in close distance fighting due to spears fitted in the ship. An iron ram installed at the bow of the ship enabled a battle ship to break enemy ships. The capacity of the ship is about 70 people and 1000 seok(石, about 180,000 liters). Goryeo also had *Gumsun*(劍船), a warship.

While the Goryeo-Mongolia allied forces(麗蒙聯合軍) invaded the Japanese Islands in 1274, Goryeo built 900 ships in four and a half months. This includes 300 *Gyeongjilsun*(輕迭船), 300 ships that supply water and 300 warships. The large ship could contain 3000 to 4000 seok(石, about 540,000 to 720,000 liters). According to records, stones with gunpowder destroyed enemy ships. Goryeo suffered difficult times under the Japanese invasion in the latter period, but showed its maritime power by defeating Japanese forces and conquering *Tsushima*.

The international routes that Goryeo people used are as follows.

First, in the North Song period, they usually started from the mouth of the Yeseong River and arrived at Dengzhou Port or Mizhou(密州) in the Shandong Peninsula across the middle of the Yellow Sea.

Second, in the latter period, as the South Song was established, Goryeo people crossed the southern part of the Yellow Sea and traded actively with regions in the southern part of the Yangtze River. The *Goryeo-dogyeong*(高麗圖經) written by Seogeung(徐兢) recorded the route. The route started from Ningbo(寧波) and passed the Zhousan Archipelago(舟山群島) and moved northward to the Shanghai Bay(上海灣). Then, it moved diagonally across northeastward to the Gyeonggi Bay via Heuksan Island(黑山島) and arrived at *Byeoklando*(碧瀾渡), an outer port of *Gegyeong*. The history of Song, Songsa(宋史) says that it takes five days to get to Heuksan Island from *Jeonghae*(定海), the Zhousan Archipelago, Zhejiang Province before the wind. I tried to this voyage three times, started the Zhousan Archipelago(舟山群島) and moved diagonally over the southern part of the Yellow Sea via the East China Sea. The culture of the countries bordering on Western China entered into Goryeo via Guangdong Province or Fujian Province, using this route.

6) Joseon Dynasty(from the early 15th century to the late 19th century)

The oceanic culture of Korea was weak in the Joseon Dynasty. In the early period, the Joseon Dynasty actively promoted conquering Tsushima, and mobilizing naval forces. Joseon tried to build new type of ships with keen interest. However, oceanic culture was neglected and activities of their naval forces became weak. Also Joseon took the 'Empty Islands(空島)' strategy and prohibited people's foreign maritime activities. The Ming Dynasty adopted the same strategy.

It was not until the Japanese Invasion(1592-1598) that East Asia and Joseon realized the importance of the sea.

Due to the victory of its naval forces, Joseon won a fight getting out of inferiority in strength. Yi Sun-Shin used outstanding strategy with his naval forces and defeated strong Japanese naval forces. Particularly, the Turtle Ship equipped with unique abilities was an excellent ship that dramatically demonstrated the maritime power of Joseon. However, Joseon did not fully recognize the importance of the sea and failed to develop an oceanic culture. It merely developed a cargo vessel for its domestic distribution system and built ships for that purpose.

Large-size ships operated in rivers were about 15 meters long by 3 meters wide. Middle-size ships were about 13 meters long by 2.7 meters wide. Small-size ships were about 12 meters long by 2.4 meters wide. Hundreds of river boats in the Han River could contain 36,000 to 180,000 liters and some boats could contain 180,000 to 270,000 liters

Entering the modern period, the importance and role of the sea were discussed, and maritime power was a significant factor in establishing relations in East Asia. As Joseon suffered the General Sherman Incident, Byeongin-yangyo Incident and Sinmi-yangyo Incident, it realized the importance of the sea, but it was too late. Forced opening of a port during the Wunyangho Incident, the Sino-Japanese War, the Russo-Japanese War and colonization by Japan, these events are all closely related with maritime power and maritime order.

4. Concluding remarks

The sea played an important role in East Asia. Particularly, movements of people, exchange of goods and culture and wars that occurred among three countries, Korea, China and Japan could not occurred without the sea. As for ancient history, Korean history involves the continent, the Korean Peninsula and the sea. However, Korea have neglected an important part of this trio, the sea which locked in the common idea of the Korean Peninsula. While interpreting ancient history, the East-Asian-Mediterranean-Sea model was established and a land and sea-oriented historical view that considers that land and sea has close relations has been established.

While interpreting the history of Korea and East Sea with the model, several new facts were discovered.

The study identified that along with political and military exchange, cultural exchange and economic trade also occupied considerable part in history of Korea and East Asia. Specific sea routes and mechanisms had significant effects on establishing history, and the sea was a critical factor to completely reorganize systems in East Asia.

基於東亞地中海模式的海洋史與韓國船舶

1. 引言

東亞包括中國所在的大陸,北部大陸的部份地區,朝鮮半島及日本群島。以朝鮮半島居中,在朝鮮半島和日本群島之間是寬廣的東海和狹長的南海,在中國和朝鮮半島之間是一個內海,即黃海。朝鮮半島南部(包括濟州島在內),日本群島西部(九州)以及中國南部(包括福建省在內的長江以南地區)與中國南海相聯,而中國東海是多國間的地中海。

在這種包含海洋之內的地理環境的影響下,北部地區和中國的大陸秩序(它包含遊牧文明,農業文明和狩獵文明)以及南部地區的海洋秩序(海洋文明與南方文明)在歷史上會聚與這一地區。源於農耕生活的穩定型文化與源於遊牧生活的變動型文化的互補造就了獨一無二的特色。這是一種"有變化的穩定型"文化地域,變動性文化在其中佔據主體地位。特別是地區間的交流大體上通過海洋發生。因此日常生活與文化圍繞海洋而建立,而地區或國家間的往來,擴張和路線與海洋油密切關係。大海周圍地區,國家和文明之間的經常性交流使得臨近文明間的很多東西成為普遍性的。這就是我自1993年起以東亞地中海模式來解析東亞和韓國歷史的原因。

歷史是一種有機體。時間與空間具有連續性,而文化具有強烈的連續性特徵。韓國歷史的舞臺并不局限於當前的朝鮮半島。它包括滿洲,朝鮮半島以及環繞其三面的海洋。因而,韓國歷史舞臺將整個大陸和位於東亞地中海中心的海洋協調地連擊起來。這種情況帶來了海洋文明的發展,而且其使用對東亞的國際秩序有所有影響。過去,我們聲稱用面向半島的歷史觀去描繪韓國歷史,而我則以面向海陸的歷史觀去解析它。

2. 東亞地中海的海洋環境

黃海寬度宰且距離短(起中心部份自東至西約300-400千米)。它將中國, 朝鮮半島整個西海岸和滿洲南部的遼東連接起來。黃海如湖泊般風平浪靜并由此成為毗鄰國家可以共同工工作的地方。這一地區文化發展相對比較早, 人們和文化間有著經常性的交流。因此, 建立了具有相當共性的文化。對政治和自由交易的限制很少。這片海洋全乎受自然條件的影響, 諸如洋流.潮汐.季風.海岸線的移動.海面狀況和礁石。

1) 洋流

東亞的黑潮是一種暖流, 許多分支開始與菲律賓北部。黑潮北向經台灣流向濟州島并分為兩支。其中之一想黃海南岸移動并向北沿黃海東岸流動。在南海, 東朝鮮暖流在對馬島分成東西兩支。這條洋流的西路以一千米以下的速度超東北偏北方向流向東海, 洋流東路東北向沿日本海岸流動。黎曼寒流經過眼海州海岸南向沿朝鮮半島東岸移動, 與來自于南部的東朝鮮暖流交匯, 然後一些洋流東向流入東海中部。洋流在不同程度上受到潮汐, 地域和風的影響。

2) 潮汐

沿海航行的最重要因素在於識別不同海域內的特定潮汐。尤其是在內海, 大陸快和沉降海岸之間的海峽, 潮汐迅速。不同區域的潮汐方向不同, 例如, 朝鮮半島的西海岸和南海岸, 朝鮮海峽和中國東海岸(尤其是浙江省的舟山群島)。在古代, 一個熟悉水流及其狀況的群體統稱海洋并取得政權。城邦在位與東亞地中海的韓國, 中國和日本的這些地區建立起來。

3) 風

　　風的類別由地區和季節而不同．航線是視風而規劃的，而所有的人類活動均受航線影響。東亞是季風區。春夏所刮得南風是中國南海岸和朝鮮半島或者是日本群島之間的交流成為可能。令一方面，秋冬的北風促成了韓國北部和中國中部或南部海岸之間的交流。南風讓從日本群島至朝鮮半島的交流成為可能，而北風則允許了從朝鮮半島到日本群島的南海岸和西海岸的交流。下圖表現了這種自然現象。

　　夏季無風，但颶風間或發生。利用特定的風航行時可能的。在古代，前往外國或海上主要受季風，洋流和潮汐的影響。中國殷代遺存甲骨文中有象船隻的文字。中國漢代的漢武帝曾利用季風以其水軍征服南越和東越。

4) 航程

　　沿海航行時，旅行者觀察陸地或高山航行，這樣他們就能夠在熟悉的地理特徵中辨識出他們的位置。韓國與中國之間跨越黃海的最短約為250公里，而黃海是內海，有著大大小小的海灣和島嶼，諸如白嶺島。因而人們與居於他們另一邊的那些人有著或間接的聯絡。朝鮮半島與對馬島之間的距離從男孩僅有55公里。對馬島東南53公里處事一島，因而海域時簡介相連的。沿海航行有可能使陸地導航。即使是在史前時代，可能也很容易以島嶼為踏腳石在朝鮮半島與日本群島之間往來。

　　東海深度大，海岸線相對并不複雜，因此受潮汐的影響微乎其微。但是，東海罕有大型港口設施。由於至-4米的浪高，它不適應冬季航行。日本群島之間的距離使其在古代難於通航。但與其它海洋相比，大陸快之間距離不遠，間距不大。總體而言，東亞地中海具有內海和擁有短距離航程的地中海的特點，因此對利用陸地導航進行航行的沿海航行而言困難不大。人們進行有意的交流，而有時則無意中漂流而發生交流。洋流，潮汐，

風好海洋條件作為普遍因素全部被涉及在內, 因此海上居民需要互相分享他們的技術與經驗。

3. 東亞地中海的還是活動歷史

1) 史前時代

居於東亞的人們從史前即已發展海洋文明。在南海發現的遺存證明了這樣一個事實, 韓國和日本約在6000至7000年前就在釜山, 蔚山和對馬島附近相互交流。一艘建造于8000年前的獨木舟最近在朝鮮半島南部昌寧郡飛鳳里大仙。船長約3米, 有松樹製成。同時也發現了一個貝地址。黃海深度淺并瀕臨中國, 滿洲和朝鮮半島。黃海作為一個內海, 波平浪靜適宜交流往來。在丹東, 鴨綠江口, 遼東半島以及山東半島北部發現了約有6000至7000年之久的航海歷史遺址。在於山東半島大號村的龍山文化遺址(4000年之久)發現了一個船尾的足跡。北京也發現了石製網處所。在大長山群島的長海縣廣鹿島和位於郭家村, 旅順口區, 大連市的一個新石器文化遺址(約5000年之久)發現了船型陶器。這表明人們在新石器時代中期, 約6000至7000年以前即以從山東半島向遼東半島航行。

在東海北部, 閑境北道的西普港發現了一隻由脛骨製成的槳。在豆滿江東岸和江口發現了一艘公元前3000年前用於普鯨的船。一種名為的獨木船在豆滿江, 漢江和大同江上服務直至20世紀早期。在慶尚北道的微皺郡胖櫃檔, 一艘同期時代(約公元前前10世紀)的普京床被雕刻與岩石上。船頭和船尾刻畫清晰。船頭向上高高翹起, 被用作船諭的船槳標記也在船偽表現出來。更為先進的船的遺跡是在川前里找到的。它可能是一艘求生船。

通過總體的文化們類和東南亞地中海海洋文化遺址的分佈, 首先發展海洋文化, 環

黃海各個海岸而據的是東移部落，字面上講就是東方的蠻族。居住在黃海西海岸，即當前的中國海岸的東夷發展海洋文化并通過海洋講水稻耕種和墓石牌坊船舶到東亞的其他許多地區。我們可以相信，具有卓越海事活動機能的東夷在黃海經濟圈貿易區的建立中發揮了主要作用。

2) 後漢時期《原朝鮮和列國時代》

原朝鮮在黃海的北海岸繁榮起來。遼東半島，西韓灣以及大同江口市海洋文化發展至特別中心。與墓石牌坊一起，上溯至公元前6至7世紀的崗山墓位於旅大市甘井子去后墓城譯附近，稍晚的樓上墓位於遼東半島南部。原朝鮮航行於蓬萊先練的廟島群島，山東半島和旅順，遼東半島。他們控制著往來于渤海灣和西航灣的船隻運輸。原朝鮮在春秋戰國時期與山東的齊國進行交易。

在朝鮮半島南部有三個效果，三韓部門。根據《三國志》和《後漢書》，這些小國積極進行海上努力。他們與中國和日本群島上的小國開展政治經濟交流。他們以出產的進行貿易并以鐵為錢幣。《三國志,魏書》中的《字辰傳》和《通典》稱，這些小國位於海濱或河口，換言之，他們是那種坐落於海港和河港的城邦。

彌生文化(從公元前3世紀到公元3世紀)在銅器和鐵器時代與其日本群島。通過墓葬,陶器，農具和兵器的式樣，可知這種文化最初是從朝鮮半島南部傳來的。在日本找到的人類骨頭與在韓半島南部找到的一模一樣。這表明有許多人據安居於此，這種遷移始於韓半島的許多地區並到打日本群島的很多地區。彌生時代的船是一種使用槳的結構型的船。這種船在鏈田和大阪府發現，長18米，由早期的榆樹製成。可以容納三十人。船的形態被雕刻在一個罐子上，這個罐子發現鳥取的角田歷史遺址。

在這一時期，韓國將黃海，南海和東海的一部份變成了一個在歷史具有重大力量的地區。政治力量猶如大海般循環起伏。人們穿越海洋相互積極溝通。

3) 古王國時期(~7世紀)

(1) 高句麗

초기, 高句麗對其海軍的操控時利用大型河川地, 諸如松花江, 鴨綠江金額漢江, 這種大河開發的一如滿洲的寒道。高句麗自早年就從鴨綠江口進入黃北部。進村的高句麗木船是在一口井重發現的, 這口井位於丹東市一個叫鳥骨城的城一中。數個木漿隨著3.7米長的木船被發現。

東川王時期(233), 高句麗在長江口附近的建康(今南京)與吳國交通。這是通過遠海航行, 於禾北避開而達成的長距距離外交, 高句麗想魏進其北部地區特產, 包括貂皮1000張, 雞皮10具并貢獻軍需, 入骨弓。高句麗還提供了80匹馬。

高句麗的廣開土太王實施路海戰直激漢江以攻克京畿灣。長壽王時期, 439年, 以船連送馬800匹至宋。

表明高句麗進入日本群島是始於公元前四世紀的證據在本州南端發現。高句麗在6世紀中期開展了完備的海上外交。

高句麗在中黃海北部和東海中部取得了完全的制海權, 因而它能以等距外交來控制與中國對立的南北兩朝的關係并通過海洋積極貿易。這些都成, 國內城市和平壤市作為克剛城市與黃海連接在一起。在陸地和海上, 高句麗擊敗了隋朝和唐朝的攻擊, 這兩個王朝早7世紀統一了中國。不久之後, 高句麗被唐羅聯合軍擊潰。高句麗通過以下航路前往外國。

第一航路是黃海北岸航線。第二條是始自黃海北部的對角線航線。這條航線南向沿海航行至南朝統治下的長江。第三條航線是始自黃海中部的對角線航線和跨黃海航線。第四條從東海至日本。

(2) 百濟

　　百濟的都成, 一個河港城市, 漢城市被認為是風納土城, 首爾市的一個土族城一。百濟在4世紀攻打高句麗并控制了沿海地區黃海道賀黃海中部。百濟在西海南部掌權柄開水進入日本群島,《宋書》(488)記載百濟視乎進入了中國。這一記載在南朝史書中有所描述, 例如《南齊書》(6世紀上半葉),《梁書》(7世紀上半葉) 以及《南史》(7世紀上半葉)。

　　因高句麗奪去了京畿灣, 百濟將都成捲走國家的南部。出於這個原因, 還是活動戰時縮減。百濟攻克濟州島並與包括宋.齊.梁.陳在內的南朝積極開展貿易。百濟亦進入日本群島並在古代王國的建立和包含佛教在內的文化發展中扮演了重要角色。《周書》第四十九卷《百濟傳》稱, 百濟在晉代之後的宋, 齊, 梁時期位於長江左岸。《北史》則說百濟在晉代之後位於長江左右兩岸。

　　百濟在5世紀積極地進入了日本群島, 并以6世紀中期佛教傳播為基礎, 促進了古代王國的改進。百濟的國都被羅唐聯合軍的錦江(Geum River)登陸戰所攻陷, 義慈王(King Uija)投降。百濟試圖利用日本軍隊復國但歸於失敗。

　　在應神天皇(Emperor Ojin)時期, 日本建造了一艘長約33米的船。"百濟船"這一術語被創造出來以代指優良的船隻。645年, 在皇帝敕命之下, 另兩艘有著"百濟船"質量的船隻被建造出來。一部日本書《東征繪傳繪卷》描述了百濟和新羅指導如何建造這種船隻。百濟沿以下航線進入其他國家。第一, 從京畿灣出發, 經黃海往山東半島或渤海灣至禾北。第二, 從錦江口穿過黃海或斜跨黃海南部至長江口。百濟在此與南朝交往。第三, 從西海南部或南海西海岸起始并經過位於九州西北的五島列島(Goto Archipelago)進入內海區域的熊本縣(Kumamoto-ken)。菊池川(Kikuchigawa River)有許多源自百濟的歷史遺址和遺存。其四, 在九州北部登陸, 越過內海瀨戶(Seto), 然後再大阪(Osaka)登岸并前往奈良(Nara)。

(3) 伽耶

　　伽耶(Gaya)存在於42至562年。金海(Kimhae)，今釜山市，是東亞地中海連接中國，朝鮮半島和日本群島的最佳樞紐。另外，金海是一個國際港，商船和外交要人的船隻都由此經過。迦耶初入日本并建立了基地。許多源於迦耶的影響在日本建立過程中是基礎性的。皇帝後裔夏夏杵尊(Niniginomikoto) 攜三種神器離開高天原(Takaamabara)降于日向(Hiuga)高天惠峰之患觸峰(Kusifuru 久士布流多氣)。這一神話的樣式和內容都與迦耶關於金首露王(King Kim, Su-ro)的天孫降臨神話相同。甚至連人名也是相似的。迦耶與日本群島之間的貿易是非常積極的，直至迦耶在朝鮮半島衰落。源自于迦耶的名字仍存留于對馬島和九州。迦耶人沿以下航線航行。

　　他們從金島(今釜山)出發，經對馬島和一歧島，而後於九州北部登陸。這條航線是從朝鮮半島通往日本群島的最簡單途徑。

(4) 新羅

　　海洋文化並未在新羅初期得到發展。國都慶州(Gyeongju)並非山城，而是一個海港城市。日本的神話和歷史表明新羅人進入了日本。新羅與跨海入侵的日本作戰，火攻日本。日本亦與迦耶戰于海上。512年新羅跨東海攻佔于山國(Woosangook)。它在5世紀中葉佔領京畿灣并通過京畿灣與中國頻繁貿易。新羅設立船付署管理航運事宜。它通過海上外交與唐朝聯兵征服百濟和高句麗。雁鴨池(Anapji Pond)以及池中所用的獨木船已被發現。新羅造船并跨海駛往日本。新羅人的兩條航路如下。第一條是跨中黃海航線。他們自京畿灣出發，進入山東半島。第二條，他們起始於東海南部的釜山或浦項市(Pohang City)并穿越東海進入本州南部，島根縣或敦賀市。

4) 南北國時代(自7世紀中期至10世紀上半期)

(1) 統一新羅

　　以外交, 文化和經濟為目的的海事活動在這一時期積極地進行著, 以緩和東亞地中海的軍事緊張狀態。新羅以海上力量為基礎積極進行國際貿易。它通過位於山東半島的登州港(Deungju Port)與唐朝貿易。登州(蓬萊市)有新羅館和渤海館, 均為居住館驛。代冒, 紅木, 沉香木, 孔雀翎, 翡翠, 天鵝絨球, 翠羽均由唐朝輸入。新羅和日本關係緊張, 儘管如此, 貿易依然如火如　的進行著, 人們進行貨品的買賣。725年, 日本在奈良塑佛像并修建東大寺。新羅借此事之機, 遣使700人乘7艘船前來祝賀并積極展開貿易活動。新羅佔領了日本的貿易, 因此來自唐王朝, 與中國西部接壤的國家和阿拉伯的商品得以通過新羅轉入日本。新羅與伊斯蘭商人貿易, 如阿拉伯人和波斯人。一些書籍描述了與阿拉伯和穆斯林商賈的交流, 新羅知識和技術以及來自新羅的商品。

　　唐朝時, 新羅人居住在唐朝經商或任外交之職, 他們控制著東亞的海洋。他們定居在中國的大運河附近并控制著一種運河經濟。他們在大運河附近或山東省, 江蘇省和浙江省的海濱地區建立定居點, 如新羅坊, 新羅所, 新羅村。他們也為商賈和自己建立新羅館和新羅院。東亞地中海的所有航路均受新羅本土的, 居於唐朝和日本群島的新羅人控制。如上所述, 新羅人充當了並未完全聯通起來的航路之間的聯通者, 他們佔有了航路和商業大權。

　　由於地處獨特, 青海鎮大使張保皋(張寶高)建立了青海鎮并控制了包括黃海, 南海和東海在內的東中國海的所有航路, 對商賈和漁民加以組織。換言之, 他將東亞地中海環黃海圈中的地處重要的基點城市聯結起來并將商團有機聯結。他將作為軍港和自由貿易港的青海鎮置為統禦基地并控制居住在唐朝, 日本群島和本土的新羅居民。張保皋使他們能夠在正常凝固關係下進行海事活動并在東亞地中海取得霸權。賴世和稱張保皋為"海洋商業帝國的貿易之王"新羅海盜在9世紀上半葉入侵日本群島。新羅的兩艘海

盜船在869年襲擊日本博多。新羅海盜在870年又從一艘向農前國運送朝貢品的船上擄掠絲綢和棉布。他們分別于893年和894年進犯九州北部和對馬島。

新羅聯合王國沿下述航路航行。首先是跨黃海航路。他們從南陽灣，今華城郡唐恩浦出發到達山東半島的登州(蓬萊市)。人們在榮成市赤山浦，今石島港和山東半島最下端的乳山浦登陸。第二條航路斜跨黃海南部。從全羅南道海岸出發，在鄰近淮河，長江口的城市和明州港，今寧波登陸。張保皋的一隻船隊從舟山群島出發并北向在登陸。或者他們斜穿東中國海至新羅或日本。新羅商人和新羅礁的傳說仍留存在浙江省舟山群島的輔陀島。第三條是跨東海航路，從慶州外港出發，如東海南岸的蔚山港、甘浦港和浦項港，在本州南部島根縣和鳥取縣的出雲登岸。另一個重要地區是若峽灣的敦賀市。第四條南海航路經過對馬島，在九州北部的博多灣登陸。新羅海盜對這條航路的利用活躍。

(2) 造船技術

文武王在671年10月擊敗了唐朝的70艘哨馬船并於673年派遣戰船100艘前往西海防禦唐朝入侵。752年，七艘船運送了七百人的新羅使團，平均每艘約一百人。839年，政府敕令大宰府(西京)造新羅船以御風浪。840年，對馬島的土官之一要求從大宰府所有的六艘新羅船中取其一，賦予了新羅足額船隻。839年，日本派遣的第十五個使團乘新羅船抵達楚州。一副運送日本佛教和尚的新羅船的繪畫存於日本滋賀縣比叡山的明德院。這艘船有一副帶有九個十字支架的帆，方形帆和一座塔樓。船錨是以手紡車的操作方式控制的。

732年，建國初年，張文休越過渤海海灣以海軍進犯唐朝登州，並與其貿易。渤海從最開始?與日本維持著友好關係。渤海對唐與新羅兩大力量的關注是懷有地緣政治的目的。由於國際環境的變化，與日本的友好關係出於經濟目的而維持下來。渤海輸出?皮，虎皮，熊皮，蜂蜜，人參，絲綢，鐵，銅，海帶以及玳瑁製成的杯子。由於貿易的不平衡，

871年, 日本在來自渤海使團的商品上約花費400,000兩。因此, 日本政府將在來訪次數和人數限制到十二年一次, 每次105人。渤海人利用西北風在十一月到三月間穿越東海。這證明渤海人極擅海事活動, 如航海和造船。渤海派遣官方使團34次。渤海亦於746年派遣1100人的船隊赴日本。而另一方面, 日本?僅遣使13次。由於日本造船技術的貧乏, 使者以及僧侶都登上了渤海船隻。

渤海人沿以下航路航行。第一條航線自泊灼口, 今鴨綠江口的丹東市出發, 行至西韓灣, 然後沿海岸航行。而後抵達旅順市馬石津, 再下行至山東半島北部的登州和廓島群島。第二條航路自豆滿江下游或俄國的符拉迪沃斯托克附近出發, 斜跨東海北部而後航行至本州中部的新瀉, 能登半島和角鹿。渤海使節的館驛氣比神宮仍存留在敦賀市。第三條, 渤海船自濱海省南部出發, 跨過??海峽在庫頁島或北海道登陸。穿越東海的整條航路對航行而言都是險峻的, 大的犧牲在所難免。

5) 高麗王朝(自10世紀上半葉至14世紀晚期)

高麗王朝的建立者王建是軍事系統中的百船將軍。他統禦海上力量, 為海軍將軍。這位開國者在京畿灣附近擁有海上權威并通過海戰統一了"後三國"。東亞的力量在那個時期分為三個區域, 北方的遼, 中國的宋和高麗。鄰國, 諸如西夏, 女眞和日本也牽涉其中。高麗和宋朝需外交聯以牽制遼, 同樣他們也需要文化交流和貿易。兩個朝廷只在海上開展貿易。高麗遣使赴宋57次, 而宋朝在160年間遣使至高麗30次。這樣的交流平均每兩年進行一次。高麗與宋朝進行了數量可觀的貿易。一般搭載100至300人的外交要人船隻事實上為商船。宋朝輸出衣服, 象牙, 水牛角, 玉石, 酒, 禽鳥, 茶, 漆和樂器。高麗輸出數以千計的貨物, 包括絲綢, 金, 銀, 珠母貝製品, 華美的褥子, 珍珠母的木碗, 高麗參, 松木, 扇子, 紙張, 毛筆, 墨和皮革。1078年, 宋朝送去的貨品達100種, 約6000件, 高麗亦是如此。

一般商人亦積極進行貿易。商賈們主要來自于今天的福建，廣東和浙江。宋商至高麗129次，從1012年至1278年間，到訪新羅的客商數量達到5000。許多阿拉伯客商亦到此。高麗也同馬八國(印度)，國和交趾國(越南)貿易。高麗與日本貿易，日本商人從金海進入高麗。高麗與琉球國今沖繩島的貿易是非常積極的。高麗在這一時期的下半葉，以包括江華島在內的海洋為基礎，抵禦了一次蒙古的入侵。不久三別抄政權在珍島和濟州島建立，這是一個海洋王國。它因為海上力量得以與高麗政府和蒙古對抗了四年。

　高麗擁有戰船，商船和哨馬船。徐克所撰的《高麗圖經》將這些船列為巡船，諸如Soonsun，官船，由松樹建造的松舫以及每艘有一種二層倉房的幕船。一艘曾攻擊女眞海寇的戰船因配備在船上的矛而具有近距離作戰的優勢。船頭裝備的鐵撞角使得戰船能夠損毀敵船。船的載荷約70人和1000石(約180,000升)。高麗也擁有劍船，它是一種戰船。1274年，高蒙聯合軍進犯日本群島之時，高麗在四個半月內建造了900艘船。包括300艘輕迭船，300艘供水船和300艘戰船。大船載荷約為3000至4000石(約540,000 至720,000升)。據記載，帶有火藥的石塊摧毀了敵人的船隻。高麗後來經歷了日本入寇的艱難歲月，但通過對日軍作戰的勝利和對馬島的征服展示了其海上實力。

　高麗人所用的國際航線如下。第一，在北宋時期，他們從禮成江口出發，橫渡黃海中部到達山東半島的登州港或密州。第二，南宋建立之後的高麗後期，高麗人橫跨黃海南部與長江以南地區進行積極地貿易。徐克所撰的《高麗圖經》記載了這一航路。這條航路從寧波出發，經過舟山群島北向駛向上海灣。然後由黑山島東北向後斜穿京畿灣，抵達的外港碧瀾渡。《宋史》稱，起風前從浙江省舟山群島的定海到達黑山島用時五天。我曾三次嘗試這樣的航行，從舟山群島出發，經由中國東海斜穿黃海南部。與中國西部接壤的國家的文化利用這條航道經由廣東省或福建省進入高麗。

6) 朝鮮王朝(自15世紀早期至19世紀晚期)

　　在朝鮮王朝，韓國的海洋文化薄弱。早期，朝鮮王朝積極支持征伐對馬島并調動海軍。朝鮮王朝熱衷於嘗試建造新的船種。但是，海洋文化受到漠視，他們的海軍活動變得薄弱。朝鮮王朝亦採取"空島"策略并禁止人民的對外海事活動。明王朝採用了同樣的策略。直到日本入侵(1592-1598)，東亞和朝鮮才意識到海洋的重要性。由於其海軍的勝利，朝鮮王朝擺脫了兵力上的劣勢贏得了戰　。李舜臣在海軍上運用了出色的策略，擊敗了強大的日本海軍。特別是具備獨特能力的龜甲船，它是一種卓越的船隻，戲劇性的證明了朝鮮王朝的海上實力。但是，朝鮮並未充分認識海洋的重要性並且在海洋文化的發展上歸於失敗。它僅為其國內分配系統開發了貨輪，并以此為目的建造船隻。

　　航行于河流上的大型船隻長約15米，寬3米。中型船長約13米，寬約2.7米。小型船長約12米，寬約2.4米。漢江上數以百計的江船容量可達36,000至180,000升一些船隻可容納180,000至270,000升。到了現代，海洋的重要性和地位得到了探討，海上力量是東亞建立關係的一個重要因素。由於經歷了舍門號事件，丙寅洋擾事件和辛未洋擾事件，朝鮮意識到了海洋的重要性，但為時已晚。雲陽號事件中被迫開放港口，甲午戰爭，日俄戰爭以及淪為日本殖民地，這些事件均與海上力量和海上秩序息息相關。

4. 結語

　　海洋在東亞扮演了一個重要角色。特別是韓國，中國和日本三個國家之間的人口遷移，商品交換，文化交流以及戰爭，沒用海洋，這些將不會發生。至於古代歷史，韓國史涉及大陸，韓半島和海洋。但是韓國忽視了這三重奏中的一個部份，即被封鎖於一般意義上的韓半島中的海洋。當解析古代歷史之時，東亞地中海模式被建立起來，而一種

認為陸地和海洋有緊密聯繫的面向海陸的歷史觀亦已建立。當以這一模式解析韓國和東海歷史的時候，又發現了若干嶄新的事實。這一研究認定，伴隨著政治與軍事上的交流，文化交流和經濟貿易也在韓國和東亞歷史中佔據了舉足輕重的位置。特定的海上航線和機制對歷史的構建有重要影響，而海洋是在東亞進行徹底地體制重組的關鍵因素。

海から見た韓国文化

　韓国の歴史は陸地だけではなく、海洋的な観点から見る必要がある。韓国が位置する東アジアは、中国大陸、そして北方で繋がれる大陸の一部と韓半島、日本列島で構成されている。したがって北方と中国およんだ大陸文化の影響（遊牧文化、狩猟森林文化を共有している）と南方から入った海洋文化の影響が出会う接合点である。いわゆる韓半島を中心軸に日本列島の間には東海と南海があり、中国と韓半島の間には黄海がある。そして韓半島の南部と日本列島の西部、そして中国の南部地域(揚子江以南で福建省地域を通常南部地域にする)はいわゆる東支那海を媒介で繋がれている。このような自然環境によって内部的であるが、対外関係であろうが、歴史が発展するのに海洋的な役割は非常に大きかった。この地域で明滅したすべての種族たちと国々はこの海洋の影響をどんな形態でも受けたのである。したがって海洋的な特性を通じて歴史上をよく理解し、究明することは当前の事である。

1. 東亜地中海の海洋環境

　東アジアの歴史を大陸中心に把握するきらいがあった。韓半島の南部(済州島含み)と日本列島の西部(九州地域)、そして中国の南部地域は東支那海を媒介で繋がれている。いわゆる東亜地中海の姿を帯びている。
　このような地理的な環境の影響のため歴史的に北方からくる大陸的な秩序と南方から上がる海洋的秩序(海洋文化)があった。ところが実際に各地域

の間に起きた交流は主に海洋を通じて行われた。したがって住民たちの生活と文化は海洋と関連を結びながら成立し、各地域の間や国々の間に起きた交渉や伝播、そしてその経路も同じく海洋と密接な関係がある。

　他の海もそうであるが、特に黄海は狭くて、距離も短くて(中部は300~400km)中国と韓半島の西部海岸全体、そして満洲南部の遼東地方を一つで連結し、海上状態も安定してまるで湖みたいな性格を持ち、周辺のすべての国々が無理なく共同で活動することができた。そのために比較的早くから人間と文化の交流が頻繁であったし、その結果文化的な同質性を土台に親縁性の強い文化圏が形成された。

　海周辺の国々が興亡を繰り返して国際秩序が激しく再編される過程で海洋は非常に重要で、意味ある役割をした。そして韓半島はこの地中海の真ん中ですべての陸地と海を連結している。したがって古くから海洋文化が発達するしかなかったし、またそれを活用する程度によって民族の位相が影響を受けた。それにもかかわらず韓国では海洋文化に関心があまりなく、過去には海洋活動が活発であったという事実を忘れている。

　ところで海洋は陸地よりはもっと自然環境が不安定で、人間が慣れるのに困難なところである。海流・潮流・季節風、海岸線の動き、海上状態、岩礁などの自然条件に絶対的な影響を受ける。前近代社会では、機械を利用した動力も発達することなく、海図も精巧で緻密ものはなく、海洋状態を観測するシステムも足りなかったので、海洋活動をするということは自然に絶対的に依存しなければ不可能であった。ところで自然の流れは人間の活動を邪魔したりするが、時には人間を陸地では不可能なことができるように手助けをする。遠い距離を航海によって、一定の場所から一定の場所へ移動させ、時には人間の意志とは構わずに人間と文化の移動させるこ

ともある。

1) 海流

東アジアには黒潮というフィリピン北部で発生した暖かくて流速の早い海流があって、その本流で割れて出たいくつかの支流がある。南支邦海から東北方向に流れこんでくる黒潮の一支流は台湾を経って済州島で北上をして両方へ分かれる。その一つの流れが西海南部海岸でぶつかって西海沿岸に沿って上って来ながら文物と歴史の移動路になる。南海で大韓暖流は対馬島を中に挟んで東水道と西水道で分けられる。西水道を通過した海流は北北東で1ノット未満の速力で流れて東海に上がる。東水道を通過した海流は北東方向で流れながら日本西岸に沿って上がる。一方リマン海流は沿海州の沿岸を通過して韓半島の東岸に接近して南下し、西南の方で北上してきた大韓暖流と東海の中南部海上で会って元山の外海と鬱陵島近所に至ってその一部は方向を東で動いて横切ってから上がる。九州中部である能登半島の外海で大韓暖流(対馬海流)の主類と合流する。このような流れがあるから船に乗って韓半島の東南部を出発すれば自然に山陰地方の海岸に到着することができる。しかし海流は地域によって潮流の影響を受けて、また風の影響も大きく受ける。

2) 潮流

海は大海なのでどんな所でも行くことができると思うが、必ずしもそうではない。海には時期と場所によって必ず道がある。ところで航海をしな

がら、遠洋航海には大きく影響が及ぼす事はないが、沿岸航海や近海航海をする時一番重要なことは航海に安全な水路を早く見つけて、一番相応しい水路を選択する事である。したがって地域や海域ごとに独特の潮流の流れが分かることは非常に重要であり、特に沿岸または近海航海をする場合にはほとんど絶対的である。

　内海とか陸地の間の海峡、リアス式海岸が発達した所では潮流が非常に早くて方向の地域的な偏差が大きい。韓半島の西海岸と南海岸、大韓海峡そして中国の東海岸(特に浙江省舟山群島海域)みたいな所である。

　潮流の複雑な動きは古代に黄海や南海岸で絶対的な影響を及ぼした。地域と海域ごとに独特の水路と状況に慣れた集団が海上権を掌握して、政治勢力化する。先史時代と古代に海岸近くの重要な水路の要衝地に人々が集団で生きた痕跡があることは意味深長な事である。特に漢江以南の三韓小国と日本列島の小国はこれと関連が深い。

3) 風

　航海環境で風の影響はこの上なく大きい。海では海流さえ時には強い風のため方向が変わるとか逆流する事さえ生ずる。風の種類は地域と季節によって多様である。風にしたがって航路が開設されて、航路によってすべての活動が影響を受けたので特に決まった方向性を持って吹く季節風は航海に非常に重要である。

　殷時代の遺物である甲骨文には帆を現わす文字がある。漢の武帝は水軍で南越と東越を征伐する時に季節風を利用したように東アジアでは早くから風を航海に活用した。東アジアは季節風地帯なので、春からで夏にかけ

て吹く南風系列の風は中国南部海岸と韓半島または日本列島の間の交流ができるようにする。一方に秋から冬にかけて吹く北風系列の風は韓半島北部と中国の中部あるいは南部海岸の間の交流ができるようにする。また南風系列の風は日本列島と韓半島への交流を、北風系列の風は韓半島から日本列島の南部と西部海岸の交渉ができるようにする。「表 」はそういう自然現象を見せてくれている。夏には風がほとんどない無風地帯や時々風が吹いて来て、その海域で特別な風を利用すれば航海が可能である。三国時代に外国と海で交渉をする時は季節風と海流と潮流の影響を受けた。

4）航海距離

　近海航海をする場合に船舶は陸地や高い山を見ながら航海するから慣れた地形の場合にはどこででも自己の位置が確認することができる。一方に陸地にある観測者は遠い距離の海にある船舶を観測することができない。
　黄海は韓国と中国の間で最短距離はわずか約250kmに過ぎなくて、中間にはあちこちに大小の湾と白領島みたいな島々が散在している内海のような所なので反対側にある人々と直接または間接的に接触することができる。
　韓半島と対馬までは距離が55km 程度である。また南東の方53km 程度には壱岐があってすべての地域が間接的に繋がれる。だから大部分は指紋航法を活用して近海航海ができた。いくら航海能力が劣った先史時代にでも飛び石式にすれば韓半島と日本列島は充分に向こう通うことができたはずである。
　東海は心配が深くて、海岸線が比較的単純で潮流の影響も少ない。しかしお腹をつけるのに良い港施設は不足である。特に冬には波が3~4mとして

いつも高い方なので航海に不向きする。また日本列島と間隔が広くて古代航海に主に利用した指紋航法を適用することができる区間が広くない。しかし東海も地中海など他の大洋と比べる時あまり広いとか陸地の間の距離の遠いのではない。

全般的に見て東亜地中海は大体的に距離が短い内海、地中海として義性格を持っているから大部分の場合、指紋航法を活用した近海航海をするところに大きい難関はなかったはずである。最小限自然条件を見ても東亜地中海では通時的でも範空間的で相互交流の可能性があり得るはなはである。しくは人間の意志に無関係にとても長年の過去から各地域の間の交流が可能である。

2. 海洋文化の特性

海洋活動が韓国の歴史にどんな役割をしたのかを正確に分かるためには海洋文化の特性とメカニズムの理解する必要がある。海洋文化を歴史上に理解するのは、定着して生活する農耕民と同じ認識や方式で解釈すれば無理がある。

海洋文化にはいくつかの特性がある。第一、彼らは自らの勢力で政治力を行使しようとする豪族性や中央政府に帰属されないで、独自的に行動しようとする無政府性を持っている。海洋勢力が豪族的性格を帯びて、無政府籍になることは仕方ない海洋文化のメカニズムの中で把握しなければならない。

第二、海洋文化は模倣性、共有性が強い。海洋では他の地域や国、文化

の間に交流が頻繁であるから周辺文化と共通性が多い。政治的に制約がずっと減って、交流が比較的自由な方である。また海流、潮流、風、海上組でもなどが皆に共通的なことなので海洋民の間には技術と経験の共有する事が互いのために必要である。

　第三、海洋文化で伝える事と移動する事は非組織性を帯びている。船を作って乗って海を渡ろうとすれば技術が必要で、規模が小規模で、また非組織的である。それだけではなく不規則的なので連続的ではない。

　第四、海洋文化は保存性がないという特性を持っている。海洋文化を担った人々は海を舞台で活動する海洋民や地方勢力の場合が大部分であった。したがって自ら記録をしない場合が多かった。また残す類型文化が少ない上に、たとえあったと言っても海中に沈んで跡を確認しにくい。このような保存性がない特性を勘案しないで、記録と遺物がないといって海洋文化が不在したとか発達することができなかったという式の歴史解釈は困る。このような何種類の前提を充分に理解することができないとか軽視する場合には古代の海洋歴史がどうであったのかを理解する事はもちろん文化を解釈することにも相当な混乱をもたらす。

　この地域では航海術と漕船術などの海洋文化が発達した。海洋力の強弱可否と程度によって集団の性格と国家の位置が決まった。ところで韓半島は三面が海で、その海を通じてアジアの多くの地域と交流関係を結ぶしかなかった。このように韓半島は大陸と日本列島結ぶ重要な役割を果たしていたはずである。

　それにもかかわらず海洋活動が活発で、歴史発展に積極的・能動的に活用した半島ではなく、むしろ海洋活動が微弱で、海に包囲されて、消極的で制限された空間としての半島と認識した傾向があった。したがって独自

性と固有性が微弱な、時代によっては大陸の付随的な周辺部の歴史として認識してきた。特にすべての分野で中国(曖昧で、時代的区分も不明確な概念)の強い影響を受けたことで認識している(筆者は少なくとも文化の交流は還流システムという理論を適用しようと提案した事がある)。

3. 東亜地中海の海洋活動

1) 先史時代の海洋活動

　東アジアの海の近くに住んでいた人々は先史時代から海洋文化が発達した。南海は釜山近くや蔚山と対馬などですでに約6000~7000年前から韓日の両地域の間で交渉があったことを示す遺物が発見された。東海北部の西浦港、黄海の丹東など鴨緑江河口及び遼東及び山東半島北部などでも約6000~7000年前の海洋遺跡地が発見されている。

　南海は海岸線の屈曲がひどくて多島海が多くて早くから海洋文化が発達する与件を取り揃えた。特に黄海は心配が浅いうえ中国地域と満洲地域、韓半島が会う共同の海域として一種の内海なので海が非常に安定して交流に非常に有利である。

　東亜地中海の全般的な文化形態と海洋遺跡地たちの分布で見て初めて海洋文化を発展させた人々は黄海の両方沿岸に幻想型に布陣した東夷族である。特に黄海西岸、すなわち現在の中国海岸に居住した東夷族は海洋文化を発展させたし海洋を通じて稲作と支石墓文化などを東アジアの多くの地域で伝えた。

2）原古朝鮮と戦国時代の海洋活動

　原朝鮮は黄海北部海岸をはめて発展したが、特に遼東半島と西韓湾、大同江河口地域を中心にして海洋文化が発達した。古朝鮮の墓と知られた紀元前6~7世紀頃の崗上墓とちょっと遅い時期の樓上墓などは遼東半島の南側にあるのに、特に丘上墓は現大連市海岸にあって海洋豪族勢力であった可能性がる。彼らは現在山東半島の峰来と遼東も終りの旅順地域を引き継ぐ廟島群島などを行き来しながら活動したし、また渤海湾で西韓でだけで行き来する船舶たちを管理・統制したはずである。実際に降霜墓では宝貝などが出て中国と交易したことを知らせてくれる。原朝鮮は春秋戦国時代に山東の斎などと交易をした。「管子」には朝鮮の名産物である文皮が交易品であったのを記録している。

　衛満朝鮮と一国の間に起った戦争はこのような黄海北部海上権を取り囲んである。力学関係の再編を目的にした戦争であった可能性が大きい。一国の東方進出と経済圏の拡大は衛満朝鮮の成長とかみ合いながら羊地域の間に葛藤を催した。結局両国は激突したし、戦闘は水陸両面前で長期間開かれた。

　韓半島南側には三韓の小国たちがあった。その小国たちは最近続いて発見される考古学的遺跡と遺物の他にも『三国志』・『後漢書』など中国側の記録によれば活発な海上活動があった。各国たちの間の交渉は勿論で、州胡（現在の済州島）、日本列島の小国たち及び中国などとも政治的・経済的に交渉をした。『三国志』韓伝には三韓が物心を売買とあったし交易の範囲は海の彼方州胡と倭に至ったと記録した。州胡国が船に乗って往来をしながら限り韓の国中で品物を売買した。辰韓が生産した物心を交易して物

心を貨幣で使った。この小菊たちは大部分が海岸または川河口にあって海洋と深い関連があることを分かる。一種の港国家(海洋ポリス)である。

日本列島は青銅器文化と鉄器文化にあたる弥生文化(紀元前3~紀元後3世紀)が墓様式や土器、農具、武器などで見て韓半島南部で渡ったことを分かることができる。なおかつ発見される人骨は韓半島南部の物と等しくて住民が集団に移動したことを分かる。この移動は南海東部から九州北部につながる通常的な通路外にも韓半島の各地域、特に東海南部でも出発して日本列島本州南端地域でも到着した。もちろん海を渡ったこのような大移動は海洋文化が発達すると可能である。

3) 三国時代の海洋活動

(1) 高句麗

原朝鮮の後を引き継いで建国した高句麗は初期には満洲地域に動脈のように発達した宋花崗、鴨緑江、渾江など大きい川を利用した内陸水軍活動があったはずである。高句麗初期から現在鴨緑江河口である西安平を掌握して黄海北部で進出した。その後にも引き続き遼東進出を試みて遂に広開土大王時代には完全に遼東海岸地域に着いた。渤海のみを活用して山東地域及び華北地方とは早くから交渉した。中国南方と交渉した一番目は現在まで発見された記録で見て東川王の時(233年) 揚子江河口流域である「建康(現南京)」の呉国と交渉した。この航海は高句麗と呉の中間にあった華北の魏を避けて遠い海で近海航海をしながら長距離外交をしたこととしてすぐれた航海術ではなければ不可能である。

以後高句麗は黄海を南北に行き来して中国の南・北朝国家と活発な交渉

をした。しかし広開土大王以後に百済を退けて京畿湾のみを掌握した後には もっと海上活動が活発になった。特に大王は水陸両面作戦を駆使して漢江を 攻撃して京畿湾を掌握した。5世紀以後に高句麗が剛性されて国際的地位が 高くなったところには海洋活動能力の向上と深い関係がある。黄海中部以北 と東海中部以北の海上権を完全に掌握したから国際的には分断された中国の 南北朝と海洋を通じて同時袖なしの胴着外交として力学関係を調整したし文 化を収容したし、交易を活発にさせた。また百済、新羅、伽耶、倭が中国の 北朝政権と交渉することを遮断して牽制した。

　高句麗は4世紀から日本列島に進出し、その跡たちが本州南端の地域たちで発見される。しかし5世紀から本格的に日本列島でも進出をして6世紀中盤に至れば海洋を媒介で日本列島と本格的な海洋外交を展開した。

　結局高句麗は大陸経営科ともに海洋活動の拡大を通じて軍事力はもちろん外交力を伸びさせて軍事的に経済的・文化的に東アジアで強国に成長した。高句麗は、海岸はもちろん遼東半島などにも防御体制を構築した。しかし後期に入ると京畿湾を新羅に喪失した後には政治・外交的特権を奪われて、中国地域を統一した隋・唐の水陸両面攻撃をもらって勝利をおさめた。しかし水陸海洋外交を利用した新羅・唐の連合軍の結成を許すことになった。そして新羅と唐の水陸両面作戦を受けながら敗北に喫して滅亡した。

　高句麗の対外進出航路は次のようである。

　第一は黄海北部沿岸航路である。大同江河口、鴨緑江河口、遼東半島の南端などを出発して廟島群島（老鉄山水道）に付いて下に南航している途中目的地にしたがって沿岸に近付くのである。航法上一番手軽い航路である。たである。中間に敵対的な勢力があれば使うことができない短所がある。

二番目は黄海北部斜断航路である。大同江流域で出発した後に掻鉄山首都を部分的に活用しながら山東半島の海域圏に入って来た後に近海航海を通じて南朝政権があった揚子江流域まで南進海歌は航路である。

三番目は黄海中部社団及び横断航路である。これは大同江河口や京畿湾を出発して目的地である中国の南北朝に向けて南へ社団するとか西の方に横切る航路である。

そして東海岸で出発する対倭航路がある。豆満江河口や咸興・元山など東海北部を出発して南へ近海航海をしている途中遠海に出て遠洋航海を通じて能登半島など本州中部地域に到着する航路である。海洋環境が荒くて航法上とても難しいので初期には試用されにくかった。しかし高句麗が南進政策を推進して東海中部の以南地方まで占めた後には航路を変更した。どこで出発しても三陟、東海など東海中部の海上で遠海に出て遠洋航海をしながら鬱陵島、独島を右側で見て南東陣して本州の中部以南地域である敦賀、能登半島、新潟などに到着した。もちろん新羅が高句麗の強い影響力の下にあった時期には一番手軽い東海南部航路を利用したはずである。

(2) 百済

百済は初期から海洋活動と深い関連があった。非類と温祖の定着過程も海洋と関連が深い。また初期の首都であった河南尉礼例城(風納土城で推定)などは一種の河港都市であった。京畿湾へ流れこむ漢江、臨津江、礼成江などを掌握しながらいわゆる京畿地方を後背地にした海へ進出した。このような地政学的条件によって出発から海洋活動が活発であったし、不可欠で黄海中部の海上権を掌握した。4世紀初には北で高句麗を打って今日の黄海道海岸地方まで掌握した。これは陸地の領土を拡大する目的外にも黄海中

부以北の海上権を掌握して大衆交通路の拡大及び交易上の利点を確保しようとする目的もあった。礼成江河口及び黄海道地域には前時代から中国との交渉を主導した勢力たちとその文化の土台が残っていた。百済の近肖古王と高句麗の故国原王が生存をかけた戦争をしたことはこのような海洋秩序的な背景があった。この戦争の勝利以後百済は中国の北部地域と海を通じて交渉を活発にしたし、また直接進出した跡がある。

南側では馬韓を征腹して西海南部地域を完全に掌握した。以後からは西海南部の多くの島々を飛び石にして済州島を影響圏の下に入れ、海上に日本列島に本格的に進出し始め、領土を膨脹させる方式や統治方式を海洋とかかって変化させたようである。

その後高句麗広開土大王と長寿大王の圧迫と攻撃を受けて京畿湾を奪われて首都を南へ移転した。その結果海洋活動が一時的に萎縮したし、中国の北朝政権とは外交交渉すらできなくなった。しかし東城王時代からまた国力を回復して黄海南部はもちろん南海でも活発に活動した。耽羅が百済に服属され始めた。特に中国の宋、斎、梁、陣など南朝国家と活発に交渉して政治的地位を進めて文化の全盛時代を成した。

一方日本列島への進出は後期に行くほどより一層活発になって日本で古代国家が成り立って仏教など文化が発達するのに決定的な役割をした。しか新羅・百済同盟の勝算物である京畿湾を新羅に奪われることで百済の海洋活動はまた萎縮した。その結果新羅の急速な成長と新羅・唐同盟を許容することで敗亡の決定的な要因を提供した。新羅・唐連盟の水軍の錦江上陸作戦で泗沘城（扶蘇山城）が陥落されて椅子王は降伏した。以後には倭軍を動員するなど国際的な連携の中に復興運動を試みるがやっぱり海洋を活用するのに失敗し、高句麗及び日本列島と迅速で緊密な関係を結ぶことな

く、そのまま失敗してしまった。その後、倭軍と百済の連合軍は復興運動を試みるが白村江の戦いで敗れる。

　百済の対外航路は次のようである。

　百済は初期には内部成長に力を注いである。がすぐ海外交通網の拡大に努力を傾けた。京畿湾を出発して黄海中部を横切った後山東半島または渤海湾に入って行って禍福に入って行った。京畿湾を奪われた以後には錦江河口で一時的に華北の北魏政権と交渉を試みるが高句麗の海上統制によって失敗する。その後錦江河口で黄海を横切って山東半島海域圏に進入した後に南行して揚子江河口に入って行くとか、直接黄海南部を遮断して揚子江河口に入って行って南朝政権と交渉した。

　日本列島と往来する航路は時期によって移り変わりがあった。初期には西海南部または南海西部海岸を出発して一応済州島を右舷で見ながら東で自国の海域内で沿岸航海ないしは近海航海を続いた。そうするうちに遠海に出て対馬を左に見ながら南東で航海する途中九州西北部にいる五島列島を眺めながら九州の西北部海岸に上陸するか、有明海に入って沿岸に上陸して菊池川などの川に沿って今日の九州中部である熊本の内陸地方で入った。菊池川流域の船山古墳など百済系遺跡と遺物が多いことはそういう理由のためである。

　ところで後期に入って行くと強い国力と海洋力を土台で対馬を経由して直接九州北部に上陸して、また瀬戸内海を航海して当時日本列島の中心部である大阪、奈良、飛鳥地域で入る。海洋条件上全羅道南部海岸では対馬や九州のどの地域にでも自然に到着することができる。現在は勿論で朝鮮時代もこの地域に漂着した船舶の出発地を見ても分かることができる。

(3) 伽耶

　一方伽耶は弁韓、辰韓などの海洋的伝統を受け継いで初期から海洋文化が発達した。特に金海、巨済島、高城などは早くから海洋文化と対外交易が成り立った所であった。韓半島の国々の中で一番先に日本列島で進出して拠点の土台を用意した。日本で国家が成立される過程で遺物と建国神話など伽耶的要素がたくさんあることはこのような理由のためである。伽耶が韓半島で滅亡するまで伽揶と日本列島の間の交渉は非常に活発に成り立った。江上波夫が主張して来た騎馬民族日本列島征服国家説や日本人たちが根拠なしに恣意的に解釈した「任那日本説」などは伽耶を含めた韓半島海洋文化が非常に発達したことを分かり、両地域の関係を地中海賊秩序と性格を土台で理解したら、むしろ私たちにもっと有利に解釈することができる。

　伽耶の航路は次のようである。当時航路は『三国志』倭人伝などに記録されたとおり金海を出発して対馬を経由して、また中間にある壱岐を経って九州の北部で上陸するのである。この航路は韓半島から日本列島に行くのに一番多く手軽く使われて来た。ところで古代の航海は海流、潮流、風など自然条件の影響を絶対的に受ける。特に大韓海峡は世界的に海洋条件が複雑なのに有名な所である。したがって季節によって航海方向が変わって、出発地と着地が違う。

　今日の釜山である金海は日本列島や対馬で出発した舟が到着する所であって、その所を向けて出発する所ではない。秋と冬に北風系列を望むことを受けて帆を活用する時は可能であるが、風が弱いとか南風系列の風が吹く春、夏には金海港をすり抜けて来て西の方に沿岸航海をしている途中巨済島の西の方海域でまた対馬島に向けて航海するのが望ましい。

⑷ 新羅

　新羅は韓半島の東南部に孤立したから海洋には大きい関心がなかった。その上に東海は風と海流など航海条件の良くないうえ東海岸は心配が深くて屈曲がなくて適当な港施設がなかった。新羅は海洋文化が発達しなかった。むしろ初期には海を渡って来たなぜから頻繁に侵略にあう。ところで日本神話にすさのう命や天日槍など新羅人の進出事実が現われていて、出雲などで新羅係遺物が発見されたことは日本列島進出が全然なかったのではないことを知らせてくれるその他に非組織的な住民たちの進出もあったはずである。

　中国とは高句麗、百済などの助けを借りて交渉をするなど国際秩序の周辺部にあった。しかし眞興大王の時に漢江流域を占めたことをきっかけで外交・軍事・経済的必要性によって中国地域と交渉を頻繁にさせた。これは結局海洋文化の急速な発達を持って来た。唐との同盟は結局海洋を利用した秘密外交として成事になったのである。また百済攻撃は唐依大規模郡が黄海を渡って中部海上権を掌握した新羅の水軍と連合して敢行されたのである。

　新羅人たちの航路は次のようである。新羅人たちの航路は隋、唐糖菓交渉をするために南洋のみを出発して山東半島圏に入って行く黄海中部横断航路がある。百済と高句麗が京畿湾を出発して使った航路と似たり寄ったりである。また日本列島では東海南部の蔚山、甘浦、迎日湾などで出発して東海南部を横切った後に本州南部にある出雲や敦賀海域に入って行く。

　結局三国時代の東アジア秩序は単純な陸地の秩序、領土の拡張という観点だけで理解しては限界がある。自然地理的でも政治的・経済的に見て東アジアの歴史は地中海賊性格を土台で理解しなければならない。特にこの

時代の韓日関係は国家と国家ではなく国家と地域との関係、国家と住民との関係で把握しなければならない。また政治と軍事関係である。けではない、文化と経済との関係として理解しなければならない。韓半島の各国たちは先に住民たちの非組織的な大量移住を通じて日本列島の各地域に進出したし、後に政治的な目的に組織的に進出した。

　自発的に進出した住民たちはまるでフェニキアやギリシア人々が地中海沿岸を航海しながら新天地を見つけて開拓する過程と似ている。先に上陸した地点で港を作り、その所を拠点で海岸に人々が集まって、ギリシア人たちが海洋ポリスたちを建設したように小国を立てた。その小国たちは徐々に大きくなると母国格である韓半島の各国たちは経済的実利を取って、政治的に活用するために組織的に移住政策を推進したはずである。そうして日本列島のいくつかの地域では海洋条件によって親伽耶、親百済、親新羅係などのもっと大きい国々が作られ、結局その国々は激しく統合戦争をしながら母国たちとの関係を適切に活用したはずである。

　そうするうちに統一事業が徐々に完了しながら政治的に成長して経済的に富強されながら母国との関係は再確立されたはずである。この過程の中で統一勢力は独立性を強く要求しながら韓半島各国はもちろん中国勢力などと国際的に袖なしの等距離外交を推進した。そういう一方、韓半島の各国たちはお互いに戦争をして、結局新羅が外勢の力を借りて統一を完了した。この新秩序を認めない勢力たちは日本列島で亡命をし、日本の統一勢力も韓半島とは地中海賊秩序の中で形成された母子関係を完全に切って、むしろ敵対的な関係で変貌して、今日に至った。

4）統一新羅の海洋活動

　高句麗と百済が滅びて南北国時代が展開された以後統一新羅は三国の海洋文化を土台にして非常に活発であった。初期には唐との戦争のため、また日本の侵入を防備するために海軍力増強に力をつくした。その後東亜地中海の海で軍事的緊張が緩みながら外交・文化・経済的目的のための海洋活動が活発になった。

　新羅は統一を成した底力と自信感ある海洋能力を土台で国際交易を活発にした。前期には主に唐と山東半島の登州港を通じて交易を活発にさせた。登州(蓬莱市)には渤海館・新羅館が一緒にあった。初期には新羅と唐の間に少しの緊張関係があった。もちろんこのような現実の中でも公式的・非公式的な交渉はあったし、特に交易は比較的活発であった。高級織物と金銀細工品などの輸出や朝貢が増え、唐はこれに贈答品を送った。ところが『三国史記』に見える玳瑁・紫檀・沈香・孔雀尾・瑟瑟・鳩首(毯)・翡翠毛など南海舶来品は唐から輸入したのである。

　新羅は日本との関係は時代によっては多少の変化はあったが、交易は活発であり、特に民間人たちの公式的や非公式的に海を往来しながら品物を売買した。752年に日本が国家事業で推進した奈良の東大寺が完工されて、仏像が完成された時に、新羅政府は祝賀使節団を言葉尻で王子である金泰廉以下700人の大使節団を派遣して6月から平城京で大規模な交易活動をした。

　新羅は日本貿易をほとんど独占したから唐や西域、アラビアなどで日本に入って来る物品たちもやっぱり新羅を通さなければならなかった。新羅はアラビア、ペルシアなどイスラム教権商人たちと交易をした。いくつか

の文献にはアラブ、イスラム商人たちの新羅通いや新羅見聞の技術とともに新羅から輸入した商品記事も載せられている。

唐ではいわゆる在唐新羅人たちが商業的に、時には外交使節の役割までしながら東アジアの海を掌握した。彼らは中国の大運河周辺と南方である浙江地方から北京周辺を継ぐ大運河の周辺に定着し、運河経済を掌握するのに成功した。運輸業、造船業、航海業、製塩業、製炭業など主に換金性が強い仕事をした。そして運河の周辺と山東省、江蘇省、浙江省など海岸に新羅坊、新羅所、新羅村など定着村を建設した。商人たちや使臣のために至恩新羅官、新羅院みたいな建物もあった。新羅人たちは西域人・外国人たちも多く住んでいる国際都市揚州にも居住していた。

ところで海には道がある。複雑で長くて、必ず通過するしかない東亜地中海の全体航路は新羅人たちと在唐新羅人であって、そして日本列島に居住する一部の新羅人たちが掌握した。結果的に「汎新羅人」が断絶された航路を有機的に連結しながら海の水路と商圏を独占したのである。

在唐新羅出身である張保皐は新羅政府の助けを借りて清海鎮を設置して黄海、南海、東海及び東支那海のすべての航路を掌握しながら、商人たちと海洋民たちを組織した。すなわち国内外的な状況の中で東亜地中して西の方(環黄海圏)の要所に布陣している拠点都市を有機的に連結し、組織的に役割分担をさせながら軍事力を動員し、新羅政府と国籍が他の新羅人の民間商人組職を連結させた。そして本拠を軍港であり、自由貿易港で作った清海鎮をおき、在唐新羅人と在日新羅、本国新羅人を同時に管理して、役割分担を調整することができた。これらが決まった連繋性を持って活発な海上活動をすることで東亜地中海の海上権を掌握した。

9世紀前期に新羅の海賊が日本列島を侵入した。869年には新羅の海賊船

2艘が日本の博多を襲った。870年にはやっぱり新羅海賊が豊前国の供え物船に積まれた絹綿を掠奪した。引き続き893年と894年にも九州北部と対馬を襲った。このような事実たちを見れば民間人たちの海洋活動も非常に活発であったことを分かる。

統一新羅人たちの航路は次のようである。

航海範囲は展示台に比べてもっと拡がって航路も長かった。黄海中部の横断航路は南陽湾、すなわち現在の華城郡にあった唐恩浦を直航した後に山東半島に到着した。その港はやはり今日の蓬莱である登州であった。一方に民間人たちは山東半島東の下にある赤山浦、乳山浦などを港にした。特に唐を出発した港として確かに記録された所は赤山浦である現在の栄成市石刀港とその前にあるマックヤ島である。

南側は黄海南部の遮断航路があった。全南海岸出発したが現在の会津をその出発港で見ている。到着は淮河流域の都市と長江と及び現在の寧波である明州港である。長保皐の船団は明州の前の舟山群島を出発して北上している途中航海を遮断して韓半島南部で上陸するとか東支那海を遮断して済州島に到着するとか経由して新羅または日本まで航海した。今も浙江省舟山群島の宝陀島には新羅商人の伝説とともに新羅礁が残っている。

5) 渤海の海洋活動

渤海は高句麗の海洋能力を受け継いで初期から関心を傾けた。建国初期に武王は張文休に水軍と艦船を従えて渤海湾を渡って登州を攻撃して一時的に占領するなど相当な戦果をあげる。遼東半島と登州を継ぐ廟島群島は先史時代から非常に重要な航路であった。したがってこの航路を巡って唐

と葛藤をした。

　日本とは建国初から始めて公式的な記録だけ渤海が日本に34回、日本が渤海に13回派遣するなど頻繁に政治・経済的交渉があった。特に9世紀に至って1回に100人が越える使節団を派遣したりする。両国の間の交渉は新羅と唐という二つの強大国の関係で理解しなければならない。渤海と日本は新羅・唐によって崩壊された高句麗、百済、倭の秩序が新しい形態に誕生されたのである。したがってそういう歴史と新羅を警戒しなければならない地政学的な力学関係上渤海と日本は海洋外交を通じて協助関係を維持しなければならなかった。しかし前期を経ちながら交渉はほとんど経済的な目的を帯びて成り立った。経済的協力のために民間人たちの接触と交易も相当であった。一度は民間人1100人で構成された渤海船団が日本に到着したりした。当時成り立った交易の内容と品目を見れば両国の間の交易は非常に活発であった。貿易逆調現象があまりにもひどいので日本政府は渤海使臣船の回数と数字、人員などを制限したりした。このような活発で能動的な交渉は自然環境が厳しい東海を往来する航海術と造船術など海洋能力の裏付がなかったら不可能な事であった。

　当時渤海人たちの航路は次のようである。

　高句麗とほとんど似たり寄ったりであったがより北にかたよっているので条件はもっと悪かった。渤海人たちは北風系列の風を活用して東京である龍原府を出発した後、現在の羅鎮、先鋒にあたる豆満江下流で出発するか、陸路でその北にあるブルジーボストック近く港で出発し、沿岸または近海航海をしている途中東海北部を遮断して遠洋航海として本州中部の新潟、能登半島、敦賀などに到着した。敦賀には今も渤海使臣が泊った客館であった気比神宮がある。もちろん南京南海府の付近である吐号浦または

咸興近所で出発する航路を使って海を渡った。しかしやはり東海航路は非常に危なくて航海に困難が多かった。

その他に鴨緑江の河口である泊灼口(現在丹東)で航海し、西韓湾を抜けて西の方に遼東半島に沿って沿岸航海をした後に旅順である磨石陣から廟島群島に乗って下がって山東半島北部の登州港に到着する航路がある。初期には唐依攻撃路に利用されたが徐々に交渉路で使われた。

6) 高麗の海洋活動

高麗を立てた王健は百選将軍であったし、海軍大将という称号を受けた海洋勢力であった。後三国時代に活躍した人物たちは京畿湾の勢力、南陽湾勢力、唐津湾勢力、錦江河口と、栄山江河口及び西南海岸勢力そして蟾津江河口勢力など大部分が海上勢力たちであった。そして王健は礼成江河口と京畿湾一帯の海洋勢力として水戦を通じて後白済の機先を制圧した。後白済の甄萱も浙江地方の呉・越国と海を通じる交渉をした。高麗と宋は契丹族の国である遼を牽制するために政治・外交的な交渉が切実であったし、また文化交流と交易も必要であった。ところで遼が北方にあったので両国は海を通じて行われた。

高麗と宋の海洋を通じる外交及び交易は高麗社会及び東アジアの秩序に相当な影響を及ぼした。以後約160余年の間高麗は宋に57回、宋は高麗に30回の使臣を送った。平均2年に一回ずつ頻繁に使臣団が行き来した。もちろん高麗と宋の国の交渉は地理的な特性で見て海洋を媒介にしなければ不可能であった。宋の国には高麗館があちこちに建てられた。

高麗と宋の国は大規模の公貿易を行った。普通100~300人を乗せた使臣

船たちはすなわち公貿易船であった。例えば宋は高麗に衣服、象牙、水牛の角、玉、酒、鳥、馬車、漆品、楽器などを輸出したし、高麗は絹、金、銀、螺竿細工品、花座布団、螺竿泊が器、高麗人参、松、団扇、紙、筆、墨、皮など数千点を送った。1078年には輪100種が超える品目と6000件に達する品物を送ったし、高麗やはり彼に相当する品物を送った。蘇東披は高麗と貿易する事によって被害がひどいと非常に批判的であった。

　民間商人たちも活発に貿易をした。『高麗史』によれば主に現在の福健、広東、浙江の商人たちが高麗に大勢来た。北宋時代の前期(1017~1090)にだけ約100人以上の宋の商人たちが高麗へ来た記録がある。彼らは主に東海(現在江蘇省の煙雲港)、ヘムン(江蘇省の揚子江河口)などを出発した。両国の間に商人たちが行き来したことを統計して見れば、1012~1278年の266年間の宋の商人が129回にわたって約5000余人が来た。当時の状況で見ては実におびただしい数字である。今日のアラブ人である西域商人たちもたくさん来た。前期の北宋時代には主に高麗の礼成江を出発して甕津半島経って山東半島の登州港や密州に到着する黄海中部横断航路が使われた。しかし後期に入って、南宋が成立されると中国の江南地方と活発な交渉をした。

　高麗は国際関係だけではなく内部でも海洋が重要な役割をした。高麗の首都である開京につながる漕運のほとんど大部分は海路を活用したのである。

　高麗後期に立ち入ってモンゴルの侵入を受けて江華島などで海を根拠地で抗戦した。後に三別抄政府は珍島、済州島などに建てた一種の海洋王国であった。4年間の高麗政府とモンゴルを対象に抗争をした。もちろんこれは力強い海洋力を土台にしたのである。高麗の海洋力は高麗・元の連合軍が日本列島を侵攻する時主導的に船舶を建造して兵力を動員したところに

も現われている。

　1274年に高麗・元の連合軍が遠征をする時900尺の船を4ヶ月半分という驚くほど早い時間に乾燥した。後期に入って倭国の侵入を受けながら国家的に困難を経験したが、倭寇撃退と対馬征伐など海洋力を遺憾無く発揮した。

　高麗人たちが使った国際航路は次のようである。

　この交渉は黄海中部航路を利用することができなかったので字から自ら黄海南部航路を使うしかなかった。浙江の寧坡は明州として南宋の当時最大の貿易港であった。高麗へ来た北宋の使臣徐兢が書いた『高麗図経』によれば当時の航路は経由地とかかる時間及び海洋条件と状態まで詳しく記録している。当時の人々は寧波を出発して舟山群島の島々を通った後に沿岸航海を通じて現在の上海湾まで北上した後に東北上に遮断して黒山島を経由して礼成江の碧瀾渡に到着するのであった。その他に筆者の直接の漂流航海によって見つけた事実であるが、高麗人たちは在新羅人のように舟山群島を出発してすぐ東支那海を経って黄海南部を遮断する航路もあった。この他に広東や福健から入って来た西域文化もこの航路を利用して高麗に入って来た。仏教や高麗磁器など高麗は主にこの航路を利用して文化を交流したし、特に西域と間接交易をすることができた。一方日本商人たちも金海を通じて高麗に入って来たし、現在の沖縄である琉球国との交渉も現われる。

　7）朝鮮の海洋活動

　ところで朝鮮時代に入って来て韓国の海洋文化は非常に微弱になった。初期には高麗の伝統を受け継いで水軍を従えて対馬征伐などを推進するな

ど積極的であった。また造船術にも関心を傾けて新しい形態の船舶を建造しようとする試みもあった。しかし結局海洋文化は賎視されて水軍活動も些細になったし空島政策を取るなど民間人たちの対外海洋活動を基本的に禁じた。朝鮮は海を阻んで、地中国秩序のみを採用し、ひたすら中国との交渉のみを推進した。その結果中国の周辺部に転落した。

　ところで東アジアで海洋問題がまた頭をもたげたことは壬辰の乱であった。初期の一方的な劣勢から脱して結局勝利を導き出すことができたことは水軍の勝利のおかげである。水軍体制と艦船の優秀性を活用した李舜臣の活躍で力強い日本水軍を撃破した。特に亀船は非常に独特の機能を保有した艦船として朝鮮の海洋能力を端的に雄弁する船舶である。しかし朝鮮は以後にも海洋の大切さを認識することができなかったまま海洋文化を発展させることができなかった。

　その後近代に入りながら本格的に海洋の大切さと役割が挙論されたし、海洋力は東亜の力学関係を決めるのに相当な役割をした。ゼノノルシャモン号事件でも、丙寅洋の役などを経験しながら海洋の大切さを悟ったが、もう時期喪失であった。雲洋号事件と呼ばれる強制的な開港、日清戦争、露日戦争、日本の植民地化は海洋力及び海洋秩序と深い関連がある。しかし第2次世界大戦が終わりながら東アジアは緩衝地帯なしに韓半島の地と海で両極秩序が直接対決する様相を帯びた。このような尖鋭な軍事対決の中に海は支えて、その結果交流と交易の地中海的秩序は消えた。このように20世紀は唯一のつながりである海が閉鎖・断絶されて東亜地中海圏は自らの役割をすることができなくなった。しかしもうまた世界秩序、東アジアの秩序が再編されようと思う。現在東アジアですべての地域と国家を全体的に連結する海洋ネットワークは私たちである。けが持っている。したが

って重要な海路を掌握して、海洋調整力を持つ場合各国の間の力学関係を調整することができるし、莫大な経済的文化利益を得ることができる。

4. エピローグ

韓国の歴史学はその間陸地、それも韓半島という限定された視覚と通念に捕らわれて海洋という重要な意味あるジャンルを疎かにした。陸地主の秩序で見る時私たちは地理的でも周辺部に属している。しかし東アジアは海洋が重要な役割をしたし、特に三つの地域の間に成り立った人々の移動と物資の交流、あらゆる葛藤と歓喜たちは海洋ではなければ不可能であった。少なくとも古代史では、特に高句麗歴史では歴史の領域は大陸と韓半島そして海洋を含んである。所であった。である。から歴史上の理解もすべてのものを同時に包括して、多様な事件はその連関系列の中で把握しなければならない。特に国際関係の場合には政治、外交、軍事は勿論で、経済と文化もそういう観点で把握しようとする姿勢が必要である。筆者はこのような目的で'海陸士官'という用語を借用して論理を展開させている。

筆者は韓国史、特に古代史を解釈する過程で多様な目的を持ったまま一つのモデルとして東亜地中海論を設定した。そのモデルを通じて韓国史及び東アジアを解釈する過程から何種類新しい事実を確認したし、その価値と有効性特に未来的価値を認識した。例えば国史は初期から国際関係の中に成り立った側面が多かったし、文化の交流、経済的交易が東アジア社はもちろん国史でも相当な比重があったことを確認した。また具体的な海洋交通路と海洋のメカニズムが歴史の形成に相当な影響を及ぼしたし、時には東アジアの

秩序が全面的に再編される過程で海洋が決定的な役割をしたという事実も確認することができた。そしてなによりも国史のアイデンティティとともに私たちが東アジア歴史で周辺部ではなかったことを悟った。
　また21世紀世界秩序が再編される過程で東アジアないし韓民族の対応戦略を駆使するのに有効なモデルとしての可能性もあることを確認した。海洋力は一国が発展するのに決定的な役割をする。特に我が民族は三面が海で取り囲まれてよく活用すれば周辺で進出することができて、交易など経済力を進めるのはもちろん周辺各国たちの間の力学関係を調整することができる。半島が自分の前庭で海洋力を喪失したらそれは周辺国たちに包囲あっていることを意味する。したがって海洋力が弱ければむしろ海に包囲されて閉鎖的になって海洋力が強い周辺国たちによって民族の利益と自主が侵奪されることができる。21世紀に海洋力は東アジアの力学関係の基本フレームと我が民族の運命を牛耳るでしょう。

02

해양조건을 통해서 본 고대 한·일 관계사의 이해[*]

1. 서 론

한·일 고대관계사의 이해는 매우 어렵고 복잡하다. 양국 간의 역사적 경험과 현재적 인식이 작용한 것도 한 요인이다. 특히 일본은 유이민(流移民) 집단에 의해서 문화의 수용과 국가의 형성이 주도되었으므로 외부집단의 성격규명은 중요하다. 그것은 문화의 성격 및 민족의 기본특성을 규정하는 문제이기 때문이다. 또한 한민족과의 관련성은 지정학적 조건과 과거의 역사적 경험, 그리고 역학관계로 보아 매우 예민한 문제가 아닐 수 없다. 이것은 정도의 차이는 있을지언정 한국에게도 마찬가지이다. 이런 요인으로 인하여 두 나라는 자문화(自文化)의 역할을 강조하거나, 상대문화의 전파 및 수용을 부정하거나 약화시키려는 모습을 보인다. 일본열도는 물론이지만 한국에는 통일국가가 없었으므로 일본열도와의 관계에서 각각 특정국가의 영향을 강조하려는 경향이 있다.

한·일 양 지역의 관계는 일반적인 국가와 국가 혹은 지역과 지역의 관계로 파악해서는 이해가 어렵다. 일본열도는 동아시아에서 고립된 변방에 지나지 않았고, 해양

---

[*] 「海洋條件을 통해서 본 古代韓日 關係史의 理解」, 『日本學』 15, 동국대 일본학연구소, 1995.

을 매개로 주로 한반도와만 연결이 가능했기 때문이다. 또한 교섭을 가능하게 한 해양조건이 매우 복잡했기 때문이다. 이를테면 해양조건에 따라 교통로의 선택과 확보가 가능하고, 진출의 시기와 장소·성격 등이 결정되기 때문이다. 일본의 국가기원을 설명한 신화에서 해양문제 등이 중요한 것은 바로 복잡한 역사적인 배경을 의미한다.

본고는 한·일 양 지역의 교섭성격은 물론 일본고대사의 성립과정과 기본성격을 이해하기 위한 하나의 방법론으로서 해양에 의미를 두고 연구를 진행시키고자 한다. 따라서 해양문화의 기본성격에 대한 이해 및 해양조건에 대해 탐구하고자 한다. 특히 고대항로(古代航路)와 양 지역간의 교섭이 구체적으로 어떻게 연관되었는가를 밝히고, 그것이 일본 고대국가의 형성에 어떤 영향을 주었는지도 아울러 탐구하고자 한다.

2. 동아시아의 해양문화

동아시아는 중국 지역과 북방으로 연결되는 대륙의 일부와 한반도, 일본열도로 구성되어 있다. 따라서 동아시아의 역사상을 파악하고자 할 때 일반적으로는 이러한 육지 위주의 질서 속에서 그 이해의 답을 구하고 있다. 그러나 동아시아는 해양이 상당한 부분을 차지하고 있으며 특히 한·일 양지역을 둘러싼 지역은 오히려 해양이 중요한 비중을 차지하고 있다.

한반도를 중심축으로 일본열도의 사이에는 동해와 남해가 있고, 중국과 한반도 사이에는 황해라는 내해(inland-sea)가 있다. 그리고 한반도의 남부와 일본열도의 서부, 그리고 중국의 남부지역(長江 이남을 통상 남부 지역으로 한다.)은 이른바 동중국해(東中國海)를 매개로 연결되고 있다. 이러한 자연적 조건은 내부적이건, 대외관계에서건 동아시아의 역사발전에서 해양적 역할이 매우 컸다는 일반적인 추측을 할 수 있게 한다. 이 지역에서 명멸했던 모든 종족들과 국가들은 이 해양의 영향을 어떠한 형태로든 받은 것이다.

해양문화의 성격을 규정하는 데 가장 중요하고 1차적인 요소는 해양 그 자체의 자연적 성격이다. 이것을 토대로 역사적 성격이 형성되기 때문이다. 특히 해양환경의 영향을 받는 문화권에서 해류의 흐름을 이해하지 않고서는 문화현상을 정확하게 이해할 수가 없다. 해류의 흐름은 항해술이나 조선술 등 인간의 의지 혹은 문화발전과는 관련없이 인간과 문화를 일정한 장소에서 일정한 장소로 이동시켜 준다.

본고의 분석 대상인 동아시아의 해양은 쿠로시오(黑潮)의 범위대에 속한다. 북태평양의 북적도(北赤道) 해류는 북위 10도에서 20도까지의 해역을 중심으로 동에서 북태평양을 횡단한 다음 필리핀 군도의 동쪽바다에 도달한다. 이곳에서 남북으로 2분되어 남류(南流)의 가지는 민다나오 해류를 경유해서 적도(赤道)의 곧바로 북측을 동류(東流)하는 적도반류(赤道反流)와 이어진다. 한편 한 갈래는 사마르섬 내지 루손섬 남부의 밑을 북상하는 가지와 함께 쿠로시오(黑潮)의 원류(源流)가 된다.[1]

동중국해의 쿠로시오는 중국연안에서 일본 전역에 걸쳐 중요한 영향을 미치면서 일본 북륙외해(北陸外海)에서 북태평양을 동방(東方)으로 흘러가는 난류계(暖流系)의 해류이다.[2] 동중국해에는 쿠로시오 외에 규슈서안(九州西岸)의 쿠로시오 분파(分派)가 있고, 또한 이 해류에서 갈라져 황해중앙부를 북상하는 것과 동계에는 중국해안을 남하하는 한류(寒流)가 있다. 한국 서안에는 연안을 남하하는 한류가 대한해협에서 북상한 쿠로시오 일파와 합류하여 대한난류(쓰시마해류)[3] 상층수(上層水)를 형성하고 있다.[4]

---

1 黑潮를 가장 협의로 한다면 東中國海로 들어서면서부터라고 말하는 것이 된다. 그러나 黑潮의 源流, 협의의 흑조, 黑潮續流로서 對馬暖流, 쓰가루(津輕)暖流, 소야(宗谷)暖流를 일괄하여 黑潮海流係라고 부른다. 흑조원류는 북적도 해류 북반부에 비교하면서 동중국해로 유입하기 전에 流幅을 좁히고 流速이 증가해서 流速 1.0~2.0kn, 오키나와 서쪽 부근에서 2.0~2.5kn, 일본 本州에 접근하면 3.0~4.0kn에 達한다(『韓國의 近海航路志』).
2 黑潮에 대하여 역사적 입장을 전제로 하면서 이론적 접근을 한 글은 茂在寅南의『古代日本の航海術』, 小學館, 1981, pp.88~90.

대한난류는 쓰시마를 가운데에 두고 동수도(東水道)와 서수도(西水道)로 나뉘어진다. 이 양쪽의 협수도를 통과하면서 물의 흐름이 빨라지고 파도도 높아진다. 서수도를 통과한 해류는 한반도 남동단을 지나 북북동으로 흘러 원산(元山) 외해(外海)와 울릉도 부근에 이르러 동쪽으로 전향하고, 동수도를 통과한 해류는 북동방향으로 흐르면서 일본서안을 끼고 올라간다.

이 해류의 유속은 계절과 지역에 따라 약간의 차이가 있으나 평균 1kn 내외이며, 물의 방향은 항상 북동으로 향하고 있다. 이 해류는 항상 일정한 방향으로 흐르기 때문에 항류(恒流)라고 하는데, 이 항류가 북동방향으로 진행하는 것은 이 지역 항해의 기본방향을 1차적으로 북동향으로 조건짓는다. 한편 중국 연안을 남하하는 해류는 발해 및 북해북부에서 기원하며 중국대륙 연안을 따라 남하하여 남중국해 방면으로 사라지는데, 동계(冬季)에는 수온이 낮다. 황해·동중국해의 해류는 바람의 영향, 중국대륙으로부터 하천수(河川水)의 유입량의 변화 등에 의하여 변화가 많다.[5]

해류와 함께 양 지역 간의 교섭에 결정적 영향을 끼친 것은 조류이다.[6] 한반도의 서남해안과 중국의 동해안은 조류의 흐름이 매우 빠르고 방향의 지역적 편차가 심하다.[7] 항상 북동방향으로 진행하는 대한난류와 함께 조석간만에 따라 1일 2교대씩 진행

---

3 大韓暖流와 對馬海流의 개념에 대해서는 약간의 차이가 있다. 일본학자들은 쓰시마해류를, 한국학자들은 대한난류란 용어를 사용하고 있다. 본고에서는 가능한 한 대한난류란 용어를 사용하되, 문장의 내용이나 성격을 분명히하고자 할 때는 쓰시마해류란 용어를 사용한다.
4 荒竹淸光,「古代 環東シナ海文化圈と對馬海流」,『東アジアの古代文化』29號, 大和書房, 1981, p.89 참조. 茂在寅南의『古代日本の航海術』, 小學館, 1981, pp.91~93.
5 增澤讓太朗,「日本をめぐる 海流」,『MUSEUM KYUSU』14, 博物館等建設推進九州會議, 1984에 東支那海 해류 등 다양한 자료가 있다.
6 潮流는 潮汐派에 의해 일어나는 물입자의 수평운동으로서 육지에서 느끼는 것처럼 물이 밀려들어오고 나가는 것이 아니라 沿岸에서는 물의 속도가 빨라지고 방향이 바뀌는 것으로서 의미가 있다. 바트 T. 보크·프란시스 W. 라이트 지음, 앞의 책, pp.178~219 참조.
7 이석우·김금식 共著, 앞의 책, pp.329~374. 특히 pp.350~356에는 우리나라 조석에 대한 설명이 나와 있다.

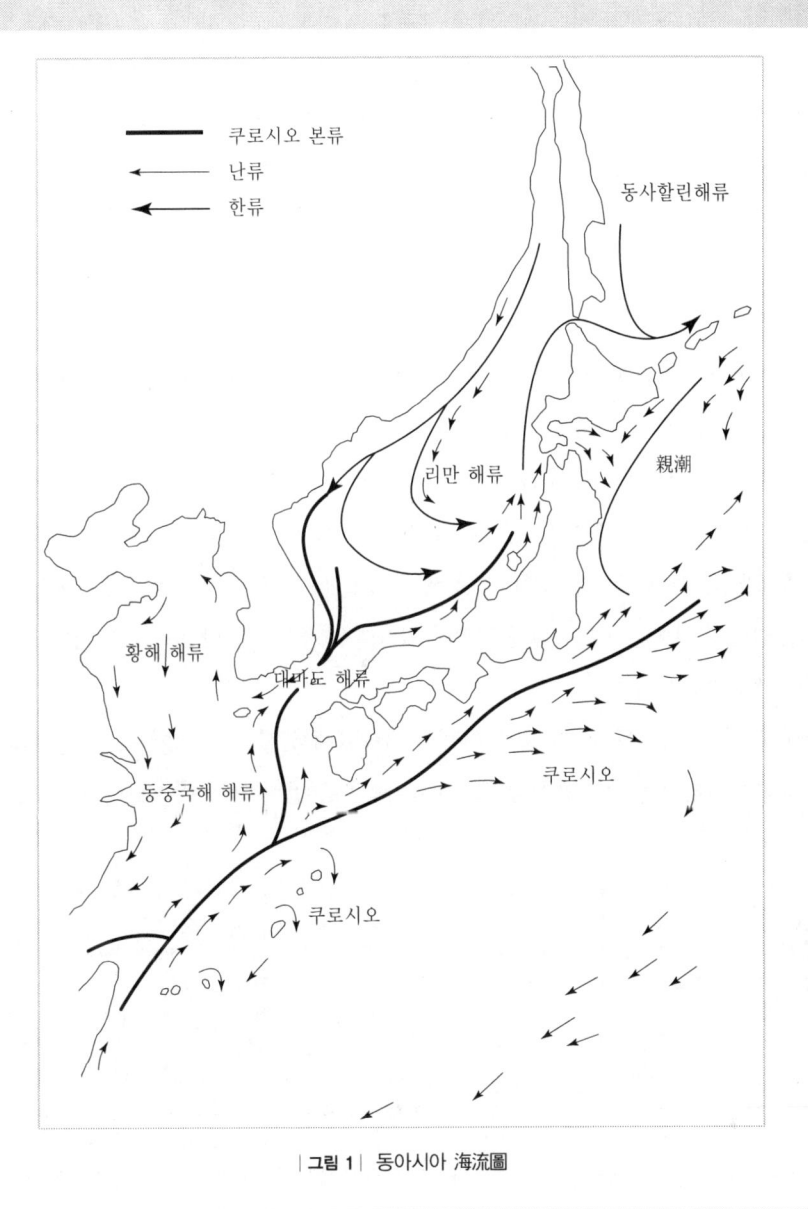

|그림 1| 동아시아 海流圖

방향이 바뀌는 조류가 있다. 조수(潮水)의 높이에 따라서 밀물 때에는 창조류(漲潮流)가 되어 남서방향으로 진행을 하고 썰물때에는 낙조류(落潮流)가 되어 북동방향으로 진행한다. 이 조류의 흐름은 항해에 매우 큰 영향을 끼치며 특히 협수로의 경우이거나 연안항해인 경우에는 그 영향력이 더욱 증폭된다.

한반도 남부(거제도, 부산 지역)와 쓰시마 사이의 해류는 북동방향으로 진행하며 평균 1km 내외이다. 그런데 창조 때에는 조류의 흐름이 남서로 진행되면서 북동향 항류인 해류를 보다 강력한 힘을 갖고 역으로 밀어붙인다. 따라서 해류는 전체적으로 흐름이 정지되거나 시간상이나 지역에 따라 심한 경우에는 역류되는 현상마저 일으킨다. 그러나 이와는 반대로 낙조시에는 조류가 항류의 진행방향과 동일한 북동방향으로 흐른다. 이 경우에는 항류의 유속과 낙조류의 유속이 합하여져서 3노트 이상의 빠른 속도를 갖고 북동으로 진행한다. 해류와 조류의 미묘한 흐름을 파악하고 그 속도와 힘의 관계를 인지하면 양 지역 사이의 항해는 비교적 안전하고 성공적으로 수행할 수가 있다. 한반도 서해안의 조류의 움직임이 얼마나 복잡한가는 몇몇 특정 지역의 조류를 보아서 알 수가 있다.[8]

이러한 조류의 움직임은 고대 황해나 남해안에서 절대적인 영향을 끼친다. 따라서 각 지역마다 개별적인 해상세력의 존재가능성을 암시한다. 지역 물길에 익숙한 집

이우석, 앞의 책, pp.161~198 참조.
조류의 법칙과 항해에 관한 해석에 관해서는 茂在寅南의 『古代日本の航海術』, 小學館, 1981, pp.174~179 참조. 특히 茂在寅南은 일본 『古事記』의 내용을 조류와 관련 시켜서 해석하고 있다.

8 孟骨水道의 조류는 서북 및 남동쪽으로 흐르며 북서쪽에서 흐르는 창조류는 하조도의 저조 후 약 2시부터 고조 후 약 2시까지 흐르며, 남동쪽으로 흐르는 낙조류는 고조 후 약 2시부터 저조 후 약 2시까지 흐르며 최강 유속은 6.8노트이다.
흑산 諸島의 漲潮流는 북~북서쪽으로 흐르고 落潮流는 南~南東쪽으로 흐른다. 창조류(낙조류)는 저(고)조 후 2~3시부터 고(저)조 후 2~3시까지 흐르며 각 도서 사이의 협수도에서는 유속이 매우 빠르다.
群山港 부근에 있어서의 漲潮流는 오식도 부근보다 약 20분 늦게 활류하고 落潮流는 약 30분 늦게 활류한다. 외항부근에 있어서의 최강유속은 창조류시는 1.5~3.5kn로 흐르며 낙조류시는 2.3~4.8노트로 흐른다.

단이 그 지역의 해상권을 장악하고 세력화하는 것이다. 선사시대와 고대에서 해안 근처에 집단분포의 흔적이 있는 것은 의미심장한 일이다. 이처럼 선사시대나 고대에 있어서는 조류가 항해의 성격・성패・방법 등 모든 면에서 절대적인 역할을 했다. 항해신화(漂流神話)・설화(說話) 등은 한결같이 조류의 중요성을 표현하고 있다.

한편 해・조류와 함께 항해환경에 영향을 끼치는 해양조건은 바람이다. 해류의 움직임은 바람의 영향을 강하게 받는다. 해당 조건에 따라 약간의 차이가 있지만 풍력(風力) 8(풍속 34~40m/sec) 이상이 되면 표면수(表面水)의 흐름이 반대로 되는 경우도 있다. 바다에서 발생하는 조난사고의 대부분은 조류의 흐름을 잘못 관측했거나 바로 이러한 바람에 의하여 표면수의 방향이 바뀌거나 선박이 밀려가기 때문이다. 이것은 역사에서 의도하지 못했던 교섭을 낳게 한다. 이러한 우연의 소산이 결국은 지속적인 접촉을 가져와 문화의 교섭, 역사적인 사건을 발생시킨다. 이러한 예는 역사상에서 많이 나타난다.[9]

바람 중에서 특히 해양문화에 영향을 주는 것은 계절풍(季節風)이다. 계절에 따라 일정한 방향성이 있으므로 바람을 상시적(常時的)으로 활용할 수 있다. 그런데 동아시아는 계절풍지대이다. 황해나 동중국해(東中國海)는 동계(冬季)에는 북서풍에 풍력 3~5이고, 때때로 편북(偏北)에서 편북동풍(偏北東風)이 된다. 하계(夏季)에는 편남(偏南) 또는 편남동풍(偏南東風)이 많고, 풍력은 3~4이다. 그리고 4월 말에서 5월 초 및 9월에는 부정풍(不定風)이 많다. 그러나 때에 따라서 다르고 지역에 따라서 다른 것이 바다의 바람이다.

아래의 도표를 보면 계절 혹은 월별에 따라 바람의 방향이 다른 것을 확인할 수 있

---

9 隋의 戰船이 제주도에 표착함. 張漢喆의 漂海錄, 崔溥의 漂海錄, 柳大用의 琉球風土記는 표류기를 기초로 저술한 것이다. 『成宗實錄』卷105에는 7명의 조선인이 폭풍으로 오키나와 최남단까지 갔었다는 기록이 있다. 이러한 것들은 우연의 교섭을 기록하고 있다.

다. 인간의 해상 이동은 바로 바람의 방향에 따라 상당한 영향을 받는다.[10] 특히 기계동력을 사용하지 못한 채 풍력을 이용한 돛을 사용할 경우에 바람은 항해의 성패여부에 결정적인 요소가 된다.

앞에서 제시한 몇 가지 자연조건의 특성으로 인하여 양 지역은 연결망으로 구성되어 밀접한 관련을 맺게 되었다.

항해과정 외에 항해방법 또한 교섭에 영향을 끼치는 중요한 요소이다.

한・일 양 지역은 전체거리가 약 280여 km에 달한다. 그러나 먼 거리임에도 불구하고 사이사이에 쓰시마와 이키(壹岐)섬 등이 있어서 비교적 지문항법(地文航法)을 이용한 항해가 가능하다. 부산에서 쓰시마까지 최단거리는 약 53km, 거제도에서는 약 80

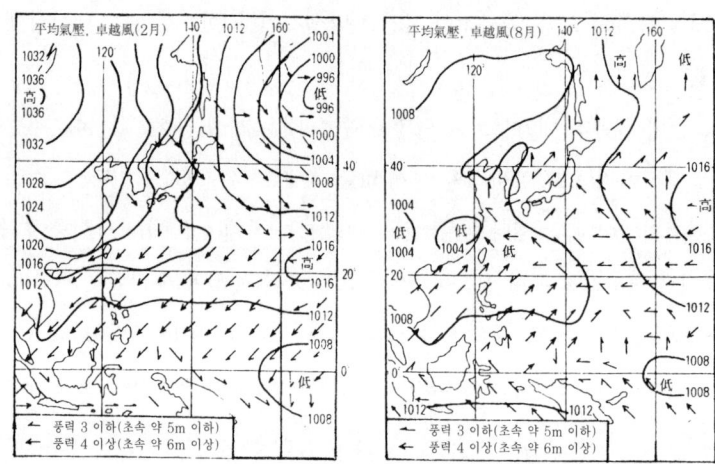

| 그림 2 | 계절풍 도표[11]

---

10 茂在寅南, 『古代日本の航海術』, 小學館, 1981, p.95.
11 이 도표는 茂在寅南의 앞의 책, pp.96~97 및 荒竹清光, 「古代 環東シナ海文化圈と對馬海流」, 『東アジアの古代文化』 29號, 大和書房, 1981, p.91 참조.

여 km이다. 한편 쓰시마의 최남단인 쓰쓰(豆酸)에서 이키섬까지는 53km 정도이고, 이키섬에서 규슈까지는 약 20여 km 남짓하지만 중간에 작은 섬들이 있다.[12]

이 같은 지형적인 특성은 몇 개의 섬들을 징검다리로 이용할 경우에 항해가 보다 쉽다. 항해자들은 양쪽으로 지형지물을 확인하고, 유사시에는 피항(避港)을 하면서 항해할 수 있다. 부산에서는 날씨가 맑은 날 쓰시마가 뚜렷이 보인다. 거제도 역시 아주 맑은 날이면 쓰시마를 관측할 수 있다. 그 반대의 경우도 물론 가능하다. 한편 쓰시마의 중부인 상견판(上見坂)에서는 날씨가 맑은 날에 동남쪽으로 이키섬 및 히라도(平戶)의 섬들이 보인다.[13] 심지어는 고토(五島)열도(列島) 북부의 우구도(宇久島)나 소치하도(小値賀島)에서는 가을의 쾌청한 날 등에는 한반도 서남부 해상에 있는 제주도의 한라산을 보는 것이 가능하다.[14]

지문항해의 실현가능성을 입증하기위하여 양 지역상의 시달거리(視達距離)를 계산하고자 한다. 시달거리는 바다에서 일정한 높이를 가진 목표를 확인할 수 있는 최대 거리를 말한다. 즉 항해를 할 때에 육지의 높은 산이나 산맥 혹은 등대·선박 등을 대양(大洋) 한가운데서 볼 수 있는 최장 거리이다.

시달거리를 계산하는 방법은 다음과 같다.

K(해리) = $2.078(\sqrt{h} + \sqrt{H})$

(2.078은 상수, h는 해면상 관찰자의 눈높이, H는 목표물의 최고높이)[15]

---

12 城田吉之, 『對馬, 赤米の村』, 葦書房, 1977, pp.9~11.
13 城田吉之, 위의 책, p.5.
14 江坂輝彌, 「朝鮮半島 南部と西九州地方の先史 原史時代における交易と文化交流」, 『松阪大學紀要』第4號, 1986, p.7.
15 茂在寅男, 앞의 책, p.22.
   바트 T. 보크·프란시스 W. 라이트, 『기본항해학』, 대한교과서주식회사, 1974, p.26.

이 공식을 한반도와 일본열도 사이의 항해에 적용하면 다음 결론이 나온다.

쓰시마는 거대한 산악지형으로 구성되어 400m 이상의 산들이 많이 있다. 특히 야타데산(矢立山)은 649m이다. 이 산을 목표로 삼고 선박 위의 사람 눈높이를 최저 4m로 할 때 시달거리는 55해리(102km)가 된다. 이 공식에 따르면 양 지역은 쓰시마를 기점으로 북서로는 한반도, 남동으로는 이키섬 내지 일본 본토까지 시인이 가능하다는 결론이 도출된다. 그 외에도 쓰시마 최남단인 쓰쓰의 용량산(龍良山)은 559m로서 서북으로 직선거리 80여 km에 위치한 거제도의 가라산(580m)과 남동으로 53km 정도 떨어진 이키섬과 연결된다. 이 같은 거리들은 천문항법(天文航法)이 아닌 초보적인 형태의 항법으로도 항해가 가능하다는 결론이 나온다.

3. 선사시대의 교섭과 해양조건

그러면 이러한 자연조건 속에서 인간의 역사적 환경은 어떠한 영향을 받았을까? 동북아시아 각 지역들 간의 해상활동과 해양교류의 증거가 발견되고 있으나 이를 근거로 역사상(歷史像)을 구축하기 위해서는 몇 가지 전제가 되어야 한다.

첫째, 선사 고대의 해양교류란 해류·조류·계절풍 등 자연조건에 직접적으로 영향을 받는다. 그런데 지역 및 시기에 따라 동일한 것은 아니다. 즉 적합한 항해조건에 따라 문화의 형성과 특성이 영향을 받는다. 따라서 동력을 사용하는 능력이 미약한 선사시대 및 고대의 항해는 반드시 일정한 장소에서 일정한 시기에 일정한 형태로 형성될 수밖에 없다. 즉 통로와 시기가 일정하다. 이 때문에 교통로의 확보를 위한 갈등이 일어난다. 그러나 해양문화의 전파와 수용은 우발적인 경우도 적지 않다.

둘째, 고대의 해양활동은 가까운 지역을 1차 대상으로 점차 확대되고, 그 과정에서 활동공간의 완전한 전이가 이루어진다. 이것은 해안가에서의 활동에서 연안항해로, 다시 근해항해(近海航海), 원양항해(遠洋航海)로 확대하는 것을 의미한다. 양 지역 간의 교섭은 이러한 해양의 메커니즘 속에서 이해되어야 한다.

셋째, 인간의 이동과 문화의 교섭은 기술적 한계로 인하여 비조직적이며 연속적이지 못하고, 특히 대규모의 이동이 불가능하다. 이러한 특징은 고대문화의 교류 또는 고대국가 형성사(古代國家形成史)에 강한 영향을 끼친다. 이상과 같은 몇 가지 전제를 충분히 인식하지 못하거나 경시할 경우에 고대의 해양 역사상(海洋歷史像)을 구축하는 것은 물론 문화의 해석상에도 상당한 혼란을 초래할 가능성이 높다.

이러한 전제를 토대로 1차적으로는 구체적인 실례와 그 영향을 통해 해양교류의 개연성(蓋然性)을 조사하고 검증한다. 2차적으로는 두 조건의 결합과 그것이 가져온 이 지역들의 구체적인 역사상을 재구성 한다. 그리하여 교류의 내용과 변천상황 및 문화의 성격을 살펴본다.

선사시대에 각 지역 간에 이루어진 교섭은 1차적으로 토기(土器)의 전파와 수용으로 나타난다. 해안 지역에서는 항해가 활발했던 것으로 여겨진다. 시기는 약간 떨어지지만 해안 가까이의 유적지에서 발견된 토기들과 낚시도구 등의 유사성이 보이기 때문이다. 특히 해안에서 제법 떨어져 있는 흑산도 지역의 유적에서 융기문토기가 일부 발견된 사실은,[16] 그 시대 사람들의 항해범주와 어로환경이 넓었다는 것을 보여준다.

융기문토기(隆起文土器)는 한반도의 해안지대 외에 쓰시마에서도 발견되고 있다.[17]

---

16 黑山島 지역의 유물 발견에 대해서는 崔盛洛,「黑山島 地域의 先史遺跡」,『島嶼文化』6집, 목포대학 도서문화연구소, 1988 및 「西南海岸地域의 島嶼文化」,『島嶼文化』1집, 목포대학 도서문화연구소, 1983 등에 상세하게 보고되어 있다.
17 임효재,「新石器時代의 韓日交流」,『韓國史論』16, 1986, p.17.
　鄭澄元,「南海岸地方 隆起文 土器에 대한 硏究」,『釜大史學』9, p.3.
　金元龍,「신석기 문화」,『한국사』1, 국사편찬의원회, 1984, p.163, p.166.
　崔夢龍,『日本 對馬・壹岐島 綜合學術調査報告書』, 서울신문사, 1985.
　永留久惠,『對馬の文化財』, 杉屋書店, 1978.
　＿＿＿＿＿,『古代史の鍵』, 大化書房, 1975 외.

융기문토기의 관련성 문제를 놓고 연구 주체에 따라서 그 기원과 전파과정에 많은 이견이 있어왔다. 융기문토기가 죠몽토기의 도도로키식 토기에 영향을 주었다는 주장도 있다.[18] 즉 쓰시마 중부의 고시다카(越高) 유적지에서 출토된 융기문토기는 일본열도의 융기문토기와 다르고, 오히려 동삼동(東三洞)의 융기문토기와 기형(器型), 문양(文樣) 등에서 공통성을 보인다. 그리고 편년이 6,860±120 B.P., 6,590±160 B.P.로서 동삼동의 그것과 거의 비슷하다. 또한 오산리(鰲山里)에서는 고시다카(越高) 융기문토기 1형과 유사한 문양 모티브를 한 것이 있으며, 연대 또한 오래되어 쓰시마 융기문토기의 원류는 한반도에 있다.[19] 이처럼 한반도 남부와 일본열도를 제외한 쓰시마 지역의 토기 담당자가 동일하거나, 적어도 강한 교류가 있었다는 사실은 해양활동의 면에서 중요한 사실을 말해준다. 즉 6,000~7,000년 전을 전후로 한 시기에 바다를 건너 양 지역 간에는 교섭이 있었고, 교류의 한계가 한반도 남부와 쓰시마라는 짧은 거리에 국한되었다. 하지만 융기문토기의 분포지가 한반도 남부 동안(南部東岸)에 집중되어 있다는 사실과 교류의 범위가 쓰시마에서 그칠 수 밖에 없었으며, 특정 지역에 국한된 사실은 당시의 항해술과 해양활동의 수준에 대해 의미있는 단서를 제공해준다.

한편 한반도의 남해동부와 동해남부 일부에서 발견되고 있는 일본계 죠몽토기의 존재는 양 지역 간에 교류가 활발했음을 보여준다.[20] 부산 동삼동에는 가장 오래된 패

---

18 江坂輝彌, 앞 논문, p.7에서 '부산부근에서 방사능 탄소측정연대가 B.C. 3000년대의 수치가 나온 櫛文土器貝塚의 하층에서 출토된 細隆線文土器는 일부가 九州地方에 넓게 분포되어 있는 죠몽문화 전반의 도도로키식 토기와 관련있는 것으로 생각되고 있으나, 반도의 細隆線文 平底深鉢土器는 반도의 동해안 일대에 분포가 알려지고, 중국 동북지방 북부, 소련 연해주 지방의 신석기문화의 남하로 여겨진다'고 하였다.

19 任孝宰, 「신석기시대의 한일문화교류」, 『한국사론』16.
江坂輝彌는 앞 논문, p.7에서 반대의견을 개진하고 있다.

20 林嶝, 「朝島의 史的考察」, 『해양대 논문집』11, 1976, p.380 및 「朝島貝塚 遺物小考」, 『해양대 논문집』13집, 1978, p.224에서 朝島를 선사시대의 중요한 거점으로 보고있다.
임효재, 앞 논문, p.5 등에는 울산 서생포에서 발견된 죠몽토기에 대해 나오고 있다.

총에서 융기문토기와 함께 빗살무늬 토기, 그리고 일본 죠몽시대의 세노캉식(塞ノ神式), 도도로키식(轟式), 소바타식(曾田式) 토기들과 함께 규슈의 이마리(伊万里)산 흑요석으로 만든 석기들이 검출되었다. 그리고 바로 옆인 조도패총에서는 흑요석으로 만든 돌톱(石鉅), 돌칼(石刀) 등이,[21] 울산 서생포의 신암리(新岩里) 유적에서도 역시 죠몽토기들과 흑요석 석기들이 발견되었다.[22]

이것은 당시에 죠몽토기인들이 한반도 남부까지 왔었으며, 일정기간 머물거나 어떠한 형태의 교류를 한 것을 반증한다. 동삼동 패총의 하층에서 발견된 박편 석기의 원재가 된 흑요석은 규슈 북서부인 사가현(佐賀縣)의 아리다정(西有田町)에 있는 요악산(腰岳山)의 흑요석으로 생각된다. 이 흑요석들은 이마리(伊万里) 부근에서 배로 해협을 횡단하여 운반되어진 것으로 생각된다.[23]

그런데 빗살무늬토기는 한반도의 남해와 서해의 일부 도서[24] 및 제주도에서도 다수 발견이 되고 있다.[25] 따라서 신석기인들은 이미 연안을 벗어난 해양활동을 했음을 알 수 있다. 이들의 이동은 일본열도까지 행해져서 죠몽토기의 형식에 부분적으로 영향을 끼치기도 하였다.[26] 빗살무늬토기들이 일본열도의 일부분에서 발견되고 있다. 한반도를 바라보는 쓰시마의 중부 지역인 토요다마촌(豊玉村)의 가토오(加藤) 해저유적지에서는 죠몽 중기층에서 빗살무늬토기가 다량으로 출토되었다.[27] 이 같은 사실은 양 지역간 접촉 성격과 규모의 정도를 짐작케 한다.

---

21 林墩, 「朝島貝塚出土遺物小考」, 『해양대 논문집』 13집, 1978, p.224.
22 任孝宰, 앞 논문, p.5.
23 江坂輝彌, 앞 논문, p.7.
24 崔盛洛, 「全南地方의 馬韓文化」, 『馬韓百濟文化』 12, 1989.
25 全海宗, 「탐라의 上古史 論考」, 『논문집』 10, 인문사회, 1979 참고.
26 永留久惠, 『古代史の鍵・對馬』, 大和書房, 1975, pp.31~32 및 『對馬の文化財』, 杉屋書店, 1978.
27 崔夢龍, 『日本 對馬・壹岐島 學術綜合 報告書』, 서울신문사, 1985.
   永留久惠, 『對馬の文化財』.
   永留久惠, 『古代史の鍵・對馬』.

또한 빗살무늬토기와 소바타식 토기는 유사성을 갖고 있다. 이 사실을 처음 지적한 사람은 등전량책(藤田亮策)이었다.[28] 김원룡은 동삼동2, 신암리2 등의 직접적인 영향은 B.C. 3000년 경의 것으로 추정되는 소바타식 토기에서 발견되며, 이것은 남해 해상에서 벌어진 우발적인 교섭의 소산이라고 하였다.[29] 그러나 임효재는 현지연구를 토대로 소바타식 토기는 한반도 빗살무늬토기의 직접·간접적인 영향을 받았다고 주장하였다. 그리고 이 영향은 빗살무늬 토기인의 도래(渡來) 내지는 교역품의 교류에 의한 것으로 생각된다고 하여 적극적으로 파악하고 있다.[30] 한편 쓰시마는 물론 최근에는 규슈 서쪽 고토(五島)열도 뿐만 아니라 오키나와 등에서도 발견되고 있어 그 전파범위가 확산되어 가고 있다.

위에서 살펴본 것처럼 양 지역 토기의 분포와 형식의 상호영향은 서로간에 적극적인 왕래가 있었음을 입증한다. 이러한 성격은 어로문화(漁撈文化)에서도 나타난다. 오산리(鰲山里)에서 다량으로 출토된 결합식 조침(結合式釣針)은 동삼동(東三洞), 상로대도(上老大島) 등의 유적지에서도 발견되었다. 이 결합식 조침은 서북 규슈형으로서 일본 동북지방의 것과 다르다. 전형적인 오산리형은 서북 규슈형의 원류로 여겨진다.[31] 또한 쓰시마 중부의 시다루(志多留) 유적지에서도 토기와 함께 결합식조침이 발견됨으로써 이것이 서북 규슈에서 쓰시마 한반도 남부까지 사용된 공통적인 형태의 어로구였음을 보여준다. 이 외에도 흑요석을 이용해서 만든 돌톱의 경우도 서북규슈형 결합식 조침의 분포와 일치하는데, 역시 그 원류는 한반도로 보고 있다.

그러면 이러한 인문의 이동과 접촉을 가능하게 한 해양활동 능력과 그 방법은 어

---

28 任孝宰, 앞 논문, pp.10~11.
29 金元龍, 「신석기문화」, 『한국사』1, 국사편찬위원회편, 1984, pp.163~166.
30 任孝宰, 앞 논문, p.16.
　林墩은 「朝島의 史的 考察」, p.380에서 조도를 선사시대 교역의 중요 거점으로 보고있다.
31 任孝宰, 앞 논문, p.17, p.21.

떠했을까? 그리고 교류관계에 어떠한 영향을 끼쳤을까? 대한해협의 항해조건을 살펴보는 과정은 의미가 있다. 선사시대에 남해안을 통해서 이루어진 토기들의 전파와 수용 과정을 보면 당시 사람들이 해류와 바람에 의존해서 항해를 하였음을 알 수 있다.

울산의 서생포(西生浦)나 부산 동삼동(東三洞) 등의 지역에서는 쓰시마를 향하여 곧장 항해할 수 없다. 해류와 조류의 흐름을 자연스럽게 이용할 수 있는 거제도 이서(以西) 지역에서 출발하면 쓰시마 북섬의 중부 지역, 그리고 규슈의 서부 지역에 도착할 수 있다. 특히 바람의 영향을 비교적 받지 않는 여름철인 경우는 더욱 그러하다.

물론 위험을 무릅쓰고 늦가을이나 겨울에 북서계절풍을 이용하는 경우에는 부산이나 울산 지역에서도 쓰시마로 항해가 가능하다. 그러나 그것은 기본적인 방향의 조절마저 불가능하기 때문에 일반적인 사례라고 볼 수 없다. 우연한 접촉이나 표류 등의 특별한 상황이 아니고서는 쓰시마를 지나 인위적인 노력이 없이 이키섬이나 일본열도의 본토로 상륙하기는 어려운 것이다. 반대로 일본열도계의 유물이 한반도의 남해 서부, 즉 부산의 동삼동(東三洞)이나 조도패총(朝島貝塚)에서,[32] 그리고 동해남부인 울산의 서생포(西生浦) 등에서 발견된 것은 일본열도 혹은 쓰시마(對馬島)에서 흘러오는 해류의 흐름을 자연스럽게 이용했음을 입증한다.[33]

그러면 당시의 사람들은 어떤 교통수단을 활용하면서 양 지역간에 교섭을 하고 있었을까? 항해는 철저히 자연조건에 의지했으며, 사용된 교통수단은 그 정도의 항해술에 적합한 수준이었다. 즉 인력을 이용한 방향조절이 용이한 것은 아니었을 것이다.

---

32 林墩,「朝島의 史的考察」외, 孫兒鉉,「古代에 있어서의 海上交通」,『논문집』15, 한국해양대학, 1980. 江坂輝彌, 앞 논문 참고.
33 조류에 흐름에 대해서는 많은 논문이 있으나 가장 정확하게 길을 제시한 논문은 市田惠司・高山久明,「古代人の航海術對馬海峽 시뮬레이션」,『考古學 저널』12월, 通倦 212號, 뉴사이언스사, 1982에 콤퓨터 분석에 의한 각종 도표가 있다. 尹明喆,「海路를 통한 先史時代 韓・日 양 지역의 文化接觸 可能性 檢討」,『한국상고사학보』2, 1989, p.106 참고.

여기서 해협 도항용(渡航用)으로서 뗏목을, 연안항해용(沿岸航海用)으로서 통나무배(丸木舟·獨木舟)를 상정할 수 있다. 특히 뗏목은 그 발생과 이용용도 및 안정성이라는 구조적 특성으로 보아 운송수단일 가능성이 크다.[34]

그러나 점차 조선술과 항해술이 발달되었다. 현재까지 발견된 자료를 근거로 할 경우, 동아지중해권(東亞地中海圈)의 해양활동 수준은 높았다. 동해안은 서포항(西浦港) 유적지 4기층에서 고래뼈로 만든 노가 발견이 되었는데, 4기의 경우 기원전 4,000년기 후반으로 편년을 정하고 있다.[35] 이보다 후기로 판명된 울산의 반구대(盤龜臺) 벽화에서 곤돌라형의 선문(船文)이 발견되었으며[36] 가장 원시적 항해수단인 뗏목 형태도 보여준다. 이러한 유사성은 일본열도의 고선박에서도 나타나고 있다. 가장 오래된 선박의 유물은 기원전 3000년 경으로 추정하고 있다. 죠몽시기에 사용되던 배들의 잔해는 많이 발견된다. 특히 치바현(千葉)에서는 환목주가 집중적으로 발견되고 있어, 이 지역이 해상교통의 중심지였음을 알려준다.[37]

자료의 분석을 통해서 양 지역 사이에 해양접촉할 가능성이 있는 지역들의 자연

---

34 금세기 초두에는 濟州道, 對馬島의 어민들이 뗏목을 사용하여 해협을 횡단해서 木浦-康津-唐津-博多방면에까지 나갔던 여러 어부들의 말이 있다(江坂輝彌, 앞 논문, p.7).
35 이 서포항 유적지의 편년에 대해서는 대체로 의견이 일치되고 있다. 특히 임효재의 경우는 김용간의 초기 견해를 수용하고 있다.
36 國分直一,「古代東海の海上交通と船」,『東アジアの古代文化』29호, 大和書房, 1981, p.37 참조.
　金元龍,「蔚州盤龜臺 岩刻畵에 대하여」.
37 國分直一,「古代東海の海上交通と船」,『東アジアの古代文化』29호, 大和書房, 1981, p.38.
　清水潤二,「日本古代の船」,『船』(大林太良 編), 社會思想史, 1975, pp.64~66.
　獨木舟(丸木舟)에 대해서는
　清水潤二, 위의 책, pp.53~64 참조.
　國分直一, 위의 책, pp.32~38.
　須藤利一,『船』, 法政大, 1983, pp.31~55.
　須藤利一,『船』, pp.348~349에는 日本船의 역사표가 있다.
　『古代の船』, 福岡市歷史資料館.
　松枝正根,『古代日本の軍事航海史』上, pp.42~48에는 발견된 환목주 유적 일람표가 있다.

환경을 분석하고 고찰해 보았다. 그 결과 양 지역은 통시적으로 범공간적으로 상호교류의 가능성이 있다는 결론을 얻었다. 즉 인문조건(人文條件)의 성숙정도에 영향받지 않고도 교류의 개연성이 있다는 것이다. 자연조건의 충분한 완비는 인간의 역사적 경험, 즉 바다를 매개로 하는 교통, 해양생활에 대한 축적된 경험이나 탐구된 지식이 불충분하다 해도 상호교류를 가능하게 한다. 더구나 자연조건의 기본적인 이용과 인간의 적극적인 의지가 결합될 때 위에 열거한 지역들 간의 해양교류는 활발할 수 있다. 심지어 이 지역의 자연조건은 인간의 의지에 반하면서까지 각 지역들 간의 교류를 가능케 하였다.

4. 역사시대의 교섭과 항로의 상관성

일본열도에는 야요이시대 이후에 외부에서 집단 이주민이 들어와 세력을 구축한 지역이 여러 곳에 있다.[38] 이때 집단 이주는 두 가지 형태를 띠었다. 하나는 자연발생적으로 이루어지는 개별적인 이주(移住) 형태이고, 다른 하나는 시간상의 차이를 둔 파상적인 이동이 아니라 한류도의 정치현실과 밀접한 관련을 맺는 조직적이고도 지속

---

38 인종의 구성분포를 확인하기 위한 실험이 있었다. 인구증가율에 의한 모의실험과 두개골 형태의 장기적인 변화에 기초하는 형태변화 모델을 통해서 야요이시대의 시작인 B.C. 300년 경부터 초기 역사시대인 A.D. 700년까지의 약 1000년 간을 원주민과 이주민의 구성 비율로 조사했다. 그 결과 전자의 실험을 통해서는 죠몽 직계자손인 원주민의 비율과 渡來人의 비율이 1:9.6이라는 수치를 얻었다. 또한 두번째의 두개골 변화를 통한 실험에서는 서부 일본, 쥬코쿠(中國), 긴키(近畿) 등의 세 고분인구 집단은 이주계이며, 그 혼혈율이 1:9 내지 2:8에 가깝다는 결과를 얻었다. 한편 원주계라고 여겨지는 간토(關東) 지방의 인구집단의 경우에도 그 혼혈율이 원주민:이주민=3:7로 나타나는 수치를 얻었다.
埴原和郞의 조사로서 「Estimation of Early Migrants to Japan, A Simulative Study」, 『人類學』95(3), 1987에 실려 있다(崔在錫, 『百濟의 大和倭와 日本化 過程』, 일지사, 1990, pp.31~39에서 재인용).

적인 이동과 진출(進出)이었다. 그런데 주되고 대규모적이며 일본열도에 강한 영향력을 끼친 것은 후자의 형태이었다. 이러한 조직적인 이주와 이동은 한류도의 열국들이 가진 정치력 관계의 변화에 따라 그 진출 방법과 규모가 결정되었다. 그뿐 아니라 집단이동의 복잡성은 지역에 따라 또 다시 영향을 받았다. 다시 말해서 진출하는 정치세력들이 택하는 항로에 따라 일본 고대사의 정치관계가 영향을 받은 것이다.

1) 남해동부 출발-쓰시마 경유-규슈북부 항로

그러면 이 항로의 출발지는 어디였을까? 일반적으로 낙동강 하구 지역을 고대 대왜항로의 유력한 기점으로 인식하고 있다. 쓰시마와의 거리가 가장 가깝고, 시인거리 안에 있으므로 물표의 확인이 가능하고 심리적 안정감도 있다. 또한 변진의 구야한국(狗邪韓國)부터 금관가야(金官伽倻)에 이르기까지 문화의 중심 지역이었다. 특히 다호리(茶戶里), 대성동(大成洞), 양동리(良洞里)에서 발견된 유적과 유물들은 이 지역이 교역의 중심지였음을 알려주고 있다. 특히 왜와 관련된 유물이 발견되었으며, 양동리 고분에서는 북부 규슈 지역의 유물들이 발굴되었다. 그러나 물길을 이용하는 것에 대해서는 문제가 있다.

대한해협을 통과하는 해·조류 및 바람의 기본적인 특성은 앞장에서 언급하였다. 이 지역의 해양적인 조건을 구체적으로 살펴보면 다음과 같다. 즉 북동진(北東進)하는 항류(恒流)인 해류 외에 북동과 남서방향으로 하루에 두 차례씩 바뀌는 조류(潮流)가 있다. 그런데 협수로이므로 조류의 힘이 더 세므로 해류의 방향에 영향을 끼친다. 즉 낙조(落潮)때에는 해류와 조류의 방향이 일치하지만 창조(漲潮)때에는 방향이 반대가 된다. 더구나 북동진하는 낙조류의 힘이 세므로 전체적으로는 북동진한다. 따라서 김해(金海) 지역에서 쓰시마까지 항해할 경우에는 해·조류의 흐름을 역행하게 된다.

이 상황을 구체적으로 살펴보면 다음과 같다.

부산에서 쓰시마 북부의 대포만(大浦灣)까지의 방위는 145도이고, 그 해역의 쓰시마해류는 대체로 215도에서 235도까지의 방각(方角)으로서 역(逆)으로 향한다. 따라서 배의 속도를 시속 4.4km(약 2.4노트)일 경우에 조류를 감안한 해류의 속도가 2.4노트에 가깝다던가, 또는 그 이상일 경우에는 부산에서 대포로 항해하는 것이 극히 곤란하거나 불가능하다.[39] 다시 말하면 부산이나 그 동쪽 혹은 북쪽에서 출발하여 목적지를 쓰시마로 잡고 항해할 경우에는 해·조류의 흐름에 역행하므로 실패할 확률이 매우 높다(『津島記事』1703년 조선 譯官使 일행 108명이 와니우라(鰐浦) 바로 앞바다에서 참변을 당했다. 1976년에 고대항해를 시험한 野生號도 이 항로를 택해 결국 실패하고 말았다). 당시의 초보적인 조선술과 항해술로서는 항해가 불가능하다. 따라서 고대항로의 기점이 낙동강 하구인 김해 혹은 부산 지역이라는 주장은 재검토가 필요하다.[40]

남해 동부해안에서 고대항로의 기점으로서 적합한 조건을 갖춘 곳은 거제도이다. 거제도는 쓰시마의 북단과 위도상으로 동일하다. 따라서 기본적으로 북동진(北東進)하고, 낙조(落潮)때에는 남서진하는 해·조류의 움직임만 활용할 경우에 거제도나 그 이서(以西)에서 출발한다면 비록 정상적인 항해에 실패했다 해도 1차적으로 쓰시마 북단에 걸릴 확률이 많으며, 2차적으로 표류(漂流)일 망정 일본열도에는 도착할 수 있다.[41] 또한 거제도에서 쓰시마까지의 거리는 80여 km이고, 시인(視認)이 가능하므로 방향측정이 가능하다. 따라서 교섭을 주도했던 세력이 김해 지역에 있었을 경우에는 현재의 부산 주변을 출발하여 연안항해를 하면서 서남진하다가 거제도를 경유하여, 바람과 조류의 방향 등 상황을 판단한 후 거제도 이서에서 바다로 나갔을 것이다.

---

39 森 繁弘, 『發見 邪馬臺への航跡』, 講談社, 1987, p.189.
40 필자는 漂流 航海實驗과 硏究의 결과를 토대로 앞 논문 및 『해모수』에서 이러한 문제점을 지적한 바가 있다.
41 森 繁弘, 위의 책, p.192.
　 尹明喆, 앞 논문, p.111.

항해인(航海人)들은 처음부터 선수(船首)를 쓰시마의 남단보다도 더 남쪽의 방각(方角)을 향해 출발하고, 해류가 약해서 선수의 방향을 직진할 때는 선수를 적당하게 수정하면서 상현(上縣)과 하현(下縣) 사이의 아소완(淺茅灣)주위로 입항했을 것이다. 해류가 강할 때는 아소완과 쓰시마 북부 사이로, 더 강할 때는 북부로 도착하는 것같이 운항했을 것이다.[42]

이러한 항해환경을 갖춘 거제도는 김해세력의 외항(外港)역할을 했거나, 아니면 독자적인 해상세력 집단의 거점일 가능성이 크다.[43] 삼한(三韓)의 소국(小國) 중 일부와 창원, 고성 등의 가야 고분군 및 독로국(瀆路國)의 거제도설(巨濟島說) 등은 의미가 있다고 판단된다.[44] 거제도에서도 지세포(知世浦)나 다대포(多大浦) 등은 외항(外港)으로서 가능성이 높다. 특히 거제도의 남부면 다대리에 위치한 다대포 항구는 섬의 제일 남단인데다가, 가라산(加羅山)이라는 뒷산이 있어 항해에 매우 유리하다.[45]

이 항로는 쓰시마를 경유했다. 쓰시마에는 이러한 중간적 위치 때문에 앞에서 언급한 바처럼 신석기시대의 토기를 비롯한 야요이시대 유물들, 그리고 가야, 신라 등과 관련된 유물・지명・설화 등이 분포되어 있다.[46] 특히 시다루의 항아리전설은 항해 및 가야와 관련되어 매우 주목된다.

---

42 필자는 1983년 뗏목항해 실험 때 朝島에서 뗏목을 제작한 후 거제도까지 연안으로 이동시킨 다음, 多大里를 출발하여 항해한 끝에 44시간 만에 쓰시마의 상현 북부인 사고(佐護港)에 도착하였다. 이러한 항해는 위에서 언급한 항법과 동일하다.
43 교역의 관점에서 수입항적 성격보다는 수출항적인 성격을 띠었다. 신경철은 대성동・양동리 등의 倭系遺物들은 本加耶의 鐵에 대한 대역품으로 받은 것이란 견해를 보였다(「최근 加耶地域의 考古學的 成果」, 『加耶史論』, 고려대 한국학연구소, 1993, pp.114~118).
44 千寬宇는 『加耶史硏究』, pp.65~67에서 瀆路國의 위치를 거제도설과 동래설을 소개 비교하고 동래설을 지지하고 있다. 與倭接界란 기록은 단순거리를 표현한 것이라기보다는 현실적이고 실제 사용되고 있던 항해거리를 말한 것으로 판단된다.
45 쓰시마 남단에서 출발한 견당사들은 가라산을 물표로 삼고 항해를 했다.
46 쓰시마의 역사적 성격, 유물, 유적에 대한 것은 永留久惠, 『古代史の鍵・對馬』및 『對馬の文化財』, 城田吉之의 『對馬, 赤米の村』 등 참고.

쓰시마와 규슈 사이의 동수도(東水道) 역시 서수도(西水道)와 유사한 조건을 갖추고 있다. 그런데 이키섬과 규슈 간에는 쓰시마해류가 1노트 정도로 흐르고, 낙조 때에는 3~4노트의 급한 유속으로 북동진한다. 빠른 유속과 높은 파도로 인하여 항해가 어렵지만 대체로 접안이 가능하고, 실패한다 해도 혼슈 남단으로 도착할 확률은 매우 높다.

규슈 지역은 야요이 문화가 시작되고 발달한 곳으로서 벼농사가 발달됐고, 소국가가 비교적 일찍부터 형성된 곳이다. 항해상으로 보아 쓰시마에서 출발했을 경우에 가장 적합한 도착지점은 규슈 북서부의 요부코(呼子付)나 가라쓰(唐津)만이다. 『삼국지』왜인전에 기록된 末盧國의 상륙지점은 보통 東松浦반도 북단의 요부코든가 당진 근처로 말해진다.[47] 출발항으로서도 역시 당진만이 사용됐다.[48]

이러한 지리적 해양적 조건으로 인하여 가라츠 부근에는 야요이 유적지들이 많이 있다. 가라츠(唐津) 부근에 있는 우키군뎅(宇木汲田) 패총 · 나바타케(菜畑)유적이나 이다츠케(板付) 유적지에서는 야요이시대의 농경문화 유물이 다수 발견되었다.

일본열도의 벼농사는 자생설(自生說) 혹은 장강(長江) 유역설들을 주장하는 견해도 있다. 그러나 일본열도의 벼농사는 한반도 남부에서 건너갔다는 것이 일반적인 견해이다. 벼농사가 최초로 시작된 곳이 한반도 남부와 지리적으로 가장 가깝고, 항해상에서 도착이 용이한 규슈 북부이다. 또한 볍씨의 품종, 농사도구 및 농사관계 언어의 유사성이 많다. 따라서 양 지역 간의 농경문화는 해양교통을 전제로 매우 밀접한 관계가 있었음을 확인할 수 있다.

규슈지방에서 농경이 발달한 지역의 횡우산(橫隅山)유적, 횡우과창(橫隅鍋倉) 유적, 제강(諸岡) 유적, 요시노가리(吉野ヶ里) 유적 등에서는 제작기법이나 형태 면에서 계통

---

47 森 繁弘, 『發見 邪馬臺への 航跡』, 講談社 1987, p.41.
48 遣隋使의 항로는 唐津-値嘉島-쓰시마-한반도 가까이 간 다음에 다시 연안항해를 하는 것이다. 이는 당시도 역시 조류를 이용했음을 알려주고 있다.

을 같이하는 한반도계 무문토기가 출토되고 있다.⁴⁹ 김해(金海) 회현리(會峴里) 패총의 유물은 이다츠케(板付) 유적지의 것과 동일하고, 다호리 유적 11호분에서 발견된 철촉(鐵鏃) 등은 야요이시대 후기 전반에 속하는 유적들에서도 나타나고 있다.⁵⁰ 그 무렵 일본열도에는 한반도와 동일한 형식의 묘 등이 북규슈 지역을 중심으로 출현한다. 대표적인 장법인 옹관묘는 규슈 북부의 여러 지역에서 대량으로 발굴되었는데, 특히 최근에 발견된 요시노가리 유적은 대표적인 야요이시대의 것으로서 집단거주지와 함께 옹관묘군이 발견되었다.

다호리에서 출토된 동검은 요시노가리의 동검과 계통을 같이 한다. 가라스 관옥은 한국제 일 가능성이 높다.⁵¹ 그 외에 동경(銅鏡)・동모(銅矛)・동과(銅戈) 등이 한국제이다. 한편 규슈 북동부에 위치한 현재의 후쿠오카 지역도 적합한 도착지점 가운데 하나이다. 깊숙하고 잘 발달된 만으로 이루어졌고, 혼슈와 마주치는 현재의 간몬(關門)해협 등을 통제할 수 있는 해상거점으로서 훌륭한 곳이다. 근처인 스쿠(須久)유적지는 노국(奴國)으로 추정되는데 지석묘 안에 옹관 및 전한경(前漢鏡) 등 유리옥(璧)이 있었다.

해양을 매개로 하나의 문화권이 형성되는 현상은 일본열도와 중국 지역의 교섭에서도 확인된다.⁵² 선사시대부터 해양을 통하여 동아시아(東亞)의 해양문화권이 설정되었을 가능성은 고인돌의 전파와 분포에서도 부분적으로 입증된다.⁵³ 그 전파경로에 대해서는 다양한 견해가 있는데, 남방에서 동중국해와 황해를 통했다는 견해도 설득

---

49 奧野正男,『鐵の古代史』, 白水社, 1994, pp.63~64.
50 李健茂・李榮勳・尹光鎭・申大坤,「의창 다호리유적발굴진전보고」,『고고학지』1집, 한국고고미술연구소, 1989.
51 西谷 正,「吉野の里遺蹟と韓國」,『마・백』12집, p.107.
52 安志敏,「先史時代における海上の中日交流」,『古代日本海文化の源流と發達』, 森浩一 外, 大和書房, 1985.
53 金秉模가 최근에 이러한 설을 강력하게 주장하고 있다. 「쟈바의 巨石文化」,『考古文化』8집,「韓國巨石文化 源流에 관한 硏究 1」,『考古文化』10・11합집.

력 있게 제시되었다. 이토시마(系島) 반도에는 100여 기가 밀집된 대규모 고인돌군이 있으며, 지토오(志登)에도 약 10여 개의 고인돌이 분포되어 있다. 고인돌군은 한반도에서는 전역에서 발견되고 있는 반면에 일본열도에서는 규슈 북부 지역에서 주로 발견되며, 기원 전 4세기 경 말부터 전파된 것으로 추정된다.[54] 상자식 석관도 규슈 북부를 중심으로 서일본 지역에서 발견되고 있다.

이와같은 사실들은 야요이 문화의 시원지가 규슈 북부지역임을 밝혀주며, 동시에 한반도 남부와 교류 속에서 야요이 문화의 제 특성, 즉 농경의 시작, 금속기의 사용, 토기제작과 고인돌의 축조 등이 이루어졌음을 입증한다.

한반도 남부와 규슈지역은 해양을 매개로 문화적으로 긴밀한 관련을 맺고 역사활동을 해왔다. 해양과의 관련은 소국의 형성과정에도 강한 영향을 끼쳤다. 소국들에 대한 최초의 기록은 『한서(漢書)』 지리지(地理志)에서 왜(倭)란 명칭으로 나타난 이후 『후한서(後漢書)』 동이전(東夷傳)에 나온다.[55] 이들 100여 개의 나라들은 규슈를 중심으로 한 일부 지역에 한정된 조그만 규모의 정치단위이며 그 가운데에서 야마다이국이 가장 큰 것임을 알 수가 있다. 한편 『삼국지(三國志)』 동이전(東夷傳)에는 한반도 남해안을 떠나 일본열도에 닿아 야마다이국까지 가는 길과 거리수, 그리고 거쳐야 되는 소국들을 명시해 놓았다. 對馬國, 一支國, 末盧國, 伊都國, 奴國, 不彌國, 投馬國, 邪馬臺國 등의 나라들은 모두 규슈 지역에 위치하였다. 특히 伊都國, 末盧國 등 입구국의 위치는 이토시마 반도, 마쓰우라 등 북부 해안지대이다.

이 소국들은 외국과 교역을 했다. 『三國志』 卞辰傳('國出鐵 韓濊倭皆從取之 諸市買皆用鐵 如中國用錢')과 『通典』 辰韓傳에는 왜와 한반도 남부 간에 교역이 있었던 사실을 기록하고 있다. 한반도 남부를 통하여 간접교역 혹은 직접교역의 형태로 중국과 교역했

---

54 沈奉謹, 「韓日 支石墓의 關係」, p.103.
55 "……倭在韓東南大海中 依山島爲居凡百餘國 自武帝滅朝鮮 使譯通於漢者三十許國 國皆稱王 世世傳統 其大倭王居邪馬臺國……"

던 것으로 판단된다. 당시의 수입품 중에는 전한경(前漢鏡), 후한경(後漢鏡), 전한경이 출토된 것은 北규슈에 16개소. 후한경은 14개소), 위경(魏鏡), 오경(吳鏡) 등이 있으며 관옥, 곡옥 등이 적지 않은 것으로 보아 교역의 양을 짐작할 수 있다. 특히 오경(吳鏡)은 양자강 유역의 오(吳)와 일본열도가 직접 교섭했을 가능성을 보여준다.[56] 당시 교역의 증거와 품목은 고고학적 유물 뿐만 아니라 기록에서도 나타나고 있다. 즉 위(魏)에게 남녀 노예를 비롯하여 반포(斑布) 등을 주고, 위(魏)에서는 백견직(白絹織) 등 옷감이나 동경(銅鏡)·칼·진주 등을 받았다. 당시 소국들은 후한·위·대방(帶方) 등과 정치교섭을 하기도 하였다.

　소국들은 정치·경제적인 발전을 위해 주변의 소국이나 외국과 교섭을 해야한다. 따라서 그 위치는 필연적으로 항구를 갖춘 해안가 가까이 있어야 한다. 더구나 야요이 시대 이후에는 해양을 통해서 들어온 이주민 집단으로 구성되었으며, 농경이나 어로 등 생활상의 이익을 위해 해안가에 위치해야 한다. 그런 까닭으로 포(浦)와 진(津)이 많이 생겼고, 소국들은 필연적으로 해양문화가 발달했고, 교역을 통해서 성장한 해안 도시국가의 성격이 있었다.

　소국들의 위치선정이 해양과 관련있음을 각국 간의 거리를 계산해서 추정한 연구가 있다. 송지정근(松枝正根)의 계산법은 다음과 같다. 즉 쿠로시오는 평균 2~4노트이다. 이때 노꾼 10인으로서 항해거리를 계산한다면 4노트로서 1일 8시간 항해하여, 1일 항해거리는 약 32마일(약 59km)이 된다. 이 거리를 중시한다면 수도(首都)라고 생각되는 지점에서 약 60km마다에 항(港)이 발전해야만 한다. 그런데 송지정근은 위 계산법에 의거해 항로와 거리, 일수 등을 열거하면서 유적의 분포와 일치함을 주장하고 있다.[57]

　이렇게 성장한 소국들은 해류 등 자연조건의 작용으로 한반도와 연결이 용이한

56　王仲殊,「古代の日中關係」,『古代日本の國際化』, 朝日新聞社, 1990, p. 20.
57　松枝正根,『古代日本の軍事航海史』上, pp. 191~192.

규슈의 전 지역을 필두로 경상남도의 해안지방과 접촉이 용이한 이즈모(出雲) 지방, 그리고 그 위의 쓰루가(敦賀)지역, 그리고 점차 서부일본 전역으로 확산되어 갔다. 규슈지역은 야요이시대가 끝난 후에도 계속해서 한반도에서 주민진출이 있었는데 가야가 성립된 이후에는 이들 진출자들을 가야계라고 불러도 좋을 듯 하다. 항해조건상 이 지역에 진출하기에는 남해 동부해안을 장악한 가야가 가장 적합하다. 쓰시마를 비롯하여 규슈의 북부 지역에는 가야와 관련된 유적, 유물과 함께 유사한 지명들이 많다. 가라츠만(唐津灣)은 '가라의 항구'라는 뜻으로서 한자 표기도 원래는 한진(韓津)이었다. 그 외에 이 만을 굽어보는 가야산(可也山)이 있고, 게야(芥屋), 가라도마리(唐泊) 등의 지명이 있다.

가야와 깊은 관련성이 있음은 일본신화에서도 나타난다. 태양신인 아마테라스오오미카미(天照大神)의 손자인 니니기노미코도(瓊瓊杵尊)는 삼종신기(三種神器)를 지닌 채 다카마노하라(高天原)를 떠나 히우가(日向)의 다가치호노다케(高天穗峰)의 쿠시후루(槵觸峰)에 도착했다. 이 신화는 삼품창영(三品彰英)이 지적한 바와 같이 『삼국유사』 가락국기에 기록된 김수로왕(金首露王)의 천강신화(天降神話)와 신화구조나 내용, 지명 등이 유사하다. 다만 가락국기에서는 홍포(紅袍)에, 일본신화에서는 진상복금(眞床覆衾)에 쌓여 내려왔다. 또 내려온 봉우리의 이름과 발음이 유사하다. 김수로왕이 구지봉(龜旨)인데 반하여 니니기는 쿠시후루(槵觸峰), 혹은 구시히(旨日), 구시후루(久土布流)이다. 특히 구시후루란 지명에서 후루는 고대 한국에서는 마을을 나타낸다. 따라서 구시후루는 구시의 마을, 즉 구지촌(龜旨村)이 된다.[58]

한반도의 남부 지역과 규슈 북부 지역의 깊은 관련성은 왜와 가야인의 동일성 내지는 깊은 관련성을 주장하는 견해로 나타난다.[59] 해양조건을 고려할 경우에 가야인

---

58 「三國文化가 日本에 끼친 影響」, 『한국사』 2(고대편), p.427.
59 申瀅植, 「新羅와 日本關係의 一考察」, 『고대한일문교류』, 정신문화연구원 제2회 학술세미나, 1989 등.

의 진출은 활발했으며, 북부지역에 거점을 확보한 후에는 본국(本國) 내지 모국(母國)과 정치적 결합 내지 경제적 결합을 추진했을 가능성이 충분히 있다. 물론 이것은 해양을 매개로 한 만큼 결속력이 강한 강고한 조직은 아니었을 것이다.

2) 남해서부 - 규슈 서북부 항로

규슈 지역은 가야계 세력만 진출한 것은 아니다. 『일본서기(日本書紀)』 신대(神代)편을 보면 신라 세력의 진출도 짧은 기간에 이루어졌던 것 같다. 동해남부 지역을 출발하여 쓰시마를 경유한 다음에 도착한 경우도 있고, 오키노시마(沖島)를 경유하거나, 직접 이즈모(出雲) 등에 도착한 집단이 연안을 따라서 내려오다 북부 규슈에 정착한 경우도 있었을 것이다.

백제계 세력들은 가야나 신라계에 비해 시기적으로 떨어지는 경향이 있다. 4세기 이후에는 백제계가 이곳 규슈를 통하여 본격적인 일본열도 진출을 하였다. 『일본서기』에 따르면 백제인들의 최초 진출은 응신(應神)조에 봉의공(縫依工, 283), 아직기(阿直岐)와 양마(良馬, 284), 왕인(王仁) 박사(博士, 285) 등이 온 것이다. 그들의 진출은 대개 마한이나 가야계(加耶系)의 진출경로를 활용하였다. 근초고왕은 마한을 완전히 멸망시킨 이후에[60] 서해 남부해안을 장악하였을 것이다. 백제세력들은 현재 전라도 해안, 즉 한반도의 서남 해안이나 남해 서안에서 출발하여 연안항해 내지 근해항해를 하였을 것이다. 그러나 초기에는 아직 가야의 구 해상세력들이 잔존해 있으므로 근해항로를 택했을 가능성이 크다. 쓰시마를 경유하여 규슈 북부로 상륙하거나, 또는 제주도를 우현으로 바라보면서 고토(五島)열도에 도착한 다음 규슈 서쪽지방으로 상륙하는 모습을

---

60 李基東, 「百濟의 對倭國 關係의 成立」, 『古代韓日文化交流』, 정신문화연구원 제2회 학술세미나, 1989, p.105.

보인다.

　아리아케해(有明海)와 가까운 지역들은 백제인들이 가장 많이 도착한 곳이다. 이 안으로 들어와 상륙한 다음에 여러 강들을 역류하여 내륙으로 진입해 들어갔다. 현재 나가사키, 구마모토, 사가현의 서부 지역 등이 백제인들의 진출지였다. 특히 다마나(玉名) 지역은 축자(筑紫)평야와 국지천(菊池川) 등 강을 끼고 있어 항해민들이 정착하기에 적합한 곳이다. 또한 주변에 평야가 발달하고 국지천을 따라 올라가면 아소산으로 연결되었다. 따라서 이주민들이 규슈 동부 지역의 오이타 지역 등으로 진출하기에 적당한 조건을 갖추고 있다. 이 지역에서 후나야마 고분 등 전방후원분과 장식고분들이 많이 발견되는 것은 바로 지정학적인 조건을 반영한다.

　구마모토현 다마나(玉名)에 있는 후나야마(船山)고분은 전장 46미터인 전방후원분으로서 큰 편은 아니다. 그러나 이 고분에서는 전방후원분이 한류도 문화의 영향하에 성립되었다는 것을 보여주는 부장품들이 많이 출토되었다. 청동거울 6개, 구슬 7개, 관옥 14개, 갑옷 3벌 등 총 92점이 출토 되었다. 그런데 특이하게도 공주의 무령왕릉이나 익산의 익점리 고분에서 출토된 것과 꼭 같은 모양의 금동관식, 금동신발이 나오므로써 백제계의 강한 영향을 받아 축조되었음을 알 수 있다.

　출토된 14개의 큰 칼 가운데에서 은상감대도는 5세기 전반에 제작된 것으로 추정한다. 칼에 새겨진 명문의 중요한 부분이 마모되어 해석상에 차이가 있지만, 백제왕이 이 지역에 있던 지배자에게 신속(臣屬)의 표시로서 준 것으로 판단된다.[61] 후나야마고분의 피장자가 삼국 중 어느 세력과 관계가 깊은가에 대해서는 발굴된 유물의 성격을 놓고 논란을 벌이고 있다. 그런데 유물의 유사성 외에 다마나 지역이 가진 지정학적인 위치로 보아 백제계일 가능성이 가장 높다.

　그런데 진무(神武)의 동정신화(東征神話)는 고국을 떠나 강을 건너서 새로운 토지에

---

61 김석형, 『고대 조일관계사 연구』, 한마당, p.265.

서 건국을 했다는 것, 진무가 하늘(天)의 아들이며 동시에 하신(河神)의 여를 어머니로 하는 점, 위기상황에서 거북이의 도움을 받은 점 등은 부여, 고구려의 시조 건국신화와 동일한 점이 많다.[62] 이것은 기마민족인 고구려의 기원신화가 바다가 있는 일본에 전해지면서 환경에 적응하여 변화된 것이다. 이러한 신화들의 유사성으로 보아 이들 집단은 고구려나 백제계통으로 보여지기도 한다. 이 지역에 고구려계통이 진출했을 가능성은 규슈 서북부에 분포된 장식고분에서도 나타난다.[63]

장식고분은 전국에 400기 이상이 있는데, 규슈에 280기, 특히 구마모토현에 186기가 분포되어 있다. 초기의 장식고분은 후쿠오카현 구마모토현 등 주로 양현의 아리아케해(有明海)와 마주한 지방에 많다. 내륙으로 들어간 장소나 하천 유역, 특히 축후천(筑後川)과 국지천(菊池川)의 유역에 많이 분포되어 있다. 또한 횡혈에 장식이 있는 것은 다마나(玉名)군에서 기쿠치(菊池)군에 걸쳐서 넓은 국지천 유역 평야에 많다.

장식고분 가운데서 배가 그려져 있는 것이 양 현에만 47기가 된다. 유명해 지역은 한반도 남해서부나 서해남주에서 출발한 집단이 중간에 제주도, 또는 쓰시마 등을 보면서 고토열도를 거쳐 도달하는 지역이다. 그러나 이 항로는 해류의 흐름도 확인못하고 바람도 적당치 않아 초기에는 어려웠을 것이다.[64] 그러므로 백제는 일본열도에 효과적으로 진출하기 위해서는 가야의 항로를 탈취하는 것이 필요했다.

---

62 江上波夫, 『騎馬民族國家』, 中央公論社, 1962. pp.179~180 참조.
   江上波夫, 『アジア文化史 硏究要說編』, 1965, pp.19~20.
63 양연국, 『조선문화가 초기 일본문화발전에 미친 영향』, 집문당, pp.37~41.
64 西谷 正은 앞 논문, p.110에서 '야요이시대에서 고분시대에 걸쳐서는 유명해를 무대로 연안 제 지역 상호간의 교류는 인정해도 그 이상의 것은 없었다' 고 하여 소위 유명해 루트에 대해서는 부정적으로 보고 있다.

3) 동해남부 출발 혼슈 중부이남 도착 항로

일본열도로 진출할 수 있는 또 하나의 지역은 동해남부와 마주한 혼슈 남단의 이즈모(出雲)와 중부의 쓰루가(敦賀) 지역 등이다. 이 지역은 경상남도 울산이나 포항지방과 위도상(북위 35.5도)으로 거의 비슷한 위치에 있다.

다음의 도표를 보면 신라의 견일본사(遣日本使)의 경우는 10월에서 3월까지 6개월 사이에 40번이고, 그 나머지는 21번이다. 특히 650년부터 700년 경까지 일본에 입국하는 시기는 거의 10월에서 12월 사이에 집중되어 있다. 겨울의 계절풍을 이용하는 것이 유리했기 때문이다. 계절풍과 해류와 조류의 흐름을 효과적으로 활용하면 자연스러운 항해가 가능하다. 특히 이즈모지방은 진출 가능성이 매우 높다.

한반도와 이즈모지방 사이에는 항로가 2개 있었다. 하나는 동해남부 또는 남해동

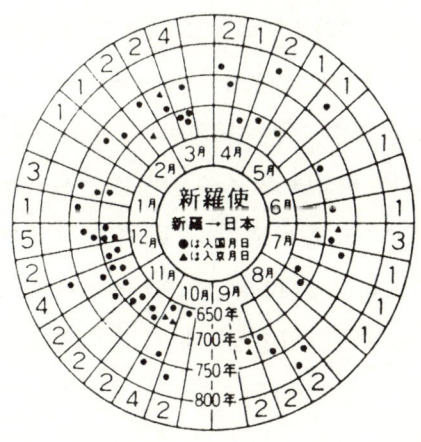

| 그림 3 | 650~800년에 있어서 일본과 신라 사이의 계절별 항해 빈도[65]

---

[65] 吉野正敏, 「季節風と航海」, 『Museum Kyusu』 14號, 博物館等 建設推進九州會議, 1984, p.14.

부로부터 리만한류를 타서 북위 30도 부근에서 대한난류의 서파(西派)를 횡단하여 본류에 올라타서 이즈모 서안의 이나좌지소풍(伊那佐之小浜)에 도달하는 직접항로이다. 제2의 항로는 한반도 동안에서 출발하여 오키(隱岐)에 도착하고, 다시 시마네만두(島根灣頭) 혹은 이나바(因幡)해안에 도착하는 것이다.[66]

이 지역은 해양조건상 신라계와 관계가 깊다. 연오랑(延烏郎)과 세오녀(細烏女)의 설화[67]는 신라세력이 진출하여 일본 소국가의 왕이 되는 당시의 양 지역 정치적인 상황을 의미한다. 또한 바위로 상징되는 항해수단을 이용했으며, 신라세력의 진출거점이 동해의 영일만 부근이었음을 알려준다. 영일군(迎日郡) 영일면(迎日面)에 오천(烏川)이 있는데 이곳이 연오랑이 출발한 지역이다. 세오녀에 유래하는 지명은 도기야(都祁野)가 아닌가 한다. 그런데 영일의 본명이 근오지(斤烏支)인데, 양 항로간의 중간에는 오키(淤岐·隱岐)섬이 있어 오키가 경유 항로였을 가능성을 높혀준다.[68]

『일본서기』에 나타나는 아메노히보코(天日倉) 설화나 『고사기』의 천일모(天日矛) 설화는 신화의 내용이나 구조, 그리고 항해의 조건 등으로 보아 연오랑 설화와 유사성이 깊다. 고천원(高天原)에서 아마테라스오오미카미(天照大神)와 경쟁관계에 있던 신라계의 스사노오노미코도(素盞鳴尊)와 그 후손들은 이즈모(出雲) 지역에서 지배권을 확립한다. 『일본서기』의 한 기록에 의하면 스사노오노미코도는 다카마노하라에서 쫓겨난 후 이즈모국(出雲國)에 하강했다고 한다. 또 다른 기록에는 스사노노미코도가 아들인 5십맹신(五十猛神)을 데리고 신라국에 내려와 소시머리(曾尸茂利)에 살다가 식토(埴土)로 배(舟)를 만들어 타고 이즈모의 히노천(簸之川)에 있는 도리카미노다께(鳥上峰)에 내려왔다고 되어 있다.

---

66 中田 勳, 『古代韓日航路考』, 倉文社, 1956, pp.123~127.
67 『三國遺事』 卷1 紀異 2.
68 朴時仁, 「延烏郎과 細烏女의 移住」, 『알타이 人文硏究』, pp.584~587.

그런데 스사노오노미코도를 해로(海路)의 신(神)이고, 대한해협에서 제해권을 장악한 해사(海事)의 사제(司祭)이며, 바다의 지배자로 해석한 견해도 있다.[69] 『일본서기』 신대편(神代編)에는 수좌지남명(須佐之男命)이 식토(埴土)를 가지고 배를 만들어 타고 동(東)으로 건넜다는 기술이 있다. 그런데 식(埴)은 물이 스미는 것을 방지하고 장식의 목적을 위해서 한 것이 아닌가 생각한다. 또 한편 식토로 일종의 항아리 같은 부낭(浮囊)을 만들어서 사용한 것으로 생각하는 견해도 있다.[70]

이 지역을 중심으로 한 신화에는 그 외에도 신라왕자 아메노히보코(天日槍, 天日矛)의 이야기나 그리고 스이닌(垂仁) 3년에는 신라왕자 아메노히보코(天日槍)가 배(艇)를 타고 왔는데 7가지의 신물(고사기에는 8가지의 보물로 되어 있음)을 가지고 왔다고 기술되어 있다. 이때 보물은 주이관(珠二貫)·랑진령포(浪振領布)·랑절령포(浪切領布)·풍진비례(風振比禮)·풍절비례(風切比禮)·오진경(奧津鏡)·변진경(邊津鏡)인데, 항해계기 혹은 항해에 필요한 도구로 판단된다.[71]

『일본서기』의 숭신기(崇神紀) 65년조에는 임나국(任那國)이 소나가시치(蘇那曷叱智)를 파견하여 조공했다고 기술되어 있으며, 스이닌기(垂仁紀) 2년조에는 그 소나가시치가 돌아가는 과정에서 신라인이 길을 막고 임나왕에게 주는 보물을 가로챘다고 기술되어 있다. 이것은 이 지역이 계속해서 신라세력의 진출과 깊은 관계에 있었으며, 해상통제도 어느정도 이루어진 것을 추측케 한다. 동시에 지역의 연접으로 인하여 가야계 세력의 진출도 있었던 것을 보여주고 있다. 박제상과 관련된 기록은 영일만이나 울산만 등이 일본열도로 진출하는 중요한 항구였음을 알려준다.[72]

---

69 松枝正根, 위의 책 上, pp.106~107.
　 이즈모국의 大浦(辛浦)에는 韓國新羅神社가 있는데 주신은 니니기노미코도이다.
70 松枝正根, 위의 책 上, p.136.
71 茂在寅男, 앞의 책, pp.170~173. 방위측정기, 풍향·풍속측정기, 조류측정기 등으로 해석이 가능하다.
72 박제상이 승선하고 향한 지점은 栗浦인데 울산 부근으로 추정하고 있다. 『삼국유사』 김제상 조에 기술

상대적으로 왜의 신라진출도 있었다. 해류와 계절풍 등 해양조건으로 인하여 죠몽토기들이 울산의 서생포 등에서 발견되고 있는 사실은 앞장에서 언급한 바다. 『삼국사기』에는 왜의 한반도 침입 기사가 이미 신라의 박혁거세 8년(B.C. 50) 때부터 나타나고 있다. 왜인들은 소규모로, 때로는 적지않은 병력으로 신라의 변경을 침입하거나 수도인 금성을 위협하곤 했다. 신라 2대왕인 남해(南海) 차차웅(次次雄) 11년(A.D. 14)에는 병선(兵船) 100여 척을 동원하여 해변을 침입하였다. 조비(助賁) 니사금(尼師今) 때(232)에는 금성을 포위까지 하였으나, 포로 1000여 명을 남기고 패주하였다. 이것은 일본열도 내의 소국들이 정치·군사적으로 상당히 성장해 있었음을 의미한다. 그러나 더 중요한 것은 양 지역간의 해양조건이 그것을 가능하게 했다는 사실이다.

동해에서 회류(回流)는 북해(北海)에서 발원한 리만한류가 연해주의 연안을 통과해서 한반도 동안에 가깝게 남하하고, 거기서 서남에서 북상해온 쓰시마해류와 충돌한다. 그런데 그 일부는 방향을 동(東)으로 틀어 쓰시마해류의 북측을 따라서 같이 움직이고, 대부분은 잠류(潛流)해서 남하한다. 그러다가 제주도 부근에서 그 잠류가 떠올라 중국해 한류(中國海寒流)의 본류가 된다. 쓰시마의 북측은 약 1 노트로서 북동류가 되나, 두 길로 나뉘어진다. 한 길은 한반도의 동안에 연해서 약 0.8노트로서 방향을 북으로 바꾸어 흘러간다. 따라서 산인(山陰)의 이즈모(出雲)에서 출발하는 경우는 규슈북안까지 쓰시마해류의 반류에 타서 연안을 올라간 후, 규슈 북서부에서 이키와 쓰시마를 경유해서 쓰시마본류에 타서 '海의 北道'를 탄다면 한반도의 동남부 또는 동부에 도착한다.[73] 쉽게 말하면 쓰시마에서 출발할 경우에는 자연스럽게 북동진하는 해류에 타서 한반도의 동해남부 혹은 남해동부 해안에 도착할 수 있다. 더구나 봄에 남풍계열

된 望德寺를 望海寺로 추정하고 蔚州郡 靑良면 栗里의 靈鷲山 東麓일 것으로 판단하고 있다(李鍾恒, 앞 논문, p.25).
[73] 松枝正根, 앞의 책 上, pp.109~111.

의 바람을 이용하면 더욱 쉬워진다.

　다음의 도표를 보면 왜의 침입이 일정한 시기, 일정한 지역에 집중되었음을 확인할 수 있다. 봄에 집중된 것은 남풍계열, 즉 남동풍을 활용하였기 때문이다. 실성왕(實聖王) 때부터는 3월에도 침입하는 모습을 보인다. 이는 정치적인 요인 외에도 항해술이 발달하고 출발지가 더 남쪽으로 변동된 탓으로 판단된다. 한편 늦가을에 걸쳐 겨울까지는 바다의 기상상태가 나쁜 탓도 있지만 바람의 방향이 북풍계열, 즉 북풍이 주류를 이루므로 쓰시마나 일본열도에서 한반도 남부로 항진(航進)하기가 매우 힘이 든다.

〈日本(倭)의 對新羅關係 月別統計〉

내용\월별	1	2	3	4	5	6	7	8	9	10	11	12	불명	계
侵犯		1	2	11	5	4	3	1					7	34
交聘	1	3	7	3	3		2			1		1		21
計	1	4	9	14	8	4	5	1		1		1	7	54

(신형식, 『신라사』, 이화여대출판부, 1988, p.212)

　이러한 적대적인 관계 외에도 교섭과 긴밀한 관계를 보여주는 사례는 많이 있다. 박혁거세 거서간 38년(기원 전 20)조에는 호공(瓠公)에 대한 기사가 실려있다.[74] 이것은 왜국 출신의 사람이 신라에 들어와 일정한 정치세력을 구축할 수 있었던 당시의 정치적 상황을 알려준다. 동시에 그들은 瓠(바가지)로 상징되는 항해수단을 이용하고 있었음을 또한 알려준다. 한편 석탈해에 관련된 기사는 『삼국사기』와 『삼국유사』에 모두 실려있는데, 약간의 차이가 있을 뿐 기본구조는 동일하다. 석탈해(昔脫解)의 출생지는 다파나국(多婆那國)으로서 왜국 동북 1천리에 있으며(『삼국유사』는 龍城國, 琓夏國으로 표기) 궤짝에 실려 왔고, 나중에는 신라의 4대 왕이 됐다. 그러나 석탈해의 출자(出自)에

---

74 『三國史記』卷1「新羅本紀」第1.

대해서는 아직 이론의 여지가 많다.[75]

그러면 항해상의 난점에도 불구하고 양 지역간에 활발한 교섭이 이루어진 목적은 무엇일까?

『三國志』 卞辰傳과 『通典』 辰韓傳에 의하면 진한에는 왜가 와서 철을 취해간다고 기록되어 있다. 야요이시대의 유적에서는 제기(祭器)로서 동탁(銅鐸)·동검(銅劍)·동모(銅矛) 등이 발견된다. 구마모토현의 제등산(齊藤山) 유적에서 철도끼(斧)가 발견되고 있다. 철의 용융점(鎔融點)은 1525°이고 동(銅)은 1100°이다. 그런데 야요이시대에는 고온을 내는 기술이 없었다. 따라서 초기의 철제품은 전적으로 수입품이었다.

수입품이라는 것은 이 시대의 철제품이 초기에는 주조품(鑄造品)이 많고, 중기 이후에는 단조품(鍛造品)이 많아지는 데서 나타난다. 초기에는 직접 수입을 하고, 중기 이후에는 제련은 한반도에서, 조형과 가공은 일본열도에서 행해진 것으로 추정된다.[76] 즉 1세기경 한반도의 동해안에서 건너온 신라계 집단이 선주의 해인족(海人族)을 구축하였고, 그들은 2세기 경부터 동으로 이동하여 이즈모의 사철지대를 점령하였다.[77] 그러나 점차 사철을 직접 생산하고 만들기 시작하였고, 다시 한단야(韓鍛冶)라는 한반도에서 건너온 제철 기술자들에 의하여 새로운 방법으로 철이 주조되었다. 그런데 그들은 넓게 정착하고 주변으로 확대하면서 고대국가로서 성장해야 했다. 따라서 군사력이며 경제력인 철의 수입을 꾸준히 추진했을 것이다.

철의 중요성과 이 신문화가 진출자와 관련있다는 사실은 초기신화에 나타난다. 스사노오노미코도는 신라계인데, 이 신이 하강한 곳은 『고사기』에 의하면 이즈모 최

---

75 그러나 탈해가 도착한 阿珍浦口의 위치를 迎日(李丙燾, 『國譯 三國史記』) 혹은 下西로 보고 있으며(井上秀雄, 「任那日本府と倭」), 多婆那國의 위치는 왜국의 동북쪽이므로 出雲地方으로 비정한다(金澤均, 앞 논문, p.10).
76 眞常弓忠, 『古代の鐵と神神』, 學生社, 1991, p.15.
77 文脇禎二, 『出雲の古代史』, NHK ブックス, 1986, p.27.

대의 철산지인 조발(鳥髮)의 땅이다. 즉 그가 신라계이면서 동시에 철신(鐵神)이었음을 말해주는 것이다. 스사노오노미코도는 바다나 강의 하구에 퇴적한 사철을 채취해서 제철에 종사했던 남성집단을 의미한다는 설이 있다. 이즈모은 제철의 생산이 가능한 사철지대(砂鐵地帶)가 많은 지역으로서 신문천(神門川), 배이천(裵伊川) 유역은 대표적이다. 『出雲國 風土記』에 보면 각 지역에서 철을 생산하는 장소를 표시하고 있다.[78]

이즈모 지방에 진출한 세력들은 철의 수입과 생산을 통해서 정치력을 신장하면서 동진하였고 깅력한 정치세력을 이루었다. 이즈모, 기히(吉備)의 고분들은 긴키(近畿)지방에 비하여 규모나 숫자면에서 뒤지고 있으나 강력한 정치 집단의 존재를 입증한다. 이 세력들은 결국 해양활동은 물론 한반도와의 관계를 계속 긴밀히 하여야만 했으며, 그것은 해양조건상 신라와의 관계였다. 규슈 지역이 가야·백제적인 성격을 가지고 있었다면 이즈모 지역은 신라계의 왜였던 것이다.[79] 물론 이 지역에 고구려의 진출이 있었을 가능성도 있다.

4) 동해중부 출발, 혼슈 중부이북 도착 항로

고구려는 해양활동능력이 서해중부 이남까지 뻗치고 있었을 가능성이 있다.[80] 특히 탐라국(耽羅國)과의 교역 흔적은[81] 제해권(制海權) 확보 여부와는 관련없이 교류의 수준에서 황해의 상당한 지역으로 확대되었을 가능성을 보여준다. 고구려와 일본열도 간의 공식적인 교섭은 응신(應神) 28년, 인덕(仁德) 12년(324)과 58년(369) 계속해서 나

---

78 眞常弓忠, 위의 책, p.34.
79 김석형, 『고대한일관계사』(원서명, 『초기 조일관계사』, 1966년 판), 한마당, 1988.
80 김석형은 위의 책, p.416에서 왜왕 武가 宋에게 보낸 上表文의 내용을 근거로 하면서 '고구려가 당시 서남해안을 제압하고 있었음을 알수 가 있다'라고 주장하였다.
81 李弘稙, 『韓國古代史의 硏究』, 신구문화사, 1987, p.138.

타난다.⁸² 물론 이때의 항로에 대해서는 정확히 알 수 없다. 그러나 시마네현(島根縣) 지역의 이즈모(出雲) 등에 고구려문화의 흔적이 있는 사실,⁸³ 해류의 흐름 등을 감안하면 동해 남부 또한 고구려 해양활동 범위였을 가능성이 있다.

경주의 호우총(壺杅塚)에서 '國岡上廣開土地好太王'의 명문(銘文)이 있는 청동호(靑銅壺)가 발견되었는데, 경주에 고구려인이 상주해 있었을 가능성도 있다.⁸⁴ 또한 동래(東萊)의 복천동(福泉洞) 고분(古墳)에서 고구려계의 마구(馬具)·무구(武具) 등이 발굴되었다.⁸⁵ 이러한 사실 등은 광개토대왕 이후에 고구려의 영향력이 신라는 물론 가야지역까지 뻗쳤음을 알려준다. 이때 남진한 고구려는 동해남부나 남해동부해안을 통해서 일본열도로 진출했을 가능성이 있다.

특히 『陵碑文』 14년조에서 나타난 왜의 대방계(帶方界) 침입과 대왕이 왕당(王幢)을 보내어 격퇴한 사실은 동아지중해(東亞地中海)의 역학관계상 고구려군의 도왜(渡倭) 가능성을 높혀준다. 또한 최근에 제기되고 있는 전방후원분(前方後圓墳)의 고구려 기원설⁸⁶이나 장식고분(裝飾古墳)의 분포가 규슈 일대에 한정되어 있는 사실들은 고구려의 해양활동범위에 대해 일정한 시사를 하고 있다.

그러나 고구려의 기본적인 대왜항로는 동쪽해안에서 출발하여 일본열도로 가는

---

82 李弘稙, 위의 책, pp. 238~241에는 麗日關係年表가 작성되어 있다.
83 조희승, 『초기조일관계사』 하, 사회과학출판사, 1989, pp. 303~304.
84 李鍾恒, 앞 논문, p.11에서 三國遺事의 實聖王條. 三國史記의 訥祗 麻立干 元年條 및 日本書紀의 雄略紀 8年條 등을 근거로 하고 있다.
85 『東萊 福泉洞古墳群』 1, 부산대학교 유적조사보고 제5집, 1983, pp. 146~172.
「東萊 福泉洞 古墳群의 調査內容과 그 性格」, 『韓國文化硏究』 4, 1991, 부산대학교한국문화연구소, pp. 25~27.
86 全浩天, 『前方後圓墳の源流』, 未來社, 1991, pp. 87~90.
森浩一 NHK取材班, 『騎馬民族の道はるが』, 日本放送出版協會, 1994, p.120.
이 설에 대해서는 많은 논란이 있을 수 있고, 비교적 최신의 설이라 검증의 단계가 필요하다. 그러나 필자는 東아시아의 力學關係와 文化傳波의 一進性, 그리고 고구려의 해양활동상을 추적하는 본고의 논지에 따라 그 가능성에 대해 진지하게 생각하고 있으며, 일단 수용하고자 한다.

동해중부 사단항로이다. 고구려의 동쪽해안에서 항구의 조건을 갖추고 있는 곳은 두만강 하구의 나진항(羅津港), 청진항(淸津港), 그리고 원산이 있는 금야만(金野灣), 홍남(興南)이 있는 함흥만이 있다. 발해 사신들은 동경(東京) 용원부(龍原府)나 그 아래 현재 선봉(先鋒)에 해당하는 두만강 하류 지역에서 출발하기도 했으나[87] 남경(南京) 남해부(南海府; 현재 鏡城의 吐號浦)근처에서 출발하기도 했다. 고구려의 대왜 출발항구는 원산(元山) 혹은 그 이북의 함흥만(咸興灣) 근처의 항구였을 가능성이 높다. 특히 원산은 조류(潮流)는 불규칙적이지만 조석(潮汐)의 차이가 별로 없어 안정된 환경인데다 동해안

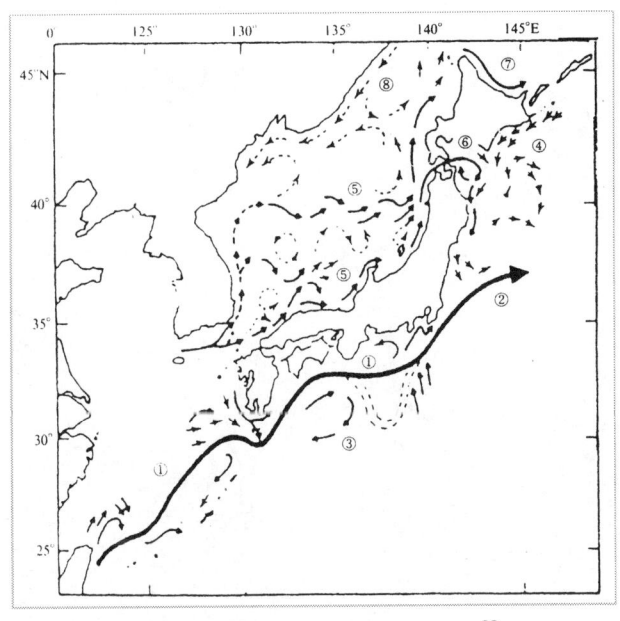

| 그림 4 | 일본 근해 표층해류분포 모식도[88]

---

87 李龍範은 『魏志東夷傳의 諸問題』(『大東文化硏究』13, 1979), p.161. 토론에서 '일본열도로 내왕하는 중요한 길이었다' 라고 하여 이 시기에 이미 고구려와 왜가 교섭하고 있었음을 시사하고 있다.
88 『(續)日本全國沿岸海洋誌』, 日本海洋學會 沿岸海洋硏究部會編, 東海大學出版會, 1986, p.122.

의 난류와 한류가 만난 지점으로서[89] 어항(漁港)의 조건이 좋을 뿐 아니라 항해에도 물길을 탈 수가 있어 항구로서 매우 유용하다.

　　원산 등 동해안 북부 항구에서 출발했을 경우 일단 연안항해를 해서 고구려 영토

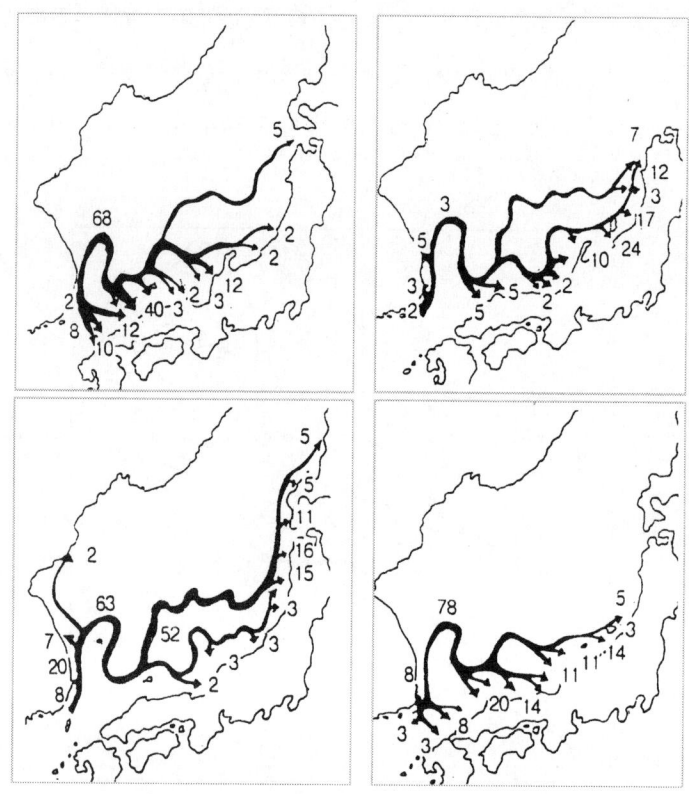

| 그림 5 | 쓰시마해협에서 투입한 해류병의 표착상황[90]

〈자료〉『日本全國沿岸海洋誌』, 日本海洋學會 沿岸海洋研究部會編, 東海大學出版會, pp.925~926.

89　大韓民國 水路局,『韓國海洋環境圖』, 1982, p.61 참조.
90　日本海洋學會・沿岸海洋研究部會 編,『日本全國沿岸海洋誌』, 東海大學出版會, 1985, pp.925~926.

내의 최남단까지 내려온 다음에, 아래 그림처럼 삼척(三陟) 혹은 그 이하에서 먼바다로 나가 사단(斜斷)으로 일본열도 혼슈 중부 이북지방으로 항진(航進)했을 것이다. 물론 중간에는 지형지물이 없으므로 울릉도(鬱陵島)와 독도(獨島)를 좌우로 보면서 방향을 측정했을 것이다. 그리고 발해인들처럼 물길과 계절풍을 활용했을 것이다. 쿠로시오(黑潮)에서 분파된 해류는 동해 남부나 중부에서 출발한 선박을 일본해안으로 자연스럽게 밀어 붙인다.

즉 위의 도표처럼 갈 때는 늦가을부터 초봄에 걸쳐 부는 북풍계열의 바람을, 귀환시에는 늦봄부터 여름에 걸쳐 부는 남서풍계열을 이용하였다.[91]

이들이 도착한 지역은 위로는 북육(北陸)인 노토(能登)반도의 북쪽으로부터[92] 니가타(新潟), 쓰루가(敦賀)를 거쳐 남으로는 이즈모(出雲)까지 있다. 『일본서기』에는 고구려인들의 교섭상황이 기록되어 있다.[93] 게이타이천황(繼體天皇)과 긴메이천황(欽明天皇) 원년, 비다쓰천황(敏達天皇) 2년·3년에는 도착한 지점이 越國 혹은 越의 해안이라고 기록하고 있다.[94] 따라서 고구려인들의 도착지점은 기상상태의 변화가 없는 경우에는 현재의 쓰루가를 중심으로한 지방이었다. 후대의 발해 사신들도 역시 노토반도 지역을 도착지점으로 하였다. 심지어는 발해의 사무역선(私貿易船)들, 신라의 사무역선들도 이곳에 도착하였다.[95]

---

91 吉野正敏,「季節風と航海」(『Museum Kyushu』14號, 1984), pp.16~17에는 발해의 遣日使들의 月別分析을 통해서 항해가 계절풍의 영향을 절대적으로 받았음을 보여준다.
92 森浩一,『古代日本海文化の源流と發達』, 大和書房, 1985, pp.185~186.
　　森浩一,「越の世界と豪族」,『古代史 津津浦浦』, 1979, pp.66~67.
　　上垣外憲一,「高句麗使と惠便法師」, 中西 進 外,『エミシとは何か』, 角川書店, 1993, p.102.
93 齊藤 忠,「高句麗と日本との關係」(金達壽 外,『古代の高句麗と日本』, 學生社, 1988), pp.22~23의 도표 참조.
94 『日本書紀』卷17 繼體天皇 10年.
　　『日本書紀』卷19 欽明天皇 元年.
95 門脇禎二,『日本海域の古代史』, 東京大學 出版會, 1986, p.90, p.93.

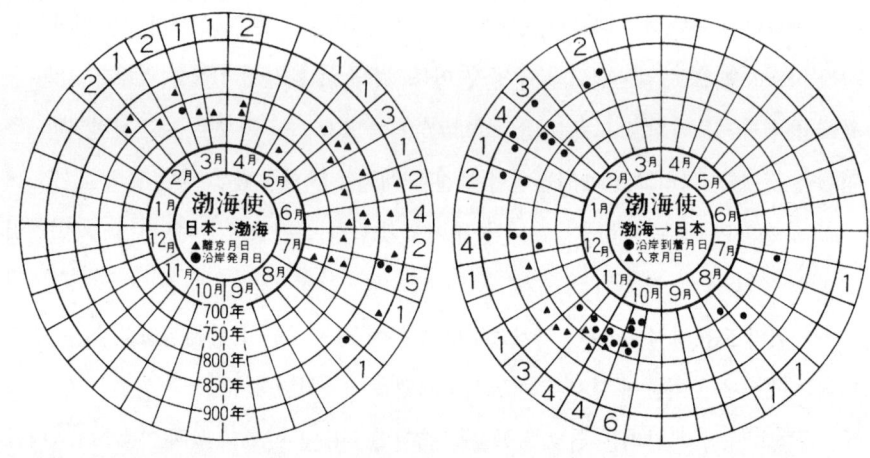

| 그림 6 | 발해사 도표
700~900년에 있어서 일본과 발해 사이의 항해 계절변화

고구려의 대외교섭은 결국 동해북부의 항구에서 출발하여 동해북부를 사단(斜斷)으로 길게 횡단하거나 남으로 내려온 다음에 다시 일본쪽으로 붙어 북상하는 흐름을 택해 혼슈 중단에 도착했던 것이다.[96] 당시의 항해는 매우 곤란했던 듯 풍랑을 맞고 익사자가 많이 생긴일도 있었다.[97]

후쿠이현의 쓰루가(敦賀)지방은 고구려 및 발해와도 관련이 깊지만 신라·가야의 관계가 깊어 이 지역이 동해안으로 들어오는 선박들이 자연스럽게 도착할 수 있는 지점임을 알려주고 있다. 와카사만(若狹灣)을 중심으로 白城神社, 白木神社, 白石神社 등 시라기(神社)들이 많이 있고, 가라국(加羅國)의 왕자인 都怒我阿羅斯等이 혈문(穴門, 현재의 下關)에 도착하였다가 이즈모를 지나 월국(越國, 福井縣 敦賀市)에 닿은 기록이 있다.[98]

신라는 일본과 국교를 맺고 있지 않았으나 현실적 필요에 의해 정부는 묵인해주고 있었고, 그런 비공식성 때문에 私貿易船들은 표착을 많이 했던 것으로 판단된다.
96 門脇楨二, 위의 책, p.349에 실린 발해인들의 항해루트 도표는 東海斜斷航路였음을 알려준다.
97 『日本書紀』卷26 欽明天皇 31年.
98 『日本書紀』卷6 垂仁天皇 2年.

당시 고구려인들의 일본열도 진출은 주로 정치적이었다고 판단된다. 일본열도로 가는 항로 가운데 가장 조건이 안좋아서 민간인들의 빈번한 교섭은 어려웠으리라 판단된다. 그런데 긴메이천왕(欽明天王)때에 고구려 사신과 도군(道君)이라는 지방호족이 밀무역(密貿易)을 했다고 다른 호족이 조정에 밀고하는 사건이 벌어졌다.[99] 이는 당시에 고구려와 왜의 교섭이 교역의 성격을 공유하였음을 반증하고 있다. 후대에 발해의 사무역선들이 이 항로를 택해 이 지역에 들어온 것[100]을 보면 고구려도 교역목적을 가진 항해를 했었다고 판단된다.

5. 결 론

이상에서 살펴본 바와 같이 한·일 관계는 초기, 즉 선사시대부터 밀접했으며 동아시아문화의 일반적 발달과 양 지역 사이의 요구, 그리고 해양문화의 발달로 인하여 그 정도는 점점 강해졌다. 특히 일본의 고대사는 수용자의 입장에서 전반적으로는 동아시아사 및 한반도의 역사, 구체적으로는 양 지역을 연결시켜 주는 해양조건에 따라 그 성격과 방향이 영향받았다.

선사시대의 교섭은 한반도 남부에서 출발할 경우에는 거제도의 서쪽에서 출발하고, 쓰시마에서 출항한 경우는 남해동부나 동해남부로 도착한다. 이러한 역사적 사실은 물길의 흐름과 일치하고 있다. 이후에 양 지역 간의 교류는 더욱 활발했는데 야요이 문화는 한반도에서 도착하기에 가장 적합한 해양조건을 구비한 곳에서 발원하였다. 또한 소국들의 형성은 해양과 밀접한 관련을 맺었는데, 이는 이주민 정권적인 성

99　森浩一,『古代史 津津浦浦』, 小學館, 1993, p.65.
100　門脇禎二,『日本海域の古代史』, 東京大學 出版會, 1986, p.17.

격이 강했고 국가의 발전을 위해서는 대외교류가 필수적이었기 때문이다. 한반도에서 진출한 세력들은 정치적 현실, 즉 자국의 위치와 해양조건의 함수관계에 따라 일본열도의 몇개 지역으로 진출하여 거점을 확보해 나갔다.

교섭과정에서 나타난 해양조건의 영향은 일본고대국가의 형성에도 작용하였다.

일본고대문화 및 국가의 형성과정은 비조직적이고 다지역적인 복합성을 띠고 있다. 그것은 국제역학관계나 내부의 정치·경제적 요인 외에 대외 교섭의 조건, 즉 해양조건의 문제 때문이다. 대륙이나 반도는 주변국과 육지로 연결되어 있으므로 강한 군사력과 인문(人文)의 이동으로 조직적인 침략과 단시일 내의 정복활동, 문화의 강제적인 이식이 가능하다. 그러나 일본열도는 섬이란 지리적 조건 때문에 외부세계와 교섭하고자 할 때 반드시 해양을 통해야 했다. 더구나 유일한 교섭의 통로는 한반도뿐이다.

한반도 세력은 꾸준히 일본열도에 진출하여 고분시대가 끝이 날 무렵에는 야요이시대 이전의 토착민을 거의 다 구축했다. 그러나 이러한 진출은 조직적이거나 연속적으로 진행될 수 없었다. 한·일 양 지역 사이의 해협은 험한 자연조건으로 인하여 이동이 용이하지 않았으며, 당시의 항해능력으로 보아 대규모의 사람이나 군사력을 이동하는 일은 매우 어려웠다. 따라서 소수의 병력 혹은 주민이 수시로 비조직적으로 진출할 수밖에 없었다. 거기다가 한반도의 정치세력들은 통합되어 있지 못했기 때문에 장기적인 대규모의 진출활동은 쉽지 않았다.

전파시기 또한 일정하지 않았다. 전파 혹은 진출이 조직적으로 국가적 행사에 의해 이루어졌다면 전파시기 또한 일정할 수밖에 없을 것이다. 그러나 국가의 해상 통제력이 허약한 당시에는 개별적 혹은 소수집단의 행동도 가능했다. 특히 바다를 건너는 작업이므로 수시로 다양한 집단들이 다양한 목적을 지닌 채 일본열도로 향하는 배에 올라탈 수 있었다. 바다를 통해서 표착(漂着)하는 성격이 있는 만큼 항구에 적합하고 물길이 닿는 곳이면 일단 도착과 정착의 1차 조건은 만족된다. 그러한 곳에서 개척자집단의 성격을 가지고 새롭게 성격을 형성해 나갈 수 있는 것이다. 따라서 외래집단의 이주와 개척은 시간적·공간적으로 복합성을 띠며 진행되었다.

그런데 정치세력의 정착과 성장은 진출 혹은 이주집단의 성격과 조건 외에 진출 후에 정치·사회적인 상황, 관계를 맺는 기존의 정치집단의 성격에 따라 복잡해진다. 이들의 정착 지역, 즉 항해자들의 도착 지역은 반드시 일정하지는 않다. 또한 정착 집단들의 정치·문화적 성격들도 일정하지 않다. 정치적 성격의 유무와 있을 경우에는 가야계, 신라계, 백제계, 고구려계인지의 문제가 있다. 또한 정착 후에 기존 성격의 지속성 또한 문제가 된다. 때로는 갈등관계로 전환될 가능성도 있다. 특히 비조직적으로 진출한 집단의 경우에는 상황과 필요에 따라서 성격이 재조정될 확률이 크다.

결론적으로 고대 한·일 관계사(關係史)는 한·일 양 지역의 교섭을 결정짓는 자연조건, 특히 해양환경에 대한 총체적인 이해가 선행되어야 한다. 전파시기와 전파 지역 및 전파집단의 성격, 그리고 전파상황 내지 목적 등 몇 가지 조건에 의해서 진출집단의 성격은 매우 복잡하게 전개가 되고, 다시 또 정착시기·정착 지역·정착집단의 성격과 상황 등에 영향받기 때문이다. 이러한 비조직성·다지역성·복합성 등은 일본 고대국가와 문화성립에도 영향을 주었다. 일본 국가기원신화(國家起源神話)의 복잡한 구조, 연합국가적(聯合國家的) 성격 등은 바로 이러한 해양문화의 성격에서 기인한다.

03 황해문화권의 형성과 고조선의 해양활동*

1. 서 론

　　동아시아[1]는 중국이 있는 대륙, 그리고 북방으로 연결되는 대륙의 일부와 한반도, 일본열도로 구성되어 있다. 때문에 북방과 중국에서 뻗어오는 대륙적 질서(유목문화, 수렵삼림문화를 공유하고 있다)와 남방에서 치고 올라가는 해양적 질서 해양적 질서란 해양을 매개로 영위되는 생활과 문화이고, 전파나 경로 역시 해양과 밀접한 관계를 갖고 있다.

---

* 「黃海文化圈의 形成과 海洋活動에 대한 연구」, 『先史와 古代』11호, 한국고대학회(황해문화권의 형성과 고조선의 해양활동), 1998.
1 동아시아란 개념은 1970년대부터 본격적으로 사용되고 있으나 그 범위, 개념, 역할 등에 대해서 통설은 없다.
　全海宗은 「東亞古代文化의 中心과 周邊에 대한 試論」, p.3에서 東亞의 지리적 범주를 기본적으로 중국·한반도·일본열도를 지적하는 것이라고 보고, 중국은 주로 중국본토, 일본열도는 本州와 四國, 九州와 그 부속의 島嶼로 한정하고 있다. 그리고 雲南이나 兩廣지방을 주변으로 보고 있다.
　井上秀雄은 『變動期の東アジアと日本』(日本書籍, 1983)에서 고대의 동아시아는 중국왕조의 정치 권력이 미치는 지역 혹은 중국문화의 영향을 받았던 지역 등을 가리키는 용어로 추측된다고 하였다. 특히 p.12에서는 지도를 그려서 동아시아의 범주를 분명하게 표현하고 있다. 이 분류는 아시아의 동쪽을 동북아시아, 동아시아, 동남아시아의 세 부분으로 되어있다.
　西嶋定生은 『日本歷史の國際環境』, 東京大出版社, 1985, pp.2~3에서 대륙의 역사, 특히 중국왕조를 중심

한반도를 중심축으로 일본열도와의 사이에는 동해와 남해가 있고, 중국과 한반도 사이에는 황해라는 내해(內海, inland-sea)가 있다. 그리고 한반도의 남부와 일본열도의 서부, 그리고 중국의 남부 지역(양자강 이남을 통상 남부 지역으로 한다)은 이른바 동중국해(東中國海)를 매개로 연결되고 있다. 이러한 자연적 조건은 내부적이건, 대외관계에서건 동아시아의 역사발전에서 해양적 역할이 매우 크다는 일반적인 추측을 할 수 있게 한다. 이 지역에서 명멸했던 모든 종족들과 국가들은 이 해양의 영향을 어떠한 형태로든 받은 것이다.

동아시아의 역사상에서 큰 영향을 끼쳐왔고 역사상의 구축에 직접적인 역할을 한

으로 하는 역사를 동아시아 역사로 보고 있다.
宮崎市定, 中國의 歷史2, 『秦漢帝國』, 講談社, 1974, pp.3~4에서 秦漢帝國의 출현은 동아시아세계의 출현 단서를 열어 놓았다고 하고 西아시아, 中央아시아 등과 구별하고 있다.
佐伯有淸, 『古代의 東アジアと日本』(1987)은 동아시아라는 범주를 막연히 설정하고 한반도 세력 일본열도, 그리고 중국대륙을 동아시아로 보고있다.
武田幸男, 『高句麗史と東アジア』, 岩波書店, 1989. 역시 명확한 개념설정이 없이 廣開土大王陵碑를 중심으로 다루고 있다.
한편, 마한백제연구소에서는 제11회의 학술주제로 '동북아 고대문화의 원류와 전개'를 잡아서 東北亞라는 관점에서 사용하고 있다. 그러나 동북아라는 관점은 東南亞라는 상대적인 용어가 현대에 정치·군사적인 관점에서 이루어진 개념이란 사실(永積 昭, 『東南アジアの歷史』, 現代新書시리즈, 講談社, 1977)에서 시사점을 제공하고 있다.
필자는 동아시아라는 개념을 잠정적으로 취하면서, 더 구체적이고 축약된 동아지중해라는 개념을 설정하고자 한다. 그 논리적 근거는 다음과 같다.
一國史的 연구가 가진 한계를 보완하고 동아시아라는 범주의 광범위성 속에서 국제관계의 측면을 중요시한다. 또한 해양질서의 측면을 중시하여 동아지중해라는 개념속에서 보다 집약적인 성격을 명확히 하기 위하여 설정한 지리적·정치적·역사적 개념이다.
따라서 지리적으로는 한반도와 일본열도 그리고 대륙의 남부지역, 더 정확하게는 현재 베트남과의 접경지역, 즉 옛 南越지역 위쪽의 중국남방지방과 黃河를 중심으로한 화북지역 그리고 북방 유목민족들이 활동하면서 넘나들던 북방 변경지역을 포함한다. 정치적으로는 적어도 唐代까지 중국의 冊封體制에 직접 간접으로 편입된 광범위한 지역을 말한다.
필자는 광범위하고 포괄적인 지역을 중심부와 주변부로 분할하여 중심부에 해당하는 지역은 중국지역, 한반도와 그 북부의 일부지역, 그리고 일본열도의 서부지역으로 한정시키고자 한다. 중심부는 동아지중해이고, 주변부는 이른바 동아시아라는 보다 광범위한 범주속에서 동아지중해의 역사활동에 직접·간접으로 영향을 주었던 지역을 말한다.

것은 황해를 중심으로 한 영역이다. 특히 황해는 중국과 한반도의 서부해안 전체, 그리고 만주남부의 요동지방을 하나로 연결하고 인접한 각국들이 공동으로 활동을 하는 장(場)의 역할을 하고 있다. 때문에 일찍부터 인간과 문화의 교류가 빈번했고 그러한 공통성을 토대로 문화권이 형성되었다.

본고의 목적은 동아시아는 이미 역사의 초창기부터 황해를 중심으로 공통의 문화권이 형성되었으며, 동아시아의 역사는 그것의 발전과정과 불가분의 관계가 있다는 가설을 세우고 그것을 입증하려는 것이다. 그러한 시도의 하나로서 황해의 해양환경과 각 지역의 해양활동수준을 살펴보고자 한다. 또한 국제역학관계의 격렬한 재편과정을 통해서 해양질서가 얼마나 중요한 역할을 했는가를 살펴보고자 한다.

2. 선사시대의 해양활동과 황해의 해양환경

1) 황해의 자연환경

황해에서의 해양활동은 선사시대부터 활발하게 이루어졌다.

황해가 그것을 가능하게 한 자연적 특성을 갖추고 있기 때문이다. 황해는 얕은 바다와 복잡한 지형인 리아스식 해안으로 이루어져 있고, 평균 수심이 44m로 낮고 해안선이 복잡한데다 섬들이 산재해 있다. 때문에 비교적 안전하고 해산물이 풍부하여 황해연안의 사람들은 일찍부터 바다를 생활영역으로 삼았다.

발달된 만(灣)에는 사람들이 모여 살았고, 연안을 따라 먼 거리 사람들도 쉽게 접촉할 수 있었다. 더욱이 많은 섬들을 징검다리 삼아 바다 멀리 진출하여 활동범위가 넓었으며, 해양 반대편에 있는 사람들과 직접 혹은 간접접촉을 할 수 있었다. 황해의 이러한 해양적 특성은 해양토착세력이 탄생할 수 있는 좋은 조건이 되었으며, 나아가 해양국가의 탄생을 가져왔다.

황해에는 각 지역간의 해양교통을 원활하게 해주는 해류(海流)와 조류(潮流), 바람(風)이 있었다. 해류의 흐름은 항해술이나 조선술 등 인간의 문화발전과는 관련없이 인간을 일정한 장소에서 일정한 장소로 이동시켜 준다. 때로는 인간의 의지와는 상관없이 인간과 문화의 이동을 가능하게 한다.

남중국해에서 동북방향으로 흘러 들어오는 쿠로시오의 한 지류는 대만을 거쳐 제주도로 북상을 하다 양쪽으로 갈라진다. 그 한 흐름이 서해남부해안으로 부딪쳐 서해 연안을 타고 올라오면서 문물과 역사의 이동로가 된다. 서해를 타고 올라간 해류는 다시 서한만(西韓灣)과 발해만(渤海灣)을 거쳐 황해 서부 즉 중국의 동안을 타고 아래로 내려온다.[2]

한편 조류는 연안항해에서 중요한 역할을 한다. 한반도의 서남해안과 중국의 동해안은 조류가 매우 빠르고 방향의 지역적 편차가 심하다. 조류의 움직임은 고대 황해나 남해안에서 절대적인 영향을 끼친다. 이러한 조류의 특성은 각 지역마다 개별적인 해상세력의 존재가능성을 암시한다. 지역 물길에 익숙한 집단이 그 지역의 해상권을 장악하고 세력화하는 것이다. 선사시대와 고대사회에서 해안근처에 집단분포의 흔적이 있는 것은 의미심장한 일이다.

바람(風) 또한 항해환경에 있어서 절대적이다. 해류의 움직임도 바람의 영향을 받아 역사에서 의도하지 못했던 교섭을 낳는다. 이러한 우연의 소산이 결국은 지속적인 접촉을 가져와 문화의 교섭, 역사적인 사건을 발생시키게 된다. 이러한 예는 역사상에

---

2 『基本航海學』, 바트 T 보크・프츠란시스 W 라이트 지음, 정인태 譯, 대한교과서주식회사, 1963, pp.178~219 참조.
　이석우・김금식 共著, 『海洋測量學』, 집문당, 1984, pp.329~374 참조. 특히 pp.350~356에는 우리나라 潮汐에 대한 설명이 나와 있다.
　茂在寅南, 『古代日本の航海術』, 小學館, 1981, pp.81~88.

서 많이 나타나고 있다.³ 특히 계절풍은 일정한 방향성이 있기 때문에 바람을 상시적으로 활용할 수가 있다.

동아시아는 계절풍 지대이다. 봄에서 여름에 걸쳐 부는 남풍계열의 바람은 중국 남부해안과 한반도 혹은 일본열도와의 교류를 가능하게 한다. 반면에 가을에서 겨울에 걸쳐 부는 북풍계열의 바람은 한반도 북부와 중국의 중부 혹은 남부해안과의 교류를 가능하게 한다. 한편 남풍계열의 바람은 일본열도에서 한반도로의 교류를, 북풍계열의 바람은 한반도에서 일본열도의 남부와 서부해안과의 교섭을 가능하게 한다.

이러한 황해의 자연조건은 한반도를 둘러싼 동해와 남해의 경우에도 상당부분 적용되는 특색이다. 특히 남해의 경우는 황해와의 연속성으로 인하여 황해와 함께 동북아 각국에게는 내해의 역할을 한다. 위에서 제시한 몇 가지 자연조건의 특성으로 인하여 황해를 둘러싸고 있는 동아시아의 각국은 연결망으로 구성되어 밀접한 관련을 맺게 되었다. 한반도를 가운데 두고 동아시아의 해양문화가 전개되는 것이다. 이러한 특이한 자연조건으로 인하여 동아시아에는 황해를 활동의 장(場)으로 하는 역사적 환경이 조성되었다.

고대의 해양교류란 항해술과 조선술이 발달하지 못했으므로 인간의 활동이 자연조건에 직접적으로 영향을 받는다. 물론 이것은 지역에 따라 시기에 따라, 반드시 동일한 것은 아니다. 또한 해양문화활동이란 역동성을 가지고 있으면서 이동과 교류를 하는 경향이 있다. 또한 해로를 이용한 문화의 교류·교섭과 육로의 이동은 통로가 일정하고, 자연조건의 영향력이 강하므로 일정한 길이 있다.⁴

역사시대에서도 교통로의 확보를 위한 갈등이 일어나는 것은 해양교통의 특수성

---

3 隋의 戰船이 현재의 제주도에 표착, 張漢喆의 漂海錄, 崔溥의 漂海錄, 또 成宗實錄 卷105에는 "7명의 조선인이 폭풍으로 오키나와 최남단 까지 갔었다"는 기록이 있다. 柳大用의 『琉球風土記』는 표류기를 기초로 저술한 것이다. 이러한 것들은 그러한 우연의 교섭을 기록하고 있다.
4 일본 고대국가의 형성에서 구체적인 실례는 윤명철, 『동아지중해와 고대일본』, 청노루, 1986 참조.

때문이다. 매우 중요한 사실인데, 해양에서의 교섭과 활동은 상대적으로 활동이 비조직적이며 연속적이지 못하고 특히 대규모의 이동이 불가능하다. 또한 정치·문화교섭 외에도 해양을 통한 상업교류는 오히려 더 많을 수도 있으나 상인들의 활동을 기록한 구체적인 증거는 많지 않다.

최소한 자연조건을 보아서도 통시적으로 범공간적으로 상호교류의 가능성이 있을 수 있다는 결론을 얻었다. 자연조건의 충분한 완비는 인간의 역사적 경험, 즉 바다를 매개로 하는 교통, 혹은 해양생활에 대한 축적된 경험이나 탐구된 지식이 불충분하다 해도 상호교류를 가능하게 한다. 자연조건의 기본적인 이용과 인간의 적극적인 의지가 결합될 때 위에 열거한 지역들간의 해양교류는 가능하다. 심지어 이 지역에 구성된 자연조건은 인간의 의지에 반하면서까지 각 지역들간의 교류를 가능케 한 것이다.

그러면 이러한 자연조건을 갖춘 황해에서 선사시대의 교섭은 어떻게 이루어졌을까?

2) 선사시대의 해양활동

해양을 매개로 삼은 각 지역간의 교섭은 1차적으로 토기(土器)의 전파와 수용으로 나타난다. 융기문토기(隆起文土器)는 대한해협을 건너 쓰시마까지 전파된 것으로 보인다.[5] 거의 동일한 시기의 것으로 알려진 쓰시마(對馬島) 융기문토기들은 동시대에 양 지역을 오고가는 생활인들이 있었음을 알려준다.[6] 한편 한반도 남해동부와 동해남부

---

5 한반도와 일본열도 사이의 지질학적 환경에 대해서는 國分直一, 「古代東海の海上交通と船」, 『東アジアの古代文化』29號, 大和書房, 1981, pp. 28~30.
6 임효재, 「新石器時代의 韓日交流」, 『韓國史論』16, 1986.
鄭澄元, 「南海岸地方 隆起文 土器에 대한 硏究」, 『釜大史學』9, p.3.
崔夢龍, 『日本 對馬·壹岐島 綜合學術調査報告書』, 서울신문사, 1985.
永留久惠, 『對馬の文化財』, 杉屋書店, 1978.
＿＿＿, 『古代史の鍵』, 大和書房, 1975 외.

일부에서 발견되고 있는 일본계 죠몽토기의 존재는 양 지역간에 교류가 활발히 진행되었음을 보여준다.[7] 제주도에서는 신석기시대의 유물들이 다수 발견되고 있다.[8]

선사시대 남해안을 통해서 이루어진 토기들의 전파와 수용과정을 보면 철저히 자연조건, 즉 해류와 바람에 의존하였음을 알 수 있다. 일본열도계(日本列島系)의 유물이 한반도 남해서부 즉 부산 동삼동(東三洞)이나 조도패총(朝島貝塚)에서,[9] 그리고 동해 남부인 울산의 서생포(西生浦) 등에서 발견된 것은 일본열도 혹은 쓰시마에서 흘러오는 해류의 흐름을 자연스럽게 이용한 것을 입증하기 때문이다.[10]

동아시아해 해양을 매개로 활발한 교통이 이루어졌고, 공통의 문화권이 형성되었다고 주장하는 견해들이 있다. 언어의 공통을 통해서나,[11] 신화나 설화의 유사성을 논리적 근거로 주장하는 견해도 있다.[12] 한편 에가미 나미오(江上波夫)는 다른 각도에서

---

7 林燉, 「朝島의 史的考察」, 『해양대 논문집』11, 1976, p.380에서 朝島를 선사시대의 중요한 거점으로 보고 있다.
　林燉, 「朝島貝塚 遺物小考」, 『해양대 논문집』13집, 1978, p.224.
　임효재, 「신석기 시대의 한일 문화교류」, 『한국사론』, 국사편찬위원회, 1986, p.5 등에는 울산 서생포에서 발견된 죠몽토기에 대해 나오고 있다.
　江坂輝彌, 「朝鮮半島 南部と西九州地方の先史 原史時代について交易と文化交流」, 松阪大學 紀要 第4, 1986.
8 全海宗, 「탐라의 上古史 論考」, 『논문집』10, 인문사회, 1979.
9 林燉, 「朝島의 史的考察」 외, 孫兒鉉, 「고대에 있어서의 해상교통」, 『논문집』15, 한국해양대학, 1980.
　江坂輝彌, 앞 논문 등.
10 조류에 흐름에 대해서는 많은 논문이 있으나 가장 정확하게 길을 제시한 논문은 市田惠司・高山久明, 「古代人の航海術對馬海峽渡海시뮤레이션」, 『考古學저널』12, 通卷 212號, 뉴 사이언스사, 1982에 컴퓨터분석에 의한 각종 도표가 있다.
　尹明喆, 「海路를 통한 선사시대 한일 양 지역의 문화접촉 가능성 검토」, 『한국상고사학보』2, 1989.
11 村山七郞, 「言語學から見た古代 環東シナ海文化圈」, 『東アジアの古代文化』14號 大和書房, 1978 참조.
12 金在鵬, 「古代 南海貿易ルトと朝鮮」上, 『東アジアの古代文化』25號, 大和書房, 1980에서 대마해류와 난생신화의 분포를 비교하여 하나의 문화권, 즉 동해문화권을 설정하고 있다.
　荒竹淸光, 「古代 環東シナ海 文化圈と對馬海流」, 『東アジアの古代文化』29號, 大和書房, 1981은 뱀신앙 등과 관련시켜 그 범위를 확대하고 있다.

동아시아 지역에 교통교류가 존재했었다고 하였다. 동북아시아의 석도문화(石刀文化), 특히 세석기문화(細石器文化)의 북해도(北海道)에서 본주(本州)로의 전래가 있고, 더욱이 특이한 석도촉(石刀鏃)의 북해도 전파가 있다고 하였다.[13] 그리고 조엽수림문화(照葉樹林文化)가 장강(長江) 유역에서 동중국해를 건너 일본열도로 전파되었다고 사사기 고메이(佐佐木高明) 등의 설을 수용하고 있다.[14]

그러면 신석기시대 당시에 황해를 내해로 하는 인간들의 활발한 움직임은 있었을까? 1978년 1월 장강(長江) 유역인 절강성(浙江省) 여요(余姚)의 하모도 유적지서 발견된 통나무배는 B.P. 7,960±100으로서 추정된다. 산동반도(山東半島) 장도(長島) 북쪽의 대장산도(大長山島)의 유적지에서는 6600년 전의 바다생물을 식료로 하는 인간의 유적지가 발견되었다. 근처 장도(長島) 대호촌(大浩村) 출토의 용산문화(龍山文化) 유지(4,000여 년 전)에서는 선미(船尾)의 잔적(殘跡)을 발견하였다. 목판의 두께는 5cm, 판면이 평평하고, 순묘(榫卯; 장부구멍)가 분명하며 선장(船槳; 삿대)은 근대의 것과 크게 다르지 않다. 또 근처의 장도 북경(北慶)유지에서는 석망추(石網墜)를, 바다 가운데에서는 석묘(石錨)를 발견되었다. 이는 장도열도가 고대에 항해사업을 한 물증이다.

이미 요동반도(遼東半島)가 5,000년 전에 해운업이 형성되었으며, 아마도 6,000년 내지 7,000년 전, 신석기 중기에는 산동반도와 요동반도 연해를 오고가는 항해가 있었던 것으로 보여진다.[15] 대련시 장해현(長海縣) 광록도(廣鹿島) 오가촌(吳家村) 유지에서는 1945년 이전에 주형도기(舟形陶器)가 발견되었고, 대련시 여순구구(旅順口區) 곽가촌(郭家村) 신석기 유지에서(상층 4870±100년, 하층 5015±100년) 주형도기가 발견되었다. 요동

---

13 江上波夫, 「古代日本の對外關係」, 『古代日本の國際化』, 朝日新聞社國際심포지엄, 1990, p.52.
14 照葉樹林文化에 대해서는 佐佐木高明, 『照葉樹林文化の道』, 日本放送出版協會, 1988 외.
15 汶江, 『古代中國與亞非地區的海上交通』, 四川省 社會科學院 出版社, 1989, p.6.
  內藤雋輔 역시 濱田박사의 고고학적인 해석을 수용하여 남만주와 요동반도 사이에 항로가 있었다고 주장을 하고 있다.(『朝鮮史硏究』, 東洋史硏究會 刊, 1962 , pp.378~378에서)

반도 황해연안의 신석기 유적인 단동시 동구현(東溝縣) 마가점향(馬家店鄉) 삼가자촌(三家子村)의 후와(後注) 유지 아래층(6000년 이상 된 곳)에서 배모양의 도기(주형도기)가 발견되었다.[16] 대문구(大汶口)문화의 석기들 가운데에는 독목주(獨木舟)를 가공하는 공구들이어서 일찍부터 조선술이 발달했음도 알 수 있다.[17]

신석기인들의 이러한 해양적 전통은 청동기인들에게 그대로 전해졌다. 서해안 지역에는 특히 청동기 문화의 흔적들이 많이 발견되고 있다. 대동강 유역, 한강 유역, 금강 유역, 영산강 유역, 보성강 유역 등이 각각 특색을 가진 청동기 문화권으로 분류되었다. 이것은 한반도 북부를 거쳐서 내려오는 북방과 화북계(華北系)의 청동기들이 주류를 이루고 있다. 이 전파의 길은 육로와 해안을 따라서 이동을 한 경우도 있겠지만, 때에 따라서는 항해를 통해서 이동과 전파가 되었을 것이다. 유물의 분포가 강의 상류지역에서 집중적으로 분포되고 연대가 오래된 경우가 아니라면 후자의 경로를 택했을 가능성이 높다. 그런 의미에서 서해안의 청동기 문화권은 시사하는 바가 있으며 특히 금강 유역의 청동기 문화권은 해양과 관련하여 관심을 끈다.[18]

특히 화북계 청동기문화는 중국의 중원(中原) 지역과 금강 유역이 교류를 했다는 사실을 보여준다. 그런데 전영래는 금강의 청동기 문화권은 준(準)의 망명 이후, 중원과의 교류를 통해서 한반도 북부를 통하지 않고 직접 건너왔을 가능성을 시사하고 있다.[19] 이외에도 황해의 중국 지역과 한반도 해안 지역이 교섭을 가진 흔적은 여러가지 면에서 확인되고 있다. 최근에 다시 제기되고 있는 것이 쌀농사의 전파과정이다.

---

16 孫光圻 著, 『中國古代海洋史』, 海洋出版社, 1989에서는 pp.34~36까지 중국지역에서 발견된 선사시대 통나무 배(獨木舟) 유적지 일람표가 있다.
17 彭德淸, 『中國航海史』, 人民交通出版社, 1988, pp.5~6.
18 전영래는 錦江文化圈을 「韓國青銅器 文化의 研究 -錦江流域圈을 中心으로-」, 『마한백제문화연구』6, 및 「錦江流域 青銅器 文化圈 新資料」, 『마한백제문화연구』10.
19 전영래, 「錦江流域 青銅器 文化圈 新資料」, 『마한백제문화연구』10, p.113.

일반적으로 한반도의 벼농사는 화북지방에서 육로 혹은 연안을 따라서 한반도의 북부를 거쳐 남부지방으로 전파된 것으로 이해했다. 그러나 최근에 한강 유역에서 잇달아 장립미(長笠米)가 발견되고 있다. 강화도와 경기도의 김포, 일산, 고양에서 발견된 장립미는 방사성 탄소연대측정법으로 시대를 측정한 결과 4000년 전을 상회하는 것으로 나타났다. 장립미의 본산인 양자강 유역의 허무뚜(河姆渡)유적지는 6000년을 상회하고 있으나, 장립미는 화북지방 및 요동(遼東)의 해안지방에서도 발견되었다. 그런데 해류의 흐름, 계절풍 등을 감안할 때 양자강 유역과 한반도 서해안 사이의 교류 가능성은 충분하다.[20] 특히 한반도에서 발견된 곳이 해안가와 한강의 하구 지역이라는 것은 이러한 가능성에 신빙성을 더해 준다.

선사시대부터 황해문화권(黃海文化圈)이 설정되었을 가능성은 고인돌의 전파와 분포 지역을 통해서도 부분적으로 입증되고 있다. 최근에 발표된 자료들에 따르면 고인돌은 황해연안을 따라서 환상형(環狀形)으로 분포된 것으로 나타났다. 그런데 고인돌이 절강(浙江)에서 한반도로 직접 전파되었다는 주장도 있다.[21] 해양을 매개로 유사한 문화권이 형성되어 가는 현상은 일본열도와 중국지역과의 교섭에서도 확인되고 있다.[22] 위에서 살펴본 바와 같이 동아시아의 각 국은 해양을 매개로 문화적으로 긴밀한 관련을 맺고 역사활동을 하여 왔다. 그리고 점차 보다 관련성이 강한 문화권을 형성했다.

---

20 필자는 이러한 가능성을 입증하기 위하여 1997년 황해학술탐험을 시도하고 성공하였다. 황해의 해양조건과 당시의 실제항로는 졸고,「황해의 지중해적 성격연구1」,『한중문화교류와 남방해로』, 국학자료원, 1997.
21 毛昭晰,「浙江支石墓의 形態와 韓半島支石墓 比較」,『中國의 江南社會와 韓中交涉』, 집문당, 1997.
　毛昭晰,「선진시대 중국강남지역과 한반도의 해상교통」,『한중문화교류와 남방해로』, 국학자료원, 1997.
22 安志敏,「先史時代における海上の中日交流」,『古代日本海文化の源流と發達』, 森浩一 外, 大和書房, 1985.

3. 고조선과 춘추전국 및 진(秦)의 해양활동

선사시대에 있었던 해양교류는 시대가 내려오면서 더 많아졌을 것이다. 정치세력들이 국가화되면서 그 지역을 채우고 있었던 힘의 질서는 그 내용을 달리하게 되었다. 특히 해양활동의 경우, 인접한 각국은 각각 다른 형태로 황해를 내해화(內海化)하여 구도에 맞게 활용하고, 질서를 조정해 나갔다. 황해연안에서 해양질서에 가장 민감한 것은 역시 중국에 있었던 세력들이었으며, 한반도 지역과 일본열도 지역 역시 이익이 민감하게 작용하는 곳이었다.

해양문화는 불보존성이라는 특성이 있다. 때문에 고조선시기 황해해양문화의 실상을 파악하기는 어려운 일이다. 반면에 중국지역은 유물과 기록이 비교적 남아 있다. 그러므로 1차적으로 중국지역을 기본으로 해양문화의 실상을 복원하고, 그 문화의 성격과 지향한 목적을 탐구하고자 한다.

1) 春秋戰國 및 秦의 해양활동

『좌전(左傳)』, 『논어(論語)』, 『죽서기년(竹書紀年)』 등에는 당시 하인(夏人)들이 해양활동을 했음을 보여주는 내용들이 있다.[23] 그런데 1958년 강소성(江蘇省) 무진현에서 출토된 배는 춘추말기(春秋末期)에서 전국초기(戰國初期)의 것으로 기록으로 나타난 하인(夏人)들의 해양활동을 실물로서 증명하고 있다.[24] 하(夏) 이전에도 해양활동을 조직

---

23 孫光圻,『中國古代航海史』,海洋出版社, 1989.
   李永采・王春良・盖莉・魏峰 著,『海洋開拓爭霸簡史』,海洋出版社, 1990.
   中國航海學會,『中國航海史 -古代航海史-』,人民交通出版社, 1988.
24 위의 책 외에 汶江의 앞의 책.
   許進雄 著, 洪熹 譯,『中國古代社會』, 동문선, 1991 참조.

적으로 하고 정치 · 군사적으로 활용한 것에 대해서는 정확한 기록이 없다. 그런데 은
(殷)시대에 들어오면 갑골문자(甲骨文字) 등에 선박과 관련된 글자들이 여러 종류가 나
타나고 있으며, 정(舟)에는 범(帆)이 그려져 있다.[25] 이미 해양활동이 활발했고 범선 등
배의 종류가 다양해졌다는 것을 반증한다.[26] 주(周)시대에도 해상활동은 활발하여 교
역에 종사했던 것으로 보인다. 서주(西周)시대의 『국어(國語) · 제어(齊語)』에는 '越裳獻
雉 倭人貢暢'이란 기록이 나온다. 월상(越裳)은 현재 베트남으로, 왜(倭)는 일본으로 추
정하므로써 당시 일본과 베트남으로 이어지는 항로가 있었던 것으로 추정한다.[27]

춘추전국시대의 해양활동은 주로 군사적인 측면에서 기록되어 있다. 『월절서(越絶
書)』에는 절강(浙江), 복건(福建), 광동(廣東) 및 동남지방에 항해에 뛰어난 월인(越人)들
이 있었으며, 해상교통이 성행했음을 보여주고 있다. 특히 산동(山東)의 제(齊)와 장강
(長江), 회하(淮河) 유역의 월(越), 오(吳) 등은 매우 뛰어난 해양활동을 한 것으로 보인다.
심지어는 수군(水軍)이 등장하여 수전(水戰)을 벌이는 단계에 이르렀다. 『좌전(左傳)』에
는 기원전 548년, 524년, 503년에 오(吳)와 초(楚)간의 수전이 벌어진 사실이 기록되어
있다. 그리고 같은 책의 애공(哀公) 10년 및 『사기(史記)』 오태백(吳太伯) 세가(世家)에는
주(周) 경왕(敬王) 5년에 오(吳)가 제(齊)를 공격한 기록이 있다. 이때 오의 왕인 부차(夫
差)는 근거지인 장강으로부터 해로로 북상하여 진(晉)을 정벌하고, 해로를 통해 산동으
로 들어가 제(齊)와 충돌하면서 중원제패를 노렸다.[28]

---

25 許進雄, 위의 책, p.336, p.354 참조.
26 殷墟에서 발굴된 청동기의 원료인 銅 · 錫 등은 중원에서 채굴된 것만은 아니고 華南 · 인도지나에서 채
굴된 것도 있다. 그리고 화폐로서 사용된 自安貝 역시 남방이 원산이다. 이러한 사실들은 황해연안을 따
라서 항해가 이루어진 것을 입증한다. 國分直一, 「古代東海の海上交通と船」, 『東アジアの古代文化』29
號, 大和書房, 1981, p.39 참조.
27 이 외에 戰國策 · 史記 · 山海經 등에 왜에 대한 기록이 있다.
그런데 江上波夫 등 일인학자들 중에는 이 왜를 현재의 일본은 아니라는 견해를 펴고 있다. 「古代日本の
對外關係」, 『古代日本の國際化』, 朝日新聞社, 1990, pp.58~62 참조.
28 內田吟風, 위의 책, p.543 및 國分直一, 위의 논문, p.40.

이 시대에 오·월 간의 갈등은 심각했다. 오에게 항복을 했던 월왕(越王) 구천(勾踐)은 대규모의 수군을 거느리고 오를 공격하였다. 이때 월의 수군은 '솔사연해소회(率師沿海舳淮)'[29] 한 것으로 보아 항주만을 출발하여 해로를 이용해서 회하하류로 들어간 것으로 생각된다. 이때 구천은 오(吳)의 대주(大舟)를 포획한다.[30] 기원 전 473년 월은 마침내 오를 멸망시키고 수도를 소주(蘇州)에서 산동성(山東省) 교주만(膠州灣)의 남서에 있는 로우야(瑯琊)로 옮긴다. 그리고 로우야산(瑯琊山)에 관대(觀臺)를 쌓고, 군사 8000인, 군선 300척을 배치하였다.[31] 이러한 시도는 황해상의 제해권을 확보하려는 움직임의 일환이다.[32]

이 시대의 항해술과 조선능력은 대단한 수준에 이른 것으로 평가된다. 춘추전국시대에는 6개월 정도의 장기항해를 할 수 있을 정도의 선박을 제조할 수가 있었다. 『월절서(越絶書)』에 의하면 당시에 동원된 배는 상당히 크고 운항능력이 뛰어났다. 대익(大翼)이란 군선은 길이가 120척(1척은 약 23cm), 폭이 1장6척, 총 승무원은 91인으로서 그 가운데 전사가 26인, 도졸(櫂卒; 노꾼)이 50인, 축로(舳艫; 고물, 키가 있는 곳)에 3인이 있었다. 그 외에도 중익(中翼), 소익(小翼), 누선(樓船) 등의 다양한 군선들이 있었다.[33] 1964년 성도(盛都)의 백화담(百花潭)에서 출토된 전국(戰國)초기의 감착동호(嵌錯銅壺)에는 수진도(水戰圖)가 그려져 있는데, 이층 누선이 있고, 군사들은 물 속에서도 단검을 가지고 격투를 벌였다.[34] 전국시대에는 항해에 이미 계절풍을 이용했다. 주례(周禮)에

李春植, 『中國史序說』, 교보문고, 1992, p.73 참조.
29 『國語』 第16.
30 內田吟風, 앞의 책, p.544.
31 『越絶書』 卷8.
32 內田吟風, 앞의 책, p.544.
  그러나 동방제국을 공략하기 위한 것이라고 보는 견해도 있다(李春植, 앞의 책, p.73).
33 孫光圻·李永采, 앞의 책 및 內田吟風, 앞의 책, p.544.
34 許進雄 著, 앞의 책, p.337. 이 책 p.359에는 그림이 소개되어 있다.

는 12풍(風)에 대한 분류와 기록이 있는데, 이것을 항해에 이용했다.[35]

이와 같은 중국의 해양문화와 항해술의 발전은 1차적으로 자연조건의 혜택을 받은 결과이다. 이를테면 황하나 장강 등 큰 강(大河)을 끼고 있어서 비교적 안전한 조건 하에서 해양활동 능력을 키울 수 있었던 장점이 있었다. 그리고 비교적 안전하고 수심이 얕으며, 안정된 기상과 좋은 조건의 천연항구시설이 많은 황해를 가지고 있어서 해양문화가 발달하였다. 그러나 유리한 자연조건 외에도 2차적으로는 황해를 활용하는 해양활동이 주는 이점이 있기 때문이고, 거기에 이익을 얻으려는 욕구가 상승작용을 한 결과다. 그러면 황해를 내해로 삼아서 해양활동을 할 경우에 그것은 구체적으로 어떠한 이익을 얻게 될까?

정치·군사적인 목적 외에 가장 중요한 것은 경제적인 것이다. 황해에는 일찍부터 경제적인 이익을 가져다 주는 교역권이 형성되었을 가능성이 있다.

고대국가가 발달하면서 인구의 집중이 야기되고, 국가체제를 유지하기 위한 경제력의 상승이 요구되었다. 필연적으로 물자의 생산과 함께 다른 지역과의 교역이 발생하였다.[36] 중국은 일찍부터 상업이 발달하였다. 경제력의 강약은 동주(東周)시대 열국(列國)의 성쇠에 기초가 되었으므로, 무역은 국가의 부강을 도모하는 요소 중 하나가 되었고 상인 또한 군주의 예우를 받는 형편이었다.[37] 『사기(史記)』 화식열전(貨殖列傳)에는 공자(孔子)의 제자인 자공(子貢)이 상업으로 치부를 하였다는 기록이 있어 상업의 중요성을 보여주고 있다. 특히 춘추전국시대는 군수공업과 토목공업이 크게 발달하였다. 각국 간의 회맹(會盟)과 조빙(朝聘), 이를 위한 외교적 접촉과 활동, 전쟁은 도로의 발달을 가져왔다. 그리고 상인들의 원격지 왕래와 물산의 교류를 신속케하여 무역의

---

35 李永采·王春良·盖莉·魏峰 著, 『海洋開拓爭覇簡史』, 中國海洋出版社, 1990, pp.52~57 참조.
36 李春植, 『中國史 序說』, pp.79~81.
37 許進雄, 앞의 책, pp.446~447.

발전을 가져왔다.[38]

중국은 내륙과 내륙을 연결하는 교통망의 개발에 힘을 썼고, 그 중의 일환으로서 강을 통한 내륙과 해안과의 연결을 시도했다. 뿐만 아니라 연안을 이용한 항해로서 각 지역과 지역간의 물자를 운송·교환했을 것이다. 이러한 물자의 교역은 이미 신석기시대부터 나타나고 있다. 그런데 춘추전국시대에 오면 원격지 무역이 발달했다.[39] 해양을 통한 교역이 본격적으로 이루어졌으며[40] 그 교역범위가 확산되었다.[41] 『월절서』에 의하면 월인(越人)들은 월남북부 지방까지 이동하면서 교역을 하였다. 그리고 월(越)과 북방의 제(齊)는 해상활동이 활발했으며, 『해내북경(海內北經)』에는 연(燕)이 발해를 벗어나 왜와 해상왕래한 기록이 있다.[42]

이때 월인들은 한반도까지 진출했을 가능성이 크다. 기원 전 473년에 월왕 구천(勾踐)은 강소성의 오왕인 부차(夫差)를 멸망시키고 산동반도의 남안, 지금의 청도(靑島)에 가까운 로우야산(琅琊山)의 터에 도읍을 정하였다. 이 탁월한 해양민들은 산동반도의 아래 부분을 타고 북상함으로써 산동의 제(齊), 하북(河北)의 연(燕)과 무역이 가능하다. 그러면 거기서 점점이 이어진 묘도군도(廟島群島)의 섬을 따라 요동반도를 거쳐 서한만에 도달하고, 결국은 연안항해를 통해서 대동강구(大同江口)까지 갈 수 있다. 따라서 그들이 교역에 종사했을 가능성은 매우 많다.[43]

해양활동은 진(秦)시대에 들어오면 더욱 빈번해지고 규모도 커진다. 1974년에는 광주(廣州)시 주강(珠江) 북안(北岸)에서 진대(秦代)의 대규모 조선공장(造船工場)이 발견

---

38 李春植, 앞의 책, pp.79~81.
39 李春植, 위의 책, p.82.
40 대규모 수상통행의 예는 許進雄, 앞의 책, pp.446~447 참조.
41 전국시대 상업도시의 번성에 대한 구체적인 기록과 상황은 許進雄, 앞의 책, p.447에 나와있다.
42 李永采·王春良·盖莉·魏峰 著, 위의 책, pp.52~57 참조.
43 岡田英弘,「倭人とシルクロード」,『東アジアの古代文化』, 大和書房, 1978, p.7.

되었다. 그곳에서는 30톤을 적재할 수 있는 배가 만들어졌다.[44] 당시의 해운산업이 매우 활발하였음을 알 수 있다. 상업도 더욱 활발하였다. 진(秦)의 통일은 6국의 신흥상인들과 지주들의 지지하에 이루어졌다. 당시의 상인들은 국가권력과 결합한 관상(官商)이었다. 이들은 상업을 통해서 상당한 이익을 얻었는데 변방과의 교역을 통해서 '십배지리(十倍之利)'를 얻는 경우도 있었다. 따라서 중원 이외의 지역에서 시장을 구하고자 했다. 이때 진시황은 이들의 정치대표로서 순해(巡海)하면서 해양활동에 적극성을 띠었다.[45]

그 당시에 이미 남방과 교역도 성행해서 물소뿔(犀角), 상아(象齒), 비취(翡翠), 주기(珠璣) 등의 상품을 수송하기도 하였다. 진시황(秦始皇)은 33년(기원전 214)에 군사(兵)를 발하여 남방을 개척하고 계림(桂林), 상군(象郡), 남해(南海)의 삼군(三郡)을 설치했다.[46] 남해는 광동성(廣東省)으로서 그곳의 번우(番禺)는 옛날부터 서남해상무역의 거점이었다.[47] 특히 인도양(印度洋)까지 항해가 이루어져 활동범위가 더욱 넓어졌다. 진시황의 경제적 활동은 비단 남해무역만이 아니라 북방에서도 이루어졌다.

이러한 해양발달을 기반으로 하여 진시황은 즉위 26년(기원전 221년)에 전국을 통일한 이후 즉위 37년(기원전 210년)에 죽을 때까지 12년 간, 4차에 걸쳐 연해순시(沿海巡視)를 했다. 1차는 왕 28년(기원 전 219년)에 이루어졌는데 산동반도의 로우야(琅琊) 지방에 가서 3개월을 머물렀다. 바로 이때 서복(徐福)의 일행이 출발하였다. 2차 순해(巡海)는 다음 해인 27년(기원전 218년)에 있었으며 박랑사(博浪沙)로 갔다가 로우야를 거쳐 돌아왔다. 3차 순해는 발해(渤海)의 북안(北岸)인 갈석항(碣石港, 현 河北省 昌黎縣 境內, 燕國의 海

---

44 李永采・王春良・盖莉・魏峰 著, 앞의 책, pp.52~57 참조.
45 『中國航海史 -古代航海史-』, 中國航海學會, 人民交通出版社, 1988, p.38 참고.
46 『史記』卷6, 始皇本紀.
47 藤田豊八・池內宏編, 「支那港灣小史」, 『東西交涉史の硏究』南海編, 萩原星文館, 1943, p.636.

港이다)으로 갔고, 왕 37년(기원전 201년)에 이루어진 4차 순해는 전당(錢塘; 항주(杭州))까지 내려갔다. 그런데 진시황이 순해한 항구들은 연·제 양국의 연해에 있었다. 그러면 진시황이 이러한 순해를 시행한 목적은 무엇이었을까? 우리는 여기서 정치·경제적인 목적을 떠올릴 수가 있다.[48]

2) 고조선인들의 해양활동

그런데 이러한 황해 지역에서 교역권이 성립되고 해양활동이 활발하게 진행되었다고 했을 때 그러한 역할을 담당하던 사람들은 누구였을까? 그들의 종족적 성분은 무엇이며, 정치단위와의 관계는? 그리고 문화적 성격은 무엇일까?

이 시기의 상업발달은 특히 본고와 관련하여 우리의 주목을 끈다. 중국의 남부해안과 동남아지역에 까지 확대된 이러한 광범위한 해양활동과 교역은 역시 동일하게 황해 동부지역 즉 한반도와 일본열도를 대상으로 이루어졌을 것이다. 이전 시대에도 물론 중국의 사회발전과 한반도의 사회발전은 일정한 정도의 상호관련성을 가지고 있었을 것이다. 이러한 변화과정 속에서 진(秦)의 성립으로 인한 정치적 변동과 함께 동이족(東夷族)들의 대거 동천이 생기며, 진한제국(秦漢帝國)이 동쪽에 대한 관심을 갖는 모습이 기록에 나타난다.

우리는 여기서 중국의 동해안 등에서 거주하던 동이인(東夷人)들을 떠올릴 수가 있다. 동이인의 종족적 성격이나 분포범위, 문화적 성격, 특히 한민족과의 관련에 대해서는 다양한 설이 제기되고 있다.[49] 그러나 그들이 거주하던 지역에서만은 일치되는

---

48 『中國航海史 －古代航海史－』, 中國航海學會, 人民交通出版社, 1988, p.36~38 참고.
49 金庠基, 「韓穢貊 移動考」, 『史海』창간호, 1948. 「東夷와 淮夷 西戎에 대하여」, 『東方學誌』12, 『東方史論叢』, 1984에 있다.

경향을 보인다. 이들 동이인들은 적어도 진(秦)이 성립되기 전까지는 황해연안에 골고루 분포되어 있었다. 즉 산동(山東), 강소(江蘇), 절강(浙江), 특히 회하(淮河) 유역은 동이계 주민이 살았다.[50]

앞에서 언급한 대로, 그 무렵에 이 지역의 해양문화는 매우 번성했다. 따라서 그것을 담당했던 세력은 분명히 있어야만 한다. 그런데 그 지역에 거주했던 사람들은 동이인이었다. 그렇다면 당시 황해의 해양문화를 담당했던 사람들의 상당수는 동이인일 가능성이 매우 크다.[51] 그러면 동이인들과 깊은 관련을 맺고 있었던 고조선의 해양활동은 어떠했을까?

고조선의 영토와 위치 등에 대해서는 아직 여러가지 설이 있으며 지역적, 시기적인 편차가 많다. 그러나 이러한 성격에 대한 혼란스러움 속에서도 해양활동을 이해하는 몇 가지 시사점이 있다.

앞에서 언급한 바와 같이 선사시대에 이 지역은 해양문화가 매우 발달했다. 요동반도 아래인 장산군도(長山群島), 압록강 하구 유역인 단동근처에서 해양문화의 유적지가 발견되었다. 고조선이 이 지역에 있었다면 그 해양문화는 필연적으로 계승되었을 것이다. 그런데 고조선의 영토는 대체로 요동반도에서 서한만을 거쳐 남으로 내려와

全海宗,「古代中國人의 韓國觀」,『震壇學報』46·47합집, 1975.
金廷鶴,「中國文獻에 나타난 東夷族」,『韓國史』23, 1978.
傅斯年,「夷夏東西說」,『韓國學報』14, 1979.
徐亮之,『中國史前史話』, 臺北華正書局, 1977.
林惠祥,『中國民族史』上, 臺灣商務印書館, 1983.
何光岳,『東夷源流史』, 江西敎育出版社, 1990(中國)·특히 최근에 집대성된 중국의 연구성과이다.
특히 해양활동과 관련한 최근의 연구업적으로는 金文經 등『張保皐, 해양경영사연구』, 李鎭 출판사, 1993에 실린 尹乃鉉,「중국동부해안지역과 한반도 -만주지역의 상호관계」, pp.61~75 참조.
50 金庠基,「東夷와 淮夷·西戎에 대하여」,『동방학지』1·2, 1954·1955에 상세히 언급되어 있다. 金載元,『檀君神話의 新研究』, 탐구당, 1977에는 山東地方의 東夷 진출에 대해 논하고 있다.
51 위의 논문 외에 孫光圻는『中國古代海洋史』, 3장, p.69에서 夏代의 황해에서 東夷를 그 담당자로 보고 있다. 또한 殷의 甲骨文字에 선박과 관련된 글자가 많은 것은 동이의 해양활동을 증명하고 있다.

대동강 유역까지 이르고 있으며, 유적은 대체로 해안지방과 큰 강 주변에 분포되어 있다. 요동지방에서 현재까지 알려진 고조선 유적 가운데에서 대표적인 것은 여대시(旅大市)의 여순 유가당의 돌곽무덤, 강상(崗上)무덤, 누상(樓上)무덤 등이다. 특히 여대시 감정자구(甘井子區) 후목성역(后牧城驛) 근처에 있는 강상무덤은 기원전 1000년기 전반기의 대표적인 무덤이다.[52]

강상무덤은 현재 바닷가에서 불과 몇 백 미터밖에 떨어져 있지 않다. 그곳은 서한만에서 연안항해를 해서 요동만을 거쳐 산동반도로 남진하거나 발해만으로 들어가는 교통로를 장악할 수 있는 전략적인 거점이다. 따라서 해양능력을 바탕으로 정치력과 경제력을 갖춘 해상호족들의 거점이며, 강상무덤의 피장자들은 그와 관련된 사람들일 것이다.

고조선의 해양활동은 위만조선(衛滿朝鮮)에 대한 기록과 관련하여 추정할 수 있다. 『사기(史記)』에는 위만조선에 관한 몇 가지 기사가 있다. 즉, 위만은 한의 외신(外臣)이 되기 위하여 한의 요구를 수용하기로 했다. 그때 위만의 역할은 국경 밖의 오랑캐를 지켜 변경을 노략질하지 못하게 하는 것이었고, 여러 만이(蠻夷)의 군장(君長)이 들어와 천자를 보고자 할 때 이를 막지 않도록 하는 것이었다.[53] 이 기사는 한이 외부종족들의 침입을 막는 일이 매우 어려웠고, 또한 외부종족의 입조(入朝)를 방해하는 세력이 위만조선 이전에도 있었음을 반증한다. 그럴 경우에 그 역할을 한 담당자는 고조선이었을 확률이 가장 크다.

---

52 조중공동고고학발굴대, 「강상」, 『중국동북지방의 유적발굴보고』, 1966. 고조선의 왕검성을 遼陽부근의 蓋平으로 보고 있는 이지린은 「고조선의 위치에 대하여」, 『고조선에 관한 토론 론문집』, 1963, p.77 및 『고조선연구』, 1963 등에서 이 강상무덤이 있는 요동반도 남단을 고조선의 중심지가 아니라 변방이라고 보고 있다.

53 『史記』, 朝鮮列傳 第55.
……遼東太守卽約滿爲外臣, 保塞外蠻夷, 無使盜邊, 諸蠻夷君長欲入見天子, 勿得禁止. 以聞, 上許之……

당시 이루어진 입조는 반드시 육로를 통하지는 않았을 것이다. 특히 한반도에 있는 세력들은 황해를 직항하거나 연안항해 내지 근해항해를 이용해서 서한만과 요동만을 통과하는 해로로 교섭했을 것이다. 그렇다면 당연히 고조선의 영역 내를 통과해야 한다. 이러한 정치·외교적인 환경 속에서 고조선이 정치력을 행사할 의지가 있었다면 일정한 정도의 수군력을 갖추고 있어야만 한다.

고조선은 이미 춘추전국시대에도 산동의 제(齊) 등과 교역을 하였다. 제환공(齊桓公)은 상공업을 중시하고 어염(魚鹽)의 이익(利)을 얻는 것을 중시했다. 그 시대의 상황을 기록한 『관자(管子)』에는 조선의 명산물인 문피(文皮)가 교역의 중요한 물품임을 말하고 있다. 산동반도의 동남단에 있는 현재 영성시의 척산(斥山)은 그 시대 문피의 집산처였다.[54] 이러한 교역은 모두 해양활동을 통해서 이루어진 일들이었다. 그 후에 연나라 사람들도 조선과 교류 했을 것이다. 이러한 가능성은 명도전(明刀錢)과 오수전(五銖錢) 등 화폐들의 분포도를 보아서도 확인된다.[55]

고조선의 해양활동을 추측할 수 있는 또 하나의 사실이 있다. 고조선의 마지막 왕인 준왕(準王)은 자신의 지지세력을 거느리고 남쪽으로 이주하여 한왕(韓王)이 되었다. 물론 준왕의 남천과 남쪽 지역에서의 국가적 성장은 일정한 해양세력의 토대가 없어서는 불가능한 일이다.

『삼국지(三國志)』 동이전(東夷傳) 한전(韓傳)에는 준왕과 관련된 다음과 같은 기사가 나온다.

---

54 陳尙勝, 『中韓交流三千年』, 中華書局, 1997, p.50.
55 이 화폐 분포도는 崔夢龍이 「고대국가의 성장과 무역」, 『한국고대의 국가와 사회』, 역사학회, 1985, pp.71~73에서 작성 인용한 것이 널리 이용 되고 있다. 기원전 2~3세기의 유적인 평안북도 영변군 세죽리 유적에서는 명도전 2000여 매가 발견되기도 하였다.

"……將其左右宮人走入海 居韓也 自號 韓王……"

이 기사에 따르면 당시 남쪽에는 이미 한(韓)이라고 불리워지던 토착세력들이 존재하고 있었고, 그들은 나름대로 정치단위를 구축하고 있었다.[56] 그런데도 준왕과 그의 세력은 바다를 통해서 남천에 성공하고, 마침내 한왕이 된다. 이것은 해양적인 관점에서 두 가지 사실을 말해준다. 하나는 항해술과 선박의 규모이고, 다른 하나는 당시 해양활동의 일반적 상황이다.

(1) 항해술의 문제

준(準)의 출발지가 어디였지는 알 수가 없다. 그러나 항해를 통해서 한반도 남부의 어떤 지역으로 들어간 것은 틀림없다.[57] 이들은 서해연안을 따라서 항진(航進)을 했을 것이다. 그런데 서해안은 기본적인 연근해항해를 한다 해도 초행자들에게는 결코 용이한 지역이 아니다. 매우 복잡한 조류의 흐름에 따라 물의 방향이 달라지고, 해안선이 복잡하여 항해와 접안시기, 그리고 접안장소를 선택하는 데에 고도의 지식과 함께 숙련된 경험이 절대적으로 필요하다. 더구나 소수의 잠입이 아닌 일정한 정치세력의 진출일 경우, 그 도착지점의 선정에는 엄청난 어려움이 따른다. 즉 그 지역의 해양조건에 능통하지 않으면 안되는 것이다. 그런데 이 기사는 단편적이어서 준왕의 항해와 도착, 성장은 물론 가장 기본적인 토착세력의 저항에 대하여 언급이 없다.

---

56 『史記』, 朝鮮列傳에도 "又未嘗入見眞番旁衆國欲上書見天子, 又擁閼不通……"이라는 기사가 나온다. 이 기사에서 眞番의 위치문제, 衆國에 대한 해석상의 문제가 있다. 그러나 이들이 古朝鮮의 이남지역에 있었다는 것은 일반적인 견해이다.
57 準王의 도착지점에 대해서는 그 동안 여러 견해가 나왔다. 益山, 洪城 金馬(千寬宇), 內浦(李基東) 등의 해안가와 公州, 稷山 등 내륙, 그리고 경기도의 京安을 주장한 설도 있다. 그런데 최근 전영래는 '錦江文化圈'이라는 靑銅器 文化圈을 설정하여 준왕의 도착지점을 금강 유역으로 강하게 시사하고 있다.

이렇게 기사가 작성된 배경은 몇 가지로 추정할 수 있다. 하나는 저항세력의 토대가 전반적으로 약하거나 저항의 필요성을 강하게 갖지 않았을 경우이다. 다른 하나는 준왕의 세력이 강한 군사력을 동반했거나, 아니면 반대로 한(韓) 지역의 군사적 토대가 허약할 경우이다. 그런데 준왕의 세력이 강한 군사력을 동반한 것 같지는 않다. 준왕이 해로를 통해서 들어온 경우, 그것은 당시 선박을 이용한 군사운송의 한계로 인하여 토착세력을 압도할 만한 정도는 아니라고 판단된다. 특히 좌우(左右) 궁인(宮人)만을 거느리고 왔다는 기록은 대규모의 군사를 거느리지 않았음을 간접적으로 보여준다. 하지만 이 기사는 남쪽 지역이 이미 고조선의 영향력 아래 있었고, 항해를 인도했던 사람들 역시 영향권 안에 있었음을 반영한다. 뿐만 아니라 당시 준왕이 선택했던 항로는 이미 개발되어 일상적으로 사용되었을 가능성도 보여준다.

황해연안을 항해하는 항로는 이미 빈번하게 사용됐다. 청동기문화의 분포권에서 확인되듯이 한반도의 서해남부 해안 지역은 고조선지역과 해양을 매개로 연관성이 강하고, 문화적 낙차로 보아 그 영향권 아래에 있었을 가능성이 크다. 물론 황해를 직항하여 서해 남부해안으로 교역이 있었을 가능성도 크다. 삼한 사회의 구성원들 가운데 적지 않은 경우가 황해를 건너온 사람들일 것이다.[58] 특히 진(秦)의 통일로 인하여 연(燕), 제(齊), 조(趙) 등의 사람들은 대거 황해를 건넜을 것이다.

고조선이 이미 한반도 남부 지역과 해양교류를 밀접하게 했을 가능성은 문헌사료를 통해서도 입증할 수가 있다. 『삼국지(三國志)』 한전(韓傳)에는 항해관련 기사가 있다. 즉 삼한(三韓)은 철(鐵)을 매매하고 있었으며 교역의 범위는 바다 건너 주호(州胡)와 왜(倭)에 이르렀다는 사실이다.[59] 물론 이 기록에 해당되는 정확한 시대는 알 수가 없다.

---

58 金哲俊,「魏志東夷傳에 나타난 韓國古代社會의 性格」,『한국문화사론』, 1990, p.108.
59 『三國志』, 魏書 東夷傳 韓傳, ……又有州胡在馬韓之西海中大島上, ……乘船往來, 市買韓中…… (李丙燾,「州胡考」,『韓國古代史研究』, 1976)

특히 준왕이 남천(南遷)한 시기까지 적용된다는 확증은 없다. 그러나 질의 차이는 있을지언정 기본적으로는 이 지역의 일반적인 상황이라고 여겨진다. 일본 야요이(彌生)문화의 성립과정에서 보듯이 이미 일본열도와 한반도 지역과는 해상교류가 활발했기 때문이다. 특히 준왕이 남천한 이후에 조선이 한(漢)과 삼한(三韓) 지역 사이의 통교를 방해했다고 한 사실은 이미 그 전부터도 황해연안항로, 혹은 근해항로를 통해서 인문(人文)의 이동이 활발했었다는 상황을 반영한다.

한편 준왕은 남천할 때에 꼭 '좌우 궁인' 만을 거느린 채 오지는 않았을 것이다. 단순한 피난이 아닌 국가의 이동, 혹은 정치거점의 이동인 만큼 반드시 군사적인 작전이 병행되었을 것이다. 대규모의 인원은 아니겠지만 최소한 토착세력에게 충격을 줄 정도의 병력을 대동했을 것이다. 여기서 수군의 활동과 운송수단인 선박의 규모를 추정할 수 있다. 결국 준왕의 남천과정을 통해서 알 수 있는 것은 고조선의 해양활동은 매우 활발했으며, 황해항로의 능숙한 경험을 지닌 뱃사공의 존재 및 수군활동이 있었다는 사실이다. 아울러 그러한 이동을 가능하게 한 선박의 규모 등도 짐작하게 한다는 것이다.

이러한 고조선의 해양활동은 동이인(東夷人)들의 이동에 의하여 자극받고 더욱 활발해졌을 것이다. 동이인들의 분포가 점차 산동이북, 요동(遼東), 그리고 한반도와 일본열도까지 이르고 있다는 사실을 주목할 필요가 있다. 그것은 경제적 이익을 추구한 자발적인 행위라는 측면과 정치적 상황에 의한 타율적인 측면이 있다. 특히 후자의 경우는 조직적으로 대규모로 이루어졌다.

진(秦) 이후에 동이인들은 진에 동화되거나 진의 영역 밖으로 이동했다.『삼국지』나『후한서(後漢書)』등에 등장하는 동이인들이 황해 동안(東岸)에 있었던 동이인들과 직접 혹은 간접적으로 연결된다고 할 때 그들에 의해 해양문화가 황해연안 전체, 나아가 동북아 전체에 확산될 가능성이 다분히 있다. 그들은 직접 해양문화의 담당자가 되거나 최소한 해안 지역의 토착세력에게 자극을 주었을 것이다. 만약 뛰어난 해양활동

능력을 갖춘 동이인들이 전 시대부터 환황해(環黃海) 교역권(交易圈)을 형성하는데 큰 역할을 했다면 그 영향력과 파급효과는 더 컸으리라고 여겨진다.[60]

『삼국지』 위서(魏書) 동이전(東夷傳) 한조(漢條)에는 '위략(魏略)'을 인용하여 진시황제(秦始皇帝)가 6국을 병합하였을 때, 그리고 준왕이 섰을 때 연(燕), 제(齊), 조(趙) 등의 백성(民)이 바다를 건너와서 조선으로 도망을 쳐 준왕에게 망명했다는 기록이 나오고,[61] 『후한서』 동이전(東夷傳) 한조(韓條)에는 동이인(東夷人)의 이동과 관련한 기사가 나와[62] 시사하는 바가 크다.[63]

진시황은 집권하는 12년 동안에 순해(巡海)를 네 번 한다. 그런데 그 중에서 3번이 산동 이북에 집중되었다는 것은 진의 정치·경제적인 관심의 소재를 알려준다. 진시황은 황해를 건너 동쪽으로 진출하는 데 관심을 기울였다. 진시황이 선약(仙藥)을 구하기 위하여 선단(船團)을 파견한 것은 당시의 해양활동이 활발했으며, 그 범위가 한반도나 일본열도에까지 미치고 있었다는 사실을 반영한다. 특히 서복(徐福)이 출발한 곳으로 알려진 로우야(琅邪)는 남북(南北) 중국을 연결하는 해안교통의 요지로서, 진시황은 왕(王) 28년, 즉 기원전 219년, 그리고 다음해인 기원전 218년에 이곳을 방문했다.[64] 이것은 진(秦) 등 중국세력이 한반도 혹은 일본열도를 대상으로 하는 해양활동의 전진기지로 삼고 있음을 알려준다.[65]

기존의 고조선인들을 비롯한 토착세력과 중국 내의 정치적 변동에 의해 황해동쪽

---

60 江上波夫는 앞 논문, p.57에서 吳·越 등 長江 유역의 벼농사인들을 非漢人系라는 용어를 사용하고 이들이 4세기 이후 동중국해, 황해, 발해 방면에서 화북의 한인제국들을 상대로 항해교역을 했다고 하여 오히려 4세기 경의 교역 주체를 이들로 보고 있다.
61 ……二十餘年陳項起, 天下亂燕齊趙民愁苦, 稍稍亡往準 準乃置之於西方……
62 '辰韓, 耆老自言秦之亡人, 避苦役……'
63 藤田豊八 遺著, 池內宏 編, 「支那港灣小史」, 『東西交涉史の硏究』, 荻原星文館, 1943, p.631 참조.
64 『史記』 秦始皇 本紀.
65 『中國航海史』 古代編, pp.35~41 참조.

연안으로 포진한 동이인들은 서로 연합하여 새로운 문화와 정치세력을 결성했을 것이고, 그들은 경제력의 토대를 해양활동과 교역에서 구했을 가능성이 있다. 따라서 이미 확대되고 있었던 황해서부 연안의 활동권은 특정한 성격을 가진 집단의 역할에 의해서 정치적인 성격을 병행하면서 황해 전체와 남해로 해서 일본열도로 이어지는 거대한 활동권, 교역권이 형성되는 단초를 열어 놓았다.

4. 위만조선(衛滿朝鮮)과 한(漢)시기의 해양활동

1) 朝鮮과 漢의 전쟁

진을 이어 한(漢)이 성립하면서, 특히 한무제(漢武帝)가 통치한 시기에는 해양활동이 발달하였다. 한의 건원(建元) 3년(기원전 138년)에 오늘날의 복건성(福建省) 민후현(閩侯縣) 지방을 근거지로한 민월국(閩越國)이 동구국(東甌國)을 공격했을 때 한 무제는 엄조(嚴助)에게 명하여 회계(會稽)로부터 군병을 동원하여 바다로 해서 동구를 구원하게 하였다.[66] 그런데 한무제는 기원전 112년에 노박덕(路博德) 양복(楊僕)에게 10만의 수군을 주어 헌제의 핑동(廣東), 광서(廣西), 베트남 북부 지역인 남월(南越)을 정벌하게 하였다. 그리고 그 지역에 9군을 설치했다. 그런데 이 정벌 이후 중국과 동남아 지역 그리고 인도 지역과의 관계가 밀접해졌다. 이른바 해상을 통한 남해무역이 발달한 것이다.[67] 한무제가 취한 이러한 일련의 정책들은 당시의 군사적인 진출이 경제적인 이익의 획득을 목표로 했음을 보여준다.

---

[66] 『漢書』, 武帝記 嚴助 閩越傳.
[67] 李春植, 위의 책, p.144 참조.

한 시대는 사회경제가 매우 발달하여 상공업 등 민영수공업이 발달하였다. 『사기(史記)』 식화열전(殖貨列傳)에는 각 지역의 특산물을 기술하므로써 이러한 물품에 대한 관심의 정도를 반영하고 있다.[68] 한무제는 경제정책에도 관심을 기울여 상홍양을 등용하여 일련의 정책을 실시했다.[69] 통일화폐인 오수전(五銖錢)을 주조하고 염철법(鹽鐵法)을 실시했다. 『한서(漢書)』 지리지(地理志)에는 한무제 시기에 남해와 교역한 기록이 있다. 한(漢)은 인도, 동남아 등과 해로를 통한 다양한 교역을 하였으며,[70] 방직제품 등을 로마까지 수출하였다. 이는 모두 해양을 통한 교섭이었다.[71] 한편 이전부터 왜에 대한 기록이 있고, 일본열도에서 발견되는 유물 중에는 전한 시대의 것들도 있어 양 지역간에 있었던 교섭을 간접적으로 입증하고 있다.

그런데 기원전 2세기까지도 한과 위만조선 간에는 교역이 없었다는 견해도 있다. 명도전(明刀錢), 포전(布錢) 같은 화폐 분포범위의 북방한계로 말미암아 당시 중국과의 교역은 대동강 중류 이남과 장진강 이남 지역까지 미치지 못하였다는 견해가 있다.[72] 그러나 전남 강진(일설에는 무안)에서 명도전 두 매가 발견된 사실은 주목을 요한다.[73] 그리고 시기가 조금 지난 후의 것인 오수전(五銖錢), 포전(布錢) 등의 화폐는 멀리 제주도에서까지 발견되고 있어 그 범위가 확산 되었음을 볼 수 있다.[74] 연(燕)의 명도전이

---

68 李春植, 앞의 책, p.141.
69 尹乃鉉, 『중국사 1』, 民音社, p.163.
70 藤田豊八 著, 池內宏 編, 『東西交涉史の硏究』 南海編.
　大林太良, 앞의 책, pp.83~88 참조.
　특히 당시의 무역루트 및 정치상의 據點과 貿易振興에 대해서 논하고 있다.
71 李永采·王春良·盖莉·魏峰 著, 위의 책, p.55 참조.
72 성주탁, 「馬韓 初期百濟史에 대한 歷史地理的 觀見」, 『마·백』 10, pp.156~157 참고.
73 李基東, 「馬韓史 序章」, 『馬韓文化硏究의 諸問題』, 10회 마한백제문화학술회의, 1989, p.113에서 명도전의 출토가 일본 備後, 備前 지방을 비롯하여 오키나와의 那霸(나하) 등지에서 나온 것을 중시하여 康津의 明刀錢 발견을 韓半島 西南海岸의 산물로 이해하고 있다.
74 崔夢龍, 「上古史의 西海交涉史 硏究」, 『國史館 論叢』 3집, 1989, p.13.

동아시아 지역에 광범위하게 분포된 사실을 근거로 이를 연의 경제권으로 설명하는 견해도 있다.[75] 그러나 명도전이 연인(燕人)의 것이므로 교역활동의 주체를 연인으로만 파악하는 것은 무리가 있다. 당시 연과 위만조선 혹은 연 지역에 있었던 조선인들과의 관계로 보아, 그 교역의 주체가 위만조선으로 대표되는 조선인일 가능성이 적지 않다.

한나라가 성립한 이후에 황해를 매개로 하는 동아(東亞)의 문화권이 급격하게 확대되고 각 국간의 교류가 활발했다는 증거는 기록이나 유물 등을 통해서 입증되고 있다. 그것을 뒷받침 하는 증거로 다음의 예가 있다.

익산, 완주 등의 금강(錦江), 만경강(萬頃江) 유역과 함평(咸平) 같은 영산강 유역에서는 중국계(中國係)의 도씨검(刀氏劍)이 발견되고 있다. 도씨검은 춘추시대(春秋時代) 후기부터 후한(後漢)때까지 사용되었는데, 이 지역의 주민들이 수입했으며 황해를 직항해서 강남지방과 이 지방이 교역을 했을것이라는 주장도 있다.[76] 당시 황해 지역에서 벌어지던 해양활동상을 고려할 때 그 타당성은 충분히 인정된다. 특히 이 지역의 해양적인 위치로 보아 직항로를 이용하여 중국과 직접 교섭했을 가능성이 크다. 물론 한반도 북부를 통한 교섭의 길목 내지 경유지(經由地)의 역할을 하므로써 정치집단이 형성되었을 것이다.[77]

삼한(三韓) 각국과 중국 지역과의 관계에 대해서는 『후한서』, 『삼국지』 등에 있는

---

75 江上波夫, 앞의 책, p.58.
76 權五榮, 「고고자료를 중심으로 본 百濟와 中國의 文物交流」, 『진단학보』 66, pp.181~182에서 인용.
77 최근에 발견된 扶安郡 격포의 유적지는 해양세력의 존재와 해양활동이 매우 중요한 역할을 하였음을 알 수 있다(「扶安 竹幕洞 祭祀遺蹟發掘調査進展報告」, 韓永熙·李揆山·兪炳夏, 『考古學誌』 4집, 한국고고미술연구소, 1992).
군산 부근의 고군산 열도 등 몇 군데는 海流나 潮流 그리고 地形的인 여건을 볼 때 그러한 遺蹟의 발굴이 예상되고 있다. 尹明喆, 「西海岸 一帶의 海洋歷史的 環境에 대한 檢討」, 『扶安 竹幕洞 祭祀遺蹟』, 국립전주박물관, 1988, p.120.

기록을 통해서도 확인된다.

"······其後遂通接商賈, 漸交上國······"[78]

물론 이 기록자체는 삼한 각국들의 입견(入見)과 입조(入朝)에 관한 것이지 교역을 말한 것은 아니다. 『후한서(後漢書)』와 『삼국지(三國志)』에는 삼한(三韓)에 대한 정보가 꽤 정확하게 기술되어 있으며, 행간에는 그러한 정보가 교역과 관계있는 듯한 느낌을 준다. 각 국의 정황을 설명하는 글 중에서 특산물에 관한 것이 많이 나오고, 교역의 산물인 듯한 구슬과 금, 보화, 비단, 모직물 등을 귀하게 여기지 않는다는 기록도 있다. 물론 입조와 입견을 통한 교역의 가능성은 충분히 있다.[79]

이런 상황 속에서는 나라간의 무역을 삼한의 장(長)이 통제하는 경우도 있겠지만, 그것보다는 78개 국의 각국이 자율성을 유지하고 그 내부에서도 소규모의 개별집단으로 상대적인 독자성을 가지고 활동하였을 것이다.[80] 그런데 국가와 국가 간의 공적 교섭을 매개로 한 교역만 있는 것은 아니다. 고대 해양활동에서는 국가가 아닌 지방세력, 혹은 규모가 크고 일정한 경제력을 갖춘 상인들에 의해 민간교역이 활발하게 이루어졌다. 이들은 각각 자기 집단의 생존과 발전을 위해서 물품을 제작하거나 구입했다 (그것이 물물교환의 형태라 해도 별 차이는 없다). 또한 지리적인 환경을 볼때 농업에만 의존하지 않고, 해상을 통한 교역을 추진했을 가능성이 크다. 농업기술이 부족하고 농기구

---

78 『後漢書』卷80 東夷列傳 韓.
79 全海宗의 「古代 中國人의 韓國觀」, p.71에는 朝貢關係 記事를 분류하고 있고, p.75에는 지리 산물에 대한 기사가 나와있다.
동덕모의 「韓國對外關係의 歷史的 背景」, 『朝鮮朝의 國際關係』, 박영사, 1970에는 전통외교 조공에 대한 약간의 이론과 내용을 소개하고 있다.
80 日本列島內의 야요이 시대 각국들이 각각 독립된 政治體로서 自律性을 가진 것은 三韓의 상황을 이해하는 데 시사점을 준다.

등의 원시성으로 인하여 생산성이 높지 못했을 것이고 특히 유이민집단인 경우에는 농경에 적합한 토지의 확보도 용이하지 못했을 것이다. 이러한 경우 해양환경에 접근해 있고 해양활동에 능숙한 사람들은 그것을 도구로 생활과 집단의 강성을 꾀했을 것이다.

『삼국지』에는 왜와의 교섭은 물론이고, 주호국(州胡國)이 배를 타고 왕래를 하면서 한(韓)의 국중(國中)에서 물건을 사고 판다는 기록이 있다.[81] 그리고 진한(辰韓)이 자체에서 생산한 철(鐵)을 교역하고 철을 화폐로 사용하는 무역의 전개,[82] 소금의 매매 사실 등 활발한 상업활동이 보인다. 이러한 상황을 볼 때 매매집단의 존재는 물론 해양을 이용한 상인이 있었을 가능성이 크다. 더구나 정치적인 교섭의 흔적과 빈도수에 대한 기록이 부실함에도 불구하고[83] 한계(漢系)의 유물들이 다량으로 발견되는 것은 정치적인 교섭 외에도 민간인들에 의한 사무역(私貿易)의 가능성을 보여준다.[84] 심지어는 논(論)을 통해서 "통상을 하게되고 상국(上國)과 교역하더니 풍속도 나빠졌다."고[85] 사회가 혼란한 원인을 교역행위에서 찾고 있다. 이것은 당시 삼한 사회가 중국지역과 교역을 활발히 하고 있음을 보여주는 확실한 증거다.[86]

위만조선 역시 한(韓)과 일정하게 교섭을 가졌다. 위만조선이 삼한 각국과 혹은 왜

---

81 『三國志』魏書 30 烏丸鮮卑東夷傳 韓條.
82 『後漢書』,『三國志』韓傳에는 州胡國이 배를 타고 왕래를 하면서 韓의 국중에서 물건을 사고 판다는 기록이 있다.
83 漢의 衛滿朝鮮 정벌의 이유가 入朝 입견에 대한 방해였다고 한다면 三韓 각국의 入朝와 공적인 교섭은 반드시 기록이 되었을 것이다. 三韓과 중국측의 공식적인 교섭을 보여주는 자료는 『三國志』東夷傳에 景初 년간에(魏 明帝의 年號 237~239) "……여러 한국의 臣智에게는 邑君의 印綬를 더해주고 그 다음 사람에게는 邑長을 주었다"고 나와 있다.
84 江上波夫는 위의 논문, p.59에서 國語와 戰國策, 史記 등의 기록과 明刀錢 등의 분포도를 근거로 하여 황해를 무대로 하는 燕의 광범위한 경제권을 이야기하고 있다.
85 『後漢書』東夷列傳 韓.
86 앞 글에서 언급한 馬韓의 南方文化的인 要素들, 倭와 州胡 그리고 三韓 각국들간의 交易, 漢과의 交易 등이 있다.

의 세력과 교섭을 했다는 직접적인 기록은 없다. 그러나 해당지역 간에는 이미 전 시대부터 교섭을 했다는 고고학적 증거들이 많이 나타나고 있다. 또한 앞에서 언급한대로 명도전 등 화폐의 광범위한 분포는 위만조선을 매개로 원거리 무역이 이루어진 상황을 나타낸다.

(1) 위만조선과 한의 전쟁

한의 동방진출과 경제권의 확대, 위만조선의 성장은 양 지역간의 갈등을 야기시켰다. 앞에서 언급한 바와 같이 중국의 사회경제는 전한시대(前漢時代)에 들어오면서 이미 한반도나 일본열도와 교역을 원하는 수준에 이르렀고 해양활동능력도 비약적인 성장을 하였다. 반면에 이들 지역 역시 정치적·문화적으로 중국 지역과 교섭을 원하는 단계까지 상승하였다.

그런데 당시의 항해능력이나 사회발전 단계로 보아서 한반도 남부 또는 일본열도 지역은 황해를 직접 건너서 중국지역과 교섭할 수 있는 단계는 안되었다. 따라서 교섭은 반드시 해로를 이용해서 서해연안을 따라서 북상한 다음에 서한만 등 위만조선의 영향권을 통과해야만 했다. 따라서 위만조선은 이러한 지정학적인 위치를 활용하여 중국 지역의 세력과 한반도 중부 이남 세력간의 교섭에 해양교량역할을 했을 것이다. 이러한 가능성은 전한(前漢)과 위만조선의 교섭태도에서도 확인할 수 있다.

위만조선은 한의 외신(外臣)이 되기 위하여 한의 요구를 수용하기로 했다. 그때 위만조선은 국경 밖의 오랑캐를 지켜 변경을 노략질하지 못하게 하고, 또 모든 만이(蠻夷)의 군장(君長)이 들어와 천자를 알현(謁見)하고자 하면 막지 않는 것이었다.[87]

---

87 『史記』卷115 朝鮮列傳 第55
　　……遼東太守卽約滿爲外臣, 保塞外蠻夷, 無使盜邊, 諸蠻夷君長欲入見天子, 勿得禁止. 以聞, 上許之,……

이것은 한이 위만조선에게 관리자와 중계자의 역할을 부여하고 인정하는 것으로 여겨진다. 이러한 성격과 위치는 비단 정치·군사적인 것만이 아니라 교역에 대한 권리도 포함이 되었을 것이다. 위 기사에 이어 나타나는 "以故滿得兵威財物侵降其旁小邑……"는 위만의 군사적·경제적인 성장이 한(漢)과의 관계에서 비롯된 것임을 표현하고 있다.

위에서 언급한 자료는 두 나라간에 벌어진 전쟁의 원인을 명확하게 밝혀, 다음 두 가지로 압축시켜준다. 하나는 위만조선의 정치·경제적인 성장과 자국중심의 동아질서 구축이 균열되는데 대한 한의 우려이다. 그리고 두 번째는 새롭게 형성되는 교역권의 이익을 둘러싼 양국 간의 대결이다.

『史記』에 제외국(諸外國)에 관한 기술을 불가결한 부분으로 포함시키는 것은 중국 역사의 일부분으로 인식하였기 때문이다.[88] 통일된 한(漢)은 자신을 중심으로 주변세계를 편입시키는 책봉체제를 구성한다. 그러면서 국경을 접하고 군사적으로 능력있는 위만(衛滿)조선에게 경제적으로나 정치적으로 큰 이익이 없고, 군사적으로 위협이 못되는 변방세력에 대한 위임권을 준다. 즉 위만조선에게 변방의 군사적인 방파제 역할을 맡기고, 그 주변세계에 대한 일종의 관리자 역할을 부여하는 것이다. 그리고 그에 대한 보상의 댓가로 양 지역을 연결하는 과정에서 생기는 경제적 이익을 갖도록 했을 것이다. 다시말해서 위만조선으로 하여금 한이 설정하는 책봉체제(冊封體制)에 대한 균열을 시도하지 않는 대가로 교역상에서 발생하는 이익을 챙기게 하는 일종의 정치적 타협이었다. 물론 이러한 관계는 위만조선의 승복을 전제로 하는 것이었다. 그러나 급속한 성장을 이룩한 위만조선은 "……又未嘗入見 眞番旁衆國……終不肯奉詔"[89]라는 기록에서 보여지듯 한의 이러한 체제에 도전하였다.

---

88 高柄翊, 『東亞交涉史의 硏究』, 서울대 출판부, 1970, pp.8~9 참조.
89 『史記』卷115 朝鮮列傳 第55.

따라서 양국 간의 전쟁은 일차적으로 동아시아 질서에 대한 정치적인 대결의 성격을 지녔다.[90] 특히 한무제(漢武帝)의 침공은 한 중심의 중화질서(中華秩序)가 깨어지는 것을 방지한다는 목적이 강했다. 따라서 위만에 대한 증오의 감정이 분명하게 표현되어 있다.[91]

두 번째로, 이 전쟁은 황해해양의 교역권을 둘러싼 갈등의 소산이기도 하였다. 진 시대를 이어 한(漢)에 이르면 경제적인 발달과 함께 상업이 중요한 역할을 하였다. 남방무역에도 비중을 두었으며, 대외상업활동을 위하여 군사적인 진출을 시도할 정도까지 되었다. 한은 초기에는 군사적인 능력의 결핍과 낮은 경제적 가치로 인하여 위만조선에게 교역활동의 일정지분을 양보하였다고 보여진다. 그러나 시간이 흐르면서 교역권의 범위는 점차 확대되고 빈번한 교섭에서 발생하는 이익도 적지 않았을 것이다. 그러므로 점차 확대되어 가는 황해의 교역권은 한(漢)에게 깊은 관심을 불러 일으켰을 것이다.

한(漢)이 해양을 통해서 요동 지역(遼東地域)을 경영하려 했었다는 사실은 『사기(史記)』권30 平準書 기록에서도 나타나고 있다. 즉 "東至滄海郡 …… 築衛朔方轉漕遼遠 …… 費數十萬巨萬 ……"이다. 이 기록은 요동 경영에 수로를 이용했다는 사실을 입증하고 있다.

이 시기를 전후해 황해에서 해양을 매개로 한 교역활동이 활발했다는 증거와 중요성은 일본열도의 위치변화에서도 나타난다. 왜(倭)라는 정치단위가 등장하고, 중국 및 삼한(三韓) 각국과의 교섭과정이 중국의 문헌과 일본의 고고학적 유물들을 통해서 그 전모가 드러나고 있다.

---

90 全海宗,「東亞古代文化의 中心과 周邊에 대한 試論」,『東洋史學硏究』8·9합집, 1975, p.8에서 漢代나 唐代와 같이 주위 국가의 국력이 강하였을 때에는 외국문화에 대해서도 개방적, 수용적이었다. 말하자면 'Herod的'이라고 하여 中華主義에 대한 시의성을 해석하고 있다.
91 全海宗,「古代 中國人의 韓國觀」,『진단학보』46·47합집, 1979, pp.68~69.

『한서(漢書)』 지리지(地理志)에는 "……夫樂浪海中有倭人分爲百餘國 以歲時來獻見 云……"라고 하여 왜(倭)란 명칭이 나타난다. 그리고 뒤를 이어『후한서(後漢書)』제기 편(帝紀編)에는 "……東夷倭奴國王遣使奉獻(倭在帶方東南大海中 依山島爲國)……"라고 기록되어 왜(倭)의 노국(奴國)이 한(漢)과 교섭하고 있음을 보여준다. 또한『삼국지』동이전(東夷傳)에는 "舊百餘國 漢時有朝見者, 今使譯所通三十餘國……"라는 기록이 나온다.『후한서』동이전(東夷傳)의 "……倭在韓東南大海中 依山島爲居凡百餘國 自武帝滅朝鮮 使譯通於漢者三十許國 國皆稱王 世世傳統 其大倭王居邪馬臺國……"라는 기록을 보면 일본열도에는 B.C. 2C 무렵부터 100여 개의 나라가 있었으며, 각자 왕(王)을 칭했다는 사실을 알 수 있다.『후한서』를 편찬 할 당시에 중국인들의 지리적인 인식이 미치는 범위의 일단을 보여주고 있다. 한(漢)과 통하고자 한 나라가 30여 국에 달한다고 하며 그 중에 가장 큰 나라가 야마대국(邪馬臺國)임을 말하고 있다.

위의 기록을 전적으로 신빙할 수는 없지만, 당시 30여 국이 중국과 통교했다는 것은 공적인 교섭외에도 더 빈번한 교류가 있었음을 짐작할 수 있다. 중국과의 교역은 한반도 남부를 통한 간접교역의 형태도 있었고, 직접교역도 있었던 것 같다. 당시의 수입품 중에는 전한경(前漢鏡), 후한경(後漢鏡) 등이 있으며, 관옥(管玉), 곡옥(曲玉) 등이 적지 않은 것으로 보아 교역의 양을 짐작할 수 있다. 1세기 후반 경에는 전한경(前漢鏡)을 다량으로 매장한 왕묘(王墓)들이 조성되었다.[92] 이러한 문헌자료와 고고학적 유물을 볼 때 양 지역간의 교류는 활발했던 것 같다.[93]

그런데 이 시대에 일본열도에서 중국의 한(漢)이나 위(魏) 등과 교섭을 하고자 할 때 그들이 반드시 거쳐야 할 길은 한반도 서해연안을 거슬러 올라가서 요동만(遼東灣)

---

92 후쿠오카縣 이토시마군(伊都國)의 미구모 미나미쇼우지(三雲 南小路)遺蹟 一帶에서는 2개의 大形甕棺을 비롯한 유물들이 발견되었다. 야요이 후기(1~2세기)에는 後漢鏡, 琉璃玉, 巴形銅器 등이 발견되고, 점차 신상(神像)과 신수(神獸)로서 신선사상을 표현한 三角神獸鏡이 많이 발견이 된다.
93 王仲殊,『中國からみた古代日本』, 桐本東太 譯, 學生社, 1992.

을 거쳐 들어가는 길 밖에 없을 것이다. 물론 중국 지역과의 직접교섭을 주장하기도 한다. 그러나 당시의 항해술 수준을 고려할때 가장 합리적이고 안전한 항로는 역시 한반도 서안을 이용하는 길이다.[94] 『위서(魏書)』 왜인전(倭人傳)에 기록된 당시 왜로 가는 수행(水行)의 길을 보면 한반도의 서해안을 경유하여 가는 것을 볼 수 있다.[95] 따라서 왜와 중국 지역과의 교섭에서 한반도의 서해안은 중요한 길목의 역할을 하였다.

한에게는 한반도와 일본열도를 포함하는 황해 지역이 동남아 지역에 비하여 경제적 이익을 획득하는 데에는 효용성이 적을지 모른다. 그러나 위만조선의 위치와 역할은 바로 하나 뿐인 교섭통로의 목을 장악하여 황해 연안의 해양활동을 장악하므로써 정치·경제적인 이익을 획득하는 것이었다.[96] 따라서 위만조선의 성장속도와 내용이 일정한 한계를 넘어서고 활동권의 범위가 간접관리의 범위를 넘어서자 한은 위협을 느끼게 된 것이다. "……以故滿得兵威財物侵降其旁小邑……"[97]라는 기록은 위만조선의 경제적인 성장과 함께 한(漢)의 상대적 손실을 표현하고 있다. 이처럼 위만조선은 한(漢)이 교역상의 이익을 독점하고자 할 때 복속시켜야 할 전략적으로 매우 중요한 위치에 있었다. 따라서 양국 간의 전쟁발생은 필연적인 상황이었다. 한(漢)이 이 외에 삼한(三韓) 지역 및 일본열도 지역에 경제적 관심을 가진 것은 종전 직후에 나타난 대외정책과 교류의 정도에서 확인된다.

결국은 위만조선의 성장배경이었던 교통로의 확보와 교역이익의 독점은 조한전

---

94 이 부분에 대해서는 졸고, 「西海岸 一帶의 海洋歷史的 環境에 대한 檢討」 참고.
95 『三國志』 魏志 東夷 倭人傳에는 韓半島 西海岸을 떠나 南海岸을 거쳐 日本列島에 닿아 야마다이國까지 가는 길과 거리 수, 그리고 거쳐야 되는 小國들을 명시해 놓았다. 왜인전에 나타난 行程에 대해서는 松永章生, 「魏志 倭人傳 行程」, 『東アジアの古代文化』秋53, 大和書房, 1987.
96 최몽룡은 「古代國家 成長과 貿易」에서 交易理論이 제게된 이래 위만조선에 대한 이런 해석은 지지를 얻고 있다. 전해종의 「古代 中國人의 韓國觀」, 『진단학보』46·47합, 1979, p.71에는 중국사서에 나타나는 朝貢品의 목록표가 들어 있다. 최몽룡, 「上古史의 西海交涉史 硏究」, 『국사관논총』3, p.22 참조.
97 『史記』卷115 朝鮮列傳 第55.

쟁(朝漢戰爭)을 야기시켰다. 양국 간에 1년에 걸쳐 치열하게 진행된 전쟁은 향후 동아시아의 역사전개에 적지 않은 영향을 끼쳤다. 이 전쟁은 황해의 주도권을 둘러싼 질서의 대결이란 측면이 있었고, 한민족세력과 한족세력이 벌인 군사적 대결이란 측면이 있었다. 또한 경제적 이익을 둘러싸고 벌어진 본격적인 국제전(國際戰)의 성격을 띠었다.

(2) 위만조선의 해양활동 능력

그렇다면 해양능력이 뛰어난 한나라와 전면전을 벌인 위만조선의 해양능력, 즉 군사능력은 어느정도이었을까?

이 전쟁은 수륙 양면작전으로 전개되었으며 해양전의 양상을 띠었다. 그것은 우선 전투상황을 보면 잘 알 수 있다.

『史記』 조선열전(朝鮮列傳)에는

"……元封 2년 가을 樓船將軍 楊僕을 파견하여 제로부터 渤海를 건너게 하고, 군사 5만으로 좌장군 荀彘는 요동에 출격하여 右渠를 토벌하게 하였다. ……조선은 누선과 화평을 유지하고 항복교섭도 누선과 하려고 했다." 라는 기록이 있다.

한은 위만조선을 치기 위해 해양활동에 능숙하고 수전에 뛰어난 군사들로 침략군을 구성하였다. 『사기(史記)』 조선열전(朝鮮列傳)에 따르면 한(漢)의 침공군은 수륙 양면으로 이루어졌으며 수군은 양복(楊僕)의 지휘 아래 있었다. 양복은 원정(元鼎) 4년인 기원전 113년에 한무제(漢武帝)가 10만의 병력으로 남월을 공격할 때 수군을 이끌고 참여했던 수군장군이었다. 양복의 수군은 제(齊)의 산동병(山東兵)으로 구성되어 있었는데, 산동병은 화북지방에서 수군활동이 제일 활발한 지역의 병사들이다. 그러므로 한군(漢軍)의 침공로가 되는 발해만(渤海灣)과 요동만(遼東灣)의 해양환경에 익숙한 병사들이었다.[98]

그런데 수도인 왕험성(王險城)을 공격하는 일에 수군장군 양복(楊僕)의 지휘를 받은 제(齊)의 병사 7천인이 누선(樓船)과 함께 동원되었다는 사실[99]은 몇 가지 역사적 내용을 알려준다. 즉 왕험성의 위치가 해안근처에 있었으며, 위만조선이 수군을 보유함은 물론 해양전의 수행능력이 있었다는 사실이다. 그런데 이 두 가지는 상호관련성을 갖고 있다.

왕험성이 해안가에 위치해 있는 것은 확실하다.[100] 당시의 전황에 의하면 한(漢)의 수군이 왕험성을 공격할 때 왕험성 내부의 군사와 누선군(樓船軍)의 접촉은 지극히 짧은 거리에서 이루어졌다. 즉 "……樓船將軍은 제나라 병사 7천인으로 하여금 먼저 왕험성에 이르렀는데, 우거(右渠)가 성을 지키고 있다가 누선의 군사가 적음을 엿보아 알고, 즉시 성을 나와 누선을 치니 누선군은 패해 흩어져 도망갔다. 장군 양복은 많은 군사를 잃고 10여 일을 산중에 숨어 살다가 점차 흩어진 병졸들을 다시 거두어 모아 들였다."라는 이와 동일한 기사가 역시 『한서』에 나오고 있다.[101]

누선(樓船)은 열구(洌口)[102]에 이르고 다시 독자적으로 왕험성을 공격했다고 했을

---

98 당시에 사용된 수군침공로에 대해서는 김재근, 「韓國·中國·日本 古代의 船舶과 航海術」, 『環黃海韓中交涉史硏究 심포지엄』, 진단학회, 1989.
손태현, 「古代에 있어서의 海洋交通」, 『해양대 논문집』 15, 1980.
임돈, 「韓半島에 있어서의 先史時代 海洋文化의 전파경로」, 『해양대논문집』 12, 1977.
그 외분들이 唐代의 賈耽이 지은 道理記 혹은 『唐書』 卷43 地理志의 기사를 인용하여 老鐵山 航路의 사용을 이야기 하고 있다. 그러나 당시 漢의 해양활동능력으로 보아 반드시 그 항로를 택했다고 볼 수는 없다. 이 문제는 위만조선의 영토와 王險城의 위치에 따라서 조정될 수가 있을 것이다.
99 『史記』 朝鮮列傳 第55, 元封 2年秋, 遣樓船將軍楊僕從齊浮渤海, 兵五萬人, 左將軍荀彘出遼東, ……樓船將軍將齊兵七千人先至王險.
100 물론 정확한 위치에 대해서는 논란이 많다. 그러나 상황 묘사, 전투과정을 살펴보면 해안가 가까운 곳에 있었음을 알 수가 있다.
101 『漢書』 西南夷兩奧朝鮮傳 第65, 朝鮮 元封 2年.
102 口는 강과 해안이 마주치는 곳이다. 樓船을 齊로부터 渤海를 건너게 했다는 것은 洌口의 위치가 최소한 遼河 以西일 가능성이 있다. 대동강이었다면 大海 혹은 다른 명칭으로 표현 했을 것이다.
李丙燾, 「衛氏朝鮮興亡考」, 『韓國古代史硏究』, 1976.

때 역시 왕험성은 바다와 강이 만나는 지점에 위치해 있는 것을 알 수가 있다. 험독(險瀆)이란 글자의 의미를 중시하여 왕험성의 위치를 비정하기도 하나, 분명한 사실은 왕험성이 해안가, 그것도 해상교통을 통제하기에 가장 효율적인 곳에 있었을 것이라는 것이다.

한 나라의 수도가 해안가에 위치한 사실은 그 국가의 성격을 짐작하는 중요한 단서가 된다. 고대의 상업도시들이 해안에서 가까운 거리에 있었고, 바다를 건너온 침공군과 전투를 벌이는 예는 너무나 많다. 거의 동일한 시대에 소아시아 지역, 그리스 지역의 도시국가들은 모두 그러한 형태이었다. 그리고 트로이나 혹은 카르타고 등 고대 상업도시가 해안가에 위치해 있음을 주목할 필요가 있다. 따라서 만약 수군(水軍)의 활동이 허약하거나 해양활동 능력이 부족할 경우에는 수도를 해안가에 두는 것이 매우 위험한 일이다.

한편 위만조선이 서해북부항로를 장악하고 남쪽의 국가들과 한(漢)의 교섭을 방해했다면 그것은 일정한 수군력의 뒷받침이 없고서는 불가능하다. 군사적인 목적이나 경제적인 목적으로 해상권을 장악하려면 해상교통의 길목에 통제거점을 만들어 놓아야 한다.

그러면 당시 위만조선의 해양활동 능력은 어느 정도이었을까?

당시의 전황은 『사기(史記)』와 『한서(漢書)』의 기록에 의거하므로 위만조선의 군사적 능력과 전황을 상세히 알 수는 없다. 특히 수군의 활동에 대해서는 더욱 그러하다. 그런데 양복은 제나라 병사를 이끌고 바다로 출병을 하였으나, 이미 여러 번 싸움에 패하고 군사를 잃었으며, 앞서 우거(右渠)와 싸우는 과정에서 곤욕을 치른 패잔(敗殘)한 군사들이라 모두 싸움을 두려워하고 장군(將軍)은 부끄러워하여 우거를 포위하고도 항상 화평을 유지했다.[103] 이러한 전황으로 보아 당시 위만조선의 수군 역시 한(漢) 수군

徐榮洙, 「古朝鮮의 位置와 疆域」, 『韓國史市民講座』 2, 1989.

에 대응할 정도였을 것이다. 대규모의 군대와 싸움을 벌이고 몇 달 동안 성을 방어하였다면 당시 위만조선의 군사·경제적인 능력과 해양활동능력을 짐작할 수 있다. 더구나 한반도 남부지방과 한과의 교섭을 방해하려면 제해권을 장악할 정도로 수군활동능력이 뛰어나야 한다.

당시에 동원된 위만조선의 선박 크기나 규모에 대해서도 알 수가 없다. 다만 한(漢)의 군선에 대해서만 알 수 있을 뿐이다. 『태평어람(太平御覽)』의 한궁전소(漢宮殿疏)에는 무제(武帝) 때에 건조된 대선이 나온다. 철(鐵)을 이용한 선박이 건조되었다. 예장(豫章)은 만인을 실을 수 있고 배 위에는 누실(樓室)이 있고 호화스럽기가 궁전과 같다. 한대의 전선으로 선등(先登; 충봉함(沖鋒艦)), 두함척후(斗艦斥候; 정찰함(偵察艦)), 몽충(蒙沖; 주요전함(主要戰艦)), 주가(走舸), 적마(赤馬; 쾌선(快船))가 있다. 물론 이러한 전선들을 건조하는 조선공장(造船工場)도 여러 곳에 있었다.[104]

특히 누선장군(樓船將軍)이라는 명칭에서 나타나듯이 당시 전투에는 누선(樓船)을 동원한 것을 알 수 있다. 누선은 몸체가 길고 폭이 좁으며 기동성이 빠른 소규모의 배는 아니다. 글자의 뜻에서 나타나듯이 갑판에 몇 층의 누(樓)를 세우고, 그 안에 많은 병사와 물자를 실을 수 있는 대규모의 선박이다.[105] 『석명(釋名)』 중에는 누선에 대해 "……其上屋曰盧上盧舍也, 其上中屋曰飛也, 在上故曰飛也. 在其上曰爵室, 于中候望之如爵之警視也"라고 설명하고 있다. 누선이 마치 이동할 수 있는 수상보루와 같음을 알 수가 있다. 누선은 이미 전국시대에 사용이 된 것으로 보아 한나라 이전부터 전투에 많이 참여하였음을 알 수 있다.[106]

---

103 『史記』, 『漢書』 西南夷兩奧朝鮮傳 第65, 朝鮮 元封 2年條.
104 李永采·王春良·盖莉·魏峰 著, 『海洋開拓爭霸簡史』, 해양출판사, 1990, pp.52~57 참조.
105 송나라 때 曾公亮에 의하여 저술된 『武經總要』에는 樓船을 이렇게 설명하고 있다. "樓舡은 船上에 삼중으로 樓를 세우고 전사와 격군을 현장 뒤에 두고 …… 마치 그 모양이 城樓와 같고, 그 길이는 가히 車를 달리고 말을 뛰게 할 만하다." 그 전체적인 모양을 짐작케 한다. 김재근의 『우리 배의 역사』에서.

한은 해전능력과 조선술은 물론이며 항해술도 뛰어났다. 『漢書』 예문지(藝文志)에는 『海中星占驗』12권, 『海中五星經雜事』22권, 『海中日月彗虹雜占』18권 등의 책들의 이름이 실려있다.[107] 서역(西域)에서 사막여행을 하는 등 실용적인 목적에서 발달하였고, 또한 성점천문학(星占天文學)의 연구에서 발달했다고 생각된다. 이 당시에 태양이나 별, 달을 이용한 방향판정술이 사용되었음을 알 수 있다. 천문학의 발달은 당연히 항해술에 응용되어 항해민들은 천문항법을 활용해서 원양항해도 가능해졌을 것이다.

진시황때 이미 남양(南洋)에 진출한 이래로 한(漢)은 해양을 통한 남방교역을 활발하게 했다. 『史記』 식화열전(殖貨列傳), 『漢書』 지리지(地理志)에 의하면 인도양에서 활동한 기록이 있다. 기원전 2세기에는 동남아 및 인도양 동부의 여러 나라들과 왕래를 시작했으며, 그 항해노정까지 기록되어 있다.[108] 이러한 한은 전쟁에 최고의 해양능력을 동원하였을 것이고, 따라서 한과 장기간 대결할 수 있었던 위만조선의 해양활동 능력은 당연히 뛰어났다고 판단하는 것이 역사의 순리이다.

조한전쟁(朝漢戰爭)이 끝나고 나서 동아시아에는 하나의 새로운 질서가 수립되었다. 한의 식민지 체제가 넓게 성립되었고, 황해는 한(漢)의 내해적(內海的)인 성격이 강해졌다. 주변의 각국들은 한 세력에 의해 정치적이고 경제적인 교섭을 직접 통제받게 되었으며 서로 간에 활발한 교섭관계를 가졌다. 교역을 매개로 비조직적으로 맺어졌던 황해문화권(黃海文化圈)이 본격적으로 군사력을 동반한 정치적인 성격으로 확대되었다.

---

106 당시, 선박의 종류와 규모 등에 대해서는 보론을 참조.
　　최광남, 「중국의 조선술 발달」, 『한국상고사학보』2집, pp.167~180에 상세히. 『史記』에는 秦始皇은 기원전 219년 樓船으로 越國을 공격했다. 汶江 著, 『古代中國與亞非地區的海上交通』, 四川省 社會科學院出版社, 1989, 成都.
107 內田吟風, 위의 책, p.549 참조.
108 『後漢書』南蠻西夷列傳, 王莽傳 등에 나타난 기사를 보면 당시 漢은 印度 등과 교역을 맺은 것으로 보여진다. 汶江 著, 『古代中國與亞非地區的海上交通』, 四川省 社會科學院出版社, 成都, 1989, pp.28~29 시바다 게이시 자료 첨부.

5. 결론

황해의 자연조건과 역사적 환경 등의 분석을 통해 동아시아에서 해양활동이 발달하고, 점차 그 범위가 확대되어 황해를 가운데 두고 커다란 원(circle)이 형성되었음을 살펴보았다. 황해에서는 이미 신석기시대부터 해양을 매개로 문화교류와 초보적인 형태의 교역이 이루어졌다. 역사시대에 들어와서는 자연발생적·비조직적이 아니라 보다 조직적인 국가단위의 교류가 있었다. 특히 상업이 발달하고 중요성이 인식되면서 황해는 교역권과 관련되어 정치·군사적으로는 물론 문화적으로도 매우 중요한 장(場)이 되었다.

『사기(史記)』, 『삼국지(三國志)』 동이전(東夷傳) 이나 『후한서(後漢書)』 동이전(東夷傳) 등에 나타난 사실들은 적어도 한시대(漢時代)를 전후로 해서 황해를 내해(內海)로 하는 동아(東亞)의 해양활동권 혹은 교역권이 형성된 것을 시사한다. 처음에는 경제적 필요에 의한 교역권의 성격이 강했으나 진(秦)과 한제국(漢帝國)에 이르러서는 정치적인 성격도 띠었다. 그리고 그것은 위만조선(衛滿朝鮮)과 한(漢)의 장기전으로 나타났고, 결과는 한의 주도로 질서가 재편되는 결과를 가져왔다. 황해문화권(黃海文化圈)의 본격적인 형성과 함께 그 패권을 놓고 벌어진 질서의 대결에서 한(漢)이 승리를 거둔 것이었다. 이 후 황해는 더욱 활발한 국제교류의 장(場)이 되었으며, 이를 둘러싼 각 국간의 정치 군사적인 대결 또한 첨예화되었다.

동아시아 역사에서 정치·군사적으로, 특히 경제·문화적으로 해양의 역할과 비중은 매우 컸다. 특히 한반도는 동아시아 해양(東亞地中海)의 중핵(中核, core)에서 환황해권(環黃海圈)의 단절된 부분을 이어주는 연결고리 역할을 하였다.

04 중국 山東半島의 해양사적 위치와 東亞地中海*

1. 머리말

　동아시아는 중국이 있는 대륙, 그리고 북방으로 연결되는 대륙의 일부와 한반도, 일본열도로 구성이 되어있다. 때문에 북방과 중국에서 뻗쳐오는 대륙적 질서(유목문화, 수렵삼림 문화를 공유하고 있다.)와 남방에서 치고 올라가는 해양적 질서 해양적 질서란 해양을 매개로 영위되는 생활(生活)과 문화(文化)이고, 전파나 경로 역시 해양과 밀접한 관계를 갖고 있다. 한반도를 중심축으로 일본열도와의 사이에는 동해와 남해가 있고, 중국과 한반도 사이에는 황해라는 내해(內海, inland-sea)가 있다. 그리고 한반도의 남부와 일본열도의 서부, 그리고 중국의 남부지역(양자강 이남을 통상 남부지역으로 한다.)은 이른바 동중국해(東中國海)를 매개로 연결되고 있다. 이른바 지중해적(Mediterranean-Sea) 형태를 띄고 있다. 이러한 자연적 조건은 내부적이건, 대외관계에서건 동아시아의 역사발전에서 해양적 역할이 매우 크다는 일반적인 추측을 할 수 있게 한다. 이 지역에서 명멸했던 모든 종족들과 국가들은 해양의 영향을 어떠한 형태로든 받았다. 필자는 동아시아의 지정학적(地政學的) 특성과 현재적 필요성에 의거해 지중해의 개념을 적용시

---

* 중국 山東半島의 해양사적 위치와 東亞地中海, 2002.

키고, 동아시아사를 이해하는 틀로서 '동아지중해(東亞地中海, EastAsian-Mediterranean-Sea)'란 모델을 설정했다.[1] 특히 황해는 이른바 내해로서 동아지중해 중에서도 지중해적 성격이 강한 지역이다. 중국과 한반도의 서부해안 전체, 그리고 만주남부의 요동지방을 하나로 연결하고 인접각국(隣接各國)들이 공동으로 활동하는 장(場)의 역할을 하고 있다.

때문에 일찍부터 인간과 문화의 교류가 빈번했고 그러한 공통성을 토대로 문화권이 형성되었다. 그 가운데에서 중국지역과 한반도 지역을 연결하는 가장 가까운 항로이고, 한민족이 바다를 이용해서 중국으로 가고자 할 때 가장 손쉽게 갈 수 있는 곳이며, 중국세력이 한반도와 교섭하거나 진출하고자 할 때 전진기지로 삼았던 곳이 산동반도(山東半島)이다. 그러므로 해양활동 및 한중교섭사를 정확하게 이해하기 위해서는 산동지역의 해양환경과 역사를 살펴볼 필요가 있다. 이 글은 동아시아의 해양사를 전체적으로 이해하고 우리의 해양활동을 보다 폭넓게 연구할 목적으로 작성된 글이므로 중국사의 사실들과 지역에 대한 구체적인 묘사 등은 하지 않음을 미리 밝혀둔다.

---

1 필자는 동아시아 해양문화의 특성을 보다 명확하게 하기 위해 東亞地中海라는 槪念의 適用과 用語의 使用을 시도하고 있다.
  졸고, 「高句麗末期의 海洋活動과 東亞地中海의 秩序再編」, 『國史館 論叢』53, 1994.
  ____, 「廣開土大王의 對外政策과 東亞地中海戰略」, 『軍史』30, 1995.
  ____, 「長壽王의 南進政策과 東亞地中海의 力學關係」, 『高句麗 南進經營史의 硏究』(朴性鳳 編), 白山文化院, 1995.
  ____, 「海洋條件을 통해서 본 古代韓日 關係史의 理解」, 『日本學』15, 동국대일본학연구소, 1995.
  ____, 황해의 지중해적 성격연구(1), 『한중문화교류와 남방해로』(조영록 편), 국학자료원, 1997.
  ____, 「黃海의 地中海的 性格硏究 1」, 『韓中文化交流와 南方海路』, 국학자료원, 1997.
  ____, 「발해의 해양활동과 동아시아의 질서재편」, 『고구려연구』6, 학연문화사, 1998.
  ____, 「黃海文化圈의 形成과 海洋活動에 대한 연구」, 『先史와 古代』, 한국고대학회, 1998.
  ____, 「古代 韓中(江南)海洋交流와 21世紀의 意味」, 『中韓人文科學硏究』3집, 中韓人文科學硏究會, 1998.
  졸저, 『동아지중해와 고대일본』, 청노루, 1996.
  기타.

2. 산동반도의 해양환경

황해에서의 해양활동은 선사시대부터 활발하게 이루어졌다. 황해는 얕은 바다와 복잡한 지형인 리아시스식 해안으로 이루어져 있고, 평균 수심이 44m로서 낮고 해안선이 복잡한데다 섬들이 산재해 있다. 때문에 비교적 안전하고 해산물이 풍부하여 황해연안의 사람들은 일찍부터 바다를 생활영역으로 삼았다. 발달된 만(灣)에는 사람들이 모여살았고, 연안을 따라 먼거리 사람들도 쉽게 접촉할 수 있었다. 더욱이 많은 섬들을 징검다리 삼아 바다 멀리 진출하여 활동범위가 넓었으며, 해양 반대편에 있는 사람들과 직접 혹은 간접 접촉을 할 수 있었다. 황해의 이러한 해양적 특성은 해양토착 세력이 탄생할 수 있는 좋은 조건이 되었으며, 나아가 해양국가의 탄생을 가져왔다.

황해에는 각 지역간의 해양교통을 원활하게 해주는 해류와 조류, 바람이 있었다. 해류의 흐름은 항해술이나 조선술 등 인간의 문화발전과는 관련없이 인간을 일정한 장소에서 일정한 장소로 이동시켜 준다. 때로는 인간의 의지와는 상관없이 인간과 문화의 이동을 가능하게 한다. 남중국해에서 동북방향으로 흘러 들어오는 쿠로시오의 한 지류는 대만을 거쳐 제주도로 북상을 하다 양쪽으로 갈라진다. 그 한 흐름이 서해 남부해안으로 부딪쳐 서해연안을 타고 올라오면서 문물과 역사의 이동로가 된다. 서해를 타고 올라간 해류는 다시 서한만과 발해만을 거쳐 황해 서부 즉 중국동안을 타고 아래로 내려온다.[2]

한편 조류(潮流)는 연안항해에서 중요한 역할을 한다. 한반도의 서남해안과 중국

---

[2] 바트 T 보크·프츠란시스 W. 라이트 지음, 정인태 譯, 『基本航海學』, 대한교과서주식회사, 1963, pp.178~219 참조.
이석우·김금식 共著, 『海洋測量學』, 집문당, 1984, pp.329~374 참조. 특히 pp.350~356에는 우리나라 潮汐에 대한 설명이 나와 있다.
茂在寅南, 『古代日本の航海術』, 小學館, 1981, pp.81~88.

의 동해안은 조류(潮流)가 매우 빠르고 방향의 지역적 편차가 심하다. 심지어는 황해 한 가운데도 조류가 강하게 작용하고 있어 해도에 표시된 조류대 이외에도 곳곳에서 조류의 영향을 느낄 수 있었다. 일례로 우리영해와 가까운 북위 33°12, 동경 123°20 지역, 청도만과 가까운 북위 35°20 동경, 122°35 지역은 물길이 역류되는 등 조류가 강하게 작용하였다. 이러한 사실은 황해전체가 조류대에 속한다는 사실을 알려준다. 조류(潮流)의 움직임은 고대(古代) 황해(黃海)나 남해안(南海岸)에서 절대적인 영향을 끼친다. 이러한 조류의 특성은 각 지역마다 개별적인 해상세력의 존재가능성을 암시한다. 지역 물길에 익숙한 집단이 그 지역의 해상권을 장악하고 세력화하는 것이다. 선사시대(先史時代)와 고대(古代)사회에서 해안근처에 집단분포의 흔적이 있는 것은 의미심장한 일이다.

바람(風) 또한 항해환경에 있어서 절대적이다. 계절풍(季節風)은 일정한 방향성이 있기 때문에 바람을 항해에 활용할 수가 있다. 동아시아는 계절풍 지대이다. 봄에서 여름에 걸쳐 부는 남풍계열의 바람은 중국 남부해안과 한반도 혹은 일본열도와의 교류를 가능하게 한다. 반면에 가을에서 겨울에 걸쳐 부는 북풍계열의 바람은 한반도 북부와 중국의 중부 혹은 남부해안과의 교류를 가능하게 한다. 한편 남풍계열의 바람은 일본열도에서 한반도로 교류(交流)하게 하고, 북풍계열의 바람은 한반도에서 일본열도의 남부와 서부해안과의 교섭을 가능하게 한다. 백제가 중국지역과 교섭할 때, 고구려가 북조 정권과 교섭하는데에서도 나타난다. 예를 들면 고구려인들은 겨울철에 황해연안을 타고 내려오는 남류(南流)에 편승하여 연안수(沿岸水)의 영향, 지역조류(地域潮流)의 도움을 받아서 북동계열(北東系列)의 바람을 활용하면서 항해를 한 것이다.

일본과 당의 관계에서는 계절풍의 이용이 더욱 분명하다. 7월 하순에서 8월 하순은 동중국해의 기상이 비교적 안정되고, 때때로 태풍이 불어오면서 바람의 방향에 교란이 생기지만 보통은 남동 내지 남풍계열의 바람이 분다. 때문에 견당사(遣唐史)들은 대개 여름에 일본을 출발하여 당으로 항해하고 있다. 귀국할 때는 가을부터 초겨울에 걸쳐서 9월에 북동풍을 이용하였다.³ 당의 상인들도 6월, 7월에 강소성(江蘇省) · 안휘성(安徽省) · 절강성(浙江省) 등을 출발하여 일본열도에 왔다. 동시대에 일본승려인 원인(圓仁)이 장보고의 신라배를 이용하여 귀국하면서 황해중부를 횡단하는 모습이 나온다. 책의 개성(開成) 4년(839)조 4월 2일에는 "신라 관내로 들어갈 수 없다. 서풍, 서북풍이 불면 큰일이다"라고 하면서 적지로 들어가는데 대하여 심각한 우려를 하고 있다. 4월 17일에는 "등주(登州) 근처에서 동쪽으로 가면 신라가 있다. 바람만 좋으면 2~ 3일만에 도착할 수 있다."라고 기록하였다.⁴ 황해나 동중국해의 항해에서 바람이 중요한 사실은 필자가 직접 실험한 동아지중해호 뗏목탐험의 항해일지에 구체적으로 나타나 있다.⁵

계절풍이 항해에 직접적으로 영향을 끼친 사실은 배에 돛을 장착한 범선(帆船)을 사용했음을 의미한다. 동아시아권(圈)에서 일찍부터 범선(帆船)을 사용한 기록은 갑골문자(甲骨文字)에서 나타나고 있고, 정(鼎)에는 범(帆)이 그려져 있다.⁶ 고대의 해양교류란 항해술(航海術)과 조선술(造船術)이 발달하지 못했으므로 인간의 활동이 자연조건에 직접적으로 영향을 받는다.

황해의 해양환경 혹은 항해조건을 이해하는데 또 하나 필수적인 것은 바다를 사이에 둔 육지간의 거리, 즉 항로의 거리이다. 육지와 떨어져 일정한 거리로 항해하는 방법을 근해항해라고 한다. 연안항해(沿岸航海)와는 달리 비교적 떨어져서 해안의 국부적인 환경에 영향을 받지 않고 해양자체의 조건에 영향을 받는다. 이를테면 조류(潮流)의 방향이나 조석(潮汐)의 높이, 육지풍(陸地風)의 영향을 비교적 받지 않는 항해이다.

---

3 吉野正敏, 위 논문, p.15 도표에는 650년부터 850년까지 당과 일본간의 교섭과정이 월별로 도표화 되있다.
4 圓仁, 『入唐求法巡禮行記』권1.
5 尹明喆, 「황해의 지중해적 성격연구(1)」(조영록 편, 『한중문화교류와 남방해로』) 국학자료원, 1997 참조.
6 許進雄 著, 洪喜 譯, 『中國古代文化』, 동문선,1991, 앞의 책, p.336, p.354에 체계적으로 정리되어 있다.

이 항해는 고대항해(古代航海), 특히 외교(外交) 군사적(軍事的)인 항해에 많이 활용되었다.

바다 위의 선박(船舶)은 먼 거리에 있는 육지나 높은 산을 보면서 항해하기 때문에 익숙한 지형일 경우에는 어디서나 자기 위치를 확인할 수 있다. 반면에 육지에 있는 관측자는 먼 거리 바다에 있는 선박을 관측할 수가 없다. 따라서 육지의 적으로부터 비교적 안전한 상태를 유지하며 항해할 수 있다. 그런데 이 항해는 육지(自己位置)에 접안하고 상륙(上陸)할 장소를 선정해야 하기 때문에 바다 한 가운데서도 자신의 위치를 정확히 파악해야 한다. 그러기 위해서는 항로(航路) 주변환경에 대한 숙지가 있어야 한다.

황해를 가운데 둔 양 지역 간의 거리를 계산하여 항해자들이 지문항법(地文航法)을 사용해서 항해할 수 있는 범위를 일단 설정한다. 이 지역이 밝혀지면 결국 고도의 전문적(專門的)인 항해지식(航海知識)이 없어도 항해할 수 있는 해역의 범위와 조건을 알 수 있다.

우선 황해 전체에서 양 지역 간에 항해의 기점이 될 수 있는 몇 개의 지점을 선정하였다. 물론 이 지점은 과거부터 현재에 이르기까지 항구(港口)나 항로(航路)의 기점으로 이용됐던 곳이며, 기록에 남아있고 현재도 활용되고 있는 곳이다. 그런 다음에 각 지점을 서로 연결하여 떨어진 거리를 계산한다. 그 다음에는 선택한 지점을 바다에서 인지할 수 있는 최장거리를 계산한다. 그러면 육지(陸地)에서 가장 멀리 떨어져서 항해할 수 있는 가능한 지점이 나온다.

$$K(해리) = 2.078(\sqrt{H} + \sqrt{h}\,)$$

**H = 목표물의 최고 높이
h = 관측자의 眼高(10m) **계산 방식[7]

---

[7] 이 방법은 視認距離를 계산하는 방법이다. Bart J. Bok Frances W. Wright 지음, 정인태 역, 앞의 책, p.26 및 茂在寅南, 『古代日本の航海術』, 小學館, 1981, p.22 참조.

이렇게 계산과 도표 그리고 예를 든 것을 종합해서 결론을 내리면 다음과 같다.

황해(黃海) 어느 지역에서든 육지(陸地)를 보면서 자기위치를 확인하고 항해를 할 수 있는 지역은 A부분이다. 그리고 자기위치를 정확히 알지 못한 채 망망대해를 항해하는 지역은 B부분이다. 이 부분이 차지하는 범위는 그다지 많지 않다. 이

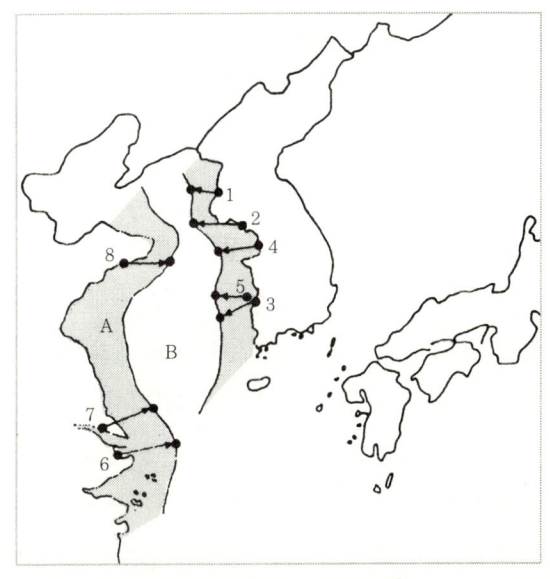

|그림 1.| 근해항로 가능범위도[8]

처럼 황해는 거리가 짧은 내해(內海), 지중해(地中海)로서의 성격을 가지고 있기 때문에 대부분의 경우, 지문항법(地文航法)을 활용한 근해항해(近海航海)에 큰 난관은 없었을 것이다.

---

8 1등의 숫자는 물표가 되는 지점.
 각 ●은 목표확인 최대지점
 A 부분 안에서는 일기가 좋을 때 목표를 관측하며 항해할 수 있다.

3. 산동지역의 해양역사

1) 선사시대

산동반도(山東半島)의 대장산도(大長山島)의 유적지에서는 6,600년 전의 바다생물을 식료로 하는 인간의 유적지가 발견 배가 발견되었으며, 근처 장도(長島) 대호촌(大浩村) 출토의 용산문화(龍山文化) 유지(4000여년 전)에서는 선미(船尾)의 잔적(殘跡)을 발견하였다. 이미 요동반도는 5,000년 전에 해운업이 형성되었으며, 아마도 6,000년 내지 7,000년전, 신석기 중기에는 산동반도와 요동반도의 연해를 오고가는 항해가 있었던 것으로 보여진다.[9] 신석기들의 이러한 해양적 전통은 청동기인들에게 그대로 전해졌다. 서해안 지역에는 특히 청동기 문화의 흔적들이 많이 발견되고 있다. 특히 화북계 청동기 문화의 경우 중국의 중원(中原)지역과 금강(錦江)유역이 교류를 했다는 것을 보여준다. 그런데 전영래는 금강(錦江)의 청동기 문화권(靑銅器 文化圈)은 준(準)의 망명 이후, 중원과의 교류를 통해서 한반도(韓半島) 북부(北部)를 통하지 않고 직접 건너왔을 가능성을 시사하고 있다. 이외에도 중국(中國) 황해동안(黃海東岸) 지역(地域)과 한반도(韓半島) 황해(黃海) 서부지역(西部地域)이 교섭을 가진 흔적은 여러가지 면에서 확인이 되고 있다. 이러한 선사시대의 해양적 전통은 역사시대로 내려오면서 더욱 활발해졌고, 역사발전에 중요한 역할을 하였다.

---

9 汶江, 『古代中國與亞非地區的海上交通』, 四川省 社會科學院 出版社, 1989, p.6. 內藤雋輔 역시 濱田박사의 고고학적인 해석을 수용하여 남만주와 요동반도 사이에 항로가 있었다고 주장을 하고 있다.(『朝鮮史研究』, 東洋史研究會 刊, 1962, pp.378~378에서.

2) 동이

동이(東夷)는 학자들에 따라서 혈연적인 개념, 지연적인 개념, 혹은 문화적인 개념 이란 등 다양한 설이 있다. 또한 시대에 따라 거주지역과 지칭하는 종족이 달라진다고도 한다. 그런데 이(夷)는 갑골문에 다양하게 나타나며 은과 밀접한 관련이 있고, 한 지파인 인방(人方)은 은의 멸망에도 큰 영향을 끼쳤다. 그런데 대체적으로는 산동반도로부터 회(淮)·사(泗)유역에 거주하는 종족이었다. 갑골문에서 범(帆)·선(船) 등의 글자가 발견되는 것은, 그 글자를 만든 동이인들이 해양문화가 발달했음을 의미한다. 이들이 바로 바닷가에 살면서 동아시아의 해양문화를 키우고 발전시킨 주민들이었다. 하(夏)·은(殷)·주(周) 및 춘추전국시대의 해양활동은 황해연안에 골고루 분포된 동이들에 의해서 이루어진 것이다.[10] 특히 산동지역과 화북의 발해만 해안지대는 신석기시대부터 요서지방이나 황해를 건너서 한반도의 북부와 문화적으로 깊은 관련이 있었다. 물론 진나라 이전의 이 동이와 우리민족과의 관련성은 꼭 일치한다고 단정할 수는 없다. 진나라가 세워지면서 동이인들은 점차 일부는 한족에 동화되었고, 나머지는 진(秦)의 영역 밖으로 이동하였다.(-諸夏侵滅小邦 秦幷六國 其淮泗夷皆散爲民戶-) 후대의 동이(東夷)가 황해서안에 있었던 회이(淮夷)·래이(萊夷) 등 전대의 동이인들과 종족적, 혹은 문화적으로 연결된다고 할 때 그들에 의해 해양문화가 황해연안 전체, 나아가 동북아 전체에 확산될 가능성이 다분히 있다. 그들은 직접 해양문화의 담당자가 되거나 최소한 해안지역 토착세력에게 자극을 주었을 것이다.

---

10 孫光圻는 『中國古代海洋史』3장, p.69에서 夏代의 항해담당자를 東夷라고 하였다.

3) 원조선

原(고)조선의 영토는 어디였으며, 특히 어느 지역이 중심이 되었는가에 대해서는 몇 가지 설이 있다. 그러나 대체로 요동반도에서 서한만을 거쳐 남으로 내려와 대동강 유역까지 이르는 지역에 있었다고 본다. 그러면 자연스럽게 황해북부와 발해만의 일부를 활동영역으로 하였을 것이다. 요동반도와 압록강 하구유역 등에서 이미 6,000~7,000여년의 선박유물이 발견되고 있다. 산동반도와 요동반도 사이에는 중간에 점점이 이어진 묘도(廟島)군도를 이용하여 5,000년 전부터 해운업이 발달했다고 한다.

고조선 영토에는 해안가를 중심으로 큰 규모의 고인돌도 매우 많이 분포되어 있다. 돌무지무덤들도 있다. 그런데 요동반도 남쪽 끝에 있는 대련시에는 강상(崗上)무덤·누상(樓上)무덤 같은 돌무덤들이 있다. 특히 많은 유물과 다수의 인골이 매장된 강상무덤은 기원전 1,000년 기 전반기의 대표적인 무덤이다. 답사한 결과 후목성역 가까운 곳의 바로 바닷가 근처에 있었다.

요동반도의 남쪽 끝에 있으므로 압록강 하구인 서한만을 출발해서 연안항해나 근해항해를 해서 요동만을 거쳐 산동반도로 남진할 때, 또는 북진하여 발해만으로 들어갈 때는 반드시 통과해야 하는 교통로의 길목이다. 즉 황해북부의 해양교통과 물류체계를 장악하는 최고의 전략적인 거점이다. 이곳에 묻힌 무덤의 주인공은 상당한 해양력과 군사력을 보유한 해상호족임이 틀림없다. 당연히 경제력을 갖추었을 것이다. 고조선의 해양활동을 살펴볼 수 있는 간접적인 근거이다.

고조선은 진나라가 통일하기 전인 춘추전국시대에 산동의 제(齊) 등과 교역을 하였다. 제환공(齊桓公)은 상공업을 중시하고 어염(魚鹽)의 이(利)를 얻는 것을 중시했다. 『관자(管子)』에는 조선의 명산물이 문피(文皮)임을 말하고 있는데 교역의 중요한 물품이었다. 산동반도의 동남단에 있는 현재 영성시의 척산(斥山)은 그러한 문피의 집산처였다.[11] 모두 해양활동을 통해서 이루어진 일들이었다. 그 후에 연(燕)인들도 조선과 교류를 했을 것이다. 이러한 교류의 가능성은 명도전(明刀錢)과 오수전(五銖錢) 등 화폐들의 분포도를 보아서도 확인이 된다. 결국 고조선은 활발하게 주변지역과 교역을 하고 있었으며, 그 주변지역을 통일한 세력은 바로 진나라였다. 갈등의 조건은 성숙되가고 있는 것이다.

그런데 진시황 시대 보다 약간 후의 일이지만 고조선의 말왕(末王)인 준왕(準王)은 자신이 지지세력을 거느리고 남쪽으로 이주하여 한왕(韓王)이 되었다. 즉『삼국지(三國志)』동이전(東夷傳) 한전(韓傳)에 나오는 '…… 將其左右宮人走入海 居韓也 自號 韓王……' 라는 기사에 따르면 남쪽에 있는 한(韓)이라는 정치단위가 있었는데, 준왕 세력은 바다를 통해서 남천에 성공하고, 마침내 한왕이 되었다. 삼한 사회의 구성원들 가운데 적지 않은 경우가 황해를 건너온 사람들이다.[12] 이 기사는 남쪽지역이 이미 고조선의 영향력 아래 있었고, 항해를 인도했던 사람들 역시 영향권 안에 있었음을 반영한다. 한나라가 성립된 이후 무제 때에 이르러 조선과 한은 결국은 1년 여에 걸치는 전쟁을 벌였다. 물론 이는 황해북부지역의 정치적 주도권과 교역권을 둘러싼 전쟁의 측면이 강했다. 이러한 결과는 그 이전 시대에 그 기본구도가 성립되었을 조선과 진의 역학관계를 이해할 수 있는 근거가 된다.

4) 춘추전국 시대

중국지역에서는 하(夏)·은(殷)·주(周)를 거쳐 춘추전국(春秋戰國)시대에 이르면서 본격적으로 활발해졌다. 주(기원전 1000년에서 500년 사이)나라시대에 베트남북부 등 남방과 교역을 하였다. 춘추전국시대에 이르면 원격지간의 무역이 활성화되었으며, 해

---

11 陳尙勝, 『中韓交流三千年』, 中華書局, 1997, p.50.
12 이러한 견해는 金哲俊, 「魏志東夷傳에 나타난 韓國古代社會의 性格」, 『한국문화사론』, 1990, p.108.

양교역과 활동범위가 더욱 확산되었다. 전쟁은 사람의 이동과 물자의 교류를 촉진한다. 북부의 국가들은 북방종족들과 남부의 국가들은 남방제국들과 교역을 하면서 이익을 챙겼다. 오늘날의 강남지방에 살고 있었던 월(越)인들은 남으로는 베트남의 북부까지, 북으로는 산동에 있었던 제나라와 교역을 했다.

이 시대에는 해양에서 전쟁을 벌이기도 하였다. 『좌전(左傳)』에 의하면 춘추시대인 기원 전 548년, 524년, 503년에 오(吳)나라와 초(楚)나라 간에 수전(水戰)이 있었다고 한다. 또 오왕인 부차(夫差)는 해로로 북상하여 진(晋)과 노(魯) 등을 공격하고, 해로를 통해서 산동에 있었던 제(齊)나라와 충돌하였다.[13] 오왕인 부차와 월왕인 구천(勾踐)의 싸움이 있었다. 월의 수군은 솔사연해소회(率師沿海泝淮)[14]한 것으로 보아 항주만을 출발하여 해로를 이용하여 회하로 들어간 것으로 생각된다. 이때 구천은 오(吳)의 대주(大舟)를 포획한다.[15] 기원 전 473년 월은 마침내 오를 멸망시키고 수도를 소주(蘇州)에서 산동성 교주만(膠州灣)의 남서에 있는 낭야(瑯琊)로 옮긴다. 그리고 낭야산(瑯琊山)에 관대(觀臺)를 쌓고 8000인, 군선 300척을 배치하였다.[16] 이러한 시도는 황해상의 제해권을 확보하려는 움직임의 일환이다.[17]

한편 제는 보다 북쪽에 있는 연나라 등과 교역을 했고, 연은 더욱 북방에 있는 유목종족인 흉노과 상호간에 교역을 하였다. 연은 동방에 있는 조선 등과 해상교역을 했다. 『해내북경(海內北經)』이란 책은 연(燕)과 일본열도가 해상왕래를 하였다고 기록하

---

13 內田吟風, 위의 책, p.543 및 國分直一, 위의 논문, p.40.
   李春植,『中國史序說』, 교보문고, 1992, p.73 참조.
14 『國語』第16.
15 內田吟風, 앞의 책, p.544.
16 『越絶書』卷8.
17 內田吟風, 앞의 책, p.544. 그러나 동방제국을 공략하기 위한 것이라고 보는 견해도 있다.(李春植, 앞의 책, p.73)

고 있다. 이렇게 교역이 활발하게 이루어지는 시기에 월나라 상인들은 한반도의 남부는 물론 일본열도까지 연결했을 가능성이 있다고 한다. 그렇다면 이 시기에는 비록 간접적이지만 양자강과 산동 그리고 한반도의 북부해안을 중간 지점으로 하여 베트남 북부에서 일본열도까지 연결되는 하나의 교역권이 형성되었을 것으로 보여진다.

5) 진

진(秦)시기에 오면 대외원정과 경제적 이익추구가 국가정책으로 실시되었고, 관상들의 활동이 본격화되었다. 십배지리(十倍之利)를 얻는 교역망의 확충을 위해 진시황은 남으로 순해(巡海)활동을 하였고, 병사를 동원하여 남방을 개척하고 계림(桂林)·상군(象君)·남해(南海)의 3군을 설치했다. 남해는 현재의 광동성으로서 옛부터 서남해상무역의 거점이었다. 당시 서각(犀角)·상치(象齒)·비취(琵翠)·주기(珠璣) 등의 남방상품을 수입하기도 하였다. 또한 인도양 항해가 이루어져 교역범위를 넓혔다.

진시황은 순행(巡幸)의식을 중요시 하였다. 따라서 재위 26년(기원전 221년)에 전국을 통일한 하고 그 후 37년(기원전 210년)에 죽을 때까지 12년 동안, 4차에 걸쳐 연해순시(沿海巡視)를 했다.[18] 1차 순행은 즉위 28년(기원 전 219년)에 이루어졌는데 수도인 함양을 출발해서 태산에서 봉선(封禪)의식을 거행한 후에 성산(成山)·지부(芝罘 : 연대)·낭야(琅邪) 등 대외교섭과 밀접한 관련이 있는 해안가의 도시들을 방문하였다. 특히 산동반도 남단의 낭야(琅邪)에서는 3개월을 머물렀다. 이때 서복(徐福)의 일행이 출발하였다. 2차 순행은 다음 해인 29년(기원전 218)에 박랑사(博浪沙)를 갔다가 지부에서 배를 타고 아래 바다로 나가 산동반도 동안 남안, 최후로 낭야대(琅邪臺 : 지금 諸城 膠南현부근)에

---

18 『史記』秦始皇本紀.

서 3개월 여를 머물렀다가 함양으로 귀환했다.[19] 3차 순행 때는 발해 북안인 갈석항(碣石港 : 현 河北省 昌黎縣 境內, 燕國의 海港이다.)에 있다가 발해를 떠서 남으로 내려갔다. 4차 순행은 재위 37년인 기원전 210년에 이루어졌다. 이 때는 가장 먼 거리로 가장 넓은 지역을 순행하였다. 현재의 절강성 지역인 회계(會稽 : 소흥)·전당(錢塘 : 항주)를 비롯하여 강소성인 吳(소주)를 거쳐 북상하여 산동남부의 항구인 랑야에 이르렀고, 바다로 나가 노산(崂山)에 이르러, 성산(成山)에서 지부(芝罘). 즉 산동반도의 동부를 배로 일주한 후에 함양(咸陽)으로 귀환하였다. 소위 '銘功會稽嶺, 聘望瑯琊臺' 이다.[20]

진시황제의 이러한 잦은 순행은 봉선의식을 거행하고, 천자의 권위를 주변 지역에 실질적으로 과시하는 것이다. 그리고 순행을 계기로 삼아 내부의 정치적인 통일을 효율적으로 하는 것이다.[21] 또 하나는 대외정책 및 교역과 깊은 관련이 있다. 발해 북부의 갈석(碣石)에서 남부의 회계(會稽)에 이르는 해양도시들을 방문한 사실은 그의 정책방향과 관심의 정도를 짐작할 수 있게 한다. 즉 과거 연(燕)·제(齊)·월(越)국의 연해에 있었으며, 후대에는 재당신라인들의 신라촌 등 거주지가 있었던 곳이다. 한편 진시황은 선약(仙藥)을 구한다는 명분으로 선단(船團)을 파견하였는데, 이는 당시의 해양활동이 활발했으며, 동방개척 사업 내지 교역권의 확대라는 목적도 있었을 것이다.[22]

『사기(史記)』에 따르면 진은 해양을 군사전에도 활용하여, 기원전 219년에 누선 함대로 월국을 공격하였고, 번우(番禺 : 廣州)를 통해서 일남(日南 : 越南)과 해상교역을 실시하였다. 또한 진의 해군은 몽념(蒙恬)이 황하 이남의 44개 현을 수복한 후에 군대를

---

19 李鵬, 『秦皇島港史』(古, 近代部分), 人民交通出版社, 1985, pp.42~43.
20 彭德清, 『中國航海史(古代航海史)』. 中國航海學會編 人民交通出版社, 1998, p.36에 순해일정이 소개되어 있다.
21 王崇煥, 『中國 古代交通』, 商務印書館, 1996, p.18.
22 윤명철, 「서복의 해상활동에 대한 연구-항로를 중심으로-」, 『徐福과 東亞細亞 문화교류』, 제주학회, 2002.

주둔시키고 있을 때에 대형선대로 산동 연해의 항구를 출발하여 발해를 건너 황하(黃河)로 들어와 북하(北河)를 향하여 양식을 운송했다. 이는 중국에서 최초로 이루어진 해상조운(海上漕運)이었다.[23] 진은 산동의 해양적 환경을 국가발전 및 동아시아 세계의 질서를 조정하는데 활용하였다.

6) 한

漢 역시 해양활동이 발달하였다. 한무제는 기원전 112년에 노박덕(路博德) 양복(楊僕)에게 10만의 수군을 주어 현재의 광동(廣東), 광서(廣西), 베트남 북부지역인 남월을 정벌하게 한다. 그리고 그 지역에 9군을 설치한다. 『사기』 식화열전, 『한서』 지리지에 의하면 인도양에서 활동한 기록이 있다. 이른바 해상을 통한 남해무역이 발달한 것이다. 한 시대는 사회경제가 매우 발달하여 상공업 등 민영수공업이 발달하였다. 무제는 통일화폐인 오수전(五銖錢)을 주조하고 염철법(鹽鐵法)을 실시한다. 『한서』 지리지에는 한무제 때에 남해와 교역한 기록이 있다. 한은 인도·동남아 등과 해로를 통한 다양한 교역을 하였다. 방직제품 등을 로마에까지 수출하였다. 이는 모두 해양을 통한 교섭이었다.

한(漢)나라 시대에 황해를 매개로 하여 동아의 문화권이 급격하게 확대되고 각 국 간의 교류가 활발했다는 증거는 기록이나 유물 등을 통해서 입증되고 있다. 삼한 각국과 중국 지역과의 관계에 대해서는 『후한서』, 『삼국지』 등에 기록을 통해서도 확인이 된다.

…… 其後遂通接商賈, 漸交上國 ……[24]

---

23 張鐵牛·高曉星, 『中國古代海軍史』, 八一出版社, 1993, pp. 18~19.
24 『後漢書』卷80, 東夷列傳 韓

이 기록자체는 삼한 각국들의 입견(入見)과 입조(入朝)에 관한 것이지 교역을 말한 것은 아니다. 하지만 각 국의 정황을 설명하면서 특산물을 기록하고, 교역의 산물인 듯한 구슬과 금, 보화, 비단, 모직물 등을 귀하게 여기지 않는다는 기록도 있다. 물론 입조와 입견을 통한 교역의 가능성은 충분히 있다.[25]

왜(倭)와도 교섭을 하고, 주호국(州胡國)이 배를 타고 왕래를 하면서 한(韓)의 국중(國中)에서 물건을 사고 판다는 기록이 있다.[26] 그리고 진한(辰韓)은 생산한 철을 교역하고, 철을 화폐로 사용하는 무역을 하였으며,[27] 소금도 매매하였다. 이렇게 활발한 상업활동을 하였다. 더구나 한계(漢系)의 유물들이 다량으로 발견되는 것은 정치적인 교섭 외에도 민간인들이 사무역을 했을 가능성을 보여준다. 후한서에는 논(論)을 통해서 "통상을 하게되고 상국(上國)과 교역하더니 풍속도 나빠졌다."고[28] 하면서 사회가 혼란한 원인을 교역행위에서 찾고 있다. 그만큼 삼한 사회는 중국지역과 교역을 활발히 하고 있었다.

이 때 한은 위만조선과 일정하게 교섭을 가졌다. 위만조선이 삼한 각국과 혹은 왜의 세력과 교섭을 했다는 직접적인 기록은 없다. 그러나 해당지역 간에는 이미 전 시대부터 교섭을 했다는 고고학적 증거들이 많이 나타나고 있다. 또한 앞에서 언급한대로 명도전 등 화폐의 광범위한 분포는 위만조선(衛滿朝鮮)을 매개로 원거리(遠距離) 무역이 이루어진 상황을 나타낸다.

---

25 全海宗의「古代中國人의 韓國觀」, p.71에는 朝貢關係 記事를 분류하고 있고, p.75에는 지리 산물에 대한 기사가 나와있다.
동덕모의「韓國對外關係의 歷史的 背景」,『朝鮮朝의 國際關係』, 박영사, 1970에는 전통외교 조공에 대한 약간의 이론과 내용을 소개하고 있다.
26 『三國志』魏書30, 烏丸鮮卑東夷傳 韓條
27 『後漢書』,『三國志』韓傳, 州胡國이 배를 타고 왕래를하면서 韓의 국중에서 물건을 사고 판다.
28 『後漢書』東夷列傳 韓.

7) 위만조선과 한의 전쟁

한의 동방진출과 경제권의 확대는 위만조선의 성장은 양 지역간의 갈등을 야기시켰다. 당시의 항해능력이나 사회발전 단계로 보아서 중국지역과 한반도 남부 또는 일본열도가 황해를 직접 건너서 중국지역과 교섭할 정도의 단계는 안되었다. 교섭은 반드시 해로를 이용해서 서해연안을 따라서 북상한 다음에 서한만 등 위만조선의 영향권을 통과해야만 했다. 위만조선은 지정학적인 위치를 활용하여 중국지역의 세력과 한반도 중부 이남 세력간의 교섭에 해양교량 역할을 했을 것이다.

한(漢)은 위만(衛滿)에게 경제적으로나 정치적으로 큰 이익이 없고, 군사적으로 위협이 못되는 변방세력(邊方勢力)에 대한 위임권(委任權)을 준다. 아울러 중간에서 교역하는 과정에서 발생하는 이익을 챙기게 하였다. 연(燕)의 명도전은 동아시아 지역에서 광범위하게 분포되었는데, 당시 연과 위만조선 혹은 연 지역에 있었던 조선인들과의 관계로 보아 교역의 주체가 위만조선으로 대표되는 조선인일 가능성이 적지 않다.

이렇게 정치 · 경제적으로 이익이 상충되는 두 나라는 결국 전쟁을 벌인다.

『사기(史記)』 조선열전에는 "…… 원봉(元封) 2년 가을 누선장군(樓船將軍) 양복(楊僕)을 파견하여 제(齊)로 부터 발해(渤海)를 건너게 하고, 군사 5만으로 좌장군 순체(荀彘)는 요동에 출격하여 우거(右渠)를 토벌하게 하였다.…… 조선은 누선과 화평을 유지하고 항복교섭도 누선과 하려고 했다." 라는 기록이 있다.

기원전 113년에 10만의 병력으로 남월을 공격한 수군장군이었던 양복이 이끄는 수군은 제(齊)의 산동병(山東兵)으로 구성되어 있었다. 산동병은 한의 침공로인 발해만과 요동만의 해양환경에 익숙한 병사들이었다.[29] 위만조선의 수도인 왕검성(王儉城)이

---

29 당시에 사용된 수군침공로에 대해서는 김재근, 「韓國 · 中國 · 日本 古代의 船舶과 航海術」, 『環黃海韓中交涉史硏究 심포지움』, 진단학회, 1989.

해안가에 위치해 있는 것은 확실하다.[30]

당시 한은 해양능력이 뛰어났다. 철(鐵)을 이용한 선박이 건조되었다. 예장선등(豫章先登 : 沖鋒艦)·두함척후(斗艦斥候 : 偵察艦)·몽충(蒙沖 : 主要戰艦)·주가(走舸)·적마(赤馬 : 快船)등의 전선이 산동을 출항하여 왕검성을 공격하였던 것이다. 한은 항해술도 뛰어났다. 조한전쟁(朝漢戰爭)이 끝나고 나서 동아시아에는 하나의 새로운 질서가 수립되었다. 한의 식민지체제가 성립되었고, 황해는 한(漢)의 내해적(內海的)인 성격이 강해졌고, 주변의 각국들은 한 세력에 의해 정치적이고 경제적인 교섭을 직접 통제받게 되었다. 그리고 각국들은 서로 간에 활발한 교섭관계를 가졌다. 교역을 매개로 비조직적(非組織的)으로 맺어졌던 황해문화권(黃海文化圈)이 본격적으로 군사력을 동반한 정치적인 성격으로 확대되었다. 산동의 해양경제적 가치가 높아졌다.

8) 위

위(魏)는 238년, 청(靑)·연(兗)·유(幽)·기(冀) 4주에 해선(海船)의 건조를 명했고, 사마의(司馬懿)는 4만명의 군병을 이끌고 공손씨 정권을 공격하였다. 수륙양면작전(水陸兩面作戰)임을 알수 있다. 이 때 대방태수(帶方太守) 유흔(劉昕)과 낙랑태수(樂浪太守) 선우사(鮮于嗣)는 바다를 건너가 양군을 평정했다.[31] 이때 고구려는 위와 연합하여 수도인 양

손태현, 「古代에 있어서의 海洋交通」, 『해양대 논문집』 15, 1980.
임돈, 「韓半島에 있어서의 先史時代 海洋文化의 전파경로」, 『해양대논문집』 12, 1977. 그 외분들이 唐代의 賈耽이 지은 道理記 혹은 『唐書』 圈 43 地理志의 기사를 인용하여 老鐵山 航路의 사용을 이야기 하고 있다. 그러나 당시 漢의 해양활동능력으로 보아 반드시 그 항로를 택했다고 볼 수는 없다. 이 문제는 위만조선의 영토와 王險城의 위치에 따라서 조정될 수가 있을 것으로 여겨진다.

30 물론 정확한 위치에 대해서는 논란이 많다. 그러나 상황 묘사. 전투과정을 살펴보면 해안가 가까운 곳에 있었음을 알 수가 있다.
31 『三國志』 魏志 東夷傳 序 및 韓條

평성(壤平城) 전투시 주부(主簿)·대가(大加)등이 군사 1000여명을 이끌고 참여하였다.[32]

공손씨가 멸망한 다음 해인 경초(景初) 3년(239)에 왜의 사자인 난승미(難升米)가 낙양으로 오고, 위제(魏帝)는 비미호(卑彌乎)에게 '친위왜왕(親委倭王)'이란 금인(金印)과 동경(銅鏡)·백매(百枚) 등을 준다. 이후부터 247년까지 불과 8년만에 사마대국(邪馬臺國)의 사자가 낙양(洛陽)에 간 것이 3회, 대방군 방문이 1회, 위(魏)가 대방군에서 야마대국으로 관리를 파견한 것이 2회인데 모두 대방군을 경유해서 이루어졌다. 『삼국지(三國志)』에는 대방군에서 사마대국(邪馬臺國)까지 간 여정이 기록되어 있어[33] 산동은 위(魏)와 한 혹은 위와 왜(倭)가 교섭하는데에 교통상으로도 중간거점 역할을 했음을 알려준다.

9) 오

남방의 오(吳)는 손권(孫權)이 즉위하면서 요동에 사신과 장군 등을 파견하였다.[34] 공손씨(公孫氏) 정권으로 하여금 위를 배후에서 압박하는 원교근공(遠交近攻)의 외교정책이었으며, 교역을 하려는 목적 때문이다. 결국 그들은 요동에서 구입한 말을 백소(百艘)의 배에 싣고 귀로에 올랐으며, 이때 공손연은 사신들과 함께 말과 초피(貂皮) 등을 보냈다.[35] 그러나 오(吳)의 선대(船隊)가 돌아오다가 폭풍을 맞아 산동반도 동단 성산(成

---

32 『三國史記』 高句麗本紀 東川王 12년.
  『梁書』 권54, 高句麗傳
33 『三國志』 卷30, 魏書 第30 東夷傳 倭人
34 『三國志』 卷47, 吳書 第2 吳主傳.
35 西嶋定生, 『日本歷史の國際環境』, 東京大, 1985, p.38.
  『三國志』, 魏書 公孫淵傳에 인용된 『魏略』 등에는 吳와 遼東半島 公孫淵 정권과의 사이에 風力을 이용한 배로 渤海를 종단해서 軍事同盟, 馬匹交易 등이 빈번하고 신속하게 행해졌음을 보여준다. (內田吟風, 「東アジア古代海上交通史凡論」, 內田吟風博士頌壽紀念會, 同朋社, 1978, p.548 참조)

山) 근처에서 머물고 있는 것을 습격하여 주하(周賀)를 비롯한 오(吳)의 병사를 다수 참(斬)하였다.[36]

10) 공손씨

공손도(公孫度)는 190년에 중국 후한(後漢) 말에 요동지방을 근거지로 지방정권을 세웠다. 그리고 바다를 건너서 산동의 여러 현을 점령한 적이 있었다. 이 무렵 요동반도 끝에서 묘도군도(廟島群島)를 연결하는 항로주변은 공손씨(公孫氏)의 세력권 안에 있었다고 보는 것이 타당할 듯하다.

11) 고구려

요동반도 남부의 연(燕)은 319년에 해상을 통하여 동진의 수도인 건강(建康)에 사신을 파견하였다. 동진 역시 해로(海路)로 사신을 파견하였다. 중간에 있었던 후조(後趙)를 견제하려는 양국의 이해관계가 맞아 떨어진 것이다. 이 때 양국의 교섭은 산동반도를 우회하여 해로를 통해서만이 가능했다. 한편 고구려와 후조(後趙) 역시 이에 대응하는 외교 군사관계를 맺고 있었다. 즉 고구려는 연에 대한 견제책으로 후조에 사신을 보내고[37] 다시 같은 해에 사신과 함께 고시(藁矢)를 보내어 양국이 군수물자를 교환한다.[38] 해로를 이용해 산동지방으로 잠입한 것이다.

그후에 338년 후조(後趙)의 석호(石虎)는 고구려에게 선박 300척을 동원해서 30만

---

36 『三國志』卷26, 魏書 第26 田豫傳.
37 『晋書』卷105, 載記5 石勒 下 建平 元年條.
38 『三國史記』卷17, 高句麗本紀 美川王 31年.

곡(萬斛)의 곡식을 보급하고, 중랑장 왕전(中郞將 王典)으로 하여금 1만 여 명을 거느리게 하여 청주(靑州)에서 선박 천소(千艘)를 만들어 燕을 공격하자고 모의했다.[39] 이것은 해양포위 공격의 의도로서 후조의 군수물자가 해상을 통해서 도착했을 가능성이 있다.[40]

다시 광개토대왕(廣開土大王) 20년인 410년에는 남연(南燕)으로 사신(使臣)과 공물(供物)을 보내고 그 댓가로 燕王은 답례품을 보내면서 양국은 공존관계가 된다. 남연은 5호16국(五胡十六國)의 하나(398?~410)로서 후연의 뒤를 이어 모용덕(慕容德:)이 398년에 건국하였는데 산동지역을 차지하고 있었다. 이 무렵부터 요동반도와 그 남쪽 해양의 대장산군도는 고구려의 영토이었으며, 산동은 고구려가 교섭하는데 관계가 깊은 지역이었다.

12) 백제

백제는 초기에 중국지역과 교섭을 하였으므로 산동과 관련이 있었을 것이다. 그러나 광개토대왕과 장수왕의 남진으로 경기만을 빼앗긴 이후에는 금강하구를 통해서 남쪽의 동진등과 교섭을 하였으므로 산동과는 무관했다. 후에 위덕왕(威德王) 14년(567)부터 남북조와 빈번하게 교섭을 갖기 시작했다 수나라가 통일하면서 두 나라는 군사동맹의 제의라는 단계로 발전을 한다. 즉 백제(百濟)는 고구려(高句麗)와 수(隋)의 첫 충돌이 일어났던 598년에 장사(長史) 왕변나(王辯那)를 보내 방물을 바치고, 수가 요동정벌을 할 것임을 알고 사신을 보내어 군사의 향도(嚮道)가 되기를 청한다. 그 후 607년 3월, 608년 3월에는 또 사신을 보냈다. 그 후에 당나라와 교섭하는 과정에서 산동해

---

39 『晋書』卷106 載記 第6, 石季龍 上, 『資治通鑑』卷96 晋紀 18 顯宗 中之下.
40 內藤雋輔, 『朝鮮史研究』, 東洋史研究會, 1961, p.388.

역을 이용했을 가능성은 매우 크다.

13) 신라

　진흥왕(眞興王)은 나제동맹을 깨면서 553년에 백제의 동북지역인 6군을 빼앗고, 한산주를 설치하면서 한강하류지역을 차지하였다. 신라가 경기만을 장악한 것은 엄청난 의미를 지닌다. 동아지중해에 역학관계는 물론 외교형태에도 상당한 변화를 가져왔다. 남양만은 황해북부를 장악한 고구려의 견제와 해상통제를 피하고 백제의 수군도 피하면서 당과 교섭할 수 있는 매우 유리한 위치이다.
　신라는 564년에 북제(北齊)와 교섭을 시작하여, 565년에는 陳과 수교를 하였다. 진평왕(眞平王) 18년(596)에는 승려 담육(曇育)이 수(隋)에 들어갔다가, 같은 왕 27년에 귀국했다. 후에 당과도 교섭을 하여 삼국통일의 토대를 마련하였다.

14) 수나라

　고수전쟁에서는 해양전이 본격적으로 도입되고 승패에 결정적인 영향을 끼쳤다. 수문제(隋文帝) 때인 589년에 수로군은 6000명으로서 수군총관 주라후(周羅睺)가 지휘를 하였는데 이들은 산동반도의 동래(東萊)에 집결하였다. 수로군(水路軍)은 묘도군도를 경유하여 바다를 건넜으나 중간에 풍랑을 만나 돌아갔다. 그 때에 주라후의 水軍이 사용한 항로는 산동반도를 출발하여 연안항해(沿岸航海)를 통해서 발해해협의 묘도군도를 옆으로 보면서 요동반도(遼東半島)의 남단으로 근접했다가 다시 육지에서 멀리 떨어져서 평양성으로 들어오려는 연근해항로였을 것이다.
　다시 수양제가 고구려를 공격하였는데, 본격적인 수로군 편제였다. 우익위(右翊衛) 대장군(大將軍) 내호아(來護兒)의 수군(水軍)은 강(江)·회(淮)의 수군(水軍)을 거느리고 침공을 하였는데, 배의 행렬이 수 백 리에 뻗칠 정도의 대규모였다. 수군은 황해를 횡단하는데에 성공한 다음에 일단 대동강의 하구 유역으로 전진해 들어갔다. 614년 전투에서는 다시 수로군이 등장한다. 수의 제4차 침입시 내호아(來護兒)의 수로군(水路軍)은 비사성(卑沙城)으로 상륙하였다. 물론 출발지는 산동 북부인 내주(萊州)였다.

15) 당나라

고당전쟁에서도 해양작전은 필수적이었다. 당군의 1차 침입시 수군(水軍)의 편제를 보면, 형부상서(刑部尙書) 장량은 평양도행군(平壤道行軍) 대총관(大總管)이 되었다. 군사 4만 여 명과 전함 5백 척을 거느리고 래주(萊州)로부터 항해하여 평양(平壤)으로 항진한다. 한편 태자첨사좌위솔(太子詹事左衛率) 이세적(李世勣)은 요동도행군대총관(軍大總管)이 되어 육로로 이동하여 양군이 합세하게 하였다. 장량(張亮)은 주사(舟師)를 거느리고 동래로부터 바다를 건너 비사성을 습격하였다.

647년인 당(唐)이 2차로 침입할 때에도 원정군의 편제는 선박을 이용하여 병사들을 이동시키는 본격적인 편성이 드러나고 있다. 청구도행군대총관(靑丘道行軍大總管) 우진달(牛進達)과 이해안(李海岸) 등은 병력 1만 명을 거느리고 누강(樓舡)을 이용하여 동래(東萊)부터 해로를 통하여 요동반도 남단으로 진출하였다. 역시 묘도군도를 활용하였을 것이다. 양군은 모두 수전(水戰)에 익숙한 자를 배치하여 지세(地勢)의 변화에 수시로 대응하도록 하였다.

648년의 3차 침입은 군사 3만 명과 루강(樓舡)·전함(戰艦) 등을 거느리고 내주(萊州)로부터 바다를 건너고,[41] 이어 4월에 오호진장(烏胡鎭將) 고신감(古神感)은 병사를 거

---

41 『三國史記』卷22, 高句麗本紀 寶臧王下 7年.
「春正月 …… 將兵三萬餘人及樓船戰艦, 自萊州浮海來擊」

느리고 바다를 건너와서 공격하였다. 그 후에 설만철이 거느리는 수군은 래주를 출발하여 황해를 건넌 다음에 박작성을 공격하였다. 또한 당태종(唐太宗)은 648년에 내주자사(萊州刺史)인 이도유(李道裕)에게 묘도군도(廟島群島)에 있는 오호도(烏胡島)에 군량과 각종 병기를 비축하도록 지시하였다. 모든 수군작전이 산동북부, 특히 래주를 중심을 이루어졌음을 확인할 수 있다. 그 후 660년 음력 6월에 당(唐)이 백제를 공격할 때 소정방은 13만의 대군을 거느리고 래주를 출발하여 산동반도의 성산(成山 : 城山)에서 황해를 건넜다. 『삼국유사』에는 이때 동원된 배가 1,900척이라고 한다. 또 당고종은 유인궤군을 지원하기 위하여 우위위장군(右威衛將軍) 손인사(孫仁師)로 하여금 40만의 대규모 군사를 거느리고 황급하게 바다를 건너 덕물도에 도착하게 하였다.

16) 발해

732년 9월에 발해는 육군으로 요서지방, 수군으로 산동반도의 등주와 래주를 공격하였다. 장문휴(張文休)는 수군을 거느리고 압록강의 하구인 박작성을 출발하여 압록강을 빠져 나온 다음에 가능한한 요동반도 해안을 벗어나서 근해항해를 하였을 것이다. 해양도(海洋島) 등이 있는 대장산군도의 바깥해역을 지나서 묘도군도의 중간 쯤부터 노철산 수도를 이용하여 전광석화처럼 산동반도의 등주항에 상륙하였다. 당나라수군이 고구려에게 했던 것과 마찬가지로 수군을 이용한 후방상륙작전을 개시하여 당의 허를 찌른 것이다. 장문휴는 등주의 자사(刺史)인 위준(韋俊)을 죽이고 점령하였다. 이것은 삼국사기 권46, 열전, 최치원 전에도 나오는 내용이다.

이렇게 해서 이 전쟁은 발해의 승리로 끝이 났다. 그 후 세월이 흘러가면서 국제정세도 변하고, 발해는 당과 화친을 하였다. 초기에는 산동지방에서 자립하여 후에는 제나라를 세운 고구려계인 이정기(李正己)의 세력과는 해로로 말교역 등을 하였다. 그 후에 당과 교역을 할 때 영주로라는 요동을 이용하는 경우도 있었지만 배를 이용하는 경우가 많았다. 압록강하구를 출발하여 황해북부의 연근해항로를 이용하면서 교섭과 교역을 활발하게 하였다. 9세기 중반에 원인(圓仁)이 쓴 『입당구법순례행기(入唐求法巡禮行記)』에는 개성(開成) 4년에 발해의 교관선이 산동의 청산포에 머무르고 있었다고 쓰고 있다. 등주에는 발해관이 있었는데, 이때 아마 신라 상인들과도 장사를 하였을 것이다.

17) 李正己

영주에서 성장한 이정기(李正己)는 고구려가 망한 지 100년이 되어가던 무렵인 761년 말에 요서에서 산동으로 2만의 군사를 이끌고 이주해왔다. 그는 안록산의 난을 진압한 공로로 산동반도 지역을 다스리는 평로치청절도사(平盧淄靑節度使)가 된 후희일의 직위를 이어 받았다. 그리고 해운압신라발해양번사(海運押新羅渤海兩蕃使)를 겸했다. 이정기는 초기에는 산동 지역의 10개 주 만을 통치하였으나, 점점 더 강성해져서 나중에는 주변의 여러 지역까지 넓혀 대단한 세력을 뻗쳤다. 병사도 10만을 헤아리는 정도로 커져 군사적으로 강하였다. 그러다가 제(濟)나라를 세워 오늘날의 강소지방까지 세력을 뻗치어 강회지역의 곡창지대를 손에 넣었으며, 대운하의 중요한 지역들을 세력권 안에 넣있다. 즉 산동반도의 해양권과 대운하의 북부주변을 장악하면서 당나라를 경제적으로, 정치적으로 심각하게 위협하였다. 그리고 발해와는 황해북부항로를 이용하여 수천필이 오고가는 상당한 규모의 말교역을 하면서 부를 축적하였다. 이렇게되자 등주항로를 이용해야 하는 신라로서는 매우 불편한 일이었다. 이제 막 안정기에 들어서려는 당나라로서도 이모저모로 대단한 위협이 아닐 수 없었다. 이렇게해서 결국 당나라와 전쟁이 벌어졌지만 강력한 군사력을 가진 이정기 세력을 당해내기가 힘들었다. 오랫동안 전쟁이 계속되었지만, 이정기가 죽고 손자인 이사도(李師道)때에 이르러 55년 만인 819년에 당군에게 토벌되면서 막을 내리고 말았다.

18) 고려

후백제는 후당과 교섭을 하였다. 925년에는 후당에 사신을 보냈고, 이에 후당은 견훤을 검교태위(檢校太尉) 겸(兼) 시중판백제군사(侍中判百濟軍事)의 관작을 책봉하는 등 상호관계를 맺었다. 그런데 양국은 해상교통로의 한계 때문인지 2번의 교섭만을 하였다. 남서해안의 지방호족에 불과한 왕봉규(王逢規)도 후당과 교섭하였다. 이렇게 각국이 교섭한 후당은 중원지방에 있었던 나라이다.

고려는 건국직후인 태조 천수(天授) 6년(923)에 후량과 교섭하였고 오백라한(五百羅漢)을 가져왔다. 926년에 후당과 교섭하였다. 태조 7년(924년) 7월에 고려 상선이 후당의 등주에서 시역(市易)을 행하였다. 같은 해인 7년 10월에는 고려의 사박(使舶)이 후당에 건너가 청주(靑州 : 산동)에서 무역을 행하였다.[42] 본격적인 민간교역은 현종 시대로부터 차차 성행케 되었다.

광종(光宗)은 952년에는 후주에 광평시랑(廣評侍郞) 서봉(徐逢)을 사신으로 보냈다. 이는 양국이 협력하여 북방의 거란을 견제하려는 것이었다. 959년에 봄, 가을 두 번에 걸쳐 사신을 주(周)에 보냈으며, 후주(後周)도 956년 고려에 사신을 보냈다. 962년 10월에 광종은 송에게 사신으로 광평시랑(廣評侍郞)인 이흥우(李興祐)를 파견하고 토산물을 선사하였다. 이에 963년에는 송의 태조가 시찬(時贊)을 중심으로 90여 명의 사신단을 파견하였는데, 이 때 찬을 제외한 90명이 풍랑을 만나 물에 빠져 죽었다는 기록이 있다. 이 무렵 고려는 송과 친선동맹관계(親善同盟關係)를 맺고 있었는데, 이는 중간에 있는 요와 여진을 압박하기 위한 것이다. 이렇게 고려도 전기에는 산동을 통해서 후당 송 등과 교섭을 하였다.

---

42 『册府元龜』권99, 互市조에 이와 관련된 기사가 있다.
　金庠基, 『新編 高麗時代史』, 서울대 출판부, 1996, p.166.

4. 산동반도의 항구도시와 항로

1) 항구도시

　산동반도는 북으로는 발해가 있어, 요동 및 화북과 해로로 연결된다. 보하이해(渤海)는 내해(inland-sea)로서 수심은 평균 20m, 중심부에서도 40m에 미치지 못한다. 요동·산둥 두 반도를 잇는 먀오다오(廟島) 군도에 의해 황해와 구분된다. 이 군도는 크고 작은 섬으로 점점히 이어졌는데, 1997년도 영국에서 발행한 해도에 따르면 10m미만의 얕은 해역도 넓다. 그러므로 섬들이 워낙 많아서, 오호도(烏呼島)·대사도(大謝島)·구흠도(龜歆島)·유도(游島)등을 징검다리 식으로 이용한다면 큰 무리가 없이 요동반도로 상륙할 수가 있다.[43]

　북쪽·서쪽·남쪽으로부터 랴오허강(遼河)·롼허강(灤河)·하이허강(海河)·황허강(黃河)을 비롯한 대소의 하천이 흘러든다. 한편 동으로는 황해를 이용하여 한반도의 나라들과 교섭을 하고, 역시 남으로도 여러 지역과 해양교통을 하였다. 산동은 이러한 지리적인 위치 외에 지형적으로도 해양활동을 활발히 할 수 있는 조건을 갖추었다.

　북쪽에는 래주만(萊州灣)이 있고, 남쪽에는 교주만(膠州灣)이 가장 큰 만이 있지만, 과거에는 매우 복잡한 리아스식 해안이었고, 바다가 내륙 깊숙하게 연결되고 있어 해류교통이 활발하였고, 청도(靑島)·위해(威海)·연대(煙臺)·석도(石島) 등의 항구도시들이 발달하였다.

43　唐太宗 年間에는 烏呼島, 大謝島, 龜歆島, 游島 등이 있었던 것을 알 수가 있다.
　　賈耽의「道里記」에는 入四夷之路가 있는데 제2인 '登州海行入高麗渤海道'에는 당시 가장 빈번하게 사용하던 항로와 함께 중간에 있던 이 지역 섬들을 기재하고 있다.『唐書』卷43, 志 第33 下 地理志 7 下.

(1) 등주(登州)·래주(萊州)

펑라이(蓬萊)시는 북부의 해안, 묘도해협(廟島海峽)에 면한 항구로서 당나라때는 등주라고 불리워졌다.

용구(龍口)와 봉래(蓬萊) 사이에 '서복고리유지(徐福故里遺址)'가 있다고 한다. 수 당이 전쟁에 활용하던 래주 옆에 있다. 고구려 신라가 사용하던 항구였으며, 후에 발해가 732년에 공격하였고, 빈해여진(瀕海女眞), 정안국(正安國), 고려(高麗) 등의 사신들이 모두 이 곳에 도착하였다. 발해는 신라도 거란도 일본도 외에 당으로 통하는 교통로가 2개 있었다. 하나는 영주도로로서 육로를 이용하는 것이었고, 다른 하나는 압록강 하구의 박작구를 출항하여 해로를 이용한 다음에 등주부(登州府)를 거쳐 수도로 들어가는 길이다. 이 때 발해의 사신들이 머물던 숙소인 발해관이 등주에 있었다. 엔닌(圓仁)의 기록에 따르면 등주부의 성 남쪽에 있는 길의 동편에 신라관과 나란히 있었다.[44]

등주는 삼국시대부터 경기도 남양만에서 황해를 건너 중국으로 들어가는 사신들이 상륙한 장소이므로 장안으로 들어가는 사신이나 유학생, 유학승 등이 머물고 숙박하여 준비하는 장소로서 신라관을 설치하였다. 엔닌은 이 곳에 신라의 사신이나 상인들이 머물렀고, 바람만 좋으면 이곳에서 2~3일 만에 신라에 도착할 수 있었다고 기록하고 있다. 이른바 등주항로이다.

의상(義湘)은 『송고승전(宋高僧傳)』에 따르면 '…附商船達登州岸'라고 하여 등주에 도착한 것으로 되어 있다.[45] 중국지역과 교섭할 때 가장 많이 사용되던 고대항로의 깃점이었다. 『신당서(新唐書)』권43 지리지(地理志)에 인용된 가탐(賈耽)의 도리기(道里記)에는 이 항로에 대한 상세한 묘사가 있다. 즉, '등주동북해행(登州東北海行), 과(過)대사도(大謝島), 구흠도(龜歆島), 말도(末島), 오호도 삼백리(烏湖島 三百里)……패강구 초도(浿江口

---

44 『入唐求法巡禮行記』권2, 開成 5년 3월 2일조.
45 『宋高僧傳』권4 의상전.

椒島) 득신라서북지장구진(得新羅西北之長口鎭), 우과 진왕석교(又過 秦王石橋), 마전도(麻田島), 고사도(古寺島), 득물도(得物島), 천리지압록강 당은포구(千里之鴨綠江 唐恩浦口), 동남육행(東南陸行), 칠백리지신라왕성(七百里至新羅王城).' 이 항로는 소위 환황해연근해 항로와 거의 일치하고 있다.

고려 초기의 송나라에 간 사신선들도 등주에 도착하였다. 빈해여진(瀕海女眞)·정안국(正安國)·고려(高麗) 등의 사신들이 모두 이곳에 도착하였다. 993년 성종이 보낸 백사유(白思柔) 일행도 등주에 도착하였고,[46] 1014년에는 이 곳에 고려관을 설치하였다.(『宋史』 열전 고려전 '帝詔登州置館待之.)[47] 천성(天成) 9년(1031년) 2월에 고려·사신·원영(元穎) 등이 귀환할 때 등주까지 호송하였다.[48] 봉래항은 만과 해안의 절벽들이 발달하였다.

(2) 성산(成山)

연대, 위해의 남쪽에 있는 지역이다. 이곳에 1976년에 세운 비에는 '…진시황이 중국을 통일한 이후 덕을 세상에 전파하기 위하여 순행했는데 28년, 이 곳 성산에 올라(登成山嶺)왔으므로…' 라고 되있다. 성산은 중국 항해의 동안을 남북으로 연결시켜 주는 중심지이다. 지리적으로도 중간에 위치하고 있고, 산동반도 자체가 중간에서 툭 튀어나와 있기 때문에 남북을 오고가는 선박들은 반드시 산동반도를 돌아가거나, 중간에서 쉬어야 한다. 그래서 산동반도는 예전부터 북부 중국의 해양활동 중심지였다. 齊의 수군이 매우 강성한 이유는 바로 산동반도에 거점을 둔 탓이다. 성산은 이 산동반도에서도 가장 동쪽으로 튀어나온 끝에 있었다. 항해상으로도 지형지물의 중요한

---

46 『宋史』권487, 고려전
47 『宋史』권487, 고려전 '帝詔登州置館待之'
48 『宋史』권487, 고려전

역할을 했고, 항해하는 선박들을 관측하고 통제하는 군사전략의 요충지였다.

진시황은 전국(戰國)을 통일하고 전국(全國)을 순행했는데 그 가운데 바다를 4번 순해(巡海)했다. 이때 3번이나 산동반도에 오는데 2번은 현재 청도 남쪽에 있는 랑야이고, 또 한번이 바로 이 성산이었다. 한무제도 역시 이곳을 방문했다. 바다를 바라보는 언덕에는 일배대(日拜臺)라 음각된 조그만 돌비가 서있었다. 그 앞에는 한무제(漢武帝)가 태시(太始) 3年에 東으로 순해상(巡海上)하여 이곳 일주사(日主祠)에서 해를 보며 절을 했다고 한무제의 순행을 기록하고 있다.

그 후에도 성산은 아주 중요했다. 당고종이 백제를 치기 위해 보낸 소정방의 13만 대군도 660년 7월에 바로 이 곳을 출발하였다. 최근에 호요방이 다녀가면서 쓴 천진지지(天盡之地)라는 글씨는 이곳이 가진 의미는 예나 지금이나 변함이 없다는 것을 웅변하고 있다. 북쪽에 있는 옌타이(煙臺)는 명(明)나라 때 해적의 침입을 알리는 봉수대를 설치한 이후에 불려진 이름이다. 하지만 이미 진시황이 순해를 할 때도 통과한 중요한 지역이다.

(3) 법화원(法華院)

장보고(張保皐)가 산동반도에 세운 신라인의 사찰이다. 문등현(文登縣) 적산촌(赤山村)으로서 현재 영성시 석도항에 있다. 신라인들은 집단거주지인 신라방(新羅坊)을 이루고, 신라원(新羅院)이라는 사찰들을 운영하였다. 법화원은 장보고가 세운 사찰로서 신앙의 대상이며, 항해의 안전을 기원하던 일종의 항해사찰이다. 이 절은 신앙 기능 외에 신라와 연락하는 기관역할도 하였으며, 많은 승려들과 상인들이 머물면서 오고 가던 거처의 역할도 하였다. 한때는 이곳에 상주하는 승려만 30여 명이 되었고, 한번 법회에만 500여 명이 참석하기도 했으며, 1년에 500석을 추수하는 장전을 가지고 있었던 큰 사찰이었다. 8월 15일을 전후해서는 의식도 행하였고, 정기적으로 강경회(講經會)를 열기도 하였다. 양쪽에서 흘러 내려온 산줄기가 만나는 좁은 계곡 사이에 절이 있다. 법화원은 최근에 지은 건물인데, 마당 안에 당시의 것으로 추정되는 연자방아가 놓여 있을 뿐, 모두 중국 것이다. 석도항 앞에는 모야도가 있는데 장보고 당시에는 이 항으로서 신라고 출항하는 배가 대기하던 곳이었다. 『관자(管子)』에 따르면 고조선은 제와 문피(文皮) 등을 교역을 하였는데, 이 적산인 척산(斥山)이 바로 항구였다.

(4) 밀주(密州)

고우슈만(膠洲灣)에서 교주하(膠州河)를 사용한다면, 배로 산동반도의 밑부분을 거쳐 발해만으로 갈 수 있다. 산동의 제(齊), 하북의 연(燕)과도 무역이 가능하고 또한 등주 부터는 묘도군도(廟島群島)의 섬에서 섬을 따라가 요동반도의 여순구로 갈 수가 있다. 거기서부터 한반도의 연안으로 항해가 가능하다.[49]

고려는 전기에는 주로 밀주의 판교진(板膠鎭: 당시에는 膠西)으로 들어갔다. 이곳은 교주만(膠州灣)에 근접해 있어서 대외무역 교통의 주요한 항구가 되었다. 송은 1083년, 원풍(元豊) 6년에 문종(文宗)이 승하하자 조위사(弔慰使)를 보냈는데, 이들은 다음해인 7월에 밀주(密州)의 판교(板橋)를 출발하였다. 송대는 북방의 상업 무역항으로서 등주보다 훨씬 더 중요했다.[50] 그러니 교역을 중시하는 고려인들은 이 지역을 선호하였을 것이다. 과거에는 신라인들도 이곳에 거주하였다.

(5) 랑야(瑯琊)

랑야는 고대부터 항구였다. 산들의 남측에 있으므로 겨울에는 서북풍이 불어와도 5도 이상 따뜻해진다. 거기다 산동반도의 끝에서는 난류가 부딪치기 때문에 고기가 풍부하였다. 기원전 473년 월왕 구천은 로우야산(琅邪山)터에 도읍을 정하고 1세기 반

---

49 岡田英弘, 「倭人とシルクロード」, 『東アジアの古代文化』, 大和書房, 1978, pp.7~10.
50 祁慶富, 앞 논문, pp.169~171.

에 걸쳐서 번영했다. 그러나 기원전 333년 경 초(楚)에 멸망되어 월인은 사방으로 흩어졌다. 그 후에도 랑야는 중요한 항구였다. 진시황은 3차에 걸쳐 이곳에 순행하였으며, 이곳에 궁전을 지은 후에 3만 호의 사람들을 이주시켰다. 서복(徐福)이 출항한 곳도 이곳으로 추정하고 있다. 2차 동도는 37년(기원전 210년)인데, 랑야 근처인 해주만의 람산두(嵐山頭) 또는 연운항(煙雲港)으로 추정된다. 연운항 등은 서복의 고향인 강소성 자융현 서복촌에서 가깝다.

이러한 사실 등은 이 지역이 진(秦) 등 중국세력이 한반도 혹은 일본열도를 대상으로 하는 해양활동의 전진기지로 삼고 있음을 알려준다.[51] 황해중부를 직항해서 한반도의 경기만을 중심으로 한 주변 모든 지역에 도착할 수 있고, 금강하구 등과도 직횡단으로 연결될 수 있다. 교주만은 후대에 재당 신라인들은 물론이고, 고려와 북송이 교섭할 때 많이 이용되던 항구지역이다.

2) 산동지역의 고대 항로

항로를 설정하는 데에는 몇 가지 유의사항이 있다.

1. 출발항구는 반드시 하나가 아니다. 수도(首都)나 큰 도시에서 출발할 경우에 항로는 대부분 강을 통해서 바다로 나간 다음에 출발한다. 때문에 출발지인 하안도시(河岸都市)나 해항도시(海港都市)와 실제로 바다로 출발하는 항구는 꼭 동일한 것이 아니다. 더구나 바람을 절대적으로 이용해야 하는 고대항해는 일단 바다, 혹은 원양으로 나가기 직전에 항해에 적합한 바람과 좋은 날씨를 기다리면서 피항(避港)할 수 있는 외항(外港)에 대기하였다. 이 외항(外港)港은 주항(主港) 가까이 있거나 그 연결선상에 있는 경우도 있지만, 먼 곳에 있는 경우도 적지 않다. 예를 들면 신라인들과 고려인들이

---

51 『中國航海史』 古代 編, pp.35~41참조.

지주 사용했던 보타도(菩陀島)는 명주(明州 : 영파)에서 진해(鎭海)를 거쳐, 진해에서 바다로 나가 주산군도의 보타도에서 바람을 기다렸다가 출발하였다.

2. 출발항이라고 언급한 곳을 곧 항로의 기점으로 이해하는 것은 신중히 해야 한다. 출발항구에서 도착항구까지 항로가 직선(直線)으로 이어지는 것은 절대 아니다. 항해는 주어진 해양환경에 따라 연안항해, 근해항해, 원양항해를 상황에 맞춰서 골고루 사용해야 한다. 따라서 외항을 출발하였다 해도 원양으로 나가는 해역은 그 곳과 전혀 다른 곳일 경우가 많다. 그러므로 실제 항로를 찾기가 매우 힘들다.

3. 사료에도 몇 가지 항로에 대한 표현들이 나타나고 있다. 그런데 이 표현들은 추상적이고 일정한 기준이 없다. 역사적인 성격이 담겨 있으므로 '교섭로(交涉路)'라는 표현은 될 수 있을지라도 '항로(航路)'나 '해로(海路)'라고 표현하기에는 부적합하다. 항로를 정확히 파악해야 교섭의 성격 또한 깊게 이해할 수 있다. 또한 사신들에 의한 공식적인 항로뿐만 아니라 교역선 혹은 민간인들에 의한 항로도 있다.

(1) 環黃海沿近海航路

산동지역과 관련된 항로는 대체로 3개로 구분하고 있다. 가장 일반적인 것은 환황해연근해항로(環黃海沿近海航路)로서 중국 내부에서는 연안 항로에 해당된다. 이 항로는 황해의 서쪽인 중국의 남쪽 절강성 해안에서부터 산동반도를 거쳐 요동반도로 북상한 다음에 압록강 유역인 서한만에 진입한다. 이어 대동강 하구, 경기만을 지나 계속 남하하여 서남해안, 남해안의 일부, 대마도, 규슈북부로 이어진 긴 항로이다. 크게 보면 4개 구역으로 이루어졌으나 기본적으로는 환상형(環狀形)의 항로(航路)이므로 특정한 출발지와 도착지가 없고, 다만 경유지가 있다.

중국지역에서는 요동반도의 하단부인 여순(旅順), 산동반도의 봉래(蓬萊 : 登州), 영성(榮城 : 赤山), 회하(淮河) 유역, 양자강 유역, 절강성의 항주만, 주산군도 및 영파지역 등이다. 일본열도의 경우는 대마도 규슈북부의 하카다지역, 우사(宇佐)지역, 서북부의 지역 등이 항로상에 위치한다. 이 항로는 거리가 멀고, 중간에 적대집단의 방해와 약탈 등이 있는 등 위험부담이 다소 있으나 항해자체로서는 가장 안전한 항로이다. 비록 처음과 끝이 일률적으로 연결되지 않고, 중간중간의 거점을 연결하는 불연속적인 항로이지만 역사의 초창기부터 이용됐다.

신석기 및 청동기 시대에도 연안항해나 근해항해를 통해서 황해 서안의 각 연안끼리[52] 이어졌고, 춘추전국(春秋戰國) 시대에 월인(越人)들은 수도를 청도근처인 낭야(瑯琊)에 정하고 있었다. 봉래는 요동반도와 산동반도를 이어주는 노철산수도의 출발점이고 도착점이었다. 황해와 발해가 나뉘어지는 분기점이기도 하였다. 묘도군도(廟島群島)의 섬을 따라 북상하면 요동반도를 지나 서한만에 도달하고, 결국은 연안항해를 통해서 대동강구(大同江口)까지 갈 수 있다. 『관자(管子)』에 의하면 고조선은 기원전 7세기경에 산동(山東)의 제(齊)와 교류를 했는데 한반도와도 교류를 했을 것이다.[53] 이러한 교류의 가능성은 명도전과 오수전 등 화폐들의 분포도를 보아서도 확인이 된다.

그런데 이 연근해항로에서 의미가 있고, 다른 항로와도 구별되며 중복되지 않는 것은 노철산항로이다. 산동반도의 동북단인 봉래에서 요동반도의 여순(旅順)까지는 소위 묘도군도(廟島群島)가 점점이 이어지고 있다. 발해해협이라고 부르는데 수심이 얕고 섬들 간의 거리가 매우 짧아 초보적인 항해술과 조선능력만 갖추어도 항해가 가능했다.[54]

吳의 손권(孫權)은 황제로 즉위 한 229년, 232년에 요동으로 사신과 군인등을 파견하였다.[55] 원교근공(遠交近攻)이라는 외교정책을 추진하고, 교역을 확대하려는 목적 때

---

52 汝江, 『古代中國與亞非地區的海上交通中國古代海洋史』, 四川省 社會科學出版社, 1989, pp.5~6.
53 이기동, 「黃海를 통한 韓中交涉史의 展開」, 『環黃海 韓中交涉史硏究심포지움』2회, 진단학회, 1989.
54 이 부분에 대해서는 尹明喆, 「黃海文化圈의 形成과 海洋活動에 대한 연구」, 『先史와 古代』, 한국고대학회, 1998, p.142 참조.
55 『三國志』卷47, 吳書 第2 吳主傳.

문이다. 이때 吳는 연근해항해를 통해 요동반도 남단의 답진(沓津 : 현재 遼寧省 大連市)에 닿았다. 그리고 구입한 말을 백소(百艘)의 배에 싣고 귀로에 올랐으며, 이때 공손연은 사신들과 함께 말과 초피(貂皮) 등을 보냈다. 그러나 吳의 선대(船隊)는 폭풍으로 성산(成山) 근처에서 머물다가 습격을 받았다. 한동안 오와 공손씨 간에는 교섭이 있었는데, 모두 황해 연근해항로를 이용한 것이다.

오는 이어 전개된 고구려와 교섭을 하는데 이 항로를 부분적으로 이용하였다. 고구려와 오의 사신들은 배반한 공손씨(公孫氏) 세력 때문에 노철산 항로를 이용하기 어려웠다. 그렇다고 발해를 횡단하거나 발해만 연안을 따라 남쪽으로 항해했을리도 만무하다. 적대국가인 위(魏)의 세력권 안으로 들어갈 이유가 없기 때문이다. 그러므로 오와 고구려 초기의 남중국항로(南中國航路)는 양자강 하구로부터 해안을 북상하여 산동반도를 멀리서 항해하거나 종단하여 압록강 하구에 도달하였을 것이다.

이후에 건강(建康 : 現 南京)에 도읍한 동진과 요동의 연 사이에는 교섭이 있었다. 동진(東晉)은 334년에 연(燕)으로 사신을 파견하였는데, 이때 배는 마석진(馬石津), 즉 현재의 여순구(旅順口) 부근에 머물렀다.[56] 연(燕)과 동진(東晉)의 중간에는 후조(後趙)가 있었기 때문에 양국의 교섭은 최소한 산동반도를 우회하는 근해항로를 통해서만이 가능했다. 이후에 정안국(定安國)과 송(宋)은 동맹을 하였다.[57] 그 후에는 수·당이 고구려를 치는데 이 항로의 일부인 노철산 수로를 활용하였다. 후에 발해인들이 사용하였다. 732년에 수군을 동원하여 등주를 공격하였는데, 이때 이 항로를 부분적으로 활용했을 것이다. 이 후에 산동의 이정기(李正己) 세력과 마필교역(馬匹交易)을 하였는데 이때 역

---

56 『資治通鑑』卷95, 晋紀 17 顯宗 中之上의 다음 기록은 당시 이루어진 항로에 대해서 명확하게 밝히고 있다.
…自建康出大江 至于海轉料角 至登州大洋 東北海行過大謝島龜歆島末島烏胡島三百里 北度烏胡海 至馬石山東之都里鎭 馬石津卽此地也.
57 『宋史』권491, 正安國傳

시 이용했을 것이다.

정안국은 압록강의 서안지역에 있어서 요동반도를 출발하여 노철산수도(老鐵山水道)를 거쳐 등주에 들어오는 환황해연근행로의 일부인 등주항로 혹은 노철산수로를 이용했다. 역시 압록강 하류에 있는 압록여진이나 濱(瀕)海女眞 또한 이 해로를 이용하였다. 필자가 시도한 96, 동아지중해호는 절강지역을 출항하여 황해중간가지 갔다가 다시 북상하여 산동반도 동쪽인 석도(옛 적산 앞 모야도)에 도착하였다. 선사시대부터 연근해항로가 사용됐을 가능성을 시사했다.

2) 黃海中部橫斷航路

황해중부횡단항로는 황해중부에 해당하는 한반도의 중부지방, 즉 경기만일대의 여러항구에서 횡단성 항해를 하여 산동반도의 여러 지역에 도착하는 항로이다. 중국측에서는 당(唐)·송(宋) 전기에, 우리로서는 신라 하대와 고려전기에 가장 많이 이용되었었다.

한반도 쪽의 출발지로서는 경기만의 여러 항구이다. 경기만은 일본열도를 출발하여 압록강 하구와 요동반도를 경유하여 산동까지 이어지는 남북연근해항로(南北沿近海航路)의 중간기점이고, 동시에 한반도와 산동반도를 잇는 동서횡단항로(東西橫斷航路)와 마주치는 해양교통의 결절점(結節点)이다. 고구려 백제가 이 항로를 이용했으며 신라는 나제동맹(羅濟同盟)을 구축한 다음에 이 지역을 빼앗아 대당교통로 활용하였다,

의상(義湘)은 『송고승전(宋高僧傳)』에 '-附商船達登州岸'라고 하여 등주에 도착한 것으로 되어 있다.[58] 반면에 삼국유사에는 양주에 도착하였다고 되어 있다. 하지만 의

---

58 『宋高僧傳』권4 의상전.

상(義湘)은 당시의 역사적인 상황을 고려하고, 당은포를 출발했으므로 황해중부횡단 항로를 이용하여 등주로 도착했을 가능성이 많다. 원인이 쓴 『입당구법순례행기(入唐求法巡禮行記)』에 따르면 신라배들은 산동반도에서 신라땅까지 바람이 좋을 때는 2~3일이면 닿을 수 있다고 하였다. 847년, 그가 귀국할 때 탄 김진(金珍)의 배는 음력 9월 2일 정오에 적산포(赤山浦)의 막야구(莫耶口)를 출발하여 황해를 건너 다음날 아침 육지를 보았다. 고려 땅에서 산동으로 가는 경우도 거의 유사한 조건 속에서 비슷한 기간이 소요되었을 것이다. 삼국유사의 거타지(居陀知)조에 있는 왕의 아들인 아찬(阿湌) 양패(良貝)가 당에 가다 생긴 사건을 기록한 항해설화(航海說話)이다.[59] 이 설화를 항로로서 재구성한다면 양패는 서남해안에서 출발하여 북상하다가 결국은 경기만 북부 해역에서 백령도를 경유하여 직횡단한 것이다. 즉 전형적인 황해횡단항로를 이용한 것이다. 그리고 후백제수군은 그것을 해상에서 제어한 것이다. 『대동지지(大東地志)』에 따르면 위도(蝟島)에서 바람을 이용해 배를 띄우면 중국으로 갈 수 있다.[60]

황해중부횡단항로는 고려 전기에도 많이 사용되었다. 고려는 송나라와 교섭할 때 대략 3가지의 항로를 이용했다. 첫 번째는 예성강 하구에서 출발하여 옹진반도까지 북상한 다음에 황해를 직횡단하여 등주로 들어가는 항로이다. 초기에 주로 사용되었는데, 『송사(宋史)』에 의하면 2일 정도가 걸렸다고 한다. 두 번째는 역시 예성강구와 산동반도 하단에 위치한 밀주(密州)를 잇는 횡단항로이다. 그리고 세 번째가 후기에 주로 사용되었고, 주로 송의 상인들이 애용한 동중국해 사단항로이다.

먼저 첫 번째 항로는 예성강구에서 출항하여 해주만 앞을 통과하여 강령반도 밑으로 지나 옹진반도 쪽으로 간다. 백령도 등이 있는데 이 곳은 고구려시대에 혹도(鵠島)였고, 황해중부횡단항로에서 매우 중요한 물표역할을 하였던 섬이다. 그 다음에는

---

59 『삼국유사』 권2, 眞聖女大王 居陀知조.
60 『大東地志』 卷11, 全羅道 18邑 扶安.

먼바다로 나아가 직횡단을 하면 산동반도에 닿는다. 산동반도(山東半島)의 끝 부분과 제일 가까운 거리에 있는 지역은 한성과 평양(平壤) 중간에 있는 황해도 장연군(長淵郡)의 장산곶(長山串)이다. 장산곶에 있는 국사봉의 높이는 284m이다. 바로 뒤 태산봉(泰山峰)은 380m이고, 불타산(佛陀山)은 608m이다. 한편 산동반도(山東半島)는 평균 200~500m인데 동쪽 끝단에는 성산(成山)과 372m의 아산(鵝山)이 있고 반도 남쪽해안 근처에는 높이 1133m의 노산(嶗山)이 있다. 따라서 근해로 일단 빠져나간 다음에는 불타산 등을 보면서 근해항해(近海航海)를 하며 북상(北上)하다가 다시 산동반도(山東半島)의 산군(山群) 등을 지표(指標)로 하여 남서진(南西進)을 하면 중국황해안 영역에 진입이 가능하다. 양 지역사이에 관측의 지형지물(地形地物)이 없는 구간이 있으므로 일시적으로는 대양항해의 조건과 유사한 지역이 있다. 하지만 직선거리는 200여 km정도이다. 만 2일이 안 되는 거리이다.

963년에는 송의 태조가 시찬(時贊)을 중심으로 90여명의 사신단을 파견한다. 이 때 찬(贊)을 제외한 90명이 풍랑을 만나 물에 빠져 죽었다.[61] 993년(고려 成宗 12년) 2월에 진정(陳靖) 등은 동모(東牟:등주)에서 팔각해구에서 고려의 사신단을 만난 다음에 지강도(芝岡島)에서 출발하여 순풍을 타고 2일 후에 옹진(甕津)항에 도착했다.[62] 또 1019년, 즉 천희(天禧) 3년에는 고려사신인 최원신(崔元信)이 등주부근의 진왕(秦王)·수구(水口)에서 큰 바람을 만나 배가 전복되었고, 물건을 모두 잃어버렸다는 기록이 있다. 그래서 조정이 등주에게 특별히 관리할 것을 명하고 있다.[63] 중부횡단항로를 이용한 것이다.

---

61 『高麗史』권2, 세가 광종 14년, 그런데 『宋史』열전 고려전에는 이 사신이 고려에서 파견하였다고 하며 익사한 숫자도 70여 명으로 되어 있다. 더욱이 『續資治通鑑長編』太祖 乾德 元年 9월조에는 등주에서 보고하기를 하는 형식을 취하면서 보다 구체적으로 이 사신선이 고려에서 왔음을 말하고 있다.
62 『宋史』권487, 고려전.
63 『續資治通鑑長編』眞宗 天禧 3년 9월.
　祁慶富, 「10~11세기 한중 해상교통로」, 『한중문화교류와 남방해로』(曺永祿 편), 국학자료원, 1997, p.168.

두 번째 항로는 산동반도의 남으로 가는 황해중부횡단항로이다. 연평군도에서 북상하지 않는 대신에 남으로 항진한다. 이 항로는 백제인들이 한성백제(漢城百濟) 시대에 동진(東晋) 등과 교섭하던 항로와 동일하다고 판단된다. 배는 경기만의 끝단까지 내려간 다음에 북서진하여 항해하면 산동반도의 끝 부분에 도착하거나 등주로 들어갈 수 있다. 늦봄에 부는 남풍계열의 계절풍을 이용하면 옹진반도(甕津半島) 끝에서 직횡단 하는 것보다 시간은 더 걸릴 수 있는 반면에 효율적이고 안전하게 항해할 수 있다. 또한 직횡단하면 역시 남풍계열 혹은 동풍계열의 바람을 이용하여 산동반도 남단 안쪽의 청도만으로 진입할 수 있다. 주로 밀주의 판교진(板膠鎭 : 당시에는 膠西)으로 들어갔는데 교주만(膠州灣)에 근접해 있어서 대외무역 교통의 주요한 항구가 되었다. 송은 1083년, 원풍(元豊) 6년에 문종(文宗)이 승하하자 조위사(弔慰使)를 보냈는데, 이들은 다음해인 7월에 밀주(密州)의 판교(板橋)를 출발하였다. 송대는 북방의 상업 무역항으로서 등주보다 훨씬 더 중요했다.[64] 그러니 교역을 중시하는 고려인들은 이 지역을 선호하였을 것이다.

3) 黃海南部橫斷航路

금강 하구 및 영산강하구 유역에 걸친 해역에서 직횡단하면 역시 남풍계열 혹은 동풍계열의 바람을 이용하여 산동반도 남단 안쪽에 있는 청도만으로 진입할 수 있다.[65] 주로 밀주의 판교진(板膠鎭 : 당시에는 膠西)으로 들어갔는데 교주만(膠州灣)에 근접해 있어서 대외무역 교통의 주요한 항구가 되었다.[66] 후에 후백제는 중원지방에 있었

---

64 祁慶富, 앞 논문, pp.169~171.
65 청도만의 連雲항과 영산강 하구유역은 위도상으로 동일하게 35도 바로 아래에 있다.
66 朱江, 「통일신라시대 해외교통 述要」, 『장보고와 청해진』, 손보기 엮음, 1996년, 혜안, pp.122~123. 朱江

던 후당과도 교섭을 하였다. 심지어는 남서해안의 지방호족에 불과한 왕봉규(王逢規)도 후당과 교섭하였다.[67] 이들은 기본적으로 황해남부 횡단항로를 이용하였을 것이다. 산동반도의 남부인 청도만은 폭이 넓어서 한반도 중부에서 남부까지 이어지는 넓은 지역과 마주하고 있다.

산동의 청도만(青島灣) 지역에서 한반도 남단으로 직접 횡단항해가 가능하며, 반대로 한반도 남단에서 산동이나 회하(淮河)유역 해상으로도 항해가 가능하다. 필자가 시도했던 1996년 항해는 흑산도에서 동풍 내지 남동풍을 활용할 경우에 산동지역을 비롯한 중국동안의 어느지역이든지 접안이 가능함을 보여주었다.[68] 『대동지지(大東地志)』에 따르면 위도(蝟島)에서 바람을 이용해 배를 띄우면 중국으로 갈 수 있다[69]고 하였는데, 이 중국이란 역시 절강(浙江)·강소(江蘇)·산동(山東) 등 광범위한 지역이었을 것이다.

위에서 살펴본 바와 같이 산동지역은 황해에서 각 지역을 연결할 수 있는 해양전략적 가치가 있는 곳이다. 중국의 강남과 화북 혹은 요동을 연결하는 연근해항로의 중간 거점에 있었다. 또한 화북세력이 해로를 이용하여 요동지역, 남만주일대 한반도 전지역과 교섭하고자 할 때 통과하거나 거점으로 삼은 지역이었다. 또한 황해중부 횡단항로 및 황해남부 횡단항로의 출발 종착점이기도 하였다.

은 우리가 통상 황해남부항로로 인식하고 있던 남부출발의 항로를 흑산도를 거쳐 밀주의 大珠山에 도착 다음에 남쪽으로 내려가 海州·楚州·揚州 등에 도착하는 것으로 이해하고 있다.
67 『三國史記』권12, 신라본기 景明王 8년조, 『册府元龜』後唐 明宗 天成 2년 3월조. 이 부분에 관해서는 金庠基,「羅末地方群雄의 對中通交」,『東方史論叢』, 서울대학교 출판부, 1984 참조.
68 尹明喆,「황해의 지중해적 성격연구(1)」,『한중문화교류와 남방해로』, 국학자료원, 1997, p.237.
69 『大東地志』卷11, 全羅道 18邑 扶安.

5. 맺음말

　동아시아는 비록 유럽, 아프리카, 아시안, 지중해처럼 완벽한 형태의 지중해는 아니지만 다국간 지중해로서 지중해의 형태와 성격을 띠고 있다. 이 지역에서 생성하고 발달한 역사는 육지와 함께 바다와 긴밀한 관련을 맺을 수밖에 없다. 따라서 동아시아의 역사는 반드시 해양적인 관점과 메커니즘 속에서 함께 이해해야하며 특히 각 지역들 간의 국제적인 교류는 반드시 해양과 연관시켜서 이해하는 것이 바람직하다.

　더욱이 황해는 일종의 내해(inland-sea)로서 해양활동이 활발했으며 선사시대부터 한중 양 지역 간에 교통로로서 중요한 활동을 해왔다. 항로를 이용하여 양 지역 간에는 인간의 이동과 이주는 물론이고, 문물의 교류가 이루어졌으며, 정치적인 교섭도 있었고, 심지어는 대규모의 군사작전들도 전개됐다. 황해의 중국지역 가운데에서 요동반도·산동반도·절강성 근해지역은 우리문화 및 역사와 매우 밀접한 관계에 있다. 특히 산동반도는 중국대륙의 가장 동쪽에 위치해 있으므로 우리지역과 거리상으로도 가장 가까워 경기만과는 불과 250km 남짓 정도이다. 뿐만 아니라 적어도 한반도 중부 이남은 산동만과 거의 비슷한 위도에 있으므로 전 지역과 연결될 수 있다. 동아시아라는 보다 거시적이고 포괄적인 관점과 해양의 역할과 비중이 높아지고 있는 시점에서 이제는 과거의 역사도 동아시아사라는 관점과 함께 한중 양 지역 간의 역사라는 관점에서 깊은 관심과 새로운 인식으로 산동의 역사를 연구할 필요가 있다.

05 한국의 고대문화와 해양 남방문화*

-소위 해양실크로드와의 관계를 중심으로-

1. 머리말

한국고대사를 연구하는 데 몇 가지 극복하지 못한 한계가 있다. 반도적인 시각을 완전하게 탈각하지 못했으며, 육지위주의 관점으로 역사를 해석하면서 해양활동 및 해양이 역사상에 끼친 영향에 큰 의미를 두지 못했다. 또한 문화와 교역에 대한 연구가 상대적으로 빈약했다. 그리고 공간적으로 역사활동의 단위를 동아시아 혹은 그것을 넘어서는 국제관계의 시각으로 보는 데 서툴렀다. 또한 고대사의 경우에 고구려, 백제, 신라, 가야, 왜 등을 보다 통일적인 시각에서 상호연관된 시각으로 보는 데 인색했다. 필자는 이러한 문제점을 인식하고 이의 극복을 위하여 몇 가지 시도를 하였다. 그 가운데 하나가 해양의 관점을 도입해서 우리 역사 및 동아시아 역사를 해석하는 일이었다. 이를 위해서 동아지중해라는 모델을 설정하였고, 해류사관을 개념화하여 분석의 도구로 삼고 있다.[1]

---

* 「한국의 고대문화 형성과 해양남방문화-소위 해양실크로드와의 관계를 중심으로」, 『국사관 논총』106, 2004.
1 이 부분에 관한 필자의 견해는 다음 논문에 반영되어 있다.
윤명철, 「海洋史觀으로 본 한국고대사의 발전과 종언」, 『한국사연구』123호, 한국사연구회, 2003.

다른 지역에 비해 동아시아의 역사상은 매우 복잡했다. 대륙과 해양이 만나고, 기후도 다양하며, 종족들도 매우 다양했고, 문화는 더더욱 다양했기 때문이다. 그리고 그 동아시아의 한가운데에 우리가 있다. 그러므로 한국의 고대역사 및 문화를 심층적으로 이해하려면 국제관계와 문명접촉이라는 관점에서 살펴볼 필요가 있다. 본고는 이를 위해 소위 해양남방문화라고 개념화된 문화가 어떻게 우리 문화와 관계를 맺고, 영향을 주었는가를 살펴보고자 한다. 단 필자가 설정한 동아지중해 모델을 근거로 선사시대부터 우리의 소위 남북국시대에 이르는 기간을 '발아'와 '형성'과 '완성'이라는 단계 속에서 그 접촉방식과 정도를 살펴보고자 한다. 일종의 틀을 만들기 위한 시도이므로 미시적이고 각론적인 분석은 피하였다. 특히 해양남방문화와 관련된 연구성과와 자료를 제외하고는 필자의 기존 연구성과를 많이 반영했음을 밝혀둔다.

2. 동아시아의 해양환경 검토

해양문화의 성격을 규정하는 데 있어서 가장 중요하고 1차적인 요소는 해양 그 자체의 자연적 성격이다. 이것을 토대로 역사적 성격이 형성되기 때문이다. 특히 해양환경을 가지고 있는 문화권에서 해류의 흐름을 이해하지 않고서는 문화현상을 정확하게 이해할 수가 없다. 해류의 흐름은 항해술이나 조선술 등 인간의 의지 혹은 문화발전과는 관련없이 인간과 문화를 일정한 장소에서 일정한 장소로 이동시켜 준다.

본고의 분석 대상인 동아시아의 해양은 쿠로시오(黑潮)의 범위대에 속한다. 북태평양의 북적도(北赤道) 해류는 특히 발달이 잘되고 북위 10도에서 20도까지의 해역을 중심으로 동에서 북태평양을 횡단한 다음 필리핀 군도(群島)의 동쪽바다에 도달한다. 이곳에서 남북으로 2분되어 남류(南流)의 가지는 민다나오 해류를 경유해서 적도(赤道)의 곧바로 북측을 동류(東流)하는 적도반류(赤道反流)와 이어진다. 한편 한 갈래는 사마르섬

내지 루손섬 남부의 밑을 북상하는 가지와 함께 쿠로시오(黑潮)의 원류(源流)로 된다.[2]

동중국해의 쿠로시오는 중국연안에서 일본전역에 걸쳐 중요한 영향을 미치면서 일본 호쿠리쿠(北陸) 외해에서 북태평양을 동방(東方)으로 흘러가는 난류계(暖流系)의 해류이다.[3] 동중국해에는 쿠로시오 외에 규슈서안의 쿠로시오 분파(分派)가 있고, 또한 이 해류에서 갈라져 황해중앙부를 북상하는 것과 동계에는 중국해안을 남하하는 한류(寒流)가 있다. 한국 서안에는 연안을 남하하는 한류가 있어 한국해협에서 북상한 쿠로시오 일파와 합류하여 대마해류(對馬海流)[4] 상층수(上層水)를 형성하고 있다.[5]

대한난류는 쓰시마를 가운데에 두고 동수도(東水道)와 서수도(西水道)로 나뉘어진다. 이 양쪽의 협수도를 통과하면서 물의 흐름이 빨라지고 파도도 높아진다. 서수도를 통과한 해류는 한반도 남동단을 지나 북북동으로 흘러 원산(元山) 외해와 울릉도 부근에 이르러 동쪽으로 전향하고 동수도를 통과한 해류는 북동방향으로 흐르면서 일본 서안을 끼고 올라간다.

이 해류의 유속은 계절과 지역에 따라 약간의 차이가 있으나 평균 1kn 내외이며 물의 방향은 항상 북동으로 향하고 있다. 이 해류는 항상 일정한 방향으로 흐르기 때문에 항류(恒流)라고 하는데 이 항류가 북동방향으로 진행하는 것은 이 지역 항해의 기

_____,「한국사 이해를 위한 몇 가지 제언」,『한국사학사학회보』9집, 한국사학사학회, 2004.
_____,「한국고대사연구의 반성과 대안」,『단군학연구』11집, 2004.
2 黑潮를 가장 협의로 한다면 東中國海로 들어서면서부터라고 말하는 것이 된다. 그러나 黑潮의 源流, 협의의 흑조, 黑潮續流로서 對馬暖流, 쓰가루(津輕)暖流, 소야(宗谷)暖流를 일괄하여 黑潮海流係라고 부른다.『韓國의 近海航路志』.
3 黑潮에 대하여 역사적 입장을 전제로 하면서 이론적 접근을 한 글은 茂在寅南의『古代日本の航海術』, 小學館, 1981, pp.88~90.
4 大韓暖流와 對馬海流의 개념에 대해서는 약간의 차이가 있다. 일본학자들은 대마해류를, 한국학자들은 대한난류란 용어를 사용하고 있다. 본고에서는 가능한 한 대한난류란 용어를 사용하되, 문장의 내용이나 성격을 분명히 하고자 할때는 대마해류란 용어를 사용한다.
5 荒竹淸光,「古代 環東シナ海文化圈と對馬海流」,『東アジアの古代文化』29號, 大和書房, 1981・89 참조. 茂在寅南의『古代日本の航海術』, 小學館, 1981, pp.91~93.

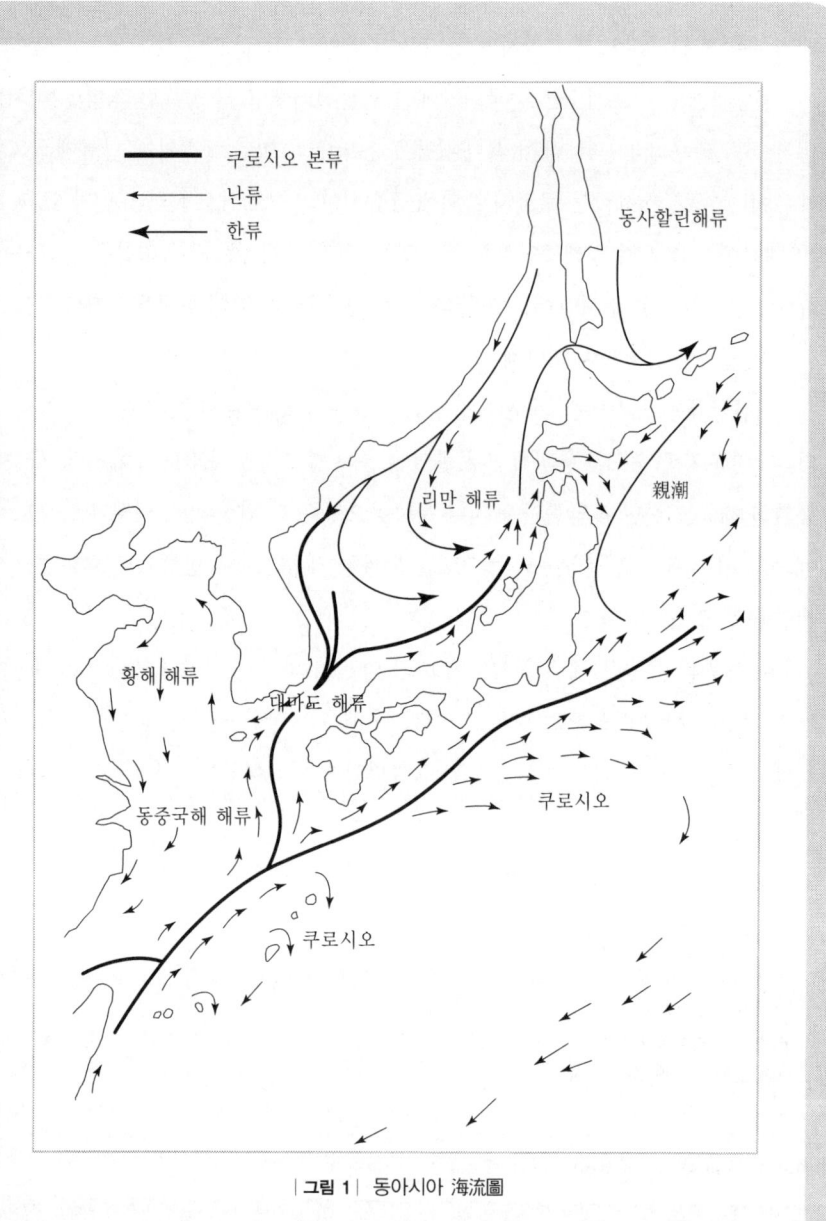

| 그림 1 | 동아시아 海流圖

본방향을 우선 1차적으로 북동향으로 조건 짓는다. 한편 중국연안을 남하하는 해류는 발해(渤海) 및 북해북부에서 기원하며 중국대륙 연안을 따라 남하하여 남중국해 방면으로 사라지는데 동계(冬季)에는 수온이 낮다. 황해, 동중국해의 해류는 바람의 영향, 중국대륙으로부터 하천수(河川水)의 유입량의 변화 등에 의하여 변화가 많다.[6]

해류와 함께 양 지역 간의 교섭에 결정적 영향을 끼친 것은 조류이다.[7] 한반도의 서남해안과 중국의 동해안은 조류(潮流)의 흐름이 매우 빠르고 방향의 지역적 편차가 심하다.[8] 항상 북동방향으로 진행하는 대한난류와 함께 조석간만에 따라 1일 2교대씩 진행방향이 바뀌는 조류가 있다. 조수(潮水)의 높이에 따라서 밀물 때에는 창조류(漲潮流)가 되어 남서방향으로 진행을 하고 썰물 때에는 낙조류(落潮流)가 되어 북동방향으로 진행한다. 이 조류의 흐름은 항해에 매우 큰 영향을 끼치며 특히 협수로의 경우이거나 연안항해인 경우에는 그 영향력이 더욱 증폭된다.

한반도 남부(거제도, 부산지역)와 쓰시마 사이의 해류는 북동방향으로 진행하며 평균 1km 내외이다. 그런데 창조 때에는 조류의 흐름이 남서로 진행되면서 북동향 항류인 해류를 보다 강력한 힘을 갖고 역으로 밀어 붙인다. 따라서 해류는 전체적으로 흐름이 정지되거나 시간상이나 지역에 따라 심한 경우에는 역류되는 현상마저 일으킨다. 그러니 이와는 반대로 낙조시에는 조류가 항류의 진행방향과 동일한 북동방향으로 흐른다. 이 경우에는 항류의 유속과 낙조류의 유속이 합하여져서 3km 이상의 빠른

---

6 增澤讓太朗,「日本をめぐる海流」,『MUSEUM KYUSU』14, 博物館等建設推進九州會議에 東中國海해류 등 다양한 자료가 있다.
7 潮流는 潮汐派에 의해 일어나는 물입자의 수평운동으로서 육지에서 느끼는 것처럼 물이 밀려들어오고 나가는 것이 아니라 沿岸에서는 물의 속도가 빨라지고 방향이 바뀌는 것으로서 의미가 있다(바트 T. 보크·프츠란시스 W. 라이트 지음, 앞의 책, pp.178~219 참조).
8 이석우·김금식 共著, 앞의 책, pp.329~374. 특히 pp.350~356에는 우리나라 조석에 대한 설명이 나와 있다. 조류의 법칙과 항해에 관한 해석에 관해서는 茂在寅南의『古代日本の航海術』, 小學館, 1981, pp.174~179 참조. 특히 씨는 일본『古事記』의 내용을 조류와 관련 시켜서 해석하고 있다.

속도를 갖고 북동으로 진행한다. 해류와 조류의 미묘한 흐름을 파악하고 그 속도와 힘의 관계를 인지하면 양 지역 사이의 항해는 비교적 안전하고 성공적으로 수행할 수가 있다. 한반도 서해안의 조류의 움직임이 얼마나 복잡한가는 몇몇 특정 지역의 조류를 보아서 알 수가 있다.

이러한 조류의 움직임은 고대 황해나 남해안에서 절대적인 영향을 끼친다. 따라서 각 지역마다 개별적인 해상세력의 존재 가능성을 암시한다. 지역 물길에 익숙한 집단이 그 지역의 해상권을 장악하고 세력화하는 것이다. 선사시대(先史時代)와 고대사회에서 해안근처에 집단분포의 흔적이 있는 것은 의미심장한 일이다. 이처럼 선사시대나 고대에 있어서는 조류가 항해의 성격·성패·방법 등 모든 면에서 절대적인 역할을 했다. 항해(航海) 및 표류(漂流) 신화(神話)·설화(說話) 등은 한결같이 조류의 중요성을 표현하고 있다.

한편 해·조류와 함께 항해환경에 있어서 영향을 끼치는 해양조건은 바람이다. 해류(海流)의 움직임은 바람의 영향을 강하게 받는다. 해당 조건에 따라 약간의 차이가 있지만 풍력(風力) 8(풍속 34~40kn) 이상이 되면 표면수(表面水)의 흐름이 반대로 되는 경우도 있다. 바다에서 발생하는 조난사고의 대부분은 조류의 흐름을 잘못 관측했거나 바로 이러한 바람에 의하여 표면수의 방향이 바뀌거나 선박이 밀려가기 때문이다. 이것은 역사에서 의도하지 못했던 교섭을 낳게 한다. 이러한 우연의 소산이 결국은 지속적인 접촉을 가져와 문화의 교섭, 역사적인 사건을 발생시키게 된다. 이러한 예는 역사상에서 많이 나타나고 있다.[9]

바람 중에서 특히 해양문화에 영향을 주는 것은 계절풍(季節風)이다. 동남아지역에서는 무역풍이라고도 부르는데, 계절에 따라 일정한 방향성을 가지고 있기 때문에 바

---

9 隋의 戰船이 제주도에 표착, 張漢喆의 『漂海錄』, 崔溥의 『漂海錄』, 『成宗實錄』卷105에는 7명의 조선인이 폭풍으로 오키나와 최남단까지 갔었다. 柳大用의 『琉球風土記』는 표류기를 기초로 저술한 것이다. 이러한 것들은 그러한 우연의 교섭을 기록하고 있다.

람을 상시적(常時的)으로 활용할 수가 있다. 그런데 남중국해, 동중국해, 황해는 동계(冬季)에는 북서풍, 풍력 3~5이고, 때때로 편북(偏北)에서 편북동풍(偏北東風)이 되며 하계(夏季)에는 편남(偏南) 또는 편남동풍(偏南東風)이 많고 풍력은 3~4이다. 그리고 4월 말에서 5월 초 및 9월에는 부정풍(不定風)이 많다. 그러나 때에 따라서 다르고 지역에 따라서 다른 것이 바다의 바람이다.

동아시아와 연결되는 동남아지역의 해양환경도 거의 유사하다. 이곳의 계절풍은 무역풍이라고 부른다. 동아시아와 마찬가지로 편차가 큰데, 이곳에서는 여름과 겨울에 심각하게 나타난다. 겨울에는 즉 12월부터 3월까지는 대만의 북동쪽으로부터 불어온다. 여름에는 남서계절풍이 분다. 그런데 바람은 해류의 방향을 움직이게 한다. 즉 벵갈만에서는 겨울에 서쪽으로 해류가 흘러가고, 반대로 여름에는 동쪽으로 흘러간다.

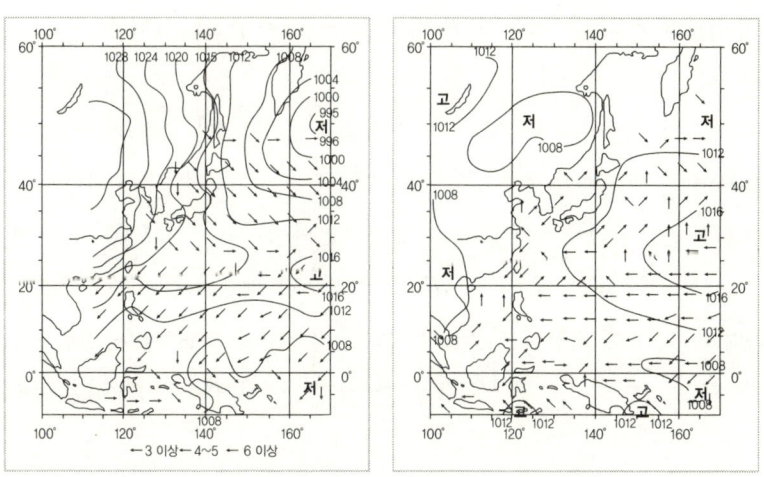

| 그림 2 | 동아시아 계절풍도(왼쪽 1월, 오른쪽 5월)[10]

---
10 이 도표는 茂在寅南의 『古代日本の航海術』, 小學館, 1981, pp.96~97 및 荒竹淸光, 「古代 環東シナ海 文化圈と對馬海流」, 『東アジアの古代文化』29호, 大和書房, 1981, p.91 참조.

계절 혹은 월별에 따라 바람의 방향이 다른 것을 확인할 수가 있다. 인간의 해상 이동은 바로 이 바람의 방향에 따라 상당한 영향을 받게 된다.[11] 특히 기계동력을 사용하지 못하고 풍력을 이용한 돛을 사용할 경우에 바람은 항해의 성패여부에 결정적인 요소가 된다.

이러한 해양환경 때문에 계절풍을 이용하여 항해가 이루어질 수밖에 없었고, 계절풍이 멈추어있는 기간에는 항해 또한 멈출 수밖에 없었다. 항구도시의 형성과 발전이란 경제적·국가적인 배경 외에도 이러한 해양환경에 영향을 받았다. 또한 각 해역마다 선박의 구조가 다르고, 돛의 모양과 기능에 차이가 있는 것은 이러한 바람 특히 계절풍을 활용하는 데 다른 차이이다.

3. 동아지중해권의 발아와 해양남방문화 – 고조선 한(韓)시대

동아지중해에는 이미 선사시대부터 해양활동이 활발했다. 특히 환황해권은 산동, 요동, 압록강 하구 유역을 중심으로 5000~7000년 전 사이부터 조선술과 항해술이 발달하여 지역 간의 교류가 이루어졌다.[12] 요동의 후와(後注)유적 아래층(6000년 이상 된 곳)에서 배모양의 도기(陶器 : 舟形도기) 3개가 발견되었다. 물론 다른 지역도 초보적인 형태로나마 해양문화가 발달했고, 소규모 지역 간의 교류가 이루어졌다. 한반도 남부와 일본열도를 제외한 대마도 지역의 토기 담당자가 동일하거나 적어도 강한 교류가 있

---

11 茂在寅南, 앞의 책, p.95.
12 汎江, 『古代中國與亞非地區의 海上交通』, 四川省 社會科學院 出版社, 1989, p.6. 內藤雋輔 역시 濱田박사의 고고학적인 해석을 수용하여 남만주와 요동반도 사이에 항로가 있었다고 주장을 하고 있다(『朝鮮史研究』, 東洋史研究會 刊, 1962, pp.378~378).

었다는 사실은 해양활동의 면에서 중요한 사실을 말해준다. 오산리(鰲山里)에서 다량 출토된 결합식낚시바늘(結合式釣針)은 서북규슈형으로서 일본 동북지방의 것과 다르다. 전형적인 오산리형은 서북규슈형의 원류로 여겨진다.[13] 일본열도에는 야요이 시대 이후 외부에서 집단 이주민이 들어와 세력을 구축한 지역이 여러 곳에 있다. 야요이 문화는 한반도 남부와의 교류 속에서 농경의 시작, 금속기의 사용, 토기제작과 고인돌의 축조 등이 이루어졌다. 벼농사가 최초로 시작된 곳이 한반도 남부와 지리적으로 가장 가깝고, 항해상에서 도착이 용이한 규슈 북부이다. 또한 볍씨의 품종, 농사도구 및 농사관계 언어의 유사성이 많다. 따라서 양 지역 간의 농경문화는 해양교통을 전제로 매우 밀접한 관계를 가지고 있었음을 확인할 수가 있다. 신석기 및 청동기 시대에도 연안항해나 근해항해를 통해서 중국 각 연안지역 간의 교류 혹은 한반도 북부 해안 및 중부이남 간의 교류가 있었음은 지적되고 있다.

고인돌은 황해연안(黃海沿岸)을 따라서 환상형(環狀形)으로 분포되어 있다. 고인돌의 기원 및 전파경로에 대해서는 다양한 견해가 있으나 남방에서 동중국해와 황해를 통해서 문화전파(文化傳播)가 있었다는 견해도 제시되고 있다.[14] 절강(浙江)에서 한반도로 직접 전파되었다는 주장도 있다.[15] 특히 전라도 지역에 영향을 준 것으로 판단되는 남방문화(南方文化)의 존재[16]는 이러한 추론을 가능하게 한다. 한반도의 벼농사 문제는, 최근 김포・일산・고양 등 경기만 일대에서 4000년을 상회하는 장립미(長笠米)가

---

13 任孝宰,「新石器時代의 韓日交流」,『韓國史論』16, 1986, p.17, p.21.
14 金秉模,「韓半島 巨石文化源流에 관한 연구」,『韓國考古文化』10・11합집, 1981.
  _____,「黃海沿岸의 支石墓」,『黃海沿岸의 環境과 文化』, 1994.
15 毛昭晰,「浙江支石墓의 形態와 韓半島支石墓 比較」,『中國의 江南社會와 韓中交涉』, 집문당, 1997.
  毛昭晰,「선진시대 중국강남지역과 한반도의 해상교통」,『한중문화교류와 남방해로』, 국학자료원, 1997.
16 李光奎는「馬韓社會의 人類學的 考察」,『馬・百』12에서 이러한 논의를 하고 있다. 특히 p.72에서는 마한지역이 해양적 성격을 가지고 있다고 하였다. 李杜鉉・崔吉城 등은 묘제에서 남방유입설을 주장.

발견되었다. 이는 양자강 하구에서 직접 바다를 건너 도달한 것이라는 견해가 있다.[17] 한편 나주 다시면(多侍面) 가흥리(佳興里)에서 발견된 화분(花粉)은 이 지역과 화중(華中), 화남(華南)지방과의 문화적 접촉관계에 대해서 일정한 시사를 하고 있다.[18] 서해안의 청동기문화, 도씨검(刀氏劍)의 문제[19]는 황해직항과 관련하여 의미있는 시사를 한다. 해양을 매개로 해서 하나의 문화권이 형성되어 가는 현상은 일본열도와 중국지역과의 교섭에서도 확인되고 있다.[20] 조엽수림문화(照葉樹林文化)는 장강(長江) 유역에서 동중국해를 건너 일본열도로 전파되었다고 한다.[21] 위에서 살펴본 바와 같이 동아시아의 각국은 해양을 매개로 문화적으로 긴밀한 관련을 맺고 역사활동을 해왔다. 그리고 점차 보다 관련성이 강한 문화권을 형성해갔다.

그 후 역사시대에 들어와 고조선의 해양활동은 더욱 활발해졌을 것이다. 토착세력과 중국 내의 정치적 변동에 의해 황해 동쪽의 연안으로 포진한 동이인들은 연합하여 새로운 문화와 정치세력을 결성했을 것이고 그들은 경제력의 토대를 해양활동과 교역에서 구했을 가능성이 있다. 따라서 이미 확대되고 있었던 황해서부 연안의 활동권은 특정한 성격을 가진 집단의 역할에 의해서 정치적인 성격을 병행하면서 황해전체와 남해로 해서 일본열도로 이어지는 거대한 활동권, 교역권이 형성되는 단초를 열어놓았다.

한편 탐라는 현재 오키나와 지역인 유구국(琉球國)과도 교류가 있었다. 본도의 나하(那覇)에서는 오수전 등이 발견되었는데, 이는 규슈서부 지역과 관련이 있다고 하지

---

17 任孝在, 『京畿道 金浦半島의 考古學的 調查硏究』, 서울대박물관 연보 2, 1990, p.13.
18 李榮文, 「全南地方의 先史文化」, p.83.
19 權五榮, 「考古資料를 중심으로 본 百濟와 中國의 文物交流」, 『震檀學報』66, pp.181~182.
20 安志敏, 「先史時代における海上の中日交流」, 『古代日本海文化の源流と發達』, 森浩一 外, 大和書房, 1985.
21 照葉樹林文化에 대해서는 佐佐木高明, 『照葉樹林文化の道』, 日本放送出版協會, 1988 외.

만, 동일한 오수전이 제주도에서 발견되고, 바다에서 교역을 했다는 주호의 존재로 보아 제주도와의 연결도 가능하다. 특히 주목할 만한 사실은 오키나와에서 빗살무늬토기들이 발견되고 있다는 것이다.

『삼국지』 등에 기록된 주호(州胡)에 대한 주민에 대한 표현, 문신의 습속, 『고려사』에 고려가 제주 혹은 유구국과 교섭한 사실들이 많이 나타난다. 이는 해양환경이 그것을 가능하게 했기 때문이다. 실제로 후대의 상황이기는 하지만 두 지역 간에는 표류사실들이 입증하듯이 해양환경이 그를 가능하게 하였다.

일본열도와 중국지역과는 연안 및 한반도 남부를 통한 간접교역의 형태를 하였고, 때로는 직접교역도 있었던 것 같다. 당시 수입품의 종류와 양으로 보아 교역의 규모를 짐작할 수 있다. 문헌자료와 고고학적 유물을 볼 때 양 지역 간의 교류는 활발했던 것으로 보인다.[22] 『한서(漢書)』, 「지리지(地理志)」에서 왜란 명칭으로 나타난 이후 『후한서(後漢書)』, 「동이전(東夷傳)」에 나온다.[23] 이들 100여 개의 나라들은 규슈를 중심으로 한 일부 지역에 한정된 조그만 규모의 정치단위이다. 한반도 남부를 통한 간접교역 혹은 직접교역의 형태로 중국과 교역했던 것으로 판단된다. 한편 중국의 강남지역과 일본열도 간의 교섭이 일찍부터 시작되었다는 견해도 있다.[24] 오경(吳鏡)의 경우는 양자강(揚子江) 유역의 오(吳)와 일본열도가 직접 교섭했을 가능성을 보여준다.[25] 일본열도에서 가장 오래된 선박의 유물은 기원전 3000년경으로 추정하고 있다.

---

22 王仲殊, 『中國からみた古代日本』, 桐本東太 譯, 學生社, 1992.
23 …倭在韓東南大海中 依山島爲居凡百餘國 自武帝滅朝鮮 使譯通於漢者三十許國 國皆稱王 世世傳統 其大倭王居邪馬臺國….
24 佐佐木高明의 『照葉樹林文化』, 『續 照葉樹林文化』. 그 외에도 金關丈夫의 『南方文化誌』 등이 있고, 최근에는 江上波夫 등도 長江유역과의 관련성을 주장하고 있다.
樺山紘一 編著, 『長江文明と日本』, 福武書店, 1987에는 각 분야별로 양자강문화와 일본과의 관련성을 언급하고 있다.
25 王仲殊, 「古代の日中關係」, 『古代日本の國際化』, 朝日新聞社, 1990, p.20.

한편 중국지역을 보면 주(周)시대에 해상활동이 활발하여 교역에 종사했던 것으로 보인다. 서주(西周)시대의 『國語 齊語』에는 '越裳獻雉 倭人貢鬯'이란 기록이 나온다. 월상(越裳)은 현재 베트남으로, 왜는 일본으로 추정을 하여 당시 일본과 베트남으로부터의 항로가 있었던 것으로 추정하기도 한다.[26] 춘추전국(春秋戰國) 시대에 오면 원격지 무역이 발달했다. 해양을 통한 교역이 본격적으로 이루어졌으며, 그 교역범위가 확산되었다. 『월절서(越絶書)』에 따르면 월인(越人)들은 현재 베트남의 북부 지방까지 이동하면서 교역을 하였다. 그리고 월(越)과 북방의 제(齊)는 해상활동이 활발했으며,『해내북경(海內北經)』에는 연이 발해를 나가 왜와 해상왕래한 것이 기록되어 있다.[27] 이때 월인들은 한반도까지 진출하면서 교역에 종사했을 가능성은 매우 많다.[28] 전국시대의 항해에는 이미 계절풍을 이용했다. 『주례(周禮)』에는 12풍(風)에 대한 분류와 기록이 있는데 이것을 항해에 이용했다.[29] 남방해상교통이 시작됐고,『회남자(淮南子)』인간훈(人間訓)에 따르면 당시에 남방의 특산물들을 구해서 이익을 얻었다.[30]

진(秦)은 전국을 통일한 후에 경제에 관심을 기울였다. 상인들은 변방과 교역을 하면서 '十倍之利'를 얻는 경우도 있었다. 해양활동도 더욱 빈번해지고 규모도 커진다. 진시황은 기원전 221년에 전국을 통일한 이후 기원전 210년에 죽을 때까지 12년간, 4차에 걸쳐 연해순시(沿海巡視)를 했다. 『사기(史記)』에 따르면 기원전 219년에 진시황은 누선함대로 월국을 공격하였다.[31] 『사기』의 진시황본기(秦始皇本紀)에 따르면 진시황은

---

26 이 외에『戰國策』,『史記』,『山海經』등 왜에 대한 기록이 있다. 그런데 江上波夫 등 일인학자들 중에는 이 왜가 현재의 일본은 아니라는 견해를 펴고 있다. 「古代日本の對外關係」,『古代日本の國際化』, 朝日新聞社, 1990, pp.58~62 참조.
27 李永采·王春良·盖莉·魏峰 著,『海洋開拓爭覇簡史』, 中國海洋出版社, 1990, pp.52~57 참조.
28 岡田英弘,「倭人とシルクロード」,『東アジアの古代文化』, 大和書房, 1978, p.7.
29 주 26과 동일.
30 汶江, 앞의 책, p.14.
31 張鐵牛·高曉星,『中國古代海軍史』, 八一出版社, 1993, pp.18~19.

제나라의 방사(方士)인 서복(徐福)을 파견하였는데, 당시의 진나라 정책과 해양활동 능력, 동아시아에서 해양을 매개로 전개된 국제관계를 고려할 때 서복의 함대를 파견한 것은 불로초를 구한다는 목적 외에도 동방개척 사업 내지 교역권의 확대라는 측면이 있었을 것이다.[32]

동아시아 해양을 매개로 활발한 교통이 이루어졌고, 공통의 문화권이 형성되었다고 주장하는 견해들이 있다. 언어의 공통을 통해서,[33] 신화나 설화의 유사성을 논리적 근거로 주장하는 견해도 있다.[34] 이렇게 동아지중해권은 점차 해양문화 수준이 높아지고 활동범위가 넓어지면서 기원을 전후로 한 시기에 이르면 환황해(環黃海) 전체를 하나의 원(circle)으로 연결하는 권이 형성되었다.[35] 그리고 중국 남부지역을 매개로 남방문화와 간접적이나마 관계를 맺기 시작했다.

진은 남방과도 교역을 활발하게 하였다. 서각(犀角), 상아(象齒), 비취(翡翠), 주기(珠璣) 등의 상품을 수송하기도 하였다. 진시황은 33년(기원전 214)에 兵을 발하여 남방을 개척하고 계림(桂林), 상군(象郡), 남해(南海)의 삼군을 설치했다.[36] 남해는 광동성(廣東省)으로서 그곳의 번우(番禺)는 옛날부터 서남해상무역의 거점이었다.[37] 특히 인도양까지 항해가 이루어져 활동범위가 더욱 넓어졌다. 1974년에는 광주(廣州)시 주강(珠江) 북

---

32 윤명철, 「서복의 해상활동에 대한 연구-항로를 중심으로-」, 『한민족의 해양활동과 동아지중해』, 학연문화사, 2002.
33 村山七郎, 「言語學から見た古代 環東ジナ海文化圈」, 『東アジアの古代文化』14號, 大和書房, 1978 참조.
34 金在鵬, 「古代 南海貿易ルㅡトと朝鮮, 上」, 『東アジアの古代文化』25號, 大和書房, 1980에서 대마해류와 난생신화의 분포를 비교하여 하나의 문화권, 즉 동해문화권을 설정하고 있다.
荒竹清光, 「古代 環東ジナ海 文化圈と對馬海流」, 『東アジアの古代文化』29號, 大和書房, 1981은 뱀신앙 등과 관련시켜 그 범위를 확대하고 있다.
35 이 부분에 대해서는 尹明喆, 「黃海文化圈의 形成과 海洋活動에 대한 연구」, 『先史와 古代』11호, 한국고대학회, 1998, p.142 및 p.152 등 참조.
36 『史記』권6, 始皇本紀.
37 藤田豊八·池內宏編, 「支那港灣小史」, 『東西交涉史의 硏究, 南海編』, 萩原星文館, 1943, p.636.

안에서 진대의 대규모 조선공장을 발견되었다. 그때 이미 30ton을 적재할 수 있는 배가 만들어졌다.[38] 이러한 해양활동과 교역권의 확대는 한(漢)에게도 그대로 전해져 남방교역이 활발했다.

한은 고조(高祖) 유방이 통일하고, 무제 시대에 이르러 비약적으로 발전하였는데, 특히 경제를 활성화시키고 대외무역을 확대시키는 일에 힘을 기울였다. 한무제는 내부적으로는 오수전을 주조하고 염철법(鹽鐵法)을 실시하는 한편 기원전 112년에는 양업(楊僕)에게 10만의 수군을 주어 현재의 광동, 광서, 베트남 북부지역인 남월을 정벌하였다. 『사기』식화열전(殖貨列傳), 『한서』지리지에 의하면 인도양에서 활동한 기록이 있다. 번우에서 중국상인들이 많은 규모의 犀, 象, 毒昌, 珠玑, 銀, 銅, 果, 布 등을 교역했음을 말하고 있다.[39]

동남아 및 인도양 동부의 여러 나라들과 왕래를 시작했으며, 그 항해노정까지 기록하고 있다.[40] 즉 일남(日南 : 베트남)의 요새인 서문(徐聞), 합포(合浦)로부터 항행 5개월만에 도원국(都元國 : 수마트라 서북안의 古吉達)에 이르고 다시 4개월간 항행하면 읍로몰국(邑盧沒國 : 미얀마 동남 다둥)이 있으며 또 20여 일간 항행하면 심리국(諶離國 : 파캉 부근의 사라)이 나타나는데 거기에서 10여 일간 보행하면 부감도로국(夫甘都盧國 : 미얀마 Irrsouaddy 강 좌안의 Papam, 蒲甘古城)에 도착한다. 부감도로국에서 2개월간 항행하면 황지국(黃支國)에 이르는데 이곳 민속은 대체 주애(珠崖 : 해남도)와 비슷하다. ……황지로부터 8개월간 항행하여 피종(皮宗, Pulaw Pisan, 말레이반도 서남해안)에 이르고 다시 거기서 2개월간 항행하여 일남과 상림(象林)의 경계에 도착한다. 황지의 남쪽에 이정불국(已程不國)이 있는데 한의 역사(譯使)가 거기로부터 귀환했다.

---

38 李永采·王春良·盖莉·魏峰 著, 앞의 책, pp.52~57 참조.
39 『漢書』권28, 지리지.
40 『後漢書』南蠻西夷列傳·王莽傳 등에 나타난 기사를 보면 당시 漢은 印度 등과 교역을 맺은 것으로 보여진다. 汶江 著, 『古代中國與亞非地區的海上交通』, 四川省社會科學院出版社, 1989, pp.28~29.

이 사료를 통해서 기원전 시기에 전개된 중국-인도 간의 교역상과 항로를 알 수 있다. 당시는 기술 부족으로 아직 원양항해는 하지 못하고 주로 해안선을 따라 연안항해를 함으로써 항해시간이 많이 소요되었다. 일남(雷州半島)-인도 동남해 간의 항로가 11여 개월이나 걸렸다. 서기 70년경의 저술로 알려진 『에리트라해 안내기』에는 실론섬(다프로파네)으로부터 미얀마의 페쿠(Suvarna Bhumi, 黃金國)와 말레이 반도를 지나 데이나(秦尼), 즉 중국에까지 이어지는 항로가 제시되고 있다. 중국과 로마의 첫 공식교섭은 일남(베트남)을 통해 이루어졌다.

인도양에서는 매년 6~9월에 히포로스풍이라는 남동계절풍이 불기 때문에 7월경 이집트나 아덴 등 홍해 입구에서 출발하여 인도양을 항해하는 것이 최적기다. 벵갈 만은 12~2월 사이에 북동계절풍이 불고 3~5월 사이에 서풍이 불기때문에 이 기간에 서항이나 동항하는 것이 적기다. 계절풍을 이용하여 항해가 순조로울 경우, 홍해 입구부터 인도 사안 무지리스 항까지는 40일밖에 안 걸린다. 해양실크로드로 이해하고 있는 남해로(南海路)는 일반적으로 "고대로부터 근대에 이르기까지 지중해에서 홍해, 아라비아해를 지나 인도양과 서태평양에 이르는 광활한 해상에서 동서교역이 이루어진 바닷길이다." 이 남해로를 통해 동방의 비단, 칠기, 도기, 향료, 차 등이 서방으로 대량 운반되어 갔다. 이 때문에 이 길을 "도기로(陶器路)" 또는 "향료로(香料路)"라 부르기도 한다.[41]

기원을 전후한 시기 로마와 한 간에는 인도를 중계지로 한 간접 교역뿐만 아니라, 육·해로를 통한 직접 교역과 인적 내왕도 진행되었음을 여러 문헌기록과 유물에 의해 확인할 수 있다.[42] 『후한서(後漢書)』에 따르면 기원 161년(桓帝 연희 9년)에 로마(大秦)

---

41 정수일, 『고대문명교류사』, 사계절, 2001, p.340.
   무함마드 깐수, 『新羅·西域 交流史』, 단국대 출판부, 1992, p.490.
42 정수일, 『고대문명교류사』, p.343.

황제 안돈(安敦 : 마르크수안토니우스)의 사절이 일남요외(徼外)로부터 와서 상아, 서각(犀角), 대창(玳瑁)을 헌상했다. 당시 일남은 동서교역의 중계 역할을 수행하였다.(이철영) 물론 이 무렵에 천축, 단국, 엽조 등에서도 사절단이 왔다. 후한은 서아시아와의 교류에 관심을 보였고, 서방에서도 전성기에 접어든 로마제국은 남해로를 통한 동서교역에 적극성을 보여 로마시장에는 중국, 인도, 동남아시아 각지 명산물이 큰 인기를 끌었다. 한은 해전능력과 조선술은 물론이며 항해술도 뛰어났다. 『漢書』 藝文志에는 이름만 실린 海中星占驗 12권, 海中五星經雜事 22권, 海中日月彗虹雜占 18권 등의 책들이 있다.[43] 서역(西域)의 사막여행 등을 하는 등 실용과정에서 발달하고, 또한 星占天文學의 연구에서 발달했다고 생각된다. 이 당시 태양이나 별, 달에 의한 방향판정술이 이용되었음을 알 수 있다. 이러한 천문학의 발달은 당연히 항해술에 이용되어 항해민들은 천문항법을 활용해서 원양항해도 가능해졌을 것이다.

한(漢)나라가 성립한 이후에 황해를 매개로 하는 동아의 문화권이 급격하게 확대되고 각국 간의 교류가 활발해지면서 동남아를 매개로 범아시아권으로 교류범위가 확대되었다.

4. 동아지중해권의 형성과 해양남방문화 −삼국시대

고조선의 뒤를 이어 건국한 고구려는 초기에는 만주지역에 동맥처럼 발달한 송화강, 압록강, 혼강 등 큰 강을 이용한 내륙수군활동이 있었을 것이다. 전기부터 압록강 하구인 서안평을 장악하여 황해북부로 진출하였다. 그 후에도 꾸준히 요동진출을 시도하여 마침내 광개토대왕 시대에는 완전하게 요동만 해안지역에 닿았다. 발해만을

---

43 內田吟風, 위의 책, p.549 참조.

활용하여 산동지역 및 화북지방과는 일찍부터 교섭하였다. 중국남방과 교섭한 첫 번째는 현재까지 발견된 기록으로 보아 동천왕 때(233년) 양자강 하구 유역인 건강(建康 : 현 남경)의 오나라와 교섭한 것이다. 이 항해는 고구려와 오나라의 중간에 있었던 화북의 위나라를 피해서 먼 바다에서 근해항해를 하면서 장거리 외교를 한 것으로서 뛰어난 항해술이 아니면 불가능하다. 오에서 고구려 사신단이 남방인들을 만났을 가능성은 매우 높으며, 오를 통해서 희귀한 남방물산을 구했을 것이 틀림없다. 336년 3월에 고구려가 해로를 이용하여 동진(東晉)에 사신과 공물을 보냈다.[44] 해양을 매개로 동진과 맺어진 관계는 고구려문화에 영향을 끼쳤다. 안악(安岳) 3호분은 방제(榜題)에 먹으로 동진 목제(穆帝)의 연호인 영화(永和) 13년이라고 씌어있다. 그때의 고분군들에서는 대외 상업교통의 빈번함과 그로 인한 선진적인 생산기술의 수입상황 등을 반영하는 것이 있다.[45] 집안의 우산묘(禹山墓) 3319호분에서 발견된 반구쌍청자호(盤口雙青磁壺)와 흑회색 권운문(卷雲紋) 명문와당(銘文瓦當)은 동진의 것이다.

 이후 고구려는 황해를 남북으로 오고가며 중국의 남・북조국가들과 활발한 교섭을 하였다. 뿐만 아니라 광개토대왕 이후에 백제를 물리치고 경기만을 장악한 다음에는 더욱 해상활동이 활발해졌다. 특히 대왕은 수륙양면작전을 구사하여 한강을 직공하고 경기만을 장악하였다. 5세기 이후에 고구려가 강성해지고 국제적 지위가 높아진 데에는 해양활동능력의 향상과 깊은 관계가 있다. 황해중부 이북과 동해중부 이북의 해상권을 완전히 장악했기 때문에 국제적으로는 분단된 중국의 남북조를 해양을 통해서 동시 등거리외교로서 역학관계를 조정했으며 문화를 수요했고, 교역을 활발하게 하였다. 광개토대왕은 남연과 교섭하면서 남연으로부터 수우(水牛)와 능언조(能言鳥 : 앵무새)를 받았는데[46] 이 또한 남방계 산물이다.

---

44 『三國史記』권18, 高句麗本紀 故國原王 6년조 및 『晋書』권7, 帝紀 第7 成帝 咸康 2년조.
45 李殿福・孫玉良 著, 강인구・김영수 역, 『高句麗簡史』, 삼성출판사, 1990, p.243.
46 『太平御覽』권359, 兵部 90 障泥.

『송서』・『남제서』・『양서』 등의 고구려전에는 배로 바다를 건너오는 사신의 왕래가 항상 있었다고 기록하고 있다. 당시 사신들의 왕래는 단순하게 정치적인 교섭뿐만 아니라 일종의 공적무역이었다. 장수왕이 송(宋) 나라의 태조가 북위를 정벌하고자 할 때 군사적으로 필요한 말 800필을 보낸 사실[47]은 실제적인 교역이 이루어졌음을 알 수 있다. 고구려인들은 말 외에 초피(貂皮 : 담비가죽) 등 북방의 특산물을 남쪽에 파는 중계무역을 하였다. 고구려와 남조의 교섭 중에는 비록 기록이 안 되었지만, 민간인들에 의한 경제교역이나 승려와 민간인들의 교류도 많았을 것이다. 오회분(五盔墳) 5호묘의 들보바닥의 인동문 도안은 장사(長沙) 난니(爛泥) 중의 제(齊) 영원(永元) 원년(元年)의 명문전 위에 조각된 인동문과 같다.[48] 한편 그 무렵 고구려는 불교를 매우 숭앙하기 시작했다. 고구려의 승려들은 사신선을 타고, 혹은 민간교역선을 타고 5~6세기에도 황해바다를 종단하여 원거리 항해를 하면서 法을 구하러 생명을 내걸었던 것이다. '현유(玄游)' 라는 승려는 해로를 통해서 인도에 갔다가 사자국에 남았다고 한다.

고구려는 백제, 신라, 가야, 왜가 중국의 북조정권과 교섭하는 것을 차단하고 견제하였다. 뿐만 아니라 4세기부터 일본열도에 진출하여 그 흔적들이 혼슈 남단의 지역들에서 발견된다. 5세기부터 본격적으로 일본열도로도 진출을 하여 6세기 중반에 이르면 해양을 매개로 일본열도와 본격적인 해양외교를 전개하였다. 긴메이(欽明)왕 때에는 고구려 사신과 도군(道君)이라는 지방호족이 밀무역(密貿易)을 했다고 다른 호족이 조정에 밀고하는 사건이 벌어졌다.[49] 고구려의 승려들은 일본에 불교를 전파하기도 하고, 정치적인 역할도 했다. 584년에는 환속한 고구려 승려 혜편(慧便)을 소아마자

李殿福・孫玉良 著, 『高句麗簡史』, p.111.
47 『宋書』 蠻夷列傳 高句麗傳 元嘉16年.
48 李殿福 孫玉良 著, 위의 책, p.245.
49 森浩一, 『古代史 津津浦浦』, 小學館, 1993, p.65.

가 스승으로 삼았다. 595년에는 혜자(慧慈)가 성덕태자의 스승이 되어 정치개혁에도 참여하였다. 승륭(僧隆, 602), 운총(雲聰, 602) 담징(曇徵, 610), 법정(法定, 610), 혜관(惠灌, 625)등이 당시 야마토 조정에 갔다.

백제는 초기부터 해양활동과 깊은 관련이 있었다. 비류와 온조의 정착과정도 해양과 관련이 깊다. 또한 전기 수도였던 하남 위례성(풍납토성으로 추정) 등은 일종의 '하항(河港)도시' 였다. 경기만으로 흘러드는 한강, 임진강, 예성강 등의 하계망(河溪網)을 장악하면서 이른바 경기지방을 배후지로 삼았으며 바다로 진출하였다. 이러한 지정학적 조건으로 인하여 출발부터 해양활동이 활발했으며, 필연적으로 황해 중부의 해상권을 장악하였다. 한편 남쪽에서는 마한을 정복하고 서해 남부지역을 완전히 장악했다. 이후부터는 서해 남부의 여러 섬들을 징검다리로 삼아 제주도를 영향권 아래에 넣었으며, 해상으로 일본열도에 본격적으로 진출하기 시작하였고, 영토를 팽창시키는 방식이나 통치방식을 해양과 관련지어 변화시켰던 것 같다. 『일본서기』에 따르면 근초고왕 시대에 해당하는 오진(應神)천황 때에 백제 등 삼국으로 부터 많은 선진문물이 들어와 문화가 성장하는 데에 활력소가 되었다고 한다. 물론 이들 백제인들과 문화는 모두 성능 좋은 배를 타고 일본열도에 상륙한 것이다. 초기에는 이렇게 흡사 이주(settlement)같은 성격을 띤 채 비조직적으로 진출하였다.[50]

그 후 고구려 광개토대왕과 장수대왕의 압박과 공격을 받고 경기만을 빼앗겨 수도를 남으로 이전하였다. 그 결과 해양활동이 일시적으로 위축되었고, 중국의 북조정권과는 외교교섭을 할 수조차 없었다. 그러나 동성왕 시대부터 다시 국력을 회복하여 황해 남부는 물론 남해에서도 활발하게 활동하였다. 탐라가 백제에 복속되었다. 해양지리로 보아 황해와 남해, 동중국해를 연결하는 해상네트워크의 접점으로서 남중국, 한반도, 일본열도로 구성된 삼각형의 중핵에 있다. 동아지중해의 모든 물길과 뱃길이

---

50 윤명철, 『동아지중해와 고대일본』, 청노루, 1996.

만나고 거쳐 가는 물목이었다. 백제는 금강하구에서 황해를 횡단하여 산동반도 해역권에 진입한 다음에 남행하여 양자강 하구로 들어가거나, 직접 황해 남부를 사단하여 양자강 하구로 들어가 중국의 송·제·양·진 등 남조국가들과 활발하게 교섭하여 정치적 지위를 향상시키고 문화의 전성시대를 이루었다.

『양서(梁書)』 백제전에는 백제가 "왜국과 가까우며 문신한 자가 많다. …… 언어가 중국과 비슷하다. 진한의 남은 습속이라고 한다(其言參諸夏. 亦秦韓之遺俗云.)"고 하였다. 또 『북사(北史)』 고려전과 『수서(隋書)』에는 백제에 "왜와 중국사람들도 많이 있었다"고 기록하고 있다. 이러한 기록들을 통해 보면, 백제는 해양교류를 통해서 국제화가 되고, 수준 높은 다양한 문화를 발전시켰다. 이 무렵 남조국가들은 남방지역과 활발하게 교류와 교역을 하고 있었다. 384년에 불교를 전해준 마라난타는 인도 출신으로 바다를 건너서 백제에 상륙하였다.

한편 일본열도로의 진출은 후기로 갈수록 더욱 더 활발해져 일본에서 고대국가가 성립하고 불교 등 문화가 발달하는 데 결정적인 역할을 하였다. 초기에는 서해 남부 혹은 남해 서부 해안을 출발하여 일단은 제주도를 우현으로 보면서 동으로 자국의 해역 내에서 연안항해 내지 근해항해를 계속하다가 먼 바다로 나가 대마도를 왼쪽으로 보면서 항해하다가 규슈 서북부 해안에 상륙하였다. 후기에 들어가면 강한 국력과 해양력을 바탕으로 대도를 경유하여 직접 규슈 북부에 상륙하고, 다시 세토 내해를 항해하여 당시 일본열도의 중심부인 오사카, 나라, 아스칸 지역으로 진출한다. 특히 불교문화를 적극적으로 전파하였다. 그런데 609년에는 80여명의 백제인을 실은 백제선 한 척이 구마모토(熊本)해안에 표류한 적이 있었다. 이들은 양자강 유역의 오(吳) 지방에 파견되었다가 전란으로 입경하지 못하고 귀국하다가 폭풍을 만나 표류한 끝에 도착한 것이다.[51]

---

51 『일본서기』 卷22, 推古 17년.

신라는 다른 나라들에 비하여 비교적 늦게 해양문화의 중요성에 눈을 뜬 것 같다. 국가의 발전이 늦은 탓도 있었지만, 적어도 당시는 동아지중해의 중심이 중국세력들과 관계를 맺는 장소인 황해였기 때문이다. 신라는 오랫동안 동남부에 치우쳐 있었고, 동해와 남해를 지나 황해로 진입하기에는 항해술, 조선술도 문제가 있었다. 무엇보다도 경쟁국가였던 가야와 백제가 신라의 해양활동과 대외교섭을 용납하지 않았다. 고구려가 4세기 말부터 남진정책을 본격적으로 추진하고, 백제와 가야, 왜가 공동전선을 취하면서 신라를 공격하는 현실 속에서 신라는 외교와 교역이 본격적으로 이루어지는 국제정세에 비로소 눈을 떴다. 신라가 지닌 해양능력이야말로 정치력을 강화시키고, 외교활동을 활발하게 할 수 있는 실질적인 토대였고, 수준 높은 학문과 국제적인 문화가 결집된 불교를 수입하는 데도 절대적이었다. 교섭은 오로지 바닷길밖에 없었기 때문이다. 그리고 계속해서 침입하는 왜 때문에도 해양능력은 강화시켜야 했다.

신라는 고구려의 압력에서 벗어나고, 남침에 대비하기 위해 433년에 백제와 1차 나제동맹을 맺었다. 502년과 508년 두 차례에 걸쳐 중국의 북위(北魏)에 사신을 보내 국제적으로 나라의 위상을 높였다. 남조 정권인 양나라와 사신을 교환하고, 불교를 받아들였다. 법흥왕(法興王) 8년(521)에는 양(梁)에 사신을 보냈다. 또 15년(528)에는 남조 정권인 양에서 사신을 파견하여 의복과 향을 보내왔다. 이어 진흥왕 10년(549)에는 양나라에 갔던 승려인 각덕(覺德)이 양나라 사신과 함께 불사리 등을 갖고 돌아왔다. 또 565년에는 명관(明觀)이라는 승려가 진(陳)의 사신인 유사(劉思)와 함께 경론 1700여권을 가지고 왔다. 신라 역시 일본열도와 교섭을 하였다.

가야(加耶)는 일찍부터 일본열도로 진출하였고, 가장 적극적인 나라였다.『삼국유사』에 실린 가락국기(駕洛國記)에는 수로왕의 부인인 허황옥의 고향이 아유타국이라고 되어있는데, 인도의 아요디아왕국으로 추정한다. 우리 문화에는 난생신화, 신앙, 초분 같은 장례풍습 등 남방적인 요소가 적지 않다. 제주도나 전라남도 섬들 일대에는 더욱 그러하다. 인도의 남부지방을 뱃길로 떠나서 말레이지아 반도와 인도네시아의 자바

섬 사이에 있는 좁은 해협인 말라카 해협을 통과하면 동남아 바다가 나온다. 그곳에서 보르네오 섬 북쪽의 바다에서 남서풍을 이용하여 북상하면 필리핀 북부인 루손섬 부근부터 쿠로시오(黑潮)에 편승할 수 있다. 그러면 물길로 대만지역 등을 거쳐 일본열도 혹은 한반도 남부로 북항하는 것이 가능하다. 물론 그 반대도 가능하다. 출발지역이 어디인지는 분명하지 않지만 허황옥은 바다를 항해해서 도착한 이주민집단임이 틀림없다.

김해지역은 중국지역과 한반도, 일본열도를 이어주는 동아지중해의 가장 좋은 교통의 요지였다.『위서(魏書)』왜인전에는 대방에서 일본열도의 야마다이국까지 가는 항로와 항해거리, 경유하는 소국들의 위치와 규모가 상세하게 기록되어 있다. 한반도의 마지막 종착점이자, 일본열도로 출발하는 기점이 구야한국(狗邪韓國)이라고 기록된 김해지역이다. 초기에 일본열도에서 중국의 한(漢)이나 위(魏) 등과 교섭을 하고자 할 때 항해술 수준을 고려하면 가장 합리적이고 안전한 항로는 역시 한반도 서안을 이용하는 길이다.『후한서』,『삼국지』한전 등에는 가야와 직접 관련이 있는 변진이 철을 돈처럼 쓰기도 하고, 왜, 낙랑, 대방, 예 등에 수출을 하였다고 기록하였다. 같은 책의 왜인전에는 그 당시 이루어진 교역과 교섭의 핵심거점을 바로 가야지역으로 기록하고 있다.

가야제국들은 처음부터도 그랬겠지만 전성시대에 철제무기로 무장한 기마군단을 보유한 채 함선을 거느리고 바다를 건너 일본열도를 정복해간 것이다. 그 후에 해양제국인 가야는 힘의 공백을 한반도 남부 내륙에 남긴 채 많은 수가 일본열도로 건너가고, 결국은 역사에서 사라졌다.『남제서(南齊書)』에는 가라국왕 하지(荷知, 鉗知)가 건원 원년(497년)에 남제에 사신을 보냈다는 기록이 있다.

한편 제주도 또한 해양문화가 발달하여 동아지중해에서 일정한 역할을 담당하였다. 제주도는 서남해안지역과 연계성을 지니면서 주변지역과의 교류에 매우 중요한 역할을 하였다. 남해나 서해남부에서 표류한 선박들은 대부분 절강지방에 도착하고 있다. 고려시대에는 탐라에서 송의 영토로 표류한 사실들이 자주 나타나고 있다.[52] 그 직후인 예종 때에는 진도에서 제주로 가다 표류하여 송의 명주(明州)로 표착하기도 하였다.[53] 이러한 예는 매우 많이 나타나고 있는데, 자연적인 표류인 만큼 이 시대에도 그러했을 가능성을 입증해준다. 한편 일본열도는 물론 오키나와 지역과도 교류가 있었다. 『일본서기』에 따르면 사이메이(齊明) 7년인 661년에 월주(越州)에서 귀국하던 배가 표류하여 탐라에 도착했고, 이들을 귀환시키면서 왕자 아파기(阿波伎) 등을 보내었다고 되어 있다. 즉 당나라에 갔던 제4차 견당사는 현재의 절강성 지역인 월주를 출발하여 귀국하다가 표류를 하여 일부 일본인들이 탐라도(耽羅島)에 닿았다. 주민들은 그들을 환대하였고, 귀국할 때에 왕자인 아파기가 배와 함께 이들을 데려다 주고 조정에 봉진하였다.

『삼국지』 등에 기록된 주호(州胡)에 대한 주민에 대한 표현, 문신의 습속, 『고려사』에 고려가 제주 혹은 유구국과 교섭한 사실들이 많이 나타난다. 제주도 출신의 장한철(張漢喆)은 표류해서 오키나와 남쪽의 호산도(虎山島)까지 갔다. 숙종 2년에 역시 탐라인 20명이 풍랑에 밀려 나국(㖃國)으로 들어가서 모두 피살되고, 3명만이 탈출하여 송나라로 갔다가 귀환한 일이 있다.[54] 이 때 나국의 위치는 현재 오키나와 대만과 가까운 지역으로 추정된다. 유구국의 왕세자가 일본이 침공해 올 때 포로로 잡혀간 왕을 구하기 위하여 가다가 폭풍우로 제주도에 표착하였는데, 제주목사가 이들을 죽이고 보물을 빼앗은 일이 있었다. 『광해군일기』와 『단랑패사』의 유구왕세자편에 나오는 이야기이다. 이는 해양환경이 그것을 가능하게 했기 때문이다. 고려사에는 귤 등 남방식물을 재배[55]하였다고 한다.

---

52 『고려사』권11, 숙종 4년 등.
53 『고려사』권13, 예종 8년.
54 『고려사』권11, 숙종 2년.
55 『고려사』권7, 문종6년 기사를 보면 탐라가 해마다 귤을 바쳤음을 알 수 있다.

일본은 비교적 해양문화가 발달하지 못하였고, 주로 우리 지역의 영향을 받거나 경유해서 중국지역과 교류하였다. 기록에 의하면 야요이 초기부터 한과 노국(奴國)의 통교라든가, 야마다이국(邪馬臺國)과 위와의 통교, 국서교환 등이 있었다고 하나 그것은 일시적이고 형식적인 관계에 불과하였다. 지극히 초보적인 단계로서 외교관계가 될 수 없었으며 문물의 수입 또한 용이하지 못했던 것으로 보인다. 그러나 5세기 들어서서 외부적으로는 국제적인 고립과 일방적인 종속성에서 탈피하기 위하여 중국과의 교섭을 원했다. 왜왕 산(讚)은 동진과 송에 사신을 보냈으며, 그 후 대를 이어 남제, 양, 등과 통교하였다. 이들 세력과의 통교는 형식적인 의미가 있었을 뿐이지, 실질적으로 이익을 주거나 상호영향을 줄 수 있는 정도는 아니었다. 6C 중엽에 이르러 불교라는 새로운 논리체계와 문화를 수반한 고등종교가 들어와 587년에 공인받았다. 그 후 불교문화가 꽃을 피워 기술자들이 백제로부터 들어왔다. 아스카(飛鳥) 문화는 이외에도 중국 육조(六朝)의 양식, 서역, 인도 등의 양식이 보이고, 기둥들은 엔타시스 양식으로 되어 그리스 문화의 영향도 보인다. 이 때문에 흔히 이 시대의 예술품들을 평가하면서 국제성을 강조하고, 때로는 중국 남조의 영향을 언급한다. 이처럼 동아지중해 전역에서 모든 나라들은 발달된 해양문화를 바탕으로 정치외교적인 활동을 하였고, 교역과 교류를 활발하게 하면서 점차 상호연관이 깊은 관계를 이루어 갔다.

중국과 남방지역과의 교류관계를 살펴볼 필요가 있다. 삼국시대에 이르러 강남의 오(吳)는 해양활동이 활발했다. 북으로는 위를 압박하고 군마를 입수하기 위하여 해로로 요동지방 등과 교섭하였다. 그 과정에서 고구려의 동천왕과 정치적으로 교섭하고, 말, 초피(貂皮, 담비가죽)등을 수입하였다.[56] 한편 남쪽으로 관심을 기울여 3만의 병력으로 해남도를 공격하였다. 손권(孫權)은 베트남북부의 교주자사(交州刺史)를 파견하여 부

---

[56] 윤명철,『고구려 해양사 연구』, 사계절, 2002.

남(扶南 : 캄보디아) 등 남해 여러 나라와 교역을 하였다.[57] 이 무렵에 동남아 국가인 부남(扶南), 임읍(林邑), 당명(堂明) 등 20여 국에서 오나라에 사신을 파견하였다. 당연히 교역이 이루어졌다. 부남은 중국과 인도를 연결해주는 중계무역으로 부상하였다. 부남왕 범사만(范師蔓)의 아들인 범전(范旃)은 중천축국에 사신을 파견하였다.[58] 이렇게 해서 이 무렵인 3세기경에 이르면 중국과 로마 간에 직접 교역이 이루어졌다.[59] 동아지중해 지역은 부남 등 동남아국가들을 매개로 인도 등 서쪽지역과 간접적이나마 교섭을 하고 있었다.

삼국시대가 끝이 나고, 서진을 거쳐 북쪽은 5호 16국시대가 되었다. 이때도 물론 해양활동이 활발해졌다. 유목민족인 후조, 연 등도 바다를 정치 및 교역에 활용하였다. 이 무렵 북부해양에서는 고구려, 연, 후조, 동진이 서로 해양을 매개로 외교교섭을 하고, 일종의 군사동맹까지 이루어졌다. 특히 고구려와 후조는 군수물자를 선박에 실어 보내는 등 활발하였다.[60] 중국 내부가 혼란에 휩싸이고 광주나 교주지역도 끊임없는 반란에 휩싸여서 약 100년간 바닷길을 통한 대외무역은 침체기에 접어들었다. 그러다가 남조는 북위로 인하여 오아시스루트가 막혔으므로 바닷길을 이용했다.[61]

부남과 임읍은 대표적인 나라이다. 그런데 이 무렵 부남의 수출품을 보면 향목, 상아, 바다거북 등의 동남아산과 홍보석, 녹보석, 산호, 유리 등 인도산의 보석들이 있어서 부남이 중계무역을 했을 가능성이 높다. 한편 인도차이나 반도를 넘어서 말레이 반도나 발리로 추정되는 파리(婆利)에서도 조공을 보냈다. 특히 남조국가들은 불교를 숭상하였는데, 양무제는 대표적이었다. 승려들이 바다를 통해서 오고가고, 불교와 관련

---

57 『梁書』권54, 열전 제48, 제이전.
58 김상범, 「중국, 해상실크로드의 진원지」, 『바다의 실크로드』, 청아출판사, 2003, pp.34~35.
59 정수일, 『고대문명교류사』, 사계절, 2001, p.347.
60 윤명철, 앞의 책, 2002.
61 김상범, 위의 논문, pp.36~37.

된 상품들이 동남아에서 중국지역으로 흘러 들어왔다. 이들 가운데 일부가 백제, 신라 등으로 들어왔다. 향 등은 남방물산이다.

그 후 양은 2만 척의 "대선"을 보유하고 동남아시아는 물론, 인도, 실론을 거쳐 멀리 페르시아와 이라크의 유프라테스강까지 상선을 몰고 갔다. 아랍사학자 알 마스오디도 저서 『황금초석과 보석광』에서 6세기경에 중국상선들이 늘 페르시아만을 지나 유프라테스강까지 와서 히라성(Hira, 현 쿳파시 부근)에 정박하곤 하였을 뿐만 아니라 아만(阿曼), 시라프(페르시아 북안), 바하린(巴林), 오볼라(Obola, al-Ubullah, 유프라테스강 하구 入海處), 바스라 등 항구에도 기항하였으며 그곳 배들도 중국에 항행하였다고 기술하였다. 동진의 승려인 법현(法顯, 338~423)은 소위 남해로를 이용하여 귀국하였다.[62] 409년 초겨울 벵갈만의 갠지즈강 하구에 있는 다마외(多摩梨)제국(현 Hooghly연안의 Jamluk)에서 계절풍을 타고 14일 만에 사자국(현 스리랑카, 실론)에 도착하여 2년간 머문 다음 200여 명이 승선한 대상선(중국선)을 타고 3개월간의 고난 끝에 야파(耶婆)제국(수마트라, 蘇門答臘)에 도착하였다. 거기에서 5개월간 체류한 후 412년 4월 역시 200여 명이 승선한 대상선(인도선)을 타고 그곳을 떠나 3개월 만에 산동성 장광군계(長廣郡界)에 있는 모산(牟山)에 표착했다. 이리하여 법현이 남해 귀로에서 보낸 시간은 근 3년(2년 8개월)이나 되었다.[63] 법현의 『불국기(佛國記)』에는 천문항해를 한 기록이 나온다.[64] 지남(指南)의 사용은 이미 한무제 때 사신들의 항정(航艇)에서 나타나기 시작하여 삼국에서 남북조시대에 이르면 사적·문헌 중에 기록이 다수 나타난다.[65] 『한비자(韓非子)·유도편(有度篇)』에는 '…立司南以端朝夕…'라고 하여 사남(司南)으로 방향을 측정했음을 알려

---

62 이철영·정문수,「장보고시대의 해양물류체계와 한반도 국제물류 중심화방안」,『해상왕 장보고의 국제무역활동과 물류』, 해상왕 장보고 기념사업회, 2001, p.456.
63 이철영·정문수, 위와 같음.
64 李永采,『海洋開拓 爭覇簡史』, 海洋出版社, 1990, p.242.
65 孫光圻,『中國古代航海史』, 海洋出版社, 1989, p.240.

준다.[66]

    이 시대에 전개된 동아지중해의 해양문화는 전 시대에 비하여 몇 가지 괄목할 만한 변화가 있었다. 3지역, 즉 우리 지역, 중국지역, 일본열도지역은 전반적으로 해양문화가 발달하였다. 조선술과 항해술이 발달하여 정치, 경제, 군사, 문화 등에 적절하게 이용하였다. 우리 지역은 고구려, 백제, 신라, 가야가 각각 해양능력을 활용하여 국력을 신장시키고, 특히 외교활동에 적극적으로 활용하였다. 고구려는 중국지역과 해양외교, 군사외교를 하였으며, 남북조를 대상으로 동시 등거리외교를 펼쳤다. 또한 경기만을 장악하여 백제, 신라, 가야, 왜 등이 중국지역과 교섭하는 것을 차단하였다. 고구려를 비롯하여 다른 국가들은 해양을 통해서 일본열도에 진출하여 각각 정치적인 영향력을 확대하였다. 전 시대에는 이들의 진출이 비조직적, 단속적, 비군사적인 진출이었으나, 이제는 조직적이고 군사력을 동반한 정치적인 진출이었다. 그리고 단선의 구조가 아니라 복선의 다중(多重)구조였다. 일본열도 지역에서 고대국가가 형성되는 데 해양활동은 결정적인 영향을 끼쳤다. 이러한 동아지중해권이 형성되는 과정에서 남방문화는 관련을 맺었으나 아직 본격적이거나 직접으로 이어질 정도의 단계에는 못 미쳤다.

5. 동아지중해권의 완성과 해양남방문화 – 남북국 시대

    동아지중해 국제대전이 끝난 이후에 동아시아의 신질서가 편성되는 과정에서 해양활동의 역할은 더욱 강화되었다. 황해가 정치적으로 안정되고 해양문화가 비약적

---

66 孫光圻, 위의 책, p.124.
    『航運史話』, 上海科學技術出版社, 1978.

으로 발달되면서 신해양질서가 구축되고, 그 힘은 북방(北方)의 돌궐, 말갈 등으로 연결되는 유목을 주된 생활형태로 삼는 대륙질서에 견제역할을 하였다. 또한, 당과 통일신라, 발해, 일본을 연결시키는 환황해문화가 활발해졌다. 신라는 통일을 이룩한 저력과 자신감있는 해양능력을 바탕으로 국제교역을 활발히 하였다. 전기에는 주로 당나라와 산동반도의 등주항을 통해서 교역을 활발하게 하였다. 등주에는 발해관, 신라관이 함께 있었다. 초기에는 신라와 당나라 간에 약간의 긴장관계가 있었다. 물론 이러한 현실 속에서도 공식적 비공식적인 교섭은 이루어졌고, 특히 교역은 비교적 활발했다. 조하주(朝霞紬)·어아주(魚牙紬)·루응령(鏤鷹鈴) 등의 고급직물과 금은 세공품, 인삼, 우황, 세포(細布), 과하마(果下馬) 등의 수출이 늘어나고 있다. 나(羅), 능(綾), 의복, 서적, 문방구 등을 수입했다.[67] 『삼국사기』권33 지(志)2 색복(色服)·거기(車騎)·기용(器用)·옥사(屋舍)조에는 공작미(孔雀尾)·비취모(翡翠毛)·슬슬(瑟瑟)·대모(玳瑁) 등이 있는데, 공작미는 인도·동남아 일대와 중국의 남부에도 분포·서식하는 공작의 꼬리부분이고, 비취모(翡翠毛)는 비취조(翡翠鳥)의 털(Kingfisher's Feathers)로 주산지는 캄보디아이다. 또한 슬슬(瑟瑟)의 주산지는 타슈켄트이다. 한편 대모(玳瑁, 瑇瑁)는 생산지가 보르네오·필리핀 군도·자바 등지이며 그 해안에서 포획되는 귀갑(龜甲)의 일종, 황색을 띤 검은 반점이 있는 반투명체로 장식에 많이 사용되었다. 이 밖에 거기(車騎)조에 자단(紫檀)·심향(沈香) 등 남방 물품들이 거론되고 있다.[68]

신라는 시기에 따라서 변화는 있었지만 일본과 교역이 활발했고, 특히 민간인들은 공식적이나 비공식적으로 물건들을 사고팔았다. 752년에 나라(奈良)의 동대사(東大寺)가 완공되었을 때에, 신라정부는 축하사절을 빌미로 왕자인 김태렴(金泰廉) 이하

---

67 盧德浩, 「羅末 新羅人의 海上貿易에 관한 硏究」, 『이홍직박사 회갑기념 한국사학논총』, p.647 참고.
68 이유진, 「8~9세기 동아시아 세계의 대외관계와 교역」, 『해상왕 장보고의 국제무역활동과 물류』, 해상왕 장보고 기념사업회, 2001, pp.95~96.

700명의 대사절단을 파견하여 6월부터 헤이조쿄(平城京)에서 대대적인 교역활동을 하였다.[69] 그 무렵 수입된 물건들의 일부와 품목을 적은 기록물들이 정창원에 보관되어 있다. 매신라물해(買新羅物解)의 내용과 소장품들을 보면 주로 금속품·기물·향료·약물·염료 등이었다. 신라묵(新羅墨)·종이·악기·모전(毛氈)·송자(松子)·밀즙(密汁)·구지(口脂)·경권(經卷)·불구(佛具)·경(鏡)·완(鋺)·반저(盤箸, 佐波理加盤) 등 다양한 물품들과 함께 훈륙향(薰陸香)·청목향(靑木香)·정향(丁香)·곽향(藿香)·영륙향(零陸香)·감송향(甘松香)·용뇌향(龍腦香) 등 남중국·동남아시아·인도·아라비아산의 각종 향료, 동남아시아·페르시아산 약재가 있다. 1966년 경주 불국사 석가탑에서 발견된 유향(乳香) 같은 향료, 송림사(松林寺) 5층전탑(五層塼塔)에서 발견된 병 2점을 비롯하여 경주 황룡사탑지·분황사석탑·황복사삼층탑·불국사 석가탑·익산 오층석탑 등에서 발견된 유리병 등 유리제품[70]도 서역과 깊은 관련이 있다.

신라는 광동을 거쳐 올라온 대식국과의 교섭도 이루어졌다. 처용가나 경주 괘릉에 서 있는 석상들은 아라비아 인들이 신라사회에서 중요한 활동을 하였음을 알려주는데 모두 항로를 애용하여 들어온 것으로 보인다. 울산-흑산도-명주로 이어지는 남해항로가 개척되면서 신라, 일본, 당나라 사신과 구법승 등이 이 길을 이용하였다. 당시 국제항인 양주는 서역인의 집결지였고, 이를 통해 동중국해-대마해협을 거치는 신라와의 교류는 '금을 찾아 나선' 서역인[71]들이 동경하는 목적지가 될 수 있었다.[72] 그

---

69 『속일본기』권18, 孝謙朝 天平勝寶 4년.
70 무하마드 깐수, 위의 책, p.247.
71 서역이란 명칭은 『한서』의 서역전에서 처음 나타나고 있다. 즉, 한 무제 때 흉노에 대항해서 대원지에 장건이 파견됨으로써 이룩된 서역경영 이후 알려지게 된 문화권으로 50여 개의 군소 국가의 총칭이다. 그러나 시대에 따라 그 범위가 넓어져서 위의 지역은 협의의 서역이었고, 당대의 광의의 서역은 천축(인도), 파사(페르시아, 이란), 안식(이란북부), 대식(아라비아), 사자국(실론), 불름(대진, 동로마)까지 포함되었다. 신형식, 「신라와 서역과의 관계」, 『신라인의 실크로드』, 백산자료원, 2002, p.117 참고.
72 신형식, 위 논문, p.133.

런데 일본 역시 나라시대에 페르시아인들이 직접 왔다고 한다.[73]

중세 아랍의 학자들은 신라는 공기가 맑고 자연환경이 좋아 한번 발을 들여놓은 사람은 그곳을 떠나지 않는다고 기술하였으며, 또한 금이 많이 나는 나라라고 쓰기도 하였다.[74] 물론 신라를 섬으로 파악했던 오류도 없지 않으나, 신라에 대한 이러한 정보와 지식은 아랍인이 신라에 직접 왔을 가능성을 완전히 배제할 수만은 없을 것 같다. 『삼국사기』에 나오는 동해 쪽에 출몰하여 이상한 복색을 하고 춤을 추었던 인물들은 아마도 아랍 사람들이 아니었던가 유추되기도 한다.[75]

아랍·무슬림 상인들의 신라 내왕이나 신라 견문에 관한 기술과 함께 신라로부터 수입한 상품에 관한 기사도 실려 있다.[76] 이븐 쿠르다지바(Ibn Khurdadhibah, 820~912) 『제도로(諸道路) 및 제왕국지(諸王國志)』는 신라의 위치와 황금의 산출, 그리고 무슬림들의 신라 내왕에 관하여 서술한 뒤에 신라가 수출하는 상품명, 중국의 동해에 있는 이 나라에서 가져오는 물품은 비단(綢緞)·검(劍)·키민카우(kiminkhau)·사향(麝香)·노회(蘆薈)·마안(馬鞍)·표피(豹皮)·도기(陶器)·범포(帆布)·육계(肉桂)·쿠란잔(Khulanjan)·고라이브(인삼)·장뇌(樟腦)·고량강(高良薑) 등이라고 기술하고 있다.[77]

그런데 신라가 서역과 무역을 할 때 그것은 직접교역이건 간접교역이건 간에 신라 상인들과 함께 재당신라상인들이 적지않이 관계를 맺었을 것이다. 더욱이 해양문화의 메커니즘으로 보아 거의 절대적이었을 것이다. 출신국가는 달랐고, 신분도, 목적도 달랐지만 그래도 정체성을 지키면서 살아온 사람들이 바로 '재당신라인(在唐新羅人)'이다. 그들은 대운하와 황해연안 주변에 신라방(新羅坊), 신라소(新羅所), 신라촌(新

---

73 石原 力,「來日したペルシア人」,『東アジアの古代文化』17號, 1978 秋.
74 알 이드리시의 글을 무하마드 깐수, 위의 책, p.193에서 재인용.
75 신형식, 위 논문, p.112.
76 무하마드 깐수, 위의 책, p.236.
77 무하마드 깐수, 위의 책, p.228에서 재인용.

羅村) 등 정착촌을 건설하였다. 상인들이나 사신들을 위해서 지은 신라관(新羅館), 신라원(新羅院) 같은 건물도 있었다. 서역인 등 외국인들도 많이 살고 있는 국제도시인 양주에도 살면서 거주지를 이루고 있었다. 재당신라인들은 대륙에서는 대운하를 이용하여 내륙의 물류체계와 관련산업을 관장하고, 바다에서는 절강에서 산동으로, 산동에서 신라를 거쳐 일본으로, 절강에서 동중국해를 횡단하여 신라나 일본으로 이어주면서 삼각중계무역을 하였다. 그리고 그들을 토대로 성장한 사람이 바로 장보고였다.

장보고는 대당매물사(大唐賣物使)라는 물건구입자, 즉 수입상인들을 교관선이라고 부르는 무역선에 실어 당나라에 파견하였다. 그리고 구수(毬毵 : 페르시아산 담요), 자단(紫檀 : 자바 등의 향목), 침향(沉香 : 수마트라산 향료) 등 동남아시아와 아라비아산의 고가 사치품을 수입하여 신라귀족들에게 팔았다. 물론 신라의 여러 가지 물품들도 수출하였다. 일본을 직접 방문하였고, 현재 규슈의 후쿠오카시에 지점을 설치하고 회역사(廻易使)라는 무역선을 보내어 사무역도 하고, 심지어는 공무역까지도 시도하였다. 일본이 신라와 관계가 악화되었을 때에 장보고 선단이 당 및 서역의 물품들을 일본에 공급하였다. 엔닌(圓仁)이 저술한 『입당구법순례행기(入唐求法巡禮行記)』에 따르면 장보고가 생존했던 당시에 절강에는 장지신(張支信)이라는 대항해가 일본을 오고 갔다.[78]

발해는 초기에 당과 전쟁을 벌이는 등 갈등관계에 있었으나 점차 교역을 하는 등 공존관계를 유지하였다. 산동지역에 제나라를 세운 고구려계인 이정기(李正己)세력과는 해로로 말 교역 등을 하였다. 그 후에 당과 교역을 할 때 영주로(營州路)라는 요동을 이용하는 경우도 있었지만 배를 이용하는 경우가 많았다. 압록강 하구를 출발하여 황해북부의 연근해항로를 이용하면서 교섭과 교역을 활발하게 하였다. 발해 배들은 심

---

78 절강 지방에서의 신라인들의 활동 및 이 부분에 대해서는 金文經, 「7~10世紀 新羅와 江南의 문화교류」, 『중국의 江南社會와 韓中交涉』, 집문당, 1997 및 「張保皐시대의 해상활동과 교역」, 『한중문화교류와 남방해로』, 국학자료원, 1997 등 참고.

지어 황해를 종단하여 절강(浙江)지역까지 내려갔었다.

한편 발해는 일본에 많은 물건들을 수출하고 일본으로부터 수입을 하였다. 양국 간의 교역은 주로 발해의 주도로 이루어졌다. 220여 년 동안 도합 35차례나 일본에 온 사실이 기록되어 있다. 관리들뿐만 아니라 상인들도 탔고, 민간배들도 독자적으로 왔다. 746년에는 발해와 철리인(鐵利人)이 1100여 명이 온 적도 있었다. 이들은 대부분이 장사를 해서 이익을 남기려는 사람들이었다. 담비가죽, 호랑이가죽, 말곰가죽, 꿀, 인삼, 명주나 철, 동 같은 광물, 곤포 같은 수산물 등 주로 토산품을 수출하였다. 특히 대모라는 붉은 바다거북의 껍질로 만든 술잔은 유명한 상품이었다. 그 밖에도 해표피, 해상어 등으로 만든 각종 수공업제품 등을 수출하였다. 무역역조현상이 심각해서 문제가 되기도 하였다. 그런데 발해상인들이 일본 혹은 당에서 신라상인들, 장보고 선단과 만나 교역을 했을 가능성이 크다.

중국지역의 해양문화는 수(隋)·당(唐)시대에 이르러 질적으로 변화한다. 수나라는 수백 년 만에 분열된 중국지역을 통일하였다. 이것은 다양한 의미를 지녔는데 그 가운데 하나는 국내적으로는 시장의 통일이고, 국제적으로는 교역권의 확대이다. 제국을 지향하면서 동서남북으로 영토를 넓혔고, 그 과정에서 당연히 교역권도 확대되었다. 대운하를 파고 고구려전을 준비하면서 남쪽으로도 영토를 확대했다. 그 과정에서 임읍(林邑)을 공격했고, 유구(현재 대만)를 침략했다. 적토국에 사신들을 파견하였다. 수는 결국 고구려와 5차에 걸친 대전쟁을 벌이다가 실패하면서 망해버렸다. 뒤를 이은 당은 본격적으로 남방교역에 힘을 쏟았다.

한편 당은 대국의 힘을 바탕으로 평화를 구가하고, 교역을 하는 등 제적인 측면에 힘을 기울였다. 당나라는 면직업, 자기, 광산 등 각 지역의 특산물이 생산되었다. 대상인들과 행상인, 보부상들이 나타나서 하나의 유통경제권을 이루었다. 남방에는 거대한 수도망(水道網)이 구비되어 수천, 수만 척의 커다란 선박들이 이른 새벽부터 온종일 무역하고, 각각의 성시(城市)들을 연결했다. 상공업의 발전은 조공무역을 쇠퇴시켜 대외교역을 활성화시켰고, 기존의 서역실크로드 외에 해양실크로드를 발전시켰다. 이후에 번진(藩鎭)들이 발호하면서 해상실크로드가 점차 그 면모를 갖추고 해안가의 절도사(節度使)를 중심으로 사무역이 성행했다.

실크로드를 통해서는 동서교역이 활발하였다. 640년에 현재 투르판지역인 고창국(高昌國)을 격멸하고 안서도후부(安西都護府)를 설치하였는데, 이는 서역상도를 보호하기 위한 것이다. 수도인 장안(長安)에는 수많은 서역인들이 상주하고 있었다고 한다. 특히 페르시아인들이 거상으로서 주보(珠寶)와 향약(香藥)시장을 독점하고 있었다. 바다를 이용해서는 해상실크로드를 활용한 남북무역이 활발했다. 동방의 견(絹), 칠기(漆器), 도기(陶器), 향료(香料), 차(茶) 등이 대량으로 서방으로 수출되었으므로 "도기로(陶器路)" 또는 "향료로(香料路)"로 불리기도 한다. 남해로(南海路)라고도 하는데, 서쪽 끝은 로마이며, 동쪽 끝은 당과 신라, 일본까지 연결되었다.

남방교역은 낙타를 이용하는 오아시스에 비하여 물동량이 많고, 향료 등 비싼 물건들이 많았다. 당태종 때에 광주에는 시박사(市舶司)라는 전문관청을 두었고, 양자강 하구의 양주 남쪽의 천주, 교주 등도 무역항이었다. 여기서부터 동남아(참파, 말레이반도), 인도, 페르시아, 아라비아까지 해상교역로(海上交易路)가 뻗어 있었다. 이슬람 상인이 항해에 이용한 빔신인 다우선, 봉합선 등은 역풍에도 견진할 수 있는 산가돛을 갖추고 있었다. 그들은 계절풍이나 별자리에 관한 풍부한 지식을 살려서 아프리카 동해안, 홍해, 페르시아 만, 인도, 동남 아시아, 중국 연안을 연결하는 교역망을 확립해갔다.[79]

이들 가운데에는 조공의 형식을 빌어 교역을 하는 경우도 많았다. 특히 현재 수마트라지역인 스리위자야는 해상대국으로서 말라카해협과 순다해협을 장악해서 성장하고 있었는데, 당나라에 조공을 바쳤다. 당으로서도 이 나라를 통해야만 인도양으로

---

79 미야자키 마사카쓰 저, 이규조 역, 『정화의 남해 대원정』, 일빛, 1999, p.14.

나갈 수 있으므로 중요하게 여겼다. 당시 인도로 가는 승려들은 이곳을 경유해야만 했다.[80]

7세기에 들어서면 아랍·무슬림들이 남해로에서 해상무역을 주도하게 된다. 그들은 아라비아해나 페르시아만에서부터 인도와 동남아시아 제국을 거쳐 중국 동남부의 8세기 초에는 광주(廣州)·명주(明州, 寧波)·항주(杭州)로 북상하여 소주(蘇州)·양주(揚州)로 시장을 확대했고, 곳곳에 일종의 자치권을 지닌 집단 거주지를 형성하였고, 종교활동도 자유롭게 하였다. 한편 승려들이 남해로를 이용하여 천축(인도)에 구법행각을 하였다. 의정(義淨)의 『대당서역구법고승전』, 혜초의 왕오천축국전은 대표적인 예이다. 이 무렵 부남은 베트남 남부에 있으면서 지리적으로 중국과 인도 사이에 있는 동남아의 국가이다. 그러므로 해양활동을 무기로 경제적인 이익을 획득할 수 있는 유리한 위치에 있다.

해양력을 배경으로 영토를 확대하면서 동남아 전체에 상당한 영향력을 끼쳤다. 주변의 여러 나라들, 특히 중국과는 물론이지만 인도의 중천축과 교섭을 시도하였다. 10세기까지의 소위 남해로는 양주-광주-베트남 동안-자바-수마트라-말라카해협-실론-인도 서안(쿠로인항)-페르시아만(시라프항, 바스라항)-바그다드-콘스탄티노플(아나톨리아)-로마(혹은 페르시아만-남부예멘-아프리카 동안)의 순으로 연결되어 있었다.[81] 이 시대에 이르러 이 길은 동아지중해의 해역과 직접 연결되었으며, 동아지중해의 문화와 경제에 적지 않은 영향을 끼쳤다.

우리 역사에서 남북국 시대, 일본사에서 나라(奈良)시대 및 헤이안(平安)시대, 중국사에서 당시대는 3지역 간의 교류가 바다를 통해서 정치적으로 경제, 문화적으로 매우 활발했으며, 이에 따라 동아지중해가 역사의 중심부 역할을 하였다. 또한 소위 해

---

80 김상범, 앞의 논문, pp.45~46.
81 무하마드 깐수, 위의 책, p.507.

양실크로드를 통해서 동남아의 남방문화는 물론 멀리 인도나 서역지역과도 직접교류를 하면서 범위가 확대되었다. 이는 물론 동아시아를 비롯한 아시아 그리고 서역 및 그 이서에 이르는 광범위한 지역에서 발생한 국제적인 환경의 영향도 있지만, 일찍부터 발달한 동아지중해권의 해양능력과 해양에 대한 인식도 큰 작용을 했을 것이다. 이후 동아지중해는 10세기에 이르러 고려와 송을 주축으로 더욱 발달하면서 동아시아의 정치와 경제, 문화에 상당한 영향을 끼쳤다.

6. 맺음말

한국 및 동아시아의 역사상을 정확하게 이해하기 위해서는 육지와 함께 해양적인 관점에서 보는 것이 필수적이다. 특히 다른 지역들과의 관계를 이해하려면 더욱 그러하다. 동아시아는 한국지역을 가운데 두고 대륙과 일본열도가 내부에 있는 바다를 둘러싸고 있는 지중해적 형태를 띠고 있으며, 정치적인 역학관계상 국가들 간에 이루어진 교류의 대부분은 해양을 통해서 이루어졌다. 필자는 이러한 자연환경과 독특한 역사발전을 고려하여 동아시아 역사를 동아지중해라는 모델 속에서 해석하고 있다.

필자는 그동안 동아지중해라는 틀 속에서 각 지역, 각 국가들의 생성과 발전, 소멸하는 과정을 살펴보고 해석하였다. 그러나 동아지중해는 그 자체로서 완결된 단위가 아니고 다른 세계와 연관을 맺으면서 그 성격과 역할을 달리해왔다. 그 가운데에서 소위 남방지역과도 연관이 깊었으며, 특히 경제적, 문화적인 측면에서 해양을 매개로 한 남방지역과의 교류는 큰 영향을 주고 받았다.

선사시대부터 직접, 간접으로 교류가 있었으나 이는 자연스럽고, 비조직적인 경제 문화적인 형태였다. 하지만 항해술과 조선술이 발달하고, 역사의 발전으로 인하여 다른 지역과의 교섭이 더욱 필요해지면서 교류의 빈도가 높아지고, 형태도 조직적, 정치적으로 변화되었다. 우리의 삼국시대에 해당하는 시대에 동아지중해는 실크로드의 일 구간인 동남아 지역과 간접적인 교류의 형태였다. 그러나 소위 남북국시대에 해당하는 시대에는 동아시아 세계 자체가 서쪽지역 및 나라들과 깊은 관련을 맺는 시대에 들어갔다. 특히 중심국가인 당은 육로의 실크로드와 해로의 실크로드를 이용하여 매우 급속도로 서쪽 세계와 본격적인 직접교류를 하였다. 따라서 신라, 발해, 일본 등도 자연스럽게 당을 중간 경유지로 하는 간접교류를 하였고, 때로는 직접교역을 하기도 하였다. 조금 더 연구가 진행되면 직접교류의 흔적들이 더욱 많이 밝혀지리라 생각한다. 당시의 국제환경과 해양의 메커니즘, 그리고 동아지중해의 해양문화 수준을 고려하면 당연하다고 판단한다. 그 후 고려시대에 이르면 남방 및 서역지역과 직접 교섭을 하는 일이 많아졌으며, 교류의 양과 질이 높아지면서 동아지중해 전체의 경제구조와 문화에 적지않은 영향을 끼쳤다.

06 동아시아속의 瑞山과 그 해양문화적 의미*
―백제 시대를 중심으로―

1. 서 언

본고의 제목은 동아시아속의 서산과 그 해양문화적 의미이다. 이미 이 지역의 역사적인 환경에 대해서는 질적으로 우수한 연구성과와 고고학적인 발굴들이 이루어졌다. 필자는 해양사 전공자의 입장에서 동아시아와 해양이라는 상호연관성 깊은 코드를 활용하여 서산의 위치를 재조명해보는 작업이다. 따라서 서산지역 자체의 밀도 높은 연구는 아니며, 총론적인 논리전개를 하였음을 밝힌다.

동아시아는 한반도를 중심축(core)으로 일본열도와의 사이에는 동해, 타타르해협 및 남해가 있고, 중국과 한반도 사이에는 황해라는 내해(內海, inland-sea)가 있다. 그리고 한반도의 남부와 일본열도의 서부, 그리고 중국의 남부지역(양자강 이남을 통상 남부지역으로 한다)은 동중국해를 매개로 하여 연결된 다국간 지중해(Multinational-Mediterranean-Sea)의 형태를 띠우고 있다. 또한 해류와 조류 및 계절풍의 존재, 그리고 동해를 제외하고는 상대해역 간의 거리가 멀지 않은 내해(內海)적인 성격 등을 갖고 있다. 때문에 항

---

* 「동아시아 속의 서산과 그 해양문화적 의미」, 『백제문화연구』34집, 공주대학교 백제문화연구소·서산문화원, 2005.

해술·조선술 등 문화발전에 크게 영향 받지 않고 인간을 이동시켜 준다. 심지어는 인간의 의지와는 무관하게 주민과 문화의 이동을 가능하게 한다. 그러므로 해양이 역사활동의 중요한 터였고, 특히 韓·中·日 3지역 간의 교섭은 주로 해양을 매개로 이루어졌다. 필자는 이러한 지리적 환경과 해양환경에 주목하여 이 지역의 역사를 해석하는 틀로서 '동아지중해'(東亞地中海, EastAsian-Mediterranean-Sea)모델을 설정했다.[1]

이 모델을 통해서 보면 우리 역사는 한반도라는 고정된 틀과 육지위주의 질서 속에서가 아니라 육지와 해양이란 두 가지 관점에서 동시에 접근해 들어가는 '해륙사관(海陸史觀)'으로 해석해야 한다. 그러기 위해서는 해양에 대한 적극적인 연구가 필요하며, 해양의 입장에서 역사상을 이해하는 '해양사관(海洋史觀)'의 관점이 필요하다.[2] 해양의 역할을 중시하는 역사해석을 할 경우에는 우리의 정체성을 보다 분명하게 파악할 수 있으며, 동아시아 역사에서 구현한 역할 등도 비교적 정확하게 이해할 수 있다. 이것은 지역문화를 해석하는 경우에도 동일하게 적용된다.

해양거점을 중심으로 형성된 정치세력은 교역의 중개지 역할은 물론 교역의 성격, 교역로, 교역품 등의 관리 및 통제기능을 한다. 때로는 국가 간의 정치교섭에 마저 영향력을 행사할 수 있다. 거기다가 중앙에서의 통제가 용이하지 않다. 그러므로 지방의 해양세력들은 호족적 성격을 띠면서 중앙중심의 역사에서는 변방취급을 받아왔다. 그러나 이제는 서산을 동아시아의 한 부분으로서, 우리민족사의 한 부분으로서, 그리고 자체의 역사라는 입장에서 역사상의 위상과 역할 등을 해양적 관점에서 재검

---

1 『東亞地中海와 古代日本』, 청노루, 1996 ; 『張保皐 시대의 해양활동과 東亞地中海』, 학연문화사, 2002 ; 『韓民族의 해양활동과 東亞地中海』, 학연문화사, 2002 ; 『高句麗 海洋史 研究』, 사계절, 2003 ; 『바닷길은 문화의 고속도로였다』, 사계절, 2003 ; 『韓國 海洋史』, 학연문화사, 2003 ; 『歷史戰爭』, 안그라픽스, 2004 ; 『高句麗는 우리의 未來다』, 고래실, 2004 ; 『高句麗의 精神과 政策』, 학연문화사, 2004 외 저서 ; 「동아시아의 相生과 동아지중해모델」, 『21세기 문명의 전환과 생명문화』, 세계생명문화포럼, 2003, 12 외.
2 「海洋史觀으로 본 한국 고대사의 발전과 종언」, 『한국사연구』123호, 한국사연구, 2003 ; 「한국사 이해를 위한 몇 가지 제언」, 『한국사학사학회보』9집, 한국사학사학회 외.

토할 필요가 있다. 특히 백제의 대외관계와 관련해서는 이러한 해양적 입장을 고려해야 한다.

2. 동아시아의 해양문화

서산지역의 해양문화는 기본적으로 어떠한 성격을 지니고 있는 가를 살펴보기 위하여 가장 큰 범주인 동아시아지역을 대상으로 해양환경과 함께 활동의 실상을 간략하게 살펴보고자 한다.

동아지중해에는 이미 선사시대부터 해양활동이 활발했다. 산동·요동·압록강 하구 유역을 중심으로 5,000~7,000년 전 사이부터 조선술과 항해술이 발달하여 지역 간의 교류가 이루어졌다.[3] 서산 웅도와 보령, 호도 등의 섬에서 구석기시대의 석기가 발견되었다.[4] 일찍부터 바다로 나간 것이다. 신석기시대에는 더욱 발달하였다. 그런데 한반도 남부와 일본열도를 제외한 대마도 지역의 토기 담당자가 동일하거나 적어도 강한 교류가 있었다는 사실은 해양활동의 면에서 중요한 사실을 말해준다. 신석기 및 청동기 시대에도 연안항해나 근해항해를 통해서 중국 각 연안지역 간의 교류 혹은 한반도 북부해안 및 중부이남간의 교류가 있었음은 지적되고 있다. 전라도 지역에 영향을 준 것으로 판단되는 남방문화(南方文化)의 존재, 김포, 일산, 고양 등 경기만 일대에서 발견된 4000년을 상회하는 장립미(長笠米)가 양자강하구에서 바다를 건너 도달한 것이라는 견해,[5] 나주(羅州) 다시면(多侍面) 가흥리(佳興里)에서 발견된 화분(花粉)[6] 등은

---

3 汶江, 『古代中國與亞非地區的海上交通』四川省 社會科學院 出版社 1989, p.6, 內藤雋輔 역시 濱田박사의 고고학적인 해석을 수용하여 남만주와 요동반도 사이에 항로가 있었다고 주장을 하고 있다.(『朝鮮史硏究』, 東洋史硏究會 刊, 1962, pp.378~378.
4 한창균·김기태, 「문화유적」, 『도서지(중)』, 충청남도·한남대학교 충청문화연구소, 1997, pp.3~131.

황해남부를 통한 다른 지역과의 문화적 접촉관계를 시사하고 있다. 그렇다면 서산도 이 문화의 전파 루트에서 벗어날 수는 없다.

서산 인지면에서는 고인돌 22기가 발견되었는데, 이웃한 홍성 홍동면과 보령 주산면 등에서도 고인돌이 발견되었다. 천수만 해안지역, 대산반도, 안면도 고남리 조개더미 유적 등에서 간석기와 돌화살촉 등이 채집되었다.[7] 또 청동기문화도 발달했다. 서산 휴암리, 용암리, 대로리 유적에서 청동기시대의 집자리를 발굴(1968~70년)하였다.[8] 고남리의 조개더미유적은 신석기시대와 청동기시대의 문화성격을 잘 보여준다. 이들은 바다로 나가 활동을 했다. 그런데 서해안의 청동기문화, 도씨검(刀氏劍)의 문제[9]는 황해직항과 관련하여 의미있는 시사를 한다. 청동기 문화는 육로와 해안을 따라서 이동을 한 경우도 있지만, 때에 따라서는 항해를 통해서 이동과 전파가 되었을 것이다. 유물의 분포가 강의 상류지역에서 집중적으로 분포되고 연대가 오래된 경우가 아니라면 후자의 경로를 택했을 가능성이 높다. 그런 의미에서 서해안의 청동기 문화권은 시사하는 바가 있으며 특히 금강유역의 청동기 문화권은 해양과 관련하여 관심을 끈다.[10]

고조선은 요동반도와 서한만, 대동강 하구지역을 중심으로 해양문화가 발달하였다. 산동반도의 봉래와 요동반도 끝의 여순지역을 잇는 묘도군도 등을 오고가며 활동하였으며, 또한 발해만에서 서한만으로 오고가는 선박들을 관리하고 통제하였을 것이다. 실제로 강상무덤에서는 보배조개 등이 나와 중국지역과 교역했음을 알려주고

---

5 任孝在,『京畿道 金浦半島의 考古學的 調査研究』서울대박물관 연보 2, 1990, p.13.
6 李榮文,「全南地方의 先史文化」, p.83.
7 이은창,「서산지방의 선사유적발견」,『고고미술』3~9(통권 26), 1962, pp.293~294.
  이은창,「서산 인지면 선사유적 조사보고: 특히 지석묘를 중심으로」,『고문화』3, 1964, pp.44~55.
8 윤무병・한영희・정준기,『휴암리』, 국립중앙박물관, 1990.
9 權五榮,「考古資料를 중심으로 본 百濟와 中國의 文物交流」,『震檀學報』66, pp.181~182.
10 전영래의 錦江文化圈은「韓國靑銅器文化의 硏究 -錦江流域圈을 中心으로-」,『마・백』6, 및「錦江流域 靑銅器 文化圈 新資料」,『마・백』10.

있다. 고조선은 춘추전국시대에 산동의 제(齊) 등과 교역을 하였다. 『관자(管子)』에는 조선의 명산물인 문피(文皮)가 교역품이었음을 기록하고 있다.

한편 서주(西周)시대의 『국어 제어(國語 齊語)』에는 '월상헌치(越裳獻雉) 왜인공창(倭人貢暢)'이란 기록이 나온다. 월상(越裳)은 현재 베트남으로, 왜(倭)는 일본으로 추정을 하여 당시 일본과 베트남으로부터의 항로가 있었던 것으로 추정하기도 한다.[11] 춘추전국(春秋戰國) 시대에 오면 해양을 통한 교역이 본격적으로 이루어졌으며, 그 교역범위가 확산되었다. 『월절서(越絶書)』에 따르면 월인(越人)들은 현재 베트남의 북부 지방까지 이동하면서 교역을 하였다. 『해내북경(海內北經)』에는 연이 발해를 나가 왜와 해상왕래 한 것이 기록되어 있다.[12] 이때 월인들은 한반도까지 진출하면서 교역에 종사했을 가능성은 매우 많다.[13]

진(秦)은 전국을 통일한 후에 경제에 관심을 기울여 해양활동도 더욱 빈번해지고 규모도 커진다. 진은 동남아 지역과 서각(犀角), 상치(象齒), 비취(翡翠), 주기(珠璣) 등의 상품을 교역하였으며,[14] 인도양까지 항해가 이루어져 활동범위가 더욱 넓어졌다.[15] 진시황은 제나라의 방사(方士)인 서복(徐福)을 파견하였는데, 당시의 정책과 해양활동 능력, 동아시아에서 전개된 국제관계를 고려할 때 불로초를 구한다는 목적 외에도 동방개척 사업 내지 교역권의 확대라는 측면이 있었을 것이다.[16] 당시 서복[17]이 출발한 항

---

11 이 외에 戰國策・史記・山海經 등 왜에 대한 기록이 있다. 그런데 江上波夫 등 일인학자들 중에는 이 왜를 현재의 일본은 아니라는 견해를 펴고 있다. 「古代日本の對外關係」, 『古代日本の國際化』 朝日新聞社, 1990, pp.58~62 참조.
12 李永采, 王春良・盖莉・魏峰 著, 『海洋開拓爭覇簡史』, 中國海洋出版社, 1990, p.52~57 참조.
13 岡田英弘, 「倭人とシルクロード」, 『東アジアの古代文化』, 大和書房, 1978, p.7.
14 『史記』 卷6 始皇本紀.
15 발해 북부의 碣石에서 남부의 會稽에 이르는, 그 후에도 중국의 대외무역항구로서 중요한 기능을 수행하였던 몇몇 해양도시들을 계속해서 방문한 사실은 그의 정책방향과 관심의 정도를 짐작할 수 있게 한다. 순행이 정치 경제적인 목적을 띠고 있음을 알 수 있다.
16 윤명철, 「서복의 해상활동에 대한 연구-항로를 중심으로-」, 『한민족의 해양활동과 동아지중해』, 학연문

구의 위치에 대해서는 여러 설이 있다. 랑사(琅邪)가 있는 교주만, 봉래 등 산동반도 북부 해안지역, 영파(寧波) 등 절강 해안지방이다. 가장 유력한 랑사(琅邪) 지역은 황해중부를 직항해서 한반도의 경기만을 중심으로 한 주변 모든 지역에 도착할 수 있고, 서산을 비롯한 충청도 항구와 그 남쪽인 금강하구 등과도 직횡단으로 연결될 수 있다.

진나라가 6국통일을 한 전후 시대부터 정치적 변동에 의해 황해 동쪽의 연안으로 포진한 동이인들은 토착주민들과 연합하여 새로운 문화와 정치세력을 결성했을 것이고 그들은 경제력의 토대를 해양활동과 교역에서 구했을 가능성이 있다. 따라서 황해 전체와 남해로 해서 일본열도로 이어지는 거대한 활동권, 교역권이 형성되는 단초를 열어놓았다.

그 후에 한(漢)나라는 무제 때인 기원전 112년에 양복(楊僕)에게 10만의 수군을 주어 현재의 광동, 광서, 남월을 정벌하였다. 『사기』 식화열전(殖貨列傳), 『한서』 지리지에 의하면 인도양에서 활동한 기록이 있다. 번우에서 중국상인들이 많은 규모의 서(犀), 상(象), 독창(毒昌), 주륵(珠玏), 은(銀), 동(銅), 과(果), 포(布) 등을 교역했음을 말하고 있다.[18] 또한 그 항해노정까지 기록되어 있다.[19] 한의 동방진출과 경제권의 확대는 위만조선의 성장은 양 지역 간의 갈등을 야기시켜 양 국은 격돌하였고, 전투는 수륙양면전이 펼쳐졌다.[20] 황해북부 해상권을 둘러싼 역학관계의 재편을 목적으로 한 전쟁이었을 가능성이 크다.

한편 한반도 남부의 주민들은 점차 해류나 조류, 바람의 영향을 고려하여 바다를

화사, 2002.
17 徐福의 가계와 명칭 등에 대해서는 洪淳晩, 「徐福集團의 濟州渡來說」, 『濟州道史硏究』제2집, 1992, 3장, 4장 참조.
18 『漢書』권28, 지리지.
19 『後漢書』南蠻西夷列傳, 王莽傳 등에 나타난 기사를 보면 당시 漢은 印度 등과 교역을 맺은 것으로 보여진다. 汶江 著, 『古代中國與亞非地區的海上交通』, 四川省社會科學院出版社, 1989, pp.28~29.
20 윤명철, 「黃海文化圈의 形成과 海洋活動에 대한 연구」, 『先史와 古代』, 한국고대학회, 1998, 12.

건너 대거 일본열도에 상륙했다. 삼한의 소국들 가운데 대부분은 다른 소국들이나 외국과 교섭을 위해 항구를 갖춘 해안가의 나루국가(해양 폴리스)였다. 활발한 해상활동을 통하여 주호(州胡 : 현재의 제주도) 일본열도의 소국들 및 중국지역 등과도 정치적·경제적으로 교섭을 하였다. 『삼국지(三國志)』 한전(韓傳)에는 삼한(三韓)이 철(鐵)을 매매하고 있었으며 교역의 범위는 바다건너 주호(州胡)와 왜(倭)에 이르렀다고 기록하였다. 마한전에서는 주호(州胡)가 배를 타고 왕래를 하면서 韓의 國中에서 물건을 사고 팔았다고 하였으며, 변진은 철이 생산돼서 철(鐵)을 교역하고 철을 화폐로 사용하였다고 하였다.

일본열도에서 청동기문화와 철기문화에 해당하는 야요이(彌生)문화(서기전 3세기부터 서기 후 3세기까지)는 무덤양식이나 토기·농기구·무기·인골 등으로 보아 한반도 남부에서 건너가서 형성됐음을 알 수 있다. 이들은 당시의 정치적인 상황과 해양조건을 고려해서 남해동부에서 규슈북부로 이어지는 통상적인 통로 외에도 한반도의 각 지역, 특히 남해동부와 동해남부에서 출발하여 일본열도 혼슈남단지역으로도 도착하였다. 이미 일본열도와 중국지역과는 연안 및 한반도 남부를 통한 간접교역의 형태로 하였고, 때로는 직접교역도 있었던 것 같다. 삼국지 후한서 등 당시의 문헌자료와 고고학적 유물을 볼 때 양 지역 간의 교류는 활발했던 것으로 보인다.[21]

이렇게 동아지중해권은 점차 해양문화 수준이 높아지고 활동범위가 넓어지면서 기원을 전후로 한 시기에 이르면 환황해(環黃海) 전체를 하나의 원(circle)으로 연결하는 권이 형성되었다.[22] 그리고 중국 남부지역을 매개로 남방문화와 간접적이나마 관계를 맺기 시작했다. 이러한 광범위하고, 항로가 길며, 정치적이며 경제적인 당시 동아지중해의 해양 메커니즘 속에 서산지역이 놓여있었다.

그 후 소위 삼국시대에 들어오면서 해양문화는 더욱 발달하였고, 해양이 역사발

---

21 王仲殊, 『中國からみた古代日本』 桐本東太 譯 學生社, 1992.
22 이 부분에 대해서는 尹明喆, 위 논문, p.142 및 p.152 등 참조.

전의 과정에서 더욱 강력한 영향을 끼치게 되었다. 고구려는 전기부터 현재 압록강 하구인 서안평을 장악하여 황해북부로 진출하였다. 발해만을 활용하여 산동지역 및 화북지방과는 일찍부터 교섭하였다. 동천왕 때(233년)에 양자강 하구 유역인 건강(健康: 현 남경)의 오(吳)나라와 교섭하였는데, 이는 중간에 있었던 위(魏)나라를 피해서 근해항해를 한 것을 의미한다. 336년 3월에는 해로를 이용하여 동진(東晉)에 사신과 공물을 보냈다.[23] 그 후에도 꾸준히 요동진출을 시도하여 마침내 광개토대왕 시대에는 완전하게 요동만 해안지역에 닿았다. 광개토대왕은 남으로도 백제의 경기만을 공격하여 영향권을 확대한 다음에는 더욱 해상활동이 활발해졌다. 이후 5세기 전반에 고구려의 장수왕은 황해중부이북과 동해중부이북의 해상권을 완전히 장악한 해륙국가가 되었으므로 국제적으로는 분단된 중국의 남북조를 해양을 통해서 동시 등거리외교로서 역학관계를 조정했으며 문화를 수요했고, 교역을 활발하게 하였다.

『송서』·『남제서』·『양서』 등의 고구려전에는 배로 바다를 건너오는 사신의 왕래가 항상 있었다고 기록하고 있다. 장수왕이 송(宋)나라의 태조가 북위를 정벌하고자 할 때 군사적으로 필요한 말 800필을 보낸 사실[24]은 실제적인 교역이 이루어졌음을 알 수 있다. 민간인들에 의한 경제교역도 많았을 것이다. 한편 승려들은 사신선 혹은 민간교역선을 타고 5~6세기에도 황해를 종단하여 원거리 항해를 하였다. '현유(玄遊)'는 해로를 통해서 인도에 갔다가 사자국에 남았다고 한다. 고구려는 백제·신라·가야·왜가 중국의 북조정권과 교섭하는 것을 차단하고 견제하였다. 뿐만 아니라 5세기부터 일본열도로 본격적인 진출을 하여 6세기 중반에 이르면 본격적인 해양외교를 전개하였다.

백제는 초기부터 해양활동과 깊은 관련이 있었다. 비류와 온조의 정착과정도 해

---

23 『삼국사기』권18, 고구려본기 故國原王 6년조 및 『진서』권7, 帝紀 第7 成帝 咸康 2년조.
24 『宋書』蠻夷列傳 高句麗傳 元嘉 16年.

양과 관련이 깊다. 전기 수도였던 하남 위례성(풍납토성으로 추정) 등은 일종의 '하항(河港)도시'였다. 점차 경기만으로 흘러드는 한강·임진강·예성강 등의 하계망(河溪網)을 장악하면서 이른바 경기지방을 배후지로 삼았으며 바다로 진출하였다.[25]

한편 남쪽에서는 근초고왕 이후에 마한을 정복하고 서해남부해역의 영향력을 강화시켰다. 384년에 불교를 전해준 마라난타는 인도 출신으로 바다를 건너서 백제에 상륙하였다. 이후부터는 서해남부의 여러 섬들을 징검다리로 삼아 해상으로 일본열도에 진출하기 시작하였으며, 곧 제주도 마저 영향권 아래에 넣었다. 백제가 적어도 해안지역이나 섬지역 등을 정복하고 영토를 팽창시키는 방식이나 통치방식은 해양메카니즘과 관련지어 해석할 필요가 있다. 백제인들과 문화는 모두 성능 좋은 배를 타고 흡사 이주(settlement)같은 성격을 띤 채 비조직적으로 진출하였다.[26]

그 후 한성과 경기만을 빼앗겨 수도를 웅진으로 이전한 결과 해양활동이 일시적으로 위축되었고, 중국의 북조정권과는 외교교섭을 할 수 조차 없었다. 그러나 동성왕 시대부터 황해 남부는 물론 남해에서도 활발하게 활동하였다. 백제는 금강하구에서 황해를 횡단하여 산동반도 해역권에 진입한 다음에 남행하여 양자강하구로 들어가거나, 직접 황해남부를 사단하여 양자강하구로 들어가 중국의 송(宋)·제(齊)·양(梁)·진(陳)등 남조국가들과 활발하게 교섭하여 정치적 지위를 향상시키고 문화의 전성시대를 이루었다. 남조국가들은 동남아지역과 활발하게 교류와 교역을 하고 있었다. 한편 백제는 후기로 갈수록 일본열도에 진출하는 것이 더욱 활발해져 고대국가가 성립하고 불교 등 문화가 발달하는데 결정적인 역할을 하였다.

신라는 수도인 경주가 바다와 가깝게 연결되는 일종의 해항(海港)도시인 만큼 동

---

25 윤명철, 「沸流集團의 移動過程과 定着에 대한 검토」, 『한민족의 해양활동과 동아지중해』 학연문화사, 2002.
26 윤명철, 『동아지중해와 고대일본』, 청노루, 1996, pp.131~135.

해에서는 해양활동이 활발했다. 하지만 국제관계와 관련된 해양문화의 중요성에 대해서는 비교적 늦게 눈을 뜬 것 같다. 국가의 발전이 늦은 탓도 있었지만, 동아지중해의 중심이 중국세력들과 관계를 맺는 장소인 황해였기 때문이다. 그러나 신라에게 해양능력은 정치력을 강화시키고, 외교활동을 활발하게 할 수 있는 실질적인 토대였고, 수준 높은 학문과 국제적인 문화가 결집된 불교를 수입하는데 절대적이었다. 교섭은 오로지 바닷길 밖에 없었기 때문이다. 또한 계속해서 침입하는 왜 때문에도 해양능력은 강화시켜야 했다. 신라는 502년과 508년 두 차례에 걸쳐 중국의 북위(北魏)에 사신을 보내 국제적으로 나라의 위상을 높였다. 남조 정권인 양나라와 사신을 교환하고, 불교를 받아들였다. 법흥왕(法興王) 8년(521)에는 양(梁)과 교섭을 벌였다. 또한 일본열도와도 활발하게 교섭을 하였다.

　가야(加耶)는 일찍부터 일본열도로 진출하였고 가장 적극적인 나라였다. 김해지역은 중국지역과 한반도, 일본열도를 이어주는 동아지중해의 가장 좋은 교통의 요지였다. 『위서(魏書)』 왜인전에는 대방에서 일본열도의 야마대국까지 가는 항로와 항해거리, 경유하는 소국들의 위치와 규모가 상세하게 기록되어 있다. 한반도의 마지막 종착점이자 일본열도로 출발하는 기점이 구야한국(狗邪韓國)이라고 기록된 김해지역이다. 가야제국들은 전성시대에 철제무기로 무장한 기마군단을 보유한 채 함선을 거느리고 바다를 건너 일본열도를 정복해갔다. 그 후에 해양제국인 가야는 국가체제상의 한계를 극복하지 못한 채 힘의 공백을 한반도 남부 내륙에 남긴 채 많은 수가 일본열도로 건너가고, 결국은 역사에서 사라졌다. 『남제서(南齊書)』에는 가라국왕 하지(荷知 : 鉗知)가 건원 원년(497년)에 남제에 사신을 보냈다는 기록이 있다. 한편 탐라는 백제에 복속되었는데, 탐라는 해양지리로 보아 황해와 남해, 동중국해를 연결하는 해상네트워크의 접점으로서 남중국·한반도·일본열도로 구성된 삼각형의 중핵에 있다. 일본열도는 물론 오키나와 지역과도 교류가 있었다.

　한편 왜국은 해양문화가 발달하지 못하였고, 주로 우리지역의 도움을 받거나 경유해서 중국지역과 교류를 했다. 하지만 5세기 들어서서 국제적인 고립과 종속성에서 탈피하기 위하여 중국과의 교섭을 원했다. 송서 등 중국기록에 따르면 왜왕 산(讚)은 동진(東晉)과 송(宋)에 사신을 보냈으며, 그 후 대를 이어 남제(南齊), 양(梁), 등과 통교하였다.

이처럼 동아지중해 전역에서 모든 나라들은 해양문화를 발달시켜 정치외교적인 활동을 하였고, 한편으로는 교역과 교류를 활발하게 하면서 깊은 관계를 만들어 갔다. 이러한 역동적인, 국제적인, 해양역사적인 환경 속에서 고대의 서산지역은 크게는 동아시아 질서의 한 부분으로서, 넓게는 동아지중해라는 해양활동의 범주 속에서 자기 역할을 담당했으며, 그러한 과정에서 정체성을 만들어갔을 것이다. 서산의 해양적 위치와 역할을 보다 구체적으로 이해하려면 동아시아의 해양교통을 살펴보는 작업이 필요하다.

3. 동아시아 해양문화의 검토-항로를 중심으로-

황해는 평균 44m로서 일반적으로 수심이 낮고 해안선이 복잡한데다 발달된 만과 섬들이 산재해 있다. 또한 대체적으로 파도가 약하고 리아스식 해안이 많아 유사시 대피할 항구가 많다. 또한 항해에 영향을 많이 끼치는 계절풍의 편중성도 약하고, 또한 항해 거리가 짧아 국지풍(局地風)을 이용할 수가 있으므로 항해 시기나 항로가 비교적 다양하다. 발달된 섬들은 바다 멀리 진출할 수 있게 하여 활동범위를 넓혀주었다. 뿐만 아니라 그것을 징검다리로 해양 반대편에 있는 사람들과 직접 혹은 간접접촉을 할 수 있게 하였다. 즉 근해항해(近海航海)의 가능성이 높다.

1) 환황해연근해항로

고대에 황해를 매개로 한국지역과 중국지역 간에 사용되었던 항로를 당시에 전개 되었던 역사적인 상황과 정확한 해양환경 등을 고려하여 좀 더 구체적으로 세분하였 다. 가장 일반적으로 사용된 항로는 환황해연근해항로(環黃海沿近海航路)이다.

크게 보면 4개 구역으로 이루어졌으나 기본적으로는 환상형(環狀形)의 항로이므로 특정한 출발지와 도착지가 없고, 다만 경유지가 있을 뿐이다. 이 항로상에는 규슈 북부, 대마도, 남해안의 일부, 해남 영산강 하구 등 서남해안, 금강하구 유역, 태안반도 지역인 충청도 해안, 남양반도 지역, 인천만, 강화만, 해주만, 강령만 등의 범경기만과 황해 북부의 대동강 하구, 압록강 하구, 그리고 중국 연안에서는 요동반도의 여순(旅順), 산동반도의 봉래(蓬萊 : 登州)와 영성(榮城 : 赤山), 회하(淮河) 하구 유역, 양자강 하구 유역, 절강성의 항주만과 주산군도(舟山群島) 및 영파 지역 등으로 이어지는 길고 긴 항로이다.

이 항로는 항해거리가 대단히 멀고, 중간 중간에 성격과 이익을 달리하는 해양집단들이 세력화되어 항해를 방해하고, 심지어는 약탈을 하는 위험 부담이 있다. 하지만 항해 자체로서는 위험성이 비교적 적은 가장 안전한 항로이다. 비록 항선(航線)의 처음과 끝이 일률적으로 연결되지 않고, 중간 중간에 몇몇 거점들을 연결하는 불연속적인 항로이지만 역사의 초창기부터 이용됐다.

그런데 이 연근해항로 가운데에서 의미가 있고, 다른 항로와도 구별되며, 중복되지 않는 것은 노철산(老鐵山)항로이다. 『신당서(新唐書)』권43, 「지리지」에 인용된 가탐(賈耽)의 『도리기(道理記)』에는 이 항로에 대한 상세한 묘사가 있다. 즉 "등주동북해행(登州東北海行), 과(過)대사도(大謝島), 구흠도(龜歆島), 말도(末島), 오호도(烏湖島) 삼백리(三百里)--패강구(浿江口) 초도(椒島) 득신라서북지장구진(得新羅西北之長口鎭), 우과 진왕석교(又過 秦王石橋), 마전도(麻田島), 고사도(古寺島), 득물도(得物島), 천리지압록강(千里之鴨

綠江), 당은포구(唐恩浦口), 동남육행(東南陸行), 칠백리지신라왕성(七百里至新羅王城)."이다. 그런데 이 기사로 인하여 마치 신라인들이 사용한 중요한 항로처럼 인식하고 있다. 이 항로는 요동반도 남부해안을 지나 반드시 한반도 북부의 서한만 유역과 연근해를 통과해야 한다. 하지만 그 시대에 그 해역은 신라인들이 항해할 수 없는 발해인들의 활동영역이었다.[27] 그렇다면 신라인들이 주로 사용한 항로는 의상의 도해과정에서 보이듯 경기만이거나 당진·서산 등의 항구였을 것이다. 특히 백제시대에는 서산일대와 태안반도해역은 중간 경유지역할을 하였을 것이다. 그러나 해안과 가까운 해역은 풍랑이 심하고 암초가 많아서 항해에 많은 어려움을 겪었을 것이 틀림없다.

2) 황해중부횡단항로

황해중부횡단항로는 한반도의 중부지방,[28] 즉 경기만 일대와 그 아래지역의 여러 항구와 산동반도의 여러 지역을 횡단성 항해로 연결하는 항로이다. 백제·고구려·신라 등이 번갈아가면서 가장 많이 이용되었을 것으로 추정되는 항로이다. 한반도 쪽의 출발지로서는 경기만의 여러 항구이다. 경기만에는 대외항로의 기점이고 출발점이며 동시에 경유지로서 자격을 갖춘 곳이 여러 군데 있었다. 인천만 지역, 강화도와 주변지역, 남양만 일대이다. 그리고 백제 및 신라의 경우에는 그 아래의 당진, 서산, 태안반도와 서천 등의 금강하구도 사용되었다.

황해 서안에서 가장 대표적이었던 항구는 산동성 북부 해안의 등주항(登州港)이다.

---

27 이 부분에 대해서는 윤명철, 「黃海文化圈의 形成과 海洋活動에 대한 연구」, 『先史와 古代』 한국고대학회, 1998, p.142 참조.
28 엄격하게 지리적인 기준으로 구분하면 한반도 남부해안에서 산동반도 하단부로 이어지는 해역도 황해중부에 해당한다. 그러나 한반도를 기준으로 분류를 할 경우에는 서해중부해역만을 황해중부로 인식하고자 한다.

산동반도의 동쪽 끝인 성산(成山 : 城山), 동남쪽인 적산포(赤山浦)도 항구였을 것이다. 진시황과 한무제가 성산지역을 순해한 것은 그 해양전략적 가치 때문이었다. 후에 소정방은 백제를 치기 위하여 이곳을 출항한 다음에 하여 황해를 횡단했고, 서산 앞바다인 덕적도에 머물렀다가 금강 상륙작전을 성공시켰다. 2003년도 실행된 필자의 장보고호 뗏목 탐험도 역시 최종적으로는 이곳을 출항하였다. 이때 장보고호는 동진을 하면서 직횡단하지 못하고 동남진했는데, 그때 1차 상륙추정 지역이 서산과 군산 일대로 판단돼서 당황하였다. 물론 장보고호는 다시 남풍을 받아 북상하면서 덕적도 주변해역으로 접근하였다.

한편 적산포지역도 중요한 항구였을 것이다. 적어도 경기만 아래를 목적지로 한다면 적산포 혹은 그 아래지역이 중요한 교섭 항구가 될 수 있다. 적산의 또 다른 지명인 척산(斥山)은 조선과 제(齊)나라간의 교역이 이루어진 항구였다. 후에 엔닌은 847년 9월 2일에 적산포 앞의 막야구(莫耶口 : 현재 石島 앞에 모야도가 있다)를 출발하였는데, 4일 오전에 본래 백제의 땅인 웅주서계(熊州西界)에 들어섰다. 이곳은 항법상으로 보아 현재 태안반도 근해일대로 보여 진다.

이처럼 이 항로는 산동반도의 적산, 등주와 청도만의 밀주(密州) 등 여러 지역에서 출발하여 횡단하다가 백령도, 현재의 연평군도, 덕적도 등 근해의 섬들을 멀리서 보면서 서해 근해를 남항하다가 중간에 태안반도, 금강하구, 영산강 하구 등을 물표로 삼거나 경유, 상륙하기도 하면서 최종목적지에 닿았을 것이다. 토미성 부근의 정포(碇浦 : 닷개)는 대당무역의 거점이었을 가능성이 크다. 1927년에 발행된 서산군지의 기항포 기록에는 지곡 산성리 닷개포에서는 지나염·어염 등의 대중국무역이 최근 년까지 이루어졌음을 알리는 기록이 있어 이는 중요한 근거가 되고 있다.[29]

그런데 황해중부횡단항로는 1개가 아니라 2개로 분류된다. 첫째는 잘 알려진 대

---

29 「백제시대의 서산」,『서산의 역사』서산시지 2권, 2002, p.40.

로 황해도를 출발하여 산동반도의 동단 혹은 북단에 도착하는 항로이다. 황해도의 육지에서 산동까지는 직선거리로 약 250km이다. 옹진반도(甕津半島) 앞 쪽에 백령도 등이 있는데, 이 곳은 고구려 때 혹도(鵠島)였고, 후삼국시대에도 황해 중부 횡단항로에서 매우 중요한 물표 역할을 하였던 섬이다. 백령도를 지나 그 다음에는 먼 바다로 나아가 직횡단을 하면 산동반도에 닿는다.

두 번째 항로는 경기만의 하단지역, 예를 들면 남양만이나 그 이하에서 출발한 후에 남풍계열 혹은 동풍계열의 바람을 이용하여 직접 횡단성 항해를 한 다음에 등주지역이나 그 아래인 청도만의 여러 항구로 도착하는 항로도 있다. 옹진반도 끝에서 직횡단 하는 것보다 시간은 더 걸릴 수 있는 반면에 효율적이고 안전하게 항해할 수 있다. 이 항로는 백제인들이 한성백제 시대에 동진 등과 교섭하던 항로와 동일하다고 판단된다. 한편 현재 경기만 남쪽, 충청도 해안, 전라도의 일부해안을 출항하여 서진하다가 근해에 들어서거나 멀리서 육지가 바라보이는 해역에서 남진하여 양자강 하구나 그 아래지역으로 진입하는 항로도 있다. 백제는 웅진시대 사비시대에 남조와 교섭을 벌였을 때 이 항로를 이용하였을 가능성이 크다. 『대동지지(大東地志)』에 따르면 변산반도의 바깥인 위도(蝟島)에서 바람을 이용해 배를 띄우면 중국으로 갈 수 있다고 한다. 그런데 황해중부횡단항로는 항해거리가 가장 짧고 안정성이 비교저 많이 있었지만 역시 환황해 연근해항로보다는 위험부담이 더 있었다.

3) 황해남부사단항로와 동중국해사단항로

황해남부사단항로는 전라도 등의 여러 해안에서 출발하여 사단으로 항해한 다음, 강소성·절강성 등의 해안으로 도착하는 것이다. 남부지역으로 가는 데 주로 사용되었다. 영광(靈光), 영산강 하구의 회진(會津), 그 아래인 청해진, 해남, 강진 등이 출발항구로 사용됐다. 반대로 돌아올 때는 동중국해사단항로를 부분적으로 이용했다.

동중국해사단항로는 절강(浙江) 이남지역을 출발하여 동중국해와 제주도 해역, 황해 남부를 거쳐 한반도 서남해안으로 들어오는 항로이다. 백제·통일신라·고려시대에는 이 항로를 이용하여 승려, 상인, 사신, 유학생들이 도착하고 출발하였다. 이 항로의 일부는 남중국과 일본열도가 교섭하는 데에도 사용됐다.

이 항로에서 주요한 출발항구는 절강성 명주항(寧波)과 그 외곽인 주산군도이다. 이 해역을 벗어나 사단으로 북상하다가 흑산도 등을 경유하며, 주요한 도착지점은 전라남도 해안의 항구들, 예를 들면 회진·청해진·해남·영광·부안 등이다. 이 항로는 북송 말에 서긍(徐兢)이 쓴 『선화봉사고려도경(宣和奉使高麗圖經)』권34 '해도(海道)'에서 상세하게 기술하고 있다. 즉 배는 절강성의 영파(寧波)를 출발하여 보타도에서 항해에 적합한 바람을 기다렸다. 그 다음에 북상하여 상해만의 바깥 바다까지 온 다음에 거의 사선으로 항해하여 흑산도로 향했다. 그 다음에 고군산도(古群山島), 자연도(紫燕島) 등을 거쳐 북상하다가 예성강 하구에 도착하였다.

이 항해는 늦봄에 남풍계열의 바람(남서풍이면 더욱 좋다)을 타고 해류의 흐름을 이용한다면 항주만 혹은 양자강 하구에서 한반도 남부까지는 항해가 자연스럽게 이루어진다. 『송사(宋史)』에는 순풍일 경우에는 흑산도까지 건너는데 5일이 걸린다고 하였다. 이 배들은 남쪽에서 영산강 하구해역 등 다도해 지역을 통과하여 북상하다가 처음 부딪치는 곳은 서쪽으로 돌출한 변산반도와 그 북쪽의 군산 서부해역이다. 다시 북상하면서 충청도 해안일대와 경기만의 곳곳을 경유하였을 것이다. 충청해역에는 서북단에 태안반도가 돌출해 있고, 안흥에서부터 서쪽의 격렬비열도까지 섬들이 많다. 당연히 중간에 있는 태안반도는 목표지가 아닌 중간경유지로서 혹은 항해상의 물표역할을 충실하게 할 수 있는 곳으로서 고대 항로상에서 매우 중요한 역할을 하였다. 서긍이 쓴 『고려도경』에 따르면 서산의 해미는 송나라 신을 맞는 객관인 안흥정(安興亭)이 있었다. 필자는 1997년 6월 하순에 뗏목 '동아지중해호'를 타고 이 항로를 답사하였다. 서긍의 기록과 항로가 일치하였고, 흑산도까지 17일이 걸렸으며, 다시 북상하면서 머무른 곳이 태안반도의 신진도였다.

　백제가 웅진으로 천도하고 남조와의 교섭이 절실해지면서 점차 그 중요성이 높아졌을 것이다. 백제는 웅진시대에 당진 등은 고구려 영향권 아래에 있으므로 불안했고, 금강하구가 정치적으로 안정되지 못했을 때에 서산 등을 한시적이만 국가항구로서 사용했을 가능성이 있다.

　문주왕 2년 3월에 송에 사신을 보냈지만 고구려의 방해로 실패하고 말았다. 또 삼국사기에 따르면 동성왕 6년 7월에 남제로 사신을 파견하였으나 서해상에서 고구려의 군사를 만나 가지 못했다. 이는 아직도 한성시대에 활용한 항로를 활용하고자 한 결과로 보인다. 물론 적어도 출발 항구는 경기만과 가까운 당진의 아래인 서산 등에서 출항하여 만을 빠져나온 다음에 덕적도 등을 항해물표로 삼아 황해중부를 횡단하는 항로를 이용하였을 것이고, 그러는 과정에서 고구려의 해양봉쇄에 걸렸던 것이다. 바다에서 사신선이 봉쇄당한 예는 여러 번 나타난다. 심지어는 고구려도 송 및 남제와 교섭하는 과정에서 북위군에게 나포 당했다. 백제는 후에 안정을 회복하면서 금강하구 등을 출항하여 고구려의 영향권을 벗어난 곳을 이용하여 횡단성 항해를 하다가 산동반도에서 떨어진 먼거리 해상에서 남항하여 양자강 하구로 들어갔을 것이다.

　이렇게 복잡하고 유기적인 동아지중해의 해양교통에서 서산일대는 특별한 시기를 제외하고는 항구기능 및 외부문화의 유입처, 혹은 출발지의 구실, 즉 항해의 종착지나 출발지의 기능을 본격적으로 하기는 힘들었을 것이다. 다만 해양중계지(海洋中繼地)로서의 역할을 하거나 경유항로(經由航路)의 역할을 하였을 것이다. 특히 태안반도 일대는 연근해를 항해하는 선박들이 1차 상륙하는 곳이거나 혹은 접안하여 피항하는 장소의 기능도 하였을 것이다. 그 위로 아산만이 있는데, 당진군 사이에 있으며, 조석의 차가 가장 큰 만이다. 조차가 6.1m, 최대 9.6m에 달한다. 그 곳도 항구로 사용했으며, 서산과도 관련이 있었을 것이다.

4. 서산지역의 해양환경 검토

　서산지역이 동아시아와 우리민족사에서 차지하는 해양적 위치와 역할을 보다 구체적으로 이해하기 위해서는 이 지역의 해양환경에 대한 검토가 필요하다. 항해에 영향을 끼치는 기본적인 자연조건은 해류와 조류, 바람이 있다. 남중국해에서 동북방향으로 흘러 들어오는 쿠로시오의 한 지류는 대만(臺灣)을 거쳐 제주도로 북상하다 양쪽으로 갈라진다. 그 한 흐름이 서해남부해안으로 부딪쳐 서해연안을 타고 올라오면서 문물과 역사의 이동로가 된다. 서해를 타고 올라간 해류는 다시 서한만(西韓灣)과 발해만(渤海灣)을 거쳐 황해 서부, 즉 중국동안을 타고 아래로 내려온다. 그러니까 서산 앞바다를 흐르는 해류는 기본적으로 북향한다.
　그 다음은 조류(潮流)이다. 연근해항해에서는 해류보다 중요한 역할을 하는 것은 조류이다. 특히 한반도의 서남해안과 중국의 동해안은 조류의 흐름이 매우 빠르고 방향의 지역적 편차가 심하여 고대에는 황해나 남해안에서 절대적인 영향을 끼쳤을 것이다.
　섬들이 많고, 조류의 움직임이 복잡하면 안전한 항로를 선택하기가 매우 어려울뿐더러 항해자체가 불가능하다. 때문에 연안 혹은 근해항해 시에는 해류와 조류의 흐름을 파악하고 그 속도와 힘의 관계를 인지해야 안전하고 성공적인 항해를 할 수 있다. 이 때문에 지역물길에 익숙한 집단이 해상권을 장악하고 세력화하는 것이다. 특히 서산 해역은 연안의 조차가 크고, 외해의 파랑을 직접 받는다. 만 깊숙하게 들어오거나 천수만처럼 태안반도와 안면도가 막아주는 곳은 파랑을 직접 받지는 않지만 대신 조류의 흐름이 복잡하다.
　한편 항해환경에 있어서 바람의 영향은 지대하다. 연안항해는 물론이지만 근해항해 원양항해에서 바람의 이용이란 거의 필수적이다. 봄에서 여름에 걸쳐 부는 남풍계열의 바람은 중국 남부해안과 한반도 혹은 일본열도와의 교류를 가능하게 한다. 반면에 가을에서 겨울에 걸쳐부는 북풍계열의 바람은 한반도 북부와 중국의 중부 혹은 남부해안과의 교류 가능하게 한다. 한편 남풍계열의 바람은 일본열도에서 한반도로의 교류를 북풍계열의 바람은 한반도에서 일본열도의 남부와 서부해안과의 교섭을 가능하게 한다.

삼국시대의 대외사행(對外使行)은 계절풍과 해류의 영향을 받으며 이루어졌다. 백제와 중국과의 관계,[30] 신라와 왜의 관계는 물론이고 이러한 현상은 신라와 일본의 관계에서도 동일하게 나타난다. 일본승려인 엔닌(圓仁)이 신라배를 이용하여 귀국하면서 황해중부를 횡단하는 모습이 나온다. 책의 개성(開成) 4년(839)조 4월 17일에는 "등주(登州) 근처에서 동쪽으로 가면 신라가 있다. 바람만 좋으면 2~3일 만에 도착할 수 있다."라고 기록되어있다.[31] 황해나 동중국해의 항해에서 바람이 중요한 사실은 필자가 직접 실험한 동아지중해호 뗏목탐험의 항해일지에 구체적으로 나타나있다.[32] 그런데 태안반도를 비롯한 서산지역은 겨울철에 북서풍이 세차게 불며, 여름에는 남서풍이 탁월하게 분다.[33]

한편 해안지역의 산들 또한 해양환경과 깊은 관련이 있다. 바다에서 가장 중요한 것 가운데 하나는 자기 위치를 정확하게 파악하고, 항로를 정하는 일이다. 그때 하늘의 별을 관측하는 천문항법을 활용하지 못할 경우에는 육지의 물표를 통해서 확인하는 지문항법에 의존해야 한다. 크고 높은 산은 바다에서도 볼 수 있으므로 항해민에게는 등대의 역할을 한다. 서산과 태안반도 지역에는 높은 산군들이 있어서 항해하는데 매우 많은 도움을 준다. 이것은 시인거리라고 한다.[34] 가야산(伽倻山 : 677m) · 삼준산(三

---

30 鄭鑛述, 「韓國先史時代海上移動에 관한 硏究」, 『忠武公 李舜臣 硏究論叢』 해군사관학교, 1991, p.45 도표 참조.
31 圓仁, 『入唐求法巡禮行記』권1.
32 尹明喆, 「황해의 지중해적 성격연구(1)」(조영록 편 『한중문화교류와 남방해로』) 국학자료원, 1997 참조.
33 「자연과 환경」, 『서산의 지리』서산시지 제1권, 2002, p.79.
34 이 방식과 황해주변의 산과 시인거리에 대한 계산결과는 필자의 논문들을 참조 바람.

峻山 : 490m)・상왕산(象王山 : 307m)・도비산(島飛山 : 352m)・팔봉산(八峯山 : 362m)・망일산(望日山 : 302m) 등이 있다. 특히 도비산과 팔봉산은 바다에서 보일 뿐 아니라 바다를 볼 수 있으므로 해양과 깊은 관련이 있다. 이외에도 다양한 해양환경이 서산지역의 역사발전에 적지 않은 영향을 끼쳤다.

 서해안은 리아스식 해안으로 해안선의 형태가 매우 복잡하므로 만(灣)과 포(浦), 곶(串) 등이 곳곳에 발달하였다. 서산지역은 북쪽에는 가로림만과 서산만이, 남쪽에는 천수만과 적돌만이 내륙 깊숙이 파고들고 있어 해안지방의 굴곡이 심하고, 해안선의 길이가 길다.[35] 또 외곽으로는 당진만·태안반도 등이 있고, 안과 밖에 섬들이 많아서 물길이 매우 복잡하다. 특히 강물과 바닷물이 섞이므로 조류의 흐름이 불규칙하다. 그 사이를 뚫고 수로를 찾아 항해한다는 것은 무리이다. 그러므로 해역환경에 익숙한 토착세력이 아니고는 연안항해는 물론 해양활동 자체가 불가능하다. 태안반도와 안면도로 이어진 안쪽 만은 안정적인 넓은 해양공간이 마련된 일종의 소지중해(小地中海) 같다. 밖에서는 진입과 관측이 불가능하다. 또한 만 안의 내부를 흐르는 물길이 복잡하므로 조류의 움직임을 숙지한 세력이 아니면 내부로 침입하기조차 힘들다. 갯뻘이 많아 선박의 진입과 접안이 어려우므로 군사적인 면에서는 매우 유리하다. 그러므로 대규모의 수군기지(水軍基地)를 설치할 수 있으며, 곳곳에 해양방어체제를 구축할 수 있다. 거기다가 수많은 선박들이 움직이면서 경제활동을 할 만한 안정된 상업기지(商業基地)를 만들 수 있다. 당연히 대단한 세력을 지닌 해양세력이 형성될 수 있는 환경이다. 이러한 해양환경을 고려할 때 서산일대에는 초기부터 독립된 소국이 존재했을 가능성이 충분히 있다. 필자는 '나루국가' 라는 용어를 만들어서 사용하고 있는데,[36] 이

---
35 「자연과 환경」, 『서산의 지리』 서산시지 제1권, 2002, p.60.
36 尹明喆, 「西海岸 일대의 海洋歷史的 環境에 대한 검토」, 『扶安竹幕洞 祭祀遺蹟 硏究』, 국립전주박물관, 1998, p.120.

는 바다로 이어진 일종의 '해항도시(海港都市)' 또는 '하항도시(河港都市)'이다. 삼한소국과 유사한 시기에 존재했던 일본열도의 소국들이 연안의 해양교통과 밀접한 관계가 있다는 것을 분석한 연구가 발표되었다.[37]

서산은 『신증동국여지승람(新增東國輿地勝覽)』에 따르면 백제시대에 기군(基郡)을 비롯하여 3현이 있었다고 한다. 그러나 이미 신석기시대부터 인간이 거주하였으며, 대산읍 대로리의 청동기시대 주거나 인지면 둔당리 남정리의 고인돌의 존재를 볼 때 고대국가가 발전할만한 역사적인 배경을 갖추고 있었다. 특히 대로리 명지마을에서 대규모의 토광묘군이 발견되어 상당한 정치세력이 발전하고 있음을 알려준다. 마한 54개국 가운데 치리국국(致利鞠國)·자리모로국(咨離牟盧國)·신소도국(臣蘇塗國)·염로국(冉路國) 등을 서산지역에 비정하고 있다. 이들 소국들은 백제의 중심인 한성지역과 가까운 탓에 정치적인 압박을 받아 오랫동안 존속하지 못했고, 해양적 역할도 경기만에 비하여 미비했을 것이다.

한편 서산 일대 지역은 해양전략적으로도 매우 가치가 큰 지역이었다. 서산지역은 서쪽으로 튀어나온 태안반도와 연결되고 있다. 태안반도 해역은 황해연근해항로를 통해서 선박들이 남북으로 오고 갈 때 경유하는 해역이다. 또한 황해중부횡단항로를 이용할 때 남에서 출항한 선박들이나 한강하구나 경기만에서 출항하여 남으로 내려가는 선박들이 먼 바다로 뜰 때 멀리서 경유하면서 항해상의 물표로 삼을 수 있다. 또한 서산만·당진만·천수만 태안반도의 몇몇 지역들은 항구로서 기능을 하였다. 백제가 한시적이지만 국가항구로 사용할 때에는 전략적으로 매우 중요한 지역이었을

---

[37] 松枝正根, 『古代日本の軍事航海史』 上, pp.191~192.
즉 당시의 해양수준으로 1일 항해거리는 약 32마일(약 59km)로 잡았다. 그리고 이 거리를 중시한다면 首都라고 생각되는 지점에서 약 60km 마다에 港이 발전해야만 한다. 그러면서 위 계산법에 의거해 항로와 거리 일수 등을 열거하면서 유적의 분포와 일치함을 주장하였다.

것이다. 그리고 바다에서 육지를 향해서 들어오는 선단들에게 태안반도의 산들과 서산지역의 높은 산들은 항해의 물표로서 매우 훌륭한 역할을 하였을 것이다.

따라서 서산지역은 군사적으로도 가치가 높았다. 서산은 북으로는 아산만이 깊숙하게 들어온 곳에 있다. 남으로는 안면도와 태안반도 사이의 좁은 만을 통과해서 들어오면 아주 넓은 만이 있는데 현재 서산·해미·보령·홍성으로 둘러싸여 있다. 수심은 깊지 않지만 물의 흐름이 안정되고, 밖에서는 내부의 움직임이 관측되지 않으므로 수군함대를 감추어둘 수 있으며, 적의 공격을 유인하여 반격을 가하는데도 매우 유리한 환경이다. 특히 안면도와 태안반도 남쪽 사이에는 좁은 해협이 있다. 통과하기 힘들다. 따라서 북·남·서를 효율적으로 방어할 수 있어 동쪽의 육지내부와 특히 웅진 등의 중심부를 방어하기 좋은 해양전략적인 가치가 높다. 더구나 백제의 웅진시대말기에는 서산지방이 백제의 통치력이 미쳤고, 고구려에 대한 방어선의 일부로서 역할을 하였다고 한다.[38]

이러한 전략적인 가치를 활용하여 곳곳에 방어체제가 구축되었다. 방어체제는 외부세력 혹은 중앙정부(中央政府)의 군사력(軍事力)을 방어하기에 좋은 전술적 이점이 있어야 한다. 해양에서 적의 수군(水軍)과 해상전투를 벌어질 때 보조역할을 하고, 섬 및 해안에서 선박으로 상륙하는 적을 저지하는 역할을 한다. 즉 주요임무는 '관측과 검문' '제어 및 저지' '공격과 격퇴' 이다.[39] 해안가에 있는 곶(串)·포(浦)와 진(津)을 지키기 위하여 해안과 바로 접한 곳에 성을 쌓는데, 필자는 몇 편의 논문을 통해서 이러한 성들을 '곶성(串城)'·'포구성(浦口城)'·'진성(津城)'으로 유형화 시키고 있다. 이러

---

38 「백제시대의 서산」, 『서산의 역사』 서산시지 2권, 2002, p.40.
39 尹明喆, 「江華지역의 해양방어체제연구-關彌城 位置와 관련하여」, 『사학연구』 58·59 합집호, 1999.
  「遼東지방의 해양방어체제연구」, 『정신문화연구』 겨울호, 통권 77호, 1999에는 해양방어체제에 대한 상세한 설명이 있다.

한 곳을 점령당하면 적이 내륙으로 진격하는 것을 허용하고, 또 바다로 나가는 출구가 봉쇄당한다. 때문에 방어적 가치가 매우 높은 곳이다. 태안의 백화산(白華山)과 서산의 팔봉산(八峯山) 사이의 만은 남쪽의 만과 만나면서 지형적으로 아주 잘룩한 목에(掘浦) 해당한다. 이처럼 수로를 관측하고, 물길을 장악하는 길목에는 반드시 성이 있어야 한다.[40] 그리고 더 깊숙한 곳, 즉 만 전체를 주변지역과의 유기적인 관계 속에서 작전을 수행하기 위하여 내륙으로 더 들어간 곳에는 중심성(中心城)을 구축해야 한다. 서산지역에 축성한 백제시대의 성들은 대체로 해양방어체제의 성격을 지니고 있다. 그 가운데 대표적인 성으로 신송리산성, 연암산성, 반양리산성, 부성산성 등이 있다.[41] 특히 부성산성은 좌우에 바다를 끼고 있으며, 해로와 밀접한 관련이 있으며, 대중교통로상에 위치해 있었다.[42]

5. 맺음말

동아시아는 초기부터 해양문화가 발달하였고, 그 형태와 성격, 역사의 전개과정을 볼 때 지중해적(地中海的) 성격을 가졌다. 황해는 동아지중해에서 활동의 핵심에 해당하는 중심부이었고, 남북연근해항로(南北沿近海航路), 동서황해중부(東西黃海中部) 횡단항로(橫斷航路)가 직접 만나고, 간접적으로 동중국해사단항로(東中國海斜斷航路), 그리

---

40 이 부분에 대해서는 申瀅植·崔根泳·尹明喆·吳舜濟·徐一範 공저, 『高句麗山城과 海洋防禦體制』백산문화사, 2000 참고.
41 해양방어체제에 속한 산성들에 관해서는 「관방유적」, 『서산의 문화유적』 서산시지 제7권, 서산시, 2002 참고, 그리고 그 보다 먼저 조사한 이원근·최근무·로헌식, 『한국의 城郭과 烽燧』 中, 한국보이스카우트연맹, 1989 참조, 기타 논문 및 조사보고서 참고.
42 李南奭, 「瑞山 富城山城의 考察」, 『古文化』52집, 한국대학박물관협회, pp.23~27.

고 일본항로(日本航路)가 만나는 곳이었다. 특히 경기만과 바로 이웃하고 있어서 중요성이 컸다. 또한 내부의 해양환경을 살펴보면 크고 작은 만이 있어서 해양문화가 발달했고, 해양세력이 성장할만한 환경이었다. 해양세력은 무정부성(無政府性), 호족성(豪族性)을 띠우고 있으며, 중앙정부에 대하여 상대적인 독립성(獨立性)을 유지하려는 속성과 능력이 있다. 또한 이 지역은 신라시대에 경주에서 출발하여 당진에서 출항하고자 할 때 간접적으로 경유하는 지역일 뿐 아니라 웅진시대의 백제로서는 어쩌면 매우 중요한 의미를 지닌 해양교통 및 군사기지의 역할도 가능했던 곳이다. 그래서 해양교통의 실상을 규명하면서 백제는 물론 동아시아에서 서산의 역할과 위치를 규명해내며, 지역 내에 산재해있는 성과 봉수 등 군사시설물을 더 찾아내고, 그 성격을 정확하게 찾아내는 작업이 필요하다. 그리고 서산지역의 미래적 가치와 의미를 모색하는데도 역시 해양적 질서란 매우 유효한 도구가 된다.

본고는 머리말에서 언급하였듯이 서산지역의 역사적 활동과 성격, 특히 백제와 관련해서 직접적인 견해를 밝히지 않았다. 이는 백제사 연구에 대한 능력부족과 함께 일단은 해양적 입장에서 이 지역의 기본성격을 이해하려고 하였기 때문이다. 그리고 연구자들이 혹시 해양의 성격을 통해서 지역연구에 도움이 될 것을 염두에 두었다.

해양의 특성이나 해양환경, 해양방어체제의 성격과 기능 등을 논할 때 필요한 부분만 간략하게 설명하였다. 이는 필자의 다른 논문들에 충분하게 언급되어 있기 때문이었다. 어느 지역이든 고대사에서 대외관계사와 관련하여 연구할 때에는 해양문화의 독특한 메커니즘을 염두에 둘 필요가 있다는 것을 주장하고 싶다. 해양문화는 육지 위주의 질서나 육지인의 인식으로 접근해서는 잘못 이해할 가능성이 많다. 또한 해양 역사상의 개념이나 용어 등을 사용할 때에도 신중한 태도를 갖는 것이 필요하다.

07 동해 문화권의 설정 가능성 검토*
―고대 동아지중해문명의 이해를 위한 한 접근―

1. 서 론

  역사학은 미래학이면서 동시에 과거의 역사상, 즉 정체성을 규명하는 역할도 있다. 우리 역사의 기본성격을 이해하려면 역사 공간에 대한 정확한 이해를 토대로 구체적인 사건들을 해석하는 접근양식이 필요하다. 공간에 대한 오해는 동아시아 역사를 해석하는 데서도 나타난다. 동아시아는 아시아 대륙의 동쪽 하단부에 위치해 있으면서 대륙적(大陸的)성격과 함께 해양적(海洋的)특성을 가지고 있다. 또 하나는 우리 역사를 폐쇄적인 한반도적인 관점이 아니라 범아시아적·동아시아적 관점에서 역사상과 존재이유를 살펴보는 것이다. 일국사적, 혹은 각국사적인 관점이 아니라 동아시아라는 국제적인 관점에서 파악해야 하며, 우리 역사는 일민족사적(一民族史的)인 관점, 일문명사적(一文明史的)인 관점에서 보는 시도가 필요하다. 또한 이제 우리 역사학은 아시아 문명에서 이룩한 우리 역할에 대한 규명이 필요하며 동시에 앞으로의 역할도 제시해야 할 필요가 있다. 이 여러 가지 필요조건을 충족시키는 방법론으로서 동아지중

---

* 「동해문화권의 설정 검토-고대 동아지중해문명의 이해를 위한 한 접근」, 『동아시아 역사상과 우리문화의 형성』, 한국학중앙연구원 동북아고대사연구소, 2005.

해(東亞地中海, EastAsian-Mediterranean-Sea)모델을 설정한 후에, 동아지중해문명의 실체 여부를 판단하는 작업들을 해왔다.[1]

그런데 동아시아 및 우리 역사의 중심부는 황해였고, 일본열도와의 교류는 주로 남해였다고 인식하였으므로 동해는 규명작업을 소홀히 하였다. 그러나 동해의 중요성과 함께 동해 주변지역이 역사에서 차지한 비중이 컸음이 점차 밝혀지고 있다. 특히 일본은 이러한 필요성에 입각하여 일찍부터 동해와 관련된 문화현상 및 교류, 역사적인 활동에 대하여 연구를 거듭해왔다. 역사학은 늘 그렇듯이 연구에도 시대정신을 일정하게 반영하고 있으며, 때로는 시대가 절실하게 요구하는 내용도 담아내려는 자세가 필요하다. 이제 동해가 우리의 현재와 미래 속으로 다가오고 있다. '동해문화(東海文化)'의 발굴과 복원이 필요한 시점이다.

이 글은 동아지중해라는 거시적인 모델 속에서 동해문화권이라는 또 하나의 모델을 설정하여 '동해문화권' 이라는 것이 정말 성립할 수 있을까에 대한 검토를 하고, 또 동해문화권이 실체가 있다면 필자가 그 동안 설정하고 연구한 동아지중해 모델 속에 동해라는 빈 공간을 채워놓아 설득력을 높이고자 한다. 또 이 작업을 계기로 삼아 동해의 자연 및 역사적 환경에 대해 폭넓게 이해하고, 미래적 가치에 관심을 불러일으키고자 한다.

본고는 구체적인 사실을 찾아내고 고증하거나 검증하는 미시적인 작업을 넘어 큰

---

[1] 『東亞地中海와 古代日本』, 청노루, 1996 ; 『張保皐 시대의 해양활동과 東亞地中海』, 학연문화사, 2002 ; 『韓民族의 해양활동과 東亞地中海』, 학연문화사, 2002 ; 『高句麗 海洋史 硏究』, 사계절, 2003 ; 『바닷길은 문화의 고속도로였다』, 사계절, 2003 ; 『韓國 海洋史』, 학연문화사, 2003 ; 『歷史戰爭』, 안그라픽스, 2004 ; 『高句麗는 우리의 未來다』, 고래실, 2004 ; 『高句麗의 精神과 政策』, 학연문화사, 2004 외 저서 ; 남덕우 편, 「장보고를 통해서 본 經濟特區의 역사적 교훈과 가능성」, 『경제특구』, 삼성경제연구소, 2003 ; 「동아시아의 相生과 동아지중해모델」, 『21세기 문명의 전환과 생명문화』, 세계생명문화포럼, 2003, 12 ; 「海洋史觀으로 본 한국 고대사의 발전과 종언」, 『한국사연구』 123호, 한국사연구, 2003 ; 「한국사 이해를 위한 몇 가지 제언」, 『한국사학사학회보』 9집, 한국사학사학회 ; 「영일만 지역의 해양환경과 岩刻畵의 길의 관련성 검토」, 『포항 칠포리 암각화의 세계』, 한국암각화 학회, 2005, 5 외 논문.

틀을 설정해놓고 몇몇 사실들, 혹은 이미 연구된 성과들을 토대로 재구성하는 거시적인 접근을 하고자 한다. 아울러 동아시아 및 우리 지역의 역사상을 더욱 구체적으로 규명하기 위하여 바다와 대륙이 동시에 만나는 환경 속에서 해양문화와 연관성을 지니는 해양환경을 살펴보고자 한다.

2. 동아지중해문명의 설정, 그 이유와 실제

1) 우리 역사에 대한 새로운 접근

역사학은 미래학이다. 역사란 사실들의 종합이므로 의미나 평가의 문제가 아니라면 1차적으로 가능한 한 사실을 규명하고 복원해야 한다. 일종의 무엇(what)의 문제이다. 사실의 규명, 확인, 재현이란 정확성을 가장 기본으로 삼고 엄격하게 객관성을 가져야 한다. 하지만 그것을 넘어서 사실을 함유하는 해석작업도 필요하다.

역사학은 현재성과 불가분의 관계를 맺고 있다. 역사학은 기록자이며 동시에 평가자이지만, 그 이전에 행위자이다. 역사는 항상 변화하는 역사적 · 사회적 산물이다. 인간의 모든 관심과 행위의 출발은 현재이고 더 나아가는 미래이다. 과거 사실을 규명하고 확인한 후에는 현재의 구체적인 상태와 연결짓고 비교하는 해석의 작업이 필요하다. 즉 why의 문제이다. 개별사실과 전체사실들이 가진 의미 · 역할 등을 탐구하고, 평가의 의미까지 갖고 있다.

그리고 역사학의 범주를 보다 확대시켜서 인간전체의 본질을 이해하고, 주어진 몇몇 문제들을 해결하는 방법론을 제시하는 자세를 지녀야 한다. 역사학의 궁극적인 목적은 역사활동 주체들로 하여금 가능한 한 완벽한 의미의 역사를 영위하도록 방법론의 제시기능까지도 하는 것이다. 물론 자연과학처럼 정확하거나 세밀하게 검증된 것은 아니다. 미래를 해석하거나 예시하는 절대척도가 아니라 전망을 제시하는 지표의 기능이다. 인간은 이 지표를 활용하여 현재, 그리고 다가올 미래를 능동적으로 창조하여야 한다. 이러한 입장에서 우리 역사학이 지닌 몇 가지 한계를 지적하면서 그 보완책으로서 본고의 내용을 전개하고자 한다.[2]

우리 역사는 일민족사적(一民族史的)인 관점, 일문명사적(一文明史的)인 관점에서 보려는 시도와 노력이 필요하다. 그동안 각론적으로 미시적으로 분석하면서 본질을 이해하는 것에 비중을 두었지만 이제는 동시에 총체적으로 거시적으로 파악하면서 상호보완해야 할 필요가 있다. 그 가운데 하나는 하나의 공간, 동일한 공간, 유사한 공간, 관련성 깊은 공간은 지리의 개념과 틀을 뛰어넘는 역사의 개념으로 보는 일이다. 즉 자체 생명력을 지닌 유기체(有機體)로 보아야 하고, 당연히 통일체(統一體)로 볼 필요가 있다.

일본은 과거에 '일한일역론(日韓一域論)'을 거쳐 '만선사관(滿鮮史觀)'을 만들어냈다. 중국은 최근에 동북공정 작업을 통해서 고구려 전 기간 동안의 역사를 자국사로 편입하고 있다. 그리고 그 직전에는 소위 '일사양용(一史兩用)'이라고 하여 고구려역사를 평양천도 이전과 이후로 나누어 중국과 한국 각각의 역사라는 논리도 구사하였다. 이는 특정한 정치적인 목적을 위해서 역사를 왜곡하면서 자기 역사체의 범위를 의도적으로 확대하고, 상대국의 그것을 축소하려는 행위이다.[3] 이러한 비아(非我)가 의도적으로 적용한 분리논리를 극복하기 위해서도 우리 역사를 통일적인 시각, 즉 자기완결성을 지닌 '우리 역사체'라는 시각으로 볼 필요가 있다. 그렇게 하면 지역적이었던 우리 역사를 통일적(統一的)으로 이해할 뿐 아니라, 자체(自體)의 완결성(完結性)과 복원력

---

2 윤명철, 『역사는 진보하는가』, 온누리, 1992.
3 윤명철, 『歷史戰爭』, 안그라픽스, 2004 ; 「東北工程의 배경과 21세기 동아시아 신질서의 구축」, 『단군학연구』 10호, 단군학회, 2004.

(復原力)을 지닌 유기체로서의 우리 역사를 파악하면서 모질서(母秩序)인 조선의 계승성을 주장할 수 있다.[4]

뿐만 아니라 민족국가 혹은 민족역사 혹은 민족문화 등을 설정하면서 '계통화(系統化) 작업'을 원활하게 추진할 수 있다. 또한 중국문명과는 동일하지 않으면서도 유사하고, 상호존중하고 교호하면서도 다른 독특한 문명권의 설정이 가능하다. 중국 혹은 중화와 상대적이고 고유한 실체를 설정할 필요가 있다. 동일하지 않으면서도 유사하고 상호존중하고 교호하면서도 다른 독특한 문명권의 설정이 가능하고 필요하다. 최소한 조선과 고구려, 발해는 한반도와 평원 삼림지대, 그리고 초원과 해양을 자기의 역사공간으로 삼았고, 만주와 한반도 중부이북, 그리고 바다, 즉 해류을 하나의 통일된 영역으로 인식하였고, 활동하였다.

한편 우리는 선행국가와 후발국가와의 계승성도 별로 강조하지 않는 경향이 있다. 뿐만 아니라 동일한 시대에 우리 역사공간에서 발전한 국가들을 별개의 역사체로 인정하는 경향이 강하다. 물론 반도사관이라는 관점에서 보면 남쪽의 신라, 가야, 왜 등이 북쪽의 고구려와 하나의 역사체라고 인식하는 데 무리가 있다. 또한 정치사를 강조하다보니까 정작 '문화공동체'나 '경제공동체' 혹은 '정신공동체'로서의 성격을 규명해내지 못하고 있다. 그러나 삼국 이전시대, 삼국시대 등 고대역사에서 발전지역과 정치체제의 다름, 약간의 문화적 다름을 분열과 갈등의 상태로만 보지 말고, 공존과 통일의 역사로도 함께 보는 것이 필요하다. 고구려에게 백제, 신라, 가야, 왜와의 관계는 국경을 접하고 있었던 중국지역의 국가들, 북방국가들과는 분명 다른 관계였다. 물론 그 이전의 원(原)조선이나 청동기시대도 마찬가지로 중심부 간의 거리가 멀

---

4 윤명철, 「고구려의 고조선 계승성에 관한 연구 1」, 『고구려연구』 13, 고구려연구회, 2002 ; 「단군신화와 고구려 건국신화가 지닌 정체성(identity) 탐구」, 『단군학연구』 6, 단군학회, 2002 ; 「단군신화를 통해서본 고구려 고분벽화」, 『제2차 단군 및 고조선에 관한 남북공동학술토론회』, 단군학회 및 조선력사학학회, 2003. 10.

거나 국부적인 자연환경에 차이가 있고, 정치체제의 차이가 있어도 그 시대발전 단계 통일체(統一體)' 혹은 '역사유기체(歷史有機體)'였다.

또한 우리 역사, 특히 고대사의 기본성격을 이해하려면 자연적 공간에 대한 정확한 이해가 필요하다. 그것을 토대로 역사적 성격을 규명하고, 구체적인 사건들과 관련하여 해석하는 접근양식이 필요하다. 역사에서는 시간의 흐름을 중요시하고 있지만, 현실적으로, 특히 소규모단위에게는 오히려 공간이 더 중요하고 의미가 클 수 있다.

우리는 소위 '반도사관(半島史觀)'의 굴레를 완벽하게 탈피하지 못한 면이 있다. 일본인들이 적용한 식민주의사관의 핵심논리로서 현재까지도 인식에 영향을 끼치고 있다. 이는 역사공간의 단순한 축소가 아니라 역사 자체의 축소를 가져왔다. 즉 대륙에 붙어있는 부수적인 존재로서 타율성이 강한 정체성(停滯性)의 특징을 지닐 수밖에 없다는 일종의 숙명론이다. 최근에 중국이 벌이고 있는 동북공정에서 해석하고 지향하는 내용도 이와 유사하다. 한반도는 지리적인 용어일 뿐, 그것도 부정확한, 역사적인 개념이 아니다. 언어가 개념을 규정하고, 개념이 인식과 실천을 규정할 수 있다. 우리가 인식하는 '한반도'라는 부적절한 용어와 적용하는 역사인식 속에는 반도 가운데에서도 폐쇄적이고 소극적인 기준을 적용하고 있다는 것이다.

적어도 한국고대사에 관한 한 우리의 역사활동 영역은 한반도와 만주 일대를 포함하는 대륙, 그리고 바다였다. 원(原)조선, 부여, 고구려, 발해가 성립하고 성장한 중심은 대륙 가운데에서도 남만주 일대였다. 따라서 대륙의 자연환경과 경제양식, 그곳에 거주하였던 종족들과 그들의 문화, 정치질서, 통치방식, 전쟁방식, 세계관 등등을 고려하고, 부분적으로 차용하고 적용하면서 우리 역사를 해석하는 접근자세가 필요하다.[5] 공간에 대한 오해는 동아시아역사를 해석하는 데서도 나타난다. 모든 역사상은

---

5 윤명철,『海洋史觀으로 본 한국 고대사의 발전과 종언』,『한국사연구』123호, 한국사연구, 2003 ;「한국사 이해를 위한 몇 가지 제언」,『한국사학사학회보』9집, 한국사학사학회, 2003 ;「한국 고대사 연구의 반성과 대안」,『단군학 연구』11, 단군학회, 2004, 9.

일국사적, 혹은 각국사적인 관점뿐만 아니라, 특히 국제관계인 경우에는 동아시아, 혹은 범(凡)아시아라는 관점에서 파악해야 한다. 불교, 실크로드교섭, 스텝로드교섭, 마린로드교섭 등은 범아시아라는 큰 터(場, field) 속에서 이루어진 행위이다. 동아시아는 아시아 대륙의 동쪽 하단부에 위치해 있으면서 중국이 있는 대륙, 그리고 북방으로 연결되는 대륙의 일부와 한반도, 일본열도로 구성이 되어 있다. 그런데 한민족과 한족(漢族), 그리고 일본열도의 교섭은 물론 북방족과의 교섭도 모두 이 지역의 해양을 통해서 교류를 하였다. 일본학자들은 근대 역사학의 초창기부터 이러한 인식을 지니고 있었고, 지금도 그러하다.[6] 이러한 인식과 연구 방법론이 일본제국주의에 봉사했다는 것만을 강조해서 도외시한 것은 이해하기 힘들다. 그들은 그러하면서 한편으로는 반도사관에 충실하고, 한정된 공간과 자료 속에서 안주하며 고증만을 역사학의 본령으로 여겼다.

한반도를 중심축으로 일본열도의 사이에는 동해와 남해가 있고, 중국과의 사이에는 황해라는 내해(內海, inland sea)가 있다. 한반도의 남부와 일본열도의 서부, 그리고 중국의 남부지역(長江 이남을 통상 남부지역으로 한다)은 이른바 동중국해를 매개로 연결되고 있다. 그리고 현재 연해주 및 북방, 캄차카 등도 동해연안을 통해서 우리와 연결되고 있으며, 타타르해협을 통해서 두만강 유역 및 북부지역과 사할린, 홋카이도 또한 연결되고 있다. 즉 완벽하지는 않지만 비교적 지중해적 형태를 띠고 있다. 다국간 지중해(多國間 地中海, Multinational-Mediterranean-Sea)의 형태로서 모든 나라들을 연결시키고

---

6 安田喜憲은 鳥居龍藏의 『東部シベリアの以前』에서 인용하고 있다. 즉 일본인의 본거지, 일본문화의 고향으로 보여지는 것은 동부 시베리아에서 흑룡강 유역 연해주, 그리고 만주에 이어지는 일본해의 대안이다. 그리고 이것에 조선을 잇고, 樺太(사할린) 북해도, 그리고 사도, 노토 등 일본해 일대의 지방을 일괄해서 볼 필요가 있다. 그는 이러한 논리 속에서 졸참나무숲문화권을 소개하고, 사기 고메이의 남방문화론, 에가미 나미오의 기마민족설까지 소개하면서 소위 일본해문화권에 대한 다각적인 연구의 필요성을 제기하고 있다. 安田喜憲, 「日本海をめぐる 歷史の胎動」, 『季刊考古學』15號, 雄山閣出版社, 1986, pp.14~16.

있다.[7] 이러한 자연공간 속에서 대륙적(大陸的) 성격과 함께 해양적(海洋的) 특성을 가지고 있었고, 역사가 발전하는 데에 큰 역할을 하였다. 이러한 인식과 사실을 바탕으로 필자는 '동아지중해(EastAsian-Mediterranean-Sea)'란 모델을 설정하여 제시하였다. 일본에서는 1970년대 동아시아론에 대한 논쟁이 벌어지더니 점차 해양과 동해(일본해)에 관심을 갖고 지중해라고 부르고 있었다. 그러다가 1990년대 말에 와서 새삼 동아시아의 지중해적인 성격에 주목하고, 국가전략의 입장에서 바라보는 정치학자들뿐 아니라 일반 역사학자들도 이에 대한 연구를 시작했다.[8]

2) 동아지중해모델의 성격

동아지중해는 동아시아의 핵심지역이기 때문에 동아시아의 대다수의 종족들이 모여 산다. 한민족과 한족(漢族), 그리고 일본열도 사이에 이루어진 교섭들은 물론 해양을 통해서 이루어졌다. 하지만 북방의 여러 종족들과 교섭하는 일도 적지 않은 부분은 해양을 통해서였다. 황해를 둘러싸고 한민족과 한족은 갈등과 협력의 변증법 속에서 공유하였다. 반면에 동아지중해의 비교적 외곽인 남해와 동해는 중국과 관련이 없

---

7 동아지중해의 자연환경에 대한 검토는 윤명철,「海洋條件을 통해서 본 古代韓日 關係史의 理解」,『日本學』14, 동국대 일본학연구소, 1995 ;「黃海의 地中海的 性格硏究」,『韓中文化交流와 南方海路』, 국학자료원, 1997 기타 논문 참고.
8 千田稔,『海の古代史-東アジア地中海考』, 角川書店, 2002. 그는 서문에서 1996~1998년까지 국제일본문화연구센터가 '동아시아지중해세계에 있어서의 문화권의 성립과정에 대해서'라는 연구를 수행하고 그 보고서로서 이 책을 출판한다고 쓰고 있다. 그리고 그들의 동아지중해는 남지나해, 동지나해, 일본해, 황해, 발해를 가리키는 용어라고 규정하고 있다. 또한 이미 오래 전부터 남방해양문화에관하여 연구를 해 온 國分直一의 예로 들면서 그는 동아지중해를 4개의 지중해로 구성한다고 하면서 오호츠크해, 일본해, 동지나해, 남지나해라고 하였다. 동아시아를 동아지중해라고 부르고 연구를 진행하는 또 다른 학자는 독일 뮌헨대학의 중국사전공자인 Angela Schottenhammer 교수이다. 그는 동중국해, 황해, 일본해를 "동아시아 지중해"라고 설정하고 있다. 2005년 1월 하순 국립민속박물관에서 발표할 때 토론을 맡았다.

는 탓에 한민족의 바다였다. 정치력과 해양력을 바탕으로 남해와 동해를 건너 문화의 수준이 비교적 낮고 정치도 발전하지 못한 일본열도를 개척하였고, 곳곳에서 식민활동을 하면서 소국들을 세웠다.

수천년 동안 지정학적으로 협력과 경쟁, 갈등과 정복 등의 상호작용을 통해 공동의 역사활동권을 이루어왔다. 예를 들면 한 국가나 왕조의 흥망은 그 당사국가들만의 문제가 아니라 이 지역의 국제질서 재편과 맞물려 일어났다. 고조선과 한의 전쟁, 고구려, 백제 등의 갈등이 그러하며, 고구려와 수·당 간의 전쟁은 동아지중해의 패권을 둘러싼 국제대전이었다. 전쟁의 결과로 발해와 일본국이 새로 탄생한 사실은 이 지역의 질서를 이해하는 데 의미심장한 단서를 제공한다. 사실은 임진왜란도 지중해적인 질서와 관련된 국제전이다. 하지만 이러한 몇몇 대전쟁 외에는 실질적으로 국가 간이나 민족 간에 대결이 심한 편은 아니었다. 유럽대륙 내의 국가들이나 지중해국가들이 심각하게 대결한 사실에 비하면 비교적 평화롭게 공존해온 편이다.

그래도 동아지중해 지역은 지역 간에 힘의 균형을 잃고, 어느 한쪽으로 힘이 몰려 있는 편중성(偏重性)을 지닌 경향이 있다. 소위 중국지역이 중심부이고, 그 힘은 우리지역을 거쳐 일본열도로 가면서 점점 주변부화되고 있다. 그러므로 정치력, 군사력 등은 북에서 남으로, 서에서 동으로 진행하는 일진성의 경향을 띠고 있다. 결국 시대와 상황에 따라 약간의 변동은 있었지만 기본적으로 세 힘의 중심축(中心軸)과 몇 개의 부심축(副心軸)으로 이루진 대결구도이다. 중심축은 중국지역, 북방지역, 그리고 한륙도(韓陸島)지역이고, 일본을 비롯한 주변은 부심축이다.

한편 동아지중해는 지역은 그리 넓지 않지만 가장 극단적인 자연현상과 다양한 문화가 만나면서 상호교류하고 혼재하면서 발전한 곳이므로 전형적인 지중해문화의 성격을 띠었다. 동북쪽에서는 연해주와 시베리아에서 연결되는 수렵삼림문화가 내려왔고, 북방과 서쪽에서는 몽골과 알타이에서 내려온 초원의 유목문화, 서쪽에서는 건조한 사막의 실크로드를 거쳐온 서역의 문화들과 화북의 농경문화가 들어왔고, 남방에서는 화려하고 격식 있는 강남문화, 동남아에서 해양문화가 올라왔다. 자연스럽게 다양성이라는 지중해 문화의 전형적인 특성을 가질 수밖에 없었다. 그리고 농경의 정착성(定着性, stability)문화와 유목 해양의 이동성(移動性, mobility)문화가 만나 상호보완되면서 독특한 성격을 탄생시켰다.[9] 다만 시대에 따라 정착과 이동의 배합비율이 달라졌을 뿐이다. 그러나 적어도 동아지중해라는 관점에서 판단하면 이동성이 우위를 점한 형태인 'mo-stability형 문화대'이다.

이 지역은 지리경제학적으로는 경제교류나 교역 등을 하면서 서로 필요한 존재였다. 왜냐하면 자연환경이 다르므로 생산물의 종류가 색달랐기 때문이었다. 쌀과 곡식이 풍부한 농경문화권에서는 모피나 말, 군수물자, 철 등이 필요했고, 반대로 유목이나 삼림문화권에서는 발달된 문화, 의복, 곡식 등 농경문화의 생산물, 그리고 소금 등의 해산물들이 절대적으로 필요했다. 그러므로 생활에 필요한 교역품들은 필요의 원칙에 따라 정치력과는 무관하게 심지어는 적대관계에 있더라도 교역을 할 수밖에 없었다. 말교역, 차교역, 담비가죽 등의 모피교역, 철교역, 은교역 등은 이러한 예들이다. 이러한 물류들도 이 지역에 들어오면 주로 해양을 통해서 교류되었다. 이러한 해양문화의 성격들은 각 해역 혹은 지역의 자연환경에 영향을 받아 더욱 복잡하게 되었다.[10]

그래서 동아시아의 역사는 대륙을 중심으로만 해석할 수는 없고, 그렇다고 해서 해양을 토대로만 해석할 수도 없다. 땅과 초원바다를 함께 고려하여 모두를 포괄하는 지중해적인 성격 속에서 해석을 해야 그 성격을 비로소 이해할 수 있다. 한편 동아지중해 개념의 설정은 한민족의 위치와 향후 역할을 정확하게 파악할 수 있게 한다.

그동안 우리는 해양활동이 활발하고, 역사발전에 적극적이고 능동적으로 활용한

---

9 윤명철,「高句麗人의 時代精神에 대한 探究」,『韓國思想史學』7집, 한국사상사학회, 1996.
10 동아지중해의 특성과 역사적인 해석에 대해서는 필자의 여러 논문이 있으나, 정치역학관계와 현재적 의미 등에 대해서는「고구려의 남진정책과 東亞地中海戰略」,『海洋戰略』, 한국해양전략연구소, 1999 ;「고구려의 東亞地中海 모델과 21세기적 意味」,『아시아 文化硏究』, 목포대학교, 아시아문화연구소, 2000.

반도가 아니라 오히려 해양활동이 미약하고, 바다에 포위된 반도라고 인식한 경향이 있었다. 따라서 독자성과 고유성이 미약한, 시대에 따라서는 대륙의 부수적인 주변부 역사로서 인식했다. 특히 모든 분야에 있어서 중국(애매모호하고, 시대적 구분이 불분명한 개념)의 강한 영향을 받은 것으로 인식하고 있다(필자는 적어도 문화의 교류에 관한 한 '環流시스템' 이라는 이론을 적용하자고 제안한 바 있다). 하지만 우리의 역사영역은 대륙과 해양을 공히 활용하며, 동해, 남해, 황해, 동중국해 전체를 연결시켜 줄 수 있는 동아지중해의 중핵(中核, core)에 위치하고 있다. 모든 지역과 국가를 전체적으로 연결하는 해양 네트워크는 우리만이 가지고 있다. 따라서 대륙에 부수적인 반도적 존재가 아니며 역사발전도 주변부가 아닌 중핵에서 자율적으로 진행시켜왔다.[11]

우리 역사학은 육지역사에 비하여 바다역사를 소외시켜 왔고, 특히 동해는 황해[12]나 남해에 비하여 상대적으로 역사의 주변부로만 인식하였다. 그러나 모든 것은 환류하고, 또 중심부에서 멀리 떨어져 있거나 한시적으로 역할이 미비했더라도 하나의 통일된 역사체의 일부분인 것은 틀림없다. 이러한 몇 가지 점을 놓고 보아도 동해문화의 성격과 위치, 역할, 그리고 향후 의미에 대한 고찰은 매우 필요하다. 특히 일본은 이미 오래 전부터 소위 일본해문화권을 설정하고 심도 깊은 연구를 진행해왔다.[13] 이 부분

---

11 윤명철, 『高句麗 海洋史 硏究』, 사계절, 2003 ; 『高句麗는 우리의 未來다』, 고래실, 2004 ; 『高句麗의 精神과 政策』, 학연문화사, 2004 ; 「廣開土大王의 對外政策과 東亞地中海戰略」, 『軍史』30, 국방군사편찬위원회, 1995 ; 「고구려의 남진정책과 東亞地中海戰略」, 『海洋戰略』, 한국해양전략연구소, 1999, 12 ; 「고구려의 東亞地中海 모델과 21세기적 意味」, 『아시아文化硏究』, 목포대학교 아시아문화연구」, 2002, 2 ; 「고구려 담론 1-그 미래 모델의 의미」, 『고구려연구』9집, 2000, 12 ; 남덕우 편, 「장보고를 통해서 본 經濟特區의 역사적 교훈과 가능성」, 『경제특구』, 삼성경제연구소, 2003 ; 「동아시아의 相生과 동아지중해 모델」, 『21세기 문명의 전환과 생명문화』, 세계생명문화포럼, 2003, 12.
  필자는 광개토대왕 및 장수대왕의 동아지중해 중핵(core) 조정역할과 장보고의 '동아지중해 물류장(field & multi core)시스템' 을 모델로 삼고 있다.
12 윤명철, 「黃海의 地中海的 性格硏究」, 『韓中文化交流와 南方海路』(조영록 편) 국학자료원, 1997 ; 「黃海文化圈의 形成과 海洋活動에 대한 연구」, 『先史와 古代』, 한국고대학회, 1998, 12.
13 古廐忠夫 編, 『東北アジアの再發見』, 有信社, 1994, p.5에서 環日本海라는 개념은 일본이라고 하는 바다

에 깊이 연구한 학자가 없으므로 필자의 한계로 인하여 일본 학자들의 연구성과를 적지않이 수용할 수밖에 없었다.

3. 동해문화권 설정의 전제[14]

1) 문화권 설정의 기본요건

문화권을 설정하기 위해서는 몇 가지 기본요건이 성숙되어야 한다. 우선 단순한 문화[15]의 교류를 넘어서 긴밀한 접촉이 있어야 한다. 소규모 문화지대와 문화지대의 만남, 주민들 간의 만남, 문화현상들의 만남은 우발적(偶發的), 일회적(一回的), 불연속

를 중심으로 하는 지향도 갖고 있지만, 그 외연은 어느 지역까지 포함하고 있느냐에 대해서는 각각의 의견이 있다. 현재 일본해로 출구가 없는 중국은 과거역사에 대한 비판 때문에 '환일본해'라는 호칭은 그다지 사용하고 않고, 다만 '동북아시아'라는 호칭을 사용하고 있다. 일본해라는 호칭은 1602년 마테오 리치가 작성한 『坤輿萬國地圖』에서 포괄적으로 사용되었다. 그런데 일본해로 통일된 것은 근대 일본의 부국강병 제국주의화 아시아 침략의 과정과 궤를 같이하고 있는 것은 확실하다. 그는 일본해를 지중해 세계나 동아시아 세계로 부르는 것 같은 정치적·경제적 내지는 문화적으로 하나의 자기완결적인 지역을 상정하는 것은 곤란하다는 의견을 개진하고, 8쪽에서 동아시아 세계와 외연으로서 동북아시아라는 시점에서, 즉 동아시아의 서브시스템으로서 환일본해 지역을 보고 있다. 한편 일본열도에 있는 바다는 지중해와는 달리 교통로가 아니었고, 대륙으로부터 떨어져 있게 한 장벽이었다는 견해도 있다. 와쓰지 데쓰로우 저, 박건주 역, 『풍토와 인간』, 장승, 1993, pp.80~81.

14 필자는 발해건국 1300주년을 기념하여 열린 국제회의에서 발해의 해양활동을 발표하면서(「渤海의 海洋活動과 東아시아의 秩序再編」, 高句麗研究 6, 학연문화사, 1998, 12) 동해문화권의 설정 가능성을 언급했으며, 특히 몇 가지 증거와 함께 연해주지역과 홋카이도 사할린지역과의 문화적 연관성, 그리고 고구려 발해인들의 동해를 활용한 해양활동을 소개하였다.

15 문화란 사람과 다른 생명체를 구분짓는 가장 분명하고 포괄적인 개념이다. 레이몬드 윌리암스는 문화라는 단어가 영어에서 가장 까다로운 두세 개의 단어가운데 하나라고 말했다. 1952년에 알프레드 크로버와 크락혼이 『문화 : 개념과 정의의 한 비판적인 검토』에서 175개의 서로 다른 정의를 검토해보았을 정도로 문화에 대해서는 실로 다양한 견해들이 있다. 그만큼 중요한 역할을 하고 있음을 반증하는 것이다.

적(不連續的)인 만남으로 끝나서는 안 된다. 목적의식을 지닌 채 연속적으로 만남을 지속해야 한다. 또한 만남의 양식이 단순하거나 편향적이어서는 불충분하다. 상호교차적인 단선적(單線的)인 만남을 넘어서 복선적(複線的)이어야 하며, 그 복선들은 평면에서 이루어진 것이 아니라 입체적으로 구성된 몇 개의 거점(據點) 혹은 허브(hub)를 중심으로 다중적(多重的)이어야 한다. 예를 들면 공간의 경우만 하더라도 바다와 육지의 만남도 원양과 연안, 연안과 갯가, 갯가와 내륙의 관계식으로 확대해야 한다. 그래야 문화의 질이 풍요로워지고, 내적으로 성숙해진다. 외면적으로는 하나처럼 단순해 보이는 문화도 이러한 관점에서 분석하고 이해해야 본질을 알 수 있다. 그리고 하나로 유형화된 문화가 공질성(共質性)을 갖추어야 한다. 내부에 유사한 요소들이 많고, 각개의 요소들이 불가분하게 유기적으로 연결되어 있음을 객관적으로 확인할 수 있어야할 뿐 아니라, 주관적으로 구성원들 대부분이 공동의 문화를 창조한다는 인식을 해야 한다.[16]

그런데 동아지중해지역의 국가들은 의외로 문화를 공유하는 범위가 넓었다. 샤머니즘으로 유형화된 공통의 신앙을 모태로 해서 유교와 불교 등의 종교현상들이 있다. 정치제도도 유사하고, 한자를 사용하며, 생활습관 등도 유사한 부분이 많았다. 잦은 교섭으로 인하여 종족이 섞인 것도 사실이나, 비농경문화권이 중국문화의 영향을 많이 받았지만, 의외로 중국도 유목문화 등의 영향을 받았다. 이렇게 문화현상, 종족, 경제양식, 생활도구, 신앙, 신화 등을 서로가 주고받으면서 공유하는 범위가 점점 확대해간다.

특히 바다를 가운데 두고 바다 주변의 주민과 문화는 상호간에 영향을 주고받는

---

16 이러한 문화의 특성들에 대해서는 과거에 알려졌던 책들과 함께 최근의 것으로는 히라노 겐이치로 저, 장인성 · 김동명 역,『국제문화론』, 풀빛, 2004. 특히 김창민 편역,『세계화시대의 문화논리』, 한울 아카데미, 2005는 문화의 정체성과 관련하여 세계 여러 나라들의 문화논리가 소개되어 있다.

일종의 '환류(環流)시스템'을 이루고 있었다. 즉 강한 문화력(culture power)을 가진 A의 문화는 주변인 B에게 일정한 문화를 전수한다. 그런데 시대와 상황에 따라 지향하는 문화가 다르다. B의 문화 또한 A에게 전수된다. 이 관계는 주(主)와 부(副)가 있고, 일종의 상호작용이라고 볼 수 있다. 그런데 A문화가 B로 갔다가 B의 영향으로 변형을 한 다음에 다시 A에게 와서 영향을 주는 경우가 적지 않다. 마찬가지로 B의 문화가 A에게 전해져서 가공과 변형을 거친 다음에 다시 A의 형태와 포장으로 전해질 수 있다. 해양문화권에서는 여러 지역과 국가들이 동시에 만날 수 있기 때문에 교류의 대상들이 A와 B뿐만 아니라 C와 D 등 다양하다. 그러므로 문화는 원형(原形)과 변형(變形)을 구분하거나 가치의 경중(輕重)을 논한다는 것이 어렵다.[17]

우리와 일본은 너무나 유사해서, 7세기 이전에는 분명하게 구분되는 부분이 상대적으로 적었다. 동아시아에서 해양을 매개로 공통의 문화권이 형성되었다는 주장들이 있다. 언어의 공통,[18] 또는 신화나 설화의 유사성을 근거로 삼는다.[19] 에가미 나미오(江上波夫)는 동북아시아의 석도문화, 특히 세석기문화가 홋카이도, 혼슈로 전래를 하였고, 더욱이 특이한 석도촉이 홋카이도로 전파되었다고 주장하였다.[20] 사사키 고메이(佐佐木高明) 등은 소위 조엽수림문화(照葉樹林文化)가 양자강 유역에서 동중국해를 건너 일본열도로 전파되었다고 주장한다.[21] 이렇게 문화가 유사하기 때문에 상대적으로 다른 문화권에 비하여 공질성이 강했다. 그래서 외부세계에서는 이 지역을 하나의 문화공동체로 보기도 하였다. 최근에 새뮤얼 헌팅턴은 『문명의 충돌(The Crash of

---

17 이것은 필자가 동아시아의 역사와 문화를 해석하는 틀로서 동아지중해이론을 설정하고, 그것을 보완하는 부차이론으로서 설정한 '環流시스템이론'의 大綱이다.
18 村山七郎,「言語學から見た古代 環東シナ海文化圈」,『東アジアの古代文化』14號, 大和書房, 1978 참조.
19 荒竹淸光,「古代 環東シナ海 文化圈と對馬海流」,『東アジアの古代文化』29號, 大和書房, 1981은 뱀신앙 등과 관련시켜 그 범위를 확대하고 있다.
20 江上波夫,「古代日本の對外關係」,『古代日本の國際化』, 朝日新聞社國際심포지움, 1990, p.52.
21 照葉樹林文化에 대해서는 佐佐木高明,『照葉樹林文化の道』, 日本放送出版協會, 1988 외.

Civilizations)』에서 중국과 일본을 별개의 문명으로 설정하였다.[22] 이는 동아시아를 분리 시키려는 서구인들의 기본인식을 반영한다.[23] 동해문화권의 설정가능성과 그 내용을 채우는 것이 무엇인가를 알기 위하여 해양문화란 무엇인가에 대해서 살펴볼 필요가 있다.

2) 해양문화의 특성

우리가 흔히 해양문화라고 생각하는 것들은 육지문화와는 사뭇 다르다. 바다나 해안가에서 생활하는 사람들과 내륙에서 살아가는 사람들은 생활문화가 다르다. 자연과 풍토, 자연현상이나 자연물에 대한 인식과 세계관도 다르다. 전쟁을 치르는 방식과 획득한 물건을 분배하는 방식도 다르고, 통치와 지배방식도 다르다. 그러므로 육지인의 시각을 근거로 해양문화를 해석하고 판단하거나, 해양민들과 접촉한다면 오해가 생길 수 있다. 즉 해양문화와 역사상을 육지와 농토에 터를 잡고 정주적 성격 (stability)을 가진 농경민의 인식과 생활방식으로 해석하면 무리가 뒤따른다. 해양민 (sailer) 혹은 해양을 터전으로 가꾼 사람들의 역사를 이해하고, 역사상을 만들기 위해서는 몇 가지 전제돼야 할 사실들이 있다.

해양문화의 특성을 살펴보면 몇 가지가 있다.

첫째, 그들은 중앙정부에 귀속되지 않고 자체의 세력들로 정치력을 행사하려는 호족성이나 무정부성을 지니고 있다. 바다에는 국경이 분명하지 않고, 다른 나라로 갈

---

22 새뮤얼 헌팅턴(Samuel Huntington), 이희재 역,『문명의 충돌(Crash of Civilizations)』, 김영사, 1997.
23 이러한 헌팅턴의 이론에 대하여 하랄트 뮐러(Harald Muller)는 대응논리로서『문명의 공존』(Das Zusammenleben der Kulturen)을 발표하였다. 또 유엔은 이슬람측의 제안을 받아들여 2001년을 문명 간의 대화의 해로 제정하였다. (세예드 모함마드 하타미 저, 이희수 역,『문명의 대화』, 지식여행, 2002.)

때에도 인접한 국가의 영토를 반드시 통과해야 할 필요가 없다. 그러므로 지방세력이나 민간인들도 중앙정치세력의 통제를 덜 받으면서 독자적인 교역의 추진과 이주가 가능하였다.

둘째, 한곳에 정착하지 않는 습성이 있다. 농경문화는 정해진 지역, 즉 농토에 거주해야 한다. 거기다가 속성상 안정성(安定性, stability)을 추구한다. 반면에 유목민들은 초지를 따라, 수렵민들은 사냥감을 따라 이동(mobility)한다. 그와 마찬가지로 해양민들이나 어렵민들은 교역과 어업에 적합한 지역을 선택하여 중심거점으로 삼고, 필요에 따라 이동하면서 활동하는 거점성을 갖고 있다.[24]

셋째, 자연환경의 영향을 많이 받는다.[25] 고대는 해양활동에 필수적인 항해술과 조선술이 발달하지 못했으므로 해류·조류·계절풍[26] 같은 자연환경이 문화가 만들어지는 데 직접적인 영향을 끼친다. 즉 문화가 만들어지는 틀과 성격에 영향을 준다. 예를 들면 항로를 설정하고, 입출항지역을 선택하는 일이다.

넷째, 해양문화는 모방성, 공유성이 강하다. 해양에서는 다른 지역이나 나라, 문화 간에 교류가 빈번하기 때문에 주변 문화와 공통성(共通性)이 많다. 이동과 교류하는 데 필수적인 해류, 조류, 바람, 해상조건 등이 공통적이므로 해양민들 사이에는 기술과 경험을 공유하는 일이 서로를 위해서 필요하다. 그러므로 특히나 조선술이나 항해술 등의 기술교류와 모방은 필수적이다. 그러다 보면 기술적인 모방뿐만 아니라 신앙, 설화, 체제운영 방식 등도 유사해진다.

---

24 유목민(nomade)들은 상황에 따라서 해양민(sailer)으로의 전환이나 해양활동에 금방 익숙해진다. 사고 자체가 이동적(mobility)이기 때문이다. 하지만 엄격하게 분류하면 성격에 차이가 있다.
25 고대 사회에서는 환경이나 기후가 역사발전에 강력한 영향을 끼쳤다. 이러한 예는 이시 히로유끼·야스다 요시노리·유아사 다케오 지음, 이하준 옮김, 『환경은 세계사를 어떻게 바꾸었는가』, 경당, 2003, H. H. 램 지음, 김종규 옮김, 『기후와 역사』, 한울 아카데미, 2004 참고.
26 바람이 항해나 조선술, 그리고 유럽의 제국주의적인 팽창과 깊은 관련이 있는가와 구체적인 실례들은 앨프리드 W. 크로스비 저, 안효상·정범진 역, 『생태제국주의』, 지식의 풍경, 2002, 3, pp.124~154 참고.

다섯째, 해양문화에서 전파와 수용은 비조직성을 띠고 있다. 육지에서는 대규모의 보병이나 기병을 빠른 시간에 이동시켜 정치적으로 점령하고, 문화를 강제적으로 이식시키는 일이 가능하다. 반면에 해양교섭은 배로 바다를 건너는 특별한 기술이 필요하고, 규모 또한 유목민이나 농경민에 비하여 소규모이다. 그리고 우발적이나 수동적으로 이루어져 비조직적이며, 불규칙적이므로 연속성이 떨어진다. 그 때문에 역사의 초기단계에는 자율적인 이동인 이주(移住, settlement) 형태가 주를 이루었고, 대규모의 인원이 특정한 목적을 가지고 조직적으로 이동하는 일은 시간을 기다려야 했다.

여섯째, 해양문화는 불보존성이라는 특성을 지니고 있다. 해양문화는 자신의 행적과 성격에 대해서 기록이나 유물 등 흔적을 남기는 경우가 드물다. 담당자는 중앙이나 지방의 관리가 아닌 해양민이거나 지방세력이므로 기록하지 않은 경우가 많았다. 또한 바다에서는 남기는 유형문화가 적을 뿐더러, 바다 속에 가라앉아 흔적을 확인하기 어렵다. 특히 동해는 수심이 너무 깊어 유물조사 자체가 불가능하고, 서해는 수심이 낮은 반면에 물길이 복잡하고, 뻘층이 두터워 인양도 어렵고, 보존상태도 나쁘다. 이러한 해양문화의 기본인 불보존성의 특성을 감안하지 않고, 기록과 유물이 없다고 해양문화가 부재했거나 발달하지 못했다는 식의 역사해석은 곤란하다. 이러한 몇 가지 전제를 충분히 이해하지 못하거나 경시할 경우에는 고대의 해양역사가 어떠했는가를 이해하는 일은 물론 문화를 해석하는 데에도 상당한 혼란을 초래한다.

4. 동해의 해양환경과 문화접촉 항로

1) 동해의 해양환경

　복잡한 해양문화의 성격을 규정하는 데 중요하고 1차적인 요소는 해양 그 자체의 자연적 성격이다. 이것이 역사적 성격에 상당한 영향력을 행사하기 때문이다. 항해에 영향을 끼치는 기본적인 자연조건은 해류와 조류, 바람이 있다. 해류의 흐름은 항해술이나 조선술 등 인간의 의지 혹은 문화발전과는 관련 없이 인간과 문화를 일정한 장소에서 일정한 장소로 이동시켜 준다. 동아시아의 해양은 쿠로시오(黑潮)의 범위대에 속한다. 북태평양의 북적도 해류는 특히 발달이 잘되고 북위 10도에서 20도까지의 해역을 중심으로 동에서 북태평양을 횡단한 다음 필리핀 군도의 동쪽 바다에 도달한다. 이곳에서 남북으로 2분되어 남류(南流)의 가지는 민다나오 해류를 경유해서 적도의 곧바로 북측을 동류하는 적도반류(赤道反流)와 이어진다. 한편 한 갈래는 사마르섬 내지 루손섬 남부의 밑을 북상하는 가지와 함께 쿠로시오의 원류로 된다.

　동중국해의 쿠로시오는 중국연안에서 일본전역에 걸쳐 중요한 영향을 미치면서 일본 호쿠리쿠(北陸) 외해에서 북태평양을 동방으로 흘러가는 난류계의 해류이다. 동중국해에는 쿠로시오 외에 규슈서안의 쿠로시오 분파가 있고, 또한 이 해류에서 갈라져 황해중앙부를 북상하는 것과 동계에는 발해 및 북해북부에서 기원하며 중국대륙 연안을 따라 남하하여 남중국해 방면으로 사라지는 해류가 있는데, 동계에는 수온이 낮다.

　대한난류는 쓰시마를 가운데에 두고 동수도(東水道)와 서수도(西水道)로 나뉜다. 양쪽의 협수도를 통과하면서 물의 흐름이 빨라지고 파도도 높아진다.

　동해해역에 영향을 미치는 주 해류는 대한해협에서 분지된 제3분지류로 동해연안을 따라 북상하면서 한류세력과 만나 동쪽으로 방향을 바꾸게 된다. 리만해류는 북한

근해에서 북한해류로 형성되어 함경도 연안을 따라 남하하면서 동해해역 남부까지 영향을 주게 되며, 경상북도 연안에서는 침강되어 영일만 이남에서는 저층수나 연안용승으로 나타난다.[27] 리만해류가 연해주의 연안을 통과해서 한반도 동안에 접근해서 남하하고, 서남쪽에서 북상해온 대한난류와 동해의 중남부 해상에서 만나 원산의 외해와 울릉도 부근에 이르러 그 일부는 방향을 동으로 움직여 횡단하다가 올라간다. 노토(能登) 반도의 외해에서 대마해류의 주류와 합류한다.[28] 때문에 한반도의 동남부를 출발하면 산인(山陰) 지방의 해안에 도착할 수 있다. 이 해류의 유속은 계절과 지역에 따라 약간의 차이가 있으나 평균 1km 내외이며 물의 방향은 항상 북동으로 향하는 항류(恒流)이다. 항류가 북동방향으로 진행하는 것은 이 지역 항해의 기본방향을 북동향으로 결정짓는다.

(1) 조 류

해류와 바람과 함께 지역 간의 교섭에 결정적 영향을 끼친 것은 조류이다. 한반도의 서남해안과 중국의 동해안은 조류(潮流)의 흐름이 매우 빠르고 방향의 지역적 편차가 심하다. 예를 들면 항상 북동방향으로 진행하는 대한난류와 함께 조석간만에 따라 1일 2교대씩 진행방향이 바뀌는 조류가 있다. 조류의 흐름은 항해에 매우 큰 영향을 끼치며, 특히 협수로의 경우이거나 연안항해인 경우에는 그 영향력이 더욱 증폭된다. 따라서 각 해역마다 물길에 익숙한 집단이 해상권을 장악하고 세력화한다. 선사시대와 고대에 집단분포의 흔적이 해안근처에 있는 것은 의미심장한 일이다.

---

27 김복기 외 10인, 『한국해양편람』 제4판, 국립수산진흥원, 2001, p.53.
28 『근해항로지』, 대한민국 水路局, 1973, p.46.

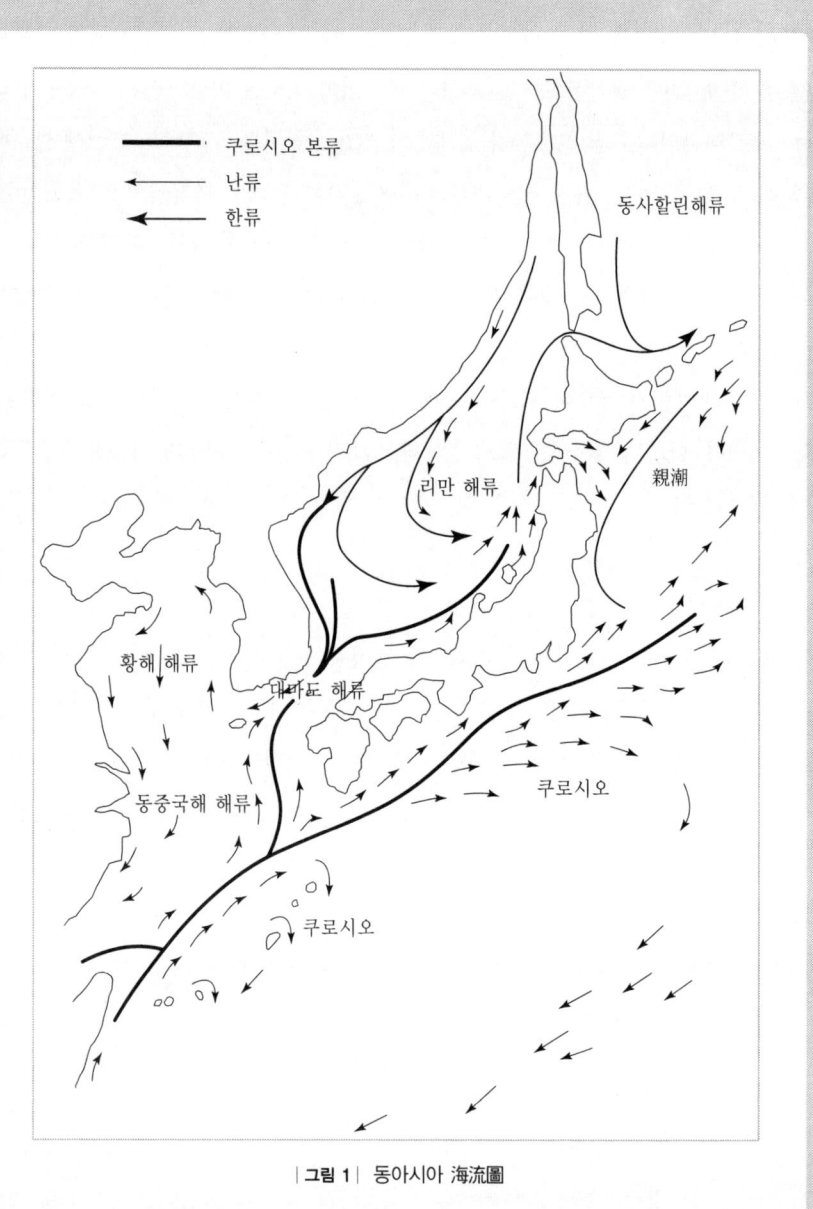

| 그림 1 | 동아시아 海流圖

(2) 바 람

해류, 조류와 함께 양 지역 간의 교섭에 결정적 영향을 끼친 것은 조류와 바람이다. 특히 동아시아 해역의 바람은 계절에 따라 일정한 방향성을 가지고 있기 때문에 항해에 많은 영향을 끼친다. 조류도 상당한 영향을 끼치지만 동해는 황해나 남해에 비하여 미미하다.[29] 동아시아는 계절풍으로 인하여 해류의 방향이 영향을 받는다. 조난사고의 대부분은 조류의 흐름을 잘못 관측했거나, 바람의 영향으로 표면수의 방향이 바뀌어 선박이 밀려가기 때문이다. 이러한 우연의 소산이 결국은 지속적인 접촉을 가져와 문화의 교섭, 역사적인 사건을 발생시킨다.

계절풍도(季節風圖)에서 보듯이 여름에는 풍력(風力)이 약하고 남풍계열의 바람이

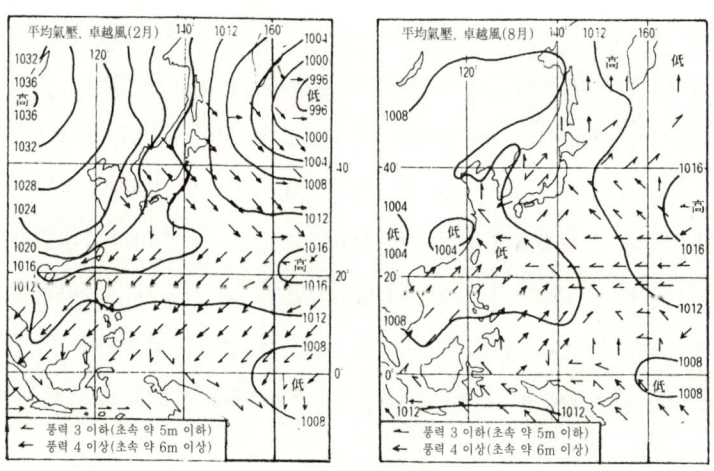

| 그림 2 | 계절풍도[30]

---

29 『근해항로지』, 대한민국 水路局, 1973, p.1.
30 이 도표는 茂在寅南의 『古代日本の航海術』, 小學館, 1981, pp.96~97 ; 茂在寅男, 「遺唐史槪觀」, 『遺唐史と史料』, 東海大學出版部, 1989, pp.34~39 참조 ; 荒竹淸光, 「古代 環東シナ海 文化圈 と對馬海流」, 『東アジアの 古代文化』29號, 大和書房, 1981, p.91 참조.

분다. 동남풍은 4월 중순에 시작하여, 8월에 들어서면 제일 강성하며, 9월 이후에는 쇠퇴하기 시작한다. 반면에 서북풍이 주풍(主風)인 북풍계열의 바람은 9월 하순부터 시작하여 11월에 최강이 되고, 다음해 3월까지 계속된다.

　이러한 해양환경을 지닌 동아지중해는 몇 가지 특성을 지니고 있다. 봄에서 여름에 걸쳐 부는 남풍계열의 바람은 중국 남부해안과 한반도 혹은 일본열도와의 교류를 가능하게 한다. 반면에 가을에서 겨울에 걸쳐 부는 북풍계열의 바람은 한반도 북부와 중국의 중부 혹은 남부해안과의 교류를 가능하게 한다. 한편 남풍계열의 바람은 일본열도에서 한반도로의 교류를, 북풍계열의 바람은 한반도에서 일본열도의 남부와 서부해안과의 교섭을 가능하게 한다.[31] 특히 동해와 관련하여 〈발해사 항해시기 도표〉[32]를 보면 발해인들은 일본에 갈 때는 늦가을부터 초봄에 걸쳐 부는 북풍계열의 바람을 이용하였다. 동해의 계절풍은 북서-북으로서 발해사가 방일하는 데는 거의 순풍이다. 귀환할 때에는 늦봄부터 여름에 걸쳐 부는 남동풍계열을 이용하였다.

　동해는 지형 면에서도 서해, 남해와 몇 가지 다른 점이 있었다. 홍적세에는 (2백만 년 전~1만 년 전) 빙하로 인하여 한반도와 중국, 일본열도가 연결됐다. 그러다가 지금부터 1만 년을 전후인 충적세에 들어와 빙하가 녹고 수면의 상승이 이루어졌다. 8000년 전경에 들어와 대한해협과 황해, 동해가 형성되었고,[33] 현재 동해의 해안선은 약 8000년경부터 4000년경 사이에 형성되었다. 6000~4000년 전에는 현재보다 온난한 기후였으므로 수면이 4~5m 높다는 주장도 있다. 더 구체적으로는 단조롭고, 해안선으로부

---

31 졸고, 「海洋條件을 통해서 본 古代韓日 關係史의 理解」, 『日本學』15, 동국대 일본학연구소, 1995 ; 「渤海의 海洋活動과 동아시아의 秩序再編」, 고구려연구 6, 학연문화사, 1988 등에 도표 등이 자세하게 나와 있다.
32 吉野正敏, 앞의 논문, pp.16~17에는 발해의 遣日使들의 月別分析을 통해서 항해가 계절풍의 영향을 절대적으로 받았음을 보여준다.
33 박용안 외 25인, 「우리나라 현세 해수면 변동」, 『한국의 제4기 환경』, 서울대학교 출판부, 2001, pp.117~155.

터 서쪽으로 해발 1000m 이상의 태백산맥 능선이 발달하고 있어서 일반적인 해안지형과는 다르다. 특히 평지가 부족해서 농경이 발달하지 않고, 인구가 집중되지 못했다. 또한 대륙붕이 짧아 수심이 갑자기 깊어진다. 섬들이 적고 원양에 노출되어 있으므로 파도의 영향이 커서 무동력으로 항해하기에 불편하다. 또한 조석간만의 차이가 거의 없어 어장이나 인간이 거주하는 생활영역이 적고, 이를 이용하는 해상세력도 크게 존재하지 않는다. 이러한 해양환경에서 일부지역을 제외하고는 인간이 거주하기에 좋은 환경은 아니었다.

동해는 해양환경의 열악한 조건으로 인하여 다른 해역에 비하여 상대적으로 주민과 문화의 교류(交流)와 만남이 적었고, 문화가 활발하지 못했다. 그러나 황해, 남해와 마찬가지로 우리의 해양문화 속에 포함되어 있었고, 한반도와 대륙이라는 육지와 하나가 되어 우리문화를 이루어 왔다. 특히 고대에 이르면 우리 역사의 중요한 활동범위였고, 그 시스템의 영향을 직접·간접으로 받으면서 움직였다.

2) 문화접촉의 항로

문화가 만나고 접촉하는 항로를 알기 위해서는 먼저 항해술의 메커니즘을 이해할 필요가 있다. 항해의 종류에는 연안항해(沿岸航海), 근해항해(近海航海), 원양항해(遠洋航海)가 있다. 인류의 역사이래 보편적으로 사용되는 항해는 바닷가를 따라 비교적 안전성을 확보하면서 이루어지는 연안항해이다. 근해항해는 육지와 일정한 거리로 떨어져 항해하는 방법을 말한다. 조류의 방향이나 조석의 높이, 육지풍의 영향 등 해안의 국부적(局部的)인 환경에 영향을 덜 받고, 해양 자체의 영향을 덜 받는다. 또한 선박은 먼 거리에 있는 육지나 높은 산을 보면서 항해하므로 자기 위치를 확인할 수 있다. 반면에 육지에서는 선박을 관측할 수 없으므로 비교적 안전한 상태에서 항해할 수 있다. 적선의 해양정찰 활동만 피한다면 적의 해역도 무사히 통과할 수 있다. 또한 연안항해에는 필수적인 조류에 익숙한 현지인을 고용할 필요성이 상대적으로 적다. 따라서 고대항해, 특히 외교·군사적인 항해에 많이 활용되었으며, 소규모 선박들의 항해나 상업을 목적으로 한 무역선들도 역시 많이 이용한 것으로 여겨진다. 이 항해도 결국에는 육지에 접안하고 상륙할 장소를 선정해야 하므로 항로 주변환경을 숙지한 경험자나 안내자가 필요하다.

원양항해는 중간에 육지나 물표(物標) 등이 없이 대양의 한가운데를 항해하는 것이다. 황해와 동해를 사이에 두고 여러 지역들 간의 교섭흔적이 수천 년 전부터 나타나는 것은 원양항해가 이루어졌음을 입증한다. 해양민들은 물빛, 바람의 방향과 냄새 등 경험과 직관력 외에 태양이나 별자리 등을 세밀하게 관찰하여 항해를 하였으며, 과학지식과 기구를 이용한 천문항법으로 대양항해(大洋航海)를 하였다. 고구려의 천문도, 고분벽화,[34] 유물들은 천문학(天文學) 발달이 대단한 수준임을 알려준다.[35] 최근 평양에서 발견된 2000년 전 경으로 추정되는 나무곽 무덤에서 나온 방위관측기는 천체의 별자리를 통해서 방위를 관측하도록 만든 것이다.[36]

일본은 8~9세기경에 견당사를 파견하였는데 신라와 비우호적 또는 적대적인 관계였기 때문에 원양항해를 할 수밖에 없는 소위 남로(南路) 혹은 남도(南道)를 자주 활용하였다. 전체 15번을 통하여 소위 남로를 활용하여 왕복항해(往復航海)에 성공한 것은 제13차 사절단 한 차례밖에 없었다. 그만큼 원양항해는 매우 위험하고 성공의 확률이 적었다. 동해에서도 연안항해 및 근해항해가 활용되었으나 일본열도와의 교섭은 자연조건상 원양항해를 하지 않으면 불가능했다.

---

34 이 부분에 대해서는 최근에 金一權의 「高句麗 古墳壁畵의 천문사상 특징」, 『高句麗硏究』3집, 고구려연구회, 1997 등이 있다.
35 사회과학원 역사연구소, 『조선 문화사』, 미래사, 1980, p.124.
36 세계일보(1993, 5, 19)에 의하면 이 방위 관측기는 가운데 북두칠성이 그려져 있고 둘레에 12개월과 28개의 별자리를 표기한 원형판을 방형판 위에 올려 이를 회전시키도록 구성되어 있다.

이러한 다양한 항법을 활용하여 항해를 하였는데, 문화와 직결된 것은 항로이다. 바다에는 길이 있고, 길을 지키지 않으면 심지어는 죽음을 불사해야 할 정도이다. 이렇듯 항로가 일정하기 때문에 자연환경에 철저히 의존해야 하는 선사시대나 고대에는 접촉과 교류가 반드시 일정한 장소(場所)에서, 일정한 시기(時期)에, 그것도 일정한 형태로 이루어질 수밖에 없었다. 한반도 내에서 몇몇 알려진 특정한 곳을 중심으로 외래문화들을 받아들이고, 꼭 지정된 지역에서만이 외국으로 출발할 수 있는 것은 이러한 해양적 조건에 맞춰야 하기 때문이다.

이러한 현상은 해조류의 흐름과 계절풍의 영향 때문에 생긴 항로 때문이다. 좀 더 구체적으로 항로와 관련하여 동해문화권의 형성을 살펴보고자 한다.

본고에서는 이 해역에서 문화접촉과 교류에 사용된 항로를 필자가 평소에 설정한 세분한 방식을 피하고 좀 더 크게 4부분으로 유형화하였다.

첫번째로 동해의 우리 쪽 해안을 남북으로 항해하는 연근해항로를 새로 설정하였다. 두 번째로 동해북부항로에는 기존의 동해북부 횡단항로, 동해북부 사단항로, 동해종단항로를 포함하였다. 세번째로 연해주항로는 기존의 분류 그대로 연해주의 해안에서 타타르해협을 항해하여 일본열도의 홋카이도와 사할린지역으로 도착하는 항로이다. 마지막 네번째로 동해남부 횡단항로와 동해중부 횡단항로를 포함하여 동해남부 횡단항로라고 하였다. 그리고 동해항로의 문화교류에 대해서는 필자가 여러 번 언급한 바 있으므로 이번 글에서는 남북연근해항로와 연해주항로에 비중을 두면서 서술할 예정이다.

(1) 남북연근해항로

가장 일반적인 교류의 길은 연안 항해 혹은 근해 항해를 통해서 남북으로 오고가는 남북연근해항로이다. 두만강 하구, 연해주 일대, 흑룡강 하구 및 그 이북부터 동해 남부까지이다.

동해문화권의 중요지역 가운데 하나이고, 그동안 소외되어왔으며, 우리와 깊은 문화적·종족적 연관성을 지닌 곳은 소위 연해주 일대이다. 극동은 기후가 몬순성으로서 연해주 아무르강 유역 사할린 등의 남부지역에서 현저하게 나타난다. 이 지역은 기원전 1000년기에는 잡곡재배의 적지였다. 토양은 반습지적인 초지의 흑색토양으로서, 비옥도는 높고, 봄용 작물에 적합하였다. 연해주 남부의 중국과 공유하는 홍개호 주변에는 쌀과 대두를 기르고 포도도 재배했다. 그리고 북위 50도 이남은 졸참나무 혼합림대가 넓게 퍼져있었는데,[37] 신석기시대에는 호도나 도토리 등의 견과류를 식량으로 할 수 있었다. 또한 연안은 어업자원이 풍부해서 연어, 송어 등의 어류들이 살고, 아무르천 유역도 많은 종류의 어류들이 있었다.[38] 아무르강 유역은 기원전 2000년기 전반부터 농경을 개시하였다. 연해주 및 그 이북의 바닷가와 면한 지역에 지금도 거주하고 있는 나나이족, 우데게족, 축치족, 에벤키족 등의 소수종족들은 동해문화권 내지 우리 문화와 관련하여 살펴볼 필요가 있다.

동해안의 신석기 유적 가운데에서 해양문화의 전파와 관련하여 주목할 지역은 함경도의 서포항 패총유적지이다. 두만강 하구에서 서편으로 약 30km 떨어진 해안가의 구릉에 있다. 1947년 북한의 고고학자들에 의해 발견되었다. 구석기시대, 신석기시대, 청동기시대의 문화층이 함께 있다. 신석기 1기층은 기원전 5000년기 말~4000년기 초로 추정되는데, 토기는 시문의 수법이 오산리의 압날문(押捺文)과 똑같다. 괭이·화살촉·칼·긁개·어망추·망치 등의 석기, 창·작살·칼·장신구 등의 골기고래뼈로 만든 노도 발견되었다. 제3기, 4기의 토기가 연해주나 흑룡강성 지역에까지 넓게 분포

---

37 동아시아 삼림대에서 특징적인 농경문화 유형을 인지해서 'ナラ林文化'로 명명한 사람은 中尾佐助이다. 이 문화는 기원전 3000년경부터 500년 정도까지 있었다. 이 문화는 대륙동부에서 도래하여 순무나 W형 대맥 등으로 대표되는 북방계의 주용한 작물군을 받아들인 농경문화라고 생각된다. 松山利夫,「ナラ林の文化」,『季刊考古學』15號, 雄山閣出版社, 1986, p.43.
38 加藤晋平,「東北アジアの自然と人類史」,『東北アジアの民族と歴史』, 三上次男·神田信夫 編, 山川出版社, 1992, pp.9~10.

된 것은 확실하고, 아무르강 중류와 깊은 관련이 있다고 한다.(각주 생략)

　　양양군 오산리(鰲山里)유적은 기원전 6000년~4500년 사이의 유적인데, 출토된 융기문토기는 중국 동북지방 흑룡강성과 일본 규슈지방에서 출토되는 유물과 일치하고 있는데 요동반도 지역, 압록강, 두만강 지역의 신석기 문화와 관련 있는 것으로 나타난다. 흑요석석기는 성분분석을 통해 백두산이 원산지임이 밝혀졌다.[39] 정징원과 소원철은 융기문토기가 노보페트로브카 유적을 위시한 동북지역에서 시작하여 오산리를 거쳐 남해안 및 규슈지역으로 퍼져 나갔을 것이라는 견해를 피력하였다.[40] 이 유적에서 다량으로 출토된 결합식 낚시도구(結合式釣針)는 동삼동, 상노대도 등의 유적지에서도 발견되었다.[41] 융기문토기는 한반도 해안지대 외에 대마도에서도 발견되는데,[42] 오산리에서는 고시다카(越高) 융기문 토기 1형과 유사한 문양 모티브를 한 것이 있으며, 연대 또한 오래되어 쓰시마 융기문토기의 원류는 한반도에 있다고 한다.[43]

　　청동기시대 무문토기도 동해안을 따라 확산 정착된 것으로 나타난다.[44] 속초시 조양동 2호 집자리에서는 어망추가 발견되었다. 강릉 등 동해중부 해안가에서는 패총유적들도 많이 발견되었다. 해양과 관련한 이러한 문화들은 연안을 통해서 전파되었으며 중간에 다른 유사한 흔적이 없다면 육로가 아니라 연안항해를 통해서 이루어졌을 것이다.

---

39 임효재, 「중부 동해안과 동북 지역의 신석기 문화 관련성 연구」, 『한국고고학보』 26집, 1991, p.45.
40 앞의 논문, p.48.
41 任孝宰, 앞의 논문, p.17, p.21.
42 임효재, 「新石器時代의 韓日交流」, 『韓國史論』 16, 1986, p.17 ; 鄭澄元, 「南海岸地方 隆起文 土器에 대한 研究」, 『釜大史學』 9, p.3 ; 金元龍, 「신석기 문화」, 『한국사』 1, 국사편찬의원회, 1984, p.163, p.166 ; 崔夢龍, 『日本 對馬 壹岐島 綜合學術調査報告書』, 서울신문사, 1985 ; 永留久惠, 『對馬の文化財』, 杉屋書店, 1978 ; ＿＿＿, 『古代史の鍵』, 大化書房, 1975 외.
43 任孝宰, 「신석기 시대의 한일문화교류」, 『한국사론』 16.
　 江坂輝彌는 앞의 논문, p.7에서 반대의견을 개진하고 있다.
44 江原道, 『江原道史』, 歷史編, 1995, p.220.

동해문화권의 길과 관련하여 중요한 것은 암각화이다. 영일만지역의 칠포리를 비롯한 몇몇 군데에서 암각화가 발견되었고, 근처인 울주(蔚州) 대곡리에도 대형의 반구대 암각화가 있다. 암각화의 기원과 문화적 성격에 관하여 많은 논란이 있다. 전파의 입장에서 그동안 연구성과를 정리하면 북방 연해주지역에서 내려온 것으로 이해하고 있다. 시베리아의 미누신스크, 예니세이강, 아스키스, 아무르강 유역과 우리나라의 함북웅기, 강원도 양양의 오산리, 경남 울주군 대곡리 반구대, 천전리, 부산 동삼동과 일본 규슈지방까지 연결되는 하나의 분포대로 규정하고 있다.⁴⁵

암각화들은 경상도 해안과 관련한 지역에서 집중적으로 발견되고 있다. 울산만, 영일만과 연결되는 위치에 있다. 이 해역은 한류와 난류가 합치는 곳으로서 어장이 형성되고, 해양 지리적으로 남북 동서항로가 마주치는 교차점 가운데 하나이다. 많은 연구자들이 지적하였듯이 울주 반구대와 천전리 암각화에서는 동물문양들과 함께 어업과 관련된 것들이 많다. 신석기시대임에도 불구하고 고래와 작살에 꽂힌 고래 등 물고기들이 있고, 배 모양도 있다. 발달된 어업이 성행했음을 알 수 있다. 아무르강 유역에서 특별하게 외경하는 것은 곰(熊)과 호랑이(虎)와 범고래(鯱)이다. 범고래도 특별한 존재로서 동북아시아 연안부의 남에서 북에 이르기까지, 더욱이 북아메리카의 북서부 해안까지 공통되어있다.⁴⁶ 만약 북방의 문화에 기원을 두고 있다면 이런 길을 상정할 수 있다. 출발지인 내륙에서 강을 따라 내려오다가 연해주 일대나 두만강 하구를 최종 출발항구로 삼고 연근해항해를 한다. 리만한류와 북풍계열을 이용하여 남항하다가 항구조건 혹은 어업과 관련하여 중간 중간에 정착을 한다.⁴⁷ 그러다가 최종적 혹은 중

---

45 송화섭, 「한국 암각화의 신앙의례」, 『한국의 암각화』, 한길사, 1996, p.264.
46 荻原眞子, 「民族と文化の系譜」, 『東北アジアの民族と歷史』, 三上次男·神田信夫 編, 山川出版社, 1992, p.115.
47 일종의 江海루트이다. 이 용어는 주채혁이 우리문화의 기원을 시베리아와 연결시키는 과정에서 설정한 용어이다.

요한 도착지로 동해남부 해안을 삼아 정착했다. 다시 강을 거슬러 내륙으로 들어갔다. 어업수렵민의 습성을 고려한다면 고래잡이 집단의 한시적인 정착을 생각해 볼 수 있을 정도이다. 어쩌면 일부는 해로를 이용하여 남해안의 일부지역에 영향을 주었을 가능성도 있고, 일본열도로 건너갔을 것이다. 시마네(島根)현, 돗토리(鳥取)현, 후쿠이(福井)현, 이시가와(石川)현, 니가타(新潟)현, 그리고 규슈지역에서 발견된 그림과 관련된 문화현상들이 동해남부의 암각화문화와 관계 깊을 가능성도 고려해봐야 한다.

동만주 일대 혹은 연해주지역에서 발달한 문화가 남북연근해항로를 이용해서 남으로 내려왔을 가능성은 역사시대에 들어오면서 더욱 커졌다. 『삼국지』 동이전에 따르면 옥저사람들은 고구려에 어염(魚鹽)과 해중식물을 바쳤다. 동예 사람들은 반어피(斑魚皮)를 바쳤으며, 먼바다까지 항해하였다. 이들은 고구려라는 모집단을 매개로 물길과 문화적으로 관계가 깊었으며, 이는 역시 육로와 함께 해로를 활용하였을 것이다. 물길은 항해와 조선술에 능한 집단이며 동예, 옥저 역시 원양항해를 할 정도의 높은 수준에 올라 있었다. 고구려는 전기인 민중왕(閔中王) 때(47년)와 서천왕(西川王)때(288년) 고래의 야광눈을 특별하게 왕에게 바친 기록을 남기고 있다. 이때 어업집단이 동예, 옥저 혹은 물길과 깊은 관련이 있었을 것이며, 아마도 두만강 이북의 해안일 가능성이 크다. 연해주의 아무르강 유역에 거주하는 나나이족, 우데게속은 호랑이를 숭배하는데, 호랑이를 산신으로 삼는 동예와 관련이 있었을 가능성이 있고, 특히 우데게족은 발해의 후손을 칭하고 있음을 볼 때 양 지역 간에는 교류가 있었을 것이다. 후에 고구려는 남진정책을 취하면서 동해중부를 공격하였으며, 장수왕은 468년에 실직주성(悉直州城, 삼척)을 공격하였고, 481년에는 포항 위의 흥해(興海, 彌秩夫)까지 공격하였다. 이는 신라의 수도를 근거리에서 압박하고 영일만 같은 대외항구를 일본열도로 진출하는 교두보로 확보하려는 목적도 있었을 것이다.

한편 대한 난류와 남풍계열의 바람을 이용하면 남쪽에서 북으로 항해가 가능하다. 물론 북에서 남으로 항해하는 것보다는 조건이 좋지 않다. 한반도 남해동부와 동해남부 일부에서 일본계 조몬 토기가 발견되고 있다.[48] 부산 동삼동에는 가장 오래된 패총에서 조몬시대의 토기들과 함께 규슈의 이마리(伊万里)산 흑요석으로 만든 석기들이 검출되었다. 바로 옆에 있는 조도패총에서도 흑요석으로 만든 돌톱, 돌칼 등이[49] 발견되었다. 이 흑요석은 사가현(佐賀縣) 아리다정(西有田町) 요악산(腰岳山)의 것으로서 배로 해협을 횡단하여 운반된 것으로 생각된다.[50] 울산 서생포의 신암리(新岩里) 유적에서도 역시 조몬 토기들과 흑요석 석기들이 발견되었다.[51] 당시 조몬 토기인들이 한반도 남부까지 왔으며 일정기간 머물거나 어떠한 형태의 교류를 한 것을 반증한다. 한편 제주도나 중국의 강남지역, 동남아지역의 문화도 동중국해와 황해남부를 통해서 들어온 이후에 남해동부를 경유하여 북상했을 가능성이 크다. 한편 난생신화의 분포권은 황해와 남해연안은 물론 내륙지방에는 없고 반도의 동남단의 김해에서 동해안으로 편재해 있다고 하며 대마해류와 관련시키는 설도 있다.[52]

역사시대에 들어오면 신라가 고구려세력을 축출하고 북진하는 과정에서 해안선과 연안을 동시에 활용하면서 진격한 것으로 보인다. 지증왕 5년(505)에 이사부(異斯夫)를 실직주 군주(軍主)로 삼았고, 이어 우산국을 정벌하게 하였다. 이것은 당연히 동해 중부의 해양활동과 깊은 관련이 있다.

선사시대부터 고대에 이르기까지 동해안 문화의 몇몇 발상지와 그 연관관계를 살펴보면 해양과 불가분의 관계를 맺고 있음을 알 수 있다. 큰 산과 바다에 끼어 해안가

---

48 林墩, 「朝島의 史的考察」, 『해양대 논문집』 11, 1976, p.380 ; 「朝島貝塚 遺物小考」, 『해양대 논문집』 13집, 1978, p.224에서 朝島를 선사시대의 중요한 거점으로 보고 있다. 임효재, 앞의 논문, p.5 등에는 울산 서생포에서 발견된 조몬토기에 대해 나오고 있다.
49 林墩, 「朝島貝塚出土遺物小考」, 『해양대 논문집』 13집, 1978, p.224.
50 江坂輝彌, 앞의 논문, p.7.
51 任孝宰, 앞의 논문, p.5.
52 金在鵬, 「난생신화의 분포권」, 『문화인류학』 4집, 1971, 한국문화인류학회, pp.41~43 ; 「古代 南海貿易ルートと朝鮮, 上」, 『東アジアの古代文化』 25號, 大和書房, 1980.

의 면적이 좁아 농경에 적합하지 않고, 해안선이 직선에 가까운 데다가, 수심이 깊고 온도가 차며, 파도가 거칠어 정박하기에 적합한 항구가 부족하고, 원거리 대양항해도 힘들었다. 그러므로 남북으로 이어지는 연근해 항로를 이용하면서 징검다리식으로 곳곳에 거점을 삼고 문화를 발전시켰다.

(2) 연해주항로

이 항로는 북으로는 하바로브스크와 비교적 가까운 항구인 그로세비치로부터 남으로는 블라디보스토크 등에 이르는 연해주 지역에서 출발하여 사할린(高項島)과 홋카이도(北海道)의 남단에 이르는 장소로 도착하는 항구이다.

선사시대부터 양 지역 사이에는 교섭이 있어왔다. 일본의 승문도기(繩紋陶器)와 대륙의 승문도기는 문화의 연원이 유사하며, 대륙과 사할린(高項島)은 교섭이 있었다고 한다.[53] 북해도를 포함하여 동북일본의 선사문화는 대륙 동부와의 밀접한 관계를 생각할 수 있는 요소가 적지 않다. 조몬 전기에 있었던 석도촉문화의 유적은 삿포로(札幌) 저지대부터 동에 분포하고 있는데, 그 수는 80을 헤아린다. 이곳의 수혈주거, 석도촉, 석부, 움푹팬 돌, 돌접시 돌어망추 등의 석기, 컵형의 기형을 가진 토기들이 있는데, 아무르강 중류역의 노뵈페토로프카 문화가 일지하고 있다.[54] 신석기시대내에 들어오면 석도를 이용한 궁시의 촉으로 석도촉이 북아시아의 각지에서 거의 8000년경에 출현했다.[55]

한편 읍루의 문제가 있다. 읍루는 연해주에서 아무르 하류지역을 포함하고 있으며, 서는 우스리스크의 서쪽, 남은 길림성 연변 조선족 자치구를 포함한 비교적 넓은

---

53 王健群, 「古代日本北方海路的形成和發展」, 『博物館研究』55期, 3期, 1996, pp.51~52 ; 江上波夫, 「古代日本の對外關係」, 『古代日本の國際化』, 朝日新聞社, 1990, pp.52~53.
54 松山利夫, 「ナラ林の文化」, 『季刊考古學』15號, 雄山閣出版社, 1986, p.45.
55 大林太良, 『北方の民族と文化』, 山川出版社, 1991, p.8.

지역에 살고 있었다. 『삼국지』 위지 동이전에 따르면 그들은 오곡농사를 짓고, 우마(牛馬)를 키우며, 마포(麻布)도 사용했다고 한다. 또 흑요석의 석촉을 사용하였는데, 독화살이었다. 바다에서 물고기도 사냥하였으며 조선술도 뛰어났다.[56] 이러한 문화는 동예, 옥저와 매우 유사하고, 이들 모두 고구려 영역 속에 포함되었고, 나중에는 말갈이라는 이름을 얻었는데, 고구려의 영토 안에 거주하는 주민들이었다. 고구려는 동부여를 병합하고 물길지역을 정복하면서 두만강 하구와 연해주의 일부지방을 영역으로 삼았다. 이곳은 동류 송화강의 일부와 두만강, 얀치하, 우수리강 흑룡강이 흐르는 곳이다.

'동인(同仁)문화'라고 있다. 5세기부터 10세기에 걸쳐서 송화강유역, 흑룡강유역, 목단강 유역과 그 동쪽에 거주한 물길과 말갈의 문화인데, 러시아는 말갈문화라고 부르고 있다.[57] 손수인(孫秀仁)·장태상(張泰湘)은 동인문화를 5~6세기에서 하한은 6세기 말부터 10세기 초 즉, 수·당시기로 보는데,[58] 당연히 이 시기 말갈과 이 지역은 고구려 영역 내에 있었다. 장태상은 동인문화는 그 후 발해문화로 변용한다고 하고, 양둔대해맹유적(楊屯大海猛遺跡)에서는 동인문화와 발해문화가 공존하고 있다고 지적하고 있다. 그런데 말갈문화는 제르칼나야강 부근, 루드나야강 하류, 아무르강 부근, 코피강 하구 등 연해주 연안의 강 하류와 유적지는 핫산지역, 블라디보스토크 등 해안가 지역에 있다.[59]

7, 8세기에는 북해도에 대륙문물이 많이 들어왔다. 북쪽에서는 상려유적(常呂遺跡) 등 오호츠크해 문화의 유적이 많이 발견된다.[60] 예문도(礼文島)의 향심(香深)유적 A지구

---

56 松山利夫,「ナラ林の文化」,『季刊考古學』15號, 雄山閣出版社, 1986, p.44.
57 菊池俊彦 著,『北東アジアの古代文化の硏究』, 北海道大學 圖書刊行會, 1995, p.66.
58 앞의 책, p.192.
59 앞의 책, p.207.
60 小嶋芳孝,「潮の道·風の道」, pp.77~79.

는 그 관련성이 검토된다.[61] 7세기대의 오타루(小樽)나 오가와(大川, 余市)의 주변에서는 주석제품 등 연해주로부터 반입된 것으로 생각되는 유물이 출토된다. 특히 대천유적에서 발견된 동령(銅鈴)은 고구려에서는 마구(馬具)의 장식으로 이용되었고, 집안시 만보정(万寶汀) M 242호묘 등에서 출토되었다.[62] 결국은 고구려가 직접 왔거나 말갈이 중간교역을 하여 이 지역에 왔을 가능성이 많다. 그러나 그 당시에 말갈은 고구려의 소속 내지 영향권하에 있었음을 생각해야 한다.

고구려의 압박을 받은 흑수말갈(黑水靺鞨)은 수(隋)에 조공사를 보내면서 사할린에 살고 있는 유귀(流鬼)[63] 등 오호츠크해 연안의 여러 민족과 연대를 강화했다. 이러한 움직임에 대항해서 570년 왜에 파견된 것이 제1차 고구려 사절이었다는 해석도 있다.[64] 그 외에도 난도(蘭島) D유적(小樽市) 유물 등도 관련성이 검토되고 있다. 菊池俊彦는 막예개말갈(莫曳皆靺鞨)이 거주한 지역을 북해도로 추정하고 있다.[65] 그런데 8세기에 들어서면 말갈계의 유물은 나타나지 않는다. 연해주 남부의 말갈족이 발해의 지배하에 들어갔으므로 독자적으로 교류할 수 없었기 때문이다.[66]

9세기가 되어 흑수말갈 전체가 발해의 영향권 아래에 든 이후에는 흑수말갈이 독자적으로 오호츠크해역과 접촉하는 것은 점차로 규제되었다.[67] 안변부(安邊部)는 하바로프스크 지역을, 정리부(定理部)는 연해주 남부 일대, 솔빈부(率賓部)도 연해주 남부 일

---

61 小嶋芳孝,「日本海の島々と靺鞨 渤海の交流」,『境界の日本史』, p.4. 이 외에도 북해도 각 섬들에 대한 개관 및 유적 유물 현황들이 설명되어 있다.
62 小嶋芳孝,「古代日本と渤海」, p.21.
63 流鬼에 대해서는 여러 설이 있으나 사할린이라고 보는 견해도 있다. 酒寄雅志의「日本と渤海靺鞨との交流」,『先史와 古代』, 한국고대학회, 1997, pp.88~89.
64 小嶋芳孝,「古代日本と渤海」, p.20.
65 앞의 책, p.252.
66 小嶋芳孝,「日本海の島々と靺鞨・渤海の交流」,『境界の日本史』, p.34.
67 酒寄雅志의「日本と渤海靺鞨との交流」, p.104.

대를 포함, 안원부(安遠部)는 연해주 중부 동해안 일대였으며, 철리부(鐵利部)는 하바로브스크주 남부 일대로 추정하고 있다.[68] 특히 하바로브스크는 철이 많이 생산되는 지역이다.[69] 이 각부들은 각각 말갈 여러 부족의 근거지였다. 물론 이 항로를 발해가 장악했을 것이다. 때문에 발해도 연해주의 여러 해안과 항구를 거점으로 북해도 혹은 사할린에 도착하였을 것이다.

발해 전성기의 영토에 비추어 볼 때 위에서 언급한 섬들 외에도 북해도의 삿포로의 외항이 될 수 있는 이시카리만(石狩灣), 루모이(留萌), 와카나이(稚內)와 사할린의 코롬스크, 오로보 등은 가능성이 있는 지역이다. 발해가 멸망한 이후에도 오가와(大川)유적에서는 발해 말 내지 여진 초기라고 생각되는 흑색호형토기(黑色壺形土器)가 출토된다. 이 사실은 연해주와 북해도의 교류는 늘 개연성이 있음을 확인시켜 준다.[70] 주석(朱錫)과 철(鐵) 교역을 중심으로 민간교섭(民間交涉)을 벌였다고 하는 견해도 있다.[71]

오호츠크문화의 유적지, 예를 들면 온고로마나이 패총에서 송나라 희종중보(熙宗重寶)가 출토되고, 모요로패총 유적에서도 경우원보(景祐元寶)가 출토되었다. 그런데 연해지방 남부의 여진문화유적에서는 샤이가 성채(城砦)에서 대관통보(大觀通寶)가 발견되었다.[72] 이를 본다면 타타르해협을 항해하여 양 지역 간에는 직접적이건 간접적이건 교류가 있었다고 보여진다. 북해도의 오호츠크문화[73]의 유적에서는 대륙으로부터 전해진 물건들이 적지 않은데 그것들은 연해주지방에서 아무르하 유역 및 사할린을 경유하여 들어온 것이다.[74]

---

68 발해의 영역과 위치는 시대에 따라, 혹은 학자들에 따라 약간의 차이가 있다.
69 박시형 지음·송기호 해제, 『발해사』, 이론과 실천, 1995, p.228.
70 小嶋芳孝, 「日本海の島々と靺鞨·渤海の交流」, p.36.
71 小嶋芳孝, 「日本海の島々と靺鞨·渤海の交流」 참조 ; 「環日本海交流史から見渤海と北陸道」, 『波濤をこえて』, 石川縣立歷史博物館, 1996 ; 「古代日本と渤海」 참조.
72 菊池俊彦 著, 『北東アジアの古代文化の研究』, 北海道大學 圖書刊行會, 1995, p.66.
73 오호츠크문화란 북해도 문화 및 사할린 문화를 말한다.

그러면 그들은 이 항로를 구체적으로 어떻게 사용했을까?

포시에트 혹은 블라디보스토크, 그 위 지방에서 타타르 해협을 건너 사할린 또는 홋카이도의 오타루까지는 항해가 가능하다. 우선 블라디보스토크과 오타루는 동일한 위도상에 있어 지리적으로 매우 조건이 좋다. 또한 이 항로는 겨울이 아니라 봄·여름에 사용하는 항로라는 데 주목할 필요가 있다. 그렇다면 봄·여름에는 남풍계열의 바람을 이용하면 쉽게 북상할 수 있다. 6·7·8월에는 편남풍이 분다. 이시기는 천기(天氣)도 매우 좋아 항해에 유리하다.[75]

더구나 날씨도 따뜻하고 바람도 세지 않아 해상상태도 상대적으로 안정되어 있다. 그 지역의 해류는 북에서 남류하고 있는데 북해도 남부나 동북지방의 경우에는 이것을 활용하면 거의 직선거리로 접근할 수가 있다. 이렇게 연해주 항로는 바다를 바로 건너서 홋카이도에 상륙하거나, 가까이 다가온 후에 연안항해를 통해서 출우 등 혼슈 북부지역에 도착할 수 있다. 더구나 연해주 동부에는 시호테알린 산맥이 있고 반대편인 사할린에도 산맥들이 있어 상호 바라보면서 항해하기에 매우 유리하다. 결국은 발해선의 동해항로보다 항해하기에 더 쉬울 수도 있다.

연해주 남부항로뿐만 아니라 북부항로도 있었을 것이다. 사할린은 발해의 북부 영토인 안변부나 아워부에서 북동방향으로 항진할 수 있다. 만약 하바로프스크까지 발해의 영향력이 끼쳤다면 발해의 해상활동범위도 더욱 북상할 것이다. 연해주 북부 해안인 소베츠카야가반에서 건너편의 오롤보까지는 불과 150km에 불과하고, 연해주 북부는 거의 사할린과 붙어있다. 아주 가까운 지역에서는 원시적인 주민들도 간단한 노를 저어서도 항해가 가능하다. 연해주 항로는 그동안 주목하지 않았으나 사할린이나 북해도에서 더 많은 자료들이 발굴된다면 발해와의 관련성이 더욱 분명해지리라

---

74 菊池俊彦 著, 『北東アジアの古代文化の硏究』, 北海道大學 圖書刊行會, 1995, p.28.
75 『근해항로지』, 대한민국 水路局, 1973, p.22.

믿는다. 해양문화의 특성을 볼 때 선사시대부터 발해인들에 이르기까지 이 항로를 이용한 것은 많이 나타날 것이다.

(3) 동해 북부 횡단항로

이 항로는 러시아령이 된 포시에트만 지역, 청진, 나진 등 두만강 하구와 원산 이북에서 출항하여 동해북부 해양을 횡단한 다음에 일본의 동북지방인 아키타(秋田)와 니가타(新潟), 월인 이시가와(石川), 후쿠이(福井) 등에 도착하는 항로이다. 발해사신들이 주로 초기에 사용한 항로이다. 746년에 발해와 철리인 1100여 인이 도착하였다. 10월·11월은 비교적 북서풍이 약하게 부는 계절이다. 또한 동해(일본해)의 북서부에서 한반도의 동안에 연해서 리만한류, 북한한류가 남하하고, 동해(일본해)를 반(反)시계방향으로 순환하고, 중앙부인 39도~40도 부근에는 극전선(極前線)이라고 불리는 현저한 조경(潮境)이 동서방향에서 형성되고 있다. 이러한 자연조건과 돛을 활용하여 바람을 사선(斜線)으로 받고 동으로 항진한다면 출우국(出羽國)에 자연스럽게 도착할 수 있다.

아키타(秋田)현 남부에서 니가타(新潟)현에 이르는 동해(일본해) 연안은 대한난류(대마해류)의 영향으로 기온이 높고, 겨울에는 평년기온의 평년치가 섭씨 0도 이상이다. 겨울에 연안부의 풍향은 북서 또는 서풍의 계절풍이 탁월하고, 여름에는 태평양 고기압의 영향으로 남쪽은 남동의 바람이 탁월하다.[76] 이키타성유적(秋田城跡)에서 출토된 철제우부(鐵製羽釜)는 발해인과의 기술교류를 시사해주는 자료일 가능성이 있다.[77]

사도섬(佐渡嶋)은 니가타시 바로 앞에 있는 큰 섬이다. 발해인들이 도착하기 이전에 이미 말갈인들이 왔었다. 『일본서기』 660년(齊明 6년)년조에는 아베수군(阿部水軍)이

---

76 『續日本全國沿岸海洋誌』, 日本海洋學會沿岸海洋研究部會編, 東海大學出版會, 1985, pp.805~810 참고.
77 小嶋芳孝, 「日本海の島々と鞨鞨·渤海の交流」 『境界の日本史』, 村井章介·佐藤信·吉田伸之, 山川出版社, 1997, p.37.

사도섬에서 숙신과 소위 '침묵교역(沈默交易)'에 실패해서 전쟁을 했던 기사가 있다. 이 싸움에서 能登臣馬身龍이 전사하고, 숙신(肅愼)도 폐뢰변도(幣賂辨島)에 틀어박혀 결국은 전원이 죽었다. 그런데 사실은 이들보다 먼저 왔을 가능성이 강한 사람들이 있다. 『삼국지』 위지 동이전에 기록된 풍속 등을 근거로 동옥저, 북옥저인이 먼바다로 항해를 하였는데, 그들이 말하는 동방의 큰 섬이란 사도섬이라는 견해도 있다.[78] 그럴 경우에는 이미 오래 전부터 동해안에서 호쿠리쿠이나 그 이북지역으로 진출했을 가능성도 있다. 니가타현 卷町 赤坂遺跡에서는 5세기 초의 흙구덩이에서 토기들이 검출되었는데 러시아 남부의 연해주지방과 관련이 있다. 이 유물은 『일본서기』 544(欽明 5)년조에 기록된 숙신인이 사도에 머물면서 봄, 여름에 고기를 잡는다고 하는 이야기와 관련이 있다는 견해도 있다.[79]

『일본서기』에는 고구려인들이 게이타이(繼體)천황 10년조, 긴메이(欽明)천황 원년·31년조, 비다쓰(敏達)천황 2년·3년 조에 월국(越國) 혹은 월(越)의 해안에 도착했다고 되어 있다.[80] 고마쓰(小松) 지역은 지금도 발굴이 진행되고 있다. 특히 누카미(額見)유적은 엄청난 범위이다.[81] 8세기 후반의 철생산 기술도 이 항로를 이용하여 발해가 전해준 것이다.[82] 한편 노토반도는 한반도 동해안의 어느 지역에서 출발해도 도착할 수 있는 지리·해양조건을 갖추었다. 고구려·발해 등과 관련된 동해중부 이북의

---

78 王俠, 「集安 高句麗 封土石墓與日本須曾蝦夷穴 古墓」, 博物館硏究 42期, 1993, 2期, p.43.
79 小嶋芳孝, 「古代日本と渤海」, 『考古學 ジャナル』411, 1996, p.20.
80 齊藤 忠, 金達壽 外, 「高句麗と日本との關係」, 『古代の高句麗と日本』, 學生社, 1988, pp.22~23의 도표 참조. 越 지역과 고구려와의 관련성은 高瀨重雄, 「越の海岸に着いた高句麗使」, 『東アジアと日本海文化』, 森浩一 編, 小學館 1985, p.217 ; 小嶋芳孝, 「潮の道 風の道」, 『松原客館の謎にせまる』, 氣比史學會, 1994.
81 小嶋芳孝, 앞의 논문, p.72, p.77 참조. 『額見町遺跡』, 石川縣 小松市 敎育委員會, 1998 등 지금도 발굴이 진행되고 있는 이 유적지에서는 백제 혹은 신라계로 보여지는 거주지의 구들 화덕 등이 발굴되고 있다.
82 小嶋芳孝, 「日本海の島々と靺鞨·渤海の交流」, p.36.

해상에서 출발할 경우에는 노토를 가운데 둔 호쿠리쿠지방에 도착할 확률이 제일 많다. 이 지역은 고구려 고분의 말각조정양식을 가진 하이혈(蝦夷穴) 고분도 있어 고구려와도 깊은 관계에 있었음을 알려준다.[83] 노토반도에는 항해의 안전을 비는 게다신사(氣多神社) 및 사가유적지(寺家遺跡地)가 있었다. 천향년(淺香年)에 의하면 발해와의 교류에 상당한 역할을 했다고 한다.[84]

그런데 후쿠이현의 '三國の浜'을 출발한 일본의 배가 북해도를 향하여 가다가 폭풍우를 만나 우연히 포시에트만에 도착하였다가, 심양과 북경, 서울, 부산을 통해 오사카에 도착하였다(1646년 6월 17일). 후쿠이현의 삼국성해사(三國の性海寺)에 기록이 있는 이 사실은 양 지역 간의 교섭이 이미 오래 전부터 있어왔음을 시사하고 있다.

(4) 동해 남부 횡단항로

한반도와 일본열도를 이어주는 항로는 서해남부, 제주도, 남해 그리고 동해에 각각 몇 개씩 있다. 그 가운데 동해 남부항로는 비교적 손쉽게 오고 갈 수 있는 항로 가운데 하나였다. 이 항로는 동해의 중부인 삼척 강릉지방, 남부인 포항, 울산 등을 출항하여 혼슈 남단의 이즈모(出雲)와 중부의 쓰루가(敦賀) 등에 도착하는 항로이다. 이 지역은 동해를 사이에 두고 경상남도 울산이나 포항지방과 위도상(북위 35.5도)으로 보아 거의 비슷한 위치에 있다.

한반도와 이즈모지방 사이에는 항로가 2개 있었다. 하나는 동해남부 또는 남해로부터 리만한류를 타서 북위 30도 부근에서 대한난류 서파(西派)를 횡단하여 본류에 올

---

[83] 양 고분의 공통점 등 성격규명에 대해서는 王俠,「集安 高句麗 封土石墓與日本須曾蝦夷穴 古墓」,『博物館研究』42期, 1993, 2期 ;『古代能登と東アジア』, 蝦夷穴古墳國際シポジウム實行委員會, 1992 참조.
[84] 小嶋芳孝,「潮の道·風の道」, p.67 ; 鈴木靖民,「古代敦賀 めぐる對外關係」,『松原客館の謎にせまる』, 氣比史學會, 1994, p.55에서 역시 동일한 견해를 표명하고 있다. 현재의 기다신사는 해안가까이에 있는데 당시의 신사가 아니다.

라타서 이즈모 서안에 도달하는 직접항로이다. 또 다른 하나는 한반도 동안에서 출발하여 오키제도(隱岐)에 도착하고, 다시 시마네만두(島根灣頭) 혹은 이나바(因幡)해안에 도착하는 것이다.[85] 이 항해는 선사시대부터도 가능했고, 기원을 전후한 시대부터는 매우 활발했다고 추정되지만, 아직 이 부분에 관한 주변연구가 빈약해서 판단을 유보하겠다.

이 지역은 해양조건상 신라계와 관계가 깊다. 연오랑(延烏郎)과 세오녀(細烏女)의 설화[86]는 영일만 근처의 신라세력이 진출하여 일본 소국가의 왕이 되는 당시의 양 지역 정치적인 상황을 의미한다. 『일본서기』에 나타나는 아메노히보코(天日槍) 설화나 『고사기』의 천일모(天日矛) 설화는 신화의 내용이나 구조, 그리고 항해의 조건 등으로 보아 연오랑 설화와 유사성이 깊다. 다카마가하라(高天原)에서 아마데라스와 경쟁관계에 있던 신라계의 스사노오노미코토(素盞嗚尊)와 그 후손들은 이즈모(出雲) 지역에서 지배권을 확립한다. 『일본서기』 신대편에는 스사노오노미코토(須佐之男命)이 식토(埴土)를 가지고 배를 만들어 타고 동으로 건넜다는 기술이 있다. 그가 하강한 곳은 고사기에 의하면 이즈모 최대의 철산지인 도리카미(鳥髮)의 땅이다.

박제상의 기록은 영일만이나 울산만 등이 일본열도로 진출하는 중요한 항구였음을 알려준다.[87] 양 항로간의 중간에는 오키(隱岐)섬이 있었다. 이즈모지방에 진출한 세력들은 철의 수입과 생산을 통해서 정치력을 신장하면서 동진하였고 강력한 정치세력을 이루었다. 한편 고구려가 진출했을 가능성도 있다. 시마네현(島根縣) 지역의 이즈모(出雲) 등에 고구려 문화의 흔적이 있다.[88] 광개토대왕 이후 남진한 고구려는 동해 남

---

85 中田 勳, 『古代韓日航路考』, 倉文社, 1956, pp. 123~127.
86 『삼국유사』 권1, 기이 2.
87 박제상이 승선하고 향한 지점은 栗浦인데 울산 부근으로 추정하고 있다. 『삼국유사』 김제상 조에 기술된 望德寺를 望海寺로 추정하고 蔚州郡 青良面 栗里의 靈鷲山 東麓일 것으로 판단하고 있다. 李鍾恒, 앞의 논문, p. 25.

부나 남해 동부해안을 통해서 일본열도로 진출했을 가능성이 있다. 조희승은 고구려인들이 동해를 건너 이즈모 일대에 정착하였다가 다시 척량산맥을 넘고 쯔야마 분지 일대에 정착한 것으로 생각한다고 하였다.[89]

한편 상대적으로 동해를 건너온 왜의 신라진출도 있었다. 해류와 계절풍 등 해양조건으로 인하여 조몬토기들이 울산의 서생포 등에서 발견되고 있다. 『삼국사기』에는 왜의 한반도 침입기사가 박혁거세 8년(B.C. 50) 때부터 나타나고 있다. 왜인들은 소규모로, 때로는 적지 않은 병력으로 신라의 변경을 침입하거나 수도인 금성을 위협하곤 했다. 또 박혁거세 38년(기원전 20)에는 왜국 출신의 호공(瓠公)이 들어와 재상이 되었다.[90] 이것은 왜국 출신의 사람이 신라에 들어와 일정한 정치세력을 구축할 수 있었다는 당시의 정치적 배경과 '瓠(바가지)'로 상징되는 항해수단을 이용하였음을 알려준다. 한편 석탈해에 관련된 기사는 『삼국사기』와 『삼국유사』에 공히 실려있는데 약간의 차이가 있을 뿐 기본구조는 동일하다. 석탈해(昔脫解) 출생지가 다파나국(多婆那國)으로서 왜국 동북 1천 리에 있으며(유사는 龍城國, 琓夏國으로 표기), 궤짝에 실려 왔고 나중에는 신라의 4대 왕이 되었다.

산인(山陰)이나 이즈모(出雲)에서 출발하면 규슈북안까지 대마해류의 반류에 타서 연안을 올라간 후, 규슈 북서부에서 이키·쓰시마를 경유해서 대마본류에 타서 '海의 北道'를 탄다면 한반도의 동남부 또는 동부에 도착한다.[91] 더구나 봄에 남풍계열의 바람을 이용하면 더욱 쉬워진다. 동해에는 다양한 항로가 시대에 따라서 사용되었으며, 그 범위와 영향력은 의외로 컸다. 특히 동해남부지역은 신라가 있었으므로 매우 중요한 위치였는데, 그 이전시대에도 마찬가지였다고 생각한다.

---

88 조희승, 『초기조일관계사』하, 사회과학출판사, 1989, pp.303~304.
89 조희승, 『초기 조일관계사』상, p.303.
90 『삼국사기』권1, 「신라본기」제1.
91 松枝正根, 『古代日本の軍事航海史』上, かや書房, 1994, pp.109~111.

5. 맺음말

이 글은 동해문화권을 설정하려는 목적을 갖고 작성한 글이다. 황해 및 남해와 관련된 역사상에 대해서는 육지적인 관점에서 연구가 많이 이루어졌다. 필자는 1994년 이후 동아지중해모델을 설정하여 해류적인 관점에서 우리 역사는 물론 동아시아 역사를 해석하면서 두 바다와 더불어 동중국해의 역사와 문화에 대하여 연구를 해왔다. 다만 동해와 관련해서는 고대 한일관계, 발해와 일본과의 관계를 다루면서 연구하고 발표했다. 그러나 늘 미비함을 느끼고, 특히 타타르해협을 사이에 둔 연해주와 사할린 및 홋카이도지역에 대해서는 가설차원에서 문제를 제기한 후에(1998년) 본격적으로 연구할 기회가 없었다. 그러나 동아시아 역사를 구체적으로 이해하기 위하여, 또한 필자의 입장에서는 동아지중해모델을 보다 정교하고 완전하게 만들기 위하여 동해문화권의 존재는 필요충분조건이었다.

이번 연구를 통해서 가능성으로 남아 있던 동해문화권이 실재함을 확신하게 되었다. 그동안 발표했던 바처럼 동아지중해의 해양환경, 특히 동해의 해양환경을 고려하면 가능성이 매우 높다. 한일관계, 우리의 일본열도 진출은 수차례 언급했듯이 지극히 당연하고, 그 현상은 해양의 메커니즘에 상당한 영향을 받았다. 또한 북에서 남으로 내려오는 문화가 있었는데, 연해주지역의 문화와 우리 문화, 남쪽 문화의 연관성을 확인할 수 있었다. 토기, 암각화 등 몇몇 문화현상에서 나타나듯 유사문화의 산발적인 분포현상은 해양문화의 이동성 및 거점성과 관련시키면 충분히 이해가 가능하다. 거기에 역사 유기체의 관점이나 원형이 되는 모문화(母文化)의 존재를 인정한다면 더욱 가능성이 높아진다. 또한 타타르해협을 사이에 두고 우리 문화에 포함된 연해주문화와 사할린, 홋카이도지역이 문화적으로 교류했다는 가능성을 확인하고, 일부지역에서는 사실을 확인할 수 있었다. 항로, 교류성, 모방성 등 해양문화의 메커니즘을 더욱 분명하게 이해하고, 연해주문화와 우리 주류문화의 연관성을 전제로 한다면 접촉의 범위와 빈도, 영향력에 대해서 새로운 사실들이 밝혀질 것이다.

그러나 이 연구로는 한계가 너무 많다. 동해문화권의 규모, 형성과 변화의 단계들, 문화의 성격과 주체들에 대해서 아직 알 수가 없다. 동해문화권이 범아시아, 동아시아, 한민족사에서 차지한 위치와 역할도 규명하지 못하였다. 심지어는 문화의 구체적인 내용도 언급하지 못했다. 암각화, 토기, 어구, 신앙, 생활기술 등 연해주문화와 우리 주력문화의 관계는 해양과 관련하여 매우 흥미롭다. 동해문화권은 연구가 심도 깊게 진행되면 다른 문화권과 관계를 맺는 방식 등 다양한 주제와 소재들이 중요한 분야로 떠오를 것이다. 남해 및 황해문화권과의 관계, 동중국해 및 동남아문화와의 관련성은 보다 더 분명하게 드러날 것이다. 또한 일본 동북문화에 끼친 영향 및 오호츠크 문화와의 관련성, 특히 고구려·발해의 접촉여부는 동아시아 역사 및 우리 문화를 해석하는 데 큰 변화를 가져올 것이다.

이제 우리 역사는 범아시아, 동아시아적 관점과 일민족사(一民族史)이나 일문명사(一文明史)적인 틀에서 해석할 필요가 있다. 그리고 해륙사관(海陸史觀)을 통해서 자연스럽게 현재 만주, 한반도 해양 전체를 통일된 유기체로 파악하면서 역사활동과 문화현상을 규명해야 한다. 사대적인 인식과 식민사관으로 훈련된 분할적(分割的) 사고, 단절적(斷絶的) 사고를 지양해야 한다.

08
東아시아의 海洋空間에 관한 再認識과 活用*
―동아지중해모델을 중심으로―

1. 서 언

역사란 공간을 시간적으로 연구하는 학문이다. 따라서 공간을 정확하게 이해한다는 것은 기본이다. 더욱이 역사의 공간을 물리적인 공간, 혹은 기하학적인 공간으로 국한시켜서는 곤란하다. 그동안의 연구경향을 분석해보면 동아시아 역사 및 우리의 역사를 이해하는 데 공간에 대한 오해가 많았음을 부인할 수 없다. 그 가운데 하나가 해양을 역사의 영역으로 수용하지 못한 것이다. 이 글은 동아시아 및 우리의 역사를 이해하는 데 해양이 필요함을 주장하는 한편 또 동아시아 역사가 이루어져가는 데 해양이라는 공간이 어떠한 역할을 담당하였을까를 살펴보고, 아울러 동아시아 역사에서 행한 우리민족의 역할론을 보다 선명하게 드러내고자 한다.

그리고 이러한 목적을 위해 연역적으로 논리를 전개하고자 한다. 역사학은 본질적으로 미래학이다. 연구행위를 통해서 현재 혹은 다가오는 미래에까지 행위를 함으로써 평가는 물론 기록에도 영향을 끼친다. 또한 현재뿐만 아니라 과거의 이해 및 사실에

---

* 「東아시아의 海洋空間에 관한 再認識과 活用―동아지중해모델을 중심으로」, 『동아시아 고대학』14집, 동아시아 고대학회, 경인문화사, 2006.

도 영향을 끼치고, 심지어는 간섭을 하기까지 한다. 일종의 '피드백 현상'이다. 그래서 역사학은 기록자이면서 평가자일 뿐만 아니라, 동시에 행위자(creater)의 역할을 겸하고 있다. 따라서 역사학의 역할은 과거에 발생했던 사실을 단순하게 규명하고 복원해야 하는 무엇(what)의 문제를 뛰어넘어 사실을 현재의 구체적인 상태와 연결을 짓고 비교를 하는 해석의 작업을 할 수밖에 없다. 즉 왜(why)의 문제에 매달리는 자세가 필요하다. 역사학이 학문을 위한 학문을 넘어서 그 이상의 것이며 역사학이 진실로 필요한 이유이기도 하다. 나아가 역사학은 역사적 통찰력과 집약된 경험을 통해서 집단의 나아갈 방향을 제시해주어야 한다. 역사가 궁극적으로 지향하는 것이 인간의 해방과 사회의 진보인 만큼 역사학의 궁극적인 목적은 역사활동 주체들로 하여금 가능한 한 완벽한 의미의 역사를 영위하도록 방법론(how)의 제시기능까지도 하는 것이다.

이 글에서는 역사에서 공간을 바라보는 관점을 제시하고, 이를 시행할 수 있는 해석틀인 '동아지중해(EastAsian-Mediterranean-Sea)' 모델을 적용해서 역사상을 살펴본 이후에 정말 그 해양공간을 매개로 그러한 틀에 접근해가고 있는가를 검증해보고 아울러 이 동아지중해모델이 미래에도 효용성이 있는가도 모색해보는 방식을 취했다. 이 글은 시대로는 기원을 전후한 시대까지로 한정하였고, 내용상으로는 동아지중해권이 발아해서 기본틀을 갖춘 상황으로 한정하였다.

2. 역사에서 공간(空間)의 의미와 터(場, field)이론

역사란 인간과 마찬가지로 생성과 변화와 운동을 한다. 그러나 이 운동은 시작과 끝이 분명한 직선운동이 아니고, 매듭은 없지만 역할과 상황에 따라 모여든 목이 몇 개 있는 원(圓)운동이다.[1] 운동을 일으키기 위해선 혹은 운동 속에는 주체와 시간・공간, 그리고 구체적인 선들이 있다. 그 외에 자연(기후, 지리 등), 기호(몸짓, 글자, 언어, 상징 등),

인식(사상, 종교, 신화 등), 경제양식 등 모든 관계의 방식들이 네트워크를 이루고 있다.

그 중에서도 역사는 인간인 주체를 놓고 시간과 공간이 만나서, 혹은 주체가 시간과 공간을 취사선택해서 완성을 이루는 과정이다. 시간과 공간은 출발부터 분리된 별개의 것이 아니라 합일의 존재였으나 다만 인식에 의해 삶이 질서화되면서 개념상의 구분이 생겼고, 생존을 위해 사건의 현장에서 자기의 위치설정이 필요했으므로 주로 공간 속에서 자신과 사건을 파악했다. 그러나 경험이 축적되면서 삶의 본질을 보다 분명하게 파악하면서 사건 속에서 시간(時間)의 존재(存在)를 인식하기 시작했다. 그래서 수세대에 걸쳐 인간들은 시간의 흐름에 의미를 부여하고 반복되는 과정과 인과관계 속에서 자신들만의 '단위시간(單位時間)'을 만들어내고, 그 유기체 같은 것의 한 분자가 되었다.[2] 시간은 역사와 문명의 성격을 규정하는 데 중요한 역할을 한다. 그런데 공간은 때로는 시간의 흐름보다 더 중요하고 의미가 클 수 있다. 인간들은 안정된 공간에서 안정된 결과를 목적으로 수동적으로 시간의 변화 혹은 시간이 가져온 변화를 맞는다. 공간을 중요시한다.

그런데 상황, 즉 시간도 마찬가지이지만 공간을 정확하고, 쉽게 이해하기 위해서는 미시적(微視的)인 분석작업도 필요하지만 동시에 거시적(巨視的)으로 범공간적(凡空間的)으로 큰 단위로 해석하는 틀 즉 해석모델, 이론모델이 필요하다. 유형화의 필요성이 있는 것이다. 근대 역사학이 시작된 직후부터 동아시아 공간을 하나의 범주로 만들고 해석하려는 시도들이 있었다. 일본은 조선을 침략하기 전, 이미 조선을 병합해야

---

1 보는 관점에 따라 太極圖나 의상의 法界圖, 고구려 고분벽화에 그려진 주작도나 현무도 등에서 표현하는 나선구조와 유사한 의미이다. 안과 밖의 구별이 없지만 상황에 따라 모습과 역할이 구분되는 뫼비우스띠 같은 구조이다.
2 인간의 양심 또한 시간에 얽매여 있으며 시간만을 통해서 존재한다.
  타르코프스키, 『봉인된 시간』, 분도출판사, p.72. '한 인간이 살아가는 시간 속에서 인간은 자기자신을 도덕적인 존재로서, 진리탐구가 가능한 존재로서 인식할 수 있는 가능성을 지닌다.'

하는 당위성을 역사 연구를 통해 찾아서 그들만의 논리를 만들었다. 다루이 도키치(樽井藤吉)는 '홍아론(興亞論)'을 내세웠고, '대동국(大東國)'을 세워 청에 대응해야 한다고 주장했다. 이어 '반도사관(半島史觀)'이라는 식민주의사관의 핵심논리를 만들었는데, 이는 대륙에 붙어있는 부수적인 존재로서 타율성이 강한 정체성(停滯性)의 특징을 지닐 수밖에 없다는 공간적 숙명론이다. 실제로 이는 지리공간의 단순한 축소가 아니라 역사 자체의 축소를 가져왔다. 일본은 이어 만주를 침략하기 직전인 1931년에는 만선사관을 만들어냈는데 이는 일본과 만주가 블록을 결성해야 한다는 '일만(日滿) 블록'을 합리화시키고 만주지배를 정당화시키려는 공간적 유형화 시도였다. 일본은 마침내 1940년에 "대동아공영권(大東亞共榮圈)"을 주장했다.

　니시무라 신지(西村眞次)는 그의 『남방민족지(南方民族誌)』(1942년)에서 남방문화권의 범주를 서로는 아프리카 동안의 마다가스카르 섬 이동으로부터, 그리고 동쪽으로는 폴리네시아의 제도까지 이르는 광범위한 것으로 설정하였다. 태평양의 해양문화와의 관련성은 최근에도 언어학이나 항해학 분야의 학자들(武在寅南 등) 사이에서 꾸준히 제기되고 있다. 이러한 일련의 시도들은 한 국가의 현재적인 필요에 따른 과거 역사공간의 재해석과 범주화의 전형적인 예이다.

　이러한 사고들은 그 후에도 계속 이어져 동아시아라는 용어와 개념으로 1970년대부터 본격적으로 사용하고 있으나 그 범위, 개념, 역할 등에 대해서는 통설은 없다. 이노우에 히데오(井上秀雄)는 고대의 동아시아는 중국왕조의 정치권력이 미치는 지역 혹은 중국문화의 영향을 받았던 지역 등을 가리키는 용어로 추측된다고 하였다.[3] 특히 p.12에서는 지도를 그려서 동아시아의 범주를 분명하게 표현하고 있다. 이 분류에는 아시아의 동쪽이 동북아시아, 동아시아, 동남아시아의 3부분으로 되어있다. 니시지마 사다오(西嶋定生)는 대륙의 역사, 특히 중국왕조를 중심으로 하는 역사를 동아시아 역

3　井上秀雄,『變動期の東アジアと日本』, 日本書籍, 1983, p.12.

사로 보고 있다.[4] 미야자키 이치사다(宮崎市定)는 진한제국(秦漢帝國)의 출현은 동아시아세계의 출현단서를 열어 놓았다고 하고 서(西)아시아, 중앙(中央)아시아 등과 구별하고 있다.[5] 사에키 유세이(佐伯有淸, 『古代の東アジアと日本』, 1987)는 동아시아라는 범주를 막연히 설정하고 한반도 세력, 일본열도, 그리고 중국대륙을 동아시아로 보고 있다.[6] 다케다 유키오(武田幸男) 역시 명확한 개념설정이 없이 광개토대왕릉비(廣開土大王陵碑)를 중심으로 다루고 있다.[7]

최근의 일본학계에서는 조엽수림문화권(照葉樹林文化圈)을 주장하여 중국의 운남성(雲南省), 청해성(靑海省) 등과의 연관성을 강하게 주장하기도 한다.[8] 그리고 야스다 요시노리(安田喜憲)는 도리이 류조(鳥居龍藏)의 『東部シベリアの以前』에서 인용하여 즉 '일본인의 본거지, 일본문화의 고향으로 보여지는 것은 동부 시베리아에서 흑룡강 유역 연해주, 그리고 만주에 이어지는 일본해(日本海)의 대안(對岸)이다. 그리고 이것에 조선을 잇고, 樺太(사할린) 북해도, 그리고 사도, 노토 등 일본해 일대의 지방을 일괄해서 볼 필요가 있다.'고 하였다. 그는 이러한 논리 속에서 졸참나무숲 문화권을 소개하였는데, 이 또한 공간을 유형화시키려는 의도의 소산이다. 그는 일본해문화권이라는 또 다른 공간의 유형화가 필요하다는 제기를 한다.[9]

한편 후루야마 다다오(古廐忠夫)는 환일본해(環日本海)라는 개념은 일본이라고 하는 바다를 중심으로 하는 지향도 갖고 있지만, 그 외연은 어느 지역까지 포함하고 있느냐에 대해서는 각각의 의견이 있다. 현재 일본해로 출구가 없는 중국은 과거역사에 대한

---

4 西嶋定生, 『日本歷史の國際環境』, 東京大出版社, 1985, pp.2~3.
5 宮崎市定, 『中國の歷史』2, 『秦漢帝國』, 講談社, 1974, pp.3~4.
6 佐伯有淸, 『古代の東アジアと日本』, 1987.
7 武田幸男, 『高句麗史と東アジア』, 岩波書店, 1989.
8 佐佐木高明, 『照葉樹林文化』, 『續 照葉樹林文化』 등. 그 외에도 江上波夫 등이 양자강유역과의 관련성을 주장하고 있다.
9 安田喜憲, 「日本海 めぐる 歷史の胎動」, 『季刊考古學』15호, 雄山閣出版社, 1986, pp.14~16.

비판 때문에 '환일본해'라는 호칭은 그다지 사용하고 않고, 다만 '동북아시아'라는 호칭을 사용하고 있다. 일본해라는 호칭은 1602년 마테오 리치가 작성한 『곤여만국지도(坤輿萬國地圖)』에서 포괄적으로 사용되었다. 그런데 일본해로 통일된 것은 근대 일본의 부국강병과 제국주의화, 아시아 침략의 과정과 궤를 같이하고 있는 것은 확실하다 하고, 일본해를 지중해세계나 동아시아 세계로 부르는 것 같은 정치적 · 경제적 내지는 문화적으로 하나의 자기완결적인 지역을 상정하는 것은 곤란하다는 의견을 개진하고, 같은 책, p.8에서 동아시아 세계와 외연으로서 동북아시아라는 시점에서, 즉 동아시아의 서브시스템으로서 환일본해(環日本海) 지역을 보고 있다.[10]

그리고 중국은 근래에 들어서 동북공정을 통해서 과감하게도 만주라는 역사적 공간에 대한 현재적 해석을 하면서 중화의 역사공간으로 재해석하고 있다. 물론 이러한 움직임에 대하여 한국에서는 크게 반응하지 못하고 있다. 기본적으로 역사의 시간과 공간을 총체적으로 이해하는 시각이 부족할 뿐더러 우리 역사를 동아시아 전체와 연관시켜가면서 해석하려는 의지가 부족했다. 전해종(全海宗)은 (「東亞古代文化의 中心과 周邊에 대한 試論」, p.3에서) 동아(東亞)의 지리적 범주를 기본적으로 중국, 한반도, 일본열도를 지적하는 것이라고 보고, 중국은 주로 중국본부, 일본열도는 혼슈(本州)와 시코쿠(四國), 규슈(九州)와 그 부속의 도서(島嶼)로 한정하고 있다. 그리고 운남(雲南)이나 양광(兩廣 : 광동과 광서)지방을 주변으로 보고 있다.

그동안 연구되고 주장된 견해들을 종합하면 동아시아의 개념과 범주에는 지역이나 주체 혹은 가치관이나 현실적인 목표에 따라 조금씩 다르지만 대체로 일치하는 경향을 보이고 있다. 즉 중국이 있는 대륙, 그리고 북방으로 연결되는 대륙의 일부와 한반도, 일본열도로 구성이 되어 있고, 바이칼 이남, 흑룡강 이북, 연해주 북부, 사할린 등이다. 그런데 이들 이론들이 가진 한계 가운데 하나는 해양의 역할을 경시했거나 혹

---

10 古廐忠夫 編, 『東北アジアの再發見』, 有信社, 1994, p.5, p.8.

은 해양의 관점에서만 보았다는 것이다.

　동아시아의 터를 크게 부분하면 대륙과 바다가 만나는 지역이다. 다양한 자연환경을 갖추고 있다. 많은 강들, 연해주 지역과 흥안령의 대삼림, 요동의 넓은 평원, 초원, 호수 등을 골고루 소유하였으며, 남쪽의 일부지역에는 비옥한 농토도 있었다. 그리고 육지와 거의 비슷한 넓이의 해양이 있다. 그러므로 동아시아의 공간은 일민족사적(一民族史的)인 관점, 일지역적(一地域的)인 관점을 포함하면서 일문명사적(一文明史的)인 관점에서 파악하려는 시도도 필요하다. 예를 들면 소지역문명 혹은 국가문화 등도 범(凡)아시아라는 관점에서 파악해야 한다. 불교교류, 실크로드교섭, 스텝로드교섭, 마린로드교섭 등은 '범(凡)아시아'라는 큰 터(場, field)속에서 이루어진 행위로 인식해야 한다. 그리고 나서 동아시아라는 보다 작은 혹은 공간적인 특성이 압축된 터로 축소해서 유형화시키고, 그 속에서 파악해야 한다. 거기에 해양이 중요한 위치로 부상할 수밖에 없다. 즉 필자가 앞 문장에서 언급한 해류의 통일된 개념, 각개 요소들의 유기적인 시스템으로 보는 것이 합리적이다.

　역사에서 공간이란 기하학적인 공간 혹은 자연적인 공간, 또 평면을 의미하지는 않는다. 자연지리의 개념과 틀을 뛰어넘는 역사와 문명의 개념으로 보아야 한다. 그러려면 몇 가지 조건이 갖추어져야 한다. 우선 공간은 단순한 교류를 넘어서 긴밀한 접촉이 이루어져야 한다. 우발적, 일회적, 불연속적인 만남으로 끝나서는 안 되고, 목적의식을 지닌 채 연속적으로 만남을 지속해야 한다. 또한 만남의 양식이 단순하거나 편향적이어서는 불충분하다. 상호교차적인 단선적(單線的)인 만남을 넘어서 복선적(複線的)이어야 하며, 그 복선들은 입체적으로 구성된 몇 개의 거점 혹은 허브(hub)를 중심으로 다중적(多重的)이어야 한다. 그래야 비로서 역사의 공간으로 변모할 수 있다.

　또한 동일한 공간 속에서도 중심부와 주변부를 구분하고, 동일한 공간이라 해도 시대와 역할에 따라 모습이 달라져야 한다. 또한 동일한 공간, 유사한 공간, 관련성 깊은 공간은 하나의 역사공간으로 인식해야 한다. 비록 혈통이 다르고 언어와 문화가 달라도, 또 중심부 간의 거리가 멀거나 국부적인 자연환경에 차이가 있고, 정치체제의 차이가 있어도 느슨한 하나의 '통일체(統一體)' 혹은 '역사유기체(歷史有機體)', '문명공동체'였다.

또 역사공간은 단순한 영토나 영역, 장소의 문제가 아니라 만남과 연결 방식을 총체적인 연결망, 즉 네트워크의 개념으로 접근할 필요가 있다. 역사공간의 네트워크는 전체이면서 부분인 터(場, field)와 또 부분이면서 전체이기도 한 3개의 중핵(中核)과 주변의 몇몇 행성(行星)들, 그들을 싸고도는 위성(衛星)들이 있고(multi-core), 중첩적인 선(line)들로 이어졌다. 선이란 교통로를 말한다.

이것이 필자가 주장하는 '터(field)이론'의 대강(大綱)이다.

1) 터(場, field)

'터'는 자연, 지리, 기후 등으로 채워지고 표현되는 단순한 공간은 아니다. 생태계, 역사 등등이 다 포함된 총체적인 환경이다. 다만 작용하는 중요도나 인식상으로 보아 자연환경이 중요한 요소이다.[11] 인간의 역사는 자연과의 갈등극복 과정으로 채워져 있다. 특히 이것은 과거로 소급해 올라가면 올라갈수록 그 정도가 심하다. 인간에게 주어진 갈등 가운데서 그 힘이 가장 크고 극복에 어려움을 느끼며 가장 장기간의 지속성을 가지고 있는 것은 자연이다. 다시 말해서 인간의 역사에서 가장 역할이 크고 영향력이 큰 것이 자연이다.[12]

---

11 토니 너틀은 "세포의 위치나 놓여진 장소가 세포에 지령을 내리고 세포를 형성해 나가는 것으로 보인다. 즉 세포의 모임이 생물의 조직을 만드는 것이 아니라, 전혀 반대로 조직전체의 패턴이 세포의 특성을 결정하는 것이다."라는 소위 생물장 이론을 주장하였다. 이는 개개의 요소들도 중요하지만 그들이 놓여지고 만나 관계를 맺는 field가 더욱 중요하다는 개념이다.
12 앨프리드 W. 크로스비 저, 안효상·정범진 공역, 『생태제국주의』, 지식의 풍경, 2002은 생태가 인간의 역사와 서구 제국주의의 팽창과정과 얼마나 깊은 관계에 있는가를 보여주고 있다.

역사를 이룩하는 데 자연은 단순한 지리, 기후의 공간만은 아니다. 지리정치적(地理政治的, geo-politic)인 영토이며 지리경제적(地理經濟的, geo-economy)으로, 지리문화적(地理文化的, geo-culture)으로도 큰 의미가 있다. 생산물의 종류가 다르며, 생산방식이 다르다. 뿐만 아니라 소속된 주민들과 함께 문화 역시 흡수된다. 당연히 문화의 성격과 질의 변화가 온다. 뿐만 아니라 세계와 사물을 바라보는 관점, 인간과 집단의 가치관이 달라진다. 즉 신앙의 형태가 달라질 수밖에 없다.

동아시아 역사의 터는 내부에 3개의 중핵(中核)인 항성(恒星)과 작은 핵들인 주변 행성(行星)들, 그리고 독자성이 미약한 위성(衛星)들로 이루어졌다. 그리고 멀리 떨어진 또 다른 터인 인도도 간접적으로 연결되었다. 이들 요소들은 확연하게 구분할 수는 없지만, 총체적으로 연결해서 만드는 네트워크에 따라는 역할이 변동할 수 있다.

2) 多核(multi-core)

이러한 역사의 터 가운데에서도 중요한 기운이 뭉치고, 연결하는 여러 선들이 교차하는 곳이 핵(core)이다. 일종의 길목이지만 직선(直線)이나 나무(tree)형이 아니라 방사상(放射狀)으로 퍼지는 일종의 허브(hub)형이다. 이러한 핵은 관리와 조정기능을 하고 집합과 배분기능도 함께 하고 있다. 마치 인체의 穴(경혈)처럼 경락들을 이어주는 역할을 한다. 자체적으로도 존재이유가 있고, 또 필요에 따라 다른 상태로 전화가 가능하다. 문명에서는 독자적으로 유형화시킬 수 있는 주요한 특성이 집약된 곳의 역할을 한다. 비교적 그 단위의 정체성에 충실한 곳이다. 주변에 공급하는 능력도 있다.

3핵 가운데 가장 대표적이며, 정치적으로 제국을 발전시켜온 핵은 중국공간(中國空間) 혹은 중화문명이다. 초기에는 화북지방과 산동의 해안가가 중심이었다. 점차 동서남북으로 팽창하여, 때로는 북방종족들의 침략을 피해 남쪽으로 도주하는 경우도 있었지만, 거대한 핵을 이루었다. 핵심은 한족들이 이룩했으나 모든 종족들과 문명들이 합해진 결정체이다. 최근에 중국은 황하문명을 넘어서는 문명권의 존재가 드러나면서 '다지역 문명설(多地域文明說)'을 주장하고 중하문명의 범주를 오히려 확대하고 있다. 만주지역의 홍산(紅山)문화, 하가점(夏家店)문화 등은 중원과는 다르며, 오히려 동방문명의 토대가 되는 문화이다. 이들 지역은 해양과 적지않은 관련이 있다.

북방문명은 현재 홍안령 주변의 북만주 일대와 내외몽골 지역전체를 발판으로 활동한 유목종족들이 이룩한 문명이다. 흉노(匈奴)·유연(柔然)·돌궐(突厥) 등 유목종족들은 문명을 창조한 중심핵으로 뚜렷하게 나타나지 않는다. 초원을 활동공간으로 삼고, 범위는 넓지만 공간의 집약도도 낮을 뿐 아니라 활용도는 지극히 미미했다. 이동성(mobility)문화로 인하여 정착을 전제로 한 문화를 창조하거나 논리적인 사상체계를 만들지 못했다. 다만 막강한 군사력을 바탕으로 화북지역으로 이동하여 호한체제(胡漢體制)를 만들어 중화문명에 업혀 정체성을 유지하는 방식을 취했으나 번번이 힘을 상실하고 붕괴되어 버렸다. 터의 총체적인 이동이 아니라 공간만의 이동에 그친 탓이다.

동방문명(東方文明)은 현재의 한반도와 만주 일대에서 시작되어 꽃을 피운 문명이다. 조선과 고구려, 발해는 만주와 한반도, 바다를, 즉 해류을 하나의 통일된 영역으로 인식하였고, 활동하였다. 특히 고구려는 더욱 그러한 특성이 나타나며 백제, 신라, 가야, 왜와의 관계를 중국지역과 북방의 국가들과는 다른 관계로 여겼다. 중국 혹은 북방과는 또 다른 독특한 공간이었다. 현재 남만주를 포함하는 지역에서 명멸하였던 종족들의 역사도 이 동방문명의 공동창조자이었다. 특히 우리와 일본은 7세기 이전에는 구분되는 부분이 적었다. 더욱이 동아시아 문명의 관점에서는 중국 및 우리의 문화와 공질성(共質性)이 강했다. 일부에서는 일본문명이 독자적으로 존재했다고 하지만[13] 하나의 역사공간이었다.

---

[13] 최근에 새뮤얼 헌팅턴은 『문명의 충돌(The Crash of Civilizations)』에서 중국과 일본을 별개의 문명으로 설정하였다. 이는 동아시아를 분리시키려는 서구인들의 기본인식을 반영한다.

행성과 위성

행성(行星)들은 각 중핵지역의 주변에 위치한 지역들이다. 동방문명의 터 속에는 북만주 일부, 일본열도, 연해주 전체가 행성들이고, 중국문명에는 현재 실크로드인 서역, 티베트인 토번, 광동성인 월(越), 동남아 북부의 일부이며, 북방문명에는 캄차카, 바이칼, 동시베리아, 알타이, 파미르 지역들이 해당된다. 위성(衛

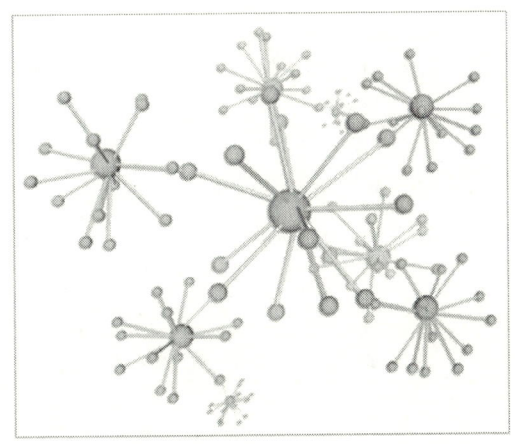

| 그림 1 | 터이론을 도형화한 것. 항성, 행성, 위성 그리고 선으로 구성되어 있다.

星)들은 각각의 행성 내부에 있는 소규모의 국가 내지 문화권이다. 고대 동방문명의 경우에는 백제, 신라, 가야, 왜 등을 말한다. 그 외에 동아시아 문명과 밀접한 관계를 맺고 있으면서도 다른 필드인, 즉 다른 계의 항성격인 인도와 그 주변의 행성격인 기타 지역들도 동아시아문명에 간접적으로 영향을 끼쳤다.

3) 線(line)

선은 주요한 역할을 담당한 핵들과 핵들을 이어 주는 역할을 하면서, 동시에 그 자체도 독립성을 지니면서 문명의 일부분을 창조하는 역할을 한다. 이 선 가운데 하나는 교통로(road 혹은 route)인데 결국 육로(陸路)·수로(水路)·해로(海路) 등의 도로인데, 이 성격을 이해할 때 유념해야 할 일은 선들의 움직임과 구성은 일종의 '다중방사상 형태(多重放射狀 形態)'라는 것이다. 큰 선은 독자적인 동아시아문명과 외부의 독자적인 문명을 연결하는 교통로이다. 일종의 문화접변을 일으키는 수단이다. 초원의 길(steppe

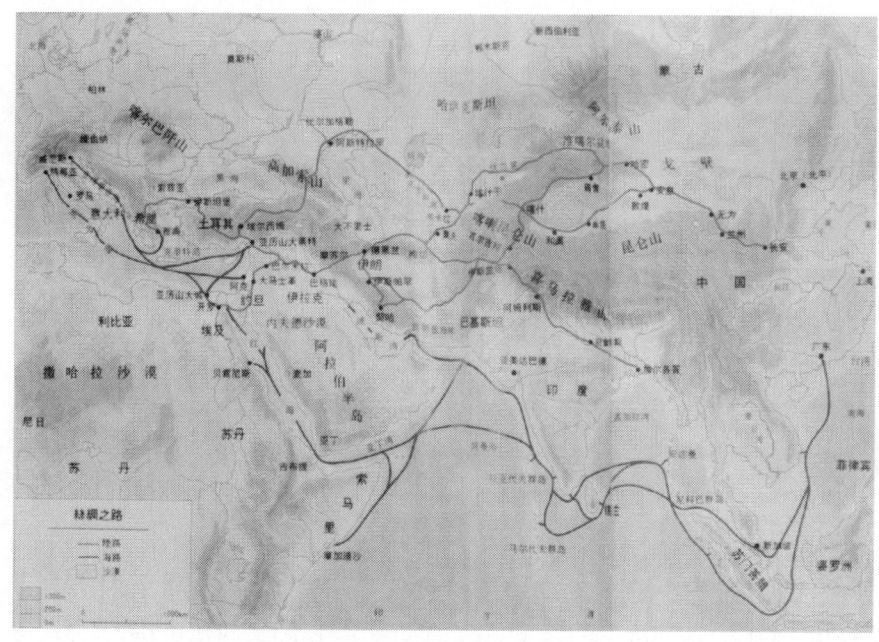

|그림 2| 유라시아를 연결한 길들

road), 오아시스길(oasis road), 바닷길(marine road)이 있다. 작은 선은 동아시아 문명의 내부 사이에서 이어지는 길이다. 주로 핵과 핵 사이의 길이 있고, 핵과 행성 사이의 길을 말한다. 한국과 일본열도, 한국과 중국(화북 강남), 한국과 연해주, 한국과 바이칼지역, 한국과 몽골, 한국과 서역, 한국과 동남아, 일본과 연해주, 일본과 동남아, 일본과 남태평양, 중국과 일본, 중국과 서역, 중국과 베트남, 중국과 티베트, 북방과 시베리아 및 바이칼, 북방과 알타이 및 파미르, 북방과 캄차카 등이 있다. 또 샛길은 항성들, 행성들, 위성들의 내부에서 이루어지는 만남의 형식들이다.

동아시아의 역사공간인 터는 핵, 행성, 위성, 라인을 다 포함하면서 자신도 끊임없이 변화하는 공간이다.

그런데 동아시아의 역사공간에서 소홀히 다룰 수 없으며, 더욱 의미를 부여하고 큰 역할을 담당할 부분이 바로 해양이다. 해양은 북방문명과 마찬가지로 이동성과 불보존성(不保存性)으로 인하여 역사의 터였다는 구체적인 증거가 불충분하지만, 자연환경만 고려한다 해도 동아시아문명에 엄청난 영향을 끼쳤을 것은 틀림없다. 동아시아는 바다를 가운데 두고 바다 주변의 주민과 문화는 상호간에 영향을 주고받는 일종의 '환류(環流)시스템'을 이루고 있었다.[14]

3. 동아지중해 모델

역사공간을 이해하려면 자연적 공간에 대한 정확한 이해가 필요하다. 그것을 토대로 역사적 성격을 규명하고, 구체적인 사건들과 관련하여 해석하는 접근양식이 필요하다. 역사에서는 시간의 흐름을 중요시하고 있지만, 현실적으로, 특히 소규모단위에게는 오히려 공간이 더 중요하고 의미가 클 수 있다. 앞에서 언급한 '터' 방식으로 이해하면 고대 동아시아 역사공간을 다른 각도에서 이해할 수 있다. 우선 이질적이고, 분절되었던 각 지역, 각국 혹은 종족들의 문명 내지는 문화를 직접적이고 간접적으로 연결된 관계 속에서 파악한다. 즉 동아시아를 통일적(統一的)으로 이해할 뿐 아니라, 동아시아문명을 자체의 완결성과 복원력을 지니고 끝없이 부활하는 존재 혹은 유기체(有機體 : 超有機體, 혹은 生命體로 사용할 수 있으나 아직 결정하지 못함)로서 파악할 수 있다. 또

---

14 강한 문화력(culture power)을 가진 A의 문화는 주변인 B에게 일정한 문화를 전수한다. 그런데 시대와 상황에 따라 지향하는 문화가 다르다. B의 문화 또한 A에게 전수된다. 이 관계는 主와 副가 있고, 일종의 상호작용이라고 볼 수 있다. 그런데 A문화가 B로 갔다가 B의 영향으로 변형을 한 다음에 다시 A에게 와서 영향을 주는 경우가 적지 않다. 마찬가지로 B의 문화가 A에게 전해져서 가공과 변형을 거친 다음에 다시 A의 형태와 포장으로 전해질 수 있다. 그러므로 선의 위치와 역할을 정확하게 파악하고 이해하는 일이 필요하다. 이것은 필자가 동아시아의 역사와 문화를 해석하는 틀로서 동아지중해이론을 설정하고, 그것을 보완하는 부차이론으로서 설정한 '環流시스템이론'의 大綱이다.

한 각각 고유한 민족의 역사 혹은 민족문화 등을 설정하면서 동아시아 문명이라는 더 큰 범주 내에서 '계통화작업(系統化作業)'을 원활하게 추진할 수 있다. 그렇다면 내부 문명들과 문화에 자연스럽게 적합한 역할을 부여할 수도 있다.

동(東)아시아는 중국이 있는 대륙, 그리고 북방(北方)으로 연결되는 대륙의 일부와 한반도, 일본열도(日本列島)로 구성이 되어있다. 때문에 북방과 중국에서 뻗쳐오는 대륙적 질서(유목문화, 수렵삼림 문화를 공유하고 있다)와 남방에서 치고 올라가는 해양적 질서가 만나는 곳이다. 해양적 질서란 해양을 매개로 영위되는 생활(生活)과 문화(文化)이고, 전파나 경로 역시 해양과 밀접한 관계를 갖고 있다. 따라서 한민족과 한족(漢族), 그리고 일본열도의 교섭은 물론 북방족과의 교섭도 모두 이 지역의 해양을 통해서 교류를 하였다. 일본학자들은 근대 역사학의 초창기부터 이러한 인식을 지니고 있었고, 지금도 그러하다.[15] 하지만 보다 적극적으로 동아시아의 역사공간을 육지와 해양이란 두 가지 관점에서 동시에 접근해 들어가는, 특히 소외되었던 해양의 위치와 역할을 재인식하는 '해류사관(海陸史觀)'이 필요하다. 그리고 해석의 틀로서 동아지중해(EastAsian-Mediterrean-Sea)란 모델을 제시한다.

한반도를 중심축으로 일본열도의 사이에는 동해와 남해가 있고, 중국과의 사이에는 황해라는 내해(內海, inland sea)가 있다. 한반도의 남부와 일본열도의 서부, 그리고 중국의 남부지역(長江 이남을 통상 남부지역으로 한다)은 이른바 동중국해를 매개로 연결되고 있다. 그리고 현재 연해주 및 북방, 캄차카 등도 동해연안을 통해서 우리와 연결

---

15 安田喜憲은 鳥居龍藏의 『東部シベリアの以前』에서를 인용하고 있다. 즉 일본인의 본거지, 일본문화의 고향으로 보여지는 것은 동부 시베리아에서 흑룡강 유역 연해주, 그리고 만주에 이어지는 일본해의 대안이다. 그리고 이것에 조선을 잇고, 樺太(사할린), 북해도, 그리고 사도, 노토 등 일본해 일대의 지방을 일괄해서 볼 필요가 있다. 그는 이러한 논리 속에서 졸참나무숲문화권을 소개하고, 사사기 고메이의 남방문화론, 에가미 나미오의 기마민족설까지 소개하면서 소위 일본해문화권에 대한 다각적인 연구의 필요성을 제기하고 있다. 安田喜憲, 「日本海をめぐる歷史の胎動」, 『季刊考古學』15號, 1986, 雄山閣出版社, pp.14~16.

되고 있으며, 타타르해협을 통해서 두만강 유역 및 북부지역과 사할린, 홋카이도 또한 연결되고 있다.

동아시아는 완전한 의미의 지중해는 아니지만 이른바 다국간 지중해해(多國間 地中海海, Multinational-Mediterranean-Sea)의 형태로서 모든 나라들을 연결시키고 있다.[16] 이러한 자연공간 속에서 대륙적(大陸的) 성격과 함께 해양적(海洋的) 특성을 가지고 있었고, 역사가 발전하는 데에 큰 역할을 하였다.

이 지역에는 동아시아의 대다수 종족이 모여 있다. 한민족과 한족(漢族) 그리고 일본열도의 교섭은 물론 북방족과의 교섭도 모두 이 지역의 해양을 통해서 교류를 하였다. 이 지역은 문화적으로도 지중해적 성격을 띠었다. 연해주와 시베리아에서 연결되는 수렵삼림문화, 몽골과 알타이에서 내려온 유목문화, 화북의 농경문화, 그리고 남방에서 올라오는 해양문화 등 지구상에서 가장 극단적인 자연현상과 다양한 문화가 만나 상호교류하고 혼재하면서 발전하였다. 다양한 자연환경 속에서는 필연적으로 경제형태나 교역방식 역시 다양할 수밖에 없었다. 이러한 것들은 해양을 통해서 교류되어 왔으며, 여기서 형성되는 문화는 다양성이라는 지중해 문화의 전형적 특성을 가질 수밖에 없었다. 전형적인 정착성(stability)문화와 이동성(mobility)문화가 이곳에서 만나 상호보완한 것이다. 특히 황해는 중국(中國)과 한반도(韓半島)의 서부해안(西部海岸) 전체, 그리고 만주남부(滿洲南部)의 요동지방(遼東地方)을 하나로 연결하고 인접한 각국들이 공동으로 활동을 하는 장(場)의 역할을 하고 있다. 때문에 일찍부터 인간과 문화의 교류가 빈번했고 그러한 공통성을 토대로 문화권이 형성되었다.

이러한 인식과 사실을 바탕으로 필자는 '동아지중해(EastAsian-Mediterranean-Sea)'란

---

16 동아지중해의 자연환경에 대한 검토는 윤명철, 「海洋條件을 통해서 본 古代韓日 關係史의 理解」, 『日本學』14, 동국대 일본학연구소, 1995 및 「黃海의 地中海的 性格研究」, 『韓中文化交流와 南方海路』, 국학자료원, 1997, 기타 논문 참고.

모델을 설정하여 제시하였다. 일본에서는 1970년대 동아시아론에 대한 논쟁이 벌어지더니 점차 해양과 동해(일본해)에 관심을 갖고 지중해라고 부르고 있었다. 물론 일본열도에 있는 바다는 지중해와는 달리 교통로가 아니었고, 대륙으로부터 떨어져 있게 한 장벽이었다는 견해도 있다.[17] 그러다가 1990년대 말에 와서 새삼 동아시아의 지중해적인 성격에 주목하고, 국가전략의 입장에서 바라보는 정치학자들뿐 아니라 일반 역사학자들도 이에 대한 연구를 시작했다.[18]

또한 우리 역사, 특히 고대사의 기본성격도 마찬가지로 이러한 해류사관, 동아지중해모델 속에서 이해하는 것이 바람직하다. 우리는 소위 '반도사관(半島史觀)'의 굴레를 완벽하게 탈피하지 못한 면이 있다. 일본인들이 적용한 식민주의사관의 핵심논리로서 현재까지도 인식에 영향을 끼치고 있다. 이는 역사공간의 단순한 축소가 아니라 역사 자체의 축소를 가져왔다. 즉 대륙에 붙어있는 부수적인 존재로서 타율성이 강한 정체성(停滯性)의 특징을 지닐 수밖에 없다는 일종의 숙명론이다. 최근에 중국이 벌이고 있는 동북공정에서 해석하고 지향하는 내용도 이와 유사하다.

한반도는 지리적인 용어일 뿐, 그것도 부정확한, 역사적인 개념이 아니다. 언어가 개념을 규정하고, 개념이 인식과 실천을 규정할 수 있다. 우리가 인식하는 '한반도'라는 부적절한 용어와 적용하는 역사인식 속에는 반도 가운데에서도 폐쇄적이고 소극적인 기준을 적용하고 있다는 것이다. 적어도 한국고대사에 관한 한 우리의 역사활동 영

---

17 와쓰지 데쓰로우 저, 박건주 역, 『풍토와 인간』, 장승, 1993.
18 千田稔, 『海の古代史-東アジア地中海考-』, 角川書店, 2002 참고. 그는 서문에서 1996~1998년까지 국제일본문화연구센터가 '동아시아지중해세계에 있어서의 문화권의 성립과정에 대해서'라는 연구를 수행하고 그 보고서로서 이 책을 출판한다고 쓰고 있다. 그리고 그들의 동아지중해는 남지나해, 동지나해, 일본해, 황해, 발해를 가리키는 용어라고 규정하고 있다. 또한 이미 오래전부터 남방해양문화에 관하여 연구를 해 온 國分直一의 예로 들면서 그는 동아지중해를 4개의 지중해로 구성한다고 하면서 오호츠크해, 일본해, 동지나해, 남지나해라고 하였다. 동아시아를 동아지중해라고 부르고 연구를 진행하는 또 다른 학자는 독일 뮌헨대학의 중국사전공자인 Angela Schottenhammer 교수이다. 그는 동중국해, 황해, 일본해를 "동아시아 지중해"라고 설정하고 있다. 2005년 1월 하순 국립민속박물관에서 발표할 때 토론을 맡

역은 한반도와 만주 일대를 포함하는 대륙, 그리고 바다였다. 원(原)조선, 부여, 고구려, 발해가 성립하고 성장한 중심은 대륙 가운데에서도 남만주 일대였다. 그리고 이 모델을 적용하여 우리의 역사공간을 해석하면 다음과 같이 긍정적으로 해석할 수 있다.

또한 이 모델을 적용하면 동아시아의 정치·경제적 성격을 규명할 경우에는 다음과 같은 장점이 있다.

첫째, 동아시아에서 중심부(中心部)와 주변부(周邊部)를 명확하게 구분할 수 있다. 뿐만 아니라 그 중심부를 대륙과 반도와 섬, 즉 중국과 한국, 일본으로 따로 따로 파악하는 것이 아니라 해양질서와 육지질서를 서로가 공유하고, 어떤 지역에서든 연결된 하나의 권역(圈域)으로 본다. 불평등과 차별의 관계가 아니라 전체가 중심부가 되어 평등하고 수평적으로 네트워크화한 관계이다. 지역의 특성이 분명해지고, 그에 따라 국가 간, 지역 간의 역할분담이라는 도식이 명확하게 드러남으로써 동아시아 역학관계의 본질을 분명히 이해할 수 있다.

둘째, 동아지중해 개념은 구성국들 간의 공질성(共質性)을 구체적으로 확인시켜 준다. 동아시아 3국은 서로에 대한 정서적 이해와 공감이 필수적이다. 지도를 보면 사실이 지역은 수천 년 동안 지정학적(地政學的, Geo-politics)으로 협력과 경쟁, 갈등과 정복 등의 상호작용을 통해 공동의 역사활동권을 이루어왔다. 또한 지경학적(地經學的, Geo-economic)으로는 경제교류나 교역 등을 하면서 상호필요한 존재로 인식하여 왔다. 농경문화권에서는 삼림문화나 유목문화, 해양문화권의 생산물이 필요했고, 상대적으로 유목이나 삼림문화권에서는 농경문화의 생산물들이 절대적으로 필요했다. 그러므로 전략적 제휴관계를 맺어 적대국이 아닌 경우에는 교통의 어려움을 무릅쓰고라도 교역을 하였다. 그리고 매우 중요한 것이지만 지문화적(地文化的, geo-cultural)으로도 이 지역의 국가들은 의외로 문화의 공유범위가 넓었다. 세계관의 기본을 이루는 유교, 불교 등 종교현상뿐만 아니라 정치제도, 경제양식, 한자, 생활습관 등 유사한 부분이 많았다. 전쟁, 기아, 교류 등으로 인하여 주민들의 자발적·비자발적인 이동이 빈번했으므로 사실은 종족과 언어의 유사성도 적지 않았다. 특히 고대 한국지역과 일본지역의 관계는 주민, 문화, 언어, 모든 면에서 관계가 깊었다.

4. 海洋空間의 활용과 동아지중해권의 發芽

동아지중해모델을 설정할 정도로 동아시아의 역사공간에서는 해양활동이 활발하고 하나의 터를 이룰 정도였을까?

동아시아 지역은 이미 선사(先史)시대에도 바다를 삶의 터전으로 삼고 생활하였다. 이러한 흔적은 바다와 이어진 곳곳에 분포된 패총유적에서 알 수 있다. 해안가뿐만 아니라 바다를 건너다니면서 각 지역 간에도 교섭이 있었다.

1) 한국역사공간

먼저 한국 역사 속에서 해양이 어떻게 삶의 공간으로 활용되었는지, 그리고 주변 지역들과의 관계를 맺으면서 터를 확장하는 과정을 살펴보자.

신석기시대 후기의 토기인 변형 빗살무늬토기가 제주도에서 발견된다. 이미 신석기시대부터 육지에서 가장 먼 거리인 제주도와 해양교류를 했다. 북촌리 바위그늘 집자리 유적은 대표적인 유적이다. 남제주군 대정읍 상모리의 청동기시대 유적에서 발견된 무문토기 등은 육지와 교섭이 깊었음을 알려준다. 북제주군의 삼양동(三陽洞)에서는 청동기 말에서 초기 철기시대에 해당하는 원형의 주거형태가 발견되었다. 중국제 옥환(玉環) 한 점도 발견되었다.

선사시대부터 대한해협을 건너서 일본열도에 진출하였고, 또한 일본열도에서도 주민과 문화가 들어왔다. 부산 동삼동 패총에서 출토된 덧무늬(隆起文)토기는 쓰시마 및 규슈 지역에서 발견되었다. 쓰시마 고시다카(越高) 유적지에서 출토된 융기문 토기는 연대가 6860+120 BP, 6590+160 BP로 밝혀졌는데, 그릇의 형태나 문양 등을 보면 한국의 융기문토기 계통임을 알 수 있다. 한편 빗살무늬 토기의 영향을 받은 토기는 규슈 서부의 고토(五島)열도에서까지 발견된다. 토기 외에도 낚시바늘(結合式 釣針) 등 고기잡이 도구는 서북 규슈 것이 강원도 오산리의 것과 동일하다.

반면에 동삼동 패총에서는 조몬시대 전기의 융기문토기 계통인 도도로키식(轟式) 토기와 빗살무늬 계통의 소바다식(曾畑式)토기, 규슈의 이마리(伊万里)산 흑요석제 석기가 출토되었고, 계속해서 조도 패총이나 울산 서생포 등에서도 조몬 토기가 발견되었다. 해양공간을 활용해서 교류가 활성화되었음을 알 수 있다.

황해를 사이에 두고 중국지역과 한반도 지역의 교류는 쌀농사의 전파과정에서 나타난다. 또 고인돌은 황해연안을 따라서 환상형(環狀形)으로 분포된 것으로 나타나 해양 교류관계를 주장하는 주장도 있다. 서해안의 청동기 문화권, 특히 금강유역의 청동기 문화권은 해양과 관련이 깊다고 한다. 특히 화북계 청동기문화는 중국의 중원(中原) 지역과 금강 유역이 교류했다는 상황을 보여준다.

한민족의 해양문화가 발달했었던 만치 항해술은 물론이고 조선술도 발달했을 것이다. 하지만 해양문화의 흔적은 불보존성의 특성이 있는 만큼 다른 지역과 마찬가지로 별로 많지 못하다. 신석기시대의 것으로는 함경북도 서포항유적지에서 발굴한 고래뼈로 만든 노가 있다. 다음 시대의 것으로는 경남 울산군 태화강 상류에 있는 반구대(盤龜臺) 암벽에 선각화(線刻畵)로 남아있는 고래잡이 배들이다. 선미와 선수가 분명하고 특히 선수가 높이 올라가고 선미에는 키 겸용으로 사용하던 노의 흔적이 뚜렷하다. 천전리(川前里)의 것은 더욱 발달한 형태로서 범(帆), 즉 돛의 흔적도 있다. 그렇다면 일종의 구조선이라고 볼수 있다.

역사시대에 들어오면서 해양공간은 본격적인 역할을 하기 시작한다. 고조선의 영토는 대체로 요동반도에서 서한만을 거쳐 남으로 내려와 대동강 유역까지 이르고 있어 해양과 관계가 깊었으며, 유적은 대체로 해안지방과 큰 강 주변에 분포되어 있다. 대표적인 무덤인 旅大市 甘井子區 后牧城驛 근처에 있는 강상무덤은 기원전 1000년기 전반기의 대표적인 무덤이다.[19] 이 무덤의 피장자들은 해양능력을 바탕으로 정치력과 경제력을 갖춘 해양세력들과 깊은 관계가 있었을 것이다. 최근 평양에서 발견된 2000년 전 경으로 추정되는 나무곽 무덤에서 방위관측기로 추정되는 유물이 발견됐는데, 천체의 별자리를 이용하는 도구였다.[20]

『관자(管子)』에는 조선이 명산물인 문피(文皮)를 산동에 위치한 제나라에 보내고 있음을 기록하고 있다. 『三國志』 東夷傳 韓傳에는 준왕(準王)과 관련된 기사가 나온다. "…… 將其左右宮人走入海 居韓也 自號 韓王 ……" 이 기사에 따르면 고조선의 마지막왕인 준왕(準王)이 남쪽으로 이주하여 한왕(韓王)이 된 것은 그 전부터 황해연안항로, 혹은 근해항로를 통해서 인문(人文)의 이동이 활발했었다는 사실을 훌륭히 반영한다. 해양세력의 토대가 없어서는 불가능한 일이다. 그런데 그 무렵 중국의 황해안 지역인 산동(山東), 강소(江蘇), 절강(浙江), 특히 회화(淮河) 지역과 산동지역은 동이계 주민이 살았다. 이들은 해양문화가 발달했다. 그런데 그들로 하여금 인위적으로 해양을 통해서 이주하게 하는 국제적인 상황이 전개됐다.

『삼국지』 위서 동이전 한조에는 「魏略」을 인용하여 진시황제가 6국을 병합하였을 때, 그리고 준왕이 섰을 때 燕, 齊, 趙 등의 民이 바다를 건너와서 조선으로 도망을 쳐 준왕에게 망명했다는 기록(--二十餘年陳項起, 天下亂燕齊趙民愁苦, 稍稍亡往準 準乃置之於西

---

19 조중공동고고학발굴대, 「강상」, 『중국동북지방의 유적발굴보고』, 1966. 고조선의 왕검성을 遼陽부근의 蓋平으로 보고 있는 이지린은 「고조선의 위치에 대하여」, 『고조선에 관한 토론 론문집』, 1963, p.77 및 『고조선연구』, 1963 등에서 이 강상무덤이 있는 요동반도 남단을 고조선의 중심지가 아니라 변방이라고 보고 있다.
20 세계일보(1993, 5, 19)에 의하면 이 방위 관측기는 가운데 북두칠성이 그려져 있고 둘레에 12개월과 28개의 별자리를 표기한 원형판을 방형판 위에 올려 이를 회전시키도록 구성되어 있다.

方─)이 나온다.『후한서』동이전 한조에는 동이인의 이동과 관련하여 '辰韓, 耆老自言 秦之亡人, 避苦役……'이라는 기사가 나온다. 이로 보아 동이인들은 황해 연변 지역에서 발생한 정치적인 환란으로 인하여 바다를 건너 동쪽으로 이주했다. 그들에 의해 해양문화가 황해연안 전체, 나아가 동북아 전체에 확산되었고, 만약 뛰어난 해양활동 능력을 갖춘 동이인들이 전시대부터 환황해 교역권(環黃海 交易圈)을 형성하는 데 큰 역할을 하였다고 한다면 그 영향력과 파급효과는 더 컸으리라고 여겨진다.[21]

조선을 대신해서 일어난 위만조선 또한 해양문화가 발달했고, 특히 황해라는 해양공간을 국가발전에 활용하였다. 일본열도에서 중국의 한(漢)이나 위(魏) 등과 교섭을 하고자 할 때는 서해연안을 항해하여 요동만(遼東灣)을 거쳐 들어가는 길을 사용했을 것이다. 물론 중국지역과 직접 교섭했다는 주장도 있지만 당시의 항해술 수준을 고려한다면 매우 위험부담이 크다.[22] 비록 약간 후대의 일이지만 위서(魏書) 왜인전(倭人傳)에 기록된 당시 왜로 가는 항로를 보면 한반도의 서해안을 경유하는 것을 볼 수 있다.[23] 따라서 왜 혹은 한반도 남부와 중국지역이 교섭하는 데 한반도의 서해안은 중요한 길목의 역할을 하였다. 위만조선은 남만주 일대와 한반도 북부를 차지하고 있는 지정학적인 위치를 활용하여 당연히 양 공간, 양 지역 간의 교섭에 해양교량 역할을 했을 것이다. 명도전, 오수전 등의 화폐가 위만조선의 영토 안에 분포한 것은 위만조선이 중계무역과 원거리 무역을 하였을 가능성을 알려준다. 그것은 일정한 해양력의 뒷받침이 없고서는 불가능하다. 결국 위만조선과 한나라는 종주권과 교역권의 이익을

---

21 江上波夫는 앞 논문, p.57에서 吳, 越 등 長江 유역의 벼농사인들을 非漢人系라는 용어를 사용하고 이들이 4세기 이후 동중국해, 황해, 발해 방면에서 화북의 한인제국들을 상대로 항해교역을 하였다고 하여 오히려 4세기경의 교역주체를 이들로 보고있다.
22 이 부분에 대해서는 졸고,「西海岸 一帶의 海洋歷史的 環境에 대한 檢討」참고.
23 『三國志』魏志 東夷 倭人傳에는 韓半島 西海岸을 떠나 南海岸을 거쳐 日本列島에 닿아 야마다이國까지 가는 길과 거리수, 그리고 거쳐야 되는 小國들을 명시해 놓았다. 왜인전에 나타난 行程에 대해서는 松永章生,「魏志 倭人傳 行程」,『東アジアの古代文化』秋 53號, 大和書房, 1987.

둘러싸고 갈등이 생겼다. 소위 조한(朝漢) 전쟁은 1년에 걸친 동아시아의 질서의 대결이었고, 한민족세력과 한족세력이 벌인 군사적 대결이었다. 또한 이 전쟁은 황해의 교역권이라는 경제적 이익을 둘러싸고 벌어진 본격적인 국제전의 성격을 띠었다.

한편 한반도 북부지역과 만주 일대, 그리고 황해해상에서 이러한 사건들이 일어나는 상황에서 한반도 남부에서는 진국(삼한소국들)이 해양활동을 본격적으로 하고 있었다. 삼한은 기원을 전후한 시대에 한반도 중남부 지방에 있었던 마한(馬韓)·진한(辰韓)·변한(弁韓)을 말한다. 청동기와 무문토기문화를 사용한 소국가였다. 마한 지역의 소국들은 서기전 3~2세기 이래 고조선과 관련된 세형동검 등 청동기유물이 집중 출토되고 있다. 소국들은 대체로 해안가 가까이나 강 하류의 구릉지대에 집단 거주지를 만들었다. 일종의 '나루국가(津浦國家)'이다. 김해 부원동유적, 서울 풍납동토성, 김해패총·양산패총·웅천패총·고성패총·마산성산패총, 사천의 늑도유적 등은 관련이 깊다. 기존의 거주민들과 남하한 조선의 유민들, 그리고 중국지역에서 황해를 건너온 유이민들로 구성되었다. 그들 가운데 해양교류의 경험을 가진 사람들은 항로를 숙지하였고, 당연히 해양을 매개로 한 교류에 앞장섰을 것이다.

곳곳에서 한계(漢系)의 유물들이 다량으로 발견되어 민간인들이 사무역을 벌였을 가능성을 보여준다. 『후한서』, 『삼국지』 등의 책에 이와 관련된 여러 기록들이 있다. 논(論)을 통해서 "통상을 하게 되고 상국(上國)과 교역하더니 풍속도 나빠졌다"고 하여 해양교역이 활발했음을 반증한다. 진한(辰韓)은 철을 화폐로 사용하는 무역을 하였으며, 소금을 매매하였다. 『삼국지』 한전에 따르면 삼한은 철을 매매하였으며 교역의 범위는 바다 건너 주호와 왜에 이르렀다. 삼한 소국의 주민들은 교역과 이주를 위해 해류나 조류 바람의 영향을 고려하여 바다를 건넜다. 규슈의 전 지역을 필두로, 이즈모(出雲), 쓰루가(敦賀) 지역을 개척하고, 그리고 점차 뱃길과 육로를 따라 서부일본 전역으로 확산이 되어갔다.

우리역사에서는 기원을 전후한 이 시대에 이르러 황해와 남해, 그리고 동해의 일부 등을 포함한 해양을 역사의 중요하고 영향력을 지닌 공간으로 탈바꿈하였다. 해양과 관련하여 정치세력이 흥망을 거듭하는 일은 물론이고, 바다건너 주변지역과 무역을 벌이고, 주민들 간에도 접촉이 활발해졌다. 특히 이러한 교류는 아직도 간접적이었으므로 중간거점 역할을 본격적으로 하기 시작했고, 심지어는 그로 인해 위만조선이 멸망하는 데 이르기까지 하였다.

2) 중국 역사공간

그러면 동아시아, 동아지중해의 가장 큰 핵인 중국지역은 어느 정도로 해양공간을 활용하였으며, 이를 국가정책에 반영시켰을까?

절강성(浙江省) 여요(余姚)의 하모도 유적지서 발견된 통나무배의 노는 B.P.7960±100으로서 추정된다. 산동반도(山東半島)의 대호촌(大浩村) 출토의 용산문화(龍山文化) 유지(4000여 년 전)에서는 선미(船尾)의 흔적들을 발견하였다. 또 근처의 북경(北慶)유지에서는 석망대(石網墜) 등을 발견하였다. 6000년 내지 7000년 전, 신석기 중기에는 산동반도와 요동반도 연해를 오고가는 항해가 있었다는 견해들도 있다.[24]

역사시대에 들어와 『좌전(左傳)』, 『논어(論語)』, 『죽서기년(竹書紀年)』 등에는 하인(夏人)들이 해양활동을 했음을 보여주는 내용들이 기록되어 있다.[25] 은(殷)시대의 갑골문에는 선박과 관련된 글자들이 나타나고 있으며 정(鼎)에는 범(帆)을 상징하는 글자들이 있다.[26] 이미 해양활동이 활발했고 범선 등 배의 종류가 다양해졌다는 것을 반증한

---

24 汝江, 『古代中國與亞非地區的海上交通』, 四川省 社會科學院 出版社, 1989, p.6. 內藤雋輔 역시 濱田박사의 고고학적인 해석을 수용하여 남만주와 요동반도 사이에 항로가 있었다고 주장을 하고 있다. (『朝鮮史研究』, 東洋史研究會 刊, 1962, pp.378~378에서)
25 위의 책 외에 汝江의 앞의 책.
許進雄 저, 洪熹 역, 『中國古代社會』, 동문선, 1991 참조.

다.²⁷ 서주(西周)시대의 『국어(國語) 제어(齊語)』에는 '越裳獻雉 倭人貢暢'이란 기록이 나온다. 월상(越裳)은 현재 베트남으로, 왜(倭)는 일본으로 추정하면서²⁸ 이미 그들 지역과 항로가 있었다고도 한다. 춘추전국시대에 오면 원격지 무역이 발달했다.²⁹

『월절서』에 따르면 월인(越人)들은 베트남 북부지방까지 이동하면서 교역을 하였다. 산동의 제(齊)도 해상활동이 활발했으며, 해내북경(海內北經)에는 연(燕)이 발해를 나가 왜와 해상왕래한 것이 기록되어 있다.³⁰ 연(燕)의 명도전이 동아시아 지역에서 광범위하게 분포된 사실을 가지고 연(燕)의 경제권으로 설명하는 견해도 있다.³¹

진(秦)시대에는 대규모 조선공장을 만들고, 누선관(樓船官)을 설치하여 선박의 일을 관장했다. 진시황(秦始皇)은 33년(기원전 214)에 계림(桂林), 상군(象郡), 남해(南海)의 삼군(三郡)을 설치했다.³² 남해는 지금 광동성(廣東省)으로서 그곳의 번우(番禺)는 옛날부터 서남해상무역의 거점이었다.³³ 서각(犀角), 상치(象齒), 비취(翡翠), 주기(珠璣) 등의 상품을 수입하였으며, 인도양까지 항해가 이루어졌다. 진시황은 4차에 걸쳐 연해지역을 순시했다. 『사기』의 진시황본기에 기록된 서복의 이야기는 정치적인 목적과 교역이라는 동방개척의 일환일 가능성이 크다.

---

26 許進雄, 위의 책, p.336, p.354 참조.
27 殷墟에서 발굴된 청동기의 원료인 銅, 錫 등은 중원에서 채굴된 것만은 아니고 華南 인도지나 원산도 있다. 그리고 화폐로서 사용된 自安貝 역시 남방이 원산이다. 이러한 사실들은 황해연안을 따라서 항해가 이루어진 것을 입증한다. 國分直一, 「古代東海の海上交通と船」, 『東アジアの古代文化』29號, 大和書房 1981, p.39 참조.
28 『戰國策』, 『史記』, 『山海經』 등 왜에 대한 기록이 있다.
江上波夫 등 일인학자들 중에는 이 왜를 현재의 일본이 아니라고 한다. 「古代日本の對外關係」, 『古代日本の國際化』, 朝日新聞社, 1990, pp.58~62 참조.
29 李春植, 위의 책, p.82.
30 李永采, 王春良 盖莉 魏峰 著, 위의 책, pp.52~57 참조.
31 江上波夫, 앞의 책, p.58.
32 『史記』卷6 始皇本紀.
33 藤田豊八 著・池內宏 編, 「支那港灣小史」, 『東西交涉史の硏究, 南海編』, 萩原星文館, 1943, p.636.

한(漢)나라에 들어와 사회경제가 매우 발달하여 상공업 등 민영수공업이 발달하였다. 『사기(史記)』 식화열전(食貨列傳)에는 외국 각 지역의 특산물이 기술되어 관심이 깊었음을 반영하고 있다.[34] 『한서(漢書)』 지리지(地理志)에는 남해와 교역한 기록이 있다. 한(漢)은 인도 동남아 등과 해로를 통한 다양한 교역을 하였으며[35] 방직제품 등을 로마에까지 수출하였다. 『漢書』 藝文志에는 海中星占驗 12권, 海中五星經雜事 22권, 海中日月彗虹雜占 18권 등의 책이름이 있다. 천문항법을 활용해서 원양항해도 가능해졌음을 의미한다.

한나라는 필연적으로 동방지역에 관심을 기울이고 또 교역을 했다. 조선이나 삼한의 각국들 간에는 물론이고, 왜에 대한 기록과 일본열도에서 발견된 한나라 계열의 유물들은 양 지역의 교섭을 간접적으로 입증한다. 오수전(五銖錢), 포전(布錢) 등의 화폐는 멀리 제주도에서까지 발견이 되고 있어 범위가 확산됨을 볼 수 있다.[36] 앞에서 언급한바 있는 소위 조한전쟁이 끝나고 나서 황해는 승리자인 한의 내해적(內海的)인 성격이 강해졌고, 주변의 각국들은 한나라에 의해 정치적·경제적으로 교섭하는 일에 간섭을 받게 되었다. 그리고 교역을 매개로 비조직적으로 맺어졌던 황해문화권이 이제는 본격적으로 군사력을 동반한 정치적인 성격으로 확대되었다.

---

34 李春植, 앞의 책, p.141
35 藤田豊八 著·池內宏 編, 『東西交涉史の硏究』 남해편.
　大林太良, 앞의 책, pp.83~88 참조. 특히 당시의 무역루트 및 정치상의 據點과 貿易振興에 대해서 논하고 있다.
36 崔夢龍, 「上古史의 西海交涉史 硏究」, 『國史館 論叢』 3집, 1989, p.13.

3) 일본 역사공간

일본은 섬나라이므로 처음부터 해양이 역사의 중요한 공간이었다. 주민 및 문화의 기원과 절대적인 관련이 있다. 황해와 대한해협을 건너 북방 대륙계 문화가 들어왔는데, 대체로 한반도를 경유해서 남해와 동해를 건너오거나 시베리아 지역에서 타타르해를 건너 사할린 등을 거쳐 홋카이도(北海道), 혼슈(本州)로 들어오기도 하였다. 근래에 들어와 동북아시아의 석도(石刀)문화, 특히 세석기문화(細石器文化)가 홋카이도, 혼슈 등으로 전래하여 일정한 영향을 끼쳤다는 주장들을 하고 있지만,[37] 해양환경만을 고려한다면 주류는 역시 한반도 남부에서 온 것임을 부정할 수는 없다.

남중국의 방면에서 황해 혹은 동중국해(東中國海)를 건너서 서부일본으로 들어오는 길[38]과 동남아에서 쿠로시오(黑潮)를 타고 계절풍을 활용하면서 대만 등을 거쳐 오키나와 제도를 징검다리로 하면서 상륙하는 길 그리고 사이판 등의 섬이 있는 남태평양의 열도에서 오가사와라 제도를 거쳐서 일본열도의 중부까지 항해를 통한 인종과 문화의 유입이 가능하다.[39]

앞에서 말했듯이 이미 선사시대부터 한반도의 남부와 깊은 관련을 맺었다. 하지만 일본열도에서 적극적으로 한반도로 온 경우도 있었다. 동삼동(東三洞) 패총 유적에서 조몬(繩文)시대의 세노칸식(塞の神式), 도도로키식(轟式), 소바다식(曾烟式) 토기들과

---

37 江上波夫,「古代日本の對外關係」,『古代日本の國際化』, (국제심포지움)朝日新聞社, 1990, p.52.
38 여기서 말하는 남중국이란 양자강 이남의 지역을 말한다. 양자강 이남의 문화 혹은 그 지역을 통과해서 일본열도로 들어오는 문화의 흔적은 적지 않다. 특히 역사시대 이후 발달된 항해술을 사용하면서는 남중국과의 문화교류가 더욱 활발하다.
39 이 경우는 가능성을 상정할 뿐이지 일본문화 형성에 영향을 준 것에 관해서는 현실적으로 크게 설득력이 있는 것은 아니다. 더구나 문화 형성이나 인종구성에 영향을 줄 정도의 대규모 이입은 거의 불가능했다고 여겨진다. 그러나 일본문화를 폴리네시아의 한 부분과 관련시켜 주장하는 견해가 나타나고 있다. 茂在寅男 등의 주장.

이마리(伊万里)산 흑요석으로 만든 석기들이 검출되었다. 조도(朝島)패총에서도 흑요석으로 만든 석거(石鋸), 석도(石刀) 등이 출토되었다.[40] 김원룡은 후기에는 흑요석 자체를 이키섬 같은 데서 무래(貿來)해 왔을 가능성이 있다고 하며 이를 무역으로 표현한다.[41] 그 후 B.C.3C~A.D.3C에 이르는 약 600년 동안을 야요이(彌生)시대라고 한다. 벼농사가 시작되었고, 질 좋은 야요이 토기가 만들어졌다. 이 문화를 일으킨 이주민들은 가장 근접하고 항해가 비교적 용이한 한반도 남부에서 건너온 사람들이다. 후쿠오카현의 바다와 가까운 이타즈케(板付)유적지, 우키군덴(宇木汲田)패총 등은 한반도의 벼농사와 관련이 깊다. 그 외에 경질토기, 세형동검, 동경, 옹관묘, 상자식 석관, 토광묘, 고인돌 등도 한반도 남부와 깊은 관련이 있다.

후기에는 철 같은 금속기를 사용하여 효율성이 높은 농기구와 강력한 무기를 제작하는 소국가들이 나타났다. 『한서(漢書)』 지리지에는 "……夫樂浪海中有倭人分爲百餘國 以歲時來獻見云……" 『후한서』 제기편에는 "……東夷倭奴國王遣使奉獻(倭在帶方東南大海中 依山島爲國)……"라고 기록되어 있다. 이 100여 개의 나라가 있었는데, 이 소국들은 한반도 남부를 통해 중국과 간접교역 혹은 직접교역도 하였고, 때로는 바다를 건너와 신라 등을 공격하기도 하였다.

박혁거세 거서간 38년(기원 전 20년)에는 호공(瓠公)에 대한 기사가 실려있다.[42] 이것은 왜국 출신의 사람이 신라에 들어와 정치세력을 구축할 수 있었다는 정치적 상황을 알려준다. 석탈해의 출생지인 다파나국(多婆那國)은 왜국 동북 1천 리에 있다(『三國遺事』는 龍城國, 琓夏國으로 표기). 기원전 14년인 남해 차차웅 11년에 왜병이 병선 100여 척을

---

40 林墩, 「朝島貝塚 出土遺物 小考」, 『해양대 논문집』 13집, 한국해양대학, 1978, p.224.
41 金元龍, 「新石器 文化」, 『한국사』 1, 국사편찬위원회, 1984, p.49
　동삼동 3기의 석기는 흑요석제가 많이 있다.(金元龍의 위 논문, p.143)
42 『三國史記』 券 1, 「新羅本紀」 第 1.

동원하여 침략한 기록도 있다. 그런데 『삼국지』 왜인전[43]에는 3세기 무렵에 왜국과 중국계의 정치세력이 교섭하는 사실을 확인할 수 있다. 『후한서』 동이전에 따르면[44] 한반도의 서해안을 경유하여 가는 것을 추정할 수 있다. 『삼국지』 위지 동이전 변진전(弁, 卞辰傳)의 기록[45] 『통전(通典)』의 기록에도 '진한에는 철이 생산이 되어 한·예·왜가 모두 와서 취해간다.'고 되어 있다. 왜가 교역을 위해 온 것을 알 수 있다. 그런데 한편 오경(吳鏡) 등 고고학적인 유물과 풍습 등을 근거로 삼아 당시 왜 소국들이 황해 남부 사단항로를 사용하여 오늘날 강남에 있는 오나라와도 교섭을 하였다는 주장들이 있으나 이 해양공간의 특성을 고려한다면 소규모임이 틀림없다.

야요이 시대의 선박은 노를 사용한 준구조선(準構造船)이었다. 오사카부의 하쓰다(蓮田)유적에서 발견된 과주는 초기의 것으로 전장이 18m에 棒(느릅나무)나무로 만들었는데, 약 30인승 정도이다. 돗토리(鳥取)현의 스미다(角田)유적지에서 발견된 항아리의 표면에는 배를 선각한 그림이 있다.

살펴본 바와 같이 동아시아는 선사시대부터 해양문화가 발달했으며, 이른바 역사시대로 계승되면서 한국지역, 중국지역, 일본지역의 해양문화는 더욱 발전하였고, 상호밀접한 교류를 통해서 하나의 역사권을 만드는 작업을 어느 정도 성취할 수 있었다. 물론 조직적이지 못하고 자연발생적인 측면이 강하며, 정치군사적이기보다는 문화경제적인 측면이 강하고, 직접교섭의 단계에는 미치지 못했지만, 적어도 하나의 터임을 인식하고, 기본틀을 만드는 단계에 이르렀다. 그 과정에서 황해북부의 해양질서와 관련되어 벌어진 소위 조선과 한나라 간에 벌어진 전쟁은 동아시아 역사의 무대를 큰 틀로 인식하고, 활동무대를 동아시아의 해류으로 확장시키는 결정적인 계기가 되었다.

---

43 "舊百餘國 漢時有朝見者, 今使譯所通三十餘國……"
44 "……倭在韓東南大海中 依山島爲居凡百餘國 自武帝滅朝鮮 使譯通於漢者三十許國 國皆稱王 世世傳統 其大倭王居邪馬臺國……"
45 '나라에서 철을 생산하니 한·예·왜가 와서 취한다(國出鐵 韓濊倭皆從取之).'

이후 동아시아는 점차 더 지중해적인 성격을 가지면서 틀을 갖추게 되었다. 기술적인 측면에서 항해술, 조선술을 발전시키고, 해양력을 정치·군사·외교는 물론이고 경제나 문화에도 적용시켰다. 해양적 능력을 어떻게 발휘하느냐에 따라 지역의 발전이 영향을 받을 정도였다.

5. 맺음말

서론에서 언급한 대로 역사상을 보다 구체적이고 정확하게 이해하려면 공간에 대한 이해가 선결되어야 한다. 물론 역사에서의 공간이란 기하학이나 자연과학 속에서의 공간이 아니라 구체적이고 주체인 인간과 시간, 경험이 개입되어 재창조된 공간이다. 필자는 동아시아의 역사공간에 대한 지리적 사실확인을 기초로 삼아 그동안 주장해온 '터(field)이론'을 적용하여 동아시아의 역사공간에 대한 이해를 시도하였다.

동아시아는 수천 년 동안 지정학적으로 협력과 경쟁, 갈등과 정복 등의 상호작용을 통해 공동의 역사활동권을 이루어왔다. 예를 들면 한 국가나 왕조의 흥망은 그 당사국가들만의 문제가 아니라 이 지역의 국제질서 재편과 맞물려 일어났다. 동아시아의 역사공간은 대륙만이거나 해양만을 토대로 해석할 수도 없다. 땅과 초원바다를 함께 고려하여 모두를 포괄하는 해륙적 공간으로서 당연히 그에 입각하여 해륙적인 역사인식을 갖고 해석하고 이해해야 한다. 필자는 특히 이 공간을 동아지중해라고 명명하면서 성격을 규명하고 각각 지역, 종족, 문명의 역할을 규명하였다. 동아지중해는 황해와 남해, 동해, 동중국해, 타타르해와 함께 그를 둘러싼 육지로 구성되었다. 동아시아의 핵심 공간이기 때문에 동아시아의 대다수의 종족들이 모여 산다. 한민족과 한족(漢族), 그리고 일본열도 사이에 이루어진 교섭들은 물론 해양을 통해서 이루어졌다. 북방의 여러 종족들과 교섭하는 일도 적지 않은 부분은 해양을 통해서였다. 따라서 육지와는 다른 독특한 해양메커니즘이 역사에서 실질적으로 작용한다.

황해를 둘러싸고 한민족과 한족은 갈등과 협력의 변증법 속에서 공유하였다. 반면에 동아지중해의 비교적 외곽인 남해와 동해는 중국과 관련이 없는 탓에 한민족의 바다였다. 정치력과 해양력을 바탕으로 남해와 동해를 건너 문화의 수준이 비교적 낮고 정치도 발전하지 못한 일본열도를 개척하였고, 곳곳에서 식민활동을 하면서 소국들을 세웠다.

한편 동아지중해는 터는 그리 넓지 않지만 가장 극단적인 자연현상과 다양한 문화가 만나면서 상호교류하고 혼재하면서 발전한 곳이다. 농경의 정확성(定着性, stability) 문화와 유목 해양의 이동성(移動性, mobility) 문화가 만나 상호보완되면서 독특한 성격을 탄생시켰다.[46] 다만 시대에 따라 정착성과 이동성의 배합비율이 달라졌을 뿐이다. 이 공간은 지리경제학적으로는 경제교류나 교역 등을 하면서 서로 필요한 존재였다. 왜냐하면 자연환경이 다르므로 생산물의 종류가 색달랐기 때문이었다. 심지어는 필요의 원칙에 따라 정치력과는 무관하게 적대관계에 있더라도 교역을 할 수밖에 없었다. 따라서 동아시아인들은 해류공간이라는 특성과 구조 속에서 이를 이해하고 활용하면서 각 지역의 이익에 걸맞게 역사를 진행시켜 왔다.

특히 우리의 역사공간은 대륙과 해양을 공히 활용하며, 동해, 남해, 황해, 동중국해 전체를 연결시켜 줄 수 있는 동아지중해의 중핵(中核, core)에 위치하고 있다. 모든 지역과 국가를 전체적으로 연결하는 해양 네트워크는 우리만이 가지고 있다. 따라서 대륙에 부수적인 반도적 존재가 아니며 역사발전도 주변부가 아닌 중핵에서 자율적으로 진행시켜 왔다.[47]

---

46 윤명철, 「高句麗人의 時代精神에 대한 探究」, 『韓國思想史學』7집, 한국사상사학회, 1996.
47 윤명철, 『高句麗 海洋史 硏究』, 사계절, 2003.
　　　, 『高句麗는 우리의 未來다』, 고래실, 2004.
　　　, 『高句麗의 精神과 政策』, 학연문화사, 2004.

Abstrat

Re-recognition and application of East Asia's ocean space

Professor Myung-cul Youn
Dong-guk university

History is a process that is completed when the time and the place meet with a subject laid out or when a subject adopts the time and the place. Hence, a model is necessary to comprehensively understand the place correctly. Since East Asia is a wide region where the land and the ocean meet, it is important to attempt to interpretit as the one nation, the one region, and the one civilization. Furthermore, it is necessary to understand it as a network which is a connection of the encounter and the route, rather than just territory, region and place.

The network in the historical region of East Asia consists of three cores which can be either the whole or the field, few planets, and satellites that go around all of these. There are also reiteratedlines which indicate the routes. This is a wide scope of 'the field theory' that the author argues.

Those three cores are the Chinese civilization, the north nomadic civilization, and the east civilization that grew from the Korean peninsula and the Manchuria region. The planets refer to regions around these three nucleuses. The satellites refer to countries or cultural areas in each of these regions planets. The lines connect those cores together and also have their own independence.

By the way, the ocean takes the important part in East Asia's historical space. East Asia was figured as the reflux system that population and culture around the land were interrelated with the ocean centered. Therefore, East Asia's historical space should be understood with the historical view of the land and the sea which comprehends the land and the meadow ocean. The author names the space as East Asian- Mediterranean-sea, and investigates the characteristics and roles of each regional culture.

East Asian- Mediterranean-sea has made up a field of historical actions through interactions such as cooperation, competition, conflicts, conquests, and etc for thousands years. One hand, both stability of agriculture and mobility of nomadic culture met and completed a unique characteristic.

Especially, our historical space use the land and the sea practically and is located in the core of East Asian-Mediterranean-sea, where has an ability to connect the eastern sea, the yellow sea, the southern sea, and the Chinese eastern sea. There are only us that have the ocean network, connecting all the regions and the countries over all. In accordance, we have proceeded development of our history autonomously.

Key word   'field theory' , 'reflux system' , 'east civilization' , 'East Asian-Mediterranean-sea'

참고문헌

▶ 단행본

윤명철, 『역사는 진보하는가』, 온누리, 1992.

▶ 논문

윤명철, 「海洋史觀으로 본 한국 고대사의 발전과 종언」, 『한국사연구』123호, 한국사연구, 2003.
_____, 「한국사 이해를 위한 몇 가지 제언」, 『한국사학사학회보』9집, 한국사학사학회, 2004.
_____, 「한국 고대사 연구의 반성과 대안」, 『단군학 연구』11, 단군학회, 2004.

09
海岸島嶼 지역과 동아시아의 歷史와 문화*
―동아지중해 모델을 중심으로―

1. 서 언

우리 역사학에서는 그동안 해안도서 지역 내지 해양을 비중있는 역사터로 인식하지 못했다. 조선조 이후에 성리학 중심의 중앙집권체제 속에서 형성된 해양 천시현상은 근대에 들어와 식민지시대와 분단시대를 겪으면서 독특한 정치구조와 연관되면서 더욱 심화되었다. 역사학은 이러한 역사적인 유산과 시대적인 상황이라는 멍에에 이끌려 육지 중심으로 사고하고 판단하는 데 익숙해졌고, 해안 도서지역과 해양은 역사의 주변부, 역사학의 변방영역으로 여겼다. 당연히 그러한 터에 살았던 인간들의 존재와 역할, 그들이 주체로서 창조한 역사와 문화도 경시하거나 의미를 크게 두지 못했다. 뿐만 아니라 육지와 직접, 간접으로 연결된 부분까지 소홀히 하여 왜곡되거나 편향된 역사해석을 해왔다. 무엇보다도 해안도서 및 해양이 현실에서 지닌 정치, 군사, 경제, 문화적인 가치를 소홀히 한 결과 우리역사가 파괴되거나 위축되는것을 방조하였다.

21세기를 맞이하면서 인류 역사는 새로운 시대에 돌입했다. 정치질서의 변화뿐

---

* 「해안도서지역과 동아시아 역사와 문화」, 『동아시아 고대학』14집, 동아시아 고대학회, 경인문화사, 2006.

만 아니라 인간의 의미와 역할, 가치창출의 소재, 문명의 형태에 질적인 전환이 생기고 있다. 이러한 상황 속에서 '21세기는 해양의 세기'라고 명명할 만큼 해양의 비중이 더욱 커지고 있다.

육지자원의 한계에 따른 해양자원의 필요성이 새삼 인식되고, 테크로로지의 질적인 비약과 한계상황을 못 참아하는 인간의 본성 등이 결합상승작용하면서 해양은 인간의 인식영역으로 깊숙하게 파고들고 있다. 더욱이 교통 및 통신의 발달과 서구열강의 패권지향성, 경제구조의 개편 등으로 인하여 세계화작업(globalization)이 본격적으로 추진되면서 해양은 물류의 통로로서 중요성이 커지고 있다. 자연스럽게 해양은 육지와 마찬가지로 영토로 인식되고, 소위 해양영토를 놓고 세계 곳곳에서 충돌이 벌어진다. 동아시아지역에서도 독도문제, 센카쿠제도(釣漁島), 남사군도, 서사군도, 그리고 타타르해협의 북방 4개도서 문제 등이 있다.

인간의 현실적인 관심이 깊어지면 인식의 대상과 범주는 물론이고, 세계를 해석하는 초점(세계관)도 움직이다. 기존의 역사해석이 수정되거나 새로운 역사해석이 출현하는 것은 당연하고, 역사학계도 이에 동조할 수밖에 없다. 해안도서 및 해양과 관련한 역사활동은 비록 우리 전체역사에서 중심을 차지하지 못했지만 상황에 따라 중요한 역할을 담당하였고, 몇몇 사례들에서 보이듯 역사적인 전환의 계기를 마련한 적도 있었다. 따라서 해양적인 역사연구는 해양 및 도서해안을 분석함으로써 역사의 실상을 규명함은 물론이고, 왜곡된 부분을 복원하여 민족의 정체성을 확립하는 계기가 될 수 있다. 나아가 역사학의 연구범위와 대상을 확대하고, 인식의 지평을 확장하는 데 도움을 준다.

본고는 '해안도서(海岸島嶼) 지역과 동아시아의 역사(歷史)와 문화'라는 대주제에 맞춰 작성한 기조발표문이다. 그러므로 구체적인 사실들을 언급하는 대신 동아시아 전체를 대상으로 삼아 거시적인 관점을 갖고 해양을 매개로 형성된 동아시아 및 한민족의 역사와 문화를 해석하고 이해할 예정이다. 그를 위해 해석의 틀들을 제시하는 논리화 작업에 비중을 둘 예정이다. 해양사관 혹은 해류사관으로 해석할 때 전제되어야 할 몇 가지 해양 메커니즘을 열거하였다. 예들 들면 동아시아 혹은 동아지중해의 해양자연환경, 해양문화의 특성, 항로와 항법 등의 기술적인 부분, 해양방어체제를 비롯한 시스템 등이다. 그리고 동아지중해모델의 틀 속에서 한민족 고대를 중심으로 동아시아의 역사를 약술하였다. 이미 수차례 발표했던 내용들을 토대로 개략적인 언급을 했으며, 황해, 남해, 동해, 타타르해 등 해역별로 나눈 다음에 시대순으로 중요한 사실만을 서술하였다. 그리고 역사학은 궁극적으로 미래학이라는 명제하에 해양적인 역사해석과 동아지중해모델[1]이 21세기 동아시아 및 한민족의 현재와 미래에 어떤 의미를 지녔으며, 무슨 역할을 할 것인가를 모색할 예정이다.

 필자는 그동안 해양과 관련하여 사관의 문제를 비롯하여 전 시대를 대상으로 다수의 논문을 발표하였다. 따라서 각론적이거나 미시적인 부분들은 소략하고, 중복되는 부분들은 가급적 피하면서 서술할 예정이다. 발표문을 보면서 논리전개상 미진하다고 판단되거나 구체적인 사례가 필요하다고 생각되는 부분은 이 글에서 각주로 혹은 참고문헌으로 처리한 필자의 연구성과를 참조하기를 바란다.

---

1 『東亞地中海와 古代日本』, 청노루, 1996 ;『張保皐 시대의 해양활동과 東亞地中海』, 학연문화사, 2002 ;『韓民族의 해양활동과 東亞地中海』, 학연문화사, 2002 ;『高句麗 海洋史 硏究』, 사계절, 2003 ;『바닷길은 문화의 고속도로였다』, 사계절, 2003 ;『韓國 海洋史』, 학연문화사, 2003 ;『高句麗의 精神과 政策』, 학연문화사, 2004 외 저서.
  논문,「동아시아의 相生과 동아지중해모델」,『21세기 문명의 전환과 생명문화』, 세계생명문화포럼, 2003, 12 ;『海洋史觀으로 본 한국 고대사의 발전과 종언」,『한국사연구』123호, 한국사연구, 2003 ;「한국사 이해를 위한 몇 가지 제언」,『한국사학사학회보』9집, 한국사학사학회, 2005, 6 ;「동해문화권의 설정 검토」,『동아시아 역사상과 우리문화의 형성』, 한국학 중앙연구원 동북아고대사연구소, 2005 ;「동아시아 고대문명 네트워크의 현대적부활을 위하여」,『동아시아 문예부흥과 생명평화』, 세계생명문화포럼, 2005.

2. 동아시아 역사를 바라보는 관점

　　동아시아 역사의 기본성격을 이해하려면, 특히 해양과 관련해서는 몇 가지 관점을 전제로 삼아야 한다. 우선 자연공간에 대한 정확한 이해가 필요하다. 공간을 토대로 역사적 성격을 규명하고, 구체적인 사건들과 관련하여 해석하는 접근양식이 필요하다.

　　동아시아는 아시아 대륙의 동쪽 하단부에 위치해 있으면서 중국이 있는 대륙, 그리고 북방으로 연결되는 대륙의 일부와 한반도, 일본열도로 구성되어 있다. 그런데 한민족과 한족(漢族), 그리고 일본열도의 교섭은 물론이고 북방족과의 교섭도 모두 이 지역의 해양을 통해서 교류를 하였다. 일본학자들은 근대 역사학의 초창기부터 이러한 인식을 지니고 있었고, 지금도 그러하다.[2] 동아시아사는 대륙적(大陸的) 성격과 함께 해양적(海洋的) 특성을 가지고 있음을 인식해야 한다. 특히 소규모단위인 우리 역사, 고대사의 기본성격을 이해하려면 더더욱 공간이 중요하고 의미가 크다.

　　또한 하나의 공간, 동일한 공간, 유사한 공간, 관련성 깊은 공간은 지리의 개념과 틀을 뛰어넘는 역사의 개념으로 볼 필요가 있다. 즉 자체 생명력을 지닌 유기체(有機體)로 보아야 하고, 당연히 통일체(統一體)로 보는 것이다. 육지 중심의 정치사를 강조하다 보니까 정작 '문화공동체'나 '경제공동체' 혹은 '정신공동체'로서의 성격을 규명해 내지 못하고 있다. 삼국 이전시대, 삼국시대 등, 고대역사에서 발전지역과 정치체제의

2　安田喜憲은 鳥居龍藏의 『東部シベリアの以前』에서 인용하고 있다. 즉 일본인의 본거지, 일본문화의 고향으로 보여지는 것은 동부 시베리아에서 흑룡강 유역 연해주, 그리고 만주에 이어지는 일본해의 대안이다. 그리고 이것에 조선을 잇고, 樺太(사할린), 북해도, 그리고 사도, 노토 등 일본해 일대의 지방을 일괄해서 볼 필요가 있다. 그는 이러한 논리 속에서 졸참나무숲문화권을 소개하고, 사사기 고메이의 남방문화론, 에가미 나미오의 기마민족설까지 소개하면서 소위 일본해문화권에 대한 다각적인 연구의 필요성을 제기하고 있다. 安田喜憲, 「日本海を めぐる歷史の胎動」, 『季刊考古學』15號, 1986, 雄山閣出版社, pp. 14~16.

다름, 약간의 문화적 다름을 분열과 갈등의 상태로만 보지 말고, 공존과 통일의 역사로도 함께 보는 것이 필요하다.

물론 그렇게 보기 위해서는 몇 가지 전제가 돼야 한다. 소규모 문화지대와 문화지대의 만남, 주민들 간의 만남, 문화현상들의 만남은 우발적(偶發的), 일회적(一回的), 불연속적(不連續的)인 만남으로 끝나서는 안 된다. 목적의식을 지닌 채 연속적으로 만남을 지속해야 한다. 또한 만남의 양식이 단순하거나 편향적이어서는 불충분하다. 상호교차적인 단선적(單線的)인 만남을 넘어서 복선적(複線的)이어야 하며, 그 복선들은 평면에서 이루어진 것이 아니라 입체적으로 구성된 몇 개의 거점(據點) 혹은 허브(hub)를 중심으로 다중적(多重的)이어야 한다. 예를 들면 공간의 경우만 하더라도 바다와 육지의 만남도 원양과 연안, 연안과 갯가, 갯가와 내륙의 관계식으로 확대해야 한다.[3]

또한 우리 역사의 터를 폐쇄적인 한반도적인 관점이 아니라 범(凡)아시아적 동(東)아시아적 관점에서 역사상과 존재이유를 살펴보는 것이다.

우리 역사학은 소위 '반도사관(半島史觀)'의 굴레를 완벽하게 탈피하지 못한 면이 있다. 이는 역사공간의 단순한 축소를 넘어 역사 자체의 축소를 가져왔다. 한반도는 부정확한 지리적인 용어일 뿐 역사적인 개념이 아니다. '한반도'라는 부적절한 용어와 그것이 적용하는 역사인식 속에는 반도 가운데에서도 폐쇄적이고 소극적인 기준을 석용하고 있다. 최소한 조선과 고구려, 발해는 한반도와 평원 삼림지대, 그리고 초원과 해양을 자기의 역사공간으로 삼았고, 만주와 한반도 중부이북, 그리고 바다, 즉 해류을 하나의 통일된 영역으로 인식하였고, 활동하였다. 우리 역사는 당연히 일국사적, 혹은 일민족사적(一民族史的)인 관점을 넘어 동아시아라는 국제적인 관점과 일문명사적(一文明史的)인 관점에서 보는 시도가 필요하다.

---

3 이 부분은 '터' 이론과 함께 윤명철, 「동아시아 고대문명 네트워크의 현대적 부활을 위하여」, 「동아시아 문예부흥과 생명평화」, 세계생명문화포럼, 2005 참고.

결론적으로 동아시아 및 한민족의 역사는 대륙을 중심으로만 해석할 수는 없고, 그렇다고 해서 해양을 토대로만 해석할 수도 없다. 자연환경과 경제양식, 그곳에 거주하였던 종족들과 그들의 문화, 정치질서, 통치방식, 전쟁방식, 세계관 등 등을 총체적으로 고려하고, 부분적으로 차용하고 적용하면서 우리 역사를 거시적이고 유기적으로 해석하는 접근자세가 필요하다.[4]

우선 한민족이 거주했던 역사영역과 동아시아의 자연환경을 구체적으로 살펴볼 필요가 있다. 동아시아의 개념과 범주에는 지역이나 주체 혹은 가치관이나 현실적인 목표에 따라 조금씩 다르다.

중국이 있는 대륙, 그리고 북방으로 연결되는 대륙의 일부와 한반도, 일본열도로 구성이 되어 있고, 바이칼 이남, 흑룡강 이북, 연해주 북부, 사할린 등을 전통적인 동아시아의 범주로 보았다. 시대와 상황에 따라 약간의 변동은 있었지만 기본적으로 세 힘의 중심축(中心軸)과 몇 개의 부심축(副心軸)으로 이루진 대결구도이다. 중심축은 중국지역, 북방지역, 그리고 한륙도(韓陸島)지역이고, 일본을 비롯한 주변은 부심축이다.

그런데 이 지역의 자연문화환경을 더 구체적으로 살펴보면 다음과 같다. 한반도를 중심축으로 일본열도의 사이에는 동해와 남해가 있고, 중국과의 사이에는 황해라는 내해(內海, inland-sea)가 있다. 한반도의 남부와 일본열도의 서부, 그리고 중국의 남부지역(양자강 이남을 통상 남부지역으로 한다)은 이른바 동중국해를 매개로 연결되고 있다. 그리고 현재 연해주 및 북방, 캄차카 등도 동해연안을 통해서 우리와 연결되고 있으며, 타타르해협을 통해서 두만강 유역 및 북부지역과 사할린, 홋카이도 또한 연결되고 있다. 즉 완벽하지는 않지만 비교적 지중해적 형태를 띠고 있다. 이른바 다국간지중해

---

[4] 윤명철, 『海洋史觀으로 본 한국 고대사의 발전과 종언』, 『한국사연구』123호, 한국사연구, 2003.
　　　, 「한국사 이해를 위한 몇 가지 제언」, 『한국사학사학회보』9집, 한국사학사학회, 2003.
　　　, 「한국 고대사 연구의 반성과 대안」, 『단군학 연구』11, 단군학회, 2004.

해(多國間地中海海, Multinational-Mediterranean-Sea)의 형태로서 모든 나라들을 연결시키고 있다.[5]

이러한 사실과 인식을 바탕으로 필자는 '동아지중해(EastAsian-Mediterranean-Sea)'란 모델을 설정하여 제시하였다. 일본에서는 1970년대 동아시아론에 대한 논쟁이 벌어지더니 점차 해양과 동해(일본해)에 관심을 갖고 지중해라고 부르고 있었다. 그러다가 1990년대 말에 와서 새삼 동아시아의 지중해적인 성격에 주목하고, 국가전략의 입장에서 바라보는 정치학자들뿐 아니라 일반 역사학자들도 이에 대한 연구를 시작했다. 동아지중해적인 성격은 독일 뮌헨대학의 중국사전공자인 Angela Schottenhammer 교수의 연구에서도 나타나고 있다.[6]

자연환경과 활동영역은 지리정치적(geo-politic)인 영토의 의미 외에 지리경제적 (geo-economy), 지리문화적(geo-culture)으로 의미가 크다. 동아지중해는 권역으로 크게 보면 북방과 중국에서 뻗쳐오는 대륙적 질서(유목문화, 수렵삼림 문화를 공유하고 있다)와 남방에서 치고 올라가는 해양적 질서가 만나는 접합점이다. 주요 종족으로는 우리 민족, 한족, 일본족 등이 주를 이루었고, 몽골·만주의 여러 종족들, 월(越) 지역의 소수종족들이 포함되어 있었다. 문화적으로도 동북쪽에서는 연해주와 시베리아에서 연

---

5 동아지중해의 자연환경에 대한 검토는 윤명철,「海洋條件을 통해서 본 古代韓日 關係史의 理解」,『日本學』14, 동국대 일본학연구소, 1995 및「黃海의 地中海的 性格研究」,『韓中文化交流와 南方海路』, 국학자료원, 1997, 기타 논문 참고.
6 千田稔,『海の古代史-東アジア地中海考-』, 角川書店, 2002. 그는 서문에서 1996~98년까지 국제일본문화연구센터가 '동아시아지중해세계에 있어서의 문화권의 성립과정에 대해서'라는 연구를 수행하고 그 보고서로서 이 책을 출판한다고 쓰고 있다. 그리고 그들의 동아지중해는 남지나해, 동지나해, 일본해, 황해, 발해를 가리키는 용어라고 규정하고 있다. 또한 이미 오래전부터 남방해양문화에 관하여 연구를 해 온 國分直一의 예로 들면서 그는 동아지중해를 4개의 지중해로 구성한다고 하면서 오호츠크해, 일본해, 동지나해, 남지나해라고 하였다. 동아시아를 동아지중해라고 부르고 연구를 진행하는 또 다른 학자는 독일 뮌헨대학의 중국사전공자인 Angela Schottenhammer 교수이다. 그는 동중국해, 황해, 일본해를 "동아시아지중해"라고 설정하고 있다. 2005년 1월 하순 국립민속박물관에서 발표할 때 토론을 맡았다.

결되는 수렵삼림문화가 내려왔고, 북방과 서쪽에서는 몽골과 알타이에서 내려온 초원의 유목문화, 서쪽에서는 건조한 사막의 실크로드를 거쳐온 서역의 문화들과 화북의 농경문화가 들어왔고, 남방에서는 화려하고 격식있는 강남문화, 동남아에서 해양문화가 올라왔다. 그리 넓지 않지만 가장 극단적인 자연현상과 다양한 문화가 만나면서 상호교류하고 혼재하면서 발전한 곳으로서 전형적인 지중해문화의 성격을 띠었다. 그리고 농경의 정착성(定着性, stability)문화와 유목 해양의 이동성(移動性, mobility)문화가 만나 상호보완되면서 독특한 성격을 탄생시켰다. 시대에 따라 정착과 이동의 배합비율이 달라졌지만 적어도 동아지중해라는 관점에서 판단하면 이동성이 우위를 점한 형태인 'mo-stability형 문화대(文化帶)'이다.[7]

이 지역은 지리경제학적으로는 경제교류나 교역 등을 하면서 서로 필요한 존재였다. 자연환경이 다른 탓에 생산물의 종류에 차이가 있었다. 쌀과 곡식이 풍부한 농경문화권에서는 모피나 말, 군수물자, 철 등이 필요했고, 반대로 유목이나 삼림문화권에서는 발달된 문화, 의복, 곡식 등 농경문화의 생산물, 그리고 소금 등의 해산물들이 절대적으로 필요했다. 그러므로 생활에 필요한 교역품들은 필요의 원칙에 따라 정치력과는 무관하게 심지어는 적대관계에 있더라도 교역을 할 수밖에 없었다. 말교역, 차교역, 담비가죽 등의 모피교역, 철교역, 은교역 등은 이러한 예들이다. 그러한 물류의 이동은 이 지역에 들어오면 주로 해양을 통해서 교류되었다. 이러한 동아지중해의 문화는 각 해역 혹은 지역의 자연환경에 영향받아 더욱 복잡해졌다.[8]

지리적으로 우리의 역사와 문화는 당연히 땅, 초원, 바다를 함께 고려하여 모두를

---

[7] 윤명철, 「高句麗人의 時代精神에 대한 探究」, 『韓國思想史學』7집, 한국사상사학회, 1996.
[8] 동아지중해의 특성과 역사적인 해석에 대해서는 필자의 여러 논문이 있으나, 정치역학관계와 현재적인 의미 등에 대해서는 「고구려의 남진정책과 東亞地中海戰略」, 『海洋戰略』, 한국해양전략연구소, 1999 ; 「고구려의 東亞地中海 모델과 21세기적 意味」, 『아시아 文化研究』, 목포대학교 아시아문화연구소, 2000.

포괄하는 지중해적인 틀 속에서 해석해야 본질을 이해할 수 있다. 즉 역사활동의 터와 단위를 대륙과 반도 해양으로 이어진 하나로 보고 동시에 유기적으로 접근해 들어가는, 특히 소외되었던 해양의 위치 역할을 재인식하는 '해륙사관(海陸史觀)'이 필요하다.[9]

한편 동아지중해 모델의 설정은 현재 한민족의 위치와 향후 역할을 정확하게 파악할 수 있게 한다. 그동안 우리는 해양활동이 미약하고, 바다에 포위된 반도라고 인식한 경향이 있었다. 따라서 독자성과 고유성이 미약한, 시대에 따라서는 대륙의 부수적인 주변부 역사로서 인식했다. 특히 모든 분야에 있어서 중국(애매모호하고, 시대적 구분이 불분명한 개념)의 강한 영향을 받은 것으로 인식하고 있다. 하지만 동아지중해라는 틀 속에서 파악하면 대륙과 해양을 공히 활용하며, 동해, 남해, 황해, 동중국해 전체를 연결시켜줄 수 있는 중핵(中核, core)에 위치해 있다. 모든 지역과 국가를 전체적으로 연결하는 해양 네트워크는 우리만이 가지고 있었으므로 주변부가 아닌 중핵에서 자율적으로 진행시켜왔음을 확인할 수 있다.[10] 21세기는 해양의 중요성이 커지면서 동아지중해적인 이론의 실제적인 적용이 훨씬 유용해진 시대이므로 우리의 역할을 회복하기에 적합하다.

---

9 「海洋史觀으로 본 한국 고대사의 발전과 종언」, 『한국사연구』23호, 한국사연구, 2003 ; 「한국사 이해를 위한 몇 가지 제언」, 『한국사학사학회보』9집, 한국사학사학회.
10 필자는 광개토대왕 및 장수대왕의 '동아지중해 중핵(core)조정역할' 과 장보고의 '동아지중해 물류장(field & multi core)시스템'을 모델로 삼고 있다.

3. 해양 역사상의 메커니즘

해양문화는 육지문화와는 다르다. 자연과 풍토, 자연현상이나 자연물에 대한 인식과 세계관도 다르다. 전쟁을 치르는 방식과 획득한 물건을 분배하는 방식도 다르고, 통치와 지배방식도 다르다. 그러므로 육지인의 시각을 근거로 해양역사와 문화를 해석하고 판단하면 오류를 범할 수 있다. 즉 해양문화와 역사상을 정주적 성격(stability)을 가진 농경민의 인식과 생활방식으로 해석하면 무리가 뒤따른다. 해양민(sailer) 혹은 해양을 터전으로 가꾼 사람들의 역사를 이해하고, 역사상을 구축하려면 몇 가지 전제돼야 할 사실들이 있다.

1) 해양자연환경을 이해해야 한다.

해양자연환경을 정확하게 숙지하고, 역사활동과의 관련성을 구체적으로 이해해야 한다.

고대 사회에서는 인간의 의지 혹은 문화발전과는 관련없이 인간과 문화를 이동시켜 준다. 그러므로 해양역사상과 문화의 성격을 규정하는 데 1차적인 요소는 해양 그 자체의 자연적 성격이다. 특히 해류, 조류, 계절풍 및 해안 도서 등의 구조와 특성을 이해하지 않고서는 문화현상을 정확하게 파악할 수 없다.

해류의 흐름은 중요하고 특히 대양항해일 경우에는 비중이 상대적으로 높다. 동아시아의 해양은 쿠로시오(黑潮)의 범위대에 속한다. 필리핀 북부해역을 출발한 쿠로시오는 중국연안에서 일본전역에 걸쳐 중요한 영향을 미치는 난류계의 해류이다.[11]

---

11 黑潮에 대하여 역사적 입장을 전제로 하면서 이론적 접근을 한 글은 茂在寅南의 『古代日本の航海術』, 小學館, 1981, pp.88~90.

동중국해에는 쿠로시오 외에 규슈서안의 쿠로시오 분파가 있고, 이 해류에서 갈라져 황해중앙부를 북상하는 것과 동계에는 중국해안을 남하하는 한류가 있다.

대한난류는 쓰시마를 가운데에 두고 동수도(東水道)와 서수도(西水道)로 나뉘어진다. 서수도를 통과한 해류는 한반도 남동단을 지나 북북동으로 흘러 운산(元山) 외해(外海)와 울릉도 부근에 이르러 동쪽으로 전향하고 동수도를 통과한 해류는 북동방향으로 흐르면서 일본서안을 끼고 올라간다. 유속은 계절과 지역에 따라 차이가 있으나 평균 1kn 내외이며 물의 방향은 항상 북동으로 향하고 있어 항해의 기본방향을 북동향으로 조건 짓는다.

한편 황해에서는 발해 및 북해북부에서 중국대륙 연안을 따라 남하하여 남중국해 방면으로 사라지는데 동계에는 수온이 낮다. 항해에서 가장 중요한 것은 안전한 물길의 발견과 선택이다. 이는 바람, 해무(海霧) 등 여러 조건이 충족되어야 하지만, 연안항해일 경우에는 조류가 제일 중요하다. 한반도의 서남해안과 중국의 동해안은 조류의 흐름이 매우 빠르고 방향의 지역적 편차가 심하다.[12]

조류는 고대에는 황해나 남해안 같은 해안선이 복잡하고 도서가 많은 지역에서 항해에 절대적인 영향을 끼쳤다. 지역 물길에 익숙한 집단은 그 해역의 해상권을 장악하고 세력화하였다. 고대사회에서 해안근처에 집단분포의 흔적이 있는 것은 의미심장한 일이다. 항해(표류)신화·설화 등은 주로 조류의 중요성을 표현하고 있다.

항해환경에서 바람의 영향은 연안항해는 물론이지만 근해항해·원양항해에서 거의 필수적이다.[13] 특히 돛을 사용할 경우에는 항해의 성패여부에 결정적인 요소가 된

---

12 이석우·김금식 共著, 앞의 책, pp.329~374. 특히 pp.350~356에는 우리나라 조석에 대한 설명이 나와 있다.
  조류의 법칙과 항해에 관한 해석에 관해서는 茂在寅南의 『古代日本の航海術』, 小學館, 1981, pp.174~179 참조. 특히 씨는 일본『古事記』의 내용을 조류와 관련 시켜서 해석하고 있다.
13 바람이 항해나 조선술, 그리고 유럽의 제국주의적인 팽창과 깊은 관련이 있는가와 구체적인 실례들은

다. 계절풍은 일정한 방향성을 지녔으므로 항해에 상시적(常時的)으로 활용했다. 봄에서 여름에 걸쳐 부는 남풍계열의 바람은 중국 남부해안과 한반도 혹은 일본열도와의 교류를 가능하게 한다. 반면에 가을에서 겨울에 걸쳐 부는 북풍계열의 바람은 한반도 북부와 중국의 중부 혹은 남부해안과의 교류, 한반도에서 일본열도의 남부 및 서부해안과의 교류를 가능하게 한다.

각 해역마다 선박의 구조가 다르고, 돛의 모양과 기능에 차이가 있는 것은 이러한 바람 특히 계절풍을 활용하는 데 다른 차이이다. 그러나 중요한 점은 동아지중해는 내해적인 성격이 강하고, 특히 남해나 황해중부해역은 계절풍 외에 국지풍이 불고 있으며, 그 해역의 환경에 익숙한 해양민들은 이 국지풍을 이용하여 항해를 했다는 사실이다.

2) 해양문화의 특성을 이해해야 한다.

첫째, 해양세력들은 중앙정부에 귀속되지 않고 자체가 정치력을 행사하려는 호족성 또는 무정부성을 지닌다. 바다에는 국경이 분명하지 않고, 다른 나라로 갈 때에도 인접한 국가의 영토를 통과할 필요가 없다. 그러므로 지방세력이나 민간인들도 중앙 정치세력의 통제를 덜 받으면서 독자적인 교역의 추진과 이주가 가능하였다.

둘째, 해양민들은 한곳에 정착하지 않는 습성이 있다. 농경문화는 정해진 지역, 즉 농토에 거주해야 하며 속성상 안정성(安定性, stability)을 추구한다. 반면에 유목민들은 초지를 따라, 수렵민들은 사냥감을 따라 이동(mobility)한다. 그와 마찬가지로 해양민들이나 어렵민들은 교역과 어업에 적합한 지역을 선택하여 중심거점으로 삼고, 필요에 따라 이동하면서 활동하는 거점성을 갖고 있다.[14]

앨프리드 W. 크로스비 저, 안효상 · 정범지 역, 『생태제국주의』, 지식의 풍경, 2002, 3, pp.124~154 참고 바람.

초기의 소국들은 농경과 어로의 실질적인 이익을 얻어야 하고, 주변의 소국이나 외국과 교섭을 위해서, 또 경제상의 이익은 외래문물의 수입 및 수출에 크게 의존했으므로 필연적으로 항구를 갖춘 해안가 가까히 있어야 했다. 더구나 해양으로 들어온 이주민 집단이 많았으므로 1차적으로 해안가에 위치해 있었다. 그러므로 해양문화가 발달했고, 교역을 통해서 성장한 해안도시국가의 성격을 가지고 있었다. 필자는 '나루국가'라는 용어의 선택을 시사한 일이 있었는데,[15] 이는 바다로 이어진 일종의 '해항(海港)도시' 또는 '하항(河港)도시'이다. 삼한소국과 유사한 시기에 존재했던 일본열도의 소국들이 연안의 해양교통과 밀접한 관계가 있다는 것을 분석한 연구가 발표되었다.[16]

　셋째, 해양문화는 자연환경의 영향을 많이 받는다. 고대는 해양활동에 필수적인 항해술과 조선술이 발달하지 못했으므로 해류·조류·계절풍 같은 자연환경이 문화의 틀과 성격에 영향을 준다. 예를 들면 항로를 설정하고, 입출항지역을 선택하는 일이다. 선사시대나 고대에는 교섭이 거의 일정한 장소(場所)에서, 일정한 시기(時期)에, 그것도 일정한 형태로 이루어진다. 한반도 내에서 몇몇 알려진 특정한 곳을 중심으로 외래문화들을 받아들이고, 꼭 지정된 지역에서만이 외국으로 출발할 수 있었던 현상은 이러한 해양적 조건에 기인한 것이다.

　예를 들면 일본열도로 진출할 때에는 남해의 동부 해안(남해동부에서도 거제도의 서쪽

14　유목민(nomade)들은 상황에 따라서 해양민(sailer)으로의 전환이나 해양활동에 금방 익숙해진다. 사고 자체가 이동적(mobility)이기 때문이다. 하지만 엄격하게 분류하면 성격에 차이가 있다.
15　尹明喆,「西海岸 일대의 海洋歷史的 環境에 대한 검토」,『扶安竹幕洞 祭祀遺蹟 硏究』, 국립전주박물관, 1998, p.120.
16　松枝正根,『古代日本の軍事航海史』上, カヤ書房, pp.191~192.
　즉 당시의 해양수준으로 1일 항해거리는 약 32마일(약 59km)로 잡았다. 그리고 이 거리를 중시한다면 首都라고 생각되는 지점에서 약 60km마다에 港이 발전해야만 한다. 그러면서 위 계산로와 거리 일수 등을 열거하면서 유적의 분포와 일치함을 주장하였다.

지역을 말한다)에서 출발한 세력들은 규슈의 북서부 지역에 도착한다. 그런가 하면 남해의 동부(부산지역)나 동해의 남부(울산, 포항 지역)에서 출발한 세력들은 혼슈 남부인 시마네현(島根)의 이즈모(出雲)를 중심으로 남북해안에 걸쳐 도착한다. 또한 동해의 중부해상(三陟·東海)을 출발한 세력들은 주로 혼슈 중부의 후쿠이(福井)현 중간에 있는 쓰루가(敦賀)나 노토(能登)반도 등에 도착한다. 그리고 한반도의 서남해안 혹은 남해서안, 즉 전라도 해안에서 출발한 세력들은 고토(五島)열도를 지나 규슈의 중서부 지역(주로 有名海를 중심)으로 도착한다. 반대로 일본열도 혹은 대마도에서 한반도로 들어오는 경우에도 마찬가지이다. 조몬 토기들이 부산의 동삼동 바닷가에서, 울산의 서생포(西生浦) 등에서 발견된 사실들, 그 외에 왜(倭)의 침입이 초기에는 주로 신라에 집중되는 것은 해조류의 흐름과 계절풍의 영향 때문이다. 해로, 수로 등 교통로의 확보를 위한 각국들 간의 갈등은 해양교통의 특수성 때문이다.

넷째, 해양문화는 모방성, 공유성이 강하다. 바다를 가운데 두고 바다 주변의 주민과 문화는 상호간에 영향을 주고받는 일종의 '환류(環流)시스템'을 이루고 있었다.[17] 기술과 경험도 공유하는 경향이 강하다. 이동과 교류하는 데 필수적인 해류, 조류, 바람, 해상조건 등이 공통적이기 때문이다. 특히 조선술이나 항해술 등의 기술교류와 모방은 필수적이다. 한일 간에는 사용된 뗏목이 매우 유사하거나 가야고분과 니시도바루(西都原)고분 같은 유적에서 발견된 고대선박들이 비슷한 것, 또 일본의 역사자료에

---

17 필자는 동아시아의 역사와 문화를 해석하는 틀로서 동아지중해이론을 설정하고, 그것을 보완하는 부차이론으로서 '環流시스템이론'을 설정했다. 즉 강한 문화력(culture power)을 가진 A의 문화는 주변인 B에게 일정한 문화를 전수한다. 그런데 시대와 상황에 따라 지향하는 문화가 다르다. B의 문화 또한 A에게 전수된다. 이 관계는 主와 副가 있고, 일종의 상호작용이라고 볼 수 있다. 그런데 A문화가 B로 갔다가 B의 영향으로 변형을 한 다음에 다시 A에게 와서 영향을 주는 경우가 적지 않다. 마찬가지로 B의 문화가 A에게 전해져서 가공과 변형을 거친 다음에 다시 A의 형태와 포장으로 전해질 수 있다. 해양문화권에서는 여러 지역과 국가들이 동시에 만날 수 있기 때문에 교류의 대상들이 A와 B뿐만 아니라 C와 D 등 다양하다. 그러므로 문화는 原形과 變形을 구분하거나 가치의 輕重을 논한다는 것이 어렵다.

가라선, 백제선,[18] 신라선 등등의 기록이 등장하는 것은 해양문화의 특성과 활발한 교류의 결과이다. 이 뿐만 아니라 신앙, 설화, 체제운영 방식 등의 문화현상도 유사해진다. 그래서 동아시아가 해양을 매개로 활발한 교통이 이루어졌고, 공통의 문화권이 형성되었다는 견해는 많이 있다.

다섯째, 해양문화의 전파와 수용은 비조직성을 띠고 있다. 육지에서는 신속한 대규모 군사의 이동을 통해서 정치적으로 점령하고, 문화를 강제적으로 이식시키는 일이 가능하다. 반면에 해양교섭은 조선술과 항해술의 제한으로 이동 규모가 적고, 비조직적이며, 불규칙적이므로 연속성이 떨어진다. 때문에 역사의 초기단계에는 자율적인 이동인 이주(移住, settlement)형태가 주를 이루었다.

여섯째, 해양문화는 불보존성이라는 특성을 지니고 있다. 해양문화는 주체가 대체로 해양민이거나 지방세력이므로 기록이나 유물 등 흔적을 남기는 경우가 드물다. 또한 바다에서는 유형문화가 적을 뿐더러, 바다 속에 가라앉아 흔적을 확인하기 어렵다. 이러한 불보존성의 특성을 감안하지 않고, 기록과 유물이 없다고 해양문화가 부재했거나 발달하지 못했다는 식의 역사해석은 곤란하다.

앞에서 열거한 몇 가지 전제를 충분히 이해하지 못하거나 경시할 경우에는 고대의 해양역사상은 물론 문화해석에도 상당한 혼란을 초래한다.

3) 해양 교통로의 특성을 이해해야 한다.

정치, 군사, 경제, 문화를 막론하고 교류와 교섭일 경우에는 결국 교통로라는 수단의 문제로 귀결된다. 동아지중해의 각 국가들이 전근대 시대에 사용했던 항로를 설정하는 데에는 몇 가지 유의사항이 있다.

---

[18] 『일본서기』에 따르면 645년에는 왕명으로 安藝國에 명하여 백제선 2척을 만들었다.

첫째, 항로를 설정할 때는 출발항구가 반드시 하나가 아니라는 점을 인식해야 한다. 수도나 큰 도시에서 출발할 경우에 항로는 대부분 강을 통해서 바다로 나간 다음에 출발한다. 때문에 출발지인 하항(河港)도시나 해항(海港)도시와 실제로 바다로 출발하는 항구는 꼭 동일한 것이 아니다. 더구나 바람에 의존하는 고대항해는 바다, 혹은 원양으로 나가기 직전에 항해에 적합한 바람과 날씨를 기다리면서 피항(避港)할 수 있는 외항에 대기하였다. 이 외항은 주항의 가까이에 있거나 그 연결선상에 있는 경우도 있지만, 먼 곳에 있는 경우도 적지 않다. 예를 들면 신라인들과 고려인들은 명주(明州, 영파하고도 함)에서 진해(鎭海)를 거쳐, 진해에서 바다로 나가 주산군도의 보타도(菩陀島)에서 바람을 기다렸다가 출발하였다.

둘째, 출발항이라고 언급한 곳을 곧 항로의 기점으로 이해하는 데에 신중해야 한다. 출발항구에서 도착항구까지 항로가 육로처럼 직선으로 이어지는 것은 절대 아니다. 항해는 주어진 해양환경에 따라 연안항해, 근해항해, 원양항해를 상황에 맞춰서 골고루 사용해야 한다. 따라서 외항을 출발하였다 해도 원양으로 나가는 해역은 그곳과 전혀 다른 곳일 경우가 많다. 그러므로 실제 항로를 찾기가 매우 힘들다.

셋째, 사료에도 몇 가지 항로에 대한 표현들이 나타나고 있다. 그런데 이 표현들은 추상적이고 일정한 기준이 없다. 역사적인 성격이 담겨 있으므로 '교섭로(交涉路)'라는 표현은 될 수 있을지라도 '항로(航路)'나 '해로(海路)'라고 표현하기에는 부적합하다. 항로를 정확히 파악해야 교섭의 성격 또한 깊게 이해할 수 있다. 또한 사신들에 의한 공식적인 항로뿐만 아니라 교역선 혹은 민간인들에 의한 항로도 있다. 이러한 몇 가지 점과 현실적인 어려움을 전제로 하면서 각 국가들이 사용한 다양한 항로와 역사상의 연관성을 파악해야 한다.

4) 해양방어체제의 특성을 이해해야 한다.

육지 및 해양세력들은 전략적인 가치를 충분히 활용하면서 곳곳에 방어체제를 구축하였다. 과거에는 해안방어체제라는 용어를 썼었지만, 해상방어체제·섬방어체제·해안방어체제는 각각 다른 위치에서 다른 기능을 수행한다. 따라서 구조도 꼭 같지는 않다. 현실적으로 육지와의 연계성 속에서 유기적으로 방어체제를 구축했다면 전체를 포괄하는 해양방어체제라는 용어가 타당하다.

해양방어체제는 외부세력 혹은 중앙정부(中央政府)의 군사력(軍事力)을 방어하기에 좋은 전술적 이점이 있어야 한다. 해양에서 적의 수군과 해상전투를 벌어질 때 보조역할을 하고, 섬 및 해안에서 선박으로 상륙하는 적을 저지하는 역할을 한다. 즉 주요 임무는 '관측과 검문', '제어 및 저지', '공격과 격퇴' 이다. 해안가에 있는 곶(串), 포(浦)와 진(津)을 지키기 위하여 해안과 바로 접한 곳에 성을 쌓는데, 필자는 몇 편의 논문을 통해서 이러한 성들을 '곶성(串城)', '포구성(浦口城)', '진성(津城)'으로 유형화시키고 있다. 이러한 곳을 점령당하면 적이 내륙으로 진격하는 것을 허용하고, 또 바다로 나가는 출구가 봉쇄당한다. 때문에 방어적 가치가 매우 높은 곳이다. 고대국가가 발전하면서 정치 군사적인 대결이 심삭해짐에 따라 해양방어체제도 점차 체계적이 되었다. 무기가 개발되고, 전술과 전략이 변화하고 발전하였으며, 이에 따라 작전반경의 확대 등도 이루어졌다. 성의 규모도 커지고 방어시스템도 조직적이 될 수밖에 없다. 특히 선박의 크기가 커지고 성능이 우수해짐에 따라 상륙지점 혹은 공격지역에 변화가 생기게 되었다. 또한 한강 하류 및 해안가의 성은 방어체제뿐만 아니라 자국의 외교사절, 교역선단 등을 보호하고 해양진출을 위한 교두보 내지 진출거점이라는 본격적인 기능도 했다. 따라서 성의 구축 등 하안 및 해양방어체제의 구축은 매우 중요한 국가적 과제가 되었다.[19]

5) 항해방식과 항법에 대한 과학적인 이해가 필요하다.

항해환경에 있어서 중요한 또 하나의 조건은 각 지역 간의 항해거리와 항법이다.

근해항해는 연안항해(沿岸航海)와는 달리 비교적 많이 떨어져서 해안의 국부적인 환경에 영향을 받지 않고 해양자체의 조건에 영향을 받는다. 또한 바다 위의 선박은 육지나 높은 산을 보면서 항해하기 때문에 익숙한 지형일 경우에는 어디서나 자기위치를 확인할 수 있다. 반면에 육지에 있는 관측자는 먼 거리 바다에 있는 선박을 관측할 수가 없다. 남해는 중간에 대마도, 이키섬 등이 있어서 지문항법을 활용한 근해항해가 가능하다. 황해에서도 근해항해가 가능하다.

필자는 자연조건과 구체적인 항해기술에 대한 검토를 통해서 항해자들이 지문항법을 사용해서 항해할 수 있는 범위를 황해, 동해, 남해를 대상으로 설정한 적이 있다. 산동에서 황해도 육지까지는 직선거리로 약 250km이다. 장보고 당시에 만 하루가 안 되서 황해도의 연안을 볼 수 있을 정도의 거리이다. 황해는 거리가 짧은 내해, 지중해로서의 성격을 가지고 있기 때문에 대부분의 경우, 지문항법을 활용한 근해항해에 큰 난관은 없었을 것이며 기본조건만 갖춘 경우에는 원양항해도 가능했을 것으로 판단된다.

---

19 尹明喆,「江華지역의 해양방어체제연구-關彌城 位置와 관련하여」,『사학연구』58·59 합집호, 1999 ;「遼東지방의 해양방어체제연구」,『정신문화연구』, 겨울호, 통권 77호, 1999 및 신형식·최근영·윤명철·오순제·서일범 공저,『고구려 산성과 해양방어체제』, 백산, 2000에는 해양방어체제에 대한 상세한 설명이 있다.

4. 동아 지중해의 역사상-한국사를 중심으로

앞에서 언급한 해류사관의 관점에서, 다국간 지중해(Multinational-Mediterranean-Sea)의 성격을 지닌 동아지중해라는 역사해석 모델 속에서 동아시아의 역사 및 우리민족의 역사와 문화를 해석하면 몇 가지 색다른 실상을 이해할 수 있다. 동아지중해는 동아시아의 핵심지역이기 때문에 동아시아의 대다수의 종족들이 모여 산다. 한민족과 한족(漢族), 그리고 일본열도 사이에 이루어진 교섭들은 물론 해양을 통해서 이루어졌다. 하지만 북방의 여러 종족들과 교섭하는 일도 적지 않은 부분은 해양을 통해서였다. 따라서 전쟁, 외교 등 정치적인 큰 사건들은 한중, 한일, 중일처럼 국제관계 속에서 발생하였고, 특히 외교 교섭인 경우에는 해양메커니즘의 영향이 강하게 작용함으로써 실상을 파악하는 데 어려움이 많았다. 문화의 교류와 형성도 육지와 해양의 유기적인 관계 속에서 이루어졌다.

동아시아에서 활발한 해양교통을 매개로 공통의 문화권이 형성되었다는 견해들이 있다. 언어의 공통,[20] 신화나 설화의 유사성을 논리적 근거로 삼기도 한다.[21] 한편 에가미 나미오(江上波夫)는 동북아시아의 석도(石刀)문화, 특히 세석기문화가 홋카이도와 혼슈로 전래했고, 더우기 특이한 석도촉(石刀鏃)이 홋카이도로 전파됐다고 하였다.[22] 그리고 사사키 고메이(佐佐木高明) 등은 照葉樹林文化가 양자강 유역에서 동중국해를 건너 일본열도로 전파되었다고 주장하였다.[23]

---

20 村山七郎, 「言語學から見た古代 環東シナ海文化圈」, 『東アジアの古代文化』14號, 大和書房, 1978 참조.
21 金在鵬, 「古代 南海貿易ルートと朝鮮. 上」, 『東アジアの古代文化』25號, 大和書房, 1980에서 대마해류와 난생신화의 분포를 비교하여 하나의 문화권, 즉 동해문화권을 설정하고 있다.
  荒竹淸光, 「古代 環東シナ海 文化圈と對馬海流」, 『東アジアの 古代文化』29號, 大和書房, 1981은 뱀신앙 등과 관련시켜 그 범위를 확대하고 있다.
22 江上波夫, 「古代日本の對外關係」, 『古代日本の國際化』, 朝日新聞社國際 심포지움, 1990, p.52.

이렇게 교류현상이 있었던 동아지중해의 역사상을 보다 더 구체적으로 이해하기 위해 위치에 따라 황해권, 남해권, 동해권, 동중국해권, 타타르해권으로 분류하였다. 그리고 이들 해양을 중심으로 문화의 형성에 강한 영향을 끼쳤거나 역사상 큰 변화를 가져온 주요한 사건만을 기술해서 총체적으로 이해하고자 한다.

1) 황해권

황해권은 동아지중해에서 해양활동이 가장 활발했고, 동아시아 역사에 결정적인 영향을 끼친 터였다. 황해의 범주는 통상 한반도의 근해를 지칭하는 서해, 북부의 발해만, 중국에서는 양자강 하구를 바다로 잇는 선의 북쪽바다를 가리킨다. 그 이남부터 대만 이북의 해양은 동중국해라고 부른다. 동중국해도 동아지중해의 중요한 범주이고, 또 우리 역사와 밀접하지만 주로 통일신라 이후의 상황이므로 특별히 언급하지는 않는다.

황해는 해역에 따라 차이는 있지만 기본적으로는 얕은 바다와 발달된 만과 섬들이 산재한 리아시스식 해안으로 이루어졌다. 이러한 환경 때문에 연안을 따라 먼 거리에 있는 사람들은 접촉할 수 있었으며, 섬들을 징검다리로 삼아 반대편의 주민들과 직접 혹은 간접접촉을 할 수 있었다. 즉 중국의 회하 이북 지역들과 정치 외교적인 교섭은 물론 무역과 문화교류까지 활발하게 전개하였다.

이러한 특성을 가진 황해를 활동의 터로 삼아서 다양한 문화현상과 사건들이 발생했다.

신석기시대에도 황해에서 해양활동이 활발했다. 산동반도의 대장산도(大長山島)의 유적지에서는 6600년 전의 바다생물을 식료로 하는 인간의 유적지가 발견되었으며

---

23 照葉樹林文化에 대해서는 佐佐木高明, 『照葉樹林文化の道』, 日本放送出版協會, 1988 외.

배의 흔적도 발견되었다. 6000년 내지 7000년 전, 신석기 중기에는 산동반도와 요동반도연해를 오고가는 항해가 있었다고 한다.[24] 대련과 단동 지역의 신석기 유지에서 선박관련 유물들이 발견되었다. 서해안 지역에는 청동기 문화의 흔적들이 많다. 금강유역의 청동기 문화권은 해양과 관련하여 관심을 끈다.[25]

고조선은 요동반도와 서한만, 대동강 하구지역을 중심으로 해양문화가 발달하였다. 대련 근처에 있는 기원전 6~7세기경의 강상(崗上)무덤은 해양호족세력이 무덤이었을 가능성이 크다. 산동반도의 봉래와 요동반도 끝의 여순을 잇는 해역과 발해만에서 서한만으로 오고가는 해로를 통제했을 것이다. 『관자(管子)』에는 조선의 명산물인 문피(文皮)가 교역품이었음을 기록하고 있다. 위만조선과 한나라 간에 벌어진 전쟁은 이러한 황해북부 해상권을 둘러싼 역학관계의 재편을 목적으로 한 전쟁이었을 가능성이 크다. 한의 동방진출과 경제권의 확대는 위만조선의 성장은 양 지역 간의 갈등을 야기시켰다. 결국 양국은 격돌하였고, 전투는 수륙양면전이 펼쳐졌다.[26]

서해 남부해안지역은 고조선 지역과 해양을 매개로 연관성이 강하고, 문화적 낙차로 보아 영향권 아래에 있었을 가능성이 크다. 삼한 사회의 구성원들 가운데 적지 않은 경우가 황해를 건너온 사람들이다.[27] 진(秦)의 통일로 인하여 연(燕)·제(齊)·조(趙) 등의 사람들이 대거 황해를 건넜을 것이다. 토착세력과 정치적 변동 때문에 황해를 건너온 동이인들은 연합하여 확대되던 황해서부 연안의 활동권을 황해 전체와 남해를 거쳐 일본열도로 이어지는 거대한 활동권, 교역권으로 형성시키는 단초를 열어

---

24 汶江, 『古代中國與亞非地區的海上交通』, 四川省 社會科學院 出版社, 1989, p.6 ; 內藤雋輔 역시 濱田박사의 고고학적인 해석을 수용하여 남만주와 요동반도 사이에 항로가 있었다고 주장을 하고 있다(『朝鮮史研究』, 東洋史研究會 刊, 1962, pp.378~378에서).
25 전영래의 錦江文化圈은 「韓國靑銅器文化의 硏究 -錦江流域圈을 中心으로-」, 『마·백』6 및 「錦江流域 靑銅器 文化圈 新資料」, 『마·백』10.
26 윤명철, 「黃海文化圈의 形成과 海洋活動에 대한 연구」, 『先史와 古代』, 한국고대학회, 1998, 12.
27 이러한 견해는 金哲俊, 「魏志東夷傳에 나타난 韓國古代社會의 性格」, 『한국문화사론』, 1990, p.108.

놓았다.

일본열도에서는 왜라는 정치단위가 등장하고 중국·삼한 각국과의 교섭과정이 고고학적 유물들과 중국의 문헌을 통해서 전모가 드러나고 있다. 그런데 일본열도에서 한(漢)이나 위(魏) 등과 교섭하려면 서해연안을 북상하여 요동만을 거쳐 들어가는 항로밖에 없었다.『위서(魏書)』왜인전(倭人傳)에는 왜로 가는 수행의 길이 서해안을 경유하는 것으로 기록하였다.[28]

고구려는 내륙국가로서 출발하였지만 동천왕시대에는 황해로 진출하였다. 압록강 하구를 출항한 후에 황해를 종단항해하면서 강남의 오나라와 교섭을 맺었다. 광개토대왕(廣開土大王)은 해류국가라는 지정학적인 조건을 활용하여 전통적인 육지위주의 질서를 기본으로, 새롭게 성장하는 해양적 질서를 수용하면서 복합적인 정책을 구사했다. 해양활동능력의 확대, 황해해상권 확보 등과 불가분의 관계를 가졌다. 5세기에 들어오면서 고구려는 분열된 중국과는 원활하게 등거리외교를 추진하고, 백제계 세력을 외교적·군사적으로 제압하려면 해양활동세력을 봉쇄하는 일이 필요했다. 한편 신라의 힘을 약화시켜야 했고, 바다 건너에 있는 왜를 견제해야 했다. 장수대왕은 수도를 옮긴 이후에(427년) 한성과 경기만을 완벽하게 탈취하고, 황해중부의 해상권과 항로를 장악하였다. 대륙과 한반도, 그리고 동해와 황해의 반 이상을 차지한 명실공히 동아지중해의 중핵국가로 되었다. 강남지역에 도읍한 송나라를 비롯하여, 뒤를 이은 남제(南齊)·양(梁)·진(陳) 등과 바다를 통해서 교섭을 하였다.

백제는 한강 하류지역인 한성지역에 도읍을 정하고 하항(河港) 도시국가로서 출발하였다. 4세기에 근초고왕이 등장하면서 평양성 전투에서 승리하고, 마한세력의 해양

---

28 『三國志』, 魏志 東夷 倭人傳에는 韓半島 西海岸을 떠나 南海岸을 거쳐 日本列島에 닿아 야마다이國까지 가는 길과 거리수, 그리고 거쳐야 되는 小國들을 명시해 놓았다. 왜인전에 나타난 行程에 대해서는 松永章生,「魏志 倭人傳 行程」,『東アジアの古代文化』, 大和書房, 1987.

력을 흡수하면서 제주도와 일본열도까지 진출하였다. 5세기에 이르러 백제는 한성과 경기만을 포기하였으나 이어 해양력(sea-power)을 회복하였다. 황해남부의 신항로를 개척하여 양나라를 거쳐 진나라와 교류를 활발히 하였다. 『수서(隋書)』에 "왜와 중국 사람들도 많이 있었다"는 기록을 보면 해양교류를 통해서 국제화가 되고, 수준 높은 다양한 문화를 발전시켰다.

신라는 늦은 시대에 황해에서 활동을 시작하였다. 6세기 들어서자 한강유역을 점유하여 해양활동의 핵심거점인 경기만을 장악하였다. 김춘추는 이곳을 이용하여 당나라와 긴밀한 외교관계 및 군사동맹을 맺었고, 660년에는 신라의 수군과 당군이 합동으로 수륙양면작전을 감행하여 백제를 멸망시켰다.

이렇게 삼국이 갈등을 벌이는 과정에서 동아지중해 국제대전이 발발했다. 고수전쟁에서 비롯하여 소위 삼국통일로 귀결된 이 전쟁은 동아시아의 역사상 가장 큰 규모였고, 모든 종족들과 국가들이 직접·간접으로 참여하였고, 전쟁의 목적과 과정 결과에 해양질서(marine-order)가 본격적으로 작용한 동아지중해 국제대전이었다.[29]

고구려는 598년 2월, 요하를 넘어 수의 해안방위시설(海岸防衛施設)을 빼앗고 요서지방을 공격했다. 곧이어 수나라의 문제는 수륙양면군을 동원하여 전면적으로 공격을 했고, 이어 양제는 더욱 큰 규모로 역시 수륙양면전을 벌였다. 동아지중해의 종주권과 교역권을 둘러싸고 벌어진 제1차전쟁에서 고구려는 대승리를 거두었다. 고당전쟁은 고수전쟁과 기본구도가 비슷했으며, 정치 외교적 측면에서 해양이 절대적인 역할을 하였으며, 군수물자의 운반에 있어서도 함선을 이용한 원거리 이동과 후방상륙작전을 실시하였다.

그 후, 660년 나당연합함대는 원거리 해상이동과 대규모의 상륙작전을 감행하여

---

29 이 주장은 필자가 「高句麗 末期의 海洋活動과 東亞地中海의 秩序再編」, 『國史館論叢』 제52輯, 국사편찬위원회, 1994 이래 『高句麗 海洋史 硏究』, 사계절, 2003을 비롯하여 최근까지도 발표하고 있다.

사비성을 함락시켰고, 이어 663년에는 백강(白江, 白村江)전투에서 백왜 연합군을 패배시켰다. 그 후 고구려와 당나라 간의 전쟁이 지속되었고, 668년 평양성이 함락당하면서 전쟁은 끝이 났다. 이 연속된 전쟁은 동아지중해의 종주권과 교역권을 둘러싼 질서의 대결이요, 문명의 대결이었으며, 해양질서가 작용한 국제대전이었다. 주전장은 황해였고, 남해나 동해는 왜국과의 연관 속에서 부분적으로 작용하였다.

동아시아의 고대역사에서 황해는 우리는 물론이고 중국지역이나 일본열도의 역사발전에 중요한 영향을 끼친 역사의 터이다. 그에 반해 동아지중해의 비교적 외곽인 남해와 동해는 중국과 직접적으로 관련이 적은 탓에 상대적으로 활동이 미약했다.

2) 남해권

남해는 섬들이 무수히 많은 다도해 지역이다. 1만 년 전을 전후한 시기에 충적세가 시작되면서 바다가 생겼고, 중간에는 쓰시마(對馬島) 이키(壹岐), 그리고 해안의 몇몇 섬들이 되었다.[30] 부산만과 쓰시마 사이는 불과 55km 정도이고, 쓰시마의 남동으로 53km 정도에 이키섬이 있다. 그러므로 대부분은 지문항법을 활용한 근해항해가 가능하므로 선사시대에도 징검다리식으로 한반도와 일본열도는 충분히 연결될 수 있었다.

남해를 매개로 한 양 지역 간의 교섭은 토기의 전파와 수용으로 나타난다. 융기문토기(隆起文土器)는 대한해협을 건너 쓰시마까지 전파된 것으로 보인다.[31] 한반도 남해

---

30 한반도와 일본열도 사이의 지질학적 환경에 대해서는 國分直一, 「古代東海の海上交通と船」, 『東アジアの古代文化』 29號, 大和書房, 1981, pp. 28~30.
31 임효재, 「新石器時代의 韓日交流」, 『韓國史論』 16, 1986.
　鄭澄元, 「南海岸地方 隆起文 土器에 대한 硏究」, 『釜大史學』 9, p.3.
　崔夢龍, 『日本 對馬 壹岐島 綜合學術調査報告書』, 서울신문사, 1985.
　永留久惠, 『對馬の文化財』, 杉屋書店, 1978.
　＿＿＿＿, 『古代史の鍵』, 大和書房, 1975 외.

동부 즉 부산 동삼동이나 조도(朝島) 패총,[32] 동해남부인 울산의 서생포(西生浦) 등에서 발견된 것은 일본열도 혹은 쓰시마에서 흘러오는 해류의 흐름을 이용했기 때문이다.[33] 제주도에서도 신석기시대의 유물들이 다수 발견이 되었다.[34]

일본 야요이(彌生)문화의 성립과정에서 보듯이 일본열도와 한반도 지역은 해양교류가 활발했다. 『위서(魏書)』 왜인전에는 일본열도로 출항하는 기점이 김해인 구야한국(狗邪韓國)으로 되어있다. 김해지역은 동아지중해 연근해항로의 중요한 기점이고, 교역망의 중계항, 물류체계의 핵심거점이었다. 해양소국으로 출발한 가야는 바다를 건너가 식민지를 건설하고, 후에는 해협을 사이에 둔 채 양안을 동시에 지배하는 해양국가를 경영하였을 가능성이 크다.

백제도 남해를 활용하여 일본열도에 도착하였다. 전라도의 해안을 출항해서 남쪽의 추자도와 제주도를 오른쪽으로 보면서 동진하다 해류와 바람 등을 이용하여 자연스럽게 도착할 수 있는 곳이 규슈의 서북쪽이다. 고토(五島)열도의 주변에서 북동진하면 규슈북부에 있는 가라쓰(唐津) 등에 닿고, 남동진하면 아리아케해(有明海)라는 넓은 만과 만난다. 구마모토현 다마나(玉名)의 후나야마(船山)고분은 전장 46m인 전방후원분으로서 5세기 전반으로 추정되는데 백제문화의 영향을 보여주는 부장품들이 출토되었다. 백제는 6세기 중반에 접어들어 더욱 활발하게 진출하였다

---

32 林墩, 「朝島의 史的考察」외, 孫兒鉉, 「고대에 있어서의 해상교통」, 『논문집 15』, 한국해양대학, 1980.
33 조류의 흐름에 대해서는 많은 논문이 있으나 가장 정확하게 길을 제시한 논문은 市田惠司・高山久明, 「古代人の航海術對馬海峽渡海시뮤레이션」, 『考古學ジャナル』12, 通卷 212號, 뉴 사이언스사, 1982에 컴퓨터분석에 의한 각종 도표가 있다.
尹明喆, 「海路를 통한 선사시대 한일 양 지역의 문화접촉 가능성 검토」, 『한국상고사학보』2, 1989.
34 全海宗, 「탐라의 上古史 論考」, 『논문집』10, 인문사회, 1979.

3) 동해권

동해는 20만 년 전에 하나의 거대한 호수였다. 큰 산과 바다에 끼어 해안가의 면적이 좁아 농경에 적합하지 않다. 해안선이 직선에 가까우며 수심이 깊어 조류의 영향도 적다. 하지만 배를 대기에 좋은 항구시설이 부족하다. 특히 겨울에는 파도가 3~4m로 항상 높은 편이어서 항해에 부적합하다. 일본열도와도 간격이 넓어 지문항법을 적용할 수 있는 구간이 좁아 원양항해를 병행해야 한다. 하지만 지중해 등 다른 대양과 비교하면 육지 사이의 거리가 아주 먼 것은 아니다.

해류는 리만해류가 연해주의 연안을 통과해서 한반도 동안을 따라 남하하고, 서남쪽에서 북상해온 대한난류와 중남부 해상에서 만나 원산의 외해와 울릉도 부근에 이르러 일부는 동으로 횡단하다가 노토(能登) 반도의 외해에서 대마해류(대한난류)의 주류와 합류한다.[35] 때문에 한반도의 동남부를 출발하면 산인(山陰) 지방의 해안에 도착할 수 있다. 동해는 계절풍의 영향을 몹시 받았다. 후대의 일이지만 〈발해사 항해시기 도표〉[36]를 보면 발해인들은 일본에 갈 때는 늦가을부터 초봄에 걸쳐 부는 북풍계열의 바람을 이용하였다. 동해의 계절풍은 북서-북으로서 발해사가 방일하는 데는 거의 순풍이다. 귀환할 때에는 늦봄부터 여름에 걸쳐 부는 남동풍계열을 이용하였다.

동해는 이처럼 해양환경이 열악했으므로 상대적으로 주민과 문화의 교류와 만남이 적었고, 문화가 활발하지 못했다. 그러나 황해, 남해와 함께 육지와 하나가 되어 우리 문화를 형성해 왔다.

동해에서 문화교류가 활발하게 이루어진 곳 혹은 길은 연안 항해 혹은 근해 항해

---

35 『근해항로지』, 대한민국 水路局, 1973, p.46.
36 吉野正敏, 앞의 논문, pp.16~17에는 발해의 遣日使들의 月別分析을 통해서 항해가 계절풍의 영향을 절대적으로 받았음을 보여준다.

를 통해서 남북으로 오고가는 남북연근해항로상의 흑룡강 하구, 두만강 하구, 연해주 일대 및 동해남부까지이다. 신석기시대의 유적인 함경도의 서포항 패총유적지는 해안가의 구릉에 있다. 양양군 오산리(鰲山里)유적은 기원전 6000년~4500년 사이의 유적인데, 출토된 융기문토기는 요동반도 지역, 압록강, 두만강 지역의 신석기 문화와 관련 있는 것으로 나타난다.[37] 청동기시대의 무문토기도 동해안을 따라 확산 정착된 것으로 나타난다.[38] 속초시 조양동 2호 집자리에서는 어망추가 발견되었다. 강릉 등 동해중부 해안가에서는 패총유적들도 많이 발견되었다. 이 시대의 산물로 동해문화권에서 중요하고 독특한 것은 암각화이다. 영일만지역의 칠포리, 울주(蔚州) 대곡리의 반구대에 암각화가 있다. 암각화는 시베리아의 미누신스크, 예니세이강, 아스키스, 아무르강 유역과 우리나라의 함북 웅기, 강원도 양양의 오산리, 경남 울주군 대곡리 반구대, 천전리, 부산 동삼동과 일본 규슈지방까지 연결되는 하나의 분포대로 규정한다.[39]

고구려는 전기인 민중왕(閔中王) 때(47년)와 서천왕(西川王) 때(288년) 고래의 야광눈을 특별하게 왕에게 바친 기록을 남기고 있다. 『삼국지』 동이전을 살펴보면 옥저와 동예, 물길 사람들은 항해와 조선술에 능한 집단이며 원양항해를 할 정도의 높은 수준에 올라 있었다. 물길인들은 니가타현의 사도섬까지 진출했을 것이라는 견해도 있다.[40] 니가타현 마카마치(卷町) 아카사키(赤坂)유적(遺跡)에서는 5세기 초의 흙구덩이에서 토기들이 검출되었는데 러시아 남부의 연해주지방과 관련이 있다.

고구려·발해 등과 관련된 동해중부 이북의 해상에서 출발하면 노토를 가운데 둔 북륙지방에 도착할 확률이 많다. 고구려 고분의 말각조정양식을 가진 하이혈(蝦夷穴)

---

37 임효재, 「중부 동해안과 동북 지역의 신석기 문화 관련성 연구」, 『한국고고학보』 26집, 1991, p.45.
38 江原道, 『江原道史』, 歷史編, 1995, p.220.
39 송화섭, 「한국 암각화의 신앙의례」, 『한국의 암각화』, 한길사, 1996, p.264.
40 王俠, 「集安 高句麗 封土石墓與日本須曾蝦夷穴 古墓」, 博物館研究 42期, 1993, 2期, p.43.

고분(古墳)도 있다.[41] 『일본서기』에는 고구려인들이 게이타이(繼體)천황 10년조, 긴메이(欽明)천황 원년·31년조, 비다쓰(敏達)천황 2년·3년조에 월국(越國) 혹은 월(越)의 해안에 도착했다고 되어 있다.[42] 장수왕은 468년에 실직주성(悉直州城, 삼척)을 공격하였고, 481년에는 포항 위의 흥해(興海, 彌秩夫)까지 공격하였다. 신라의 수도를 근거리에서 압박하고 영일만 같은 대외항구를 일본열도로 진출하는 교두보로 확보하려는 목적도 있었다. 신라는 지증왕 5년(505)에 이사부(異斯夫)를 실직주 군주(軍主)로 삼았고, 이어 우산국을 정벌하게 하였다. 당연히 동해중부의 해양활동과 깊은 관련이 있다.

중부인 삼척 강릉지방이나 남부인 포항, 울산 등을 출항하면 혼슈 남단의 이즈모(出雲)와 중부의 쓰루가(敦賀) 등에 도착할 수 있다. 동해를 사이에 두고 울산이나 포항지방과 위도상(북위 35.5도)으로 비슷한 위치에 있다.

신라의 수도인 경주는 바다와 가깝게 연결되는 일종의 해항(海港)도시였다. 『삼국유사』에 나오는 연오랑과 세오녀 신화[43]나 박제상의 기록은 영일만이나 울산만 등이 일본열도로 진출하는 중요한 항구였음을 알려준다.[44] 시마네현(島根縣)의 이즈모(出雲) 등에 고구려 문화의 흔적이 있다.[45] 광개토대왕 이후 남진한 고구려는 동해 남부나 남해 동부해안을 통해서 일본열도로 진출했을 가능성이 있다. 조희승은 고구려인들이 동해를 건너 이즈모 일대에 정착하였다가 다시 척량산맥을 넘고 쯔야마 분지 일대에

---

41 양 고분의 공통점 등 성격규명에 대해서는 王俠, 「集安 高句麗 封土石墓與日本須曾蝦夷穴 古墓」, 『博物館研究』42期, 1993, 2期; 『古代能登と東アジア』, 蝦夷穴古墳國際シポジウム實行委員會, 1992 참조.
42 齊藤 忠·金達壽 外, 「高句麗と日本との關係」, 『古代の高句麗と日本』, 學生社, 1988, pp.22~23의 도표 참조. 越 지역과 고구려와의 관련성은 高瀨重雄, 「越の海岸に着いた高句麗使」, 『東アジアと日本海文化』, 森浩一 編, 小學館 1985, p.217 ; 小嶋芳孝, 「潮の道 風の道」, 『松原客館の謎にせまる』, 氣比史學會, 1994.
43 『삼국유사』 권1, 기이 2.
44 박제상이 승선하고 향한 지점은 栗浦인데 울산 부근으로 추정하고 있다. 『삼국유사』 김제상 조에 기술된 望德寺를 望海寺로 추정하고 蔚州郡 靑良面 栗里의 靈鷲山 東麓일 것으로 판단하고 있다.(李鍾恒)
45 조희승, 『초기조일관계사』하, 사회과학출판사, 1989, pp.303~304.

정착한 것으로 생각한다고 하였다.[46]

　동해를 건너온 왜의 신라진출도 있었다. 조몬토기들이 울산의 서생포 등에서 발견되고 있다. 『삼국사기』에는 왜의 한반도 침입기사가 박혁거세 8년(기원전 50) 때부터 나타난다. 왜인들은 소규모로, 때로는 적지 않은 병력으로 신라의 변경을 침입하거나 수도인 금성을 위협하곤 했다. 또 박혁거세 38년(기원전 20)에는 왜국 출신의 호공(瓠公)이 들어와 재상이 되었다.[47] 산인(山陰)이나 이즈모(出雲)에서 출발하면 해류를 활용하여 한반도의 동남부 또는 동부에 도착한다.[48] 더구나 봄에 남풍계열의 바람을 이용하면 더욱 쉬워진다. 동해에는 이외에도 다양한 항로가 시대에 따라서 사용되었으며, 그 범위와 영향력은 의외로 컸다.

4) 타타르해(Tatar Strait)권

　동아지중해에서 중요지역 가운데 하나이고, 우리와 문화적·종족적인 연관성을 지닌 곳은 소위 연해주 일대이다. 이 지역은 기원전 1000년기에는 잡곡재배의 적지였다. 연안은 어업자원이 풍부해서 연어, 송어 등등의 어류들이 살고, 아무르천 유역도 많은 종류의 어류들이 있었다.[49] 연해주 및 그 이북의 바닷가와 면한 지역에 지금도 거주하고 있는 나나이족, 우데게족, 축치족, 에벤키족 등등의 소수종족들은 동해문화권 내지 우리문화와 관련하여 살펴볼 필요가 있다. 이들이 일본열도와 교류할 때 활동한 곳은 북으로는 하바로브스크와 비교적 가까운 항구인 그로세비치로부터 남으로는 블

46　조희승, 『초기 조일관계사』 상, p.303.
47　『삼국사기』 권1, 「신라본기」 제1.
48　松枝正根, 『古代日本の軍事航海史』 上, かや書房, 1994, pp.109~111.
49　加藤晋平, 「東北アジアの自然と人類史」, 『東北アジアの民族と歷史』, 三上次男·神田信夫 編, 山川出版社, 1992, pp.9~10.

라디보스토크 등에 이르는 연해주 지역에서 출발하여 사할린(高項島)과 홋카이도(北海道)의 남단에 이르는 장소로 도착하는 해역이다.

일본의 승문도기(繩紋陶器)와 대륙의 승문도기는 문화의 연원이 유사하다.[50] 홋카이도를 포함하여 동북일본의 선사문화는 대륙 동부와의 밀접한 관계를 생각할 수 있는 요소가 적지 않다.[51] 7, 8세기에는 홋카이도에 대륙문물이 많이 들어왔다. 오타루(小樽)나 오가와(大川, 余市)의 주변에서는 주석제품 등 연해주로부터 반입된 것으로 생각되는 유물이 출토된다. 특히 오가와유적에서 발견된 동령(銅鈴)은 고구려에서는 마구(馬具)의 장식으로 이용되었고, 집안시 万寶汀 M 242호묘 등에서 출토되었다.[52] 고구려가 직접 왔거나 말갈이 중간교역을 하여 이 지역에 왔을 가능성이 많다. 고구려의 압박을 받은 흑수말갈(黑水靺鞨)은 수(隋)에 조공사를 보내면서 사할린에 살고 있는 유귀(流鬼)[53] 등 오호츠크해 연안의 여러 민족과 연대를 강화했다. 9세기가 되어 발해의 영향권 아래에 든 이후에는 독자적으로 오호츠크해역과 접촉하는 것은 점차로 규제되었다.[54] 주석과 철 교역을 중심으로 민간교섭을 벌였다고 하는 견해도 있다.[55] 이를 본다면 타타르해협을 항해하여 양 지역 간에는 직접·간접으로 교류가 있었다고 보여진다.

포시에트 혹은 블라디보스토크, 그 위 지방에서 타타르해협을 건너 사할린 또는

---

50 王健群,「古代日本北方海路的形成和發展」,『博物館硏究』55期, 3期, 1996, pp.51~52 ; 江上波夫,「古代日本の對外關係」,『古代日本の國際化』, 朝日新聞社, 1990, pp.52~53.
51 松山利夫,「ナラ林の文化」,『季刊考古學』15호, 雄山閣出版社, 1986, p.45.
52 小嶋芳孝,「古代日本と渤海」, p.21.
53 流鬼에 대해서는 여러 설이 있으나 사할린이라고 보는 견해도 있다. 酒寄雅志의「日本と渤海靺鞨との交流」,『先史와 古代』, 한국고대학회, 1997, pp.88~89.
54 酒寄雅志의「日本と渤海靺鞨との交流」, p.104.
55 小嶋芳孝,「日本海の島々と靺鞨·渤海の交流」참조 ;「環日本海交流史から見渤海と北陸道」,『波濤をこえて』, 石川縣立歷史博物館, 1996 ;「古代日本と渤海」참조.

훗카이도의 오타루까지는 항해가 가능하다. 우선 블라디보스토크과 오타루는 동일한 위도상에 있어 지리적으로 매우 조건이 좋다. 봄·여름에 남풍계열의 바람을 이용하면 바다를 건너서 훗카이도에 상륙하거나, 육지에 근접한 다음에 연안항해를 통해서 혼슈북부에 도착할 수 있다. 연해주 북부에서는 소베츠카야가반에서 건너편의 오롤보까지는 불과 150km에 불과하고, 더 북부는 거의 사할린과 붙어 원시적인 노를 저어서도 항해가 가능하다.

이처럼 동아지중해는 4~5개의 해역으로 분리되었지만 동해를 제외한 해역들이 대체적으로 지역 간의 거리가 짧은 내해적 형태였으며, 해역 간에도 상호연결되면서 공동의 역사활동을 하였고, 또한 육지와의 관련 속에서 유기적으로 공동의 문명을 이루었다.

5. 결론을 대신하여

서문에서 언급하였듯이 이 글은 한민족의 지나간 역사를 해안도서를 포함하는 해양이라는 코드 속에서 재해석하는 목적이 있었다. 해양적인 역사해석은 우리 민족의 정체성을 회복하는 작업이면서, 왜곡된 역사상을 교정하는 보완작업이기도 하다. 필자는 이를 위해 동아시아는 물론이고, 한반도로 인식된 우리민족의 역사터를 해양과 대륙을 포괄해서 유기적으로 파악하는 해류사관을 제안하였다. 아울러 자연환경적인 특성과 문화 및 역사과정에 주목해서 동아지중해라는 모델을 설정하고, 이를 역사상을 구체적으로 분석하는 틀로서 활용하였다.

그런데 서문에서 언급한 바 있지만 역사학은 기본적으로 과거의 사실을 규명하고 해석하는 작업이지만 현재의 문제점들을 찾고, 그것을 해결하는 방법론을 모색하며 미래예측지표를 만들어가는 역할도 있다. 역사학은 궁극적으로는 미래학이다. 그러한 인식에서 동아지중해모델로 해석한 우리의 역사상이 현재 또는 미래에 어떤 의미를 지닐까 살펴볼 필요가 있다.

동아지중해 모델은 크게 보면 동아시아의 협력의 필연성과 방법을 제시하는 상생모델이고, 한편으로는 강소국인 통일한국의 입장을 고려한 모델이다. 21세기 국제환경은 급박하게 질적으로 변화하고 있다. 동아시아의 협력이 실현되고, 궁극적으로는 경제공동체 또는 정치공동체가 구성될 것이다. 다만 방식과 시기, 주체 등에서 문제가 있을 뿐이다. 중요한 것은 이러한 시스템 속에서 차지할 우리민족의 위상과 역할이다. 경제, 정치, 군사력에서 강소국인 우리의 힘이 주변 강국들에 비해 열세를 면할 가능성이 없는 회의적인 처지이다. 그럼에도 불구하고 우리는 중요한 강점을 가지고 있다.

앞에서 언급한 대로 한반도는 지리적으로 동해-남해-황해-동중국해로 이어진 동아지중해의 중핵(core)에 위치하고 있다. 이것은 분단시대, 냉전시대에는 적대적인 양대 힘이 격돌할 수밖에 없는 부정적인 요인으로 굴레를 씌웠었다. 이제는 연결과 협력의 시대이다. 남북이 긍정적으로 통일될 경우, 한반도는 대륙과 해양을 공히 활용하며, 동해 남해 황해 동중국해 전체를 연결시켜줄 수 있는 유일한 나라이다. 특히 모든 지역과 국가를 전체적으로 연결하는 해양 네트워크는 우리만이 가지고 있다. 중요한 해로를 장악하고, 중핵(core)에서 삼아 해양조정력을 가질 경우에는 각국 간에 벌어지는 해양충돌 및 정치적인 갈등도 해결할 수 있다. 또한 인프라를 효율적으로 건설하고 활용하여 뒷받침만 된다면 동아시아에서 물류체계의 hub가 될 수 있다. 또한 한류현상에서 가능성을 확인하듯이 문류의 인터체인지(IC)역할도 가능하다.

국제질서 속에서 민족의 자주성을 보존하고, 긍정적인 위치에서 주체적인 역할을 담당하기 위해서는 효율적인 국가발전전략을 수립해야 한다. 그 과정에서 해양적인 역사해석은 해양의 중요성을 인식시키고 성공과 실패의 사례들을 구체적으로 제시하면서 보다 완벽한 전략을 수립하고 실천하는 데 일조할 수 있다.

Abstrat

History and culture of the coastal islands and East Asia
The EastAsian-mediterranean-sea model

Professor Myung-chul Youn
Dong-guk university

The importance of ocean has been increased as called 'the 21st century, the age of the ocean'.

The ocean literatures and other history activities related to the ocean were not placed in the center of our history, but they have taken some great parts and begun historical turning points from time to time. In consequence, interpretation of our history in terms of the ocean is to recover our nation's identification and to complete the distorted history.

This is a basic presentation regarding to the subject, 'history and culture of the coastal islands and East-Asia'. With comprehensive point of view, history and culture of Korean civilization and East Asia that has been shaped through the ocean have been studied.

The ocean environment, the winds and the ocean currents, were observed as well as characteristics of the ocean culture and the traffic routes. Then the ancient history of East-Asia was outlined in terms of the land and the sea historical view and the East Asian- Mediterranean-sea model.

The ocean areas are divided into groups, the yellow sea, the southern sea, the eastern sea, and the Tartary Sea, and then important facts in order of periods are explained.

East Asian- Mediterranean-sea were separated by 4 to 5 ocean areas, most of them except the eastern sea were formed as inland-sea, short distance. These areas were interrelated each other doing their own historical activities, and associated with the lands building coordinated culture. The Korean peninsula was the core of East Asian-Mediterranean-sea geographically, which had a network connecting all the areas and the countries.

The East Asian-Mediterranean-sea model is an commensal model which presents the necessity of East-Asia's cooperation and the methods. Meanwhile, it is a model that considers the unified Korea's position.

Key word   ocean, the land and the sea historical view, East Asian-Mediterranean-sea model, network connecting

10 渤海 유역의 역사문화와 동아시아 세계의 이해[*]

― '터(場, field) 이론'의 적용을 통해서 ―

1. 서 론

 근래에 들어서 발해(渤海)[1]의 중요성이 인식되고 있다. 이전에는 우리민족의 시원국가인 조선(古조선 또는 原조선)과 관련하여 관심이 많았으며, 필자는 연구분야인 해양과 관련하여 주목해왔다. 그리고 근래에는 소위 '요하문명론(遼河文明論)'과 관련하여 그 발생터전인 발해유역에 대해 관심이 높아지고 있다.[2] 발해는 동아시아 전체는 물론이고, 우리문화와 민족 및 시원국가를 이해하는 데 필수적인 역사의 공간이다. 필자는 그동안 동아시아 역사와 우리역사를 해석하는 틀로서 '동아지중해(東亞地中海, EastAsian-Mediterranean-Sea)모델', '해륙사관(海陸史觀)',[3] '환류(環流)시스템' 그리고 '터'

---

[*] 「渤海 유역의 역사문화와 동아시아 세계의 이해― '터(場, field) 이론'의 적용을 통해서」, 『동아시아 고대학』17집, 2008.
[1] 본고에서 말하는 발해는 국명이 아니라 후술하게 될 황해의 한 부분이면서 독자성을 지닌 자연공간·역사공간으로서 발해라는 바다를 말한다. 또한 발해와 발해만을 혼용하는 경우가 많은데, 발해에 속한 만 가운데 하나가 발해만임을 분명히 해야 이해에 혼란이 덜 생긴다.
[2] 비록 요하문명론이라는 중국식의 논리포장과 용어로 소개되고 있지만, 이 부분에 대해서는 이미 이형구, 윤내현, 이지린 등의 소개와 연구가 있었고, 이 유역의 성격과 관련하여 우리문화 또는 국가의 성립과 관련해서 단재 신채호 등 선학들의 언급이 있었다. 앞으로 연구자들은 이러한 연구사를 무시하는 과오를 범하지 않기를 바란다.
[3] 윤명철, 「海洋史觀으로 본 한국 고대사의 발전과 종언」, 『한국사연구』제123호, 한국사연구, 2003 ; 「한국

이론 등 몇 가지 이론을 제시했다.

본고에서는 이러한 이론들, 특히 '터이론'을 적절하게 활용하여 학술회의의 대주제이면서 필자의 발표주제인 발해유역[4]의 역사문화가 어떤 성격과 시스템을 지녔으며, 동아시아 세계발전에 어떠한 영향을 끼쳤는가를 살펴볼 예정이다. 물론 홍산(紅山)문화 등 '요하문명론(遼河文明論)'과 관련하여 다양한 해석이 나올 수 있고, 특히 동아시아문명을 이해하는 데 필수적인 종족과 문화에 대한 언급이 필요하다. 하지만 본고의 목적과 필자의 한계로 인하여 발해유역의 자연환경, 역사, 문화 등에 비중을 두면서 언급할 예정이다. 당연히 해륙적(海陸的) 관점으로 접근하되 상대적으로 소홀히 한 해양에 비중을 두면서 구체적으로 설명할 예정이다.

그리고 기조발표인 만큼 발해유역을 한 부분 부분이 아닌 전체로서 보고, 또한 발해유역을 직접, 간접으로 연관된 동아시아세계라는 거시적인 틀 속에서 총론적으로 언급할 예정이다. 더구나 최근에 관심이 높아진 요하문명론의 논리적 함정에 빠지지 않기 위해서 발해 전체를 보는 총론을 이해할 필요가 있다. 그리고 총론을 토대로 하나의 가설을 제시하고자 한다. 가칭 '발해문명론(渤海文明論)'이다.

발해문명론과 관련해서는 이형구 교수와 현장답사를 하면서 시사받은 바가 크다. 이 교수는 일찍이 홍산문화연구를 시작하였고, '발해연안문명(渤海沿岸文明)'이라는 용어를 사용하면서 처음으로 발해유역 전체를 하나의 틀로서 유형화시켰다. '요하문명론(遼河文明論)'은 과거의 춘추필법처럼 지극히 중국중심(中國中心)의 논리로 규정한 것이다. 다분히 정치적인 목적을 지니고 있다.[5] 우리 입장에서도 이 역사공간(터)에 대

사 이해를 위한 몇 가지 제언」, 『한국사학사학회보』 제9집, 한국사학사학회, 2004, 3 ; 「한국 고대사 연구의 반성과 대안」, 『단군학연구』 제11호, 단군학회, 2004, 9 참고.

[4] 발해는 만이 아니라 渤海라는 바다(海)이다. 灣(gulf)과 바다(sea)는 다르다. 그 독자성을 띠고 內海의 성격을 띤 발해 가운데에 요동만, 발해만, 래주만이 있다. 그리고 후술하겠지만 발해와 황해는 발해해협으로 구분되어 있다. 따라서 자연지리적인 관점에서 본고는 발해와 주변육지를 포함하여 발해유역이라고 부른다.

한 문명적인 성격을 부여하고 유형화시키는 작업이 필요하다.[6] 필자는 여러 편의 글에서 '동방문명(東方文明)'· '동이문명(東夷文明)' · '조선·한공동체(朝鮮·韓共同體)' 등의 용어를 부여하면서 동아시아 내지 우리문화에 대한 유형화작업을 해왔는데, 거기에는 요서, 동몽골지역 및 산동지역을 추상적으로 접근했었다. 본고 역시 이에 대해서는 구체적인 분석을 하지 못했지만 동아지중해라는 모델 속에서 발해의 중요성을 주목하면서 동아시아 문명의 한 부분이면서 시원(始原)이고 중핵(中核)이었을, 특정한 시대에 발해유역에서 꽃을 피운 복합문명을 잠정적으로 '발해문명' 이라고 유형화시키고자 한다. 따라서 본고에서 연구대상으로 삼고 있는 시대는 발해유역을 중심으로 형성하고 발전한 문명권이 그 중핵(中核)역할을 다하면서 동시에 전 동아시아 질서에 광범위하게 영향을 끼치게 되는 역사시대의 초기까지로 한정하였다.

2. 역사해석의 틀인 터이론의 적용과 동아시아 문명의 성격

1) 터와 多核(field & multi-core)이론의 이해[7]

역사에서 공간이란 기하학적인 공간 혹은 자연적인 공간, 또 평면을 의미하지는 않는다. 자연지리의 개념과 틀을 뛰어넘는 역사와 문화 또는 문명의 개념으로 접근해

---

5 요하문명론의 정치적인 배경과 실상을 구체적으로 인식하고 소개한 사람은 우실하이다.
『동북공정의 선행작업들과 중국의 국가 전략』, 울력, 2004. 이후 여러 차례에 걸쳐 이러한 논지를 전개하고 있다.
6 이전에 신채호, 안확, 정인보, 최남선 등 선학들이 이러한 틀을 제시했다. 근래에 신용하는 이 지역과 문화에 대해 '고조선 문명권' 이라는 설을 제시했다. 복기대는 요서문명이라는 용어를 잠정적으로 사용하자는 견해이다.
7 터이론의 정식명칭은 터와 다핵(field & multi core)이론이다. 줄인다는 의미에서 또 터는 다핵을 포함한

야 한다. 그러려면 몇 가지 조건이 갖추어져야 한다. 공간은 우선 단순한 교류의 장소를 넘어서 긴밀한 접촉과 만남이 이루어져야 한다. 우발적, 일회적, 불연속적인 만남으로 끝나서는 안 되고, 목적의식을 지닌 채 연속적이고 지속적이어야 한다. 또한 만남의 양식이 단순하거나 편향적이어서는 불충분하다. 상호교차적인 단선적(單線的)인 만남을 넘어서 복선적(複線的)이어야 하며, 그 복선들은 입체적으로 구성된 몇 개의 거점(hub, I.C.)을 중심으로 다중적(多重的)이어야 한다. 또한 공간 내부에서는 자연지리와 인문지리가 소통되고, 내부의 인간 즉 주민들 간에도 활발한 교류와 습합이 이루어져야 한다. 서로를 존립의 필수적인 존재로 인식하고, 실재하면서 공동의 역사 활동을 벌여나가야 한다. 주변의 자연환경, 문화적 환경, 역사적 환경 등에 침입을 받거나 충격으로 상처를 입는 등 공동의 이익에 문제가 생길 때에는 공동의 문제의식을 지닌 채 공동 대응하는 시스템을 갖추어야 한다. 이러한 조건들이 갖추어져야 비로소 자연의 공간에서 역사의 공간으로 변화할 수 있다. 하나의 역사공간에서는 비록 혈통과 언어, 문화가 달라도, 또 중심부(中心部)와의 거리가 멀거나, 국부적인 자연환경에 차이가 있고, 정치체제의 차이가 있어도 느슨한 하나의 '통일체(統一體)' 또는 '역사유기체(歷史有機體)', '문명공동체(文明共同體)'를 이룰 수 있다.

그런데 통일된 역사공간이라 해도 모든 부분의 성분이 균질(均質)하고, 동일한 역할을 담당하는 것은 아니다. 하나의 공간에서도 중심부와 주변부를 구분하고, 시대와 역할에 따라 모습이 달라져야 한다. 그래서 역사공간은 영토나 영역, 정치장소로서가 아니라 총체적인 연결망, 즉 네트워크의 개념으로 접근할 필요가 있다. 필자는 역사공간을 전체이면서 부분인 터(場, field), 또 부분이면서 전체이기도 한 중핵(中核 : 恒星)과

개념이므로 약칭 터이론이라고 한다.
그동안 발표했던 내용은 윤명철, 「東아시아의 海洋空間에 관한 再認識과 活用-동아지중해모델을 중심으로-」, 『동아시아고대학』제14집, 동아시아고대학회, 경인문화사, 2006, 12 ; 「동해문화권의 설정 검토」, 『동아시아 역사상과 우리문화의 형성』, 한국학 중앙연구원, 민속원, 2005, 9 참조.

주변의 몇몇 소핵들인 행성(行星)들, 그들을 싸고도는 위성(衛星)들이 있고(multi-core), 이 모든 핵들을 연결하는 중첩적인 선(線, line)들로 이루어졌다고 보면서 역사공간을 이해한다. 이러한 해석틀을 '터와 다핵(field & multi core) 이론' 이라고 명명했다.

필자가 개념화한 '터' 는 자연, 지리, 기후 등으로 채워지고 표현되는 단순한 공간은 아니고, 생태계, 역사 등이 모두 포함된 총체적인 환경이다. 전체로서 다른 전체와 비교되는, 독특하면서도 완벽한 터의 중심은 기본핵(中核)구조로 되어 있다.

그런데 핵은 일종의 길목이지만 직선(直線)이나 나무(tree)형이 아니라 방사상(放射狀)으로 퍼지는 일종의 허브(hub)형이다. 자체적으로도 존재이유가 있지만, 다른 상태로 전화가 가능하므로 필요에 따라 관리와 조정기능을 하고, 인체의 혈(穴, 경혈)처럼 경락들을 이어주는 역할을 하므로 집합과 배분기능도 함께 하면서 문화를 주변에 공급하는 능력도 있다. 그래서 거기서 발생한 파장이 주변으로 퍼져나가, 토착적인 원(原)문화에 영향을 끼치고, 중핵문화를 모방하거나 영향을 받은 원(原)문화들은 작은 핵들과 선을 형성한 후에 다시 중심으로 향하면서 영향을 끼친다. 즉 전입과 전파가 하나가 연결되어 환류하는 '환류(環流)시스템' 을 이룬다. 역사공간에서는 이렇게 여러 요소들이 단절되고, 서로 무관하며 격절된 부분이 아니라 전체가 부분이 되고, 부분들이 다시 전체로 되가는 유기적인 관계에 있다. 늘 터, 중핵(中核), 소핵(小核)들, 선(線)들이 유기적으로 네트워크화 되어야 작동할 수 있다.

이러한 '터' 이론으로 고대 동아시아 문명을 이해하면 다른 관점에서 이해할 수 있다.

우선 이질적이고, 분절되었던 각 지역, 각국 혹은 종족들의 문명 내지는 문화를 직접적이고 간접적으로 연결된 관계 속에서 파악한다. 표면적으로 드러난 현상의 차이를 통해서 분류하거나 또는 과거 역사기록을 근거로 유형화시키는 것이 아니라 내적인 논리의 비교를 통해서 본질에 더 쉽게 다가갈 수 있다. 동아시아를 통일적(統一的)으로 이해하는 데 유효하다.

또 하나 중요한 것이 있다. 과거에는 중국의 정치질서 속에서 동아시아의 모든 역사를 춘추필법을 통해서 중국중심(中國中心), 한족중심(漢族中心)으로 기술하고 평가하면서 재편했다. 자연스럽게 동아시아 세계가 사실과는 무관하게 1극중심(極中心) 체제로 인식됐을 뿐 아니라, 독자성, 고유성을 지닌 다른 문화와 지역, 민족의 위상이 약화되거나 부정됐다. 하지만 터이론의 관점에서 해석하면 우선 동아시아문명의 '계통화 작업(系統化 作業)'에 용이하다. 큰 문명들뿐 아니라 정치력의 우열로 인하여 큰 문명 속에 흡수되어 뭉뚱그러지거나 흡수된 소문명을 복원하여 계통화시킬 수 있다. 각각 고유한 지역 집단 민족의 역사 또는 문화 등을 설정하면서 큰 범주 내에서의 위상(位相)을 찾아주고 능동적인 주체자로서 역할을 부여할 수 있다. 동아시아 문명이라는 거대하고 다양한 터에서는 동일하지 않으면서도 유사하고, 상호존중하고 교호하면서도 다른 독특한 소문화권들의 설정이 가능하다. 또한 '터이론'을 통해서 보면 우주, 생명체, 인간과 마찬가지로 동아시아문명을 자체(自體)의 완결성(完結性)과 복원력(復原力)을 지니고 끝없이 부활하는 존재 혹은 유기체(초유기체)로서 인식할 수 있다. 과거 중국을 비롯한 몇몇 제국들이 그래왔고, 지금도 요하문명론처럼 강대국들이 추진하고 있는 일극중심(一極中心) 혹은 몇몇 다극중심(多極中心)의 역사기술 및 해석과는 차원이 다르다.

2) 동아시아의 자연환경과 문화

'터이론'을 통해서 동아시아의 자연환경을 살펴보고자 한다.

동아시아[8]라는 역사의 '터' 는 크게 보면 대륙과 바다가 만나는 해륙적 환경(海陸的

---

8 동아시아란 개념은 1970년대부터 본격적으로 사용이 되고 있으나 그 범위, 개념, 역할 등에 대해서 통설은 없다.

環境)의 지역이다.

　역사를 이룩하는데 자연은 단순한 지리, 기후의 공간만은 아니다. 지리정치적(地理政治的, geo-politic)인 영토이며 지리경제적(地理經濟的, geo-economy)으로, 지리문화적(地理文化的, geo-culture)으로도 큰 의미가 있다. 생산물의 종류가 다르며, 생산방식이 다르다. 뿐만 아니라 소속된 주민들과 함께 문화 역시 흡수된다. 당연히 문화의 성격과 질의 변화가 온다. 뿐만 아니라 세계와 사물을 바라보는 관점, 인간과 집단의 가치관이 달라진다. 즉 신앙의 형태가 달라질 수밖에 없다. 동아시아는 지구상에서 가장 다

全海宗은 東亞의 지리적 범주를 기본적으로 중국, 한반도, 일본열도를 지적하는 것이라고 보고, 중국은 주로 중국본부, 일본열도는 本州와 四國, 九州와 그 부속의 島嶼로 한정하고 있다. 그리고 雲南이나 兩廣지방을 주변으로 보고 있다(全海宗, 「東亞古代文化의 中心과 周邊에 대한 試論」, 『東洋史學硏究』제8·9합집, 1975, p.3).
井上秀雄은 고대의 동아시아는 중국왕조의 정치권력이 미치는 지역 혹은 중국문화의 영향을 받았던 지역 등을 가리키는 용어로 추측된다고 하였다. 특히 p.12에서는 지도를 그려서 동아시아의 범주를 분명하게 표현하고 있다. 이 분류는 아시아의 동쪽이 동북아시아, 동아시아, 동남아시아의 3부분으로 되어 있다(井上秀雄, 『變動期の東アジアと日本』, 日本書籍, 1983).
西嶋定生은 대륙의 역사, 특히 중국왕조를 중심으로 하는 역사를 동아시아 역사로 보고 있다(西嶋定生, 『日本歷史の國際環境』, 日本, 東京大出版社, 1985, pp.2~3).
佐伯有淸는 동아시아라는 범주를 막연히 설정하고 한반도 세력, 일본열도, 그리고 중국내륙을 동아시아로 보고 있다(佐伯有淸, 『古代の東アジアと日本』, 日本, 敎育社, 1987).
宮崎市定은 東아시아를 西아시아, 中央아시아 등과 구별하고 있다(宮崎市定, 『中國의 歷史』2, 『秦漢帝國』, 講談社, 1974, pp.3~4).
佐佐木高明은 '照葉樹林文化圈'이라는 틀을 제시하면서 일본열도와 중국의 雲南省·靑海省 등을 연관시켰다(佐佐木高明, 『照葉樹林文化』, 『續 照葉樹林文化』 등).
安田喜憲은 일본해문화권이라는 또 다른 공간의 유형화가 필요하다고 제기한다(安田喜憲, 「日本海 めぐる 歷史의 胎動」, 『季刊考古學』15호, 日本, 雄山閣出版社, 1986, pp.14~16).
古廐忠夫는 동아시아 세계와 외연으로서 동북아시아라는 시점에서, 즉 동아시아의 서브시스템으로서 環日本海 지역을 보고 있다(古廐忠夫 編, 『東北アジアの再發見』, 日本, 有信社, 1994, p.5, p.8).
중국은 '統一的 多民族國家' 혹은 '多地域文明起源說' 등을 통해서 전체 중국의 현재적 정치영토를 역사적 공간으로 범주화하고 있다. 시간에 대한 새로운 유형화작업도 추진하면서 '夏商周 斷代工程', '中華文明探源工程' 등을 병행하고 있다.
필자는 동아지중해론, 해륙사관 등 몇몇 이론들을 제기하고 있다.

양한 자연환경을 함께 갖추고 있는 지역이다.

흑룡강(黑龍江)·송화강(松花江)·눈강(嫩江)·요하(遼河)·대릉하(大凌河)·압록강(鴨綠江)·두만강(豆滿江)·우수리강·황하(黃河) 등 크고 길며 수심이 깊은 많은 강들이 바다로 흘러들고 있다. 동쪽으로는 백두산에서 연해주로 이어지는 대삼림지대가 있고, 타타르해협을 넘어 사할린과 홋카이도, 동해 너머로 일본열도까지 확장된다. 북쪽으로는 대흥안령과 홀론보이르 초원지대(呼倫湖·貝尒湖지역)를 지나 바이칼호 주변까지, 동북쪽으로는 소흥안령과 흑룡강 상류·중류유역의 대삼림지대, 남만주 일대의 소위 동북평원과 그 한 부분인 요동평원, 요서에서 동몽골을 지나 몽골초원에 이르는 대초원지대, 황하유역에 펼쳐진 화북평원과 그 너머로 이어지는 사막지대, 산동반도의 구릉과 평원들을 비롯한 남으로 이어지는 남쪽 일부지역의 논농사지대가 있다. 그리고 서로 이어진 몇몇 대해들을 가운데 두고 주변의 육지들이 둘러싼 지중해적 형태로서 육지와 거의 비슷한 넓이의 해양이 있다. 필자는 동아시아의 이러한 지리적이고 문화적인 특성을 설명할 목적으로 동아시아의 내부 터로서 동아지중해(東亞地中海)[9]라

---

9 동아시아는 아시아 대륙의 동쪽 하단부에 위치해 있으면서 중국이 있는 대륙, 그리고 북방으로 연결되는 대륙의 일부와 한반도, 일본열도로 구성이 되어 있다. 한반도를 중심축으로 일본열도의 사이에는 동해와 남해가 있고, 중국과의 사이에는 황해라는 內海(inland-sea)가 있다. 한반도의 남부와 일본열도의 서부, 그리고 중국의 남부지역(長江 이남을 통상 남부지역으로 한다)은 이른바 동중국해를 매개로 연결되고 있다. 그리고 현재 연해주 및 북방, 캄차카 등도 동해연안을 통해서 우리와 연결되고 있으며, 타타르해협을 통해서 두만강 유역 및 북부지역과 사할린, 홋카이도 또한 연결되고 있다. 즉 완벽하지는 않지만 비교적 지중해적 형태를 띠고 있다. 多國間 地中海海(Multinational-Mediterranean-Sea)의 형태로서 모든 나라들을 연결시키고 있다. 이러한 자연공간 속에서 大陸的 성격과 함께 海洋的 특성을 가지고 있었고, 역사가 발전하는 데에 큰 역할을 하였다. 이러한 인식과 사실을 바탕으로 필자는 '동아지중해(EastAsian-Mediterranean-Sea)'라고 유형화시켰다. 동아지중해의 자연환경에 대한 검토는 윤명철, 「海洋條件을 통해서 본 古代韓日 關係史의 理解」, 『日本學』제14, 동국대 일본학연구소, 1995 ; 윤명철, 「黃海의 地中海的 性格硏究」, 『韓中文化交流와 南方海路』, 국학자료원, 1997 기타 논문 참고.
千田稔, 『海の古代史-東アジア地中海考-』, 日本, 角川書店, 2002. 그는 서문에서 1996~98년까지 국제일본문화연구센터가 '동아시아지중해세계에 있어서의 문화권의 성립과정에 대해서' 라는 연구를 수행하고 그 보고서로서 이 책을 출판한다고 쓰고 있다. 그리고 그들의 동아지중해는 남지나해, 동지나해, 일본해,

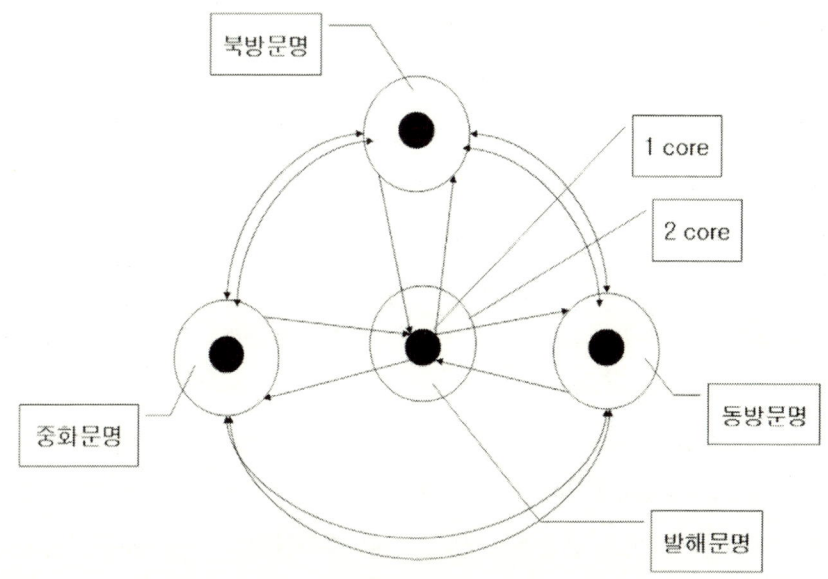

| 그림 1 | 터이론으로 재구성한 동아시아 문명

는 모델을 설정했다.

그 동아지중해의 한가운데에 있으면서 북으로는 육지와 직접 이어지고, 바다를 통해서 모든 지역들과 연결되는 지역이 바로 우리의 역사터였던 한반도[10]이다.

동아시아라는 역사와 문화의 터는 일민족사적(一民族史的)인 관점, 일지역적(一地域

황해, 발해를 가리키는 용어라고 규정하고 있다. 또한 이미 오래전부터 남방해양문화에 관하여 연구를 해 온 國分直一의 예로 들면서 그는 동아지중해를 4개의 지중해로 구성한다고 하면서 오호츠크해, 일본해, 동지나해, 남지나해라고 하였다. 동아시아를 동아지중해라고 부르고 연구를 진행하는 또 다른 학자는 독일 뮌헨대학의 중국사전공자인 Angela Schottenhammer 교수이다. 그는 동중국해, 황해, 일본해를 "동아시아 지중해"라고 설정하고 있다. Angela Schottenhammer,「동아시아 해양국가의 양상: 1400~1800 동아시아 "지중해"에서의 한국인들의 활동」,『21세기 동아시아 지역공존과 역사문제』, 동국대학교 건학 100주년 국제학술회의, 2007.

10 엄격하게 필자의 역사관에 따르면 매우 부적절한 용어이다.

的)인 관점을 포함하면서 보다 더 거시적이고 확장된 문명사적(文明史的)인 관점에서 성격과 역할을 파악할 필요가 있다.

우선 가장 큰 단위인 '凡아시아'라는 터(場, field) 속에서 한 부분의 보다 작고 공간적인 특성이 압축된 동아시아라는 터이면서 중요한 핵으로 유형화시키고, 그 속에서 파악해야 한다.

동아시아라는 광범위한 역사의 터는 내부에 동방, 북방, 중국 등 3개의 작은 터와 그를 구성하는 3개의 중핵(中核: 恒星)과 다시 그 주변의 작은 핵들(行星들)과, 독자성이 미약한 위성(衛星)들로 이루어졌다. 그리고 선을 이용하여 멀리 떨어진 인도 등 또 다른 터와 간접적으로 연결되었다. 이 3개의 터 가운데 대표적이며, 정치적으로 제국을 발전시켜온 터는 중화(中華)문명 또는 중국공간(中國空間)이다. 터 가운데에서도 특별하게 중요한 기운이 뭉치고, 연결하는 몇몇 선들이 교차하는 곳이 핵(core)이다. 비교적 성격이 압축되며 그 단위의 정체성에 충실한 곳이다. 문명에서는 독자적으로 유형화시킬 수 있는 주요한 특성이 집약된 곳의 역할을 한다. 그래서 각 문명 혹은 문화단위를 구분하면서 성격을 규명하고, 상호간에 비교할 때는 터와 터가 만나거나 중복되는 접변지역을 선택하면 명확하지 않고, 핵들을 비교해야 분명해진다.

초기에는 황하중류에서 발원한 앙소(仰韶)문화와 산동의 해안가에서 발원한 용산(龍山)문화가 중핵역할을 담당하였다. 그 문화는 점차 동서남북으로 팽창하여, 주변문화와 습합하였으며, 때로는 북방종족들의 침략을 피해 남쪽으로 도주하는 경우도 있었지만, 점차 거대한 핵을 이루었다. 초기주체들에 대해서는 '동이설(東夷說)'을 비롯한 다양한 주장들이 있었으나 역사시대에 들어온 이후에는 한족(漢族)들이 핵심역할을 했다. 하지만 다양한 종족들이 이합집산하는 과정을 거쳐 하나가 된 만치 다양한 문명과 문화들의 결정체라고 보는 것이 타당하다. 최근에 황하문명을 넘어서는 문명권의 존재가 양자강 유역, 감숙성 등 주변지역에서 드러나면서 중국학계는 '다지역 문명기원설(多地域 文明起源說)', '통일적 다민족국가(統一的 多民族國家)'를 주장하고 중화문명의 범주를 확대하고 있다. 과거처럼 단일 중핵(恒星)을 중심으로 행성과 위성들이 둘러싼 '중핵방사상(中核放射狀)구조'로 가는 것이 아니라 다수의 중핵을 중심으로 다수의 행성들과 위성들이 포진해서 작동하는 '다중다핵방사상(多重多核放射狀)구조'로 수정한 것이다. 그런데 그 가운데에서 시원이 가장 오래됐고, 뛰어난 요서지역의 홍산(紅山)문화, 하가점(夏家店)문화 등은 발아기부터 중원의 앙소(仰韶)문화와 깊은 관계를 맺으면서 중화문명이라는 터를 만든 것은 아니다. 두 문화 간에는 자연환경이나 지역적으로 차이가 크며, 요서지역의 문화는 시원단계에서는 동방문명과 관계가 깊으며, 앙소문화와 달리 해양과 깊은 관련이 있다.

중화문명 안에는 이들 몇몇 중핵 외에도 각 지역과 종족을 중심으로 부중핵에 해당하는 몇 개의 행성들이 있었고, 그 외 먼 주변부에는 위성에 해당하는 지역문화들이 있으며, 중국문명을 다양하고 질적으로 우수하게 만드는 역할을 담당하였다. 예를 들면 서역, 토번, 운남, 월(越), 동남아 북부의 일부도 중국문화 형성에 중요한 영향을 끼쳤다.

북방(北方)문명은 현재 대흥안령(大興安嶺) 주변의 북만주 일부와 내외(內外)몽골지역 및 중앙아시아로 연결되고 있는 '터'로 삼고 활동한 유목종족들의 문명이다. 건조기후지역으로 초원과 사막으로 이루어졌다. 과거에는 현재 북만주지역과 동만주지역의 수렵삼림문화권, 대흥안령 주변 지대 및 흑룡강 상·중류지역도 북방문명의 범주에 넣었는데, 이는 검토해볼 필요가 있다. 종족들의 일부가 섞이는 경우가 있지만, 그것은 남만주 일대에 거주하던 동방문명권의 종족들에게게서도 마찬가지이다.

시대에 따라 주체세력이 흉노(匈奴)·동호(東胡)·오환(烏桓)·선비(鮮卑)·유연(柔然)·돌궐(突厥) 등으로 변하면서 몽골초원을 중핵으로 삼아 필요에 따라 터를 확대하면서 주변지역들을 행성과 바이칼호, 동시베리아, 알타이, 파미르 지역 등의 위성으로 재배치하면서 활용하였다.

하지만 유목종족들은 문명을 창조한 중심핵과 주변핵이 농경문화 지역처럼 뚜렷하게 나타나지 않는다. 초원은 범위는 넓지만 반면에 공간의 집약도가 낮을 뿐 아니라 활용도도 미미했다. 이동성(mobility)문화로 인하여 정착을 전제로 문화를 창조하거나 논리성이 강한 사상체계를 만들지 못했다. 생활상은 물론이고 언어와 심지어는 혈통들마저 심하게 섞여 종족들의 구분이 불분명하였다. 그들은 막강한 군사력을 바탕으로 화북지역으로 이동하여 중화문명에 업혀 정체성을 유지하는 방식을 취했으나 번번이 힘을 상실한 채 결국은 붕괴되어 버렸다. 터의 총체적인 이동이 아니라 핵(核)만을 부분적으로 이동한 것에 그친 탓이다.

동방문명(東方文明)은 현재의 한반도 북부와 남만주 일대를 중핵으로 출발하여 점차 확장해가면서 만주, 한반도전역, 일본열도에서 꽃을 피운 문명이다. 한반도 북부와 만주 일대는 냉대(冷帶)기후인데, 북부 한랭(寒冷)지역은 침엽수림이, 남부 한랭지역은 침엽수와 활엽수의 혼합림이 발달되어 있다. 물론 한반도 남부와 일본열도는 온대기후지역이다.[11]

최초의 원중핵(原中核)을 형성한 원(原 : 古)조선(朝鮮)은 주민구성에 대해서도 동이(東夷) · 예맥(濊貊) · 한(韓) 등 여러 설이 있고, 첫 중심지가 어디이며 어느 지역을 거쳐서 이동을 하였고, 단군조선 · 기자조선 · 위만조선의 국가적인 성격과 각 국가들 간의 계승성에 관해서도 여러 견해가 있다. 하지만 지역적으로는 현재 남만주와 한반도 북부지역을 활동무대로 삼았고, 북방유목종족 및 한족들과는 다른 종족들로 구성되었으며, 문화의 성격도 다르다는 것에는 일치하고 있다. 그 시대에도 조선이 동방문명의 중핵역할을 하였음은 사료와 고고학적인 발굴을 통해서 나타난 중심유물의 분포도를 보아도 알 수 있다. 뿐만 아니라 조선이 멸망한 이후 그 터전에서 일어난 후발국가들은 조선계승성을 명분상으로 표방해 왔으며, 문화적으로도 계승하고 발전했다.

특히 고구려는 더욱 그러한 성격을 유지했다. 백제, 신라, 가야, 왜와의 관계를 중

---

11 千寬宇 편, 『韓國上古史의 爭點』, 일조각, 1975, p.81. 李燦의 말을 재인용.

국지역이나 북방의 국가들과는 다른 관계로 여겼으며, 상호보완적이며 통일을 지향하는 존재로 인식했다. 그 외 초기단계의 동옥저(東沃沮)·부여(夫餘)·동예(東濊)·읍루(挹婁 : 勿吉, 靺鞨) 등도 행성의 역할을 하였다. 일본은 통일국가를 이룩하기 전인 고대에는 우리문화와 공질성(共質性)이 강했다. 일부에서는 일본문명이 독자적으로 존재했다고 하지만[12] 동방문명의 또 다른 부분터였다. 뿐만 아니라 중핵을 형성한 조선을 비롯하여 뒤를 이은 고구려 발해는 만주와 한반도, 바다를, 즉 해륙(海陸)을 하나의 통일된 영역으로 인식하였고, 활동하였다. 백제, 신라, 고려 등도 비록 대륙과 직접 닿지는 않았지만, 육지와 해양을 하나의 유기적인 역사공간으로 인식하면서 적절하게 활용하였다. 기본적으로 동방문명의 중심터는 동아지중해이고, 그 한가운데 한반도가 있기 때문이다.

그런데 필자는 동방문명의 범주에 대해서 기존에 언급한 내용들을 수정하면서 확대할 필요를 느끼고 있다. 중핵과 행성 외에 위성 그리고 선을 설정해서 요동과 요서를 비롯하여 몽골고원을 제외한 동쪽의 동몽골 및 훌룬보이르 초원, 소흥안령의 서쪽 일부지역, 북방과 동방과 중국의 접경지역인 내몽골지역, 그리고 북만주의 흑룡강 중류주변, 연해주 일대까지 포함하여 동방문명의 터와 범주로 확장할 필요를 느낀다.

종족적으로는 부여의 지파인 두막루(豆莫婁)[13]는 물론이고, 선비(鮮卑)·오환(烏桓)·거란을 비롯해, 거기서 갈라져 나온 실위(室韋)·해(奚)·고막해(庫莫奚)[14]를 비롯하여 후대 사료에 나타나는 다호르 등의 몽골계 여러 종족들은 언어, 풍습 등에서도

---

12 최근에 새뮤얼 헌팅턴은 『문명의 충돌(The Crash of Civilizations)』에서 중국과 일본을 별개의 문명으로 설정하였다. 이는 동아시아를 분리시키려는 서구인들의 기본인식을 반영한다.
13 『北史』卷94, 「列傳」82, 豆莫婁國
　　'豆莫婁國. 在勿吉 北千里, 舊北夫餘也.'
14 『魏書』, 『北史』 室韋에 '실위어는 고막해, 거란, 두막루와 같다'(語與 庫莫奚 契丹 豆莫婁國同.)라고 했는데 거란어는 몽고어에 속한다. 그런데 『북사』에 奚는 字文의 別種이라고 되어 있다.

유사한 점이 많다. 또한 숙신 · 읍루 · 물길 · 말갈로 명칭이 변하는 종족과 그들의 주변부에 거주했거나 가지를 친 에벤키(鄂溫克), 오로춘(鄂倫春), 우디거(兀底改, 赫哲, 나나이) 등 군소종족 등 북방 퉁구스계를 비롯하여 유귀(流鬼) 등 고아시아계통의 종족들 일부도 동방문명의 범주로 파악할 필요가 있다. 이들은 원조선이나 고구려의 입장에서는 위성의 위치에 있었지만 동방문명이 창조되는 데 일정한 자기역할을 한 존재이었다. 이렇게 보다 더 큰 '터'의 틀 속에서 종족, 언어, 경제형태, 문화 등의 성격을 규명하면서 우리와의 관계를 정확하게 설정할 필요가 있다.

동아시아 문명은 이러한 터들과 핵(核)들 간의 사이를 연결하는 것은 몇몇 중요한 선들이다. 역사의 터에서 선(線, line)은 핵들을 이어주는 역할을 하면서, 동시에 그 자체도 독립성을 지닌 채 문명의 일부분을 창조하는 역할을 한다. 이 선 가운데 하나는 교통로(road 혹은 route)인데 결국 육로(陸路) · 수로(水路) · 해로(海路) 등의 도로로서, 이 성격을 이해할 때 유념해야 할 일은 선들의 움직임과 구성은 일종의 '다중방사상 형태(多重放射狀 形態)'라는 것이다. 특히 큰 선은 독자적인 동아시아문명과 외부의 독자적인 문명을 연결하는 교통로이다. 일종의 문화접변을 일으키는 수단이다.

그런데 동아시아의 역사공간에서 큰 역할을 담당해서 소홀히 다룰 수 없으며, 때에 따라서는 더욱 의미를 부여할 부분이 바로 해양(海洋)이다. 터이면서 선(sea-lane)인 해양은 북방문명과 마찬가지로 구조적인 특성상 이동성과 불보존성(不保存性)[15]으로 인하여 역사의 중요한 터였다는 구체적인 증거가 육지에 비하여 상대적으로 불충분하다. 그런데 앞에서 언급한 바처럼 동아시아의 일부는 지중해의 성격을 띤 만치 해양의 영향을 어떠한 형태로든 받을 수밖에 없었다. 특히 황해는 중국과 한반도의 서부해안 전체, 그리고 만주남부의 요동지방을 하나로 연결하고 인접한 각국들이 공동으로

---

15 해양문화의 이러한 특성은 윤명철, 『동아지중해와 고대일본』, 청노루, 1996 이래 『한민족의 해양활동과 동아지중해』, 학연문화사, 2002 외에 여러 저서와 논문에서 상세하게 언급하였다.

활동하는 터(場, field)의 역할을 하고 있다. 때문에 일찍부터 인간과 문화의 교류가 빈번했고 그러한 공통성을 토대로 문화권이 형성되었다. 그 황해의 한부분이면서 문명의 근원이라고 할 수 있는 터가 발해(渤海)이다. 실제로 발해유역의 요서, 동몽골, 하북, 산동, 요동반도 지역은 역사시대 이전부터 많은 주민들 간에 교류가 빈번하고 갈등이 심각했으며, 현재도 동아시아에서 가장 오래됐고, 발달한 문명의 흔적들이 계속해서 발견되고 있다.

이렇게 해서 필자가 설정한 '터 이론'을 통해서 동아시아 문명의 기본성격을 살펴보았다. 문명의 구체적인 성격, 그것을 이루는 데 영향을 끼친 자연환경에 대한 검토, 실로 다양한 종족과 나라들의 성격, 그리고 그들이 영위해 온 생활습속을 비롯한 문화 등에 대해서 구체적인 접근을 하지 못했다. 다만 발해유역의 문화성격을 총론적으로 이해한다는 목적에 걸맞게 동아시아 세계의 기본틀을 제시하는 원론적인 언급에 머물렀다. 계속되는 연구를 토대로 주어지는 기회에 맞춰 단계적으로 접근할 예정이다.

3. 渤海유역의 자연환경 검토

발해유역은 놓여진 위치가 지리적, 지형적, 역사적으로 볼 때 동아시아 세계에서 중핵에 해당하는 역사의 터가 될 수 있음을 누구나 인식할 수 있다. 하지만 발해유역에서 생성한 문화의 성격을 생동감 있게 이해하고, 역사의 발전과정을 구체적으로 규명하기 위해서, 또한 발해유역이 중핵자격을 갖추고 있는지, 실제로 중핵역할을 담당했는지 자연환경을 구체적으로 살펴볼 필요가 있다. 선사와 고대사회에서 자연환경이란 역사와 밀접한 관련을 맺는다. 기후, 지형 등 자연환경에 따라 식생대가 형성되고, 이에 따라 생물학적 변화와 함께 인간의 이동이 발생하고, 생활양식이 결정되면서 문화적 변화가 일어나고, 사회제도와 정치조직이 형성되면서 역사적인 변동이 발생한다. 즉 자연시스템에서 문화시스템을 경유하여 정치시스템으로 변해가는 구조이다.

발해유역은 '만(灣, gulf)'·'내해(內海, inland-sea)'·'지중해(地中海, Mediterranean-Sea)'라고 불리는 발해를 둘러싸고 북·동·서·남으로 육지가 있다. 황해는 평균 수심이 44m로 낮고 해안선이 복잡한데다 섬들이 산재해 있다. 발달된 만(灣)에는 사람들이 모여 살았고, 연안을 따라, 많은 섬들을 징검다리 삼아 바다 멀리 진출하였으며, 바다 반대편에 있는 사람들과 직접 또는 간접 접촉을 할 수 있었다. 그래서 만을 사이에 두고 두 문화 간에는 모방성, 교류성이 강하며 주민들은 동일하거나 유사한 생활권을 만들기도 한다.[16]

특히 발해의 해양환경은 이러한 특성을 갖기에 매우 적합했다. 발해는 북위 37도 11분에서 북위 41도에, 동경 117도 30분에서 동경 122도 사이에 걸쳐 있다. 바다가 계란모양으로 동북방향에서 서남방향으로 뻗어있는데, 남북이 550km이고, 동서는 330km로서 면적은 7.7만 평방km에 달한다. 해저지형은 평탄하며 보통 수심은 20~30m 정도이고, 연해안부근은 10m 내외로 얕다. 동부 북부해안은 바위벽으로 되어 있고, 대부분의 해안은 모래해안으로 되어 있다. 해안선은 래주만(萊州灣)의 일부를 빼놓고는 리아스식 해안이 아니라 비교적 일직선에 가까우며 암초들은 적은 편이다.[17]

발해는 요동만(遼東灣)·발해만(渤海灣)·래주만(萊州灣) 등 3개의 큰 만과 군소 만들로 구성되어 있다. 요동반도가 북에서 남으로 뻗어오면서 내부에 구릉성의 천산(千山)산맥과 동북평원 지역의 일부가 발달하였다. 내몽골지역에서 발원한 시라무렌하(西拉木倫河)와 노합하(老哈河)가 합수한 서요하와 동요하가 각각 흘러오다 만나 다시 요하라는 이름으로 반산(盤山)에서 발해로 들어간다. 총 길이가 무려 1,430km에 달하는 긴

---

16 윤명철, 『동아지중해와 고대일본』, 청노루, 1996 ; 윤명철, 『한국해양사』, 학연문화사, 2003 등 참고.
17 孫光圻, 『中國古代航海史』, 海洋出版社, 1989, pp.13~22.

강이다. 요동만은 요하하구를 중심으로 서쪽에는 대릉하하구 금주만(錦州灣)·연산만(連山灣) 등의 작은만으로, 동쪽에는 복주만(復州灣)·보란점만(普蘭店灣)·진저우만(金州灣) 등으로 이루어져 있다. 요동반도의 해안을 따라 거대한 고인돌을 비롯한 적석총 등 고조선 계통의 역사와 문화흔적들이 촘촘히 분포되어 있다. 요동반도 남쪽 끝에서 동쪽 근해에는 장산군도(長山群島)라고 불리는 섬밀집지역이 있다. 이곳에서는 선사시대 유적을 비롯하여 해양관련 유적들이 많이 있다. 역사시대에 들어와 요동반도와 장산군도는 고구려의 진출거점 겸 방어진지로서 결정적인 역할을 담당하였다.[18]

발해의 북쪽에는 요서 및 그 위쪽의 동몽골지역이 있는데, 동아시아 문명의 핵심지역이다. 연산산맥(燕山山脈)의 양대 지맥이, 서남과 동남방향으로 뻗고 서에는 노노이호산(努魯尒虎山)이 동에는 의무려산(醫巫閭山)이 있다. 이 지역은 조양(朝陽)·오한기(敖漢旗)·적봉(赤峰) 등을 거쳐 동북으로는 멀리 대흥안령 산맥 및 훌론보이르 초원과 연결되며, 서북부로는 고원지대를 거쳐 내몽골초원으로 이어지면서 북방유목종족들의 남하루트가 되었다. 이곳에는 대릉하(大凌河)·노합하(老哈河), 시라무렌강·서요하 등이 흐르고 있다.

발해의 서쪽은 하북성과 천진시 및 산해관(山海關)·진황도(秦皇島)·창려(昌黎)·갈석(碣石)·당산(唐山) 등의 고대해안가도시들이 있다. 란하(灤河)와 해하(海河)가 내려오다 발해의 발해만(海河)으로 들어간다. 특히 역사적으로 의미 있는 란하(灤河)는 내몽골동남부를 거쳐 연산산지를 뚫고 창려현(昌黎縣)에서 발해로 들어온다. 이곳은 하북평원이라고 부를 만치 밭농사에 적합한 농경지가 많다. 발해의 남쪽은 산동반도와 연결되는데, 청해성에서 시작해서 5,464km를 흘러온 황하가 산동성 간리(墾利)현에서 발해의 래주만으로 들어온다. 래주만은 삼면이 자루모양 육지로 둘러싸여 해양교통에 편

---

18 신형식·최근영·윤명철·오순제·서일범,『고구려 산성과 해양방어체제』, 백산자료원, 2000.
  윤명철,「遼東지방의 해양방어체제연구」,『정신문화연구』통권 77호, 한국학중앙연구원, 1999, 12.

리하다. 요동반도 및 압록강하구에 직접 연결된 역사의 무대인데, 후에는 고구려를 공격하는 수나라와 당나라의 수군이 출항한 곳이기도 하다. 동쪽으로는 묘도군도를 사이에 두고 황해와 접해있다. 산동은 평야가 넓으며 구릉이 있으나 그다지 높은 지형은 아니다.

발해유역은 선사시대에는 해안선이 지금과 달리 더 내륙으로 들어갔다. 하지만 내해적, 지중해적 형태에는 큰 차이가 없다. 발해는 육지에 둘러싸여 지문항법(地文航法)을

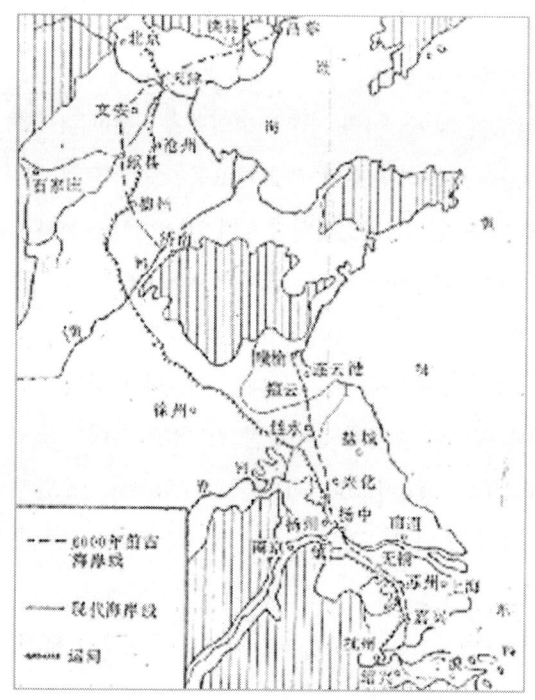

| 그림 2 | 빙하시대 후기 해침(海浸)고조시 해안선[19]

이용하는 근해항해가 가능했다. 즉 바다 위의 선박은 육지나 높은 산을 보면서 항해하기 때문에 선박의 위치를 쉽게 확인할 수 있다. 반면에 육지에 있는 관측자는 먼 바다에 떠 있는 선박을 관측할 수가 없다. 뿐만 아니라 적의 공격, 태풍 등의 악천후 같은 유사시에는 어느 장소로도 피항(避港)이 가능하다. 따라서 발해는 선사시대부터 해양활동이 활발했고, 해양을 최대한 활용하여 역사를 발전시키는 동력으로 삼았다. 특히 산동반도의 동북단인 봉래두(蓬萊頭)에서 요동반도의 여순(旅順)까지는 소위 묘도군도(廟島群島)가 점점이 이어지고 있다. 발해와 황해를 가르고 있으므로 발해해협(渤海海峽)

---

[19] 孫光圻, 『中國古代航海史』, 北京, 海洋出版社, 1989, p.15.

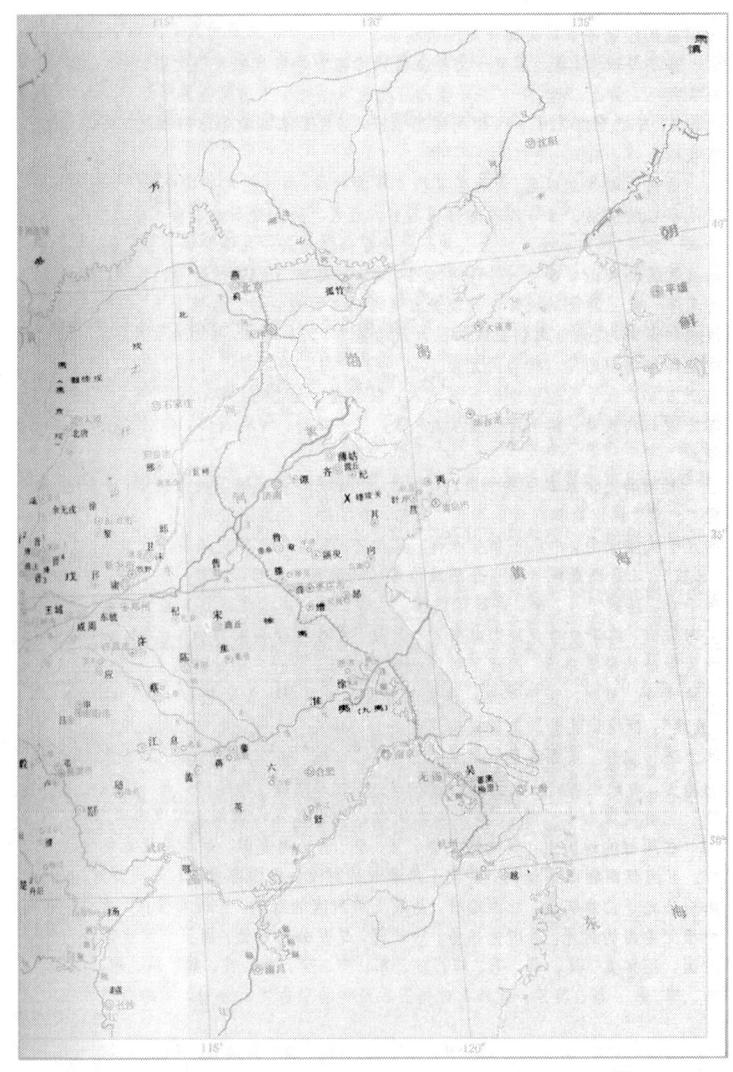

| 그림 3 | 西周시대 해안선(해양쪽 실선은 현재의 해안선이다.)[20]

---

20 王雅軒·王鴻賓·蘇德祥 編, 『中國古代歷史地圖集』, 遼寧敎育出版社, 1990, p.13.

이라고 부르는데 수심이 얕고 길이가 35해리이지만 섬들 간의 거리가 매우 짧아 초보적인 항해술과 조선능력만 갖추어도 항해가 가능했다.[21]

또 해류의 문제가 있다. 남중국해에서 동북방향으로 흘러 들어오는 쿠로시오(黑潮)의 한 지류는 대만을 거쳐 제주도로 북상을 하다 양쪽으로 갈라진다. 그 한 흐름이 서해남부해안으로 부딪쳐 서해연안을 타고 올라오면서 문물과 역사의 이동로가 된다. 서해를 타고 올라간 해류는 다시 서한만(西韓灣)과 발해(渤海)를 거쳐 황해서부 즉 중국동안을 타고 아래로 내려온다.[22] 한편 중국연안을 남하하는 해류는 발해(渤海) 및 황해북부에서 기원하며 중국대륙연안을 따라 남하하다 남중국해 방면으로 사라지는데 동계에는 수온이 낮다. 발해에는 연안류가 흐르는데, 북에서 움직여 남으로 나온다. 유속은 여름에 강하고 겨울에는 약한 편이다. 발해만의 요동만 우측으로 돌면서 회전하고, 나머지는 좌로 돌아 회전한다. 그리고 마지막에는 발해해협의 남쪽을 통해서 황해로 빠져 나온다.[23]

한편 조류(潮流)는 연안항해에서 중요한 역할을 한다. 한반도의 서남해안과 중국의 동해안은 조류가 매우 빠르고 방향의 지역적 편차가 심하다. 발해 또한 조류의 흐름은 복잡했으나 전체적으로는 대양에 노출되어 있지 않고, 해역이 복잡하지 않아 항해에 용이했다. 선사시대와 고대에 해안가에 주민들이 집단으로 분포한 흔적이 있는 것은 의미심장한 일이다.[24]

---

21 이 부분에 대해서는 尹明喆, 「黃海文化圈의 形成과 海洋活動에 대한 연구」, 『先史와 古代』, 한국고대학회, 1998, p.142 참조.
22 윤명철, 「黃海海流의 歷史的 環境」, 『황해연안의환경과 문화』, 국제학술회의, 한국학술진흥재단, 1993 ; 바트 T 보크. 프란시스 W. 라이트 지음, 정인태 譯, 『基本航海學』, 대한교과서주식회사, 1963, pp.178~219 ; 이석우·김금식 共著, 『海洋測量學』, 집문당, 1984, pp.329~374 참조. 특히 pp.350~356에는 우리나라 潮汐에 대한 설명이 나와 있다. ; 茂在寅南, 『古代日本の航海術』, 小學館, 1981, pp.81~88.
23 〈그림 4〉 동아시아해양 월별 해류도, 4月·12月, 『韓國海洋環境圖』, 대한민국, 水路局에서 인용.
24 이 부분에 대해서는 윤명철, 「海洋條件을 통해서 본 古代韓日 關係史의 理解」, 『日本學』제15, 동국대 일본학연구소, 1995 ; 「한반도 서남해안의 海洋歷史的 환경에 대한 검토」, 전주박물관죽막동 유적 학술회

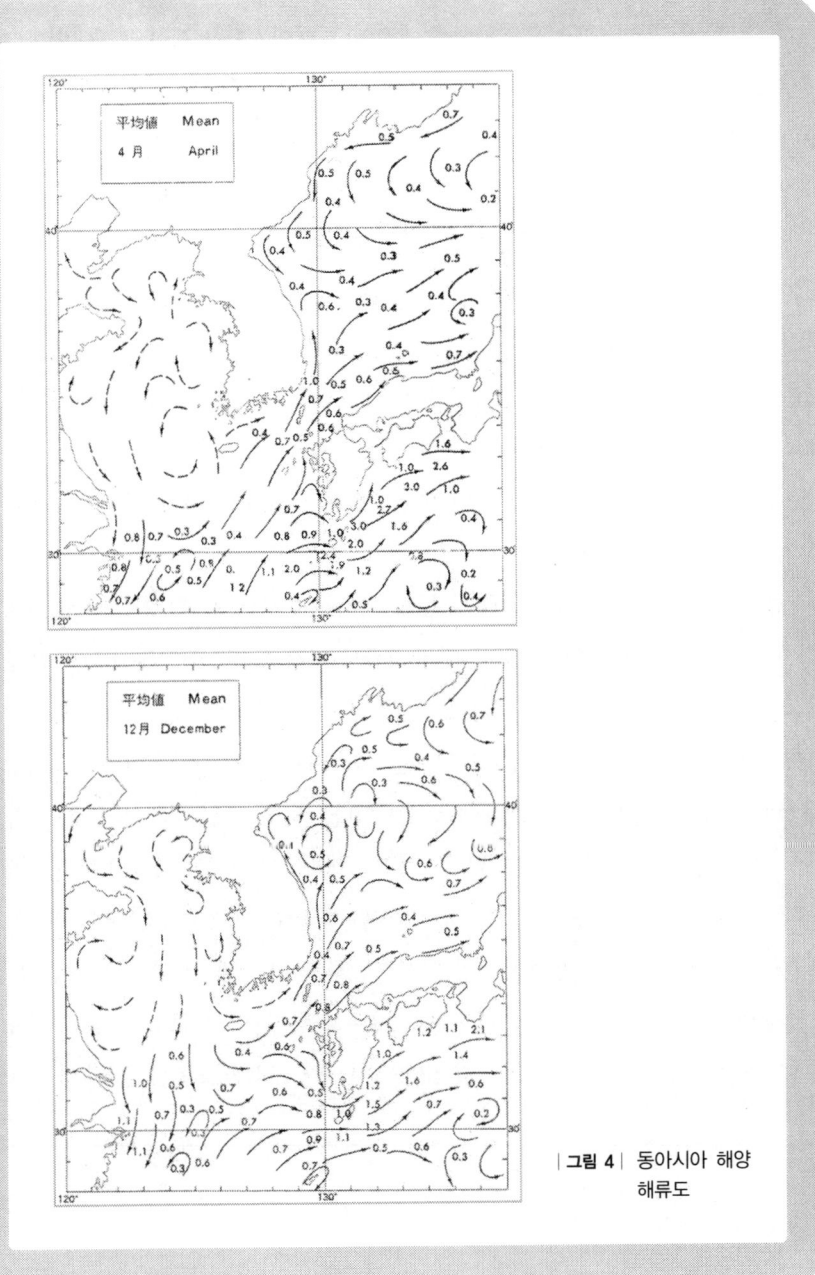

| 그림 4 | 동아시아 해양 해류도

바람(風) 또한 항해환경에 있어서 절대적이다. 동아시아는 계절풍 지대이다. 황해나 동중국해는 동계(冬季)에는 북서풍이며, 때때로 편북(偏北)에서 편북동풍(偏北東風)이 된다. 하계(夏季)에는 편남(偏南) 또는 편남동풍(偏南東風)이 많고, 4월 말에서 5월 초 및 9월에는 부정풍(不定風)이 많다. 그러나 때에 따라서 다르고 지역에 따라서 다른 것이 바다의 바람이다. 봄에서 여름에 걸쳐 부는 남풍계열의 바람은 한반도에서 산동반도 및 발해와 교섭을 가능하게 하며, 발해 내부에서는 산동반도 등에서 요서·요동반도로의 항해를 가능하게 한다. 반면에 가을에서 겨울에 걸쳐 부는 북풍계열의 바람은 발해연안과 우리 한반도 북부 또 발해와 중국의 중부 혹은 남부해안과의 교류를 가능하게 한다. 또한 발해 내부에서는 요동반도와 요서지역에서 산동반도나 하북성 해안지역으로 항해를 가능하게 한다. 이 때문에 갑골문의 '범(帆)'[25]에서 나타나듯 바람을 오래 전부터 항해에 이용했다.

모든 해양환경요소들을 고려할 때 동해·남해·동중국해·황해는 하나로 연결되고, 문화의 중심격인 그 황해의 가운데에 소규모 내해(內海)로서 발해(渤海)가 있다. 따라서 발해의 발해만·래주만·요동만·산동만·서한만·경기만 등은 물길로 직접 이어지고, 나아가 동아지중해 전체로 확대될 수 있다. 그 항로 가운데 하나가 필자가 설정한 '환황해연근해항로(環黃海沿近海航路)'이다. 『신당서』권43 지리지에는 가탐(賈耽)이 쓴 도리기(道理記)에 다음과 같은 항로를 소개하고 있다. 즉, '登州東北海行, 過大謝島, 龜歆島, 末島, 烏湖島 三百里-浿江口 椒島 得新羅西北之長口鎭, 又過 秦王石橋, 麻田島, 古寺島, 得物島, 得物島 唐恩浦口, 東南陸行, 七百里至新羅王城.' 이 기록을 갖고 손광기(孫光圻)는 지부(芝罘)에서 봉래두(蓬萊頭)를 거쳐 묘도군도(廟島群島), 요동반도 남단의 노철산(老鐵山), 압록강구, 조선반도 서해안, 조선반도 동남연해(부산, 거제도),

---

의, 1996 이래 여러 곳에서 언급.
25 許進雄 著, 洪熹 譯, 『中國古代社會』, 동문선, 1991, p.336, p.354.

대마도(對馬島), 충도(沖島), 오시마(大島) 북구주(北九州) 연안, 관문(關門)해협, 세토나이가이(瀨戶內海), 오사카만(大阪灣), 와카야마신구정(和歌山新宮町), 구마노나다(熊野灘)로 이어진다고 논증하고 있다.[26] 환황해연근해 항로와 거의 일치하고 있으며, 첫 구간은 바로 발해항로이다.

이렇게 해서 주로 해양이라는 관점에서 발해유역의 해양환경을 검토해보았다. 발해유역은 대륙성기후와 해양성기후가 함께 작용한다. 온대 계절풍이 불어

| 그림 5 | 환황해 연근해 항로

와 겨울에는 비교적 춥지만 여름에는 비가 자주 내리고 습도가 높다. 요서지방은 농경문화를 위주로 하며, 초원에서 목축생활을 하였고, 크고 작은 강들을 통해 해양과 연결되므로 어업과 소금생산을 비롯한 해양문화도 발달하였다. 한편 북으로 동몽골을 지나 대흥안령 지역으로 이어지면서 유목생활은 더욱 본격적으로 이루어졌다. 요동

---

26 郭泮溪,「中韓海上絲路與板橋鎭 市舶司」,『海洋文化硏究』제2권, 靑島大學校 海洋文化硏究所, 海洋出版社, 2000, 12, p.53.

반도는 밭작물을 비롯한 농경문화가 발달하였고, 철을 비롯한 각종 지하지원이 풍부하였으며,[27] 역시 어렵을 비롯하여 무역 등 해양문화가 발달하였다. 발해만과 연변한 하북성지방은 토지가 비옥하여 밭작물 등 농경이 발달하였고, 산동반도 북부 또한 구릉성산지와 평원이 많아 농경문화가 발달하였으며, 어렵생활과 함께 요동반도 및 한반도와 무역을 활발하게 벌였다. 발해유역은 이렇게 초원, 삼림, 평원, 구릉, 해양이 만나고 교차하는 자연환경이므로 주민들 간의 이동이 빈번하며 갈등이 심각하고, 경제형태 또한 농사, 수렵, 목축, 어렵, 무역 등 다양할 수밖에 없었다. 특히 발해유역의 핵심지역인 요서(遼西)지방과 일부 동몽골지역은 한 터에 모든 요소가 복합적으로 구성되어 있었다.

4. 渤海유역의 역사와 동아시아 문명의 생성

앞장에서 살펴본 바와 같은 지정학적(地政學的)·지경학적(地經學的)·지문화적(地文化的)인 환경 속에서 발해유역의 역사는 어떻게 전개되었을까?

발해유역은 육지로는 요동, 요서, 화북 및 산동을 포함한 4개 지역(地域)과 요동만, 발해만, 래주만의 3만(灣)이 포함된 발해라는 1개 해역(海域)으로 구성되었다. 이 터에서 출발하고 발전한 문화와 역사는 주변의 여러 지역, 여러 나라, 여러 종족들의 역사와 직접 연관되었으므로 동아시아라는 큰 범주와 국제관계라는 거시적인 틀 속에서 살펴보고 이해할 필요가 있다.

그동안 동아시아 전체에서 가장 시원(始原)이 오래됐고, 중심이라고 생각했던 문화는 황하(黃河)의 중류 유역에서 배리강(裵李崗) 문화, 자산(磁山)문화를 이어 꽃을 피운

---

27 漢나라가 鹽官과 鐵官을 두었던 平郭현은 요동군에 속했다. 고구려에서 건안현으로 불렀다.

앙소(仰韶)문화였다. 이른바 황하문명론의 근거가 된 문화이다. 그리고 용산(龍山)문화라는 신석기시대 말기의 농경문화가 있다. 이 문화의 존재는 1930~1931년에 산동성(山東省)·역성현(歷城縣)·용산진(龍山鎭)에서 성자애(城子崖)유적을 조사하면서 밝혀졌다. 이곳에서는 석기·패기·골각기 등과 함께 흑색토기가 발견되었다. 그래서 용산문화의 특징으로 성들과 함께 흑도(黑陶)문화를 든다. 그 가운데 기원전 4330년 정도로 추정되는 산동성 태안현의 대문구(大汶口)문화는 동이계(東夷系) 문화로 추정되고 있다.

그런데 최근에 소개되는 고고학적 발굴성과와 연구에 따르면 문명의 시원으로, 발전단계로 보아 동아시아 문명의 핵심은 발해유역의 하나인 요서지방에서 발전한 소위 '요하문명(遼河文明)'이다. 이 문화의 존재는 일찍부터 알려졌으며,[28] 국내에서도 이형구(李亨求)[29]가 연구한 이래 윤내현(尹乃鉉)[30]·한창균[31]·오순제[32]·복기대[33] 등이 연구성과를 발표하였으며, 최근에는 소위 '요하문명론'과 관련하여 우실하가 그 내적인 논리를 소개하고 있다. 현재 요서와 동몽골 지역에서 발전한 문화는 기원이 매우 오래다.[34]

홍륭와(興隆洼) 문화는 약 8000여 년 전에 발전한 신석기시대 문화이다. 넓이가 무

---

28 郭大順, 『龍出遼河源』, 百花文藝出版社, 2001에 종합적으로 정리되어 있다.
29 李亨求, 「발해연안 석묘문화의 원류」, 『한국학보』50, 일지사, 1988 ; 「발해연안 빗살무늬토기문화의 연구」, 『한국사학』10, 한국정신문화연구원, 1989.
30 尹乃鉉, 『고조선연구』, 일지사, 1994.
31 한창균, 「고조선 성립배경과 발전단계 시론」, 『국사관논총』제33집, 국사편찬위원회, 1992.
32 오순제, 「百濟의 東明과 高句麗의 朱蒙」, 『실학사상연구』12, 무학실학회, 1999에서 고구려족의 기원과 관련하여 언급하였다.
33 복기대, 『요서지역의 청동기 시대 문화연구』, 백산자료원, 2002.
   복기대는 「한국상고사와 동북아시아 청동기문화」, 『단군학연구』14, 2006에서 요하문명론을 비롯해서 요동지역의 문화까지 폭넓게 소개하고 있다.
34 필자는 소위 '요하문명'과 관련해서 몇 차례의 현지유적답사와 연구자들의 성과를 공부하였으나 고고학에 문외한이므로 몇몇 연구자들의 연구성과에 도움을 받으며 재인용했음을 밝힌다. 그리고 해양과 관련된 논리전개를 위해 간략하게 소개하는 수준으로 끝내고자 한다.

려 4만 평방m에 달하는데, 130여 기의 주거지들이 도시처럼 배열되었고 주변에 타원형의 환호(環濠)가 있고, 이미 옥기가 사용되었고, 통형관 등 다양한 종류의 토기들과 함께 토제 인면상이 발견됐다. 옥수수밭으로 변한 유적지에서는 지금도 토기편들이 발견된다. 갈돌도 출토되고, 인골과 함께 돼지, 양 등이 함께 묻혀 농경(農耕)과 수렵(狩獵)·목축(牧畜)이 함께 이루어졌음을 알 수 있다. 조개도 발견된 것으로 보아 요하를 타고 내려가 주변 발해와 교류가 있었을 것이다.

사해(査海)문화는 대체로 흥륭와문화와 비슷한 시대로 여겨지는데, 1976년에 유적이 발굴되었으며 대릉하 상류에 있다. 규모나 시설은 흥륭와보다 못하지만 주거유적이 60여 기 반듯하게 배열되어 있다. 다양한 형태와 문양을 지닌 토기들과 갈돌, 농기구와 옥기들이 발견됐다. 그 무렵에는 삼림지대로서 수량이 풍부한 곳이었다.

식생분포도를 보면 요하 이서는 온대초원으로 되어 건조지역의 풀보다 키가 크고, 밀생하는 초원이다. 유목하기에 적합한 지형이다.[35] 이어 조보구(趙寶溝)문화를 거쳐 홍산(紅山)문화 시대로 접어든다. B.C. 4500에서 B.C. 3000년 사이에 발전한 문화로서 요하문명의 핵심이다. 대표적인 유적은 '우하량(牛河梁) 유적지인데, 길이 160m에 너비 50m의 규모인데, 거대한 적석총들과 내부에 석관묘들이 있었고 기원전 3500년경의 것으로 추정된 여신상의 파편들이 출토됐고, 제단도 발견됐다. 적석총 안의 석관에서는 다양한 형태의 가공수준이 뛰어난 옥(玉)제품들이 다수 나왔다. 조보구 문화의 뒤를 이어 채색토기가 출현한다. 청동제조도기, 청동슬래그들이 발견돼서 청동기시대에 돌입했다고 주장하는 학자들도 있다. 이미 국가단계에 들어온 고국(古國)이라고 말한다. 홍산(紅山)문화의 주체가 동이(東夷)라는 설이 중국학자들에게서 나오고 있음은 주목할 만한 일이다. 한편 이 무렵에 발해만의 동쪽인 요동반도에서는 신락(新樂)문화가 발전하고 있었다.

---

35 千寬宇 편, 『韓國上古史의 爭點』, 일조각, 1975, p.86에서 李燦의 말을 재인용.

그런데 해양문화는 어떤 단계에 와 있었을까? 산동(山東)반도의 장도(長島) 북쪽인 대장산도(大長山島)의 유적지에서는 6600년 전의 바다생물을 식료로 하는 인간의 유적지가 발견되었다.[36] 산동반도 대문구(大汶口)문화의 석기들 가운데에는 독목주(獨木舟)를 가공하는 공구들이 있어서 일찍부터 조선술이 발달했음을 알 수 있다.[37] 발해의 묘도(廟島)군도의 장도(長島) 대호촌(大浩村) 출토의 용산문화(龍山文化) 유지(4000여 년 전)에서는 선미(船尾)의 잔적(殘跡)을 발견하였는데, 선장(船槳:삿대)은 근대의 것과 크게 다르지 않다. 또 장도(長島) 북경(北慶)유지에서는 석망추(石網墜)를, 바다 가운데에서는 석묘(石錨)가 발견되었다. 장도열도가 신석기 시대 항해의 물증이다.

요동반도 끝의 대련시 대대산(大臺山)과 왕장채(王莊寨) 용산문화의 유적을 발견하였는데, 산동반도 서북부 연해에서 나타난 것과 기본적으로 동일하다. 대장산도(大長山島) 마석패구(馬石貝丘) 가운데에서 요녕(遼寧) 신락(新樂)문화의 비문도기(篦文陶器)를 발견하였는데 6600여 년 전의 유물이다. 발해의 동쪽 끝자락인 대련시 장해현(長海縣) 광록도(廣鹿島, 長山군도에 있다)[38] 오가촌(吳家村) 유지에서는 1945년 이전에 주형도기(舟形陶器)가 발견되었고, 대련시 여순구구(旅順口區) 곽가촌(郭家村) 신석기 유지에서(상층, 4870±100년, 하층, 5015±100년)도 주형도기가 발견되었다. 요동반도 황해연안 압록강하구의 신석기 유적인 단동시(丹東市) 동구현(東溝縣) 마가점향(馬家店鄕) 삼가자촌(三家子村) 후와(後注)유지 아래층(6000년 이상 된 곳)에서 배모양의 도기(陶器, 주형도기) 3개가 발견되었다.[39] 이러한 상황들을 고려하면 요동반도에서는 이미 5000년 전에 해운업이

---

36 汶江,『古代中國與亞非地區的海上交通』, 四川省 社會科學院 出版社, 1989, p.6.
37 彭德淸,『中國航海史(古代航海史)』, 人民交通出版社, 1988, pp.5~6.
38 이곳의 해양환경 등에 대해서는 필자가 답사하고 난 후에 작성한 「고구려의 요동 장산군도의 해양전략적 가치 연구」,『고구려연구』제15집, 학연문화사, 2003 참조.
39 汶江,『古代中國與亞非地區的海上交通』, 四川省 社會科學院 出版社, 1989, pp.5~6 ; 孫光圻 著,『中國古代海洋史』, 海洋出版社, 1989에는 pp.34~36까지 중국지역에서 발견된 선사시대 통나무(獨木舟) 배 유적지 일람표가 상세히 되어있다.

형성되었으며, 아마도 6000년 전 내지 7000년 전, 신석기 중기에는 산동반도와 요동반도 연해를 오고가는 항해가 있었던 것으로 보인다.[40]

청동기시대에 들어오면서 요서지방은 이른바 하가점(夏家店)하층문화 시대가 된다.[41] 기후는 나무나 식물들의 분포를 볼 때 고온다습한 기후였으며, 후기에 들어가면 기온이 내려가기 시작했다고 한다. 농업이 발달한 시대였는데, 주거지와 함께 대략 70여 개에 달하는 석성들이 발견된 것이다. 대표적인 성은 지가영자성(遲家營子城)이다. 적봉시 외곽의 삼좌점성(三座店城)은 산의 윗부분에 석성을 둘러쌓고 내부에 규격화된 거주지를 마련하였다. 부분에 따라서 이중의 방어벽을 구축했고, 성돌 가운데에는 잘 다듬은 견치석들도 보이고 치(雉)가 무려 13개나 된다. 일종의 산상도시(山上都市)형태이다. 이 문화의 중요한 특징은 채색토기와 함께 본격적인 청동기 시대가 시작했다는 점이다.

발해의 발해만 쪽인 당산(唐山) 대성산(大成山)유적에서도 초기 청동기시대에서만 보이는 붉은색을 띤 순동(純銅, copper)으로 만든 장식이 2점 발견되었는데 기원전 2000년 무렵으로 추정한다. 요녕성 적봉현 하가점유적(하층), 소유수림자(小楡樹林子)유적 등에서도 이른 시기의 청동기가 발굴되었다. 오한기(敖漢旗) 대전자(大甸子)유적에서도 소형동기가 출토되었다. 이런 결과를 토대로 중국의 청동기가 발해연안 북부에서 자생했다는 추측하기도 한다. 이형구는 갑골문화와 더불어 발해연안 북부에서 기원한 것으로 추정되는 초기 청동기문화는 동이족이 창조한 것인데, 이들 동이족들은 기원전 17세기경 황하하류지역으로 향하여 하(夏)를 멸하고, 은(殷：商)제국을 (은민족) 건설

---

40 內藤雋輔 역시 濱田박사의 고고학적인 해석을 수용하여 남만주와 요동반도 사이에 항로가 있었다고 주장을 하고 있다(內藤雋輔,『朝鮮史硏究』, 東洋史硏究會, 1962, p.378).
41 하가점 하층 및 상층문화에 대해서는 복기대,『요서지역의 청동기문화』, 백산자료원, 2002에 성격의 연구와 함께 연구사 및 쟁점들을 소개하고 있다.

하였을 것으로 추측된다고 말하며⁴² 문화의 동진(東進)이라는 입장을 표명한다. 이와 유사한 주장이 곽대순(郭大順)에 의해서 나왔고, 복기대는 최근에 하가점 하층문화가 상(商)문화에 영향을 주었다고 표현하였다. 북한의 김영근은「하가점 하층문화에 대한 고찰」에서 최근 북한학계의 견해를 반영하며 하가점 하층문화를 고조선주민들이 창조한 문화로 해석하고 있다.⁴³ 한국에서도 윤내현·한창균·복기대⁴⁴ 등이 정도의 차이는 있지만 이 문화는 고조선과 관련성이 깊은 것으로 주장하고 있다. 하가점 하층문화가 어떻게 소멸했는지에 대해서는 여러 설이 있는데, 이 시대 끝 무렵부터 기후가 변동하여 초원지대가 형성되면서 북방유목민들이 남하하고, 이들이 농업위주의 정주민이 합하여 형성되면서 소멸되고 하가점 상층문화로 변했다고 하는 환경변화설도 있다.⁴⁵

이 무렵 요동반도는 고인돌 문화가 꽃을 피우고 있었다. 고인돌은 한국학계에서는 일반적으로 비파형 동검과 함께 고조선 문화권의 상징으로 보고 있다. 현재까지 조사된 바에 따르면 주로 요남(遼南)지구의 보란점(普蘭店)·와방점(瓦房店) 북부와 개주(盖州)남부의 구릉지대와 낮은 산기슭에 있다. 요하의 서쪽인 금주(錦州)·부신(阜新)·조양(朝陽)지구에서는 나타나지 않는다. 요동반도 남쪽인 장해(長海)의 소주산 유적에서도 고인돌이 발견되었는데, BP 4000년경으로 추정한다.⁴⁶ 적은 숫자지만 산동성 일부지역에서도 고인돌이 발견된다.⁴⁷ 이런 현상을 보면 발해유역의 여러 지역 간에는

---

42 이형구,「고조선 시기의 청동기문화연구」,『고조선문화연구』(역사분야 연구논문집 99-1), 한국정신문화연구원, 1999, pp.80~81 참고.
43 김영근,「하가점 하층문화에 대한 고찰」,『단군학연구』제14, 단군학회, 2006.
44 복기대,「요서지역 청동기시대문화의 역사적 이해」,『단군학연구』5, 단군학회, 2001.
   이후,『요서지역의 청동기 시대 문화연구』, 백산자료원, 2002.
45 복기대,『요서지역의 청동기 시대 문화연구』, 백산자료원, 2002, pp.92~93 참고.
46 許玉林,『遼東半島石硼』, 遼寧科學技術出版社, 1994, p.74. 이 지역은 신석기 시대 유물들이 발견된다.
47 하문식,「고조선 지역의 고인돌 연구』, 백산자료원, 1999.

해양을 통해서 문물과 주민의 이동이 있었다.[48] 하지만 고인돌이 요서지역에서 발견되지 않는 것은 이해하기 힘들다. 요서지역에 돌이 없는 것도 아니다. 그 시대에 발해를 사이에 두고 각각 다른 문화집단이 공존하고 있었을 가능성도 있다.

다음 단계인 하가점 상층문화는 노노아호산(努魯兒虎山) 이서에서 발달한 문화이다. 담당주체에 변화는 있지만 하층문화를 계승한 것으로 이해된다. 앞선 시기의 위영자문화(魏營子文化)와 뒤에 해당하는 능하(凌河)문화유형으로 구분한다. 이 문화층에서는 비파형동검이 나타난다. 비파형동검은 조양(朝陽) 12대영자(臺營子)지역에서 처음으로 발견되었다. 그래서 하가점 상층문화와 비파형동검을 일치시키는 공식이 등장한 것이라고 한다. 그런데 현재까지 가장 오래된 비파형 동검은 기원전 11세기 무렵의 길림성 성성초(星星哨)유적에서 발견된 것이며, 산동지역에서도 비파형동검이 발견되고 있다.[49]

비파형동검[50]은 산해관(山海關)과 요하(遼河) 사이의 대릉하(大凌河) 주변에서 집중적으로 나타나므로 중국 및 일본학자들은 이를 동호족(東胡族)[51]의 문화로 본다. 『사기(史記)』 흉노열전에는 연의 북쪽에 동호(東胡)와 산융(山戎)이 있다고 했는데, 대릉하 유역에는 산융이 분포했으며 하가점 하층문화의 담당자라고 본다. 하가점 상층문화의

---

48 하문식은 고인돌의 분포현황을 고려해 '환황해고인돌 문화권'을 설정하는 일이 가능하다고 한다. 한류 p.297. 필자도 환황해문화권을 이야기 하면서 그 근거의 하나로서 고인돌을 거론한 적이 있다. 동아지중해라는 모델을 설정할 정도의 자연·역사적 환경이라면 비단 고인돌뿐만 아니라 대부분의 문물이 해양을 매개로 하였음은 당연한 일이다. 이 분야의 연구자들에게 당부하고 싶은 것은 해양문화에는 독특한 메커니즘이 있고, 특히 교류의 길(航路)이 따로 있다는 사실을 유념해 달라는 것이다. 그에 따라 교류의 길은 물론 양상, 심지어는 주체의 성격이 달라진다. 교류의 실상을 파악하거나 미리 예측하고자 할 때 해양의 메커니즘을 이해하고 활용하면 매우 효율적이다.
49 복기대, 『요서지역의 청동기시대문화연구』, 백산자료원, 2002 ; 「요서지역의 청동기 시대문화와 황하유역문화와의 관계」, 『고대에도 한류가 있었다』, 지식산업사, 2007, pp.396~400.
50 비파형 단검은 遼寧式동검, 滿洲式동검, 曲句靑銅短劍, 渤海沿岸式 曲刀靑銅短劍(이형구) 등으로 불린다.
51 『山海經』권11, 「海內西經」 '東胡는 큰 호수의 동쪽에 있으며 夷는 東胡의 동쪽에 있다.'

분포범위는 시라무렌강 유역 및 그 이남지역이며, 한때는 더욱 서남지역까지 확대되어 동호족의 활동범위와 일치하고 있다. 사용시기 또한 주초(周初)부터 전국(戰國)까지로 동호족의 활동시기와 일치한다. 이지린은 고조선(古朝鮮) 시대에 동호족을 맥족(貊族)으로 본다.[52]

손진기(孫進己)는 '요녕지역에서는 동천해온 화하족(華夏族)과 그곳의 산융 및 동이 여러 족이 융합되어 한대의 한족으로 되었다. 이것이 곧 동북에서 최초로 형성된 고대민족이다'[53]라고 하여 복합적임을 시사하고 있다. 아울러 하가점 상층문화와 길림성 눈(嫩)강 하구유역의 백금보(白金寶)문화와의 유사성을 설명하면서 동호, 산융 그리고 예맥은 같은 민족은 아니지만 최고로 올라가면 원류상 관련은 있음을 설명해주는 현상일 뿐이라고[54] 말해 여운을 남긴다. 우리 학계에서는 이 동검을 고조선과 직결되는 것으로 본다. 김정학도 요서지역의 비파형동검문화시기, 즉 능하(凌河)문화시기의 문화를 고조선문화로 이해하고 있다.[55]

하가점 하층문화와 상층문화 사이에 과도기적인 문화가 있는데, 시기적으로는 은(殷)말 주(周)초이다. 이 시기의 청동기 유물이 요녕성의 객좌현(喀左縣) 북동(北洞), 산만자(山灣子), 소전산자(小轉山子), 화상구(和尙溝) 등 주로 대릉하(大凌河)유역에서 출토된다. 이 현상을 근거로 이형구는 이 지역과 문화의 담당자를 기자조선(箕子朝鮮)과 연관시키는 주장이 있다. 그는 주(周)왕조의 무왕이 '기자(箕子)를 조선(朝鮮)에 봉했다'고 하였는데, 그 시기는 은(殷)말 주(周)초인 B.C. 1,100~B.C. 1,000년경이므로 시기적으로 일치한다[56]고 하여 기자조선의 존재를 인정하고 있다. 또한 객좌현(喀左縣)에서 출토된

---

52 이지린, 『고조선연구』, 평양, 과학원출판사, 1964, p.398.
53 孫進己, 林東錫 역, 『東北民族源流』, 동문선, 1992, p.30.
54 孫進己, 林東錫 역, 위의 책, p.222.
55 복기대, 위의 논문, p.399.
56 李亨求, 『中國東北新石器及靑銅器時代之文化』, 1978 ; 이형구, 「고조선 시기의 청동기문화연구」, 『고조

'기후(其候)' 방정(方鼎)과 '고죽(孤竹)' 명뢰(銘罍)를 들어서 고죽국(孤竹國)의 터라고 주장하였다.[57] 물론 이 무렵 요녕지역에는 동이와 관련된 주민들이 거주하고 있었다. 그런데 하가점 하층시대부터 나타나는 석성은 고구려와 구조가 유사성이 매우 깊어 연관성면에서 적지않은 논란을 일으킬 것으로 보인다.

한편 그 시대 요동에서는 대련시(大連市) 여순구(旅順區)에 B.C. 8~B.C. 7세기의 것인 강상(崗上)무덤,[58] B.C. 7~B.C. 5세기의 것인 누상(樓上)무덤 등을 비롯하여 적석총들이 만들어졌다. 고인돌과 다른 양식이며, 비파형동검(琵琶形銅劍)이 출토되었다. 앞으로 하가점 상층문화와 어떠한 연관성을 맺고 있는지 주목할 만하다. 이어 기원전 5세기를 전후로 한국식 세형동검이 탄생하고, 이 검은 중국의 동북지방은 물론이고 한반도 거의 전역과 일본열도에서도 발견된다.

발해유역에서 하가점 문화시대 청동기 문화를 담당한 주민들은 주변의 거의 모든 지역의 문화와 교류를 하였다고 한다. 거리상 가까운 곳은 고태산문화 그리고 멀리로는 북방대초원지대문화까지도 교류가 있었던 것으로 보인다.[59] 마찬가지로 전시대와 마찬가지로 연안과 함께 해양을 통해서도 교류하였을 것이다. 『좌전(左傳)』, 『논어(論語)』, 『죽서기년(竹書紀年)』 등에는 하인(夏人)들이 해양활동을 했음을 보여주는 내용들이 있다.[60] 은(殷)시대에 들어오면 갑골문자(甲骨文字) 등에 선박과 관련된 글자들이 여

선문화연구」,(역사분야 연구논문집 99-1), 한국정신문화연구원, 1999, p.81.
이형구는 이 주장을 위해 갑골문화와 더불어 발해연안 북부에서 기원한 것으로 추정되는 초기청동기문화는 동이족이 창조한 것인데, 이들 동이족들은 기원전 17세기경 발해연안 서남부 황하하류지역으로 향하여 하를 멸하고, 은상제국을(은민족) 건설하였을 것으로 추측된다는 견해를 밝혔다.
57 이형구, 「발해연안 대능하유역 기자조선의 유적·유물」, 『고조선과 부여의 제문제』, 신서원, 1996, pp.65~75.
58 필자는 이 무덤의 주인공들을 해양호족일 것으로 추정하는 논문을 발표하였다.
59 복기대, 앞의 책, p.97.
60 孫光圻, 『中國古代航海史』, 海洋出版社, 1989 ; 李永采·王春良·盖莉·魏峰 著, 『海洋開拓爭覇簡史』, 海洋出版社, 1990 ; 中國航海學會, 『中國航海史』, 人民交通出版社, 1988 참고.

러 종류 나타나며, 정(鼎)에는 범(帆)이 표현되어 있다.[61] 범선(帆船) 등 배의 종류가 다양해졌다는 것을 반증한다.[62] 이 시대의 항해술과 조선능력은 대단한 수준에 이른 것으로 평가된다. 춘추전국시대에 산동의 제(齊)와 장강(長江), 회하(淮河)유역의 오(吳)·월(越) 등은 매우 뛰어난 해양활동을 했으며, 수군(水軍)이 수전(水戰)을 벌이는 단계에 이르렀다. 『월절서(越絶書)』에 따르면 당시 동원된 배는 상당히 크고 운항능력이 뛰어났다. 전국시대에는 항해에 이미 계절풍을 이용했다. 『주례(周禮)』에는 12풍(風)에 대한 분류와 기록이 있다.[63]

해양을 통해 교역범위가 확산되어 『월절서』에 따르면 월인(越人)들은 베트남북부 지방까지 이동하면서 교역을 하였다. 제는 북쪽에 있는 연나라 등과 교역을 했고, 연은 더욱 북방에 있는 유목종족인 흉노와 교역하였다. 연은 동방에 있는 조선 등과 해상교역을 했다. 『해내북경(海內北經)』에는 연(燕)이 발해를 나가 왜와 해상왕래한 사실이 기록되어 있다.[64] 이는 명도전(明刀錢)과 오수전(五銖錢) 등 화폐들의 분포도를 보아서도 확인된다.[65] 이 무렵 월인들은 한반도까지 진출했을 가능성이 크다. 기원전 473년에 월왕인 구천(勾踐)은 산동반도의 남안, 지금의 청도(靑島)에 가까운 랑야산(琅琊山)에 도읍을 정하였다. 이 탁월한 해양민들은 산동반도의 밑부분을 타고 올라가 산동의

61　許進雄, 앞의 책, p.336, p.354 참조.
62　殷墟에서 발굴된 청동기의 원료인 銅·錫 등은 중원에서 채굴된 것만이 아니고 華南, 인도차이나, 원산도 있다. 그리고 화폐로서 사용된 自安貝 역시 남방이 원산이다. 國名直一, 「古代東海の海上交通と船」, 『東アジアの古代文化』29號, 大和書房, 1981, p.39 참조. 이러한 사실들은 황해연안을 따라서 항해가 이루어진 것을 입증한다. 홍산문화와 하가점 하층문화에서도 자안패 같은 조개들이 발견됐는데, 이 원산지에 대해서는 관심이 필요하다.
63　李永采·王春良·盖莉·魏峰 著, 『海洋開拓爭覇簡史』, 中國海洋出版社, 1990, pp.52~57 참조.
64　李永采·王春良·盖莉·魏峰 著, 위의 책, pp.52~57 참조.
65　이 화폐 분포도는 崔夢龍이 「고대국가의 성장과 무역」, 『한국고대의 국가와 사회』, 역사학회, 1985, pp.71~73에서 작성 인용한 것이 널리 이용되고 있다. 기원전 2~3세기의 유적인 평안북도 영변군 세죽리 유적에서는 명도전 2,000여 매가 발견되기도 하였다.

제(齊), 발해로 들어가 하북의 연(燕)과 무역이 가능하다. 거기서 점점이 이어진 묘도군도의 섬을 따라가면 요동반도를 거쳐 서한만에 도달하고, 결국은 연안항해를 통해서 대동강구까지 갈 수 있다. 그들이 교역에 종사했을 가능성은 매우 많다.[66] 한편 요동반도, 남만주, 한반도 북부에 자리잡은 고조선은 춘추전국시대에 산동의 제(齊) 등과 교역을 하였다. 『관자(管子)』에는 조선의 명산물인 문피(文皮)가 교역의 중요한 물품임을 기록했다. 산동반도의 동남단에 있는 영성시의 척산(斥山)은 그 무렵 문피의 집산처였다.[67] 모두 해양활동을 통해서 이루어진 일들이었다.

그런데 하(夏)·은(殷)·주(周) 및 춘추전국시대에 이루어진 해양활동은 황해연안에 골고루 분포된 동이인들과 관계가 깊다.[68] 동이(東夷)는 학자들에 따라서 혈연적인 개념, 지연적인 개념, 혹은 문화적인 개념이란 등 다양한 설이 있다.[69] 시대에 따라 거주지역과 지칭하는 종족이 달라진다고도 한다. 그런데 진(秦)이 성립되기 전까지는 대체적으로는 산동(山東)·강소(江蘇)·절강(浙江) 특히 회하(淮河), 산동(山東)유역 등 황해연안에 골고루 분포되어 있었다.[70] 갑골문에서 범(帆)·선(船) 등의 글자가 발견되는 것은 그 글자를 만든 동이인들의 해양문화가 발달했음을 의미한다. 그렇다면 이 무렵 발

---

[66] 岡田英弘,「倭人とシルクロード」,『東アジアの古代文化』17號, 日本, 大和書房, 1978, p.7.
[67] 陳尙勝,『中韓交流三千年』, 中華書局, 1997, p.50.
[68] 孫光圻는『中國古代海洋史』3장, p.69에서 夏代의 항해담당자를 東萊라고 하였다.
[69] 金庠基,「韓穢貊 移動考」,『史海』창간호, 1948;「東夷와 淮夷·西戎에 대하여」,『東方學誌』12, 1953·1955;『東方史論叢』, 1984에 있다.
全海宗,「古代中國人의 韓國觀」,『震壇學報』46·47합, 1975; 金廷鶴,「中國文獻에 나타난 東夷族」,『韓國史』23, 1978; 傳斯年,「夷夏東西說」,『韓國學報』14, 1979; 徐亮之,『中國史前史話』, 臺北華正書局, 1977; 林惠祥,『中國民族史』上, 臺灣商務印書館, 1983; 何光岳,『東夷源流史』, 中國, 江西教育出版社, 1990. 특히 최근에 집대성된 중국의 연구성과이다.
특히 해양활동과 관련한 최근의 연구업적으로는 金文經 등,『張保皐, 해양경영사연구』, 李鎭 출판사, 1993에 실린 尹乃鉉,「중국동부해안지역과 한반도·만주지역의 상호관계」, pp.61~75 참조.
[70] 金庠基의「東夷와 淮夷·西戎에 대하여」,『동방학지』12, 1953·1955에서 상세히 언급되어있다. 金載元,『檀君神話의 新硏究』, 탐구당, 1977에는 山東地方의 東夷 진출에 대해 논하고 있다.

해만의 해양문화를 담당한 주역들도 동이인일 가능성이 크다.[71] 주로 유목생활을 영위하는 흉노(匈奴)·동호(東胡)·선비(鮮卑)·오환(烏桓)일 가능성은 없다.

이후에도 발해를 이용한 해양활동은 동아시아역사에서 중요한 역할을 담당했다. 그러한 예를 중국의 역사에서 찾아볼 수 있다. 진시황은 26년(기원전 221년) 전국을 통일한 이후 37년(기원전 210년) 죽을 때까지 12년간, 4차에 걸쳐 연해순시(沿海巡視)를 했다. 제1차는 재위 28년(기원전 219년)에 이루어졌는데, 태산에서 봉선(封禪)의식을 거행한 후에 성산(成山), 지부(芝罘:연대), 랑사(琅邪) 등 해안가의 도시들을 방문하였다. 특히 산동반도 남단의 랑사(琅邪)에서는 3개월을 머물렀다. 소위 '명공회계령(銘功會稽嶺), 빙망랑야대(聘望琅琊臺)' 이다.[72] 이때 서복(徐福)의 일행이 동쪽으로 출발하였다. 제2차 순해는 29년(기원전 218)에 발해 서쪽의 박랑사(博浪沙)를 갔다가 지부에서 배를 타고 아래 바다로 나가 산동반도 동안 남안, 최후로 랑사대(琅邪臺: 지금 諸城 膠南현부근)에서 3개월여를 머물렀다가 함양으로 귀환했다.[73] 3차 순행 때는 발해의 북안인 갈석항(碣石港: 현 河北省 昌黎縣 境內, 燕國의 海港이다)에 있다가 발해를 떠나서 남으로 내려갔다. 그리고 제4차 순해는 재위 37년인 기원전 210년에 더 멀리 남쪽인 절강지방까지 이루어졌다. 4차 가운데 3번이 발해유역에 집중되었다는 사실은 진(秦)의 정치·경제적인 관심의 소재를 알려준다. 진시황이 서복을 파견한 것은 해양활동의 범위가 한반도나 일본열도까지 미쳤음을 반증한다.[74] 『사기(史記)』에 따르면 진의 몽념(蒙恬)은 황하 이남의 44개 현을 수복한 후에 군대를 주둔시키고 있을 때에 대형선대를 산동 연해의 항

---

71 孫光圻는 『中國古代海洋史』3장, p.69에서 夏代에 東夷를 해양활동의 담당자로 보고 있다.
72 彭德淸, 『中國航海史(古代航海史)』, 中國航海學會, 人民交通出版社, 1998, p.36에 순해일정이 소개돼있다.
73 李鵬, 『秦皇島港史』(古, 近代部分), 人民交通出版社, 1985, pp.42~43.
74 윤명철, 「서복의 해상활동에 대한 연구-항로를 중심으로-」, 『제주도연구』21, 제주학회, 2002, 6에서 진시황의 동방개척 정책의 일환이라고 논리를 전개하였다.

구에서 출발시켜 발해를 건너 황하(黃河)로 들어와 북하(北河)를 향하여 양식을 운송했다. 이는 중국에서 최초의 해상조운(海上漕運)이었다.[75]

진나라의 통일과 해양활동은 동아시아질서에서 발해의 역할을 더욱 비중있게 하였다. 동이인들은 점차 일부가 한족에 동화되었고, 나머지는 진(秦)의 영역 밖으로 이동하였다(-諸夏侵滅小邦 秦幷六國 其淮泗夷皆散爲民戶-). 후대의 동이(東夷)가 황해서안에 있었던 회이(淮夷), 그리고 발해유역에 있었던 래이(萊夷), 도이(島夷) 등 전시대의 동이인들과 종족적, 혹은 문화적으로 연결된다고 할 때 그들에 의해 해양문화가 황해연안 전체, 나아가 동북아 전체로 확산될 가능성이 있다. 그들은 해양문화의 담당자가 되거나 최소한 해안지역 토착세력에게 자극을 주었을 것이다.

진이 멸망한 이후 동아시아는 한(漢)이 통일하면서 새로운 양상을 띠었다. 『한서(漢書)』 지리지(地理志)에는 한무제 시대에 남해와 교역한 기록이 있다.[76] 방직제품 등을 로마까지 수출하였는데, 물론 해양을 통한 교섭이었다.[77] 이러한 한(漢)은 발해를 통해서 요동지역을 경영하려고 했었다.[78] 한계(漢系)의 유물들이 황해의 연안지역은 물론, 심지어는 일본열도에서도 발견되는 것은 정치적인 교섭 외에 민간인들에 의한 사무역(私貿易)의 가능성을 보여준다.[79]

이러한 국제질서 속에서 위만조선과 한의 전쟁이 벌어졌다.[80] 이 전쟁은 동아시아

---

75 張鐵牛・高曉星, 『中國古代海軍史』, 八一出版社, 1993, pp.18~19.
76 藤田豊八 著, 池內宏 編, 『東西交涉史の硏究』 남해편, 岡書院, 1932.
  大林太良, 앞의 책, pp.83~88 참조. 특히 당시의 무역루트 및 정치상의 據點과 貿易振興에 대해서 논하고 있다.
77 李永采・王春良・盖莉・魏峰 著, 앞의 책, p.55 참조.
78 『史記』卷30, 「平準書」, '東至滄海郡……築衛朔方轉漕遼遠……費數十萬巨萬…….'
79 江上波夫는 앞의 논문, p.59에서 國語와 戰國策, 史記 등의 기록과 明刀錢 등의 분포도를 근거로 하여 황해를 무대로 하는 燕의 광범위한 경제권을 이야기하고 있다.
80 아래 전개하는 논리는 윤명철, 「黃海文化圈의 形成과 海洋活動에 대한 연구」, 『先史와 古代』, 한국고대학회, 1998, 12 참조.

질서재편을 위한 정치적인 대결과 황해의 교역권을 둘러싼 갈등이기도 하였다. 전쟁은 해양전의 양상도 띠었다. 『사기』 조선열전에 의하면 한(漢)의 침공은 수륙 양면으로 이루어졌으며, 양복(楊僕)의 지휘를 받은 제(齊)의 산동병(山東兵)은 한군(漢軍)의 침공로가[81] 되는 발해만과 요동만의 해양환경에 익숙한 수군들이었다. 수도인 왕험성(王險城)을 공격하는 일에 수군과 루선(樓船)이 함께 동원되었다는 사실[82]은 왕험성(王險城)이 해안근처에 있었으며, 위만조선이 해양활동능력을 보유하고 있었음을 반증한다. 아울러 발해가 해양전의 주요한 무대였음을 알려준다. 조한(朝漢)전쟁이 끝나고 나서 동아시아와 발해유역에도 새로운 질서가 수립되었다. 한시적으로 한(漢)의 영향력이 강해졌고, 발해를 포함한 황해의 일부는 한의 내해적(內海的)인 성격이 강해졌고, 주변의 각국들은 한 세력에 의해 정치적이고 경제적인 교섭을 직접 통제받게 되었다.

발해유역은 흉노에 의해 동호가 격파된 이후, 선비와 오환으로 나뉘어졌으며, 이들 간에 갈등이 심화되었다. 흉노 또한 한에 의해 북쪽으로 이동했다. 이후 발해유역은 동아시아 세계의 중핵 가운데 하나로서 역할을 상실해가며 복잡한 힘의 충돌이 벌어지는 터로 변해갔다. 북동쪽과 동쪽에 있었던 부여 및 고구려가 이 지역의 역사에 등장하기 시작한다.

---

81 당시에 사용된 수군침공로에 대해서는 김재근, 「韓國 中國 日本 古代의 船舶과 航海術」, 『環黃海韓中交涉史硏究 심포지움』, 진단학회, 1989 ; 손태현, 「古代에 있어서의 海洋交通」, 『해양대 논문집』 15, 1980.
82 『史記』 朝鮮列傳 第55, 元封 2年 秋, 遣樓船將軍楊僕從齊浮渤海, 兵五萬人, 左將軍荀彘出遼東,……樓船將軍將齊兵七千人先至王險…….

5. 결론

　　본고는 발해유역의 역사문화와 동아시아 세계의 형성과 발전이란 제목에서 보듯이 미시적이고 각론적인 분석이 아니라 거시적이고 총론적인 틀을 제시함으로써 발해 자체를 이해하는 도구로 삼고자 하였다. 이를 위해 먼저 필자의 역사해석 모델인 '동아지중해모델' 과 '터 이론' 을 적용해서 발해의 자연환경을 이해하는 데 비중을 두었다. 다만 발해유역이라는 지역범주에서 보이듯 육지뿐만 아니라 해양을 함께 분석하였으나 논문의 목적과 필자의 연구 분야로 인하여 해양환경을 분석하는 데 더 비중을 두었다.

　　역사공간을 터(場, field)와 다핵(多核, multi-core), 선(線, line)이 동시에 작용하는 유기적인 구조로 보는 '터 이론' 을 적용해서 동아시아 세계를 범주화시키면 다음과 같다.

　　동아시아는 범(凡)아시아라는 더 큰 범주 안의 중요한 터로서 동쪽 아시아 전체를 의미한다. 그 동아시아에는 동방(東方)・북방(北方)・중화(中華)라는 문명권으로 분류되는 3개의 작은 터가 있으며, 그 터에는 각각 그 문명을 발아시키고 발전시켜가는 데 결정적인 역할을 담당한 중핵(中核)들과 주변의 행성격인 소핵(小核)들과 이어주는 선(線)이 있다. 그리고 터이면서 선(線) 자체인 해양이 있다. 즉 동아지중해(東亞地中海)이다. 동아시아라는 하나의 터에서 모든 지역과 요소와 문화들은 연결되면서 상호보완적인 유기적인 체계를 이루었다. 필자는 동아지중해가 동아시아의 중핵범주라고 판단하며 동방문명과 중화문명의 형성과 발전에 직접 연관되고, 북방문명도 일부는 연관된다고 본다.

　　이렇게 3지역(地域)과 1해역(海域)으로 구성된 동아시아라는 터 속에서 발해유역의 해류적 환경을 살펴보았다. 발해유역은 초원, 삼림, 평원, 해양 등 다양한 자연환경이 만나고 농경, 목축, 사냥, 어업 등 다양한 생활양식이 교차하며, 다양한 혈통과 언어와 역사적인 경험을 지닌 종족들이 갈등과 공존을 모색하는 복합문명의 터였다. 비록 후에 실체가 드러나는 3문명의 중핵은 아니지만 지정학적(地政學的)·지경학적(地經學的)·지문화적(地文化的)으로 모든 터들의 가장 중심에 있었다. 그래서 실제로 동아시아에서는 가장 먼저 문명의 중핵이 형성됐고, 모든 힘이 모이고 배분되는 곳으로서 동아시아 세계의 형성에 기본 틀을 제시했고, 나아가 발전에 영향을 주었다. 발해유역이 동아시아에서 이러한 위치와 역할을 할 수 있었던 배경 가운데 하나가 바로 해륙적(海陸的) 환경(環境) 때문이다. 발해유역이 발해라는 내해(內海)를 갖지 않았다면 전혀 다른 모습으로서 중핵의 역할을 할 수 없었을 것이다.

발해는 동아지중해에서 가장 활발하고 의미 깊은 역사의 터인 황해 가운데에서 가장 핵심인 곳이다. 6000년 전 이후부터는 큰 변화가 없는 발해는 '내해(內海)', '만(灣)', '소지중해(小地中海)'의 성격을 지니고 있다. 넓은 대해도 아니고 협소한 소해도 아닌 적당한 면적에 해양환경도 안정되어 해류교통에 편리하고, 경제적으로 풍요로우며 대외관계에서도 비교적 안전성이 확보되있다. 여러모로 고대사회에서는 문명이 발전하기에 적합한 크기이다. 유럽, 아프리카, 아시아에 둘러싸인 지중해의 동쪽인 에게해와 거의 비슷한 넓이라는 것은 위치와 함께 크기의 중요성을 시사한다.

이러한 환경을 갖춘 곳에서 질적으로 우수한 문화가 탄생하는 것은 당연하다. 북쪽과 서쪽 해안에서는 이미 8000년 전의 홍륭와(興隆洼)유적에서 보듯이 높은 수준의 신석기 문화가 태동됐으며, 이미 고국(古國)이라는 명칭을 부여할 정도로 초기국가의 형태를 갖춘 매우 수준 높은 홍산(紅山)문화가 발전했다. 이어 초기 청동기시대라고 하지만 '방국(方國)'이라고 부르자는 견해가 있을 정도로 정교한 조직과 정치력을 갖춘 정치체가 탄생한 하가점 하층(夏家店下層), 뒤를 이은 하가점 상층(夏家店上層)문화가 발전했다. 동쪽 해안인 요동반도에는 신석기시대 해안과 섬의 해양문화를 비롯하여 신락(新樂)문화를 이어 고인돌, 적석총 등 고조선 문화가 발전했다. 그리고 남쪽 해안과 섬에서도 역시 해양문화가, 산동반도 내부에서는 용산(龍山)문화 등이 발전했다. 이렇게 발해유역에서는 독특한 자연적·인문적인 환경을 활용하여 신석기 시대부터 다양한 문명의 씨앗들이 태동하여 발전하면서 중핵을 이루었고, 주변에 배급하는 역할을 담당하였다. 뿐만 아니라 영향을 받으면서 각각의 자기 터에서 발전하고 유형화된 동방(東方)문명, 북방(北方)문명, 중화(中華)문명이 교차하고 재생산하는 거점(據點, I.C., heart)의 역할도 하였다.

이러한 발해유역의 문화를 성격을 부여하여 유형화시키는 작업은 매우 필요하다. 중국은 중화문명이라는 입장에서 '요하문명론(遼河文明論)'을 주장하고 논리화작업을 계속하고 있다. 그 논리가 가진 한계 가운데 하나가 발해라는 해양적 터의 성격과 영향력을 경시하고 육지중심으로 되어가는 것이다. 또한 동아시아 문명의 모문명적(母文明的) 위상, 여러 문명의 복합성(複合性), 문명들 간의 공존성(共存性) 등을 경시한 채, 현재 중국 중심의 1극체제(極體制)로 왜곡시킨다는 점이다. 역사공간은 전체이면서 부분인 '터'와 부분으로서 위치와 역할에 따라 달라지는 여러 핵(核)들과 연결하는 선(線)들로 구성되어 있다. 필자는 '터(場, field) 이론'이라는 틀 속에서 '발해문명론(渤海文明論)'을 제창하고, 동아시아 문명의 성격을 진실대로 규명하며, 아울러 우리문화의 정체성을 찾아가는 계기로 삼고자 한다.

이 글을 작성하면서 필자의 전문영역이 아닌 요녕고고학에 관해서는 이형구·복기대 두 학자의 글을 많이 인용했음을 밝힌다. 그리고 일일이 주를 달지는 않았지만 해양과 관련한 내용들, 몇몇 이론들에 관한 상세한 설명들은 필자의 연구성과를 참조하기를 부탁한다.

참고문헌

金載元, 『檀君神話의 新研究』, 탐구당, 1977, pp.1~152.
복기대, 『요서지역의 청동기 시대 문화연구』, 백산자료원, 2002, pp.1~336.
리지린, 『고조선연구』, 과학원출판사, 평양 1963, pp.1~410.
신형식·최근영·윤명철·오순제·서일범 공저, 『고구려 산성과 해양방어체제』, 2000, pp.1~724.
尹乃鉉, 『고조선연구』, 일지사, 1994, pp.1~905.
윤명철, 『한국해양사』, 학연문화사, 2003, pp.1~432.
_____, 『동아지중해와 고대일본』, 청노루, 1996, pp.1~309.
이석우·김금식 共著, 『海洋測量學』, 집문당, 1984, pp.1~384.
하문식, 『고조선 지역의 고인돌 연구』, 백산자료원, 1999, pp.1~380.
許進雄 著, 洪熹 譯, 『中國古代社會』, 동문선, 1991, pp.1~660.
藤田豊八遺 著, 池内宏 編, 『東西交渉史の研究』南海篇, 荻原星文館, 1943, pp.1~700.
茂在寅南, 『古代日本の航海術』, 小學館, 1979, pp.1~238.
盧其昌, 『秦皇島港史』(古·近代部分), 人民交通出版社, 1985, pp.1~376.
汶江, 『古代中國與亞非地區的海上交通』, 四川省社會科學院出版社, 1989, pp.1~245.
齊易, 『中國航海史(古代航海史)』, 人民交通出版社, 1988, pp.1~350.
孫光圻, 『中國古代航海史』, 海洋出版社, 1989, pp.1~665.
李永采 외 4인 著, 『海洋開拓爭覇簡史』, 海洋出版社, 1990, pp.1~425.
孫進己, 『東北各民族文化交流史』, 春風文藝出版社, 1992, pp.1~388.
張鐵牛·高曉星, 『中國古代海軍史』, 八一出版社, 1993., pp.1~410.
許玉林, 『遼東半島石棚』, 遼寧科學技術出版社, 1994, pp.1~236.
陳尙勝, 『中韓交流三千年』, 中華書局, 1997, pp.1~257.
郭大順, 『龍出遼河源』, 百花文藝出版社, 2001, pp.1~271.

▶ 논문

김영근, 「하가점 하층문화에 대한 고찰」, 『단군학 연구』14, 단군학회, 2006, pp.103~126.
복기대, 「요서지역 청동기시대문화의 역사적 이해」, 『단군학연구』5, 단군학회, 2001, pp.213~246.
_____, 「한국상고사와 동북아시아 청동기문화」, 『단군학연구』14, 2006, pp.67~102.

_____, 「요서지역의 청동기 시대문화와 황하유역문화와의 관계」, 『고대에도 한류가 있었다』, 지식산업사, 2007, pp.529~559.
오순제, 「百濟의 東明과 高句麗의 朱蒙」, 『실학사상연구』12, 무학실학회, 1999, pp.55~91.
윤명철, 「海洋史觀으로 본 한국 고대사의 발전과 종언」, 『韓國史硏究』123, 한국사연구, 2003, pp.175~207.
_____, 「한국사 이해를 위한 몇 가지 제언」, 『韓國史學史學報』9, 한국사학사학회, 2004, pp.5~36.
_____, 「한국 고대사 연구의 반성과 대안」, 『단군학 연구』11, 단군학회, 2004, pp.231~250.
_____, 「東아시아의 海洋空間에 관한 再認識과 活用-동아지중해모델을 중심으로-」, 『동아시아고대학』14, 동아시아고대학회, 경인문화사, 2006, pp.323~358.
_____, 「동해문화권의 설정 검토」, 『동아시아 역사상과 우리문화의 형성』, 한국학중앙연구원, 2005, pp.1~44.
윤명철, 「遼東지방의 해양방어체제연구」, 『정신문화연구』22-4호(통권 77호), 1999, pp.125~148.
_____, 「서복의 해상활동에 대한 연구-항로를 중심으로-」, 『제주도연구』21, 제주학회, 2002, pp.31~58.
李亨求, 「발해연안 석묘문화의 원류」, 『한국학보』50, 일지사, 1988, pp.266~322.
_____, 「발해연안 대능하유역 기자조선의 유적·유물」, 『고조선과 부여의 제문제』, 신서원, 1996, pp.55~89.
_____, 「고조선 시기의 청동기문화연구」, 『고조선문화연구』, 한국정신문화연구원, 1999, pp.71~107.
한창균, 「고조선 성립배경과 발전단계 시론」, 『국사관논총』33, 국사편찬위원회, 1992, pp.1~40.
郭泮溪, 「中韓海上絲路與板橋鎭 市舶司」, 『海洋文化硏究』2, 海洋出版社, 2000, pp.53~57.
岡田英弘, 「倭人とシルクロード」, 『東アジアの古代文化』17, 大和書房, 1978, pp.2~14.

11

漂流의 발생과 역할에 대한 탐구[*]

—동아시아 해역을 배경으로—

1. 서 론

    동아시아 역사는 지리적인 환경, 해양환경, 문화 및 역사적인 환경을 고려할 때 육지와 해양을 하나의 틀 속에서 유기적인 관계로 파악해야 한다. 즉 '해륙사관(海陸史觀)'이란 관점에서 볼 필요가 있다. 이러한 역사의 터인 만큼 해양활동은 매우 활발했을 뿐 아니라, 그 능력과 메커니즘에 따라 지역 또는 국가의 발전이 영향을 받았다. 이러한 과정에서 부수적인 상황, 또는 종속변수로서 표류현상이 적지 않게 발생했다. 그동안의 연구 성과는 주로 일본사 연구자들에 의하여 조선시대 한일관계에 집중되었다. 그 외에는 한중관계와 한일관계 등 교류사를 연구하는 과정에서 표류의 사례들을 일부 열거하여 논지를 전개하는 수단으로 이용하였다. 또한 문학에서 소위 '표류문학(漂流文學)'이라는 분야로 연구가 이루어졌다.[1]

---

[*] 「표류의 발생과 역사적인 역할에 대한 탐구」, 『동아시아 고대학』 제18호, 동아시아 고대학회, 2008.
[1] 한일관계사학회 편, 『조선시대 한일 표류민 연구』, 서울, 국학자료원, 2001, pp.1~249.
    이훈, 「조선전기 조 일간 표류민 송환과 교린」, 『조선시대 한일 표류민 연구』(한일관계사학회 편), 국학자료원, 2001, pp.27~52 ; 정성일, 「표류・표착의 지역적 특성과 그 현재적 의의」, 『조선시대 한일 표류민 연구』(한일 관계사학회 편), 국학자료원, 2001, pp.5~86 ; 이병로, 「일본측 사료로 본 9세기의 한일 관계-신

하지만 역사학분야에서 표류의 성격과 동아시아에서 발생하게 되는 자연환경의 검토를 구체적으로 연결시키는 데에는 미흡했다. 그리고 그것이 해양의 메커니즘과 어떠한 연관을 맺고 있으며, 특히 우리 고려시대 이전의 역사발전에 구체적으로 작용한 요소와 사례들에 대한 연구는 부족했다.

표류(漂流)의 발생원인과 과정을 이해하는 일은 해양의 자연적인 메커니즘을 이해하는데 매우 유용하며, 표류로 인한 결과는 역사의 발전에 나타난 우연의 메커니즘은 물론이고 자연이 일방적으로 부과한 상황을 역사의 과정에 능동적으로 변형시켜가는 인간과 집단의 모습 또한 확인할 수 있다. 이 글에서는 연구주제를 고려(高麗)시대까지로 한정한 탓으로 역사와의 관련성을 파악하고 판단하는데 필요한 공식적인 표류기록이 많지 않다. 따라서 2장에서는 표류의 성격과 발생의 메커니즘이라는 일반론을 전개한 다음에, 3장에서는 우리역사와 연관 있는 몇 가지 드러난 표류사례와 상황을 열거하고 분석한다. 그리고 4장에서는 3장에서 언급한 상황 등을 토대로 표류의 메커니즘이 구체적으로 역사에 어떠한 영향을 끼쳤는지, 즉 국가내부의 발전은 물론 국제간의 무역을 비롯한 교류, 그리고 국제질서에 끼친 영향을 언급하고자 한다.

라인 來着기사를 중심으로-」, 『일본어문학』제45호, 2003, pp.455~478 ; 조규익 · 최영호 엮음, 『해양문학을 찾아서』, 서울, 집문당, 1994, pp.1~401 ; 윤일수, 「표류담의 전통과 작품화」, 『해양문학을 찾아서』, 서울, 집문당, 1994, pp.195~214.

2. 역사에서 漂流의 性格과 發生의 메커니즘

1) 표류의 성격

표류란 바다 내지 강 또 넓은 호수에서 특별한 이유로 배가 방향을 잃고 위험한 상태에서 움직이는 상황을 의미한다. 사료에서는 표류(漂流) 외에 '표착(漂着)'(발해사신과 관련한 일본기록) 또는 '표몰(漂沒)', '표도(漂到)' 등의 용어로도 사용된다.

엄격하게 말하면 단어 상에는 성격, 형태 등에 약간의 차이가 있으나 기본적으로는 거의 유사하다. 따라서 이 글에서도 이러한 현상일반을 표류라고 규정하면서 논리를 전개하고자 한다.

표류의 주체는 바다라는 터에서 활동하는 선원, 어민 등을 비롯한 해양민들이고, 또한 일시적이나 특정한 목적으로 바다를 항해하는 사람들, 즉 상인(商人), 승려(僧侶), 관인(官人), 군인(軍人), 해적(海賊) 등이다. 이들은 각각 특정한 목적을 가진 채 목표지를 향해 항해를 시작했지만, 기상이변, 선체 파손, 내부혼란, 적대집단의 습격 등 비일상적인 상황으로 인하여 정상항로를 이탈한 채 자연현상에 맡겨졌다. 또한 이들은 해양과 항해의 메커니즘상 불가피하게 사용할 수밖에 없는 항로가 있었으며, 이러한 속에서 표류가 발생한 경우도 적지 않았다.

해양문화와 역사상을 이해하는데 육지와 농토에 터를 잡고 정주적(定住的)성격(stability)을 가진 농경민의 인식과 생활방식으로 해석하면 무리가 뒤따른다. 특히 표류와 관련해서는 몇 가지 전제를 이해해야 한다.

첫째, 고대는 해양활동과 해양교류에 필수적인 항해술(航海術)과 조선술(造船術)이 발달하지 못했으므로 자연환경에 직접적으로 영향을 받는다. 해류, 조류, 바람 등은 해양활동과 문화가 만들어지는 틀과 성격에 강력한 영향을 끼친다. 둘째, 해양을 이용하여 문화(文化)를 교류(交流)하고 교섭(交涉)할 때에는 유사한 해로를 이용하거나 공유한다. 더욱이 선사시대나 고대에는 통로(通路)가 일정하기 때문에 항해는 일정한 장소(場所)에서, 일정한 시기(時期)에, 그것도 일정한 형태로 만들어지는 경향이 강하다. 셋째, 해양환경은 육지와 달리 지역이나 시기에 따라 예측하지 못했던 변화가 일어나 표류가 발생하는 경우가 많다. 하지만 항해와 마찬가지로 표류 또한 해양환경과 메커니즘 속에서 크게 벗어나지 못한다. 해류, 조류, 바람, 해상조건 등이 공통적이기 때문이다. 넷째, 해양을 통한 교류는 육지에 비해 상대적으로 규모가 작고 비조직적이다. 뿐만 아니라 불규칙적(不規則的)이고 연속적(連續的)이지 못하다. 왜냐하면 표류(漂流)처럼 우발적(偶發的)이나 수동적(受動的)으로 이루어진 경우가 적지 않기 때문이다. 다섯째, 해양문화는 불보존성(不保存性)이라는 특성을 지니고 있다. 해양을 무대로 활동하는 주민들의 상당수는 해양민(海洋民)이거나 지방세력(地方勢力)인 경우가 대부분이었다. 따라서 자신의 행적과 성격에 대해서 기록이나 유물 등 흔적을 남기는 경우가 드물다. 특히 표류는 정상적인 항해에 실패한 비일상적(非日常的)인 사건인데다가, 주로 민간인들의 사적인 행위에서 발생하였으므로 몇몇 예외를 제외하고는 기록을 남기지 않았다. 여섯째, 표류는 그 결과 뿐만 아니라 발생하는데도 역사적인 메커니즘과 관련이 깊다. 국제관계에서는 무작위성(無作爲性), 무목적성항해(無目的性航海)가 아니라 의도적이며 목적지가 분명하다. 따라서 항로를 사용하는 과정에서 표류가 발생하는 경우가 많으므로 항로 등 해양 메커니즘의 이해가 필요하다.

거기에 정치 군사적인 상황이 변화함에 따라 항로 또한 변화하면서 자연스럽게 '항로(航路) 쟁탈전(爭奪戰)'이 벌어진다. 예를 들면 고구려는 일본열도로 가고자할 때 출항할 수밖에 없는 항구와 사용항로가 있다. 그래서 가능하면 한반도의 동해중부해안인 삼척(三陟) 등까지 남진하려 했다. 이는 동아지중해의 해양(海洋)이 일원적 관리체제로 되어 있지 않은 상태에서는 모든 나라들이 당면한 문제였다. 따라서 때로는 부적절한 항구(港口)선택과 무리한 항로(航路)사용이 이루어지는데, 이러한 비일상적인 상황에서 표류가 발생할 확률이 높아진다. 이러한 표류와 연관된 해양문화의 몇 가지 특성을 이해하지 못하거나 경시할 경우에는 전근대시대의 해양역사는 물론이고, 표류의 성격과 의미를 해석하는데 상당한 혼란을 초래한다.[2]

2) 표류발생의 자연적 배경

앞 글에서 표류의 일반적인 성격과 표류와 역사가 맺어지는 관계성에 대해서 이론적으로 살펴보았다. 역사시대에 들어오면 해양환경을 이용한 경험과 지식이 축적되었으므로 항로(航路), 항법(航法), 시기(時期) 등은 거의 일정한 상수(常數)에 해당한다. 하지만 자연현상은 예기치 않은 상태로 변할 때에 막강한 변수(變數)로서 작용한다. 이러한 비일상성(非日常性)과 변화(變化) 때문에 표류에서는 다수의 인간이 희생당할 뿐 아니라 목적을 상실하는 경우도 많이 있다. 발해인(渤海人)들은 동해를 건너 일본열도로 항해하면서 무수한 참사를 당했다. 『진도기사(津島記事)』에 따르면 1703년 조선역관사(朝鮮譯官使) 일행 108명이 대마도의 와니우라(鰐浦) 바로 앞 바다에서 참변을 당했다. 이 장에서는 비일상적인 표류가 발생하는 배경을 자연환경과 역사 속에서 살펴보고자 한다. 먼저 한반도를 중핵으로 한 동아지중해(東亞地中海)라는 전체 틀 속에서 황해(黃海), 동해(東海), 남해(南海), 동중국해(東中國海) 등의 해양환경을 살펴보고자 한다.

동아시아는 한반도를 중심축으로 일본열도의 사이에는 동해와 남해가 있고, 중국과의 사이에는 황해라는 내해(內海, inland-sea)가 있다. 한반도의 남부와 일본열도의 서부, 그리고 중국의 남부지역(揚子江 이남을 통상 남부지역으로 한다)은 이른바 동중국해(東中國海)를 매개로 연결되고 있다. 그리고 현재 연해주(沿海洲) 및 북방(北方), 캄차카 등도 동해연안을 통해서 우리와 연결되고 있으며, 타타르(tatar)해협을 통해서 두만강 유

---

2 이 부분은 필자가 오래 전부터 사용해오던 논리인데, 이 글에서는 표류와 관련하여 보완·첨삭함으로서 변형시켰다.

역 및 북부지역과 사할린, 홋카이도 또한 연결되고 있다. 이렇게 해서 동아시아는 완전한 의미의 지중해는 아니지만 이른바 다국간 지중해해(多國間 地中海海, Multinational-Mediterranean-Sea)의 형태로서 모든 나라들을 연결시키고 있다. 특히 황해는 중국(中國)과 한반도(韓半島)의 서부해안(西部海岸) 전체, 그리고 만주남부(滿洲南部)의 요동지방(遼東地方)을 하나로 연결하고 인접한 각국 들이 공동으로 활동을 하는 장(場)의 역할을 하고 있다. 때문에 일찍부터 인간과 문화의 교류가 빈번했고 그러한 공통성을 토대로 문화권이 형성되었다. 이러한 인식과 사실을 바탕으로 필자는 '동아지중해(東亞地中海, EastAsian- mediterranean-sea)'란 모델을 설정하여 제시하였다.

동아지중해는 단순하게 지리(地理)와 지형(地形), 바다의 구조(構造)라는 물리적인 틀 뿐만 아니라 담고 있는 내용인 자연현상과 생산물, 주민을 비롯한 문화 또한 다양하다.[3] 따라서 정치·군사·경제·문화 등 모든 분야에서 활발한 교류를 통해서 상호 연관성을 깊게 할 수 밖에 없는 역사의 터이다.[4] 이러한 자연환경을 고려하면 이 지역에서 흥망을 거듭했던 모든 종족들과 국가들은 해양의 영향을 어떠한 형태로든 받으

---

[3] 東亞地中海의 자연환경에 대한 검토는 윤명철, 「海洋條件을 통해서 본 古代 韓日 關係史의 理解」, 『日本學』14, 동국대 일본학연구소, 1995. pp.67~113 및 「黃海의 地中海的 성격연구」, 『韓中文化交流와 南方海路』, 국학자료원, 1997, pp.213~242 외 기타 논문 참고.

[4] 윤명철, 「동해문화권의 설정 검토」, 『동아시아 역사상과 우리문화의 형성』, 한국학 중앙연구원, 민속원, 2005, 9, pp.1~44 ; 「東아시아의 海洋空間에 관한 再認識과 活用-동아지중해 모델을 중심으로」, 『동아시아고대학』14집, 동아시아고대학회, 경인문화사, 2006, pp.323~358 등에서 동아시아 역사의 공간을 이해하는 해석모델로서 '터와 多核(field & multi-core)이론'을 전개하고 있다.
필자가 주장하는 '터이론'의 大綱은 다음과 같다. 한 동일한 공간, 유사한 공간, 관련성 깊은 공간은 하나의 역사공간으로 인식해야 한다. 비록 혈통이 다르고 언어와 문화가 달라도, 또 중심부간의 거리가 멀거나 국부적인 자연환경에 차이가 있고, 정치체제의 차이가 있어도 느슨한 하나의 '統一體' 혹은 '歷史有機體', '문명공동체' 였다. 또 역사공간은 단순한 영토나 영역, 장소의 문제가 아니라 만남과 연결 방식을 총체적인 연결망, 즉 네트워크의 개념으로 접근할 필요가 있다. 역사공간의 네트워크는 전체이면서 부분인 터(場, field)와 또 부분이면서 전체이기도 한 3개의 中核과 주변의 몇몇 行星들, 그들을 싸고도는 衛星들이 있고(multi-core), 중첩적인 선(line)들로 이어졌다. 선이란 교통로를 말한다. '터 이론'의 구체적인 내용과 실질적인 예들은 위 논문들을 참고하기를 바란다.

며 해양활동을 활발히 할 수밖에 없다. 그 과정 속에서 표류가 발생하는 일은 너무나 당연하다. 따라서 항해와 표류현상을 자주 발생시키는 해양환경을 구체적으로 검토할 필요가 있다.

우선 해류(海流)가 있다. 동아시아는 쿠로시오(黑潮)라는 해류가 필리핀 북부에서 발생하여 북동진(北東進)한다. 그 한 지류가 제주도로 북상을 하다 양쪽으로 갈라져 한 흐름이 서해남부해안으로 부딪쳐 서해연안을 타고 올라오면서 문물과 역사의 이동로가 된다. 또 한 갈래는 남해를 지나 대한난류(大韓暖流)로서 대마도(對馬島)를 가운데에 둔 채 동수도(東水道)와 서수도(西水道)로 나누어진다.[5] 협수로(狹水路)를 통과하면서 물의 흐름이 빨라지고 파도도 높아진다. 서수도를 통과한 해류는 한반도 남동단을 지나 북북동으로 흘러 원산(元山) 외해(外海)와 울릉도 부근에 이르러 동쪽으로 전향하고 동수도를 통과한 해류는 북동방향으로 흐르면서 일본서안을 끼고 올라간다.

이 해류의 유속은 계절과 지역에 따라 약간의 차이가 있으나 평균 1kn내외이며 물의 방향은 항상 북동으로 향하고 있다. 이 항류(恒流)가 북동방향으로 진행하는 것은 이 해역 항해의 기본방향을 북동향으로 조건 짓는다. 해류는 표류의 상황을 직접 야기하는 경우는 적지만 표류가 발생한 후에는 오히려 자가동력(自家動力)을 상실한 선박으로 하여금 특정한 방향으로 진행하도록 만들기도 한다.[6] 하지만 거대한 해류도 지역에 따라서는 조류의 영향을 받으며, 바람의 영향을 상당히 받는다.

다음은 조류(潮流)이다. 조류의 흐름은 내해(內海), 육지사이의 해협(海峽), 리아스식

---

[5] 흑조원류는 북태평양을 시계추와 같은 방향으로 環流하는 北赤道해류가 필리핀제도에 근접함으로써 北流하는 해류이다. 그러나 黑潮의 源流, 협의의 흑조, 黑潮續流로서 對馬暖流, 쓰가루(津輕)暖流, 소야(宗谷)暖流를 일괄하여 黑潮海流係라고 부른다. 흑조원류는 북적도 해류 북반부에 비교하면서 동중국해로 유입하기 전에 流幅을 좁히고 流速이 증가해서 流速 1.0~2.0kn, 부근에서 2.0~2.5kn, 일본본주에 접근하면 3.0~4.0kn에 達한다. 『근해항로지』, 대한민국 수로국, 1973, pp.44~47. 이후의 문장은 삭제했음.
[6] 黑潮에 대하여 역사적 입장을 전제로 하면서 이론적 접근을 한 글은 茂在寅南의 『古代日本の航海術』, 東京, 小學館, 1981, pp.88~90.

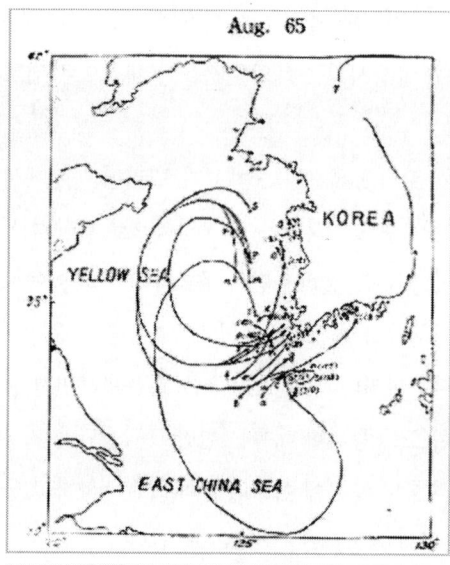

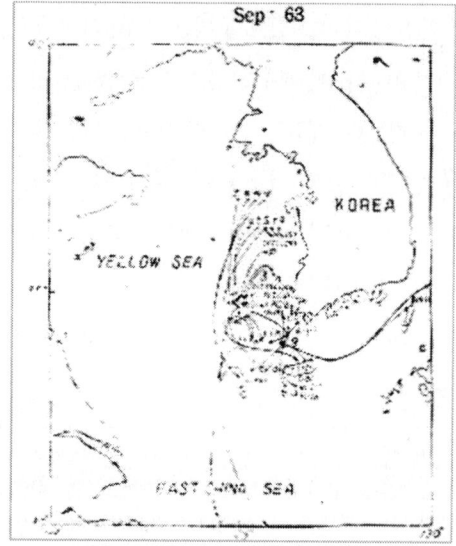

| 그림 1 | 남서해역주변의 해류병표류도[9]

해안이 발달한 곳, 즉 한반도의 남서 및 서남해안과 대한해협, 그리고 중국의 동해안(특히 浙江省의 舟山群島 해역) 같은 곳은 진행방향의 지역적 편차가 심하다. 황해는 한 가운데도 조류가 강하게 작용하고 있었다. 일례로 우리영해와 가까운 북위 33.12, 동경 123.20 지역, 청도만(靑島灣)과 가까운 북위 35도 20분, 동경 122도 35분 지역은 물길이 역류되는 등 조류가 강하게 작용하였다.[7]

한반도 남부(거제도, 부산지역)와 쓰시마(對馬島) 사이의 해류는 북동방향으로 진행하며 평균 1kn내외이다. 그런데 창조(漲潮) 때에는 조류의 흐름이 남서로 진행되면서 북동향 항류인 해류를 역으로 밀어 붙여 해류를 정지시키거나 역류마저 시킨다. 반대로 낙조(落潮) 때에는 조류가 북동방향으로 흘러 항류(恒流)와 합해져 3kn이상의 빠른 속도로 북동진한다.[8] 이러한 조류는 항해에 큰 영향을 끼칠 뿐만 아니라 선박들이 난파하거나 방향을 상실하고 표류시키는 주요한 원인이 된다. 특히 연안에서 발생하는 표류의 대부분은 조류가 작용한 때문이다. 신안 앞바다에 침몰되었던 소위 '신안해저유물선'은 이러한 표류의 전형적인 예이다.

항해환경을 이루는 데 가장 중요한 요소는 바람의 영향이다. 때로는 해류마저도 강한 바람의 영향을 받아 방향이 바뀌거나 역류하는 일도 생긴다. 해당 조건에 따라 차이가 있지만 풍력(風力) 8(풍속 34~40kn) 이상이 되면 표면수(表面水)의 흐름이 반대로 되는 경우도 있다. 이러한 예기치 못한 상황을 맞으면 표류가 발생한다. 바다에서 발생하는 조난사고의 대부분은 조류의 흐름을 잘못 관측했거나, 바람에 의하여 표면수의 방향이 바뀌거나 선박이 밀려가기 때문이다. 표류 등 우연의 소산이 결국은 지속적인 접촉을 가져와 문화의 교섭, 역사적인 사건을 발생시키게 된다. 이러한 예는 역사 상에서 많이 나타나고 있다.[10]

동아시아는 특정한 계절에 일정한 방향성을 가지고 부는 계절풍지대이다. 황해나 동중국해는 동계(冬季)에는 북서풍, 풍력 3~5이고, 때때로 편북(偏北)에서 편북동풍(偏北東風)이 된다. 하계(夏季)에는 편남(偏南) 또는 편남동풍(偏南東風)이 많고 풍력은 3~4이고, 4월 말에서 5월 초 및 9월에는 부정풍(不定風)이 많다. 여름에는 바람이 거의 없는 무풍상태나 때때로 강한 바람이 불어온다. 봄에서 여름에 걸쳐 부는 남풍계열의 바람은 중국 남부해안과 한반도 혹은 일본열도 간의 교류를 가능하게 한다. 반면에 가을에서 겨울에 걸쳐 부는 북풍계열의 바람은 중국북부 및 중부와 한반도 남부해안 간의 교

---

7 윤명철, 「황해의 지중해적 성격연구 1」, 『고대한중교류와 남방해로』, 국학연구원, 1997, p.236.
8 이 해역의 조류 흐름에 대해서는 많은 논문이 있으나 가장 정확하게 길을 제시한 논문은 市田惠司 高山久明, 「古代人の航海術對馬海峽 시뮤레이션」, 『考古學ジャナル』 12월, 通倦 212號, 뉴사이언스사, 1982에 컴퓨터 분석에 의한 각종 도표가 있다. 尹明喆, 「海路를 통한 先史時代 韓日 양 지역의 文化接觸 可能性 檢討」, 『한국상고사학보』 2, 1989, p.101에서 재인용.
9 이창기, 「한국 서해에 있어서의 해류병시험조사(1962~1966)」, 『수진연구보고』 12, 1974, p.38.
10 張漢喆의 『漂海錄』, 崔溥의 『漂海錄』, 柳大用의 『琉球風土記』는 표류기를 기초로 저술한 것이다. 『成宗實錄』 권105에는 7명의 조선인이 폭풍으로 오키나와 최남단까지 갔다는 기록이 있다. 이러한 것들은 표류의 상황을 기록하고 있다.

류를 가능하게 한다. 한편 한일(韓日) 간에서 남풍계열의 바람은 일본열도에서 한반도로, 북풍계열의 바람은 한반도에서 일본열도의 남부와 서부해안과 교류를 가능하게 한다. 그런데 북서풍은 한겨울에 불어 온도가 낮은데다가 풍력이 높아서 파고가 높다.

고대 항해는 이러한 바람의 영향을 최대한 이용하였다.[11] 삼국시대에 백제의 대중교섭(對中交涉),[12] 고구려의 대중 및 대외교섭,[13] 신라의 진출과 왜의 신라침입(侵入), 통일신라의 대일교류(對日交流),[14] 발해(渤海)의 견일본사(遣日本使)파견,[15] 일본(日本)의 견발해사(遣渤海使)・견당사(遣唐使) 파견[16] 등은 계절풍의 영향을 받으며 활동했다는 사실은 이미 과학적인 분석을 통해서 입증되었다. 842년에 발해의 중대성(中臺省)에서 발해대사인 하복연(賀福延) 편에 보낸 첩문(牒文)에는 '바람을 점치고 때를 기다려 출항한다.'는 내용이 있다. 그런데 바람의 방향이 예기치 않게 변한 경우와 선박이 견디기 힘들 정도의 강력한 바람이 부는 경우에 표몰(漂沒) 또는 표류(漂流)상황이 발생한다. 특히 바람의 방향과 해류 바람의 방향이 일치하지 않고, 거스르는 경우에는 해난사고와 표류상황이 발생한다.

동아시아의 해양활동에는 지리적 환경도 중요한 영향을 끼쳤다. 바다를 사이에

---

11 윤명철, 「海洋條件을 통해서 본 古代韓日 關係史의 理解」, 『日本學』14, 동국대 일본학연구소, 1995, pp.67~113 외 필자의 논문들.
茂在寅南, 『古代日本の航海術』, 小學館, 1981, pp.96~97 ; 荒竹清光, 「古代 環東シナ海文化圈と對馬海流」, 『東アジアの 古代文化』29號, 大和書房, 1981, p.91 참조.
12 정진술, 「韓國先史時代海上移動에 관한 硏究」, 『忠武公 李舜臣 硏究論叢』, 해군사관학교, 1991, p.45 도표 참조.
13 윤명철, 「高句麗 發展期의 海洋能力에 대한 검토」, 『阜村 申延澈敎授 停年退任紀念史學論叢』, 일월서각, 1995, p.428.
14 吉野正敏, 「季節風と航海」, 『Museum Kyusu』14號, 博物館等 建設推進九州會議, 1984, p.14.
15 특히 발해의 해양과 관련해서는 윤명철, 「渤海의 海洋活動과 동아시아의 秩序再編」, 『고구려연구』6, 학연문화사, 1988. pp.469~514에 도표 등이 자세하게 나와 있다.
吉野正敏, 「季節風と航海」, 『Museum Kyushu』14號, 福岡, 1984, pp.16~17, 도표 참조.
16 위의 논문, pp.16~17 도표 참조.

둔 육지간의 거리, 즉 항해거리가 중요하고, 그에 따른 항법도 중요했다. 황해·남해의 전 해역은 해안 간의 간격이 넓지 않은 내해(內海)로서 근해항해(近海航海)의 대상지역이다. 한중(韓中) 간의 최단거리는 250여 km에 불과하다. 한·일 양 지역은 전체거리가 약 280여 km에 달하지만 중간에 쓰시마와 이키(壹岐)섬 등이 있어서 비교적 지문항법(地文航法)에 의한 항해가 가능하다.[17] 하지만 이 항해도 육지에 접안하고 상륙할 장소를 선정해야 하므로 항로 주변환경을 숙지한 안내자가 필요하다.[18] 동해는 지문항법을 활용하는 근해항해가 불가능한 대양이다. 따라서 고도의 기술과 지식을 요하는 천문항법을 숙지해야 하며, 원양항해를 할 수밖에 없다. 자연스럽게 표류의 빈도가 높을 수밖에 없다.

동아지중해에서는 해류, 조류, 바람 및 육지간의 거리 등의 자연환경이 계절과 해역에 따라 각각 다르게 작용하면서 해양의 메커니즘을 만들었고, 그러한 환경을 적절하게 활용하지 못한 결과로서 표류현상들이 발생한 것이다.

3. 동아시아 해역에서 발생한 표류 상황-중세[19] 이전을 중심으로

앞글에서 해양과 표류의 메커니즘, 그리고 동아시아 및 한반도 해역을 중심으로 항해와 표류가 발생할 수 있는 환경과 조건을 살펴보았다. 이 장에서는 표류현상의 실례와 표류가 해양활동과 동아시아 역사에 끼친 영향을 살펴보고자 한다. 그러나 표류의 관한 기록은 조선시대 것이 일부 남아있고, 고려까지는 단편적인 내용뿐이다. 따라

---

17 城田吉之, 『對馬·赤米の村』, 東京, 葦書房, 1977, pp.9~11.
18 이들을 엔닌이 쓴 『入唐求法巡禮行記』에서는 '暗海者'라고 불렀다.
19 한국사 및 동아시아역사에서 시대 구분을 하는 방식에 대해서는 다양한 설들이 있다. 이 글에서는 우리 역사상 고려시대까지를 포함하고 있으므로 편의상 중세라는 표현을 사용했음을 밝힌다.

서 동아시아 전체에서 발생한 항해활동과 표류현상을 살펴보면서 큰 틀과 상황논리 속에서 표류현상과 역사상을 이해하는 방법을 택하고자 한다.

　동아시아의 바다에서 해양활동을 한 사례는 이미 8000년 전부터 나타난다. 경남 창녕군 부곡에서 발견된 쪽배유물은 대략 8000년 전의 것으로 추정된다. 중국지역에서는 절강성(浙江省) 여요(余姚)의 하모도 유적지서 발견된 선박관련 유물이 B.P.7960±100의 것으로 추정된다. 요동반도(遼東半島)는 이미 5000년 전에 해운업이 형성되었으며, 아마도 6000년 내지 7000년 전, 신석기 중기에는 산동반도와 요동반도연해를 오고 가는 항해가 있었던 것으로 보인다.[20] 그런데 해류의 흐름, 계절풍 등을 감안할 때 양자강유역과 한반도 서해안 및 제주도 사이에는 선사시대부터 교류했을 가능성은 충분하다.[21] 또한 한반도 남해동부와 동해남부 일부에서 발견이 되고 있는 일본계 죠오몽(繩文)토기의 존재는 양 지역의 교류가 활발히 진행되었음을 보여준다.[22] 융기문토기(隆起文土器)는 대마도에서도 발견되고,[23] 동삼동과 조도패총에서 출토된 흑요석제의 세석기(細石器)들은 규슈지방의 흑요석 원산지로부터 유입된 것이라 주장한다.[24] 후

---

[20] 汶江, 『古代中國與亞非地區의 海上交通』, 四川省 社會科學院 出版社, 1989, p.6. 內藤雋輔 역시 濱田박사의 고고학적인 해석을 수용하여 남만주와 요동반도 사이에 항로가 있었다고 주장하고 있다.(『朝鮮史硏究』, 東洋史硏究會 刊, 1962, p.378)

[21] 필자는 이러한 가능성을 입증하기 위하여 1997년 황해학술탐험을 시도하고 성공하였다. 황해의 해양조건과 당시의 실제항로는 윤명철, 「황해의 지중해적 성격연구 1」, 『한중문화교류와 남방해로』, 국학자료원, 1997, pp.213~241 참조. 최근에 일본은 양자강 중류와 하류의 문화가 동중국해를 건너 이미 죠오몽 중기시대부터 일본열도로 전파되었다는 주장을 하고 있다. 이 부분에 대해서는 본문에서 언급하고 있으므로 상론을 피한다.

[22] 林墩, 「朝島의 史的考察」, 『해양대 논문집』11, 1976, p.380 ; 「朝島貝塚 遺物小考」, 『해양대 논문집』13집, 1978, p.224에서 朝島를 선사 시대의 중요한 거점으로 보고 있다.
임효재, 앞의 논문, p.5 등에는 울산 서생포에서 발견된 죠오몽 토기에 대해 나오고 있다.

[23] 임효재, 「新石器時代의 韓日交流」, 『韓國史論』16, 1986 ; 鄭澄元, 「南海岸地方 隆起文 土器」에 대한 硏究」, 『釜大史學』9, p.3 ; 金元龍, 「신석기 문화」, 『한국사』1, 국사편찬위원회, 1984, pp.163~166 ; 永留久惠, 『對馬의 文化財』, 杉屋書店, 1978. pp.1~270 ; 永留久惠, 『古代史의 鍵』, 大化書房, 1975. pp.1~264 외.

[24] 林墩, 앞의 논문, p.225.

기에는 흑요석 자체를 이키섬 같은 데서 무래(貿來)해 왔을 가능성이 있다며, 무역으로 표현한다.[25] 일본 최고(最古)의 토기로 알려진 나가사키현(長崎) 후쿠이(福井) 동굴의 융기문 토기(12,400±120B.P)와 애히메현(愛媛)의 가미쿠로이와(上黑岩)에서 발견된 융기문 토기(12,165±600B.P)와 비슷한 것이 동삼동과 울산 서생면(西生面) 신암리(新岩里)에서 나온다. 그러나 이 양 유물들 간의 관련성은 5000년 이상의 시간적 격차가 있기 때문에 직접적인 관련성을 논하기는 어렵다고 한다.[26] 해양을 매개로 해서 하나의 문화권이 형성되어 가는 현상은 일본열도와 중국지역과의 교섭에서도 확인되고 있다.[27] 이처럼 선사시대부터 해양을 통한 동아(東亞)의 해양문화권(海洋文化圈)이 설정되었을 가능성은 고인돌의 전파와 분포에 있어서도 부분적으로 입증되고 있다.[28] 또한 언어의 공통을 통해서,[29] 신화나 설화의 유사성을 논리적 근거로 주장하는 견해도 있다.[30] 그 전파 경로에 대해서는 다양한 견해가 있으나 남방에서 동중국해와 황해를 통해서 문화 전파가 있었다는 견해도 설득력 있게 제시되고 있다.

선사시대에 해협의 도항용(渡航用)으로서 뗏목을, 연안항해용(沿岸航海用)으로서 통나무배(丸木舟·獨木舟)를 상정할 수 있다. 금세기 초두에도 제주도(濟州道), 대마도(對馬

---

25 김원룡,「新石器 文化」,『한국사』1, 국사편찬위원회, 1984, p.49.
   동삼동 3기의 석기는 흑요석제가 많이 있다.(金元龍, 위의 논문, p.143)
26 任孝在, 앞의 논문, pp.8~9.
27 安志敏,「先史時代における海上の中日交流」,『古代日本海文化の源流と發達』, 森浩一 外, 大和書房, 1985, pp.228~263.
28 金秉模,「쟈바의 巨石文化」,『考古文化』8집 및「韓國巨石文化 源流에 관한 硏究 1」,『考古文化』10·11 합집, 1981 외에서 이러한 설을 강력하게 주장하고 있다.
29 村山七郎,「言語學から見た古代 環東シナ海文化圏」,『東アジアの古代文化』14號, 大和書房, 1978, pp.42~55.
30 金在鵬,「古代 南海貿易ルトと朝鮮. 上」,『東アジアの古代文化』25號, 大和書房, 1980, pp.78~89에서 대마해류와 난생신화의 분포를 비교하여 하나의 문화권, 즉 동해문화권을 설정하고 있다.
   荒竹清光,「古代 環東シナ海 文化圏と對馬海流」,『東アジアの 古代文化』29號, 大和書房, 1981, pp.86~93은 뱀신앙 등과 관련시켜 그 범위를 확대하고 있다.

島)의 어민들이 뗏목을 사용하여 해협을 횡단해서 목포(木浦)·강진(康津)이나 일본열도의 당진(唐津)·박다(博多)방면에까지 나갔다고 한다.[31] 그렇다면 가장 원시적인 항해능력을 보유한 선사시대에도 양 지역 간에 항해가 가능했다는 것이다. 하지만 당연히 표류가 발생했을 것이다. 현재까지 발견된 유물과 유적을 통해서는 이러한 현상들이 능동적인 항해의 소산인지 또는 표류에 따른 결과인지 단정할 수는 없다. 하지만 양 지역 사이에서 표류가 계속 발생한 사실들로 보아 관련이 있음은 분명하다. 당시대의 항해술·조선술 수준 등을 고려한다면 표류가 동반된 '표류성 항해(漂流性 航海)'일 가능성도 크다. 1976년에 고대항해를 시험한 일본의 고분시대 목선을 재현한 '야생호(野生號)'는 정상적인 항로를 택했지만 결국 실패하였으며, 이는 표류에 해당한다. 필자가 시도한 대한해협 뗏목탐험도 1차 항해인 1982년도에는 실패하였고, 표류하던 뗏목은 9일 후에 혼슈 야마구치(山口)현 하기(萩) 앞바다인 미시마(見島)에 표착하였다.

역사시대에 들어오면 동아시아 해역에서는 적극적으로 해양활동을 하였다. 가장 역동적이었던 황해에서의 해양활동과 표류상황의 구체적인 예들을 살펴볼 필요가 있다. 춘추전국시대에 오면 원격지 무역이 발달했고,[32] 해양을 통한 교역이 본격적으로 이루어졌다.[33] 한반도 서해안 및 남해안 해역은 역사시대에 들어오면서 국제적인 항로가 개설되어 조직적이고 정치적인 교류가 있었다.[34] 진시황(秦始皇)은 불로초를 구한다는 명분을 내세우며 제(齊)나라의 방사(方士)인 서복(徐福)을 파견하였다. 이 행위는

---

31 江坂輝彌,「朝鮮半島南部と西部九州地方の先史原史 時代について-交易と文化交流」,『松阪大學紀要』第 4, 1986, p.7.
32 이춘식,『中國史序說』, 서울, 교보문고, 1992, p.82.
33 전국시대 상업도시의 번성에 대한 구체적인 기록과 상황은 許進雄 著, 洪憙 譯,『中國古代社會』, 서울, 동문선, 1991, p.447에 나와 있다.
34 고조선 및 삼한시대 동아시아의 해양활동에 대해서는 윤명철,「黃海文化圈의 形成과 海洋活動에 대한 연구」,『한민족의 해양활동과 동아지중해』, 서울, 학연, 2002, pp.15~53 참조 ; 윤명철,「황해의 지중해적 성격연구 1」,『한중문화교류와 남방해로』, 서울, 국학자료원, 1997, pp.213~241.

당시 동아지중해 역학관계와 진시황의 정책을 연결시켜볼 때 진나라의 동방개척 또는 물류망 확대정책의 일환일 가능성이 높다.³⁵ 서복과 관련한 설화와 유적으로 추정되는 것들이 한반도 남해안과 제주도를 거쳐 일본열도까지 나타나는 것은 이 항해가 장기적이었으며, 또한 비일상적인 상황도 발생했음을 짐작하게 한다.

『삼국지(三國志)』 위서(魏書) 동이전(東夷傳) 한조(韓條)에는 진시황제(秦始皇帝)가 6국을 병합하였을 때, 그리고 준왕이 있었을 때 연(燕), 제(齊), 조(趙) 등의 민(民)이 어려움을 겪다가 점점 도망쳐 준왕에게 가니 준은 이들을 서쪽지역에 안치하였다는 기록이 나오고³⁶ 『후한서(後漢書)』 동이전(東夷傳) 한조(韓條)에는 동이인(東夷人)의 이동과 관련한 기사가 나온다.³⁷ 이러한 해양이동은 당시의 국제정치적인 상황을 고려할 때 정상적인 항해일 가능성도 있으나, 급박한 상황 속에서는 표류성 항해가 적지 않았을 것이다. 이 시기 한반도 서남해안은 일본열도에서 중국의 한(漢)이나 위(魏) 등과 교섭하는 길이며, 『위서(魏書)』 왜인전(倭人傳)에 기록된 당시 왜로 가는 수행의 길이었다.³⁸

『북사(北史)』 백제전에는 589년에 진(陳)을 평정하는 작전을 수행하던 수(隋)나라의 전선이 탐모라국(耽毛羅國, 제주도로 추정)에 표착하였는데, 백제의 위덕왕(威德王)이 이들을 후대하여 사신과 함께 귀환시켰다는 기록이 있다. 『수서(隋書)』, 『삼국사기(三國史記)』도 이 표착한 사건에 대해서 기록하였다. 『삼국사기』와 『구당서(舊唐書)』에는 816년에 흉년에 굶주림을 견디다 못한 사람들 170여명이 절동(浙東)지방으로 건너갔다는

---

35 윤명철, 「서복의 해상활동에 대한 연구-항로를 중심으로」, 『제주도연구』21, 제주학회, 2002, 6, pp.31~57.
36 -二十餘年陳項起, 天下亂燕齊趙民愁苦, 稍稍亡往準 準乃置之於西方-
37 '辰韓, 耆老自言秦之亡人, 避苦役…'
38 『三國志』魏志 東夷 倭人傳에는 韓半島 西海岸을 떠나 南海岸을 거쳐 日本列島에 닿아 야마다이國까지 가는 길과 거리수, 그리고 거쳐야 되는 小國들을 명시해 놓았다. 왜인전에 나타난 行程에 대해서는 松永章生, 「漢語的思考法からみた 魏志 倭人傳의 行程」, 『東アジアの古代文化』53號, 大和書房, 1987, pp.26~50 참조.

기록이 있다.³⁹ 그 당시 신라의 정치적인 상황⁴⁰과 현실적인 능력을 상실한 농민임을 고려한다면 표류성 항해일 가능성이 높다. 이들은 남해서부와 서해남부의 해안을 출항하여 황해를 사단(斜斷)으로 항해했을 것이다. 또한 『삼국유사(三國遺事)』의 거타지(居陀知)조에는 왕의 동생인 아찬(阿飡)인 양패(良貝)를 당에 보냈는데, 배가 혹도(鵠島, 백령도)에 이르렀을 때 풍랑이 크게 일어나 십여 일 동안 머물렀다⁴¹는 기록이 있다. 일종의 표착(漂着)현상이다. 신라왕자인 김장렴이 풍랑을 만나 표류해서 명주에 닿았는데, 절동의 관리가 보내 주었다는 기록이 있다.⁴² 927년에는 후백제에 거란사신인 파고(婆姑), 마출(麻出) 등이 왔을 때 견훤(甄萱)은 장군인 최견(崔堅) 등을 파견하여 거란의 사신 등을 호송하도록 하였으나 중간에서 풍랑을 만나 등주(현재 蓬萊市)에 이르렀고, 결국은 모두 후당(後唐)에게 잡혀 죽음을 당하였다.

고려는 왕건의 할아버지인 작제건(作帝建) 설화(說話)에서 표류와 연관된 내용이 나온다. 963년에는 송(宋)의 태조(太祖)가 시찬(時贊)을 중심으로 90여 명의 사신단을 고려에 파견한다. 이때 찬(贊)을 제외한 전원이 풍랑을 만나 물에 빠져 죽었다.⁴³ 또 1019년, 즉 천희(天禧) 3년에는 고려사신인 최원신(崔元信)이 등주부근의 진왕(秦王) 수구(水口)에서 큰 바람을 만나 배가 전복되었고, 물건을 모두 잃어버렸다.⁴⁴ 표몰한 것이다. 이 무

---

39 이 항로와 관련된 재당신라인들의 활동과 거점, 그리고 고려시대 양 지역 간의 활발한 교섭 등에 대한 기록과 연구 성과들이 있다.
  김문경, 「9~11세기 신라 사람들과 강남」, 『장보고와 청해진』, 혜안, 1996, pp.59~80.
40 이 부분에 대해서는 權悳永, 『古代 韓中外交史』, 서울, 일조각, 1997에 해양과 연관하여 연구되어 있다.
41 『三國遺事』卷2, 진성여왕 居陀知조.
42 『三國史記』卷46, 최치원.
43 『高麗史』卷2 광종 14년. 그런데 『宋史』 열전 고려전에는 이 사신이 고려에서 파견하였다고 하며 익사한 숫자도 70여 명으로 되어 있다. 더욱이 『續資治通鑑長編』 太祖 乾德 元年 9월조에는 등주에서 보고하기를 하는 형식을 취하면서 보다 구체적으로 이 사신선이 고려에서 왔음을 말하고 있다.
44 『續資治通鑑長編』 眞宗 天禧 3년 9월.
  祁慶富, 「10~11세기 한중 해상교통로」, 『한중문화교류와 남방해로』(曺永祿 편), 국학자료원, 1997, p.168.

렵에 발생한 표류들은 양국 수도(首都)의 위치라는 정치적인 요인 때문에 황해중부 해역에서 주로 발생하였다. 그러나 점차 항해 및 표류상황은 남쪽 해역에서도 발생하였다. 송(宋)나라가 개봉(開封)에서 항주(杭州)로 천도했기 때문에 항로는 항주만(杭州灣), 영파(寧波) 등과 연관됐다. 『고려사(高麗史)』에는 1076년에서 1174년까지 약 100년 동안에 송나라에 표류하였다가 돌아온 고려인들의 이야기가 12차례나 기록되어 있다. 예종(睿宗) 때에는 진도에서 제주로 가다 표류하여 송의 명주(明州)로 표착하기도 하였다.[45]

그런데 이 무렵에 발생한 표류현상에는 특이한 점이 몇 가지 있다. 송나라 정부에게 좋은 대우를 받고 돌아온 것이 하나이다. 또 하나는 표류 해역과 표착 지역이 동중국해의 연안지역이라는 점이다. 실제로 이들 가운데 현재의 영파(寧波)인 명주에서 송환된 것이 7회에 90여 명이나 된다. 선종(宣宗) 5년(1088) 가을 7월에는 탐라인 용협(用叶) 등 10명이 풍랑으로 명주(明州)에 표착했다가 귀환되었다.[46] 이들은 가을에 북서풍 계열의 바람을 맞고 표류했을 것이다. 예종 8년(1113)에는 진도현의 주민 한백(漢白) 등 주민 8명은 탁라도(乇羅島)를 향해가다 풍랑을 만나 표류하다 명주(明州, 영파)에 닿았다.[47] 그 무렵만 해도 이러한 일들이 발생했고, 특히 제주도 사람들은 송의 해안으로 많이 표착하였다. 또 고려의 상선 한척이 표류하다 송 수군에 구조된 후 고려의 사정을 그들에게 알려준 일도 있었다.[48] 반대로 송인이 고려에 표착하여 머물다가 송환된 경우도 적지 않아 상인인 신환(愼奐) 등 36명이 고려에 온 경우도 있다. 조선시대에도 이러한 일은 있었지만, 당시의 국제정세와 조선의 정책으로 표류현상은 상대적으로

---

45 姚禮群,「宋代明州對高麗漂流民的救援措施」,『宋麗關係史研究』(楊渭生 著), 杭州大學出版社, 1997, 12, pp.474~483에는 표류상황이 도표로 작성됐다.
46 『高麗史』卷10, 선종 5년.
47 『高麗史』卷13, 예종 8년.
48 全善姬,「明州 옛 '지방지'에 보이는 麗 宋 交流史 札記」,『中國의 江南社會와 韓中交涉』, 서울, 집문당, 1997, p.236.

적었다.⁴⁹ 탐라인 김광현 일행이 추자도로 고기잡이 나갔다가 큰 바람을 만나 표류한 지 아흐레 되는 날 보타도(普陀島)에 닿는다.⁵⁰ 보타도(寶陀島)는 절강성 영파 앞바다인 주산군도(舟山群島)이다. 조선 시대에 최부(崔溥)는 윤 정월 초에 43인과 함께 제주도를 출발하였다가 흑산도 근처에서 폭풍을 만나 8일 만에 절강성 영파부 경내에 표착한 이후에 계속 표류하다 결국 29일 째에 상륙하였다. 이어 요동을 거쳐 조선으로 귀환하였다.

'남해(南海)'에서도 표류현상이 많이 발생했다. 선사시대부터 한·일 양 지역의 관계는 해양과 깊은 관련이 있고, 특히 일본문화와 정치세력의 형성은 해양의 메커니즘과 불가분의 관계에 있다. 앞 장에서 언급한 바처럼 남해는 거리가 짧고, 중간에 섬들이 산재해있어 상대적으로 항해에 유리한 면이 있다. 하지만 대한해협은 협수로(狹水路)였고, 조류의 방향적인 편차가 극심해서 표류상황들이 발생했다. 한일관계를 나타내는 신화는 지리적인 환경 역사적인 단계 문화의 이동 메커니즘 때문에 해양과 깊이 연관되어 항해(航海, 漂流)신화(神話)⁵¹ 등이 나타나기도 한다. 대마도에는 표류관련 설화와 역사적 사실들이 풍부하게 남아있다. 중부에 위치한 항구마을인 시다루(志多留)에는 항아리 설화가 있으며, 바로 옆의 우나쯔라(女連)에는 속이 텅 빈 배를 타고 한국에서 건너온 여왕의 이야기와 무덤이 있다. 그리고 그 옆 마을인 이나기(伊奈崎)에는 '빈 상자설화' 등이 전해온다.⁵²

---

49 목포대학교 도서문화연구소가 1998년에 펴낸 『備邊司謄錄』(신안군 관계자료집)에는 서남해안에서 발생한 표류사례가 많이 소개되어있다.
50 윤일수, 「표류담의 전통과 작품화」, 『해양문학을 찾아서』(조규익·최영호 엮음), 서울, 집문당, 1994, p.198.
51 일반적으로 漂流神(說)話라는 용어를 사용할 정도로 비중이 컸다. 그러나 신화에 등장하는 인물들의 행위는 적극적인 의지의 표방이고 특히 국가의 건설 같은 것은 의도적인 행위이다. 그러므로 수동적·피동적인 용어인 漂流는 부적절하다. 여기에 해당하는 신화는 昔脫解 신화, 許皇后 신화, 그 외에 제주도계의 신화들, 일본의 天日槍 신화 등 다수가 있다. 현용준은 「韓日神話의 比較」, 『논문집, 인문사회편』 8집, 제주대학교, 1976에서 '來訪型神話' 라는 표현을 썼다.

한편 통일신라는 일본국과 정치 군사적으로 갈등이 심각했으므로 짧은 기간을 제외하고는 발해만큼 활발한 교섭은 없었다. 다만 장보고를 비롯한 민간상인들의 교류가 활발했고, 때로는 신라해적들이 일본해역을 침범하는 일이 종종 있었다. 그 과정에 표류가 발생했다. 812년에는 대마도(對馬島)에 신라 해적선들도 나타났으며,[53] 9세기에 들어오면 신라의 사무역선이 일본국에 들어와『일본후기(日本後紀)』에는 홍인 5년(814) 10월 신라상인 31명이 지금의 야마구치현인 나가토국(長門國)의 豊浦郡(시모노세키)에 표착하였다.[54] 또 신라사람 신파고지(辛波古知)등 26명이 하카다진(博多津)에 표착했다. 승화 12년(845)12월에는 반대로 일본국의 표류자 50여 명을 신라에서 압송하였다.[55] 어느 항구를 출항했건 남해 해역에서 사고를 당했을 것이다. 그런데 9세기 후반에 이르러 다시 신라해적들이 일본열도를 약탈하고 선박들을 공격하였다. 869년에는 신라의 해적선 2척이 일본의 하카다(博多)를 습격하여 풍전국(豊前國)의 견면(絹綿)을 약탈하였고, 같은 해 7월에는 신라의 해적들에게 강탈당할 것을 두려하고 있다. 870년에는 역시 신라해적이 풍전국의 공물선에 실린 견면(絹綿)을 약탈하였다. 893년에는 비전국(肥前國), 비후국(肥後國)을 894년에 45척의 해적선이 대마도를 습격하였다가 수 백 명의 사상자를 내고 물러갔다.[56] 이렇듯 인위적인 공격에 의해 표류가 발생하는 상황도 있었을 것이다.

929년에 후백제는 상선이 대마도에 표류하였다가 귀환조치 되었다. 고려는 국가

---

52 永留久惠,『古代史の鍵. 對馬』, p.22에서 재인용.
  尹明喆,「海路를 통한 先史時代 韓日 양 지역의 文化接觸 可能性 檢討」,『한국상고사학보』2, 1989, pp.100~101에서는 대마도의 표류관련 상황들을 열거하고 있다.
53 『日本後紀』卷22 嵯峨천황 3년 정월.
54 『日本後紀』卷24 嵯峨천황 5년 10월.
55 『續日本後紀』卷13 仁明천황 12년.
56 이 부분에 대해서는 崔在錫,「9世紀 新羅의 西部日本進出」,『韓國學報』69, 1992, pp.22~34 및 이병로, 「일본측 사료로 본 9세기의 한일 관계-신라인 來着기사를 중심으로」,『일본어문학』제45호, 2003, pp.455~478에 상세하게 연구되어 있다.

단위에서 발생한 표류현상이 많지 않다. 일본은 1036년에 표류민인 겸준(謙俊) 등 11명을 송환하였고,[57] 1049년에 동남해(東南海)의 선병도부서사(船兵都部署司)는 대마도 관리가 표류자 20명을 인솔하여 金州(김해)에 도착하였다고 보고했다.[58] 제주도에서 표류한 사람들을 돌려보낸 경우도 있었다.[59] 조선시대에도 이러한 일들이 계속해서 기록되어있다. 『진도기사(津島記事)』에 따르면 1703년에 조선에서 파견된 역관사(譯官使) 일행 108명이 와니우라(鰐浦) 바로 앞 바다에서 참변을 당했다. 일본에서 수(隋)나라·당(唐)나라를 오고가는 사신들도 한반도 남부항로와 깊은 관련이 있다. 『수서(隋書)』에 따르면 왜국의 사신들은 남으로 제주도를 보면서 항해하였다고 하였다.[60]

'동해(東海)'는 앞에서 언급한 바처럼 해양환경이 열악하다. 때문에 다른 해역에 비하여 주민과 문화의 교류(交流)와 만남이 적었고, 해양문화 또한 활발하지 못했다. 그러나 동해는 독자적으로 존재하는 것이 아니라 한반도와 대륙이라는 육지와 하나가 되어 우리문화를 이루어 왔다. 당연히 해양활동 가운데에서 표류가 있었고, 그것은 해양환경과 역사의 움직임으로 보아 기록의 유무와는 무관하게 더 빈번했을 것이다.

양양군의 오산리(鰲山里) 유적은 기원전 6000년~4500년 사이의 유적인데, 출토된 융기문 토기는 중국의 흑룡강성과 일본 규슈지방에서 출토되는 유물과 일치한다.[61] 울산 서생포의 신암리(新岩里) 유적에서 죠오몽 토기들과 흑요석 석기들이 발견되었다.[62] 죠오몽 토기인들이 동해 남부까지 왔으며 일정기간 머물거나 교류했음을 반증한다. 또한 영일만지역의 칠포리를 비롯한 몇 군데와 울주(蔚州) 대곡리의 반구대에 암

---

57 『高麗史』卷6 정종 2년 7월.
58 『高麗史』卷7 문종 3년 11월.
59 『高麗史』卷9 문종 32년 9월.
60 『隋書』卷81 倭國傳.
61 임효재, 「중부 동해안과 동북 지역의 신석기 문화 관련성 연구」, 『한국고고학보』 26집, 1991, p.45.
62 임효재, 앞의 논문, p.5.

각화가 있다. 동해연안을 이용한 교류의 결과물이다.[63] 그 동안 일본의 선사문화가 연해주를 통해서 동해를 건너 전파되었다는 견해들이 있었다.[64] 그러나 근래에 다시 새로운 각도에서 이러한 주장들이 생겨나고 있다.[65]

동만주 일대 또는 연해주지역에서 발달한 문화가 동해연근해항로를 이용해서 남으로 내려왔을 가능성은 역사시대에 들어오면서 더욱 커졌다. 『삼국지(三國志)』 동이전에 따르면 동예사람들은 물론이고, 북옥저인도 먼바다로 항해를 하였는데, 그들이 전하는 동방의 큰 섬이 니가타현의 佐渡嶋(사도섬)이라는 견해도 있다.[66] 니가타(新潟)현 마키마치(卷町) 아카사키유적(赤坂遺跡)에서는 5세기 초의 흙구덩이에서 토기들이 검출되었는데 러시아 남부의 연해주지방과 관련이 있다. 이 유물은 『일본서기(日本書紀)』 544(欽明 5)년조에 기록된 숙신인(肅愼人)이 사도섬에 머물면서 봄, 여름에 고기를 잡는다고 하는 이야기와 관련있다는 견해도 있다.[67] 표착일 가능성이 있다. 『일본서기』에는 고구려인들이 게이타이천황(繼體天皇) 10년 조, 긴메이천황(欽明天皇) 원년·31년조에, 비다쓰천황(敏達天皇) 2년·3년 조에 월국(越國) 혹은 월(越)의 해안에 도착했다고 기록하였다.[68] 특히 긴메이(欽明) 31년(570)조에는 고구려 사신이 풍랑에 고생을 해서 헤매다가 항구를 잃어버리고, 물에 휩쓸려 표류를 하다가 홀연히 해안에 도착하였

---

63 윤명철, 「영일만 지역의 해양환경과 암각화의 길의 관련성 검토」, 『한국 암각화연구』 78집, 2006에서 이 부분을 집중적으로 다루었다.
64 이 부분에 대해서는 윤명철, 「동해문화권의 설정 검토」, 『동아시아 역사상과 우리문화의 형성』, 한국학중앙연구원, 민속원, 2005, pp.1~44에서 그러한 주장들을 소개하였다.
65 伊東俊太郎, 「比較文明學がら見た」, 『日本海學の新世紀』, 東京, 角川書店, 2001, 3, pp.60~64.
66 王俠, 「集安 高句麗 封土石墓與日本須曾蝦夷穴 古墓」, 『博物館研究』 42期, 1993, p.43.
67 小嶋芳孝, 「古代日本と渤海」, 『考古學 ジャナル』 411, 1996, p.20.
68 齊藤 忠, 「高句麗と日本との關係」, 『古代の高句麗と日本』, 東京, 學生社, 1988, pp.22~23의 도표 참조. 越 지역과 고구려와의 관련성은 高瀨重雄, 「越の海岸に着いた高句麗使」, 『東アジアと日本海文化』, 森 浩一 編, 小學館, 1985, p.217 ; 小嶋芳孝, 「潮の道 風の道」, 『松原客館の謎にせまる』, 敦賀, 氣比史學會, 1994 참조.

다는 기록했다. 573년에도 역시 사신들이 온 기록이 나타나는데, 이때 또한 배가 파손되어 익사자가 많았다고 한다. 항해와 함께 표류가 빈번했음을 짐작할 수 있다.

동해에서는 신라 또한 활동하였고, 역사상에서 표류와 관련된 사건들이 많이 발생했다. 수도인 금성(慶州)은 동해남부의 해안과 단거리로 연결되는 일종의 해항도시(海港都市, polis)이다. 비록 피동적이고 피해자의 입장에서 해양 및 표류와 관련된 기록들이 몇 편 전해진다. 박혁거세(朴赫居世)년 간에 호공(瓠公)이란 사람이 왜국에서 표주박을 차고 바다를 건너와 귀화한 후에 재상이 됐다고 하여 마치 표류담처럼 서술했다. 『삼국사기(三國史記)』에는 4대왕인 석탈해가 왜국(倭國)에서 동북(東北)으로 1,000리 되는 곳에 있는 다파나국(多波那國) 출생으로서 상자(樻)속에 넣어져 표류의 형식을 통해서 가야(伽倻)를 거쳤다가 신라(新羅)의 아진포(阿珍浦)에 들어온 것으로 기술되어 있다.[69] 『삼국유사(三國遺事)』에는 석탈해가 용성국(龍城國) 출신으로서 신라에 표착(漂着)하여 왕이 되었다고 서술하였다. 또 『삼국유사』에는 아달라왕(阿達羅王) 때(158년) 〈연오랑(延烏郞)과 세오녀(細烏女)〉가 바위라는 상징물을 타고 표류 (또는 항해)하여 일본열도에 진출하면서 소국가를 형성하는 과정을 표현하였다.

일본도 동해와 연관된 표류현상들이 기록되어 있다. 일본신화에서 태양여신인 아마테라스오오미까미(天照大神)와 갈등을 벌인 스사노오노미꼬도(素戔嗚尊)는 신라계와 관련이 깊다. 『일본서기(日本書紀)』는 스이닌(垂仁) 3년에 신라왕자인 아메노히보코(天日槍)가 배를 타고 왔는데 7가지 보물을 가지고 왔다고 했다. 이때 천일창은 바로 시마네(島根)현의 이즈모(出雲)지역에 정착한 세력이다.[70] 또한 주목해야할 부분은 시마네현과 돗토리현 등에서 발견되는 사우돌출형(四隅突出形)고분의 존재이다. 이 고분의 성

---

69 『三國遺事』의 '駕洛國記'에는 역사적 사실로서 보다 구체적으로 기술하고 있다.
70 이 부분에 대해서는 윤명철,「海洋條件을 통해서 본 古代 韓日關係史의 理解」,『日本學』14, 동국대 일본학연구소, 1995, pp.93~99 및 윤명철,『동아 지중해와 고대일본』, 1996에 관련 자료들과 함께 기술하고 있다.

격과 고구려의 관련성에 대해서는 그 동안 여러 사람들에 의하여 언급되었으며, 필자 또한 이미 4세기말 5세기 초에는 고구려가 조직적으로 동해남부를 건너 그 지역에 상륙했음을 주장한 바 있다.

그 후 발해는 220여 년 동안 동해를 건너 일본열도와 공식적인 교류만 35차례나 추진했다. 그런데 한겨울에 북서풍을 이용해서 동해를 원양항해 할 수밖에 없는 조건으로 인하여 적지 않은 표류(漂流, 일본사서에는 주로 '漂着'이란 단어를 사용)가 있었다. 첫 사신인 고제덕(高齊德) 일행은 727년에 출항하여 동해를 건넜으나 하이(遐夷)땅에 표착(漂着)한 후에 처참하게 희생당하였다. 2차는 선박이 전복되어 40인 이상이 죽었고, 776년에 남해부(南海府)를 출발한 9차 사신단인 사도몽(史都蒙)은 가하에 표착하였는데, 187인 중에서 46인만 생존하는 대참사로 끝을 맺었다.[71] 12차 항해에서도 796년에 대사(大使) 이원태(李元泰)가 탄 배는 표류하여 하이(蝦夷) 땅에 도착하였다가 65인이 표류하다가 하이(蝦夷)들에게 12명이 죽고 41명만 살아남았다.[72] 13차도 표착했다. 그 이외에도 목적한 항구가 아닌 다른 항구에 도착한 경우가 적지 않았다.

1997년 12월 31일에는 발해 1300호라는 뗏목이 포시에트만의 바로 위인 블라디보스토크항을 출발하였다. 이 뗏목은 울릉도・독도해역을 경유하여 동해를 사단한 후 1월 24일 일본 오키제도의 도고(島後)섬에서 좌초하였으므로 일종의 표착이다. 귀국하는 발해인들은 주로 남풍계열의 바람을 이용했으므로 상대적으로 표류한 빈도가 낮았다. 고려 시대에도 동해에서 많은 표류현상이 있었을 것이다. 특히 여진해적들이 발호하고, 울릉도 등은 물론이고 동해안의 여러 지역을 공격하였고, 고려 또한 수군을 동원하여 이를 격퇴하였다. 또한 여진인들은 고시(楛矢) 등을 바치는 등 교역행위도 했다. 이러한 과정에서 '난파(難破)', '표착(漂着)' 등의 현상 등이 나타났을 것이다. 조선

---

71 『續日本紀』卷34 寶龜 8년.
72 『續日本紀』卷39 延曆 5년 9월.

시대에는 기록으로 남긴 때문이기도 하지만 동해상에서 표류하여 표류민들을 상호교환하는 사례들이 많이 나타난다.[73] 17세기 중엽의 일인데, '三國の浜'을 출발한 일본 배에는 58인이 탔는데, 북해도(北海島)를 향해 가다가 폭풍우를 만나 우연히 포시에트 만에 도착하였고, 심양과 북경을 거치고 서울 부산을 통해 오사카에 도착하였다(1646년 6월 17일). 이는 후쿠이(福井)현의 三國의 性海寺에 있는 기록이다.

동중국해(東中國海) 또한 우리가 활동한 또 하나의 해역으로서 제주도에서 중국의 절강성(浙江省) 이남의 해안으로 이어지는 바다이다. 특히 이 해역은 육지간의 거리가 먼데다가 중앙정부차원을 벗어난 제주도와 중국의 남부지역 간에서 발생한 비공식적인 교류인 까닭에 기록이 충실하지 못한 한계가 있다. 또한 중일(中日) 간의 교류에서 사용되던 항로가 통과하는 해역이므로 표류현상이 발생했음은 당연하다. 609년에 80여 명의 백제인을 실은 백제선 한 척이 구마모토(熊本) 해안에 표류한 적이 있었다. 이들은 양자강 유역의 오(吳) 지방에 파견되었다가 전란으로 입경하지 못하고 귀국하다가 폭풍을 만나 표류한 끝에 도착한 것이다.[74] 이 배는 남서해안과 제주도 사이를 통과했거나 또는 제주도 남해권을 통과하였을 것이다.

중국의 강남(江南)지역과 일본열도 간의 교섭이 선사시대부터 시작되었다는 견해도 있다.[75] 최근에는 더욱 많은 증거들을 들이대며 이 학설을 주장하고 있다.[76] 비교적

---

73 이 부분에 관한 연구물들은 한일관계사학회 편, 『조선시대 한일 표류민 연구』, 국학자료원, 2001에 있다. 특히 표류·표착의 지역적인 성격은 정성일의 「표류·표착의 지역적 특성과 그 현재적 의의」, pp.65~83라는 논문이 다루고 있다.
74 『日本書紀』卷22, 推古 17년.
75 上山春平 編, 『照葉樹林文化』, 東京, 中公新書, 1990, pp.1~208 ; 上山春平, 佐佐木高明, 中尾佐助 編, 『續 照葉樹林文化』, 東京, 中公新書, 1986, pp.1~238 ; 佐佐木高明, 『照葉樹林文化の道』, 東京, 日本放送出版協會, 1988, pp.1~254 ; 그 외에도 金關丈夫의 『南方文化誌』 등이 있고, 최근에는 江上波夫 등도 長江유역과의 관련성을 주장하고 있다. 樺山紘一 編著, 『長江文明と日本』, 東京, 福武書店, 1987, pp.1~274에는 각 분야별로 長江문화와 일본과의 관련성을 언급하고 있다. 최근에는 중국 호남성의 城豆山 유적을 발굴하면서 6,000년 전에 稻作을 시작했다고, 일본으로 직접 전파되었다는 주장을 한다. 또

후대의 것인 오경(吳鏡)의 발견을 가지고 양자강(揚子江) 유역의 오(吳)와 일본열도가 직접 교섭했을 가능성을 주장하기도 한다.[77] 하지만 항해능력과 환경으로 볼 때 조직적이고 연속적인 교류는 무리가 있는 주장이다. 일본도 표류를 많이 하였다. 일본에서는 10세기 이전에 민간무역선의 존재가 나타나지 않고, 일부 승려들 외에는 해외로 나간 사례가 거의 발견되지 않는다. 따라서 주로 공적인 업무를 수행하는 견당선들이 항해를 하였으며, 그 가운데에서 표류가 빈번했다. 그 시대에 신라인 김파형(金巴兄), 김승제(金乘弟), 김소파(金小巴) 등이,[78] 그리고 다음 해에는 청한파(淸漢波) 등이 표류하였는데 이를 귀환시켜주었다는 기사도 있다.[79]

견당사(遣唐使)는 총 20회를 파견하였으나 11회, 14회, 15회는 중지하고, 20회는 계획뿐이었다.[80] 북로(北路)도 그러하지만 남로(南路)·남도(南道)를 사용한 경우에는 참담한 피해를 입었다. 특히 남로(南路)는 왕복(往復) 모두 무사한 때가 13차 견당사 때 단 1회 뿐이었다. 2차 견당사는 653년 5월에 파견하였는데, 남도로(南島路)로 간 조(組)는 사쓰마(薩摩)의 다케시마오키(竹島沖)에서 큰바람을 만나 배가 전복되면서 120명 가운데 5명만 살아남았다. 3차 견당선은 654년 왕복 모두 성공했다. 4차는 659년 8월에 2척이 항구를 출항하여 비록 북로(北路)를 선택했지만, 황해횡단을 하다가 9월 15일에

한 春秋戰國 시대 무렵, 원래 장강유역에 있던 사람들이 결국 일본열도나 운남성 쪽으로 밀려났으며, 상록광엽수림대로서 운남성과 일본열도의 문화는 아주 비슷하고, 장강문명을 만든 사람들 중에는 태양이나 새를 신으로 여기는 신앙이 있다고 연관성을 주장한다. 물론 이 전파설에는 문제가 많다. 이시 히로유키·야스다 요시노리·유아사 다케오, 이하준 옮김, 『환경은 세계사를 어떻게 바꾸었는가』, 서울, 경당, 2003.

76 安田喜憲, 「越國の起源-龍.蛇と鳥は語る」, 『日本海學の新世紀』, 東京, 角川書店, 2001, pp.109~113 참고. 이 논문에서도 주 75)의 내용과 유사한 주장을 펼치고 있다.
77 王仲殊, 「古代の日中關係」, 『古代日本の國際化』, 東京, 朝日新聞社, 1990, p.20.
78 『日本後紀』卷21 嵯峨천황 2년 8월.
79 『日本後紀』卷22 嵯峨천황 3년 3월.
80 池田 溫 編, 『唐と日本』, 東京― 吉川弘文館, 1992, pp.74~75 도표 활용.
   茂在寅男, 「遣唐史槪觀」, 『遣唐史と史料』, 東京, 東海大學 出版部, 1989, pp.1~44 참고.

폭풍을 만나 남해로 흘러가다 도적들을 만나 다 피살되고, 5명만 생존했다. 733년에 파견한 10차 견당사는 4척에 무려 594명이 파견되었다. 가는 데는 성공하였으나 귀국하는 도중에 2척은 성공하였고, 2척은 실패하였다. 이때 사신들의 일부는 발해선을 타고 귀국하였다.

『일본서기(日本書紀)』에는 661년 견당선이 절강성 지역인 월주(越州)를 출항하였으나 표류하다 9일 만에 탐라도(耽羅島, 제주도)에 닿았는데, 왕자인 아파기(阿波伎) 등을 불러 위로하고 객선(客船)에 태워 일본 조정에 입사케 했다는 내용의 기록이 있다.[81] 물론 이는 항해상의 실패를 모면하고, 사실을 왜곡하려한 기사이다.

그 후 803년 7월초 4척의 견당선을 파견했는데, 2척은 표류 끝에 귀환했고, 2척은 어느 곳에 도착했는지 알 수 없다면서 신라에 표착했을 가능성을 제시하면서 도움을 요청하였다.[82] 보구(寶龜) 9년(778) 11월에는 당에서 귀국하던 12차 견당선 4척이 표류하였는데, 일부가 탐라도에 도착하여 억류되었다가 탈출하였다.[83] 그 후에도 견당선은 표류(漂流)·표착(漂着) 등을 통하면서 실패를 거듭했다.[84] 이들뿐만이 아니었다. 819년에는 당나라의 상인인 장각제가 형제 2인과 신라인 왕청 등과 함께 같은 배를 타고 당을 출발하였으나, 3개월간 표류한 끝에 일본 동북부의 해안지대인 출우국(出羽國)에 표착하였다. 경유지로서 남해가 사용됐으나, 필시 동중국해역을 항해했을 것이다. 신라상인들이 강주(康州, 廣州)에 표류하던 일본인 50여 명을 데리고 온 적도 있었다. 이러한 표류의 사례들은 일부에 해당하는데, 출항지와 도착지로 보아 한반도 남해

---

81 『日本書紀』卷26 齊明천황 7년.
82 『日本後紀』卷12 桓武천황 22년.
83 『續日本紀』卷35 光仁천황 寶龜 9년.
84 茂在寅男, 『古代日本の航海術』, 東京, 小學館, 1981, p.191 참조.
  '당시 120人~150人 이상씩 승선하는 큰 배임에도 불구하고 풍랑에 전복되곤 하였다.' (길이 45m, 폭 3m 의 선박으로 추측)

해역이나 동중국해 주변 해역과 연관된 것은 틀림없다.

고려(高麗)시대에는 일본에서 승려(僧侶), 속인(俗人) 등이 송(宋)나라로 들어가다 표류하여 일부인 265명이 군산(群山)·추자(楸子) 두 섬에 피했던 적이 있었다.[85] 또 일본 상선 78명이 송에서 귀국하다가 바람을 만나 배를 잃고 작은 배로 선주(宣州) 가차도(加次島)에 도착하였을 때 전라도 관찰사가 일본(日本)으로 호송하였다. 이 또한 동중국해 해역을 항해하다 표류했을 가능성이 높다. 고려인들은 오키나와인 류큐(琉球)지역까지 항해하거나 표류했다. 현종(顯宗) 20년에 정일(貞一) 등 탐라사람 21명이 폭풍으로 옷을 벗고 사는 온몸에 털이 난 사람들이 사는 동남쪽 섬에 표착하였다가 7개월 동안 붙잡혀 있다가 7명만 탈출하여 동북쪽으로 항해하다가 일본의 나사부(那沙府)에 닿아 귀환된 일이 있었다.[86] 숙종 때에는 2년(1097)에 탐라인 20여명이 풍랑을 만나 나국(㮋國)에 표착하였다가 모두 피살되고, 자신(子信) 등 3명만이 탈출하여 송나라로 갔다가 귀환된 일이 있다.[87] 이때 나국의 위치는 정확하게 알 수 없으나 현재 오키나와 또는 대만과 가까운 지역으로 추정된다.

조선시대에 이 해역에서 표류한 장한철(張漢喆)의『표해록(漂海錄)』에는 '……계속되는 서북풍에 밀리어……흘러……바다 위에서 3일이 꼬박 지났다.……6일간을 해상에서 표표히 방황하다가 구사일생으로 유구도의 무인도인 호산도(虎山島)에 표착하기는 하였으나……' 라는 기록이 있다.[88] 오키나와 해상에서 표류한 것이다. 1975년에 신안(新安)에서 발견된 해저 유물선에는 천주(泉州)의 침몰선에서 발견된 유물들과 같거나 비슷한 것이 많이 실려 있었다. 유물로 보아 그 배는 14세기에 출발지는 경원로(慶

---

85 『高麗史』卷25 원종 4년.
86 『高麗史』卷5 현종 20년.
87 『高麗史』卷11 숙종 2년.
88 정병욱,「'漂海錄'에 대하여」,『해양문학을 찾아서』, 조규익·최영호 엮음, 집문당, 1994, pp.85~95. 이 외에도 이 책에는 문학적인 관점에서 표류 사실들을 소개하고 있다.

元路) 즉 영파(寧波)이며, 도착예정지는 일본 교토의 동복사(東福寺)임을 알 수 있었다. 다시 말해 영파에서 동중국해를 건너 한반도 남해안으로 왔다가 일본열도로 들어가는 항해중이었던 것이다. 이에서 살펴본 바와 같이 동아지중해에서는 황해·동해·남해·동중국해의 여러 해역에서 시대를 막론하고 표류현상이 많았으며, 자연스럽게 표류는 역사적인 상황에도 크고 작은 영향을 끼쳤던 것이다.

4. 역사발전에 작용한 표류의 메커니즘

앞글을 통해서 표류의 성격과 표류가 발생하는 자연환경 및 역사적인 배경을 살펴보고, 이어 우리 역사에서 발생한 표류상황들을 국제관계라는 측면에서 거론했다. 사면이 바다로 둘러싸인 지중해적인 환경에서 해양활동은 각 지역 및 국가들의 발전과 국제관계, 경제, 문화 등에 상당한 영향을 끼친다. 표류는 비록 일상적인 상황은 아니지만 해양문화와 역사발전에 영향을 끼친다. 이 장에서는 표류와 연관된 해양의 메커니즘을 이해하고, 표류가 역사상과 어떻게 연관을 맺고, 어떤 방식으로 작용해서 의미와 역할을 했는지 검토해보고자 한다.

첫째, 표류는 길, 즉 항로(航路)의 발견과 계발을 촉진시킨다. 동아지중해 해역에서는 초기에는 항해술과 조선술의 미발달로 인하여 연안항해(沿岸航海)나 그에 따른 연안표류(沿岸漂流)가 주를 이루었다. 하지만 기술력의 발전과 경험의 축적으로 점차 근해항해가 발달하고 부분적으로 원양항해(遠洋航海)를 추진하였다. 따라서 표류의 빈도수도 높아지고 규모도 더욱 커지면서, 국제관계에서 중요한 변수로 떠올랐다.

한반도 남해동부의 동삼동(東三洞) 및 조도(朝島), 동해남부의 서생포(西生浦) 등과 대마도 및 규슈지역과의 교류는 약 7000년을 전후한 시기부터 있었다. 이 시기의 항로는 우발적인 표류를 통하거나, 가장 초보적인 표류성(漂流性)항해를 통해서 발견되고,

점차 항로로 고정됐을 것이다. 동일한 노선으로 표류(漂流)가 반복되면 항로에 대한 정보가 축적되고 경험이 풍부해져서 목적했던 해역에 도착할 수도 있다. 필자는 선사시대부터 해양민들이 활용한, 활용할 수밖에 없는 항로를 조사하였다. 1983년에는 남해항로(南海航路)를 추적하면서 대마도(對馬島) 남단에서 규슈의 가라쓰(唐津)로 오는 도중에 태풍을 만나 표류하여 동중국해 초입인 오도(五島)열도의 우구도(宇久島)까지 닿았다. 대마도 해역을 경유한 것으로 여겨지는 신라구(新羅寇)들이 이곳을 약탈하였다.[89] 이 표류는 한반도 남동부해양에서 일본열도의 서부까지 이어진 항로와 일치했다.

삼국시대에 들어와서도 마찬가지였다. 아래의 표류도표는 비록 조선중기 이후에 남해와 동해의 일부에서 일본열도로 표류한 선박들의 상황을 표현한 것이지만 역사상의 항로와 표류의 상관성을 이해할 수 있다.[90] 신라인들은 동해의 남부해역을 서서히 횡단하여 물길을 타고 바람을 잡아가면서 혼슈(本州)남부의 해안지방인 야마구치(山口)현, 시마네(島根)현, 돗도리(鳥取)현, 후쿠이(福井)현에 상륙하였다. 그리고 물길에 밀리면 더 북쪽의 니가타(新潟)현까지도 올라갔다. 〈연오랑 세오녀 설화〉, 〈천일창 신화〉 등은 이러한 상황과 연관이 깊다. 물론 반대의 경우도 가능하다. 왜인(倭人)들은 대마도, 규슈 북부, 혼슈 남부 등 여러 곳에서 목적에 따라 출발하였는데, 해류, 조류 등과 바람을 이용해서 신라의 해변에 쉽게 도착한다. 박혁거세 시대의 재상인 호공(瓠公)의 신라에 온 것이나 석탈해(昔脫解)를 싣고 온 궤짝(櫃) 등이 아진포에 도착한 것은 해양환경과 연관된 표류와 관련이 깊다. 가야계는 남해동부 해안을 출항하여 대마도를 거쳐 규슈 북부로 상륙하는 모습을 보인다. 백제계는 전라도 해안의 여러 곳을 출발해서 규슈 서북부 또는 북부 지역으로 도착하였다.

---

89 그 무렵 신라해적들의 활동상황에 대한 연구는 이병로, 「일본측 사료로 본 9세기의 한일 관계-신라인 來着기사를 중심으로」, 『일본어문학』제45호, pp.455~478 등이 있다.
90 이 부분에 대해서는 윤명철, 『동아지중해와 고대일본』, 서울, 청노루, 1996, pp.41~60에서 지역별로 정치세력과 관련하여 기술하였다.

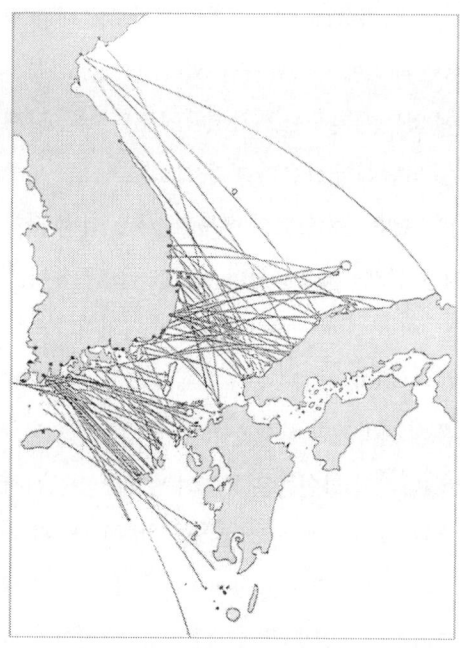

| 그림 2 | 표류도

1692~1840년 사이 조선에서 일본에 표류한 선박들의 길(시바다 게이시·손태준 작성). 울산, 포항 등에서 출발한 배들은 야마구치현과 시마네현에 집중적으로 닿고 있다.

고구려도 동해북부해안에서 출항하여 동해를 가로질러 혼슈중부 지역의 여러 곳에 도착하였다. 위로는 북륙(北陸)인 노토(能登)반도(半島)의 북쪽으로부터[91] 니가타(新潟), 쓰루가(敦賀)를 거쳐 남으로는 이즈모(出雲)까지였다. 동해중부횡단항로인데 근래에 북한을 탈출한 김만철씨가 혼슈중부해역까지 표류해온 것과 일치했다. 동해를 사선으로 종단하여 혼슈 남부해역에 도착하는 발해인들의 항로는 앞에서 예로 든 발해 1300호의 표류로와 일치했다.

1997년에는 절강성 영파 앞의 주산(舟山)군도를 출항하였는데, 17일째에 흑산도 서북해안에 표착하였으며, 다시 서남해양으로 접근한 후에 북상해서 인천만으로 들어갔다. 이 동중국해 사단항로는 절강 이남지역을 출발하여 동중국해와 제주도 해역, 황해 남부를 거쳐 한반도로 들어오는 항로이다. 일부는 남중국과 일본열도가 교섭하는 데에도 사용됐다. 일본의 견당선(遣唐船)들이 사용한 소위 남로(南路)가 그것이다. GPS를 이용하여 추적한 항적

---

91 森浩一, 『古代日本海文化の源流と發達』, 東京, 大和書房, 1985, pp.185~186.
　森浩一, 「越の世界と豪族」, 『古代史 津津浦浦』, 東京, 1979, pp.66~67.
　上垣外憲一, 「高句麗使と惠便法師」, 中西 進 外, 『エミシとは何か』, 東京, 角川書店, 1993, p.102.

은 북송(北宋) 말에 서긍(徐兢)이 쓴 『선화봉사고려도경(宣和奉使高麗圖經)』 권34 '해도(海道)'에서 상세하게 기록한 항로부분과 일치했다. 제주도 근해나 전남 다도해의 사람들이 바다에서 북동풍을 만나 표류하면 남쪽으로 밀리다가 쿠로시오(黑潮)의 저항을 받아 대체로 주산군도(舟山群島) 해역에 표류한다. 이 표류로들은 황해남부 사단항로(黃海南部 斜斷航路)나 동중국해 사단항로(東中國海 斜斷航路)와 거의 일치했다.[92]

한편 2003년의 '장보고호'는 황해를 순환한 후에 제주도를 출항하였는데, 뜻하지 않게 규슈 오도열도 남쪽인 나루시마(奈島) 표착하였다. 그런데 제주도 동부지역에서 흑조(黑潮, 쿠로시오)와 바람 등을 활용하면 대마도나 규슈의 서북부지역 혹은 고토(五島)열도(列島) 북부의 우구도(宇久島), 소치하도(小値賀島)와 연결되므로[93] 정상적인 항로건 표류 건 간에 연결된다. 이 표류로 또한 백제선, 일본의 견당사선, 탐라국의 배들이 사용한 항로와 거의 동일하였다. 결론적으로 전근대 사회에서 표류는 다양하고 때로는 불규칙적인 해양환경과 다양한 항로들의 메커니즘, 그리고 거기에 자연, 정치, 경제 등의 변수가 복합적으로 작용한 산물이다. 하지만 자연환경의 영향이 컸으므로 항해와 표류라는 상황은 다를지언정 길인 항로(航路)와 표류로(漂流路)는 큰 틀 속에서 유사하고, 이러한 구조적인 특성은 최근에 과학적으로 작성한 표류도(漂流圖)와도 일치하고 있다.

둘째, 표류는 표착(漂着) 해역 및 지역에 대한 정보를 취득하는 계기가 됐다.[94] 표류는 예기치 않은 시기에 특수한 방식으로 예기치 못한 지역에 도착하는 비일상적인 상

---

92 윤명철, 「東亞地中海號의 探査와 韓中海洋交涉的 意味」, 中國浙江大學校 韓國研究所, 1998. 8. 중국에서 金健人, 『中韓海上交流往史探源』, 北京, 學苑出版社, 2001. 12, pp.1~217으로 편집되어 출판되었다.
93 江坂輝彌, 「朝鮮半島 南部と西九州地方の先史・原史時代における交易と文化交流」, 『松阪大學紀要』第4號, 1986, p.7.
94 이 부분에 대한 연구는 비록 조선시대에 한정되어 있으나 민덕기, 「표류민을 통한 정보의 교류」, 『조선시대 한일 표류민연구』, 한일관계사학회, 서울, 국학자료원, 2001, pp.87~112 참조.

황이다. 따라서 양 국이 서로의 입장과 이익을 조정하고 이루어진 공적인 교섭이 아니라 민간인들 또는 관리들에 의한 우발적인 교류가 많다. 그 때문에 국가는 국가의 공적(公的)인 사절들이 빈번하게 출입하는 일도 제한하는 경우가 자주 있었으며, 심지어는 표류에 의한 접촉 또한 엄격하게 제한하고, 정보가 누설되는 것을 극도로 제한하였다. 신라 상인들이 일본열도의 곳곳에 예기치 않은 장소로 표착한 경우가 있었다. 일본은 842년에 대재대무등원위(大宰大武藤原衛)가 신라인의 입국을 일체 금지할 것을 상주하여, 정부는 상인(商人)·표류자(漂流者)의 특례를 제외하고 이러한 상주를 받아들였다.[95]

일본은 발해와 교섭하면서 초기 단계를 지나 정치적인 목적이 약화되자 사신단의 파견빈도와 규모의 축소를 통보했다. 그리고 도착 장소도 항해상으로 어려운 규슈 북부의 다자이후(大宰府)로 제한하였다. 그럼에도 표류 때문에 개방이 억제된 지역으로 표착한 경우도 몇 번 있었다.[96] 이것이 역사에 영향을 끼치는 자연현상이다.

전 근대사회에서 표류와 표착이 정보수집의 기능을 인식하였음은 소동파(蘇東坡)가 고려사신들에 대하여 비판적인 태도를 취하면서[97] 철종(哲宗)에게 몇 번이나 올린 주상(奏狀)에서 나타난다. 심지어는 고려 사신들이 군사적 허실을 살피므로, 잠재적인 위협을 끼친다고까지 하였다. 물론 고려도 표류의 이 같은 가치를 활용했을 것이다. 반면에 송나라도 표류자들을 대상으로 정보를 취득했다. 1258년에 송나라 수군(水軍)이 표류하는 고려의 상선 1척을 석동산(石䃼山)에서 구해줬는데, 그 안에는 張小斤三 등 6명이 타고 있었다. 송의 관리들은 이들을 통해서 고려의 왕이 강화에 피신하고 있

---

95 『續日本後紀』卷12 承和 9년.
96 발해의 해양활동에 대해서는 윤명철, 「渤海의 海洋活動과 東아시아의 秩序再編」, 『高句麗研究』6, 서울, 학연문화사, 1998 ; 윤명철, 『장보고 시대의 해양활동과 동아지중해』, 서울, 학연문화사, 2002, pp.223~284 참조.
97 鮑志成, 「蘇東坡와 高麗」, 『한중문화교류와 남방해로』, 서울, 국학자료원, 1997, p.89.

다는 정치적 상황 등 여러 정보를 얻은 후 대접해서 돌려보냈다.[98] 고려는 11세기에도 여진해적의 침입을 받고 있었고, 후기에는 왜구의 침입을 받아 결국은 공도(空島)정책까지 취했다. 이러한 상황에서 표류를 비롯한 해양활동 내지 해양방어에 대해서는 신경을 쓰지 않을 수 없었다.

성종 년간인 1488년에 금남(錦南) 최부(崔簿)는 영파 해역에 표착한 이후에 요동을 거쳐 귀국하기까지 명나라의 해안과 형 방어체제 도시 풍습 등을 샅샅이 기록하였다. 그가 펴낸 『표해록(漂海錄)』은 연행록(燕行錄)이 담을 수 없었던 중국 남방지역에 대한 정보를 가득 충실하게 기록하였다.[99] 조선시대에 장한철(張漢喆)이 쓴 『표해록』은 유구열도(오키나와 제도)의 호산도(虎山島)에 도착하여 광동지방 남쪽에 있는 청려국(靑黎國) 향사도(香瀉島)란 곳에 조선촌이 있다는 놀라운 사실을 전해들어 기록하였다. 유대용(柳大用)이 저술한 『유구풍토기(琉球風土記)』도 표류기를 기초로 유구국에 대한 정보를 상세하게 전하고 있다.

반대로 표류자가 우리지역의 정보를 서양세계에 전달한 경우도 있었다. 1653년 8월 제주도 산방산 앞바다에 표류해 온 하멜은 13년 만에 탈출하여 표류기(『하멜 표류기』)를 기술해서 조선의 지리, 기후, 산천 등의 자연환경, 생산물, 정치, 경제, 군사체제 등 많은 정보를 유럽에 알렸다.[100] 우발적이 표류가 가진 이러한 정보취득 기능 때문에 각 나라들은 표류민들을 몹시 엄격하게 다루었다. 더구나 왜구(倭寇)가 창궐하면서 이러한 면은 더욱 심해졌다.[101]

---

98 全善姫,「明州古方志所見宋麗交流史事札記」(한글판「明州 옛 '지방지'에 보이는 麗 宋 交流史 札記」,『中國의 江南社會와 韓中交涉』, 집문당, 1997) 서울, 집문당, 1997, p.237.
99 최부 저, 서인범·주성지 옮김, 『표해록』, 서울, 한길사, 2004. pp.1~656.
100 신복룡 역주, 『하멜표류기 등 합본』, 서울, 집문당, 2005, pp.1~75. 특히 효종을 알현하는 모습 등은 조선 핵심부의 모습을 그린 것이다. 그러나 해제자의 말과 같이 네덜란드는 이를 가치 있는 자료로 활용하지 못했다.
101 이훈, 「조선전기 조·일간 표류민 송환과 교린」, 『조선시대 한일 표류민연구』, 한일관계사학회, 서울,

셋째, 표류의 빈번한 발생은 자연스러운 민간인의 이주(移住, settlement)를 낳고 이어 식민활동(植民活動, colony)으로 발전하는 경향이 있다. 역사에서는 동서고금을 막론하고 이러한 일반적인 현상이 나타난다. 동아지중해 지역에서는 삼국을 전후한 시기에 한반도에서 일본열도로 진출 개척하는 과정에서 나타난다. 일본의 창세신화 및 건국신화 또한 항해 및 표류와 깊은 관련이 있다. 스사노노미코도(素盞嗚尊)는 바다를 사이에 둔 채 오고가는 뿌리의 나라인 신라와 관련이 깊은 집단을 상징한다. 그 신이 하강한 곳은 고사기에 의하면 이즈모(出雲) 최대의 철산지인 조발(鳥髮)의 땅이다. 신라계의 왜였던 것이다.[102] 또 천신의 손자인 니니기노미꼬도(瓊瓊杵尊)가 하늘에서 하강하는 것은 바다를 건너는 상황을 상징한다.[103]

삼한 사회의 구성원들 가운데 적지 않은 경우가 황해를 건너온 사람들이다.[104] 이러한 현상들은 집단이주와 정착과정을 표현한 것이다. 『양서(梁書)』 백제전에는 백제가 "왜국과 가까우며 문신한 자가 많다. …언어가 중국과 비슷하다. 진한의 남은 습속이라고 한다(其言參諸夏. 亦秦韓之遺俗云.)"고 하였다. 또 『북사(北史)』 고려전과 『수서(隋書)』에는 백제에 "왜와 중국사람들도 많이 있었다."고 기록하고 있다.

8~9세기에는 신라농민들이 당나라로 이주했다. 신라는 통일을 이룩한 저력과 해양능력을 바탕으로 국제교역이 활발했고, 상인들을 비롯하여 승려나 학자들이 유학

국학자료원, 2001, pp.27~28.
'조선의 역대 왕들은 조선인이 중국이나 일본, 유구 등 외국에 표착한 경우, 표착지에 송환을 의뢰할 정도로 표류민의 송환에 관심을 가졌다. 특히 16세기 중엽 이후 조선에 표착한 일본 배에는 중국인들이 함께 타고 있는 경우가 더러 있었다. 조선은 일본과 통교를 꺼리는 중국을 의식하여 조·일간에 발생한 표류·표착이라 해도 단순히 조·일 간의 문제로 다루지 못한 측면이 있었다.'
102 김석형, 『고대한일관계사』, 원서명 『초기 조일관계사』, 1966년 판, 서울, 한마당, 1988, pp.1~518.
103 일본의 창세신화, 건국신화 등에는 해양과 관련된 내용이 무수히 많다.
104 이러한 견해는 金哲俊, 「魏志東夷傳에 나타난 韓國古代社會의 性格」, 『대동문화연구』제13집, 1979, pp.147~151 참조.

을 갔다. 또한 몰래 흉년 등 사회적인 요인으로 인하여 바다를 건너가는 사람들도 많았다. 『삼국사기(三國史記)』와 『구당서(舊唐書)』에는 816년에 굶주림을 못견뎌 170여명이 절강지방으로 건너갔다는 기록이 있다.[105] 이들은 당에 모여들면서 출신국가는 달랐어도 민족의 정체성을 지키면서 존재한 재당신라인이다. 대운하주변과 해변가에다 신라방(新羅坊), 신라소(新羅所), 신라촌(新羅村) 등 정착촌을 건설하였다. 특히 수륙교통(水陸交通)의 요지이며, 신라나 일본으로 출발하는 석도(石島, 赤山), 문등(文登, 乳山浦), 연운(連云, 宿城村), 초주(楚州), 양자강 유역의 양주(揚州), 소주(蘇州), 절강성의 영파주산군도(寧波舟山群島), 황암(黃岩) 등 항구도시는 대표적인 이주지역이다. 『보경사명지(寶慶四明志)』에 기록된 거민(居民) 장씨(張氏)는 영파의 진명령일대에 살던 재당신라인이며, 그들은 원(元)시대에 고려장씨(高麗張氏)라고 하였다는 사실이 밝혀지면서 신라계 인물임이 보다 확실해졌다.[106] 반대로 통일 신라 말에 오다련으로 대표되는 전라남도의 나주(羅州) 오씨(吳氏)는 그 조상이 중국에서 상인으로 성공한 후에 무역상들을 따라 신라로 건너온 세력이라고 한다.[107] 아산만인 혜성군의 박술희(朴述熙), 복지겸(卜智謙)[108] 등 왕건을 도운 서해안의 해상세력들은 스스로가 황해를 건너온 이주민 출신이다.

넷째, 우발적인 표류와 표착은 진출과 정복이라는 정치적인 목적을 달성하는 계기로 활용되기도 했다. 표류와 표착은 몇 차례의 과정을 반복하면서 1차적으로 항로(航路)의 발견(發見)으로 이어진다. 다시 상황의 변화에 따라서 경제적인 목적을 지닌 항해의 성격으로 전화하고, 이어 조직적인 진출을 추진하면서 정치적으로 정복과정

---

105 이 항로와 관련된 재당신라인들의 활동과 거점, 그리고 고려시대 양 지역 간의 활발한 교섭 등에 대한 기록과 연구 성과들이 있다.
김문경, 「9~11세기 신라 사람들과 강남」, 『장보고와 청해진』, 서울, 혜안, 1996, pp.59~80.
106 조영록, 「중국 普陀山 관음도량과 한국」, 『한중문화교류와 남방해로』, pp.30~31.
107 강희웅, 「高麗 惠宗朝 王位繼承亂의 新解釋」, 『韓國學報』3-2호, 1977, p.69.
108 『新增東國輿地勝覽』에 의하면 卜智謙의 조상인 卜學士가 당나라에서 건너와 면천(당진군)에 살면서 해적을 물리치고 백성들을 보호했다고 한다.

으로 확대되기도 한다. 이러한 예는 세계역사상에서 무수히 발견되지만, 한반도에서 일본열도로 진출하는 과정은 전형적인 예이다.[109] 이는 경제행위에서부터 나타난다. 왜국의 긴메이천황(欽明天皇)때 월(越, 후쿠이현의 敦賀)지방에서 고구려 사신과 도군(道君)이라는 지방호족이 밀무역을 했다고 다른 호족이 조정에 밀고하는 사건이 벌어졌다.[110] 이는 우연한 기회를 계기로 항로가 개발되고 밀무역이라는 특정한 목적으로 조직적인 교섭이 벌어진 것이다. 후대에는 발해의 사무역선들이 이 지역에 도착했다.[111] '연오랑(延烏郞)과 세오녀(細烏女)' 설화는 신라땅인 영일만에서 바위에 올라타 일본열도로 건너가 이즈모(出雲) 지역에서 소국을 세운 정치적인 사건을 표류담(漂流談)의 형식으로 기술한 것이다. 이는 『고사기(古事記)』나 『일본서기(日本書紀)』에 등장하는 천일모(天日茅, 天日槍) 신화와 유사한 사건이다.

다섯째, 표류와 표착은 국제질서의 변화를 가져오는 변수역할도 하였다. 중국 남방의 오(吳)는 손권(孫權)이 즉위하면서 요동에 사신과 장군 등을 파견하였다.[112] 그들은 구입한 말을 백소(百艘)의 배에 싣고 귀로에 올랐다.[113] 그런데 오(吳)의 선대(船隊)는 폭풍을 맞아 산동반도 동단인 성산(成山) 근처에서 머물렀고, 위(魏)는 이를 습격하여 주하(周賀)를 비롯한 오(吳)의 병사를 다수 참(斬)하였다.[114] 이 후에 오(吳)와 공손씨(公孫氏) 정권의 우호관계는 끝나고, 이 사건을 계기로 고구려와 오나라간에 정치적인 동

---

109 일본고대국가의 형성에서 구체적인 실례는 윤명철, 『동아지중해와 고대일본』, 서울, 청노루, 1986 참조.
110 森浩一, 『古代史 津津浦浦』, 東京, 小學館, 1993, p.65.
111 門脇禎二, 『日本海域の古代史』, 東京, 東京大學 出版會, 1986, p.17.
112 『三國志』卷47 吳書 第2 吳主傳.
113 西嶋定生, 『日本歷史の國際環境』, 東京, 東京大, 1985, p.38.
 『三國志』魏書 公孫淵傳에 인용된 『魏略』등에는 吳와 遼東半島 公孫淵 정권과의 사이에 風力을 이용한 배로 渤海를 종단해서 軍事同盟, 馬匹交易 등이 빈번하고 신속하게 행해졌음을 보여준다.(內田吟風, 「東アジア古代海上交通史凡論」, 內田吟風博士頌壽紀念會, 同朋社, 1978, p.548)
114 『三國志』卷26 魏書 第26 田豫傳.

맹이 맺어졌다.[115] 그리고 이는 고구려의 해양활동능력이 강화되는 계기가 되었다. 한편 북위는 사신인 소안 등을 백제에 파견하였는데, 그들은 바닷가에 이르러 바람을 만나 표류하다가 끝내 백제에 도달하지 못하고 돌아갔다.[116] 개로왕은 고구려를 압박할 타개할 목적으로 위에 군사를 요청하는 상황이었지만 양국 간에는 교류가 성사되기 힘들었다. 북위(北魏)는 백제의 요구를 들어주지 못했고, 475년에 개로왕(蓋鹵王)은 장수왕(長壽王)의 공격을 받고 죽었다. 589년에 수(隋)의 전선이 탐모라국(耽牟羅國, 제주도)에 표류하는 사건이 발생했다. 위덕왕은 이때 수(隋) 일행을 후대하였으며, 사자를 파견하여 진(陳)을 평정한 사실을 축하했다. 이를 통해서 백제(百濟)와 수(隋)의 우호관계(友好關係)는 군사동맹의 제의라는 단계로 발전한다.[117] 백제는 수가 고구려를 공격할 때에 비록 자처했던 향도(嚮導) 역할을 안했지만 두 나라의 관계는 우호적이었다. 589년에 수나라의 주라후(周羅睺)가 이끄는 수군(水軍)이 동래(東萊)를 출발하여 바다를 건너 평양성을 향했지만, 중간에 대풍을 만나 대다수의 선박이 표몰(漂沒)하였다.[118] 만약 이 때 표몰(漂沒)을 면했다면 수군(水軍)은 압록강(鴨綠江)하구나 대동강(大同江)하구를 위협해서 고구려를 위험한 상태로 만들었을 가능성도 있다.

일본서기에 따르면 제명(齊明) 7년인 661년에 견당선(遣唐船)은 월주(越州)를 출발하여 귀국하다가 9일 동안을 표류하다 일부 일본인들이 탐라도(耽羅島, 제주도)에 닿았다.

---

115 이 부분의 해양적인 상황과 정치적인 관계에 대해서는 윤명철, 『고구려 해양사 연구』, 사계절, 2003) 및 「高句麗前期의 海洋活動과 古代國家의 成長」, 『韓國上古史學報』18호, 한국상고사학회 참고.
116 『三國史記』卷25 백제본기 개로왕 18년.
117 『三國史記』卷27 백제본기 무왕 8년, 9년, 12년.
118 『三國史記』卷20 고구려본기 영양왕 9년.
　　『隋書』卷2 帝紀 第2 高祖 下 開皇 18년.
　　『隋書』列傳 第30 周羅睺傳.
　　(開皇) 十八年 起遼東之役 徵爲水軍總官 自東萊泛海 趣平壤城 遭風船多飄沒 無功而還
　　『資治通鑑』卷178. 隋紀2 高祖 上之下.' 周羅睺 …自東萊泛海 趣平壤城.亦遭風 船多飄沒 九月己 丑 師還 死者什八九.'

그들은 왕자인 아파기(阿波伎) 등을 객선(客船)에 태워 일본으로 갔다.[119] 탐라는 백제의 멸망과정을 지켜보고, 격동적으로 변해가는 국제관계 속에서 이 사건을 자구책을 모색하는 계기로 삼았던 것으로 추정된다. 이 무렵에 왜국 조정은 백제를 돕기 위하여 군사파견 등 다양한 전쟁준비를 하는 도중이었고, 후에 탐라는 백제의 부흥운동에 참여한 것으로 판단된다. 일본서기에 따르면 탐라는 그 후에도 665년부터 매년 거르지 않고, 667년까지 왕자 등 사신을 파견하였고, 669년에도 왕자를 다시 보내었다. 그 후에도 2~3년 만에 한 번 씩 왕자 등 사신을 파견하였다.

일본은 황해와 동중국해를 사용하여 견당사(遣唐使)를 총 15차 파견했지만, 북로(北路)를 제외한 남로(南路)·남도로(南道路)를 사용한 경우에는 참담한 피해를 입었다. 특히 남로는 왕복(往復) 모두 무사한 적은 13차 견당사 때 단 1회 뿐이었다. 만약 일본이 파견한 견당선들이 해상에서 표류나 표몰하지 않고 당과 교류를 활발하게 진행했다면 동아시아의 국제질서는 다른 방향으로 전개되었을 것이다. 국제사회에서 일본의 역할이 강화되고, 상대적으로 발해나 장보고 선단의 역할이 축소되었을 것이다. 물론 일본문화의 국제화는 더욱 활발하게 진행됐을 것이다.

고려시대에 들어와 962년 10월 광종은 송(宋)에게 사신으로 광평시랑(廣評侍郎)인 이흥우(李興祐)를 파견하고 토산물을 선사하였다. 이에 963년에는 송의 태조가 시찬(時贊)을 중심으로 90여명의 사신단을 파견하였는데, 이때 찬을 제외한 90명이 풍랑을 만나 물에 빠져 죽었다[120]는 기록이 있다. 외교에 문제가 발생한 것이다. 이 무렵 고려는 중간에 있는 요와 여진을 압박할 목적으로 송과 친선동맹관계를 맺고 있었다. 문종(文宗) 때에 고려와 송은 교섭을 통해서 거란을 견제하고자 하는 정책을 취하였다.[121] 송

---

119 『日本書紀』卷26 齊明 천황 7년.
120 『高麗史』세가 卷2 광종 14년.
121 『宋史』卷487 高麗傳.

은 이러한 모습들을 많이 보여주었는데, 지방에서 고려(高麗) 표류민들은 넉넉한 대우를 받았는데, 이는 '회원어외(懷遠御外)'의 의도이다.[122]

고려와 일본 사이에서도 해양 또는 표류상황을 매개로 국제간의 상황이 변한 적이 있었다. 1019년 4월에 도이적(刀伊賊)이라는 여진족이 대마도와 이키섬, 규슈 북부의 해안지대인 하카다(博多)를 습격하였다. 일본조정은 신라해적의 소행이라고 의심을 품었다. 그런데 고려 수군(水軍)이 해적선을 동해에서 소탕하고 일본인 포로들을 259명 구해 돌려보내자 일본은 기뻐하였다. 그 후 1029년에 탐라에서 일본으로 표류한 사람들이 돌아왔고, 고려 역시 표류민들을 돌려보내는 등 두 나라는 계속해서 우호관계를 유지했다. 그러다가 1056년에는 일본사신이 고려에 왔고, 1073년에는 상인들이 대거 고려에 왔다. 표류민의 교환은 두 나라의 외교관계가 우호적으로 변하는데 매개 역할을 하였다.

5. 맺음말

서론에서 언급한 대로 몇 가지 목적을 지닌 채 글을 작성해 보았다. 우선 표류의 일반적인 의미를 살펴보았고, 이어 표류의 기능을 정치역학관계, 문화현상, 그리고 항로문제와 연관시켜 살펴보았다.

표류현상(漂流現狀)은 비록 정상적인 상황인 항해에 비해서 일상적이지 못했고, 역사와 문화현상에 대한 파급력도 약했다. 하지만 자료의 한계로 충분하게 밝히지는 못했지만, 몇 가지 사실을 인식할 수 있었다. 그리고 이것은 이미 본고의 결론 격인 4장

---

122 全善姬,「明州 옛 '地方誌'에 보이는 麗 宋 交流史 札記」,『中國의 江南社會와 韓中交涉』, 서울, 집문당, 1997, p.237.

에서 상론하였으므로 간략하게 정리하고자 한다. 변수(變數)로서의 표류는 개인을 비롯한 집단에게 다양하게 부정적인 측면으로 작용하여 때로는 역사발전을 저해하거나 왜곡시키는 경향도 적지 않았다. 하지만 때때로 특별한 경우에는 역사적으로는 긍정적인 역할도 담당했다. 특히 고대로 올라가면 '표류성 항해(漂流性 航海)'라고 불릴 정도로 정상적인 항해와 표류는 유사한 점이 많았다. 우발적(偶發的), 불연속적(不連續的)으로 이루어진 표류는 결국 상황과 길에 대한 인식을 새롭게 하면서 항로(航路)를 계발하는 기본역할을 담당했다. 선사시대부터 해양문화가 발달하고, 역사에서 중요한 역할을 담당하게 된 데에는 이러한 표류경험이 누적된 결과가 많이 작용했다.

그리고 비일상적인 표류는 역사에서 우연(偶然)과 마찬가지로 예기치 못했던 상황을 야기하여 새로운 상황을 낳았으며, 정치세력들은 이를 조직적으로 활용한 사례들이 있었다. 대표적인 예는 우리역사의 주민들이 일본열도로 진출해간 과정이다. 삼국시대 각각의 나라들이 바다를 건너 일본열도에 도착해서 정치세력을 형성해가는 과정을 살펴보면 해양환경을 고려할 때 초기단계에는 표류성 항해와 관계가 깊었고, 이러한 항해경험을 바탕으로 항로계발을 한 것을 알 수 있다. 그 후에 신라의 민간인(民間人)들이 중국지역과 일본지역에 표류하는 현상은 민간인들도 이를 활용하였음을 확인할 수 있다. 심지어는 해적(海賊)들도 이러한 표류현상을 활용했다. 뿐만 아니라 각각의 정치세력들은 이를 국가 내부의 정치상황에도 활용하는 사례가 나타나고 있다. 때문에 시대에 따라서는 국가들이 표류현상에 대하여 일정한 관리를 하는 것을 볼 수 있었다.

표류 현상은 그 해당시대 뿐만 아니라 현재의 입장에서 역사를 이해하는 데도 유효하다. 표류의 현상과 남아있는 몇몇 기록들은 현대인이 직접 알 수 없고, 확인할 수 없었던 전근대(前近代)시대의 항로(航路)를 유추하고 항해(航海)의 메커니즘을 분명히 알고 확신하는데 유효한 자료를 제공했다. 동아지중해(東亞地中海)의 특성상 표류의 길은 가장 자연스러운 항로였기 때문이다. 실제의 표류실험을 통해서도 고대 항로와 일치함을 확인할 수 있었다. 이러한 의미에서 표류와 연관된 지역 및 해역들이 어느 곳이며, 어떠한 역할을 해왔고, 할 수밖에 없었는가를 이해할 수 있다. 한일 고대관계사(한중 고대관계사도 마찬가지이지만)를 정확하게 이해하려면 항해(航海) 및 표류(漂流)의 메커니즘을 고려하는 방법론이 필요하다. 동아지중해 세계에서 국가 간의 관계가 아닌 주민들 주체의 자연이동의 실상을 추정하고, 역사 활동의 또 다른 메커니즘의 가능성을 인식할 수 있다.

Abstrat

Research on the Origin of Drift and Historical Roles

The history of East Asia should be examined based on organic relationships in a single framework of the land and the seas. Namely, it is necessary to adopt the historical point of view based on the seas and land. East Asia has showed vital ocean activities since the prehistoric age and they have influenced regional or national development according to the capacity.

During the process, the phenomenon of draft occurred. Drift means the situation that a ship on the sea or river was in danger, losing control without any specific reasons. In order to understand ocean cultures and history, they should not be interpreted in the recognition and lifestyle of farmers. An ocean current, a tide, and wind have a strong effect on the framework and characteristics in which ocean activities and cultures develop. Especially, drift is directly influenced by natural environment. Ocean trades are relatively smaller and less unorganized than land trades. Furthermore, they are irregular and discontinuous. Especially, drift is much irregular and discontinuous.

Drift occurred in South Coast of Korea includes the Straits of Korea, South Coast of Korea, the East Sea, and the Yellow Sea and all ocean areas in East China Sea. Especially, it occurred frequently in the East Sea which had a horrible voyage condition.

From the results of the analysis on the function of drift related with politics, cultures, economy, route issues, the roles of drift are shown bellow.

Firstly, drift speeds up the discovery of new routes and development. That was a major role in the prehistoric age.

Secondly, drift paved the way for obtaining the information about the discovery of drifting ashore and regions. It was applied systematically as ancient nations were established.

Thirdly, drift allows people to build settlement and tends to develop to colony. Such phenomena occurred while advancing from ancient Korean regions into the Japanese Islands.

Fourthly, drift and drifting ashore were applied as a moment to achieve political purposes such as advance and conquest.

Lastly, drift and drifting ashore played a role of a variable to change an international order.

Drift was less usual than ordinary voyage and had little influence on history and cultural phenomena. However, In spite of negative aspects, drift played positive roles. With regard to times, it can be observed that a nation manages the phenomena of drift. The phenomena and records of drift provided useful data to examine routes and voyage in the previous era.

Key word   oceans, ocean environment, drift, route, history, information, East Asian-Mediterranean-sea

참고문헌

▶ 사료

『三國史記』,『三國遺事』,『高麗史』,『三國志』,『續資治通鑑長編』,『隋書』,『宋史』,『日本書紀』,『續日本紀』,『日本後紀』

▶ 국내저서

權悳永,『古代 韓中外交史』, 서울: 일조각, 1997, pp.1~347.
김석형,『고대한일관계사』(원서명『초기 조일관계사』1966년판), 서울: 한마당, 1988, pp.1~518.
윤명철,『해모수-대한해협 뗏목 학술탐험기』, 서울: 송산출판사, pp.1~253.
윤명철,『동아지중해와 고대일본』, 서울: 청노루, 1996, pp.1~309.
윤명철,『장보고 시대의 해양활동과 동아지중해』, 서울: 학연, 2002, pp.1~319.
윤명철,『한민족의 해양활동과 동아지중해』, 서울: 학연, 2002, pp.1~512.
윤명철,『고구려 해양사 연구』, 서울: 사계절, 2003, pp.1~534.
윤명철,『한국 해양사』, 서울: 학연, 2003, pp.1~432.
李錫祐,『韓國近海海象誌』, 서울: 집문당, 1992, pp.1~334.
任孝宰,『한국 고대문화의 흐름』, 서울: 집문당, 1992, pp.1~244.
조규익・최영호 엮음『해양문학을 찾아서』, 서울: 집문당, 1994, pp.1~401.
최부 저, 서인범・주성지 옮김,『표해록』, 서울: 한길사, 2004. pp.1~656.
崔夢龍,『日本 對馬 壹岐島 綜合學術調査報告書』, 서울신문사, 1985.
許進雄, 洪熹 譯,『中國古代社會』, 서울: 동문선, 1991, pp.1~660.
한일관계사학회 편,『조선시대 한일 표류민 연구』, 서울: 국학자료원, 2001, pp.1~249.
許進雄, 洪熹 譯,『中國古代社會』, 서울: 동문선, 1991, pp.1~660.
H 하멜, 신복룡 역주,『하멜표류기 등 합본』, 서울: 집문당, 2005, pp.1~75.

▶ 외국저서

近藤義郎 외(外),『四隅突出形墳丘墓の謎に迫る』, 出雲: 出雲市 教育委員會 編, 1995, pp.1~152.
金健人,『中韓海上交流往史探源』, 北京: 學苑出版社, 2001, 12, pp.1~217.
汶江,『古代中國與亞非地區的海上交通』, 四川: 四川省 社會科學院 出版社, 1989, pp.1~245.

茂在寅南, 『古代日本の航海術』, 東京: 小學館, 1981, pp.1~238.
茂在寅男 等, 『遣唐史と史料』, 東京: 東海大學 出版部, 1989, pp.1~284.
門脇禎二, 『出雲の古代史』, 東京: 日本放送出版協會, 1986, pp.1~262.
森浩一, 『古代日本海文化の源流と發達』, 東京: 大和書房, 1985, pp.1~302.
森浩一, 『古代史 津津浦浦』, 東京: 小學館, 1993, pp.1~261.
西嶋定生, 『日本歷史の國際環境』, 東京: 東京大, 1985, pp.1~247.
永留久惠, 『對馬の文化財』 杉屋書, 店, 東京: 1978, pp.1~270.
永留久惠, 『古代史の鍵』, 大化書房, 東京, 1975, pp.1~264.
日本學推進委員會, 『日本海學の新世紀』, 東京: 角川書店, 2001, pp.1~221.
上山春平 編, 『照葉樹林文化』, 東京: 中公新書, 1990, pp.1~208.
上山春平・佐佐木高明, 中尾佐助 編, 『續 照葉樹林文化』, 東京: 中公新書, 1986, pp.1~238.
佐佐木高明, 『照葉樹林文化の道』, 東京: 日本放送出版協會, 1988, pp.1~254.
池田 溫 編, 『唐と日本』, 東京: 吉川弘文館, 1992, pp.1~292.
鮑志成 著, 『高麗寺與高麗王子』, 杭州: 杭州大學出版社, 1998, pp.1~259.
樺山紘一 編著, 『長江文明と日本』, 東京: 福武書店, 1987, pp.1~274.

▶ 국내논문

강희웅, 「高麗 惠宗朝 王位繼承亂의 新解釋」, 『韓國學報』 3권 2호, 1977, pp.62~91.
김문경, 「9~11세기 신라사람들과 강남」, 『장보고와 청해진』, 혜안, 1996, pp.59~80.
金秉模, 「韓國巨石文化 源流에 관한 硏究」 1, 『考古文化』 10, 11합집, 1981, pp.55~108.
金元龍, 「신석기 문화」, 『한국사』 1, 서울: 국사편찬위원회, 1984, pp.49~168.
金哲俊, 「魏志東夷傳에 나타난 韓國古代社會의 性格」, 『대동문화연구』 제13집, 1979, pp.147~151.
민덕기, 「표류민을 통한 정보의 교류」, 『조선시대 한일 표류민연구』, 한일관계사학회, 서울: 국학자료원, 2001, pp.87~112.
尹明喆, 「海路를 통한 先史時代 韓日 양 지역의 文化接觸 可能性 檢討」, 『한국상고사학보』 2, 1989, pp.91~118.
윤명철, 「海洋條件을 통해서 본 古代韓日 關係史의 理解」, 『日本學』 14, 동국대 일본학연구소, 1995, pp.67~113.
윤명철, 「渤海의 海洋活動과 동아시아의 秩序再編」, 『고구려연구』 6, 학연문화사, 1988, pp.469~514.
윤명철, 「황해의 지중해적 성격연구 1」, 『한중문화교류와 남방해로』, 국학자료원, 1997, pp.213~241.
윤명철, 「서복의 해상활동에 대한 연구-항로를 중심으로-」, 『제주도연구』 21, 제주학회, 2002, 6, pp.31~57.
윤명철, 「동해문화권의 설정 검토」, 『동아시아 역사상과 우리문화의 형성』, 한국학 중앙연구원, 민속원, 2005, 9, pp.1~44.
윤명철, 「영일만 지역의 해양환경과 암각화의 길의 관련성 검토」, 『한국 암각화연구』 78집, 2006, 12.
윤명철, 「東아시아의 海洋空間에 관한 再認識과 活用-동아지중해 모델을 중심으로-」, 『동아시아고대학』 14집, 동아시아고대학회, 2006, pp.323~358.

윤일수, 「표류담의 전통과 작품화」, 『해양문학을 찾아서』(조규익·최영호 엮음), 집문당, 1994, pp.195~214.
이병로, 「일본측 사료로 본 9세기의 한일 관계-신라인 來着기사를 중심으로-」, 『일본어문학』제45호, 2003, pp.455~478.
이창기, 「한국 서해에 있어서의 해류병시험조사(1962~1966)」, 『수진연구보고』12, 1974, pp.37~106.
이 훈, 「조선전기 조·일간 표류민 송환과 교린」, 『조선시대 한일 표류민 연구』(한일관계사학회 편), 국학자료원, 2001, pp.27~52.
全善姬, 「明州 옛 '지방지'에 보이는 麗 宋 交流史 札記」, 『中國의 江南社會와 韓中交涉』, 집문당, 1997, pp.225~240.
정병욱, 「'표해록'에 대하여」, 『해양문학을 찾아서』(조규익·최영호 엮음), 집문당, 1994, pp.81~102.
정성일, 「표류 표착의 지역적 특성과 그 현재적 의의」, 『조선시대 한일 표류민 연구』(한일관계사학회 편), 국학자료원, 2001, pp.65~86.
鄭澄元, 「南海岸地方 隆起文 土器에 대한 硏究」, 『釜大史學』9, 1985, pp.9~56.
崔在錫, 「9世紀 新羅의 西部日本進出」, 『韓國學報』69, 1992, pp.2~34.

▶ 외국논문

高瀨重雄, 「越の海岸に着いた高句麗使」, 『東アジアと日本海文化』, 森浩一 編, 小學館, 1985, pp.214~220.
吉野正敏, 「季節風と航海」, 『Museum Kyusu』14號, 博物館等 建設推進九州會議, 1984, pp.14~17.
武藤正典, 「若狹灣とその周邊の新羅系遺跡」, 『東アジアの古代文化』, 大和書房, 1974, pp.83~94.
茂在寅男, 「遣唐史槪觀」(『遣唐史と史料』, 東海大學 出版部, 1989, pp.1~44.
森浩一, 「越の世界と豪族」, 『古代史 津津浦浦』, 1979, pp.45~78.
上垣外憲一, 「高句麗使と惠便法師」, 『エミシとは何か(中西 進 外)』, 角川書店, 1993, pp.87~108.
松永章生, 「漢語的思考法からみた 魏志 倭人傳の行程」, 『東アジアの古代文化』, 大和書房, 53호, 1987 秋, pp.26~50.
安田喜憲, 「越國の起源-龍.蛇と鳥は語る-」, 『日本海學の新世紀』, 角川書店, 2001, 3, 3, pp.99~121.
安志敏, 「先史時代における海上の中日交流」, 『古代日本海文化の源流と發達』, 森浩一 外, 大和書房, 1985, pp.228~263.
王仲殊, 「古代の日中關係」, 『古代日本の國際化』, 朝日新聞社, 1990, pp.11~30.
姚禮群, 「宋代明州對高麗漂流民的救援措施」, 『宋麗關係史硏究』(楊渭生 著), 杭州大學出版社, 1997, 12, pp.42~55.
伊東俊太郎, 「比較文明學がら見た」, 『日本海學の新世紀』, 角川書店, 2001, 3, 3, pp.55~71.
齊藤忠, 「高句麗と日本との關係」, 『古代の高句麗と日本(齊藤忠·金達壽 外)』, 學生社, 1988. pp.9~48.
村山七郎, 「言語學から見た古代 環東シナ海文化圈」, 『東アジアの古代文化』14號, 大和書房, 1978, pp.42~55.
荒竹淸光, 「古代 環東シナ海文化圈と對馬海流」, 『東アジアの 古代文化』29號, 大和書房, 1981, pp.86~93.

12

울산 지역 천전리 암각화와 해양문화의 연관성*

1. 서 언

　암각화는 인류가 인지가 발달하면서 처음으로 창조하고 시도한 한 기호(code)이다. 사물과 자신에 대한 원시심성의 표현이고, 생존과 생활에 관한 정확한 기록이면서 구체적인 전범이고, 또한 두려움과 희망을 희구하는 종교이고, 삶의 긴장과 환희를 풀어내는 예술이기도 하다. 우리 '터'에서 생성된 암각화 가운데 하나이며, 심원한 의미를 내포하고 있고, 가장 복잡한 기호로 구성된 것이 울산지역의 천전리(川前里) 암각화와 반구대(盤龜臺) 암각화이다.
　암각화를 연구하는 데 기원과 형태, 의미 등을 놓고 학자들 간의 다른 견해들이 있다.
　특히 기원은 우리 문화의 정체성 및 동아시아 문화의 관련성 등으로 인하여 관심의 대상이 되고 있다, 특히 천전리와 반구대 암각화는 그 독특하고 미묘한 주제와 복합적인 소재로 말미암아 암각화의 원형이 생성한 공간, 전파와 정착의 과정과 길, 그

---

* 「울산지역 천전리 암각화와 해양문화의 연관성」, 『川前里 岩刻畵의 神話와 象徵世界』, 울산 암각화 박물관, 암각화학회, 2010. 11. 27.

리고 그와 연관된 문화 및 담당자의 성격 문제 등을 놓고 다양한 논쟁들이 끊이지 않고 있다. 필자는 암각화를 집중적으로 공부하는 연구자가 아니다. 다만 암각화 자체가 지닌 의미와 가치에 관심을 갖고, 또한 암각화를 창조한 문화와 주체가 어느 공간과 연관 있을까에 관심이 있다. 이러한 과정에서 해양과 연관하여 몇 가지 생각을 해보고자 한다.

역사와 문화의 본질을 이해하기 위해서는 선행되는 절차 가운데 하나가 그것이 만들어진 공간 즉 '터'에 대한 이해이다. 동일한 사물 사건이라 해도 발생하거나 놓여진 터에 따라서 위상과 성격, 심지어는 기능까지도 달라질 수 있다. 그런데 울산지역의 암각화는 해양과의 연관성이 깊다. 따라서 자생설을 수용하지 않는다면 해양이라는 전파공간과 교통로는 불가분의 관계에 있다. 따라서 본고는 암각화가 존재하는 한반도 동해남부해안과 직접·간접적으로 연결되는 역사공간을 필자가 전개해온 역사관과 공간관을 적용하여 살펴보고자 한다. 즉 암각화 문화와 유기적인 연관성을 맺은 역사공간의 범위와 성격, 해양을 비롯한 자연환경, 교류의 메커니즘인 항로 등을 살펴보고자 한다. 비록 평면적인 접근이라는 한계는 있지만 천전리 암각화의 문화적인 성격과 관련 공간에 대한 개략적인 이해는 가능하리라고 생각한다.

2. 역사공간의 이해

1) 동아시아 공간의 해석

역사의 기본성격을 이해하는데 역사공간에 대한 정확한 이해를 토대로 구체적인 사건들을 해석하는 접근이 필요하다. 우리 역사와 동아시아[1] 역사를 해석하는 데는 몇 가지 전제가 필요하다. 역사상과 문화를 이해하는 데 하나의 공간, 동일한 공간, 유사한 공간, 관련성 깊은 공간은 자연지리의 개념과 틀을 뛰어넘는 역사(歷史)와 문명(文明)의 개념으로 보아야 한다.

그러기 위해서는 몇 가지 조건이 갖추어져야 한다. 공간은 단순한 교류를 넘어서 긴밀한 접촉이 이루어져야 한다. 우발적, 일회적, 불연속적인 만남으로 끝나서는 안 되고, 목적의식을 지닌 채 연속적으로 만남을 지속해야 한다. 또한 만남의 양식이 단순하거나 편향적이어서는 불충분하다. 상호교차적인 단선적(單線的)인 만남을 넘어서 복선적(複線的)이어야 하며, 그 복선들은 입체적으로 구성된 몇 개의 거점 혹은 허브(hub)를 중심으로 다중적(多重的)이어야 한다.

또한 동일한 공간, 유사한 공간, 관련성 깊은 공간은 하나의 역사공간으로 인식해야 한다. 비록 혈통이 다르고 언어와 문화가 달라도, 또 중심부 간의 거리가 멀거나 국부적인 자연환경에 차이가 있고, 정치체제의 차이가 있어도 자체(自體)의 완결성(完結性)과 재생력을 지닌 유기체(有機體)로 보아야 하고, 당연히 통일체(統一體)로 볼 필요가 있다.

하지만 모든 부분의 성분이 균질(均質)하고, 동일한 역할을 담당하는 상태는 아니다. 하나의 공간에서도 중심부와 주변부를 구분하고, 시대와 역할에 따라 모습이 달라져야 한다. 그래서 역사 및 문화공간은 영토나 영역, 정치장소로서가 아니라 총체적인 언셀낭, 즉 네트워크의 개념으로 접근할 필요가 있다. 특히 정치·군사적인 요인보다는 경제·문화적인 요인이 강하게 작용하는 선사시대와 연관된 문화현상들은 자연환

---

1 동아시아라는 말은 실로 애매모호하다. 동아시아를 동쪽 아시아라는 서아시아에 대비되는 개념으로 해석하면 동북아시아와 동남아시아지역을 포함한 넓은 지역이다. 싱가포르의 전 수상이었던 리콴유가 말했듯이 실제로 그렇게 변해가고 있다. 그러나 아직은 동아시아라고 하면 한국, 중국, 일본 그리고 러시아의 일부가 포함된 극동(far east)지역을 가리키며 넓은 범위의 동아시아 중에서도 핵심(core)지역을 말한다. 이 지역은 몽골, 티베트, 베트남, 위구르 등 주변부 국가들의 운명과도 관계가 깊을 뿐만 아니라 적지 않은 영향을 끼쳤다.

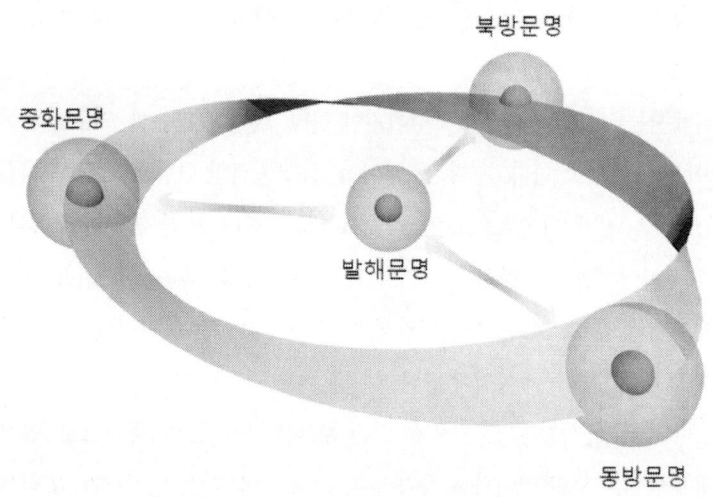

|그림 1| 동아시아 문명 시스템

경의 유사성 내지 연결성에 주목할 필요가 있다.

그러므로 동아시아의 역사공간에서 발생한 현상들은 일민족사적(一民族史的)인 관점, 일지역적(一地域的)인 관점을 포함하면서 일문명사적(一文明史的)인 관점에서 파악하려는 시도가 필요하다. 예를 들면 소지역 문명 혹은 국가문화, 지역문화, 독특한 문화 등도 일단은 범(凡)아시아라는 대단위 관점에서 파악해야 한다. 그 다음에 동아시아라는 보다 작은 혹은 공간적인 특성이 압축된 터로 축소해서 유형화시키고, 그 속에서 파악해야 한다.

동아시아의 터는 대륙과 바다가 긴밀하게 만나는 지역으로 구성되어 있다. 다양한 자연환경을 갖추고 있다. 많은 강들, 연해주(沿海州) 지역과 홍안령(興安嶺)의 대삼림, 요동의 넓은 평원, 초원, 크고 긴 강들과 호수 등을 골고루 소유하였으며, 남쪽의 일부지역에는 비옥한 농토도 있었다. 그리고 육지와 거의 비슷한 넓이의 해양이 있다. 즉 '한반도'를 중심축으로 일본열도와의 사이에 남해와 동해가 있고, 중국 사이에는

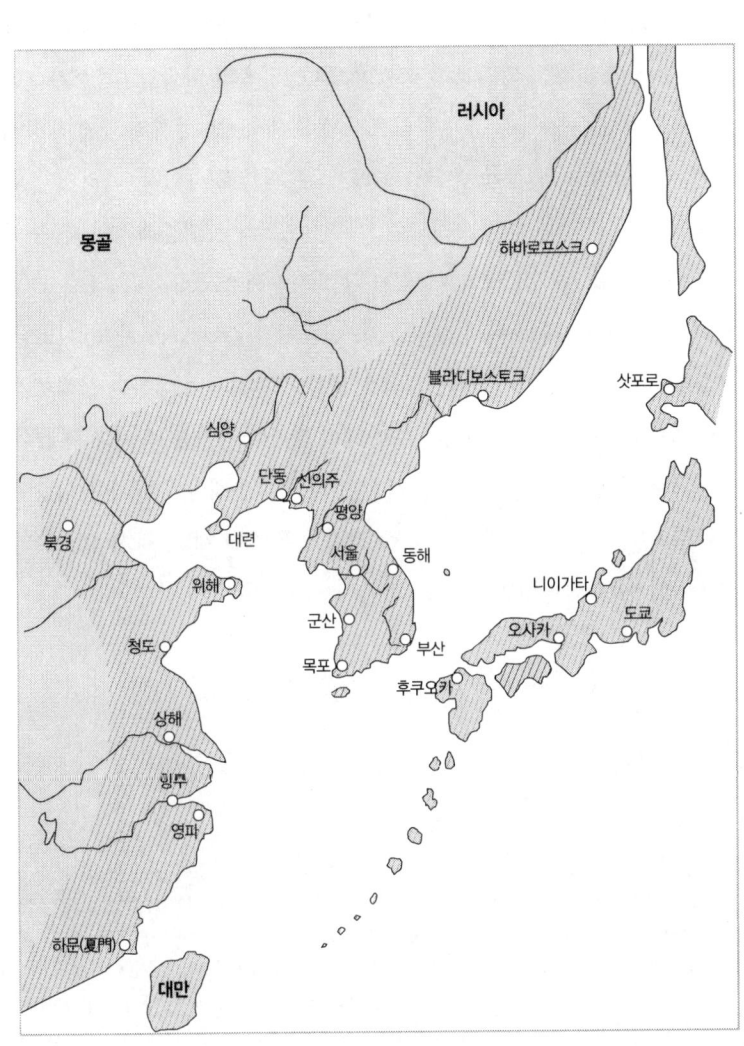

| 그림 2 | 동아지중해 범위도

황해라는 내해(內海, inland-sea), 그리고 한반도의 남부와 일본열도의 서부, 중국의 남부지역(長江 이남을 통상 남부지역으로 한다)을 연결하는 동중국해가 있다. 그리고 연해주 및 북방, 캄차카 등을 연결하는 타타르해협 등이 있다. 일종의 다국간지중해해(多國間 地中海海, Multinational-Mediterranean-Sea)의 형태로서 대륙적(大陸的)성격과 함께 해양적(海洋的)특성을 가지고 있었고, 역사가 발전하는 데에 큰 역할을 하였다. 따라서 동아시아의 역사는 땅과 초원 바다를 함께 고려하여 모두를 포괄하는 지중해적인 틀 속에서 해석해야 성격을 이해할 수 있다. 이 이론은 '동아지중해(EastAsian-Mediterranean-Sea)'란 모델이다.[2] 동아지중해 가운데에서 해양은 총 면적이 3,400,000km이다. 이러한 물리적인 면적과 교류의 장(場)역할을 하는 해양은 문화의 본질을 이해하는 선행조건이다. 이러한 동아지중해라는 모델 속에서는 동아시아의 역사공간을 육지와 해양이란 두 가지 관점에서 동시에 접근해 들어가는, 특히 소외되었던 해양의 위치와 역할을 재인식하는 '해륙사관(海陸史觀)'이 필요하다. 즉 해륙의 통일된 개념, 각개 요소들의 유기적인 시스템으로 보는 것이 합리적이다.

---

2 일본에서는 근래에 들어서 동해(일본해)에 관심을 갖고 지중해라고 불렀으나, 1990년대 말에 와서 동아시아 해양전체를 동아지중해라고 부르며 연구를 진행하고 있다. 千田稔, 『海の古代史-東アジア地中海考-』, 角川書店, 2002. 그는 서문에서 1996~98년까지 국제일본문화연구센터가 '동아시아지중해세계에 있어서의 문화권의 성립과정에 대해서' 라는 연구를 수행하고 그 보고서로서 이 책을 출판한다고 쓰고 있다. 그리고 그들의 동아지중해는 남지나해, 동지나해, 일본해, 황해, 발해를 가리키는 용어라고 규정하고 있다. 또한 이미 오래전부터 남방해양문화에관하여 연구를 해 온 國分直一의 예로 들면서 그는 동아지중해를 4개의 지중해로 구성한다고 하면서 오호츠크해, 일본해, 동지나해, 남지나해라고 하였다. 동아시아를 동아지중해라고 부르고 연구를 진행하는 독일 뮌헨대학의 중국사전공자인 Angela Schottenhammer 교수는 동중국해, 황해, 일본해를 "동아시아 지중해"라고 설정하고 있다.

2) 동해 및 연해주 자연환경

(1) 동해의 해양환경

동해권을 매개로 벌어진 역사의 기본적인 성격을 이해하려면 몇 가지 전제가 필요하다.

첫째는 동해권의 범주를 확장시켜야 한다. 이 지역의 자연환경을 고려하여 우리가 이해하는 동해 외에도 현재 연해주 일대의 해안과 사할린섬의 사이에 있는 타타르해협으로 알려진 해양을 함께 포함해야 한다. 동해북부와 연해주 일대, 타타르해협, 오호츠크해, 사할린 등을 동아시아 역사의 중요한 터로 보는 견해들이 있다. 특히 일본학자들은 근대 역사학의 초창기부터 이러한 인식은 지금도 지니고 있으며 심도 깊은 연구를 진행하고 있다.[3] 소위 '일본해문화권(日本海文化圈)'[4]에 대한 다각적인 연구의 필요성을 제기하고 있다. 이러한 관점은 자연환경이나 역사를 보면 분명해진다. 두 번째는 자연환경, 특히 해양환경에 대하여 과학적이고 구체적인 이해가 필요하다. 세 번째는 해양환경과 역사상 간의 복잡하면서도 틀에 입각한 작용방식을 적용해야 한다. 즉 교류의 길, 시기, 접촉방식, 지역은 해양환경의 영향을 강하게 받으며, 때문에

---

[3] 安田喜憲,「日本海をめぐる 歴史の胎動」,『季刊考古學』15號, 雄山閣出版社, 1986, pp. 14~16.
　安田喜憲은 鳥居龍藏의『東部シベリアの以前』에서 이를 인용하고 있다. 즉 일본인의 본거지, 일본문화의 고향으로 보여지는 것은 동부 시베리아에서 흑룡강 유역 연해주, 그리고 만주에 이어지는 일본해의 對岸이다. 그리고 이것에 조선을 잇고, 樺太(사할린) 북해도, 그리고 사도섬(佐渡嶋), 노토(能登)반도 등 일본해 일대의 지방을 일괄해서볼 필요가 있다고 하였다. 그는 이러한 논리 속에서 나라림(졸참나무숲) 문화권을 소개하고, 시베리아로부터 일본해를 건너 직접 동북일본에 도달했을 가능성이 높다고 주장하였다.

[4] 古厩忠夫 編,『東北アジアの再發見』, 有信社, 1994, p.5.
　일본해라는 호칭은 1602년 마테오 리치가 작성한『坤輿萬國地圖』에서 포괄적으로 사용되었다. 그런데 일본해로 통일된 것은 근대 일본의 부국강병 제국주의화 아시아 침략의 과정과 궤를 같이하고 있는 것은 확실하다.

육지와는 다른 메커니즘을 갖고 있다.

동해는 남북 길이가 1700km, 동서 최대 너비는 1000여 km, 면적이 107만km로서 동아지중해 전체 해양면적의 3분의 1을 차지하고 있다. 여기에는 우리의 인식이 못 미치는 타타르해협까지 포함한 것이다.[5] 동해의 현재 해안선은 약 8000년경부터 4000년경 사이에 형성되었으며, 약 6000~4000년 전에는 현재보다 온난한 기후였으므로 수면이 4~5m 높다는 주장도 있다. 해안선이 비교적 단조롭고, 해안선으로부터 서쪽으로 해발 1000m 이상의 태백산맥 능선이 발달해서 평지가 부족하다. 따라서 농경이 발달하지 못했으며, 인구 또한 집중되지 못했다. 대륙붕이 짧아 수심이 갑자기 깊어져, 인간이 접근하는 데 어려움을 느낀다. 또한 바다에 섬들이 적고 원양에 노출되었으며, 파도의 영향이 커서 무동력으로 항해하기에 불편하다. 뿐만 아니라 조석 간만의 차이가 거의 없어 어장이 발달하지 못했다.

동해 해역의 역사에 영향을 미치는 자연환경은 몇 가지가 있다.

우선 해류가 있다. 한류인 리만해류는 연해주의 연안을 통과해서 남으로 내려오면서 한반도 동안에 접근한다.[6] 반면에 난류인 쿠로시오(黑潮)는 필리핀 북부해양에서 발원하여 동북상하면서 중국 남부해양과 일본전역에 걸쳐 중요한 영향을 미치면서 쓰시마(對馬島)를 가운데에 두고 동수도(東水道)와 서수도(西水道)로 나뉘어진다. 서수도를 통과한 해류는 북북동으로 1노트 미만의 속력으로 흘러 올라와 동해연안을 타고 올라가다 계절에 따라 차이는 있지만 동해의 중부해역에서 리만해류와 만난다. 그 일부는 동으로 횡단하다가 북상하면서 노토반도(能登半島)의 외해에서 대마해류의 주류와 합류한다.[7] 이 양대 해류의 만남이 이루어지는 해양이 울산해역이다.

---

5 이 타타르해협을 중국, 일본, 러시아 학자 및 일부 한국학자들이 역사 및 고고학 논문 등에서 일본해라고 표기하고 있다.
6 연해주 근해에서는 '연해주 해류', 북한근해에서는 '북한 한류'라고 한다.
7 『근해항로지』, 대한민국 水路局, 1973, p.46.

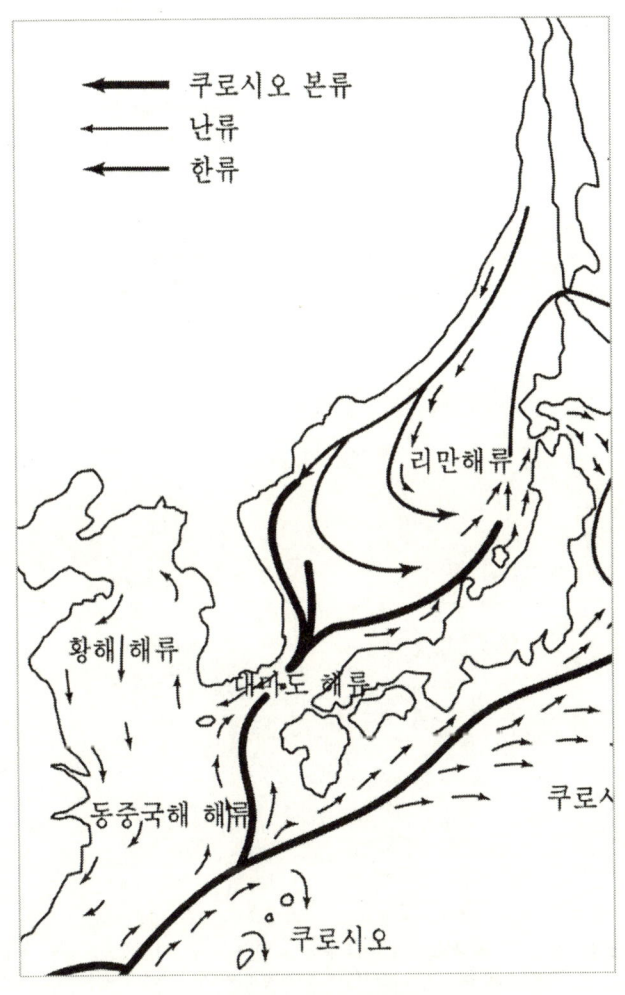

| 그림 3 | 동아시아 해류도

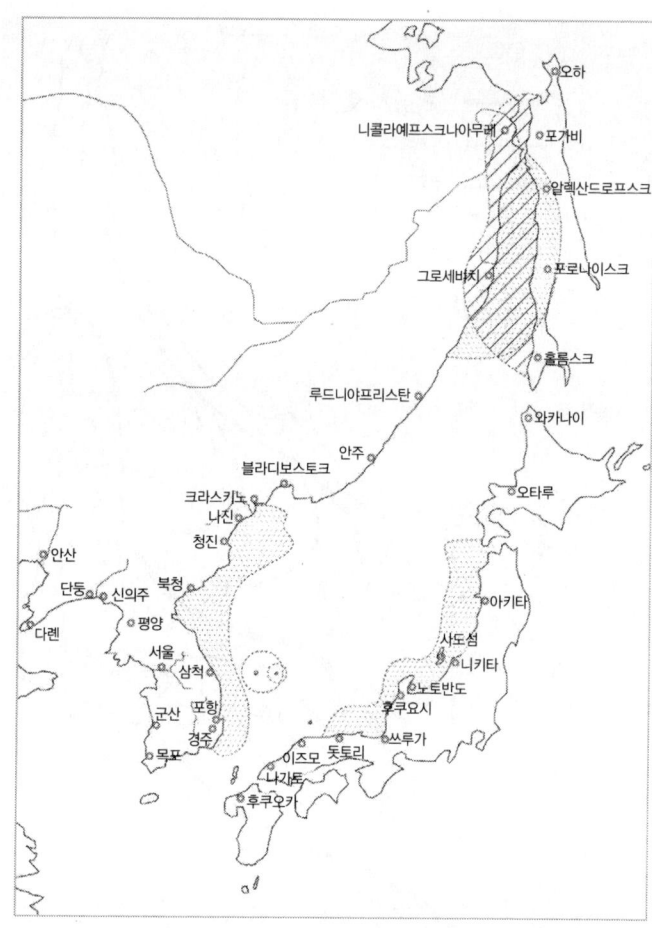

| 그림 4 | 시인거리를 계산하면 다음 같은 도형이 나타난다. 점선 부분은 시인이 가능한 범주이다. 이 사선의 해역에서는 어디서나 육지를 바라보면서 항해할 수 있다. 연해주 남부 해역에서 동해남부까지 이러한 범주 내에서는 큰 무리없이 항해가 가능하다.

두 번째는 바람이다. 동아시아는 계절풍(季節風)지대이다. 아래 그림(그림 3)에서 보듯이 여름에는 풍력(風力)이 약하고 남풍계열의 바람이 분다. 동남풍은 4월 중순에 시작하여, 8월에 들어서면 제일 강성하며, 9월 이후에는 쇠퇴하기 시작한다. 반면에 서북풍이 주풍(主風)인 북풍계열의 바람은 9월 하순부터 시작하여 11월에 최강이 되고, 다음해 3월까지 계속된다. 이러한 해양환경을 지닌 해양은 몇 가지 특성을 지니고 있다. 남풍계열의 바람은 동남아시아 중국의 일본열도에서 한반도로의 교류를, 북풍계열의 바람은 한반도에서 일본열도의 남부와 서부해안과의 교섭을 가능하게 한다.[8] 반면에 북쪽에서는 겨울철에 동해연안을 내려오는 한류(寒流)에 편승하여 연안수(沿岸水)의 영향, 지역조류(地域潮流)의 도움을 받아서 북서계열의 바람을 활용하면서 항해를 하면 동해남부 해역에 진입이 수월하다. 다만 북서풍은 일반적으로 풍속이 빠르고 풍

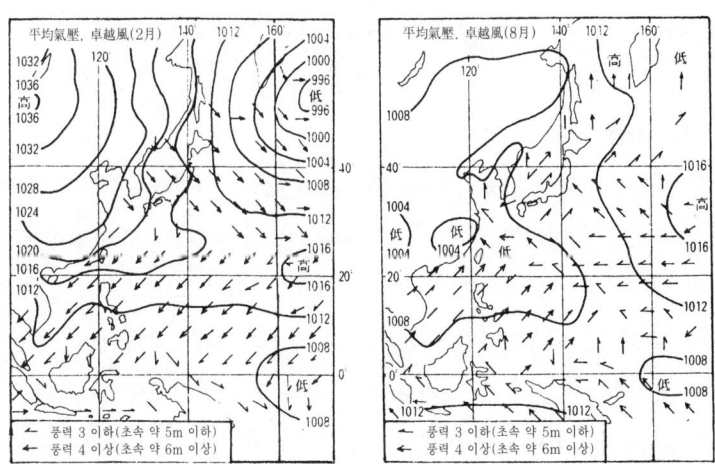

| 그림 5 | 계절풍 도표

---

8 윤명철, 「海洋條件을 통해서 본 古代韓日 關係史의 理解」, 『日本學』15, 동국대 일본학연구소, 1995. 「渤海의 海洋活動과 동아시아의 秩序再編」, 고구려연구 6, 학연문화사, 1988 등에 도표 등이 자세하게 나와 있다.

력이 강하므로 파고가 높게 인다. 세 번째는 조류(潮流)이다. 동해는 황해나 남해와 달리 조석간만의 차이가 없어서 조류의 영향이 크지 않다. 네 번째는 실질적인 항해환경이다. 동해는 양 지역 간인 한반도와 일본열도 간의 거리가 매우 넓고, 중간에 징검다리 역할을 하는 섬들이 거의 없다. 따라서 고난도의 천문항법을 구사하고 위험도가 높은 원양항해구역이 넓다. 그러므로 다른 지역으로 가기 위해서는 가능한 한 동해연안을 따라 남항하는 경우가 많다.

이러한 자연환경으로 인하여 다른 해역에 비하여 주민과 문화의 교류(交流)와 만남이 적었고, 문화가 복합적이거나 활발하지 못했다. 그 때문인지 우리 역사학은 육지 역사에 비하여 바다의 역사를 소외시켜 왔으며, 특히 동만주(東滿洲) 및 연해주(沿海洲) 일대와 동해북부는 황해나 남해에 비하여 상대적으로 역사의 주변부로만 인식하였다. 하지만 황해, 남해와 마찬가지로 우리의 해양문화라는 시스템 속에 연결되었고, 한반도와 대륙이라는 육지와 유기체를 이루면서 역사를 만들어왔다.

(2) 연해주 자연환경 이해

필자가 제기한 해륙사관(海陸史觀)의 입장에서 해양역사상을 이해하고자 할 때는 해양환경 자체에 대한 이해는 물론이고, 육지와 연관시켜서 살펴보아야 한다. 따라서 육지환경과 해양환경을 유기적으로 검토하고, 그것들이 시스템 속에서 어떠한 연결고리를 갖고 운동하는가를 이해하고자 한다.[9] 동해문화권의 중요한 지역 가운데 하나이고, 그 동안 소외되어 왔으며, 우리와 깊은 문화적·종족적 연관성을 지닌 지역은 동해의 연해(沿海)지역 또는 강해(江海)지역이다. 동해와 접한 지역, 즉 연해주(프로모리예 Primorye라고 부름)지역은 여름에 더 따뜻한 날씨를 보이며, 몬순풍의 영향으로 태평

---

9 윤명철, 「천리장성의 구축 SYSTEM 및 해륙적 성격의 검토」, 『韓民族共同體』제16호, 사단법인 海外韓民族硏究所, 2008 ; 「고구려 수도의 해륙적 성격」, 『백산학보』80, 2008.

양에서 많은 비가 올라온다. 그래서 이곳은 전형적인 시베리아의 식생과는 다른 양상을 보인다.[10]

연해주의 북쪽인 아무르강 유역(黑龍江 하구) 사할린 등의 지역은 기후가 몬순성이다. 북위 50도 이남은 졸참나무 혼합림대가 넓게 퍼져있었는데, 어업자원이 풍부해서 연어, 송어 등등의 어류들이 살고, 아무르천 유역도 많은 종류의 어류들이 있었다.[11] 연해주 남부지역은 우수리강 상류, 수분하(綏芬河), 얀치하, 두만강이 흐르고 있다. 일부지역에서는 농경을 하면서 밭에서 조, 보리, 기장을 재배했지만, 주로 삼림에서 수렵을 하고 강에서는 어렵을 했다.

그리고 연해주 지역 및 동해연안과 깊은 관련을 맺고 있는 것이 강이다. 일반적으로 강은 물자를 운반하는 데에 편리하고 수송량이 많기 때문에 물류망(物流網)으로서 절대적인 역할을 담당했다. 강은 하계망(河溪網)을 통해서 면적이 넓고 다양한 지형을 가진 내륙들을 망(網)처럼 연결해주며, 동시에 바다를 이어주어 해양활동을 활발하게 하는 데 필수적이다. 그러므로 연해주 일대나 동해안처럼 육지의 평원이 발달하지 못하고 산과 숲이 발달한 지역은 물류망을 비롯해서 바다와 연결된 교통망으로서 강의 중요성이 더욱 컸다. 만주는 초원과 평원 그리고 삼림 등이 골고루 분포되어 있으면서 그 사이사이를 크고 작은 60개의 크고 작은 강들이 흐르고 있다.[12] 그 가운데에서 암각화의 길 및 동해와 관련된 상은 흑룡강이다.

흑룡강(黑龍江, 아무르강)은 중국 동북쪽의 국경 부근을 흘러 오호츠크해로 빠져나가는 강으로서 전체 길이가 4,730km이다.[13] 몽골고원 북부에서 발원한 셀렝가(Selenga),

---

10 제임스 포사이스 지음, 정재겸 옮김, 『시베리아 원주민의 역사』, 솔출판사, 2009, 03, p.25.
11 加藤晋平, 「東北アジアの自然と人類史」, 『東北アジアの民族と歷史』, 三上次男・神田信夫 編, 山川出版社, 1992, pp.9~10.
12 윤명철, 「고구려 문화형성에 작용한 자연환경의 검토-터이론을 통해서-」, 『한민족 연구』4, 2007 등 참고.

오논강(Onon)으로 흘러오다가, 북쪽 발원지인 러시아 쪽의 야블로노비산맥에서 발원한 실카(Shilka) 강, 제야강 등과 만나고 중국 쪽에서는 동몽골의 초원과 홀론보이르 초원을 통과한 아르군강과 대흥안령(大興安嶺), 소흥안령(小興安嶺)의 골짜기와 초원을 거쳐 온 강물들이 모여 막하(莫河) 부근에서 흑룡강(1892km)의 본류를 이룬다. 이어 흑하시(黑河市) 주변을 지나 동남으로 흐르다가 남만주에서 북상한 송화강과 동강(同江)에서 합류한 후에 동북쪽으로 흐르다가 연해주에 있는 홍개호(興凱湖)에서 발원하여 연해주 남부를 훑으며 북상한 우수리강과 하바로프스크에서 합류한다. 이렇게 해서 만주 일대와 시베리아 지역의 물길을 모은 아무르강(흑룡강)은 계속해서 동북상하다가 타타르해와 오호츠크해가 만나는 해역에서 바다와 만난다. 그 외에도 수분하, 두만강 등이 흐르고 있다.

연해주 일대는 크고 무성한 삼림과 높은 산들, 길고 수량이 풍부한 강들을 서식지로 삼아 생태계가 발달하였고, 이러한 생태계와 연관하여 생활양식과 문화가 영향을 받았다. 곰, 사슴, 호랑이, 담비, 여우 등을 비롯한 야생동물과 말, 그리고 각종 어류가 풍부하였으며, 심지어 흑룡강은 하류까지 고래가 올라왔다. 소수종족들이 현재도 사용하는 선박, 사냥 및 어렵도구, 신앙, 민속, 암각화 등은 울산지역의 암각화문화를 이해하는 데 의미깊은 시사를 한다.

이 장에서 살펴본 바와 같이 동해와 연관된 역사터는 구체적으로 동쪽으로는 백두산에서 북으로 연해주와 이어지는 대삼림지대가 있고, 타타르해협을 넘어 사할린과 홋카이도, 그리고 동해 너머의 일본열도까지 확장된다. 우리 역사체의 중요한 범위였고, 그 시스템의 영향을 직접, 간접으로 받았다. 선사시대부터 활동의 무대가 되어 비록 여러지역들 간의 교류에 긍정적인 역할을 담당하였으며, 독특한 문화를 창조하는 터의 역할도 하였다. 동해문화의 성격과 위치, 되, 그리고 향후 의미에 대한 고찰은

---

13 흑룡강의 길이는 약간씩의 차이가 있다. 김추윤·장산환 공저, 『中國의 國土環境』, 대륙연구소, 1995.

매우 필요하다. 필자는 이를 '동해문화권'으로 설정한바 있다.[14]

3. 울산지역의 해양환경과 역사상

1) 울산지역의 해양환경

천전리(川前里) 암각화와 반구대(盤龜臺) 암각화를 비롯한 경북 지역에 분포한 암각화는 바다와 관련이 있다. 첫째로 암각화가 있는 위치이다. 바다와 가까운 곳에 있으며, 특히 본고의 주제인 천전리 벽화와 반구대 암각화는 태화강 상류에 있는데, 태화강은 울산만으로 바로 연결된다. 또한 반구대와 천전리 암각화에서는 각종의 동물문양들과 함께 어업과 관련된 것들이 많다. 신석기(혹은 청동기) 시대임에도 불구하고 고래와 작살에 꽂힌 고래 등 물고기들이 있고, 승선인원이 많고 노가 부착된 배 모양도 있다. 발달된 어업이 성행했음을 알 수 있다.

두 암각화와 연관이 깊은 울산지역의 환경을 해양적인 관점에서 살펴보고자 한다. 울산(蔚山)만은 양질의 항구(港口)를 구비하고 있다. 자료에 따르면[15] 현재의 울산만은 태백산맥 남부의 동쪽 기슭에 따른 단층곡이 몰입하여 만들어진 구조곡만으로 울산 중앙부까지 들어와 있으며, 만구는 남쪽으로 열려 있고 해안선은 비교적 단조롭다. 태화강·동천·외황강 등 작은 하천들이 흘러들면서 만 안에는 울산항이 있고 만의 어귀에는 장생포항·방어진항 등이 있다. 또한 울산만은 피항(避港)조건을 잘 갖추고

---

14 윤명철, 「동해문화권의 설정 검토」, 『동아시아 역사상과 우리문화의 형성』, 민속원, 2005.
　 이 논문에서 선사시대 이들 지역에서 이루어진 문화양상에 관한 일본학자들의 견해와 함께 연구성과를 소개했다.
15 해수부, 『한국의 해양문화』, 동남해역(上) 해양수산부, 2002, p.13.

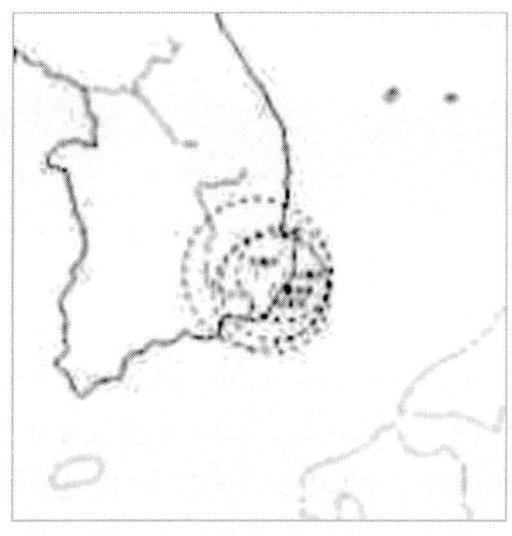

| 그림 6 | 울산해역에서의 시인거리

있다. 태풍은 동남해역을 끊임없이 괴롭히는 기상의 조건이다. 뿐만 아니라 동해는 겨울에 북서풍이 몰아치고, 파고가 높아서 황천항해가 불가피한 시기가 많다.

울산만은 강과 연관성이 깊다. 강은 직접적으로는 항해민들에게 식수를 조달한다. 뿐만 아니라 내륙으로 진출하기에 적합한 통로를 제공한다. 울산은 태화강(太和江)으로 연결되고 있다. 총 길이 46.02km인데, 고대에는 강물의 양이 많고 해수면이 높았으므로 선사시대에 사용한 소형선박으로는 태화교 인근까지 항해가 가능했을 것으로 추정한다.[16] 그리고 먼 바다를 항해하거나 외부에서 진입하고자 하는 집단에게는 육지의 산 등을 보면서 자기위치를 파악하고 항로를 결정하는 지표가 필수적이다. 그런데 울산만의 뒤편은 백두대간의 산들이 1000m 이상으로 선을 이루고 있다. 아래 그림(그림 5)에서 보는 바와 같이 먼 거리에서도 관측이 가능하다.

울산만은 그 외에도 선박건조나 수리에 용이한 환경을 갖추고 있다. 울산지역에는 1000m급 산들이 남북으로 길게 뻗어 내리고 있다. 『신증동국여지승람』[17]에는 무리

---

16 전덕재 집필, 고석규 · 강봉룡 외 9명 지음, 『장보고 시대의 포구조사』, 재단법인 해상왕 장보고 기념 사업회, 2005, p.564 참고.
17 『신증동국여지승람』권 제22, 경상도 울산군 산천조.

용산(無里龍山), 달천산(達川山), 문수산(文殊山), 원적산(圓寂山), 불광산(佛光山) 등을 언급하고 있다. 그리고 울산만은 한류와 난류가 합치는 해역이므로 어종이 다양하며 풍부하다. 어로집단이 정착하거나 어렵의 장소로 활용가능성이 높은 곳이다. 더더욱 선사시대부터 중요한 어로의 대상인 고래가 서식하는 해역이다. 가장 값비싼 모피를 생산하는 해달(海獺)의 산지이기도 하였다.

이러한 환경으로 인하여 울산만은 동해남부 해역에서는 뛰어난 항구조건을 갖춘 몇 안 되는 항구 가운데 하나이다. 『삼국사기』에는 석탈해가 아진포(阿珍浦)에 들어왔다고 기록하였다.[18] 5세기 초에 박제상(朴堤上 : 삼국유사에는 김제상이라고 되어있다.)[19]이 내물왕의 아들인 미사흔(未斯欣)을 구하기 위하여 일본열도로 출발한 율포(栗浦)도 강동면 구류리로 추정된다.[20] 개운포(開雲浦)는 처용과 관계가 깊은 항구인데 울산시 남구 상개동 하개마을에 위치한 포구이다.[21] 그 밖에 울산지역에는 염포(鹽浦),[22] 방어진(魴魚津),[23] 유포(柳浦),[24] 저해포(渚海浦)[25] 등이 있었다.

앞에서 살펴보았듯이 울산만은 시기에 따라서는 한류와 난류가 합치기도 하는 곳으로서 어장이 형성되기 좋고, 만이 넓고 안정적일 뿐 아니라 교통에도 비교적 유리하다. 그리고 해양 지리적으로 남북항로(南北航路), 동서항로(東西航路)가 마주치는 교차점

---

18 탈해가 도착한 阿珍浦口의 위치를 迎日(李丙燾『國譯 三國史記』) 혹은 下西로 보고 있다.(井上秀雄,「任那日本府と倭」)
19 『삼국사기』권45, 列傳 5 朴堤上조. 『일본서기』권9, 신공왕후 5년. 신라사신 毛麻利叱智 기록이 있다.
20 『삼국유사』권2, 紀異 제2「處容歌와 望海寺」. 이 望德寺를 望海寺로 추정하고 蔚州郡 靑良面 栗里의 靈鷲山 東麓일 것으로 판단하고 있다.(李鍾恒,「미사흔이 인질로 간 왜국의 위치에 대하여」,『한국학논총』, 국민대, 1982.
21 『신증동국여지승람』권22, 경상도 울산군 산천조에 '개운포는 고을 남쪽 25리에 있다.' 고 하였다.
22 『신증동국여지승람』권22, 경상도 울산군 산천조.
23 『신증동국여지승람』권22, 경상도 울산군 산천조.
24 『신증동국여지승람』권22, 경상도 울산군 산천조 정자항.
25 『신증동국여지승람』권22, 경상도 울산군 산천조.

가운데 하나이다. 그래서 선사시대부터 고대에 이르기까지 동해를 가운데 둔 해양교통의 중심지였다.

울산 지역은 이미 선사시대부터 동해안을 따라서 문화가 연결되고 있었다. 융기문 토기는 울산(蔚山) 신암리(新岩里)나 양양(襄陽) 오산리(鰲山里)를 비롯하여 경상남도 해안과 도서지역에서 발견되었다.[26] 그런데 융기문 토기는 일본열도 내에서도 규슈와 쓰시마를 비롯한 여러 지역에서 발견되고 있다.[27] 성안동 패총에서 어망추·돌고래 뼈·피뿔고동·침굴·떡조개 같은 해산물 등이 출토됐다. 남구 황성동 세죽리 패총은 신석기시대 조기(早期) 패총유적인데, 결합식낚시바늘·흑요석제석촉·석창 등이 확인되었다. 울산 서생포의 신암리(新岩里) 유적에서도 역시 조몬 토기들과 흑요석 석기들이 발견되었다. 울산지역이 신석기시대에도 남북 교류의 경유지 역할을 담당한 것을 알 수 있다. 청동기시대에 무문토기도 동해안을 따라 확산정착된 것으로 나타난다.[28] 영일만 지역의 칠포리, 울산의 천전리(川前里), 반구대(盤龜臺) 암각화, 고령 및 경주 시내의 암각화 등은[29] 연해주지역에서 내려온 것으로 이해하고 있다. 특히 반구대 벽화에서는 곤도라형의 선문(船文)이 발견되었으며[30] 가장 원시적 항해수단인 뗏목형태도 보여준다.

울산시 북구의 상안동 지석묘와 창평동 지석묘군 등은 일정한 정치세력들이 형성되었음을 밝히고 있다. 소위 삼한시대에는 중산동 고분군, 동구 일산동 고분군 등이 있고, 5~6세기경으로 추정되는 주전동 중마을 고분군 등 다수의 고분군들이 분포되었

---

26 任孝在, 「新石器 時代의 韓日 文化交流」, 『韓國史論』 16, 국사편찬위원회, 1986, p.5.
　崔夢龍, 「考古分野」, 『日本 對馬 壹岐島 綜合學術調査報告書』, 서울신문사, 1985, pp.115~124.
27 任孝宰, 앞 논문, p.17, p.21.
28 江原道, 『江原道史』(歷史編), 1995, p.220.
29 암각화의 기원과 문화적 성격에 관하여 많은 논란이 있다.
　송화섭, 「한국 암각화의 신앙의례」, 『한국의 암각화』, 한길사, 1996, p.264.
30 國分直一, 『古代東海の海上交通と船』, 『東アジアの古代文化』 29號, 大和書房, 1981, p.37 참조.

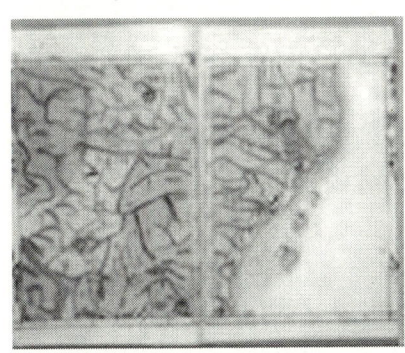 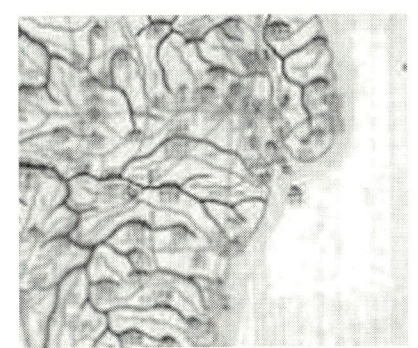

|그림 7| 청구도 울산만 |그림 8| 대동여지도 울산만

다.³¹ 그리고 4세기 말~5세기 초에 들어와 고구려와 연관성이 나타난다. 광개토태왕릉비는 즉위 9년(399)인 기해(己亥)조에 '倭人滿其國境'이라고 하여 왜군이 대대적으로 신라에 침공하였음을 알려준다. 『일본서기』에는 이때 신라가 경주에 상주하고 있었던 고구려 병사들을 진살(盡殺)하였다는 기록이 있다.³² 장수왕 69년(481) 3월에는 고구려가 남진을 하여 미질부(彌秩夫, 興海)까지 진격하였다. 실성왕은 대마도의 왜적을 공격하려는 시도를 하였었다. 그 시대의 현실적인 상황을 고려한다면 이는 신라의 단독작전은 아니었을 것이다. 비록 실천에 옮기진 못했지만 고구려와 관련을 맺었을 가능성이 크며 그렇다면 국가항구였던 울산지역은 고구려와 어떤 형태로든 관련있었을 가능성이 있다. 천전리 암각화에는 고구려와 연관있을 것으로 추정되는 그림들이 있으므로 연구해볼 필요성이 있다.

---

31 그 외에도 동구 전하동 고분군, 중구 다운동 고분군, 다운동 운곡 고분군, 남구 두왕동 고분군, 울주군 온산읍 온산 고분군, 울주군 서생면 신암리 중리 고분군 등이 있다. 해수부, 『한국의 해양문화』, 동남해역(上), 해양수산부, 2002, p.58 참조.
32 『日本書紀』권14, 雄略 8년조.

4. 동해 항로-고대 역사상과 연관하여

　　동해남부 해안지역의 암각화를 제작한 집단이 일정하거나 혹은 다양한 집단이 다양한 시기에 다양한 목적을 지닌 집단이 외부에서 들어온 것이라고 전제한다면 상호 접촉의 증거와 함께 그 길을 찾는 일은 의미가 있다. 전파론의 입장에서 그동안 연구성과를 정리하면 북방 연해주지역에서 내려온 것으로 이해하고 있다. 시베리아 지역에서 연해주-두만강 유역을 거쳐 동해안을 타고 한반도 남부지방으로 전파해온 것으로 추정하고 있다.[33] 많은 연구자들이 지적하였듯이 울주 반구대와 천전리 암각화에서는 동물문양들과 함께 어업과 관련된 것들이 많다. 신석기(혹은 청동기)시대임에도 불구하고 다양한 종류의 고래와 작살에 꽂힌 고래를 비롯한 물고기들이 있고, 승선인원이 많고 노가 부착된 배 그림도 있다. 고도로 숙련된 어업집단이 있었음을 알 수 있다. 그런데 아무르강 유역에서 특별하게 외경하는 것은 곰과 호랑이와 범고래(鯱)로, 범고래도 특별한 존재로서 동북아시아의 연안부의 남에서 북에 이르기까지 더욱이 북아메리카의 북서부해안까지 공통되어있다.[34] 만약에 어업수렵민의 습성선인원이 많고 고래잡이 집단의 해양이동과 정착을 생각해 볼 수 있을 정도이다.

　　영일만, 울산만 등이 있는 동해 남부해안의 환경을 고려한다면 암각화 교류의 길은 다양할 수 있다. 간접적으로는 범아시아라는 문화대에서 전 지역과 연결된다. 그러나 보다 구체적인 교통로로서 직접 연결되는 지역을 선택하면 동해와 연변한 지역들이다. 가장 일반적인 교류의 길은 몇 가지 있으나 한반도 동남부지역과 관련하여서는 대략 3가지로 구분할 수 있다.

33　송화섭,「한국 암각화의 신앙의례」,『한국의 암각화』, 한길사, 1996, p. 264.
34　荻原眞子,「民族と文化の系譜」,『東北アジアの民族と歴史』, 三上次男・神田信夫 編, 山川出版社, 1992, p. 115.

1) 동해남북 연근해항로

　동해연근해를 연안항해 혹은 근해항해를 통해서 남북으로 오고가는 남북연근해항로이다.[35] 북으로는 아무르강(黑龍江)의 하구인 니콜라예프부터 하바로프스크와 비교적 가까운 항구인 그로세비치, 사마르가(강과 만나는 지역), 그리고 남으로는 블라디보스토크 등에 이르는 연해주(沿海洲) 지역에서 두만강 하구를 경유하여 동해남부까지 이르는 긴 항로로서 신석기시대부터 남북으로 오고가면서 사용되었다.

　반구대(盤龜臺) 벽화에서는 고래들과 물고기들이 보이는데, 곤도라형의 선문(船文)[36]과 뗏목형태도 보인다. 하바로프스크시 외곽에 있는 '시까치 알리안 암각화'는 아무르강가에 있는데, 하구가 타타르 해협과 오호츠크해의 접점이라는 사실은 이 항로의 체계와 성격을 이해하는 데 많은 시사점을 준다. 함경도 해안에 서포항(西浦港) 패총유적지가 있다. 신석기 1기층은 기원전 5000년기 말 4000년기 초로 추정되는데, 토기는 시문의 수법이 오산리(鰲山里)의 압날문(押捺文)과 똑같다. 동해북부 해안의 먼 거리에서도 교류가 있었음을 시사한다. 그곳에서는 창·작살·칼·장신구 등의 골기, 고래뼈로 만든 노도 발견되었다. 수렵과 목축, 그리고 해양활동 즉 어업에 활발하게 종사했음을 알려준다. 동해북부에는 양양군의 오산리유적이 있다. 발견된 융기문토기는 흑룡강성과 일본 규슈지방에서 출토되는 유물과 일치하는데 요동반도 지역, 압록강, 두만강 지역의 신석기 문화와 관련있는 것으로 나타난다. 다량으로 출토된 결합

35　동해와 관련한 이 항로의 일반적인 성격은
　　윤명철, 『渤海의 海洋活動과 東아시아의 秩序再編』, 高句麗硏究 6, 학연문화사, 1998, 12.
　　『동해문화권의 설정 검토』, 『동아시아 역사상과 우리문화의 형성』, 한국학 중앙연구원, 민속원, 2005, 9.
　　『영일만 지역의 해양환경과 암각화의 길의 관련성 검토』, 『한국 암각화연구』78집, 한국암각화학회, 2006 참고.
36　國分直一, 「古代東海の海上交通と船」, 『東アジアの古代文化』29號, 大和書房 1981, p.37 참조.

식낚시바늘(結合式釣針)은 부산의 동삼동, 상노대도 등의 유적지에서도 발견되었다.[37] 가장 길고 확실한 동해안 남북연근해항로를 사용한 증거이다.

암각화들이 북방문화에 기원을 두고 있을 경우에는 아래와 같은 길을 상정할 수 있다. 즉 출발지인 내륙에서 흑룡강을 따라 내려오다가 연해주 북부 및 남부 일대나 두만강 하구를 최종 출발항구로 삼고 연근해항해를 한다. 리만한류와 북풍계열을 이용하여 남항하다가 항구조건 혹은 어업과 관련하여 중간 중간에 정착을 한다.[38] 어쩌면 일부는 해로를 이용하여 남해안의 일부지역에 영향을 주었을 가능성도 있고, 일본열도로 건너갔을 것이다.[39]

당시 사람들은 뗏목이나 통나무배(丸木舟·獨木舟)를 사용했을 가능성이 크지만, 그 후에는 암각화에서도 일부 보이지만 범선이었을 것이다. 서포항(西浦港) 유적지 4기층에서 발견된 고래뼈로 만든 노는 기원전 4000년기 후반의 유물로 추정된다.[40] 강원도 해안에서 근래까지 사용된 '매생이' 등이나 두만강에서 사용된 통나무배들, 흑룡강의 중하류에서 나나이족 등이 사용한 카누형 배들은 그 무렵에도 이용됐을 것이다. 천전리 암각화와 반구대 암각화에서 발견된 배들도 연관이 있다고 생각된다.

동해 남북연근해항로를 이용해서 남으로 내려왔을 가능성은 역사시대에 들어오면서 더욱 커졌다. 고구려의 민중왕(閔中王) 때(47년)와 서천왕(西川王) 때(288년) 고래의 야광눈을 특별하게 임금에게 바친 기록이 있다. 동옥저(東沃沮)는 바다 멀리까지 나가서 고기잡이를 하였다.[41] 이러한 기록들은 당시 동해에서 고래잡이를 비롯한 어로활

---

37 任孝宰, 「신석기 시대의 한일문화교류」, 『한국사론』 16, 1986, p.17, p.21.
38 일종의 江海루트이다. 이 용어는 주채혁이 우리문화의 기원을 시베리아와 연결시키는 과정에서 설정한 용어이다.
39 윤명철, 「영일만 지역의 해양환경과 암각화의 길의 관련성 검토」, 『포항 칠포리 암각화의 세계』, 한국암각화 학회, 2005, 5 참고.
40 이 서포항 유적지의 편년에 대해서는 대체로 의견이 일치되고 있다. 특히 임효재의 경우는 김용간의 초기 견해를 수용하고 있다.

동능력(漁撈活動能力)이 있었고 원양항해와 상업어업이 실시되었음을 보여준다.

2) 동해남부 횡단항로

동해남부를 출항하여 혼슈 남단인 산인(山陰)지방의 돗토리(鳥取)현, 시마네(島根)현, 야마구치(山口)현 등에 도착하는 항로이다. 이렇게 상륙한 후에 연안 혹은 근해항해를 이용하여 북으로는 후쿠이(福井)현의 쓰루가(敦賀)지역,[42] 남으로는 규슈지역으로 들어갔다. 시마네 지역은 동해를 사이에 두고 경상남도 울산이나 포항지방과 위도상(북위 35.5도)으로 보아 비슷한 위치에 있다. 쿠로시오에서 분파된 해류는 동해 남부나 중부에서 출발한 선박을 일본해안으로 자연스럽게 밀어 붙이므로 물길과 계절풍을 활용한다면 항해는 성공할 수 있다. 아래 자료인 〈해류병의 표착(漂着)상황도〉[43]는 그러한 자연조건을 보여주고 있다.

이 항해는 선사시대부터도 가능했고, 기원을 전후한 시대부터는 활발했다고 추정된다. 아직 이 부분에 관한 주변연구가 빈약해서 판단을 유보하겠다. 이러한 항로는 표류현상을 통해서도 가능성을 높일 수 있다. 표류의 길은 항로추적에 효율성 큰 단서기 된다.[44]

---

41 『三國志』魏書, 東沃沮. '…國人嘗乘船捕漁, 遭風見吹數十日, 東得一島.'
42 쓰루가(敦賀)는 머리에 뿔이 난 사람들이 왔으므로 고대에는 쯔누가(角鹿)라고 불렸는데, 이것은 투구를 쓴 가야인들이 왔기 때문이다. 그러나 신라계와 관련이 깊었으므로 지금도 신라계지명 및 신사가 곳곳에 남아있다. 武藤正典,「若狹灣とその周邊の新羅系遺跡」,『東アジアの古代文化』, 大和書房, 1974, pp.88~94 참조.
43 日本海洋學會 沿岸海洋硏究部會編,『日本全國沿岸海洋誌』, 東海大學出版會, 1985, pp.925~926.
44 李薰,『조선 후기표류민과 한일관계』, 국학자료원, 2000.
한일관계사학회 편,『조선시대 한일 표류민 연구』, 국학자료원, 2001.
윤명철,「남서해양과 연관된 표류와 역사의 발전」,『표류의 역사, 강진』, 한중일 국제학술회의, 2009, 4월 11일.

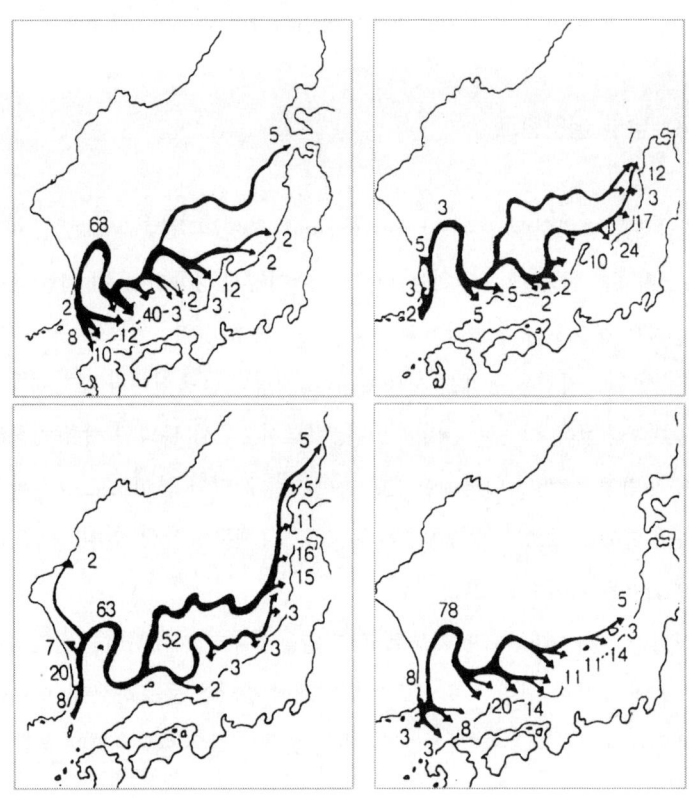

| 그림 9 | 해류병도
대한해협에서 투입한 표류병의 도착 상황. 겨울에는 전체의 40%가 이즈모 지역에 도착하고 있다.

시마네(島根)현, 돗토리(鳥取)현, 후쿠이(福井)현, 이시가와(石川)현, 니가타(新潟)현, 그리고 규슈지역에서 발견된 그림과 관련된 문화현상들이 동해남부의 암각화문화와 관계 깊을 가능성도 고려해봐야 한다.

「표류의 발생과 역사적인 역할에 대한 탐구」, 『동아시아 고대학』 제18호, 2008.

3) 남해항로 및 동중국해 사단(斜斷)항로

　　대한난류와 남풍계열의 바람을 이용하여 남쪽에서 북으로 항해가 가능하다. 한반도 남해동부와 동해남부 일부에서 일본계 조몬 토기가 발견되고 있다.[45] 울산 서생포의 신암리(新岩里) 유적에서도 역시 조몬(繩文) 토기들과 흑요석 석기들이 발견되었다.[46] 당시 조몬 토기인들이 한반도 남부까지 왔으며 일정기간 머물거나 어떠한 형태의 교류를 한 것을 반증한다.

　　한편 제주도나 중국의 강남(江南)지역, 동남아지역의 문화도 동중국해와 황해남부를 통해서 들어온 이후에 남해동부를 경유하여 북상했을 가능성이 크다. 동중국해 사단항로(東中國海 斜斷航路)[47]를 부분적으로 사용한 것이다. 절강성(浙江省) 이남지역을 출발하여 동중국해와 제주도 해역, 남해동부를 거쳐 동해남부로 들어오는 항로이다. 이 항로의 일부는 남중국과 일본열도가 교섭하는 데에도 사용됐다. 이 항로는 연장되면서 남해안을 경유하여 울산만과 이어졌다. 그렇다면 암각화에서 보여지는 요소들 가운데 관련성이 있었을 가능성은 있다. 난생신화의 분포권은 황해와 남해연안은 물론 내륙지방에는 없고 반도의 동남단의 김해에서 동해안으로 편재해 있다고 하며 대한난류와 관련시키는 설도 있다.

45　林墩,「朝島의 史的 考察」,『해양대 논문집』11, 1976, p.380 ;「朝島貝塚 遺物小考」,『해양대 논문집』13집, 1978, p.224에서 朝島를 선사시대의 중요한 거점으로 보고 있다.
46　任孝宰,「新石器 時代의 韓日 文化交流」,『韓國史論』16, 국사편찬위원회, 1986, p.5 등에는 울산 서생포에서 발견된 죠오몽 토기에 대해 나오고 있다.
47　이와 관련된 해양활동 및 항로에 대해서는 필자의 연구성과 등을 참조하기 바란다.

5. 맺음말

천전리 암각화와 반구대 암각화는 주제(主題)가 신비하고 독특할 뿐 아니라 소재(素材)와 의미(意味)가 매우 복합적이며, 심원한 논리(論理)가 숨어있을 가능성을 보여주고 있다. 때문에 두 암각화의 원형(原形)이 생성한 공간, 전파와 정착의 과정과 길, 담당집단의 문화 및 성격 문제 등을 놓고 다양한 논쟁들이 끊이지 않고 있다.

만약 '자생설'을 수용하지 않는다면 해양이라는 전파공간과 교통로는 불가분의 관계에 있다. 해양사 전공자인 필자는 이러한 점에 착안하여 한반도의 동해남부해안과 유기적인 연관성을 맺은 역사공간의 범위와 성격, 해양을 비롯한 자연환경, 교류의 메커니즘인 항로 등을 살펴보았다.

역사공간은 유기체(有機體)의 메커니즘을 갖고 있다. 특히 필자가 설정한 동아지중해권(東亞地中海圈)은 해륙적(海陸的)인 질서가 공통적으로 작동하는 세계이므로, 대부분의 부분공간(部分空間)은 전체(全體)라는 큰 터 속에서 상호영향을 주고받는 관계를 이루고 있다. 그러므로 암각화를 비롯한 모든 문화현상들은 넓게는 범(凡)아시아, 그리고 직접적으로는 동아시아라는 큰 터 속에서 문화의 이동과 상호영향을 거쳐서 형성되었다.

동해는 황해나 남해에 비하여 상대적으로 문화의 교류현상이 빈번하지 않았다. 하지만 자연환경, 특히 해류, 바람, 해양상태 등 해양환경을 고려하면 교류 가능성이 충분할 뿐 아니라 실제로 그 증거들을 찾을 수 있다. '강해(江海)루트'와 '동해연근해항로(東海沿近海航路)'를 이용해서 연해주의 북로 내륙부터 한반도의 남부 또는 일본열도까지 길게 이어지는 다양한 방식의 교류가 가능했고, 이를 뒷받침할 만한 문화현상들이 발생했다. 마찬가지로 동남아시아와 중국의 강남지역에서는 '동중국해 사단항로(東中國海 斜斷航路)' 등을 효율적으로 이용하면 특정한 계절에는 남해안에 접근한 후에 동해 중부해역까지 직접 연결이 가능하다. 이 길을 통한 교류를 뒷받침할 만한 중

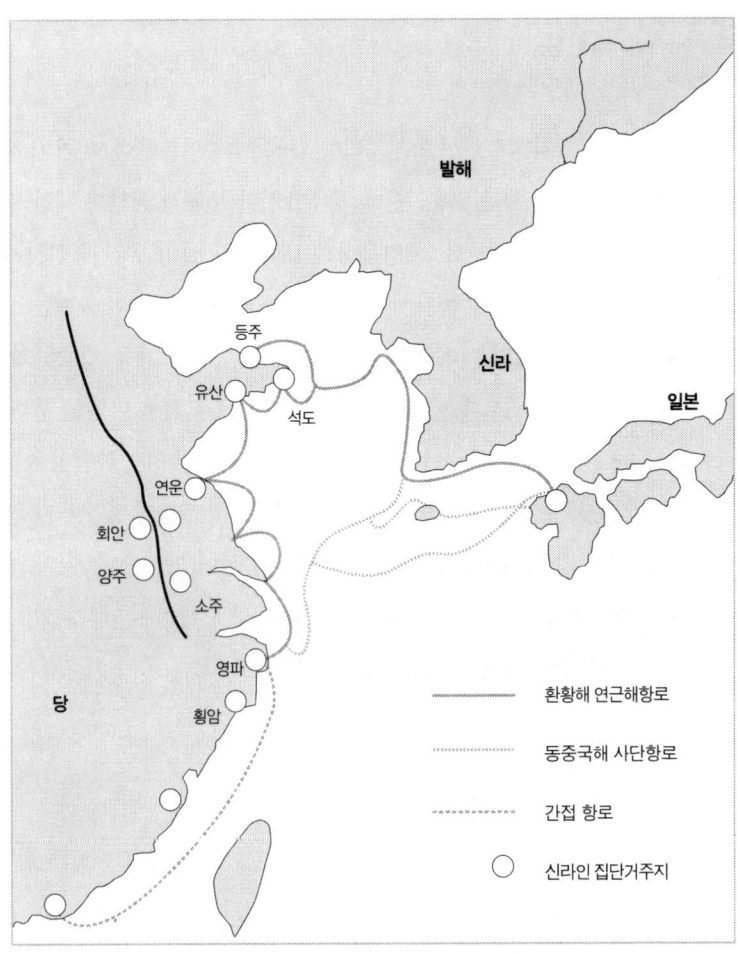

| 그림 10 | 신라시대에 사용한 동중국해 사단항로를 볼 수 있다.

거들은 탐색하고 있는 중이다. 또한 '동해남부 횡단항로(東海南部 橫斷航路)'를 이용해서 일본열도의 혼슈(本州) 남부지역과 상호교류가 가능하며, 이는 역사적인 사실로서 입증되고 있다. 그런 의미에서까지 울산만 지역은 문화교류와 접촉 공간이 넓고 다양한 편이며, 천전리 암각화와 반구대 암각화는 그러한 공간적인 성격과 연관이 깊다는

사실을 염두에 두고 다양한 가능성을 검토해볼 필요성이 있다.

비전공자로서 본고를 작성하면서 암각화라는 큰 주제와 연관하여 몇 가지 생각을 정리할 수 있었다. 첫째는 소재와 내용, 주제 등이 표현한 문화적 공간과 시간의 다핵성(多核性)이다. 북방문화와 남방문화, 해양문화와 내륙문화 등의 공간과 선사시대부터 현대까지 연속된 다양한 시간이 독자성을 지닌 채 표현되고 있었다. 둘째는 중첩성(重疊性)이다. 울산지역은 동해남부의 해안가이면서 강을 통해서 내륙 깊숙하게 연결된 '공간적 이중성(空間的 二重性)' 때문에 독자적인 방식으로 표현한 다양한 형태와 의미의 암각화들이 하나의 표현공간에서 중첩되어 있었다. 세 번째는 복합성(複合性)이다. 공간적으로 토착문화(土着文化), 시간적으로 선행문화(先行文化)의 영향이 다음 단계의 문화에 영향을 주었고, 궁극적으로 조화를 이룬 복합성이 있음을 감지할 수 있었다. 그리고 교류의 메커니즘, 특히 '교통로(交通路) 문제'와 연관하여 암각화의 다양한 부분들을 해석하고 규명할 필요성을 재인식할 수 있었다.

13 百濟의 역사 속에 함축된 해양 문화적 요소*¹

1. 서 언

    역사란 인간이 주체가 되어 시간과 공간이 만나 이룬 상황을 목적에 맞게 변화시키는 운동(運動)의 총체이다.² 이러한 운동의 산물 가운데 중요한 부분을 차지하고 있는 것이 문화(文化)이다. 문화의 정의는 다양하다.³ 오늘날 '문화' 라는 말은 사람들의

---

* 「백제의 역사 속에 함축된 해양문화적 요소」, 『충청학과 충청문화』 11권, 충청남도 역사문화연구원, 2010.
1 이 글은 백제의 역사활동 가운데에서 특별한 부분을 소재로 삼아 사실성 여부를 분석하거나 검증한 논문이 아니다. 다양하고 독특한 백제의 역사상을 이해하는 방식의 하나로서 해양을 해석틀로 삼아 유형화시키면서 성격을 살펴본 것이다. 그 때문에 '서론' 과 '결론' 대신에 '서장' 과 '결어' 로 대체하였다.
    필자는 백제사 전공자가 아니므로 그동안 필자가 발표했던 글들을 근간으로 해양과 연관된 부분을 제외한 나머지는 기존의 연구성과들을 차용하였음을 밝힌다. 신형식, 이기동, 노중국, 양기석, 이도학 등 선행 연구자들의 도움을 받았으며, 『百濟文化史大系 硏究叢書』(충청남도역사문화연구원)와 『漢城百濟史』(서울시사편찬위원회)에 실려있는 글들을 적극적으로 참조하였다. 총서체제가 가진 한계로 인하여 각 해당 분야 실제 연구자들의 이름을 언급하지 못한 점이 있음을 유감스럽게 생각한다.
2 이 부분에 대한 필자의 논리는 「역사 활동에서 나타나는 운동성의 문제」, 『역사는 진보하는가』, 온누리, 1992 참고.
3 문화란 사람과 다른 생명체를 구분짓는 가장 분명하고 포괄적인 개념이다. 레이몬드 윌리암스는 문화라는 단어가 영어에서 가장 까다로운 두세 개의 단어가운데 하나라고 말했다. 1952년에 알프레드 크로버와 크락혼이 『문화 : 개념과 정의의 한 비판적인 검토』에서 175개의 서로 다른 정의를 검토해보았을 정도로 문화에 대해서는 실로 다양한 견해들이 있다. 그만큼 중요한 역할을 하고 있음을 반증하는 것이다.

생활양식 전체를 가리키는 넓은 의미로 사용되고 있다.[4] 내부에 유사한 요소들이 많고, 각개의 요소들이 불가분하게 유기적으로 연결되어 있음을 개관적으로 확인할 수 있어야 할 뿐 아니라, 주관적으로 구성원들 대부분이 공동의 문화를 창조한다는 인식을 해야 한다.[5] 문화를 유형화시키는 종류는 다양한데, 공간과 생활양식을 기준으로 분류한 경우도 많다. 예를 들면 농경문화(農耕文化), 유목문화(遊牧文化), 수렵삼림문화(狩獵森林文化), 그리고 해양문화(海洋文化) 등이다.

한민족의 고대사는 특정한 형식의 한 문화뿐만 아니라 농경문화, 수렵삼림문화, 농목문화, 해양문화 등이 복합적으로 작용하여 조합(組合)·생성(生成)된 문화이다. 농경문화만을 연상시키는 '한반도(韓半島)'라는 고정된 틀과 육지위주의 질서 속에서 역사를 해석하면 사실성을 왜곡할 뿐 아니라 논리성과 문화생성의 자연환경적인 당위성을 결여한 결과가 발생한다. 역사공간의 형태와 성격을 인정하여 바다와 육지가 동시에 유기적으로 작용하는 '해륙적 관점(海陸的 觀點)'으로 파악할 필요가 있다.

본고는 해양문화라는 분석틀을 이용하여 백제의 역사상을 또 다른 관점에서 이해

대표적인 학자이며 비교적 초기에 이론을 전개한 에드워드 타일러(Tylor 1871:1)는 1871년에 출판된 『원시문화(Primitive culture)』(2vols.)의 제1장 '문화의 과학'에서 문화에 대해 다음과 같은 정의를 내렸다. "문화 또는 문명이란 넓은 민족지적인 의미에서는 지식, 신앙, 도덕, 예술, 법률, 관습 등 무릇 인간이 사회의 구성원으로서 획득한 능력이나 습성의 복합적 전체이다"(히라노 겐이치로 지음, 장인성·김동명 옮김, 국제문화론, 풀빛, 2004). 레비-스트로스도 "문화에는 도구, 제도, 관습, 가치, 그리고 언어 등 아주 많은 사물이 포함된다." 일본에서는 예컨대 "문화란 사회구성원에 의해 학습되고 공유되며, 나아가 다음 세대에 전달되는(기술, 경제, 사회조직, 정치, 종교, 가치, 언어를 포함하는) 생활양식의 체계이다"라고 한 요시다 데이고의 정의가 있다.
그런데 관례상으로 역사학계에서 사용하는 문화는 교양수준으로 이해되는 일반적인 개념이다.
4 히라노 겐이치로 지음, 장인성·김동명 옮김, 『국제문화론』, 풀빛, 2004, p.25.
5 이러한 문화의 특성들에 대해서는 과거에 알려졌던 책들과 함께 최근의 것으로는 히라노 겐이치로 저, 장인성·김동명 역, 풀빛, 2004. 특히 김창민 편역, 『세계화시대의 문화논리』, 한울 아카데미, 2005는 문화의 정체성과 관련하여 세계 여러 나라들의 문화논리가 소개되어 있다. 근래에 소개된 것으로는 한국문화사학회가 번역한 필립 스미스, 『문화이론』, 이학사, 2008이 이론적 분석을 하고 있다.

하고자 한다. 내륙과 해양을 유기적(有機的)으로 파악하는 '해륙문화(海陸文化)'로서 국가적인 성격, 위상, 역사상을 판별하는 데 필요한 부분으로서 해양적 성격을 규명하는 작업이다. 즉 백제의 건국, 수도 선정과 이전, 해외진출, 대외교류(외교, 무역, 문화), 전쟁 등의 발전과 멸망 등의 역사상이 해양과 연관성을 지니고 있는지 여부를 판단하며, 특히 문화현상들과는 어떤 방식으로 관계를 맺고 있는가를 포괄적이고, 총론적으로 이해하고자 한다. 이를 위해 필자의 역사모델들과 해양적 체계성의 특성을 설명하고, 이를 해석틀로 삼고자 한다. 그러므로 문화요소인 정치제도, 군사전략, 방어체제, 산업 예술과 공예 등에서 해양과 연관돼서 형성된 부분들을 대상으로 이해하는 수준에 한정짓고자 한다. 이러한 작업은 백제의 해양문화적인 성격을 이해하는 것은 물론이고, 소외된 민족자아(民族自我)의 확인, 왜곡된 역사상의 사실 등을 확인하는 작업이 된다.

2. 해양문화 형성의 타당성과 명분 검토

1) 터(場, field & multi-core) 및 동아지중해(東亞地中海) 모델

동아시아는 아시아 대륙의 동쪽 하단부에 위치해 있으면서 대륙적(大陸的) 성격과 함께 해양적(海洋的) 특성을 가지고 있다. 필자는 이러한 동아시아 역사의 공간을 이해하는 해석모델로서 '터와 다핵(多核, field & multi-core)이론'을 전개하고 있다.[6] 즉 역사

---

6 윤명철, 「동해문화권의 설정 검토」, 『동아시아 역사상과 우리문화의 형성』, 한국학중앙연구원, 민속원, 2005, 9 및 「東아시아의 海洋空間에 관한 再認識과 活用—동아지중해모델을 중심으로—」, 『동아시아 고대학』14집, 동아시아 고대학회, 경인문화사, 2006, 12 등에서 터이론을 설명하고 역사상 해석에 적용하고 있다. 히라노 겐이치로 지음, 장인성·김동명 옮김, 국제문화론, 풀빛, 2004, pp.31~35에서는 이시다 에이하치로(石田英一郎, 1903~1968)의 문화를 시스템으로 보는 문화의 정의를 소개하고 있다. 필자는 그 이론의

공간을 전체이면서 부분인 터(場, field), 또 부분이면서 전체이기도 한 중핵(中核 : 恒星)과 주변의 몇몇 소핵들인 행성(行星)들, 그들을 싸고도는 위성(衛星)들이 있고(multi-core), 이 모든 핵들을 연결하는 중첩적인 선(線, line)들로 이루어졌다고 본다. 필자가 개념화한 '터'는 자연, 지리, 기후 등으로 채워지고 표현되는 단순한 공간은 아니고, 생태계, 역사 등이 모두 포함된 총체적인 환경이다. 각각의 역사공간에서는 여러 요소들이 단절되고, 무관하며 격절된 부분이 아니라 전체가 부분이 되고, 부분들이 다시 전체로 되가는 유기적인 관계에 있다. 터(場, field), 중핵, 소핵들, 선들이 유기적으로 네트워크화 되어야 작동할 수 있다.[7] 따라서 동아시아는 역사활동의 터와 단위를 대륙(大陸)과 반도(半島), 해양(海洋)이 유기적으로 연결된 '해륙적(海陸的) 시스템'으로 파악하고, 소외되었던 해양의 위상과 역할을 재인식하기 위해 '해륙사관(海陸史觀)'을 적용할 필요가 있다.

고대사에 관한 한 우리의 역사영역 또한 해양과 대륙, 반도를 하나의 역사권(歷史圈)으로 파악할 수 있다. 폐쇄적인 반도로 획정하고,[8] 지역적인 정치체(국가)들로 한정시켰던 역사를 통일적으로 이해하고, 이 정치체들은 모질서인 원조선(原朝鮮)의 계승성을 통해서 역사적인 계통 속에서 생성한 것으로 이해해야 한다. 다시 말하면 고구

전모를 알 수는 없으니 필자의 터이론 등과 맥락이 유사해서 그 가운데 일부 내용을 발췌하여 소개한다. "문화시스템 특성의 제1요건은 '부분과 전체'이다. 문화의 전체를 구축하고 있는 부분을 문화요소(cultural element, cultural traits)라 부른다. 인체는 다수의 기관과 무수한 세포로 만들어진 하나의 유기체이다. 문화도 무수한 문화요소로 구성된 일종의 유기체라 생각할 수 있다. 문화시스템의 제3의 요건은 기능과 구조다. 문화의 부분은 특유의 기능을 가지며, 전체는 특유의 구조를 갖는다."

7 터이론을 적용하여 역사상에 구체적으로 분석한 연구성과는 다음과 같다.
 윤명철, 『광개토태왕과 한고려의 꿈』(삼성경제연구소), 2005.
 윤명철, 『장수왕 장보고 그들에게 길을 묻다』, 포럼, 2006 등이 있다.
8 김기승, 김인호, 이정주 외, 『21세기에도 우리문화가 살아남을 수 있을까』, 지영사, 2003, p.201 참고.
 한국은 대륙과 해양 사이에 위치한 반도라는 지정학적 위치 때문에 대륙 세력이나 해양 세력처럼 독자적이고 자주적인 역사를 갖지 못하고 주변 강대국의 간섭과 지배를 받을 수밖에 없는 운명이라는 것이다.

려, 백제, 신라, 가야, 왜 및 기타 국가들은 단절된 부분이 아닌 우리 역사체라는 전체 속의 부분으로서, 유기적인 관계에 있다.[9]

이러한 시스템의 특성 가운데 하나는 모든 단위들이 유기적인 관계를 맺고 있는 것이다. 즉 여러 요소들이 일방적 관계나 격절된 부분이 아니라 전체가 부분이 되고, 부분들이 전체로 되돌아가는 유기적(有機的)인 관계로서 하나의 '통일체(統一體)' 또는 '역사유기체(歷史有機體)',[10] '문명공동체(文明共同體)'를 이룰 수 있다.[11] 지리학이나 생태학 또는 환경사의 관점에서 본다면 동아시아 전통적인 자연관과 유사하며,[12] 산경표나 풍수사상에서 지향하는 자연에 대한 해석과 부분적으로는 맥이 통한다.

이러한 시스템 속의 동아시아[13]는 현재 중국이 있는 대륙, 북방 초원으로 연결되

---

9 윤명철,「'한민족' 형성의 질적 비약단계인 고구려 역사」,『한민족 연구』제5호, 2008 및 졸저,『단군신화, 또 다른 해석』, 백산, 2008 수록 논문들 참고.
10 유기체라는 용어는 단순하게 기계적인 것에 대응하는 개념으로 이해할 수 있으나, 이는 필자의 의도는 다르다. 구조상으로는 일종의 네트워크시스템이며, 내용은 생명현상을 함유한 개념이다. 몇몇 논문에서는 대안으로 초유기체, 또는 생명체라는 용어를 사용하기도 했으나 가설상태이다.
11 윤명철,「동해문화권의 설정 검토」,『동아시아 역사상과 우리문화의 형성』, 민속원, 2005.
  윤명철,「東아시아의 海洋空間에 관한 再認識과 活用-동아지중해모델을 중심으로-」,『동아시아 고대학』14, 동아시아 고대학회, 경인문화사, 2006.
  윤명철,「고구려 문화형성에 작용한 자연환경의 검토-터이론을 통해서-」,『한민족 연구』4, 한민족학회, 2007 등
12 근래에 최덕경,『중국고대 산림보호와 환경생태사 연구』, 신서원, 2009에서 중국의 각종 지역의 환경을 소개하면서 중국학자들의 생태이론을 역사과정 속에서 언급하고 있다.
13 동아시아란 개념은 1970년대부터 본격적으로 사용이 되고 있으나 그 범위, 개념, 역할 등에 대해서 통설은 없다.
  全海宗은 東亞의 지리적 범주를 기본적으로 중국, 한반도, 일본열도를 지적하는 것이라고 보고, 중국은 주로 중국본부, 일본열도는 本州와 四國, 九州와 그 부속의 島嶼로 한정하고 있다. 그리고 雲南이나 兩廣지방을 주변으로 보고 있다.(全海宗,「東亞古代文化의 中心과 周邊에 대한 試論」, p.3)
  井上秀雄은 고대의 동아시아는 중국왕조의 정치권력이 미치는 지역 혹은 중국문화의 영향을 받았던 지역 등을 가리키는 용어로 추측된다고 하였다. 특히 p.12에서는 지도를 그려서 동아시아의 범주를 분명하게 표현하고 있다. 이 분류는 아시아의 동쪽을 동북아시아, 동아시아, 동남아시아의 3부분으로 되어있다. (井上秀雄,『變動期의 東アジアと日本』, 日本書籍, 1983)

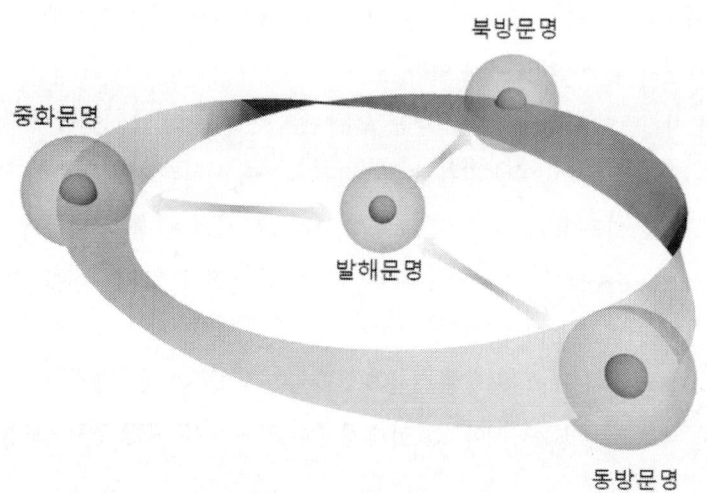

|그림 1| 동아시아 문명 시스템

는 대륙의 일부, 소위 한반도, 일본열도로 구성되어 있다. 그런데 한반도를 중심축(core)으로 일본열도 사이에는 동해(東海)와 남해(南海)가 있고, 중국 사이에는 황해(黃

西嶋定生은 대륙의 역사, 특히 중국왕조를 중심으로 하는 역사를 동아시아 역사로 보고 있다.(西嶋定生, 『日本歷史の國際環境』, 東京大出版社, 1985, pp.2~3)
佐伯有淸은 동아시아라는 범주를 막연히 설정하고 한반도 세력, 일본열도, 그리고 중국대륙을 동아시아로 보고있다.(佐伯有淸, 『古代の東アジアと日本』, 1987)
宮崎市定는 東아시아를 西아시아, 中央아시아 등과 구별하고 있다.(宮崎市定, 『中國の歷史』 2, 『秦漢帝國』, 講談社, 1974, pp.3~4)
佐佐木高明은 '照葉樹林 文化圈'이라는 틀을 제시하면서 일본열도와 중국의 雲南省, 靑海省 등을 연관시켰다. (佐佐木高明, 『照葉樹林文化』, 『續 照葉樹林文化』 등)
安田喜憲은 일본해문화권이라는 또 다른 공간의 유형화가 필요하다고 제기한다. (安田喜憲, 「日本海 めぐる歷史の胎動」, 『季刊考古學』 15號, 雄山閣出版社, 1986, pp.14~16.)
古廐忠夫는 동아시아 세계와 외연으로서 동북아시아라는 시점에서, 즉 동아시아의 서브시스템으로서 環日本海 지역을 보고 있다.(古廐忠夫 編, 『東北アジアの再發見』, 有信社, 1994, p.5, p.8)
중국은 '統一的 多民族國家' 혹은 '多地域文明起源說' 등을 통해서 전체중국의 현재적 정치영토를 역사적 공간으로 범주화하고 있다. 시간에 대한 새로운 유형화작업도 추진하면서 '夏商周 斷代工程', '中華文明探源工程' 등을 병행하고 있다. 필자는 동아지중해론, 해륙사관 등 몇몇 이론들을 제기하고 있다.

海)라는 내해(內海, inland-sea)가 있다.[14] 한반도의 남부와 일본열도의 서부, 그리고 중국의 남부지역(揚子江 이남을 통상 江南으로 부른다)은 동중국해(東中國海 : 동지나해)를 매개로 연결된다. 그리고 현재 연해주(沿海州) 지역은 동해연안을 통해서 한반도와 연결되며, 타타르해협을 통해서 두만강 유역 및 연해주지역과 사할린, 홋카이도가 연결된다. 이렇게 해서 동아시아는 완전한 의미의 지중해는 아니지만 이른바 다국간지중해(多國間地中海, Multinational-Mediterranean-Sea)의 형태로서 모든 나라들을 연결시키고 있다. 필자는 '동아지중해(東亞地中海, EastAsian-Mediterranean-Sea)'라고 모델을 설정했다.

동아지중해의 '터'는 북방과 중국에서 뻗쳐오는 대륙적인 질서(유목문화, 농목문화, 수렵삼림 문화 등을 공유하고 있다)와 남방에서 올라온 해양적 질서(해양문화, 남방문화)가 만나고 있다. 각 지역 간에 맺어졌던 교류는 주로 해양을 통해서 이루어졌다. 흥망을 거듭했던 종족들과 국가들은 해양의 영향을 받으며 해양활동이 활발할 수밖에 없었다. 우리의 동아지중해의 중핵(中核, core)에 위치한 우리 역사터는 대륙과 해양을 공히 활용하며, 모든 지역과 국가를 전체적으로 연결하는 해양 네트워크를 가지고 있다. 동아지중해 터에서 또 하나 중요한 공간은 강이다.[15] 강은 육지에 부속된 한 부분이 아니다. 내륙 깊숙이 있는 부분과 크고 작은 선(線 : 支川)들을 매개로 사방으로 연결된 굵은 선이다. 자체의 동력과 활동범위를 갖고 있는 독립된 존재이다. 거주에 적합한 환경일

---

14 西海라는 용어는 한반도와의 관계 속에서 사용하고, 黃海라는 용어는 동아시아 전체를 배경으로 하고, 특히 한중관계에서 사용하는 것이 바람직하다.
15 김정호는 『대동여지전도』의 발문에서 다음과 같이 언급하고 있다. "무릇 동방은 삼면에 바다와 연접해 있고, 일면이 대륙에 접해있으니 둘레가 10,920리이다. 무릇 세 바다에 연접해있는 길이가 128읍에 총 8,043리이며, 두 강에 연접한 길이는 총 2887리요, 압록강에 연접한 길이는 총 2043리이고, 두만강은 843리이다." 그래서 그의 대동여지전도를 살펴보면 등고선지도가 아니라 山系水系圖인 것이다. 비록 그의 역사지리적인 인식이 현재의 한반도인 당시 조선영토에 머무르고 있지만, 기본적으로는 우리 역사의 활동터전을 강을 포함한 해류적인 관점에서 보고 있음을 알려준다. 이형석, 『한국의 강』, 홍익재, 1997, pp.41~42 인용.

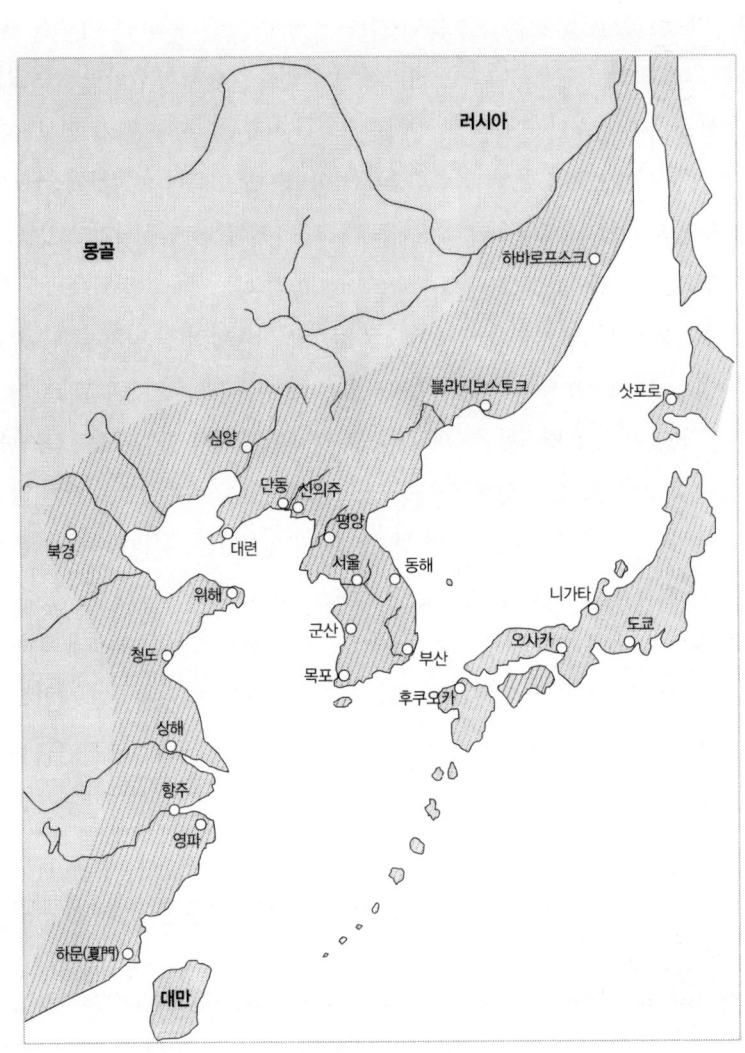

| 그림 2 | 동아지중해 범위도

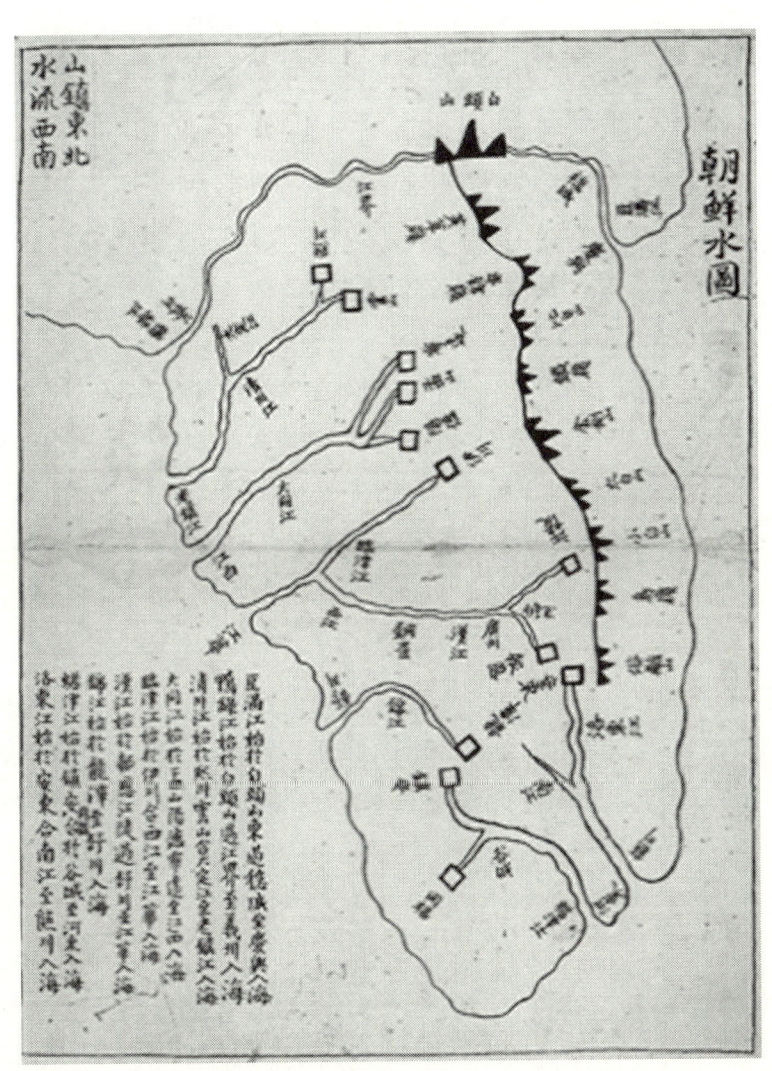

| 그림 3 | 조선수도(朝鮮水圖)(1903년, 27×17.6cm, 필사본, 개인소장)

뿐 아니라 경제력을 집중시키면서 주민들을 세력화시키기에 유리한 점이 많았다. 때문에 큰 강의 하구에는 정치세력들이 형성되는 정치공간이기도 하였다. 따라서 내륙의 중간 중간에서도 항구도시가 형성될 수 있다. 이러한 강들의 통일체인 하구와 바다의 만(灣)이나 항구지역과 만나는 거점(接點)에 형성된 도시가 강해도시(江海都市)이다. 백제는 이러한 다양하고 독특한 역사터에 한 부분을 차지한 나라이다.

2) 자연환경[16] 검토-백제영역과 관련하여

백제가 국가의 발전과 문화의 성숙을 이룩하기 위해서는 해양문화가 작용할 수밖에 없는 당위성을 살펴보고자 한다. 역사공간은 자연·지리·기후 등 자연환경 외에 생태계를 포함한 영토나 영역 등 역사가 포함된 총체적인 환경이다.[17] 하지만 작용하는 중요도나 인식상으로 보아 가장 중요한 구성요소는 자연환경이다. 자연은 지리정치적(地理政治的, geo-politic), 지리경제적(地理經濟的, geo-economy), 지리문화적(地理文化的, geo-culture)으로 큰 의미가 있다.

백제는 초기에는 한강 하구와 주변 평야일대에서 성장했으나 점차 경기만의 주변인 황해중부 해역을 활용했다. 발전기에 이르러 점차 중부 이남으로 육지영토를 확장하고, 서해 남부해양 및 남해 서부해양으로 영향력을 확장했다. 그리하여 역사공간이

---

16 최덕경, 『중국고대 산림보호와 환경생태사 연구』, 신서원, 2009.
    환경(環境: environment)이란 "주위를 둘러싸고 있는 외계의 조건"이란 의미로 환상(環象)이란 한자어의 역어로 명치(明治)말기부터 널리 사용되었다고 한다.
17 윤명철, 「東아시아의 海洋空間에 관한 再認識과 活用-동아지중해모델을 중심으로-」, 『동아시아 고대학』14집, 동아시아 고대학회, 경인문화사, 2006. 12.
    윤명철, 「고구려 문화형성에 작용한 자연환경의 검토-터와 多核(field & multi-core)이론' 을 통해서」, 『한민족』4호, 2008 등 참고.

몇 개의 큰 평야지대 및 산맥들, 그리고 황해로 흘러드는 큰 강과 몇 개의 중요한 만으로 구성되었다.

(1) 황해의 해양환경 검토[18]

황해는 중국과 한반도의 서부해안 전체, 만주(滿洲)남부의 요동(遼東)지방을 하나로 연결하고 인접각국들이 공동으로 활동하는 터(場)의 역할을 하고 있다. 이른바 내해(內海, inland-sea)로서 국부적인 연안을 제외하고는 전반적으로 유사한 환경이므로 역사활동도 연관성을 지닌 채 이루어진다. 따라서 황해와 연관된 해양환경 전체에 대한 이해가 필요하다.

바다는 육지와 다른 독특한 메커니즘이 있으므로 전근대사회에서 해류, 조류, 계절풍, 해안선의 움직임, 해상상태, 암초 등의 해양환경이 역사에 중요한 동력으로 작용하였다. 동아시아는 쿠로시오(黑潮)라는 해류가 필리핀 북부해역에서 발생하여 북동진(北東進)한다. 그 한 지류가 제주도로 북상하다 양쪽으로 갈라져 한 흐름이 서해 남부해안을 경유하여 서해연안을 타고 올라오면서 문물과 역사의 이동로가 된다. 다음은 조류(潮流)이다. 내해(內海), 육지 사이의 해협(海峽), 리아스식 해안이 발달한 장소는 조류의 흐름이 복잡하다. 특히 한반도의 남서 및 서남해안과 대한해협, 그리고 중국의 동해안(특히 절강의 舟山群島 해역)은 높낮이 및 진행방향의 지역적 편차가 심하다. 항해환경에 가장 중요한 요소는 바람의 영향이다. 동아시아는 다소 불규칙하지만 일정한 방향성을 가지고 부는 계절풍지대이다. 봄에서 여름에 걸쳐 부는 남풍계열의 바람은 중국 남부해안과 한반도 또는 일본열도 간, 남풍계열의 바람은 일본열도에서 한반도

---

18 동아시아 해양, 즉 역사상과 연관된 동아지중해의 해양환경에 대한 검토들은 졸저, 『장보고 시대의 해양활동과 동아지중해』, 학연문화사, 2002 ; 『한민족의 해양활동과 동아지중해』, 학연문화사, 2003 ; 『한국해양사』, 학연문화사, 2003등에 실린 논문들 참고.

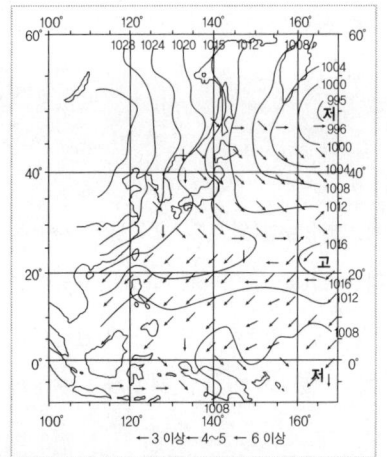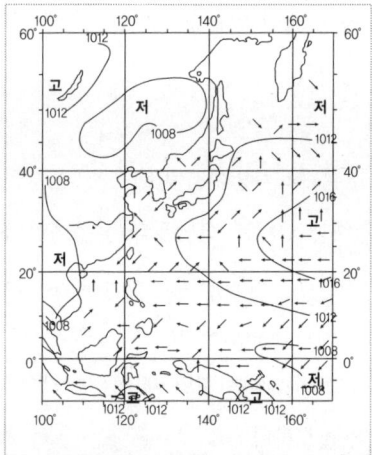

| 그림 4 | 동아시아 계절풍도 (茂在寅南의 『古代日本の航海術』, 小學館, 1981, p.91, pp.96~97 참조)

간의 교류를 가능하게 한다. 반면에 가을에서 겨울에 걸쳐 부는 북풍계열의 바람은 한반도 북부와 중국의 중부 또는 남부해안 간의 교류를, 한반도에서 일본열도의 남부와 서부해안으로 교류를 가능하게 한다. 여름에는 바람이 거의 없는 무풍지대이나 때때로 바람이 불어오며, 그 해역에 특별한 바람을 이용하면 항해가 가능하다. 고대 항해에는 바람의 영향을 절대적으로 이용하였으며, 삼국시대의 대외사행(對外使行)은 계절풍의 영향을 받으며 이루어졌다.[19]

그 외에 항해거리도 중요한 요소로 작용한다. 황해, 남해의 전 해역은 해안간격이 넓지 않은 내해(內海)로서 근해항해의 대상지역이다. 황해 내에서 대안 간의 최단거리는 250여km에 불과하다. 때문에 연안을 따라 먼 거리에 거주하는 주민들이 접촉할 수 있었으며, 발달된 섬들은 활동범위를 넓혀주었을 뿐만 아니라 바다 반대편의 사람들

---

19 申瀅植, 『新羅史』, 이화여대출판부, 1988, p.212 도표.
 吉野正敏, 「季節風と航海」, 『Museum Kyusu』 14號, 博物館等 建設推進九州會議, 1984, p.14.

과 직접, 간접으로 접촉할 수 있게 하였다.[20] 이러한 몇 가지 자연환경들을 고려하면 동아시아에서는 내부적이건, 대외관계에서건 해양의 역할이 매우 크다는 사실을 이해할 수 있다. 이 지역에서 흥망을 거듭했던 모든 종족들과 국가들은 해양의 영향을 어떠한 형태로든 받으며 해양활동은 활발할 수밖에 없다. 특히 백제는 서해 중부이남 해안과 연접한 육지영토를 갖고 있으므로 해양활동이 활발할 수밖에 없으며, 국가발전을 위해서는 해양문화의 성격을 적극적으로 수용할 수밖에 없었다.

(2) 경기만과 한강 유역[21]

경기만은 북으로 황해도의 장산곶부터 해주만·강화만·인천만·안산만·남양만·평택만까지 이르는 넓은 해역을 가리킨다.[22] 경기만은 지정학적(地政學的)·지경학적(地經學的)·지문화적(地文化的) 입장에서 보아 필연적으로 한반도 내에서 가장 의미있는 역학관계의 핵(核)이고, 실제로 힘의 충돌과 각축전이 벌어진 곳이다. 특히 삼국시대에는 한반도에서 발생하는 정치역학 관계에서 가장 중요하고 전략적 가치가 높은 공간이었다. 일본열도를 출발하여 압록강 하구와 요동반도를 경유하여 산동까지 이어지는 남북연근해항로(南北沿近海航路)의 중간기점이고, 한반도와 산동반도를 잇는 동서횡단항로(東西橫斷航路)가 마주치는 해양교통의 결절점(結節點)이었다.

한강은 전장 514km로서 하류에서 백두대간의 산속에서 발원한 남·북한강이 하류인 서울 외곽인 양수리에서 합류하여 서울지역을 통과한 후에 황해로 들어간다.[23]

---

20 이 부분에 대해서는 시인거리를 계산하여 도표화시켰다. 윤명철, 「黃海의 地中海的 性格研究」, 『韓中文化交流와 南方海路』, 국학자료원, 1997.(『한민족의 해양활동과 동아지중해』, 학연문화사, 2003 재수록)
21 강과 연관된 자료는 박병익, 「하천과 산맥」, 『백제의 기원과 건국』, 충청남도역사문화연구원, 2007, pp.26~37 참고하여 작성.
22 1955년 자료에 따르면 해안선 총 연장은 1,415.6km로 나타난다.(경기도지) 그 크기는 약 4,000km²에 달한다.
23 서울特別市史編纂委員會, 『漢江史』, 1985, pp.28~29.

한강하류는 남·북한강이 양수리 부근에서 서로 합류하여 팔당을 지나 용산(龍山)의 남쪽을 흘러 서해로 들어가는 부분을 말한다.[24] 파주 교하면에서 한탄강과 합류한 임진강과 만나 하구로 빠져 나간다. 다산 정약용은 특히 한반도를 흐르는 여러 강 가운데에서 한강이 가장 으뜸이라고 강조하고 그 가치의 중요성을 들고 있다. 한강은 하계망(河系網)을 구성하면서 서해 중부로 흘러 들어가 경기만과 유기적인 체제를 이룬다.[25] 서해안에서 한성백제시대의 수도권인 현재의 강동구 지역까지는 80km정도이다. 따라서 한강 하류를 장악하면 중부해상권의 장악은 물론이고 하계망(河溪網)과 내륙수로(內陸水路)를 통해 내륙을 통합시키는 데 유리하다.[26] 정치적으로 내륙을 통합시키는 계기를 마련하고, 경제적으로 물류체계를 원활하게 만들어 경제권을 형성시킨다.

(3) 서해중부 해양과 금강 및 만경강 유역

태안(泰安)반도를 비롯한 서산(瑞山)지역은 황해연근해항로가 경유하는 해역이며 황해 중부횡단항로를 이용할 때 각각 남북에서 출항한 선박들이 먼 바다로 뜰 때 항해상의 물표로 삼는 지역이다. 백제는 웅진으로 천도하면서 이 해역의 중요성이 높아졌다.[27] 금강(錦江)은 전장 394.8km로서 충청남도 부강에서 미호천(美湖川)과 합류한다. 공주, 부여, 강경 등을 거쳐 군산 앞 서해로 들어가는데, 하구에서 만경강(萬頃江)이 합류하고 있으며, 군산지역은 상당한 부분이 바다였을 것으로 추정된다.[28] 『대동여지도(大東輿地圖)』에는 하구가 내륙 깊숙하게 들어왔음을 보여준다. 만(灣)과 포구(浦口)가 발

---

24 盧道陽, 「서울의 自然環境」, 서울六百年史 第1卷, 1977, pp.53~54.
25 河系網의 이론에 대해서는 權赫在, 『地形學』, 법문사, 1991, pp.108~117 참조.
26 윤명철, 「長壽王의 남진정책과 東亞地中海의 역학관계」, 『高句麗南進 經營史의 硏究』, 백산자료원, 1995, p.509.
27 윤명철, 「서산의 해항도시적인 성격 검토」, 『瑞山文化春秋』5, 서산문화발전연구원, 서산시, 2009, 12.
28 이 부분에 대한 지리지질적 조사와 유적은 김중규, 『잊혀진百濟, 사라진 江』, 신아출판사, 1998, pp.74~80.

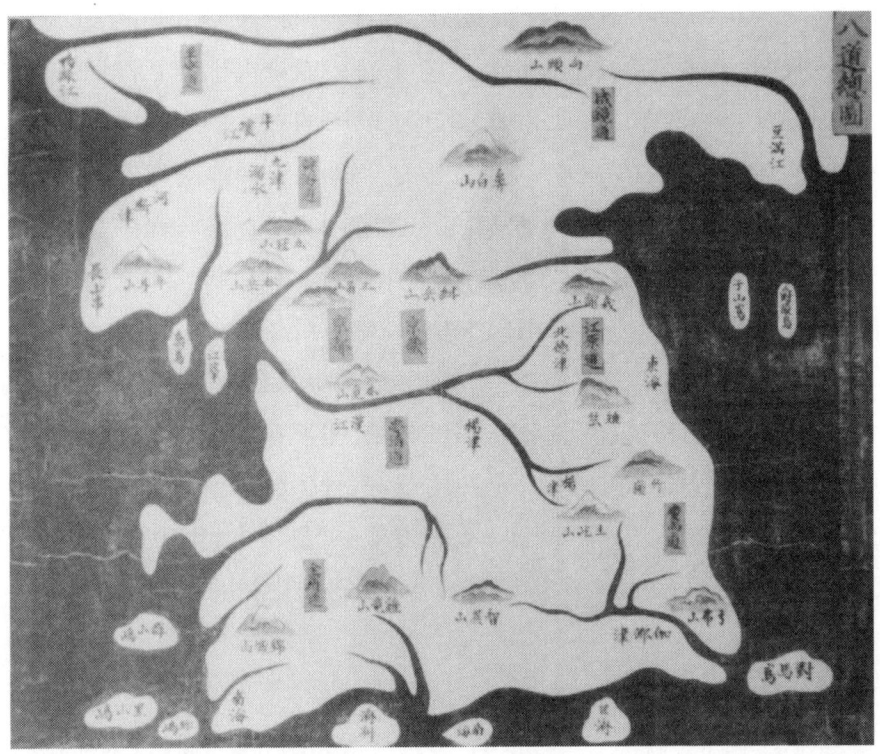

| 그림 5 | 조선국지리도 팔도총도

달하였고, 수로(水路)를 통해서 선북일대 및 중남일대 내륙까지 교통이 가능하다. 조수의 영향이 부여군 규암면 규암리까지 미쳐 밀물 때는 큰 배가 부여까지 운항되고 작은 배는 부강까지 운항되었다. 따라서 물자의 교역 및 운송에 적합하다.[29]

만경강은 길이가 80.9km인데 삼례를 경유한 후에 전주를 지나온 추천과 만나고 익산에서 익산천(益山川)을 합류한다. 다시 탑천강과 만난 후에 만경 등을 거쳐 서해로 들어간다. 밀물 때 배가 익산시 춘포면 대장촌리까지 올라갔으며, 하류에도 선착장들

---

29 羅燾承, 「錦江水運의 變遷에 關한 地理學的 硏究」, 『公州教大論文集』 16, 1980, pp.74~80.

이 발달하였다. 하구인 익산지역은 항로상의 중계지 역할뿐 만아니라 내륙수로(內陸水路)로 연결되는 교통의 요지였다. 또한 동진강(東津江)을 통해서 정읍(井邑), 김제(金堤), 고창(高廠) 등 내륙의 평야지대로 쉽게 연결된다. 구전에 따르면 일본과 당나라에 이르는 교역항로로서 반드시 통과해야 했다고 한다.[30] 하류인 임피(臨陂)는 통일신라 후기에 항구로 사용됐다. 고지도와 지형을 고려하면 만경강 하구·금강 하구·동진강 하구는 고대에는 하나의 만을 이루었다고 판단한다. 그렇다면 그 지역 전체를 통솔하는 정치세력은 익산지방을 근거지로 했을 가능성이 크다.[31]

변산반도(邊山半島) 해역은 백제의 대외항로(對外航路)의 전초기지 내지 외항(外港)의 역할을 담당하였을 것이다. 항해하는 선박의 움직임을 관찰하고 통제하기에 적합한 장소로서 전략적인 지역이다. 양자강(揚子江) 하구에서 사단항해하여 경기만으로, 또는 산동반도와 요동반도를 거치거나, 또는 황해 중부를 직항해서 한반도·일본열도로 이어지는 황해 동안항로상에 위치한 몇 개 거점 중의 하나였다.

(4) 서해남부 해양과 영산강 유역

서해남부 해양은 해안선이 복잡한 리아스식 해안으로서 수없이 많은 만들과 반도가 형성되었다. 『대동여지도(大東輿地圖)』, 『청구도(靑邱圖)』 등을 보면 활동영역이 넓은 해역이었음을 알 수 있다. 영산강(榮山江)은 길이 138.5km의 하천인데, 고막원천, 함평천, 시종천, 영암천 등과 합류하여 나주를 거쳐 서해로 들어간다. 조수(潮水)의 영향은 영산포 부근까지 미쳐서 큰 배가 올라갈 수 있었다. 나주는 한성이나 사비성과 마찬가지로 전형적인 강해도시(江海都市)였다. 영산만은 『대동여지도』, 『청구도』 등을 보면

---

30 『청해진 이주민의 벽골군 정착과정 및 김제시 개발 기본계획』, 군산대학교지역개발연구소, 2000, pp.17~18.
31 崔夢龍, 「考古學的 資料를 통해서 본 黃海交涉史 硏究 序說」, 『震壇學報』66, 1988, 07.
   全榮來, 「錦江流域 靑銅器 文化圈 新資料」, 『馬·韓百濟文化』10집, 마한백제문화연구소, 1987, 01.

매우 넓은 해역이었음을 알 수 있다. 리아스식 해안을 이루고 크고 작은 만과 반도가 잘 형성된 전남해안과 직접 연결되었다. 따라서 해상로를 통제할 수 있는 물목을 장악할 수 있고, 해양세력이 안정적으로 활동할 수 있는 넓은 공간이 있으므로 강력한 해양세력이 성장할 만하다.[32] 이 주변 해역에서 직횡단하면 남풍계열 또는 동풍계열의 바람을 이용하여 산동반도 남단의 청도만으로 진입할 수 있다.[33] 또한 사단(斜斷)으로 항해하면 강소성(江蘇省), 절강성(浙江省) 등의 해안에 상륙할 수 있다. 반면에 중국의 강남(江南)에서 들어오는 길, 그리고 제주도에서 올라오는 길, 한반도의 남부동안(南部東岸)에서 오는 길, 그리고 일본열도에서 오는 길이 상호교차하면서 반드시 거쳐야 할 곳이다.

(5) 남해서부 해양과 섬진강(蟾津江) 유역

남해서부는 리아스식 해안이 발달한 다도해 지역으로서 해남만·강진만·순천만·광양만 등의 다양한 만이 있었다. 섬진강은 223.9km인데 진안군 팔공산에서 발원하여 보성강 등과 합류하다 광양만을 통해 남해로 흘러간다. 중간에 하동·송정리·화개 등을 거쳐 광양만으로 유입된다. 이 강의 가항종점(可航終點)은 구례이지만 강해도시의 기능을 한 도시는 하동이다.

백제의 영역으로 편입되기 전에 이 지역에는 마한의 소국(小國)들이 존재해 있었다. 『신증동국여지승람(新增東國輿地勝覽)』에 "남쪽으로 큰 바다에 연했으므로 큰 바다 도둑들이 왕래하던 요충지이다."[34]라고 기록되었다. 순천만은 섬진강·보성강, 나아가 금강과도 연결될 수 있는 내륙 하계망이 발달한 지역이다. 이 지역을 연결하는 통

---

32 윤명철, 「영산강 유역의 해양역사와 21세기적인 의미」, 『영산강 학술심포지움』, 나주시·광남일보, 2006.
33 청도만의 連雲항과 영산강 하구유역은 위도상으로 동일하게 북위 35도 바로 아래에 있다.
34 『신증동국여지승람』권40, 순천도호부, 형승조에 실린 南秀文의 記.

로는 근초고왕 시기 혹은 6세기 초기에 개발된 것으로 보인다.[35] 순천만의 해룡산성(海龍山城)에서 백제계 혹은 가야계의 회청색경질토기편이 수습되었으며,[36] 근처인 검단산성(檢丹山城)에서 백제 후기에서 통일신라 시기의 전반경에 해당하는 각종 토기편과 기와편이 출토되었다.[37]

3) 정체성 측면의 검토

(1) 건국과정과 첫 수도의 선정

앞 글에서 백제가 해양문화가 발전할 수밖에 없는 당위성을 자연환경이라는 구체적인 관점에서 살펴보았다. 그렇다면 관념적이고 추상적이지만 해양문화 형성의 중요한 요소인 명분은 무엇이었을까? 국가의 탄생 및 성장과 연관된 정체성이라는 측면에서 백제의 건국과정과 첫 수도의 선정이 해양과 어떤 정도의 연관성을 갖고 있었는지 살펴보고자 한다.

첫 번째는 건국집단의 성격이다. 백제는 졸본부여의 핵심세력이었던 소서노(召西努)와 아들들인 비류(沸流)와 온조(溫祖)의 남하로 인하여 성립되었다. 『위서(魏書)』 백제전에는 백제가 부여에서 근원하였다고 되어 있다. 『북사(北史)』에서는 색리국(索離國)의 동명(東明)으로부터 나왔다고 되어 있으며, 『수서(隋書)』 또한 마찬가지이다. 그 때문에 백제는 부여 정통성을 놓고 고구려와 치열하게 경쟁체제를 구축할 수밖에 없었고, 국가 간의 끝없는 경쟁과 갈등이 반복되었다. 두 나라의 영토 내지 영역은 상호중복되기도 하면서 복잡한 양상을 띠었으며, 국가의 정통성을 국제질서 속에서 인정받

---

35 이영식,「백제의 가야진출로」,『한국고대사논총』7, 1994, pp.83~239.
36 변동명,「順天 海龍山城의 歷史」,『順天 海龍山城』, 순천대학교 박물관학술자료총서 제39권, 2002, pp.7~9.
37 崔仁善·李東熙,「順天 劍丹山城 試掘調査」,『順天 劍丹山城과 倭城』, 순천대학교 박물관, 1997.

으려면 중국지역과 교류해야만 했다. 따라서 해양능력을 확장시키는 일은 필수적이었다.

두 번째는 건국과정자체에서 나타난 해양적 성격이다. 졸본부여(卒本扶餘)를 출발한 비류와 온조 집단의 남하경로는 여러 가지 상황을 고려할 때 해로를 이용했을 가능성이 크다.[38] 이미 황해에는 기원을 전후한 시대에도 환황해연근해항로(環黃海沿近海航路) 또는 중부횡단항로가 활발하게 사용되고 있었다. 원(原)조선의 마지막왕인 준왕(準王)은 연근해항로를 이용하여 남하한 후에 서해남부 해안지대에 정착하여 한왕(韓王)이 되었다. 비류와 온조 집단 또한 해양세력들의 도움과 협력을 받아 이미 개설된 항로를 이용하여 남하하였을 것이다. 그들은 최종적으로 경기만에 진입한 후에 패수(浿水: 예성강으로 추정)를 넘어 남으로 내려오면서 한강유역의 여러 지역으로 흩어졌을 가능성이 높다. 백제(百濟)라는 국명은 『수서(隋書)』에 따르면 '百家濟海'라는 말의 줄임말로서, 100가(家)가 바다를 건너온 탓이라고 하였다. 물론 사실과는 거리가 있지만, 백제 건국의 정체성이 해양과 연관있음을 시사하는 기록이다. 실제로 백제는 한강수계를 중심으로 경기만의 서부해안에서 건국하였다. 비류는 현재 경기만의 한가운데인 인천만에 정착하여 미추홀(彌鄒忽)을 세웠는데, 이는 일종의 해항(海港)도시였다. 온조는 하북(河北) 위례성(慰禮城)에서 하남(河南) 위례성(慰禮城)으로 수도를 옮겼는데, 이는 한강수계를 통해서 바다와 이어지는 일종의 강해도시(江海都市)였다.

세 번째는 수도의 선택에서 나타난 해양적 성격이다. 한성시대에 백제 궁성(宮城)의 위치에 관해서는 몇 가지 설들이 있다. '몽촌토성설(夢村土城說)', '풍납토성설(風納土城說)', 그리고 하남시의 교산동(校山洞) 및 춘궁동(春宮洞) 일대설[39]등이 있다. 그 외

---

38 윤명철, 「비류집단의 이동경로와 정착에 대한 검토」, 『한민족의 해양활동과 동아지중해』, 학연문화사, 2002.
39 丁若鏞이 『여유당전서』에서 주장하였으며, 李丙燾·千寬宇 등이 주장하였다.
  오순제, 「백제 한성시기 하남시 고골 일대의 도성체제」, 『21세기 하남의 재발견』, 하남역사문화연구회,

장수왕에게 점령당한 당시에 나타나는 북성(北城)과 남성(南城)을 구분하여 비정한 견해도 있다.[40] 도성의 중심인 왕경(王京)에는 궁궐을 비롯하여 그 주위로 사찰과 민가 등이 밀집되면서 이루어졌다는 견해도 있다.[41] 따라서 필자는 궁성(宮城)을 넘어서는 도성(都城)개념을 적용하면서 풍납토성, 몽촌토성, 하남시 일대, 한강 북쪽의 광장구 일대 등을 포함하여 도성 또는 수도권이라는 포괄적인 개념으로 살펴보고자 한다.

한 나라가 건국하면서 수도(首都)를 정하는 과정은 국가의 정체성을 파악하는 데 매우 중요한 요소이다. 수도의 선택과 이용은 건국 목표와 과정 등의 명분은 물론이고, 국가전체 구조(構造) 및 수도와 유기적인 시스템 속에 편재시킨 중요도시(重要都市), 그리고 국가발전정책(國家發展政策)과 연관해서 선택하는 것이다. 그러므로 수도의 위치·성격·역할 등은 국가의 성격·발전방향·문화를 이해하고, 국가 발전의 한 원동력을 모색할 때 필요한 요소이다.[42] 백제는 자연환경, 역사적인 계승성, 국제관계를 고려할 때 해륙적 성격을 지니는 것이 바람직하며 수도 또한 그러하다.[43] 필자는 한성지역을 강하구와 해양이 만나는 거점(接點)에 위치한 강해도시(江海都市)로 규정하고 있다.[44]

국학자료원, 2001. 이 글에서 고골을 중심으로 한 하남시 일대를 한성으로 보고 있다.
윤명철, 「하남지역의 방어체제 연구노트 1」, 『백제역사문화자료집』창간호, 백제문화연구회, 2000, p.58.
40 北城은 風納土城, 南城은 夢村土城으로 추정하는 견해가 있다. (李道學, 「백제 한성시기의 도성제에 관한 검토」, 『한국상고사학보』9, 1992, pp.36~38.)
이도학은 한산이 한강 이북에 있음을 주장하고 있다. (이도학, 『새로 쓴 백제사』, 푸른역사, 1997, pp.380~387)
41 도성을 궁성과 백성들이 거주하는 공간인 거주성을 포함하는 개념으로 보는 경우도 있다.(邢基柱, 「都城計劃綜考」, 『일본학』5, 동국대 일본학연구소, 1987, p.279)
42 배영수, 「도시사의 최근 동향」, 『西洋史硏究』17에서는 '요즈음에는 공간이 그러한 변형을 통해서 거꾸로 사회에 어떤 영향을 끼치는가 하는 문제가 주목을 끌고 있다.' (p.236), '또 공간이 사회적 구성물일 뿐만, 아니라 사회적 과정의 일부이기도 하다면, 그것은 거꾸로 사회적 과정에 영향을 줄 수도 있는 것이다(p.248)' 등 페브르 등의 견해를 소개하면서 도시사에 대한 동향을 소개하고 있다.
43 윤명철, 「고구려 수도의 해륙적 성격」, 『백산학보』제80호, 백산학회, 2008, 4.

강해도시는 항구도시인데, 항구도시가 되려면 몇 가지 조건을 구체적으로 갖추어야 한다. 첫째로, 양질의 항구(港口)와 부두시설을 구비해야 한다. 사신선을 비롯한 군선 등 각종 선박들이 발착(發着)하는 항구시설이 필요하다. 풍납(風納)토성에는 항구는 물론이고, 양질의 부두시설이 있었을 가능성이 높고 실제로 그 흔적으로 여겨지는 유적들이 있다. 또한 외항(外港)을 필수적으로 구비해야 한다. 한성(漢城)은 한강 하구 또는 강화도에 있었을 것으로 추정되는 관미성(關彌城), 인천지역의 한진(大津)[45] 등이 외항역할을 담당했다. 둘째는 교통의 발달, 특히 내륙교통과 대외항로가 쉽게 연결되어야 한다.

우리 지역처럼 해류적(海陸的)인 환경 속에서, 또한 국가가 해양을 중요시하는 정책을 취할 경우에는 육로교통(陸路交通)과 함께 내륙수로교통(內陸水路交通) 및 해양교통(海洋交通)에도 적합해야 한다. 한성지역은 한강을 통해서 한반도의 중부 전체와 이어지며, 경기만을 매개로 동아지중해 서쪽의 모든 항로와 연결된다. 세 번째는 군사력과 해양방어체제가 갖추어져야 한다. 해양의 메커니즘상 강변방어체제(江邊防禦體制) 및 해양방어체제(海洋防禦體制)와 유기적인 시스템을 구축해야 한다. 한강 하류에는 강변방어체제가 촘촘하게 구축되었으며,[46] 경기만 일대에도 방어체제[47]가 구축되어 유기적인 시스템을 구축했다. 또한 수군활동을 위해 주변에 조선용 숲과 철산지가 있어야 하고, 소선소를 비롯하여 수군함대기지 등을 설치하는 장소가 필요했다.[48] 그 외에

---

44 강해도시와 연관해서 다수의 논문을 발표했으나, 이론 자체만을 다룬 논문은 「한민족 歷史空間의 이해와 江海都市論 모델」,『동아시아 고대학』제23집, 동아시아 고대학회, 2010, 12 참고.
45 인천시 남구의 옥련동에 있는 凌虛臺 자리.
46 윤명철, 「한강 고대 강변 방어체제 연구-한강하류지역을 중심으로-」,『향토서울』61, 서울시사편찬위원회, 2001; 「고대 한강 강변방어체제연구 2」,『鄕土서울』64호, 서울시사편찬위원회, 2004 참조.
47 윤명철, 「江華지역의 해양방어체제연구-關彌城 위치와 관련하여」,『사학연구』58 · 59 합집호, 1999 및 윤명철, 「경기만 지역의 해양방어체제」,『고구려 산성과 해양방어체제』, 백산출판사, 2000 참조.
48 강해도시 등 해양과 연관한 도시의 조건과 특성 및 구체적인 사례들은, 윤명철, 「고구려 수도의 해류적 성격」,『백산학보』제80호, 백산학회, 2008, 4.

도 정치·행정의 중심지이어야 하며, 시장 등 상업지구가 발달해야 한다.

이 모든 조건을 고려할 때 한성은 이른바 하항도시(河港都市)와 해항도시(海港都市)의 성격을 이중적으로 가진 강해도시의 모델에 적합한 수도였다.[49] 최근에 궁성으로서 인정되는 풍납토성은 백제가 초기부터 강력했고, 교역에 깊은 관심을 기울인 국가였으며,[50] 한강변에 위치하여 수로교통(水路交通)과 깊은 관련이 있음을 알려준다.

네 번째, 선점 정치체인 마한(馬韓) 제국과의 공간적(空間的)·기술적(技術的)인 연속성이다. 백제는 출발부터 경기만 및 한강하류와 깊은 관련이 있다. 『삼국지(三國志)』 한전(韓傳)에 따르면 한강 이남에는 78개의 소국이 있었다. 마한은 후에 백제의 영토로 편입된 경기도와 충청도 일대, 전라도 일대를 포괄하는 소국들의 연맹체였다. 마한의 제국들을 쓰러뜨리고 고대국가를 완성시킨 백제는 마한의 영토, 주민, 기술력, 시스템 등을 흡수하면서 해양능력 또한 자연스럽게 계승하여 관심을 기울였으며, 국가를 발전시키는 전략으로 활용하였을 것이다. 온조왕은 즉위 43년(A.D.5)에 아산원(牙山原)에서 5일 동안 사냥을 하였는데, 이는 경기만에서 해양활동을 원활하게 할 수 있는 거점을 확보한다는 목적도 있었다. 고이왕(古爾王) 또한 즉위 3년에 서해대도(西海大島)에서 사슴사냥을 하였는데, 이 또한 서해안에서 해양활동을 적극적으로 하였음을 반영한다. 이후에도 해양과 관련하여 국가를 발전시키는 정책을 취한다.

윤명철, 「경주의 해항도시적인 성격검토」, 『동아시아 세계와 삼국』, 동아시아 고대학회 전통문화학교, 2009, 5.23~5.24 참고.

49 윤명철, 「백제 수도 한성의 해양적 연관성 검토 1」, 『위례문화』 11·12 합본호, 하남문화원, 2009.
윤명철, 「서울지역의 강해도시적 성격 검토」, 『동아시아 고대학회 학술발표대회』, 동아시아 고대학회, 2010.

50 崔夢龍, 「上古史의 西海交涉史 硏究」, 『國史館論叢』 3집, 1989, pp.23~25 도표.
최몽룡, 「考古學的 資料를 통해서 본 黃海交涉史 硏究序說」, 『제1회 環黃海韓中交涉史硏究심포지움』, 震檀學會, 66호, 1988, pp.178~180 ; 權五榮, 「고고학적 자료를 통해서 본 백제와 중국의 문물교류」, 『위의 자료』 ; 尹龍二, 「百濟遺跡發見의 中國陶磁」, 『馬韓 百濟文化硏究 成果와 課題』, 제9회 마한 백제문화 국제학술회의 발표요지, 1987.

3. 해양문화의 체계적 특성-백제와 역사와 연관하여

역사공간은 자연·지리·기후 등 자연환경 외에 생태계를 포함한 영토나 영역 등 역사가 포함된 총체적인 환경이다. 지리정치적(地理政治的, geo-politic)으로 영토, 지리경제적(地理經濟的, geo-economy)으로 생산장소와 시장, 지리문화적(地理文化的, geo-culture)으로는 소속된 주민들, 세계와 사물을 바라보는 관점, 인간과 집단이 지닌 가치관 등의 결정체이다. 그러므로 역사(歷史)와 문화(文化) 또는 문명(文明)은 생태와 풍토 문제 등 자연지리의 개념과 틀을 포함하면서 이해해야 한다.

바다나 해안가에서 생활하는 사람들(해양민), 내륙에서 살아가는 사람들(농경민, 수렵민)은 역사활동의 주체, 공간, 시간, 단위에 대한 견해도 동일하지 않다. 그러므로 육지인의 인식을 근거로 해양문화를 해석하고 판단하거나, 해양민들과 접촉한다면 오해가 생길 수 있다. 해양민(sailer) 혹은 해양을 터전으로 가꾼 사람들의 역사를 이해하려면 해양문화의 체계적인 특성을 이해해야 한다.

해양문화의 체계적인 특성을 살펴보면 몇 가지가 있다.[51]

첫째, 주체의 문제이다. 활동의 주체, 즉 생활의 주된 담당세력인 해양민은 신분적으로, 계급적으로 소외된 민중들이다. 이들은 기본적으로 호족성(豪族性)이나 무정부성(無政府性)의 속성을 지니고 있으므로 국가의 정치참여방식에도 차이가 있다. 즉 농경을 바탕으로 한 중앙정부에 귀속되지 않고 해양과 연관된 자체세력들로 정치력을 행사하고자 한다.

둘째는 단위(單位 : 터, 활동의 場)의 문제이다. 해양문화가 생성되는 단위는 강 하구, 갯가, 그리고 근해와 원양으로서 물과 연관이 있다. 그러므로 식물을 재배하는 토지나 가축을 사육하는 초지(草地), 사냥감이 서식하는 삼림(森林)이 상대적으로 덜 필요하다.

---

51 이 부분은 필자가 여러 논문에서 언급한 내용을 토대로 보완 작성하였다.

그리고 농경문화 등과 비교해서 소규모 지역의 내부나 국내 교류보다는 지역 간에 공간제약이 덜한 곳이나, 국제적으로 교류하는 것이 유리하다.

셋째, 생성과 발전의 성격문제이다. 해양문화는 이동성(移動性, mobility)[52]의 특성을 지니고 있다.

농경문화는 정해진 지역, 즉 농토와 주변지역을 벗어나서는 안 된다. 그러므로 예측이 가능하고, 속성상 안정성(安定性, stability)을 추구한다. 유목민들은 가축의 뒤를 좇아 초지(草地)를 찾는다. 초지는 계절의 영향으로 생장장소가 변환되므로 유목민은 주기적으로 일정한 공간을 순환(循環)한다. 수렵채취민들은 식물과 사냥감을 따라 이동한다. 동물들은 종에 따라 예외도 있지만 대체로 이동의 규칙성을 지키면서 생태공간(生態空間 : 總生活圈)[53]을 벗어나지 않는다. 따라서 수렵민들은 예측 가능한 근거리 공간에서 활동한다. 반면에 해양민들이나 어렵민들은 교역과 어업에 적합한 지역을 선택하여 중심거점으로 삼고, 필요에 따라 이동(移動) 또는 유동(流動)하면서 활동하는 '거점성(據點性)'을 갖고 있다. 특히 해양민들은 예측불허(豫測不許)의 불확실한 공간을 목표로 먼 거리를 이동하며, 때로는 새로운 거점을 확보해서 귀환(歸還)을 거부하고 정착(定着, settlement)하는 경우도 있다. 백제는 농경문화가 실생활의 주된 부분이었지만, 정치 · 외교 · 문화 등에서는 해양과 연관되었으므로, 농경문화의 정착성과 해양문화의

---

52 流動性은 해양민의 운동성을 표현하는데 더 적합할 뿐 아니라 유목민의 移動性과 구분할 수 있다고 판단한다. 다만 더 이론적인 탐구가 필요해서 한시적으로 이동성이라는 단어를 사용한다.
53 박시룡, 『동물행동학의 이해』, 민음사, 1996, p.234. 한 개체 혹은 조직적으로 구성된 집단이 일생동안 지내는 전체영역을 말한다. 다니는 길과 행동권을 포함한다. 행동권은 텃세권으로도 표현하는데, 국가에서는 직접통치가 행해지는 공간에 비유할 수 있다. 필자는 1995년 한민족의 역사 가운데 고구려를 비롯하여 만주 일대에서 활동한 국가들은 백제, 신라 등과는 다른 통치방식, 관리방식 개념을 적용할 것을 제안하였다. 근래에 백제사 및 마한사 연구자들이 간접통치라는 용어를 사용하고 있다. 이 용어와 개념을 역사적으로 사용하기 위해서는 생물학 · 공간학 등의 인접과학의 이론을 빌려 검토할 필요가 있으며, 유목문화, 수렵문화, 해양문화의 성격 및 시스템 등과 구체적으로 비교한 후에 사용될 필요가 있다. 특히 고구려와 백제 및 신라는 역사의 생성환경에서 차이점이 많기 때문이다.

이동성(移動(流動?)性)이 혼재되어 있다.

넷째, 생성발전의 동인(動因) 문제이다. 해양문화는 자연환경(自然環境)의 영향을 많이 받아 생성한다.[54] 근대초기에 형성되어 서구 제국주의의 정치적인 수단으로 이용된 '자연결정론'이나 '풍토론(風土論)'에 대한 비판적인 견해들은 아직도 제기되고 있으며, 인간의 주체적인 역할을 강조하는 경향이 있다.[55] 그런데 전근대 사회나 고대사회에서 항해술과 조선술 등 기술력(技術力) 수준이 낮았고, 기계동력을 발명하지 못했으므로 해류(海流)·조류(潮流)·계절풍(季節風)[56] 같은 자연환경이 항로(航路)·항구(港口)·도시(都市) 등 해양문화가 만들어지는 체계(體系)와 성격에 강력한 영향을 끼쳤다.

다섯째, 전파(傳播)와 수용(受容)의 방식 문제이다. 해양문화는 '비조직성(非組織性)', '불연속성(不連續性)'을 띠고 있다. 해양교섭은 배로 항해하는 특별한 기술력이 필요하고, 이동규모 또한 육지에 비해 소규모이다. 그리고 우발적이나 수동적으로 이루어지는 경우가 많으므로 비조직적이며, 불규칙적이므로 연속성이 떨어진다. 그 때문에 역사의 초기단계에는 자율적인 이동인 이주(移住, settlement) 형태가 주를 이루었고, 해양력이 발달하면서 점차 조직적으로 개척과 식민지(植民地, colony) 건설 등이 이루어졌지만, 육지와 비교하면 상대적으로 비조직적이었다.

여섯째, 경제운용(經濟運用) 방식이다. 농경민들은 토지를 토대로 삼아 재배기술을 활용하여 식량을 획득하는 경제이다. 유목민은 주기적(週期的)인 공간 순환을 하기 때문에 곡물들을 자체생산할 수 없다. 이러한 불완전한 식량수급 상황 때문에 약탈경제를 영위하거나, 무역활동을 필수적으로 행한다. 때로는 정주민의 무역활동에 참여하

---

54 이러한 예는 이시 히로유키·야스다 요시노리·유아사 다케오 지음, 이하준 옮김, 『환경은 세계사를 어떻게 바꾸었는가』, 경당, 2003 ; H.H. 램 지음, 김종규 옮김, 『기후와 역사』, 한울 아카데미, 2004 참고.
55 물론 최근에는 다양한 분야에서 다시금 '생태', '환경' 등 자연환경의 역할을 강조하고 있다.
56 바람이 항해나 조선술, 그리고 유럽의 제국주의적인 팽창과 깊은 관련이 있는가와 구체적인 실례들은 앨프리드 W. 크로스비 저, 안효상·정범진 역, 『생태 제국주의』, 지식의 풍경, 2002, 3, pp.124~154 참고.

여 이권(利權)과 통행세(通行稅)를 징수한다. 반면에 해양민은 강 하구나 해변지역에 있는 평야 및 삼림을 활용하여 최소한의 식량 등 필수품은 자급자족할 수 있다. 또한 효율적인 해양교통의 장점을 활용하여 무역활동을 전개하면서 경제적인 이익을 얻고, 때로는 해적의 형태로서 약탈행위를 하기도 한다.

일곱째, 기술력(技術力) 문제이다. 해양문화에서는 기술력의 '모방성(模倣性)', '공유성(共有性)'이 강하다. 해양을 매개로 다른 지역이나 나라, 문화 간에 교류가 빈번하기 때문에 주변 문화와 공통성(共通性)이 많다. 이동과 교류에 필수조건인 해류, 조류, 바람, 해상상태 등이 공통적이므로 해양민들 사이에는 기술과 경험을 공유하는 일이 필요하다. 특히 조선술이나 항해술 등의 기술교류(技術交流)와 모방(模倣)은 필수적이다. 그러한 시스템 속에서 신앙·설화·체제운영방식 등도 유사해진다.[57]

여덟째, 교류와 관련한 문화성격의 문제이다. 해양문화는 '다양성(多樣性)'과 '개방성(開放性)'을 지니고 있다. 농경문화가 생성되는 육지는 면(面)의 지배와 면의 접촉을 통한 교류이므로 유사한 문화 간의 단선적(單線的)인 교류형태(交流形態)이다. 반면에 유목문화는 선(線)의 교류이므로 몇 개의 선으로 이루어진 복선적(複線的)인 교류형태이다. 하지만 한 점(點)을 기준으로 회귀(回歸)와 순환(循環)을 반복(反復)하는 평면적인 선이다. 반면에 해양문화는 해안가의 거점(據點)을 중심으로 방사상(放射狀)으로 뻗어나간 다수점(多數點)들 간의 교류이므로 다중복합적(多重複合的)인 교류형태이다. 그러므로 다양성을 지니고 있으며, 모든 문화에 대해 개방적인 인식과 수용체계를 갖추고 있다.

---

57 강한 문화력(culture power)을 가진 A의 문화는 주변인 B에게 일정한 문화를 전수한다. B의 문화 또한 A에게 전수된다. 이 관계는 主와 副가 있고, 일종의 상호작용이라고 볼 수 있다. 그런데 A문화가 B로 갔다가 B의 영향으로 변형을 한 다음에 다시 A에게 와서 영향을 주는 경우가 적지 않다. 마찬가지로 B의 문화가 A에게 전해져서 가공과 변형을 거친 다음에 다시 A의 형태와 포장으로 전해질 수 있다. 필자가 동아시아의 역사와 문화를 해석하는 이론으로서 설정한 '環流시스템이론'의 大綱이다.

아홉째, 문화의 계승성과 보존문제이다. 해양문화는 '불보존성(不保存性)'이라는 특성을 지니고 있다. 해양문화는 담당자가 해양민 또는 지방세력이므로 자신의 행적과 성격에 대해서 문자기록이나 유물 등의 흔적을 남기는 경우가 드물다. 또한 바다에서는 남기는 유형문화가 적을 뿐더러, 바다 속에 가라앉았으므로 흔적을 확인하기 어렵다. 황해는 평균 수심이 44m에 불과하고 물길이 복잡한데다가, 뻘 층이 두텁다. 그러므로 유물인양이 어렵고, 보존상태도 매우 나쁘다. 남해는 뻘층이 얕지만 대체로 황해와 유사한 환경이다. 동해는 해안선이 단조롭고 섬들이 거의 없다. 대륙붕이 발달하지 않아 해안가부터 수심이 깊어서 유물조사 자체가 불가능하다. 이러한 해양문화가 가진 기본인 불보존성의 특성을 감안하지 않고, 기록이 부족하고, 유물이 희소하다고 해서 해양문화가 부재했거나 발달하지 못했다는 식의 역사인식과 해석은 곤란하다.[58] 해양문화는 이 외에도 몇 가지 특성들이 있다.

해양문화의 체계(體系, system)가 가진 이러한 몇 가지 특성을 충분하게 이해하지 못하거나 경시할 경우에는 고대에서 해양역사가 어떤 성격과 과정을 거쳤는가를 이해하는 일은 물론이고, 문화의 복잡한 성격을 해석하는 데에도 혼란을 초래한다. 백제의 해양활동을 이해하고, 백제의 해양활동과 해양문화의 연관성은 이러한 특성을 전제로 해석하는 방식이 필요하다.

4. 정책적 측면-백제역사를 중심으로

고대국가들은 영토의 마찰, 정치권력의 확장 외에 명분과 역사성 등을 놓고 국가

---

[58] 최근에 들어와 해양의 중요성을 인식하고, 연구 및 자료 발굴이 이루어지고, 수중 고고학의 성과로 인하여 해양문화의 실상이 밝혀지고 있다.

간에 경쟁이 치열했고, 물리적인 충돌도 빈번했다. 이러한 과정에서 정치·외교·군사 등에서 중요한 정책을 수립하고 집행하고자 할 때 해양력의 영향은 막강했으며, 문화교류 및 종교교류에도 영향을 끼쳤다. 앞에서 언급한 바처럼 백제는 자연환경과 정체성이라는 두 측면에서 해양문화 발전의 타당성과 명분이 있었음을 이해하였다. 그렇다면 백제는 어떠한 방식으로 해양문화를 활용했으며, 역사 속에서 어떠한 형태와 논리로 함축되었을까? 실제로는 논리적 측면과 현상적 측면이 혼재되었지만 본고의 목적과 연관하여 가시적이고 현상적인 부분에 초점을 맞추어 분석하고자 한다.

1) 정치 외교적인 측면

백제의 지정학적 환경과 역사적인 배경을 고려하면 백제는 내부의 요인들을 토대로 해양문화를 국가 발전전략으로 활용했을 가능성이 높다. 외교와 군사교류의 대상과 방식, 교역의 대상국과 방식·품목 등을 선택하는 데에도 영향을 끼쳤다. 또한 중요한 정책을 결정하고자 할 때도 최종적인 고려 요소 가운데 하나였다. 결국 모든 교류와 교섭은 교통로(交通路)의 문제이고, 이는 궁극적으로 항로(航路) 및 해양력(海洋力)과 직결된 문제이기 때문이다. 백제의 전 역사를 수도 위치에 맞추어 한성시대(漢城時代)·웅진시대(熊津時代)·사비시대(泗泌時代)의 3단계로 구분하고자 한다.[59] 그리고 각 시기마다 본고의 주제인 해양과 연관된 정책적 측면이 국가발전에 강력하게 작용한 시기를 분석의 대상으로 삼았다.

---

59 이러한 분류법은 일반적으로 이용되고 있다.
  이도학, 『새로 쓴 백제사』, 푸른역사, 1997 참조.
  이도학, 『百濟의 文物交流』, 백제문화사대계 연구총서 10, 충청남도역사문화연구원, 2007.
  수도들은 항구도시적인 성격을 띠고 있으므로 해양사와 연관해서도 성격을 규명하기에 적절한 분류이다.

(1) 한성시대(4세기를 중심으로)

4세기에 들어오면서 한반도의 역학관계는 백제와 고구려의 팽팽한 대결로 변화가 발생하였다. 고구려는 미천왕의 뒤를 이어 고국원왕(故國原王)이 서부전선에서 연(燕) 등과 교전을 벌이는 한편 남진정책을 적극적으로 추진하여 평양(平壤)지역을 중시했다. 한편 백제의 근초고왕은 한강(漢江) 수계(水系)와 서해중부 해양이 가진 경제·외교적인 이점을 최대한 이용하면서 북진정책을 추진하였다. 백제가 정치적으로 진공상태인 중서부의 해안지대를 장악하려면 한수(漢水) 북방으로 진출해야 했다. 또한 화북지역의 정치세력과 외교관계를 맺고, 무역망을 확충하려는 경제적인 필요성이 커졌기 때문이다. 따라서 근초고왕의 북방진출 정책과 고국원왕의 남방진출 정책은 서해중부에서 '해양영역의 확보와 탈취'라는 공동의 목표를 놓고 정면충돌을 하였으며, 이는 주로 경기만과 황해도 일대의 쟁탈전 양상을 띠었다.

근초고왕은 경기만 북부를 장악하는 데 성공했고, 계속해서 전라도 해안까지 복속시켜 마한세력의 해양력을 흡수하면서 제주도와 일본열도까지 진출하였다. 『일본서기』에 따르면 백제인들의 최초 진출 사건은 오진(應神) 연간에 봉의공(縫依工, 283), 아직기(阿直岐)와 양마(良馬, 284), 왕인박사(王仁博士, 285) 등이 온 것으로 되어 있다. 그런데 그 무렵 마한의 11국이 신(晉)나라와 교섭을 빌미로 사절과 토산물을 여러 번 보낸 사실이 있다.[60] 이러한 상황들을 고려하면 백제의 통치권은 전남해안 지역까지 완전히 작동했을 것같지 않아 보인다. 그런데 만약 영산강(榮山江)·보성강(寶城江) 하구 등의 전남해안을 장악하지 못했을 경우에는 충남해안이나 전북해안에서 먼 바다로 떠서 근해항로를 택해 남해 서부해양을 경유해서 일본열도로 갈 수 있다.

백제가 전남지역을 장악한 것은 백제의 횡혈식 석실분이 뿌리를 내리는 6세기 후반으로 보아야 한다는 견해도 있다.[61] 이는 백제가 추진한 통치방식의 문제와 함께 전

---

60 『晉書』권3, 帝紀 제3 (武帝 太康 元年, 二年 其主頻遣使入貢方物 七年, 十年, 又頻至).

남지역의 해양과 연관된 독특한 통치방식과 해양질서의 메커니즘을 고려한다면 4세기 후반에서 5세기에는 전남해역이 백제의 영역으로 흡수되었을 것이다. 백제는 이렇게 해서 서해에서 해양교통이 이루어지는 중요한 길목들을 석권하면서 물류체계의 상당한 부분을 장악하였다.

『삼국사기』에 따르면 백제는 근구수왕(近仇首王), 침류왕(枕流王) 때 까지 동진(東晉)에 사신을 다섯 번 파견하고, 동진은 백제에 두 번 사신을 파견하는 등 비교적 빈번한 관계를 유지했다.[62] 이러한 관계를 "고구려는 전진(前秦)과, 동남으로 신라와 연맹하고, 이에 대응하여 백제는 전진과 대립한 동진과, 그리고 동으로는 일본과 연결하였다"는 주장[63]도 있을 정도이다. 물론 이러한 연결의 실효성 여부는 해양활동을 전제로 해야 가능한 것이다. 백제는 황해를 매개로 편성된 국제사회에 진입하였다. 구이신왕(久爾辛王) 대에 들어오면 양자강 유역에 수도를 둔 남조(宋)와 교섭이 활발해진다. 비유왕(毗有王) 대에는 교섭이 6번 있었는데, 역림(易林) · 식점(式占) · 요노(腰弩) 등을 요청하였다.[64] 개로왕(蓋鹵王) 대에는 전사할 때까지 4번 교섭하는 등 비교적 활발하였지만 북위(北魏)와 교섭을 벌이는 일은 고구려의 강력한 방해를 받았다. 결국 백제의 개로왕은 475년에 장수왕에게 한성을 점령당하고 자신은 전사하였다.

항로의 개발

이 시기에 국가의 발전과 대외교류 · 무역 등은 항로의 개발과 직접 연관이 있다.

---

61 尹武炳, 「百濟文化와 湖南」, 『金湖文化』 83, 2009, pp.39~40. 백제가 중국에게 관직을 요구할 때 여러 지역 豪族의 관직을 요구하는 것으로 보아 전남지역은 5세기 후반까지 백제의 직할지가 아니라 호족들의 지배하에 있었다고 하는데, 이는 해양호족세력의 성격과 관련하여 주목을 요한다고 하였다.
62 『삼국사기』 권24, 백제본기, 近仇首王 5년 조 및 枕流王 원년 조.
63 李丙燾, 『韓國史』 古代編, 震檀學會, 을유문화사, 1981, p.407.
64 『宋書』 권97, 열전 57, 백제국전, 元嘉 27년.

중국지역을 대상으로 삼은 항로는 주로 '황해중부 횡단항로(黃海中部 橫斷航路)'이다. 초기에는 경기만과 일부 남부지방의 항구에서 횡단성 항해를 하여 산동반도의 여러 지역에 도착하는 항로였다. 그런데 동진(東晋)정권은 강남(江南)으로 도피하고 수도를 양자강 하구인 건강(健康 : 현 南京)에 두었다. 백제는 광개토태왕의 경기만 작전 이후로 추정되지만 황해남부를 부분적으로 이용하는 항로를 개발하여 동진 및 송과 교류하였다. 한편 대일본항로(對日本航路)는 선사시대부터 사용됐지만 백제는 4세기 이후부터 본격적으로 활용하였다. 영산강·해남·강진 등 한반도의 서남해안이나 남해서안을 경유항구로서 사용하였다. 백제 선단은 효과적인 항해를 위해서, 또 가야의 구해상세력(舊海上勢力)들이 잔존해 있으므로 근해항로를 택했을 가능성이 크다. 그 다음에는 쓰시마(對馬島) 해역을 경유하여 규슈 북부로 상륙하거나, 또는 제주도를 우현(右舷)으로 바라보면서 해류와 바람 등을 이용하여 규슈의 서북쪽으로 자연스럽게 항진했다. 현재 나가사키(長崎), 구마모토(熊本), 사가(佐賀)현의 서부 지역 등은 한반도의 서남해안을 출발한 백제세력들의 진출지였다. 특히 후나야마(船山)고분이 있는 다마나(玉名)지역은 쓰쿠시(筑紫)평야와 기쿠치강(菊池川) 등 강을 끼고 있어 진출자들이 정착하기에 적합한 곳이다.[65]

5세기 중엽 무렵에도 백제가 경기만의 항구를 그대로 사용했을 가능성은 별로 없다. 장수왕이 추진한 남진정책으로 인하여 경기만을 비롯한 황해중부해상권을 상실했을 것이다. 이로 말미암아 주변국들과 활발한 외교관계를 맺을 수가 없었으며, 국제사회에서 위상이 약화됐다. 471년 개로왕이 북위에게 보낸 국서(國書)의 내용은 그 무렵에 백제가 처한 절박한 상황을 적나라하게 보여준다.

---

65 윤명철, 「海洋條件을 통해서 본 古代韓日 關係史의 理解」, 『日本學』 15, 동국대 일본학연구소, 1995.
윤명철, 「동아지중해와 고대일본」, 청노루, 1996.

(2) 웅진 시대(5세기 후반~6세기)

문주왕(文周王)은 수도를 금강(錦江) 중류가의 웅진(공주)으로 옮겼다. 급박한 전황을 비롯하여 여러 상황들을 고려한 끝에 수도로 확정하였을 것이다. 그 가운데에는 한성과 마찬가지로 교통로로서 수도망(水路網)을 활용하려는 목적이 있었다.[66] 금강은 길이가 394.8km로서 하구에서 황해와 만나고, 내륙으로는 충청도 일대의 내륙까지 수로로 연결되므로 물자의 교역 및 운송에 적합하다. 반면에 웅진에서 금강하구까지는 수로(水路)가 길어서 외부세력이 하구에서 진입하기에 좋은 조건이 아니다.

5세기에서 6세기에 이르는 동안 중국지역은 북위(北魏)가 화북지역을 통일하고, 남쪽에서는 동진을 이어 송(宋)·제(齊)·양(梁)·진(陳)이 짧은 기간 존속하면서 차례로 건국하였다. 남북조 시대 후기는 황해와 연관하여 역학관계가 중국의 북위(北魏), 유연(柔然), 돌궐(突厥), 고구려(高句麗), 거란(契丹)들의 북방세력과 남조(南朝), 백제(百濟), 신라(新羅), 왜(倭) 등의 남방세력이 다원적(多元的)인 세력균형상태(勢力均衡狀態)를 이루고 있었다. 고구려, 백제 등 주변세력들은 남북조의 갈등을 이용하여 실리추구의 등거리 외교를 전개하였는데, 여기에는 해양력이 매우 중요한 동력이었다.

백제는 수도이면서 내륙하항도시(內陸河港都市)인 웅진을 기반으로 황해로 진출하면서 국가의 재건을 도모하였다. 초기에 경기만 하단부의 강진(唐津) 등이 고구려의 영향력이 미칠 우려가 컸고, 금강 하구는 토착세력들이 웅거한 탓에 정치적으로 불안정했다. 그러므로 서산지역 등을 한시적인 국가항구로 사용했을 가능성이 있다. 문주왕 2년 3월에 송에 파견한 사신과 동성왕 6년 7월에 남제(南齊)로 파견된 사신은 서해상에서 고구려의 군사를 만나 가지 못했고, 484년에도 사신선이 서해 한가운데에서 고구려 수군에게 저지당하는 불행을 맞았다. 이는 서산(瑞山) 등에서 출항하여 덕적도 등을 항해물표로 삼아 황해중부를 횡단하다가 북위군을 피해 중국지역의 근해에서 남항(南

---

66 兪元載,「백제 웅진성 연구」,『국사관 논총』45, 1993 참조.

航)하는 항로를 이용하려 하였고, 그 과정에서 고구려의 해양봉쇄에 걸렸던 것으로 추정된다. 하지만 곧 해양력(海洋力, sea-power)을 회복하고 황해 남부의 신항로를 개척하는 데 성공하였다. 동성왕은 적대세력인 고구려를 견제하고 일본, 가야와의 외교관계를 구축하여 대(對)신라 외교에서의 주도권을 장악하기위해 무엇보다 중국과의 외교관계 회복에 집중하였다. 그는 즉위한 다음 해(480)에 조공사를 파견하는 것을 시작으로 모두 6차례에 걸쳐 남제와 외교관계를 지속한다.[67]

그런데 498년에 탐라(耽羅)가 백제의 세력권에서 이탈하려는 행동을 취했다. 탐라는 476년에 백제에 공물을 받치고 영향권으로 들어왔다. 이로써 제주지역과 해역을 획득하고, 효율적인 대일본항로를 확보하는 결과를 가져왔다.[68] 동성왕은 즉시 정벌을 단행하여 武珍州(광주)에 이르렀으며, 탐라는 사신을 보내 사죄를 하였다. 백제는 이 때 위력적인 군사행위를 통해서 탐라지역은 물론이지만 한반도 남해서부 및 서해 남부해역에 대한 해상권을 더욱 공고화하였을 것이다.

이후 백제는 다양한 항로를 활용하여 중국의 여러 지역에 진출하여 교역거점을 건설하는 등 경제적인 이익을 얻었다. 특히 남조정권과 다양한 교섭을 하면서 정치적으로 위상을 높이고, 문화적으로도 나라를 발전시켰다. 『한원(翰苑)』 번이부(蕃夷部) 백제조(百濟條)에는 '남쪽 바다에 대도(大島) 15개소가 있는데 모두 성읍(城邑)을 설치하고 사람들이 모여 산다'는 기사가 있으며, 『괄지지(括地志)』 '백제국에는 서남 발해 가운데 큰 섬이 15개가 있는데, 읍락에는 사람들이 거주하며, 백제에 속했다' 라고 되어 있다. 백제가 전성시기에 양자강 하구에 진출했다는 『삼국사기』와 『주서(周書)』, 『북사(北史)』, 『송서(宋書)』 등의 중국기록과 관련이 있을 것이다.[69] 백제는 황해의 섬들을 통

---

67 곽동석, 「웅진기 중국과의 문물교류」, 『百濟의 文物交流』, 백제문화사대계 연구총서 10, 충청남도역사문화연구원, 2007, pp.232~233.
68 윤명철, 「제주도의 해양교류와 대외항로」, 『동국사학』37, 동국대, 2002.
69 『삼국사기』와 『資治痛鑑』에는 북위가 백제를 쳤으나 패했다는 기록이 있다. 『南齊書』에는 490년에 위

치체제 안에 편입시키고, 그들의 해양활동능력과 문화를 수용하여 국가정책에 최대한 활용했을 것이다. 백제는 해양을 무대로 자국의 영향력을 확대하는 일은 물론이고, 남북조의 분단을 이용하여 국제질서를 변화시키는 정책을 추진했음이 분명하다. 『양서(梁書)』 백제전에는 백제가 "왜국과 가까우며 문신한 자가 많다. …… 언어가 중국과 비슷하다. 진한의 남은 습속이라고 한다(其言參諸夏 亦秦韓之遺俗云)"고 전한다. 또 『북사(北史)』 고려전과 『수서(隋書)』에는 백제에 "왜와 중국 사람들도 많이 있었다"고 기록하였다. 양(梁)나라를 거쳐 진나라에 이르기까지 외교와 교역, 문화교류 등을 활발히 하였다. 이러한 국제관계 속에서 백제의 교섭범위는 간접적으로 동남아와 인도에 이르렀다.[70]

무령왕(武寧王)의 출생지에 관련해서도 나타나지만 백제는 일본열도와 본격적으로 관계를 맺고 있었다. 무령왕은 일본열도와도 적극적인 자세로 교섭하여 고대국가가 발전하는 데 강한 영향력을 행사하였다. 이 시대는 일본열도 또한 매우 복잡한 상황이었다. 해양의 독특한 성격을 고려해 소위 '한일고대사의 메커니즘'을 살펴볼 필요가 있다. 일본열도 내의 세력들은 특히 야마토(大和) 조정을 중심으로 한 몇 개의 세력들로 재편되었고, 더욱 성장하는 과정에서 내부의 조건을 토대로 한민족 국가들과

나라가 기병 수십만으로 백제를 공격했다가 크게 패하였으며, 동성왕은 백제의 장군들에게 왕이나 후(侯)·태수 등 관작을 줄 것을 요구했다는 기록이 있다. 특히 그 가운데에 木干那라는 인물은 성과 배「舫」를 격파한 공이 있다고 하였다. 『삼국사기』 열전 최치원전에는 "백제가 전성했을 때에는 강병이 100만이며, 남으로 吳나라와 越나라를 침범하고, 북으로 幽·燕·齊·魯를 흔들었다"는 내용이 있다. 소위 '長江 진출설'로 알려진 이 사건은 신채호, 문정창 이후에 이도학이 더욱 발전시켜 논리를 전개하고 있다. 많은 논쟁들이 벌어졌으나 결론은 나지 않은 상태이다. 해양사 연구자인 필자는 기간과 형태, 규모, 성격 등에 대해서는 단정적이거나 확신할 수 없으나 '동아지중해 모델'과 본고의 앞부분에서 서술한 '해양 메커니즘'에 입각하여 이러한 상황이 발생하고 존재할 가능성이 있다는 견해를 밝혀왔다. 특히 '해항도시론(일종의 polis)'을 적용하면 개연성이 충분하며, 이와 유사한 예는 세계사에서 많이 찾을 수 있다.

70 이 부분에 대해서는 이도학의 견해들이 주목된다(앞의 책, pp.373~374). 다만 필자는 간접적인 교류를 상정하고 있다.

의 관계를 재조정하면서 교섭을 하였다. 일본열도에 진출한 정치집단들이 모국에 대하여 갖는 태도는 일반적으로 서로 상반됐다. 첫째는 '종속(從屬)과 협력(協力)의 관계'이며, 둘째는 '경쟁(競爭)과 독립(獨立)의 관계' 이다. 이 같은 상반된 모습과 성격을 변화하는 객관적 상황에 따라 조정해 나가며 독자적인 정치체제로 발전시켜가는 과정이 일본열도의 고대사이다. 이주지에서 성장하여 일정한 군사력과 경제력을 갖춘 집단은 자국을 지원하여 연합전선을 펴거나 때로는 독자적인 군사행동까지도 시도하였다. 이것은 식민지(植民地, colony) 혹은 '자국(子國)'으로서의 열등감을 극복하려는 자기시위의식(自己示威意識)과 본국(本國) 내에서의 적대감정(敵對感情)이 합쳐져 복합적으로 나타난 행위인데, 끈질기게 감행되었다. 한일 고대사는 이런 논리와 역학관계(力學關係)를 전제로 하면서 해석돼야 할 것이다.[71]

한편 무령왕은 즉위한 이후, '백가(苩加)의 난'을 평정하고 담로제(擔魯制)를 실시하여 왕권을 강화하였다. 고구려를 선제공격하였고, 512년과 521년 두 차례에 걸쳐 양 나라에 사신을 파견한다. 서해에서 활동할 수 있는 해양공간을 확보하여 정상적으로 중국지역과 교류관계를 회복하였음을 뜻한다. 이는 영산강 유역의 세력 집단들이 중앙 통제에 따르기 시작한 상황과 상호연관성이 있었을 것이다. 백제는 바야흐로 나라 경제와 민생종교와 사상 면에서도 비약적인 발전을 이루었다.[72]

항로의 개발

이 시대에는 어떤 항로를 사용하였을까?

우선 백제에게 중요한 것은 대(對)중국항로이다. 웅진시대의 초기에는 선단이 경

---

71 '母子關係' 등 이러한 논리를 토대로 일본 고대사를 해석한 연구는 윤명철, 『동아지중해와 고대일본』, 청노루, 1996이다. 특히 pp.189~194 참고.
72 곽동석, 「웅진기 중국과의 문물교류」, 『百濟의 文物交流』, 백제문화사대계 연구총서 10, 충청남도역사문화연구원, 2007, pp.227~229.

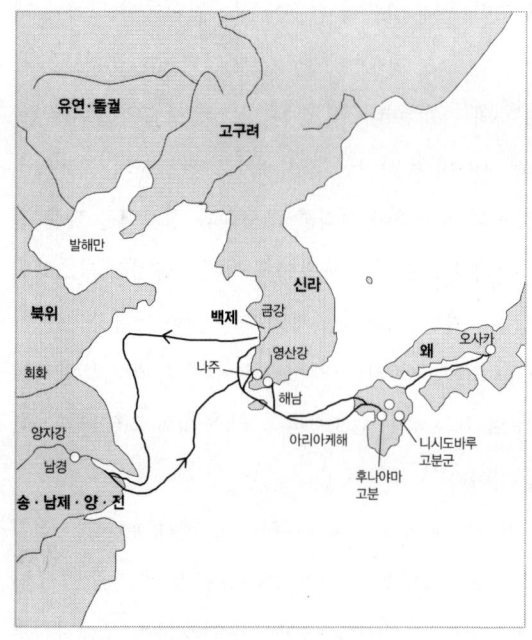

| 그림 6 | 백제 전성기의 항로도

기만 남부와 가까운 당진의 남서쪽인 서산(瑞山), 태안(泰安)반도 등에서 출항하여 연해를 빠져나온 다음에 덕적도 등을 항해물표로 삼아 황해중부를 횡단하다 남항(南航)하거나 또는 처음부터 남부사단항로를 이용하였을 것이다. 만약 봄과 초여름에 동풍 내지 남동풍을 이용하면 서남해안에서 산동해역까지 항해가 가능하다. 그런데 사비시대에도 서산 일대가 교류항구로 사용됐을 가능성이 높다. 위덕왕 때에 태안반도 서쪽 끝인 백화산에 소위 '태안마애삼종불(泰安磨崖三尊佛)'을 조성한다. 이어 무왕(武王) 초기에도 '서산마애삼존불(瑞山磨崖三尊佛)'을 조성한다.[73] 이 때는 북조 및 수나라와 교류를 하던 시기이므로 황해중부 횡단항로를 사용했을 가능성이 높다. 그러한 상황에서 서산·태안 지역이 국가항구의 역할을 일부 담당했을 가능성도 있다.

하지만 점차 정치적으로 안정을 회복하면서, 금강 하구세력을 통제하면서 항해조건이 양호한 금강 하구 등을 최종 출항지로 삼아 초가을부터 초봄까지 부는 북풍(北風) 계열의 바람을 이용해서 전라도의 서해남부해양과 흑산도를 경유하여 사단(斜斷)으로

---

73 최완수, 「내포지역의 불교」, 『열린충남』 18호, 2002, pp. 68~70.

항해한 후에 강소성·절강성 등의 해안으로 도착하였을 것이다. 반면에 늦봄에 남풍계열의 바람(남서풍이면 더욱 좋다)을 타고 해류의 흐름을 이용하면 한반도 남부까지는 항해가 자연스럽게 이루어져 금강하구로 접근할 수 있다.

　대(對)일본 항로는 이미 직접통치영역으로 수용된 한반도 남부지역이 진출하는 교두보 역할을 담당했다. 금강 하구를 빠져나온 선단은 변산(邊山)반도의 해역을 경유하여 영산강 하구와 해남 강진을 포함한 남해서부, 또는 서해남부를 최종적으로 출항하여 동남으로 항해한 후에 큐슈 서북부 해안에 도착했다. 탐라를 영향권 아래에 넣은 후에는 제주도를 우측으로 바라보면서 동진을 하다가 해류와 바람 등을 이용하여 자연스럽게 큐슈의 서북쪽에 도착했다. 고토(五島)열도의 섬들 주변에서 북쪽으로 동진하면 큐슈북부에 있는 가라쓰(唐津) 등의 육지에 닿는다. 그리고 필요에 따라서는 큐슈 북부해안을 경유하여 세토(瀨戶) 내해를 항해하여 오사카만의 내항인 나니와(難波)로 입항한다. 한편 고토열도의 남쪽으로 동진하면 아리아케해(有明海)라는 넓은 만과 만나 그곳으로 이어진 나가사키(長崎)나 구마모토(熊本) 해안에 상륙한다. 이러한 교통로로 인하여 이들 지역에는 기쿠치의 후나야마(船山) 고분을 비롯한 백제관련 유적들이 많이 남아있다.

(3) 사비 시대(6세기 중엽~7세기 중엽)

　사비 시대는 성왕(聖王) 16년에 천도한 이래 660년에 멸망하기까지 122년 동안을 말한다. 538년에 성왕은 도읍을 부여로 옮기고 국호도 '남부여(南夫餘)'라고 고쳤다. 추후에 상론할 예정이지만 사비는 전형적인 강해도시(江海都市)의 성격을 지녔다. 성왕은 고구려를 공격하고 신라와 화친을 추진하는 한편, 중국 남조의 양과 통교를 하며 국력의 재흥을 도모한다. 성왕은 29년(551)에 신라의 진흥왕과 "제2차 나제동맹(羅濟同盟)"을 맺고 고구려를 공격하였다. 이때 신라는 죽령(竹嶺)을 넘어 철령(鐵嶺)까지 북진하여 10군을 취하고 백제는 한강유역을 수복하였지만 2년 후인 553년에 신라에게 빼앗기고 말았다. 하지만 성왕은 비록 전사했지만 백제를 다시 강한 나라로 만드는 토대를 구축한 임금이다. 뒤를 이은 위덕왕이 등극할 무렵 동아시아의 질서가 전면적으로 재편될 조짐을 보이고 있었다. 중국지역은 534년에 북위가 멸망하면서 동위(東魏, 534년)와 서위(西魏, 535년)로 재분열하였으며, 이어 북제(北齊, 550년)와 북주(北周, 557년)의 약한 나라들로 대체되었다. 남조 또한 송(宋)·제(齊)·양(梁)을 거쳐 세워진 진(陳) 또한 분열의 조짐을 보이고 있었다. 백제로서는 허약한 남북조의 국가들을 대상으로 정치 경제적으로 유리한 활동을 벌일 기회였다.

북위가 멸망한 이후에는 북제·북주를 거쳐 수(隋) 등과 교류하였다. 위덕왕 17년(570)에는 북제로부터 책봉의 형식으로[74] 우호관계를 맺었다. 한편 신라는 564년에 북제와 교섭을 시작하면서, 565년에는 진(陳)과 수교를 하였다. 400년 동안 분열 상태에 있었던 중국지역은 수나라에 의해 589년 통일되었다. 이렇게 되자 동아시아는 균형이 깨어지고, 기존에 작동하고 있었던 역학관계의 기본구도가 붕괴되었다. 주변 민족들이 남북조를 대상으로 벌이던 '대중(對中) 등거리외교(等距離外交)'의 가능성은 완전히 봉쇄되었다. 통일된 수나라는 대륙질서와 해양질서를 공유하는 국가가 되었으므로 상황에 적응하면서 전방위 외교를 펼칠 수 있는 지정학적 조건을 구비하였다. 따라서 명분으로 존속해 오던 중화질서(中華秩序)의 개념을 탈피하여 실질적인 종주권확립을 실현코자 시도하였다.[75] 이러한 미묘한 균형(均衡)과 긴장관계(緊張關係)가 감도는 국제정세 속에서 백제와 신라가 외교적인 위상을 강화시킬 수 있는 환경이 조성되었다. 남북조 시대에는 백제·신라·왜가 고구려의 해상방해로 말미암아 북조 정권과 외교관계를 맺을 수가 없었다.

위덕왕(威德王) 36년(589) 수(隋)가 진(陳)을 멸망시키고 통일을 한 해에 수의 전선이

---

74 『삼국사기』권27, 백제본기 威德王 14년, 17년.
75 金浩東,「古代遊牧國家의 構造」,『講座 中國史』2, 지식산업사, 1989, pp. 291~294.

탐모라국(耽牟羅國)에 표류하는 사건이 발생했다. 위덕왕은 이 전선이 백제영역을 통과하여 돌아갈 때에 수(隋) 일행을 후대하였으며, 사자를 파견하여 글을 보내면서 진(陳)을 평정한 사실을 축하했다.[76] 이에 답하여 고조(高祖)인 문제(文帝)는 조서(詔書)를 보냈다.[77] 백제는 해양에서 발생한 사건을 포착하여 외교관계의 조건으로 활용하였다.

이어 수나라가 고구려와 전쟁을 준비하자 사신을 보내 군사적인 협력관계를 표방하기도 하였다.[78] 위덕왕은 백제의 해양력을 최대한 활용하여 질서의 전환기에 외교역량을 최대한 발휘한 것이었다. 한편 그 무렵 일본열도에서는 야마토(大和) 지방을 중심으로 정치권력이 집중하면서 고대국가의 기틀을 마련하고 있었는데, 고구려·백제·신라는 각각 자국의 영향력 확대와 국제질서 속의 우위를 점하기 위해 왜국을 대상으로 치열한 외교경쟁을 벌이고 있었다. 백제는 불교문화를 매개로 왜국과 교류를 활발하게 전개하면서 국제적으로도 위상을 높여갔다. 이 무렵에 야마토 조정은 불교를 공인하면서 본격적으로 고대국가를 완성하는 과정을 밟게 된다.

무왕(武王)은 즉위하면서 왕권을 강화시키는 한편 신라와 벌인 대결에서 승리를 거두면서 비약적인 발전을 이룩했다. 백제와 수나라의 우호관계는 군사동맹의 제의라는 단계로 발전한다.[79] 즉 백제는 고구려와 수나라의 첫 충돌이 일어났던 598년에 장사(長史) 왕변나(王辯那)를 파견하여 방물을 보냈고, 수나라가 요동공격을 시도할 것임을 알고 군사의 향도(嚮道)가 되기를 청한다.[80] 그 후 607년 3월에 고구려를 토벌할

---

76 『삼국사기』권27 백제본기 威德王 36년.
77 『北史』卷94, 列傳82 百濟.
　『隋書』卷81, 列傳46 東夷 百濟.
78 이하 논리와 내용은 윤명철,『高句麗 海洋交涉史 硏究』, 성균관대학교 박사학위청구논문 및 『고구려 해양사 연구』, 사계절, 2003 참고.
79 『삼국사기』권27, 백제본기 武王 8년, 9년, 12년.
80 『隋書』卷81, 列傳 46 東夷 百濟.
　『삼국사기』권27 백제본기 威德王 45년.

것을 요청했고, 그러자 고구려는 군사를 내어 백제의 국경을 공격하였다. 백제는 그 후 더욱 적극적으로 수나라와 군사적인 관계를 유지하려는 태도를 보였다.

『수서』 왜국전(倭國傳)에는 개황(開皇) 20년(600)에 왜왕이 사신을 파견하여 예궐했다고 기록되어 있다. 그러나 『일본서기』에는 사신의 파견이 607년에 오노노이모코(小野妹子)를 시발로 이루어졌다고 되어 있다. 그 일행이 다음 해에 돌아올 때 수나라에서는 사신인 문림랑(文林郎)·배세청(裵世淸)이 일행 13인과 함께 답례로 왔다.[81] 그들은 백제의 남로를 거쳐서 들어왔는데,[82] 이는 항로상 백제의 중개와 호위를 통해서만이 가능했던 것으로 간주된다. 이 사행(使行)은 당시에 전개되는 국제질서로 보아 고구려에 적지 않은 영향을 끼쳤다. 그 무렵에 왜국사신이 수나라에 왕래를 한 사실은 백제본기에도 기록되어있다.[83] 이후에도 몇 번의 교류가 있었는데 이 교류 또한 항로상으로 보아 백제의 도움이 있었을 것이 분명하다.

백제가 수에 우호적인 태도를 보이고 군사협력을 할 가능성은 무왕 12년(611)조의 기사에서 실감할 수 있다.[84] 일종의 군사동맹이 맺어진 듯한 모습이다. 하지만 612년에 전쟁이 일어나고, 수나라 군대가 요하(遼河)를 건넜지만 백제는 수나라를 위해서 실질적인 일은 하지 않았다. 백제의 이러한 갑작스러운 태도변화는 고구려의 보복을 우려한 때문일 수도 있지만, 처음부터 고구려의 압박을 약화시키려는 의도를 갖고 수나라를 외교적으로 이용했을 가능성이 크다. 『삼국사기』에 나온 "聲言助隋 實持兩端"[85]

---

81 『日本書紀』推古 16年 夏 4月.
82 『삼국사기』권27, 백제본기 武王 9년. '春三月 遣使入--南路'
　『日本書紀』卷22, 推古 十六年. 夏四月. ……唐使人裵世淸下客十二人 從妹子臣至於筑紫.
83 『삼국사기』武王 9년 春 三月 遣使入隋 朝貢. 隋文林郎 裵淸 奉使倭國 經我國南路.
84 "봄 2월에 수나라에 사신을 보내어 조공하였다. 수나라 양제가 고구려를 치려 하므로 왕이 國智牟을 隋에 보내어 행군기일을 물으니 양제가 기뻐하여 상품을 후하게 주고 尙書起部郎 席律을 보내어 상의하게 하였다."(『삼국사기』권27, 백제본기, 武王 12년)
　『北史』와 『隋書』에 동일한 기록이 있다.

라는 기록은 당시에 백제가 추진한 외교형태와 절박한 상황에 대해 많은 시사를 한다. 백제는 고구려와 우호관계를 맺는 한편 뒤를 이은 당나라와도 외교관계를 활발하게 전개하였다. 사신을 자주 파견하였고, 방물의 형식을 빌려 수출하였고, 불교용품을 비롯하여 많은 물건들을 수입하였다. 이 무렵에 익산(益山) 천도(遷都)와 관련하여 발생한 일련의 사건들은 익산이 지닌 해양전략적인 가치와 연관하여 의미심장하다.[86] 무왕의 뒤를 이은 임금은 의자왕(義慈王)이다. 사비시대에 백제는 금강 하구를 활용하여 해양 활동을 벌이면서 분열된 중국지역, 통일된 수(隋)와 당(唐)을 상대로 반고구려전선(反高句麗戰線) 및 신라전선(新羅戰線)을 구축했다. 반면에 일본열도의 야마토 조정에 대하여 영향력을 확대하는 한편 국제질서가 재편되는 과정에서 우호세력으로 편재시키려는 노력을 적극적으로 기울였다. 그 시대는 백제뿐만 아니라 동아시아 전체가 해양질서와 군사작전이라는 측면에서 해양력이 매우 강화되는 시대였다.

    당나라가 단명한 수나라를 이으면서 역학구도에는 질적으로 또 다른 변화가 생겼다. 당나라는 수나라와는 또 다른 방식으로 동아시아의 질서재편에 조정자로서 영향력을 행사하였다. 예를 들면 무왕 27년(626)에 사신인 산기상시(散騎常侍) 주자사(朱子奢)를 파견하여 신라와 사이좋게 지낼 것을 요구하고, 그 다음해에는 백제와 고구려, 신라가 통(通)하여 화목할 것을 권유했다.[87] 또한 종주권(宗主權)을 행사하려는 의도도 노골적으로 나타내어 624년 정월에는 고구려・백제・신라에게 동시에 책봉을 하는 형식을 취했다.[88] 한편 백제는 고수전쟁(高隋戰爭)에서 고구려가 승리하자 고구려에 적대적이었고, 수나라에 협조적이었던 태도를 버리고 고구려와 화해하는 것을 강력하게

---

85 『삼국사기』, 백제본기 제5 武王 13년조. 『隋書』에는 ' ……聲言助軍 實持兩端.'
86 이 부분에 대해서는 이도학의 앞의 책에 언급되어 있다. 필자는 益山의 해양전략적인 가치와 海港都市的인 성격에 대하여 언급하였다.
87 『삼국사기』 권27, 백제본기 武王 27년, 28년.
88 『舊唐書』 卷1, 本紀 第1 高祖 武德7年條.

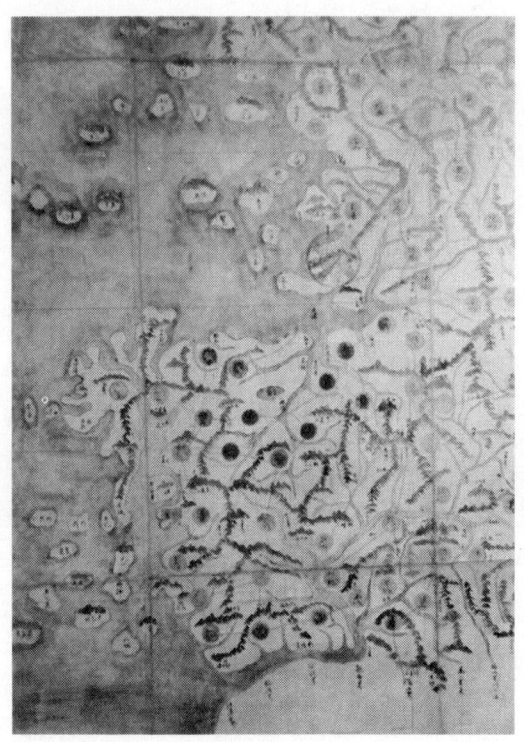

| 그림 7 | 「아동여지도(我東輿地圖)」(19세기 전반)의 서해안 부근

시사했다. 그러는 한편 꾸준히 당에 사신을 지속적으로 파견하여, 645년에 고당(高唐) 전쟁이 발발하기 직전까지 무려 17번을 보냈다.[89] 그런데 621년에 양국 관계를 가늠할 수 있는 의미있는 사건이 발생했다. 백제는 당에게 사신을 보내고 과하마(果下馬)를 받쳤으나,[90] 당은 그에 대하여 어떠한 답례도 하지 않았다. 반면에 신라는 계속해서 당으로부터 후한 대접을 받았다. 이는 당나라가 백제에 대하여 어떠한 기본인식을 갖고 있는 가를 보여주는 사건이다. 그

럼에도 백제는 당에 사신을 몇 차례 더 보냈다. 당나라의 입장에서 백제보다는 고구려를 적대국으로 삼은 신라가 전략적 동맹국으로서 이용가치가 높았다. 당은 고구려를 견제하는 세력으로서 신라를 내부적인 대항세력으로 키우고, 고구려를 국제사회에서 고립시키는 전략을 세운 것이다. 더욱이 신라가 경기만 남부를 장악한 사실은 동아지중해에 역학관계는 물론 외교형태에도 상당한 변화를 가져왔다. 당나라에게는 전략

---

89 申瀅植, 『韓國古代史의 新硏究』, 일조각, 1990.
90 『삼국사기』 권27, 백제본기 武王 22년, p.315.

적으로 엄청난 의미를 지녔다. 신라에게 남양만은 황해북부를 장악한 고구려의 견제와 해상통제를 피하는 한편 백제수군도 피하면서 당과 안전하게 교섭할 수 있는 유리한 위치이다. '동아지중해(東亞地中海) 국제대전(國際大戰)'[91]의 과정에서 신라와 당나라는 해양을 통해서 동서동맹을 맺었고, 고구려·백제·왜는 해양을 통해서 남북협력을 구축하였다. 이렇게 해서 중국, 만주, 한반도, 일본열도를 축으로 하고, 황해·동해·남해를 연결장으로 한 해양십자형(海洋十字形) 동맹관계가 형성되었다. 동아지중해 전체가 전장화 돼가고 있었다.

660년 여름, 13만 대군의 병력을 태운 당나라의 대선단은 산동(山東)반도의 성산(成山, 城山)을 출항하여 황해중부 횡단항로를 이용하여 건너왔다. 신라태자인 김법민(金法敏)이 군선 100척으로 덕물도(德物島 : 현재의 덕적도)에서 대기하다가 합류하였다. 이어 나당 연합수군은 현재 당진(唐津)·홍성(洪城)·군산(群山)·변산(邊山)반도 등 해안의 이곳 저곳에 상륙하였을 것이며, 백제의 수도권 방어력을 약화시켰다. 그리고 최후로 도성의 바로 앞에서 사비성(泗沘城) 상륙작전을 성공시켰다. 당의 전략상으로 보아 백제는 고구려 공격을 위한 후방배후지(後方背後地)로서, 신라에게는 타도해야 할 숙적으로서 나당(羅唐) 연합군의 공격을 받았다. 그것도 육전이 아니라 기동성(機動性)과 잠행성(潛行性), 급습성(急襲性)을 특성으로 한 해군의 원거리 해상이동과 대규모의 상륙작전으로 일거에 멸망하였다.[92] 이제 해양전은 외교 무역뿐만 아니라 국제대전의

---

91 이 전쟁의 발생배경과 단계적인 과정, 결과, 그리고 역사적인 의의와 평가에 대해서는 윤명철, 『高句麗 海洋交涉史 硏究』, 성균관대학교 박사학위청구논문 및 『고구려 해양사 연구』, 사계절, 2003 및 윤명철, 「三國統一戰爭과 東亞의海洋秩序 -地中海戰의 性格을 중심으로-」, 『高句麗史硏究 論文選集』6, 불함문화사, 1995 ; 「고구려의 후기의 국제관계와 해양의 역할-동아지중해 국제대전을 중심으로(고구려 국제관계)」, 『고구려연구』14, 제8회 고구려 국제학술대회, 2002(윤명철, 『한민족의 해양활동과 동아지중해』, 학연문화사, 2002 수록) 등 다수의 논문 참고.
92 이러한 특성에 대한 이론과 예의 언급은 윤명철, 「고구려의 후기의 국제관계와 해양의 역할-동아지중해 국제대전을 중심으로(고구려 국제관계)」, 『고구려연구』14, 제8회 고구려 국제학술대회, 2002.

승패뿐만 아니라 나라의 운명을 결정짓는 위력을 발휘하였다. 결과적으로 전쟁은 고구려·백제·왜를 잇는 남북세력과 당과 신라를 연결하는 동서세력이 십자형을 이루고 있었고, 나머지 주변국과 종족들은 보조적으로 전쟁에 동원되었다.

백제의 돌연한 멸망은 일본열도 역시 나당군의 군사작전권 안에 들어갔음을 뜻한다. 661년부터 본격적으로 백·왜연합군(百倭聯合軍)에 의한 복국운동이 전개되어 일진일퇴의 공방전이 벌어졌다. 그러다가 663년 백·왜 연합군이 하쿠스키노에(白村江 : 중국측의 기록에는 白江으로, 그리고 삼국사기에는 伎伐浦, 熊津江으로 되어있다.[93]) 전투에서 나·당 연합군에게 패배하여 전선 400여 척의 손실과 27,000명의 전사자를 내고 퇴각하였다.[94] 결국은 백제는 해양질서를 이해하지 못했고 군사전략과 전술에서도 해양전에서 패하고 말았다. 왜와 백제유민들은 외교적 노력을 기울이는 한편 군사적으로는 대당(對唐) 및 대신라(對新羅) 해양방어체제를 구축했다. 쓰시마, 이키, 쓰쿠시(築紫)에 산성을 쌓고, 방인(防人)과 봉수대(烽燧臺)를 두는 등 664년부터 방어체제를 구축하고 해안에서 대외교통을 관장하던 정청을 내륙인 다자이후(大宰府)로 옮겼다. 이 방어체제는 망명 백제인들이 주도적인 역할을 하여 만들어졌다.[95]

백제가 추진한 국가발전정책 가운데 국제적인 측면을 살펴보았다. 앞에서 언급한

---

93 白江에 위치에 대해서는 百濟의 復興運動 그리고 周留城의 위치와 관련되어 說이 분분하다. 白江의 위치에 대한 종합적인 검토는 다음 논문들이 있다. 全榮來, 「周留城 白江 位置比定에 關한 新硏究」, 韓國文化財保護協會 全羅北道支部扶安郡, 1976.
盧道陽, 「百濟周留城攷」, 『任存城 百濟復興軍戰史』, 禮山郷土史硏究會, 1989. 이 외에도 이 책에는 任存城과 周留城에 대한 歷史地理의 고찰 논문들이 실려 있다.
94 『日本書紀』天智 2年 3月 '遣前將軍 上毛野君…率二萬七千人 打新羅……'.
『資治通監』卷 201, 唐紀 17 高宗 中之上' '焚其舟 四百 煙炎灼天 海水皆赤……'.
95 成周鐸, 「大野城小攷」, 『古文化論攷』, 鏡山猛 先生古稀記念論文集刊行會, 1980.
小田富士雄, 「朝鮮式山城と神籠石」, 『九州古代文化의 形成』下卷, 學生社, 1985.
西谷正, 「朝鮮式山城」, 『岩波講座日本歷史』3권(古代 2), 1994.
윤명철, 『동아지중해와 고대일본』, 청노루, 1996 및 논문.
延敏洙, 「西日本地域의 朝鮮式山城과 그 性格」, 『韓國古代史論叢』8집, 1996, p.349 참조.

바처럼 백제의 대중국(對中國) 및 대일본열도(對日本列島)와 연관된 정책은 해양정책과 불가분의 관계를 맺고 있었다. 한성시대, 웅진시대, 사비시대로 나누어 본 결과 각 시대별로 사용한 항로에 변화가 있었으며, 이 항로의 변화는 백제 자체의 수도 이전 등의 상황 및 국제관계와 연동하여 발생하였다. 백제는 항로를 유효적절하게 사용하고, 해양력을 강화시켜서 외교정책에 활용했을 때 강력한 국가를 이룰 수가 있었다.

5. 결어

동아시아는 대륙과 해양이 만나는 접점에 있으며, 특히 한민족이 역사를 이루어 온 터는 중국대륙·북방대륙·일본열도로 둘러싸인 바다의 한가운데 위치하고 있다. 따라서 한민족의 문화 또한 농경문화, 수렵삼림문화, 농목문화, 해양문화 등이 복합적으로 작용하여 조합(組合)·생성(生成)된 문화이다. 농경문화만을 연상시키는 한반도라는 고정된 틀과 육지위주의 질서 속에서 역사를 해석하면 사실성을 왜곡할 뿐 아니라 논리성과 문화생성의 자연환경적인 당위성을 결여한 결과가 발생한다. 따라서 역사 공간의 형태와 성격, 기능 등을 육지와 해양을 유기적인 체계로 파악하는 '해륙사관(海陸史觀)'이 필요하다.

본고는 필자가 설정한 역사해석 모델과 해양문화의 체계적인 특성을 전제로 백제의 역사에서 해양활동이 어떤 역할을 하였으며, 해양문화가 어떤 방식으로 작동하고, 또 함축되어 있는가를 살펴 보았다. 백제가 한강 하구와 경기만을 중심으로 건국한 시대부터 한성시대 웅진시대를 거쳐 사비시대에 멸망하기까지 차지한 영토와 영역을 본다면 지정학적·지경학적·지문화적으로 해양과 밀접한 관련을 맺을 수밖에 없었다. 백제는 지정학적·지경학적·지문화적 환경으로 보아 해양문화가 발전할 수밖에 없는 당위성이 있다. 뿐만 아니라 건국의 과정과 주체, 수도를 선정하는 과정에서도 해양이라는 명분이 적극적으로 작동했음을 알 수 있다. 그 후에도 내부의 발전은 물론이고, 대외적으로 국제질서에 진입하고 삼국 간의 국가경쟁에서 유리한 환경을 조성하기 위해서는 대외교섭이 필수적이고, 이는 해양력의 강화와 해양문화의 발달이 국가적인 과제로서 요구되었다. 백제는 해양문화의 성격과 체계를 대외적으로는 해외진출과 국제관계(외교, 무역, 문화, 전쟁) 등에 유효적절하게 활용하였고, 대내적으로는 내륙수로(內陸水路)와 연결한 교통망의 발달, 지방통치체의 확립, 무역과 연결된 산업발달 등에 이용하였다. 이를 위해서 정책적으로 수도를 비롯한 항구도시들의 건설, 시대상황에 적합한 항로의 개발, 무역 시스템의 확립, 종교와 신앙을 비롯한 관념적인 문화의 생성 등을 추진하였다. 해양활동 상황을 더 구체적으로 검토하고, 다른 요인들과 상대비교를 하는 작업이 더 필요하지만 해양력의 발달 상황과 백제의 흥망 성쇠가 상당한 비중으로 연관있는 것만큼은 분명하다.

참고문헌

『三國史記』
『新增東國輿地勝覽』
『宋書』,『北史』,『隋書』,『舊唐書』
『日本書紀』
서울特別市史編纂委員會,『漢江史』, 1985.
『백제의 기원과 건국』, 충청남도역사문화연구원, 2007.
『百濟의 文物交流』, 백제문화사대계 연구총서 10, 충청남도역사문화연구원, 2007.
『漢城百濟史』, 서울시사편찬위원회, 2008.

▶ 단행본

權赫在,『地形學』, 법문사, 1991.
김기승, 김인호, 이정주 외,『21세기에도 우리문화가 살아남을 수 있을까』, 지영사, 2003.
金浩東,「古代遊牧國家의 構造」,『講座 中國史』2, 지식산업사, 1989.
盧道陽,「百濟周留城攷」,『任存城 百濟復興軍戰史』, 禮山鄕土史硏究會, 1989.
박시룡,『동물행동학의 이해』, 민음사, 1996.
成周鐸,「大野城小攷」,『古文化論攷』, 鏡山猛 先生古稀記念論文集刊行會, 1980.
申瀅植,『韓國古代史의 新硏究』, 일조각, 1990.
兪元載,「백제 웅진성 연구」,『국사관 논총』45, 1993.
윤명철,『동아지중해와 고대일본』, 청노루, 1996.
윤명철,『고구려 해양사 연구』, 사계절, 2003.
윤명철,『한민족의 해양활동과 동아지중해』, 학연문화사, 2002.
윤명철,『단군신화 , 또 다른 해석』, 백산, 2008.
이도학,『새로 쓴 백제사』, 푸른역사, 1997.
李丙燾,『韓國史』, 을유문화사, 1981.
이형석,『한국의 강』, 홍익재, 1997.
全榮來,「周留城 白江 位置比定에 關한 新硏究」, 韓國文化財保護協會 全羅北道支部扶安郡, 1976.
최덕경,『중국고대 산림보호와 환경생태사 연구』, 신서원, 2009.

▶ 외국도서

古廐忠夫 編,『東北アジアの再發見』, 有信社, 1994.
茂在寅南,『古代人の航海術』, 小學館, 1981.
西嶋定生,『日本歷史の國際環境』, 東京大出版社, 1985.
西谷正,「朝鮮式山城」『岩波講座日本歷史』3권(古代 2), 1994.
井上秀雄,『變動期の東アジアと日本』, 日本書籍, 1983.
佐佐木高明,『照葉樹林文化』,『續 照葉樹林文化』.
孫光圻,『中國古代航海史』, 海洋出版社, 1989.
李永采,『海洋開拓 爭覇簡史』, 海洋出版社, 1990.

▶ 발굴보고서

변동명,「順天 海龍山城의 歷史」,『順天 海龍山城』, 순천대학교 박물관학술자료총서 제39권, 2002.
崔仁善・李東熙,「順天 劍丹山城 試掘調査」,『順天 劍丹山城과 倭城』, 순천대학교 박물관, 1997.

▶ 논문

羅燾承,「錦江水運의 變遷에 關한 地理學的 硏究」,『公州敎大論文集』16, 1980.
박병익,「하천과 산맥」,『백제의 기원과 건국』, 충청남도역사문화연구원, 2007.
배영수,「도시사의 최근 동향」,『西洋史硏究』17.
延敏洙,「西日本地域의 朝鮮式山城과 그 性格」,『韓國古代史論叢』8집, 1996.
오순제,「백제 한성시기 하남시 고골 일대의 도성체제」,『21세기 하남의 재발견』, 하남역사문화연구회, 국학자료원, 2001.
兪元載,「백제 웅진성 연구」,『국사관 논총』45, 1993.
尹武炳,「百濟文化와 湖南」,『金湖文化』83, 2009.
윤명철,「海洋條件을 통해서 본 古代韓日 關係史의 理解」,『日本學』15, 동국대 일본학연구소, 1995.
윤명철,「長壽王의 남진정책과 東亞地中海의 역학관계」,『高句麗南進 經營史의 硏究』, 백산자료원, 1995.
윤명철,「비류집단의 이동경로와 정착에 대한 검토」,『한민족의 해양활동과 동아지중해』, 학연문화사, 2002.
윤명철,「제주도의 해양교류와 대외항로」,『동국사학』37, 동국대, 2002.
윤명철,「고구려의 후기의 국제관계와 해양의 역할-동아지중해 국제대전을 중심으로(고구려 국제관계)」,『고구려연구』14, 제8회 고구려 국제학술대회, 2002.
윤명철,「동해문화권의 설정 검토」,『동아시아 역사상과 우리문화의 형성』, 한국학 중앙연구원, 민속원, 2005, 9.
윤명철,「東아시아의 海洋空間에 관한 再認識과 活用 -동아지중해모델을 중심으로-」,『동아시아 고대학』14집, 동아시아 고대학회, 경인문화사, 2006, 12.

윤명철,「영산강 유역의 해양역사와 21세기적인 의미」,『영산강 학술심포지움』, 나주시·광남일보, 2006.
윤명철,「고구려 문화형성에 작용한 자연환경의 검토-터이론을 통해서-」,『한민족 연구』4, 한민족학회, 2007.
윤명철,「'한민족' 형성의 질적 비약단계인 고구려 역사」,『한민족 연구』제5호, 2008.
윤명철,「서산의 해항도시적인 성격 검토」,『서산문화춘추』, 서산발전연구원·서산문화원, 2009. 4.
윤명철,「경주의 해항도시적 성격에 대한 검토」,『동아시아 고대학』20집, 2009.
윤명철,「백제 수도 한성의 해양적 연관성 검토 1」,『위례문화』11·12 합본호, 하남문화원, 2009.
윤명철,「서울지역의 강해도시적 성격 검토」,『2010, 동아시아 고대학회 학술발표대회』, 동아시아 고대학회, 2010.
李道學,「백제 한성시기의 도성제에 관한 검토」,『한국상고사학보』9, 1992.
이도학,『百濟의 文物交流』, 백제문화사대계 연구총서 10, 충청남도역사문화연구원, 2007.
이영식,「백제의 가야진출로」,『한국고대사논총』7, 1994.
崔夢龍,「考古學的 資料를 통해서 본 黃海交涉史 硏究 序說」,『震壇學報』66, 1988.
崔夢龍,「上古史의 西海交涉史 硏究」,『國史館論叢』3집, 1989.
최완수,「내포지역의 불교」,『열린충남』18호, 2002년,
邢基柱,「都城計劃綜考」,『일본학』5, 동국대 일본학연구소, 1987, p.279.

▶ 외국논문

安田喜憲,「日本海 めぐる 歷史の胎動」,『季刊考古學』15號, 雄山閣出版社, 1986.

▶ 역서

앨프리드 W. 크로스비 저, 안효상·정범지 역,『생태 제국주의』, 지식의 풍경, 2002. 3.
이시 히로유키·야스다 요시노리·유아사 다케오 지음, 이하준 옮김,『환경은 세세사를 어떻게 바꾸었는가』, 경당, 2003.
H.H. 램 지음, 김종규 옮김,『기후와 역사』, 한울 아카데미, 2004.
필립 스미스, 한국문화사학회,『문화이론』, 이학사, 2008.
히라노 겐이치로 지음, 장인성·김동명 옮김,『국제문화론』, 풀빛, 2004.

14

동아지중해 문명과 邊山半島의 海洋的 위상*

1. 서 언

　21세기는 인류 역사상 가장 극적인 전환기이다. 전 지구적으로 낯선 문명이 해일처럼 밀어닥치고 있다. 예측(豫測)이 불가능한 상황 속에서 또 한 번 불확실성(不確實性)의 시대 속에서 미로(迷路)를 걷고 있다. 또한 globalization이라는 미명아래 서구중심의 세계질서로 재편되고 있으며, 동아시아에서는 신중화제국주의(新中華帝國主義)가 부상했다. 동아시아의 공존(共存)과 상생(相生)을 추구하는 과정에서 동아시아 모든 지역이 만나고, 공동의 역사터 역할을 담당해온 황해의 중요성은 더욱 커지고 있다. 황해 주변의 거점도시들이 새로운 동아시아 질서에서 중요한 위치로 부상하고 있다. 그 가운데 하나가 전북지역이고, 변산반도이다. 특히 새만금의 완공은 어떠한 형태로는 부안지역은 물론 크게는 동아시아 질서와 문명에 영향을 끼칠 것이다. 특히 해양이 영토(領土, The ocean domain)의 개념으로, 문명의 개념으로 필요성이 증대되는 상황에서 이 지역의 해양활동과 관련한 이해는 필수적이다. 필자가 설정한 동아지중해는 해양적

---

* 「동아 지중해 문명과 변산반도의 해양적 위상」, 『동아시아 해양실크로드와 부안』, 부안군, 전주대학교, 2010. 11. 12.

역사상과 더불어 발아와 형성, 완성 그리고 흥망을 해왔다.[1] 본고는 동아시아 문명과 동아시아 공동체의 실현 방식 등을 염두에 두고, 변산반도의 위상과 역할을 모색해보고자 한다. 더욱이 죽막동(竹幕洞) 유적은 역사상뿐만 아니라 신앙유적과 문명의 길로서 문명사적 의미도 크기 때문에 다양한 각도로 의미를 되살릴 필요가 있다.

2. 동아지중해 문명

역사에서 공간이란 기하학적인 공간 혹은 자연적인 공간, 또 평면을 의미하지는 않는다. 자연지리의 개념과 틀을 뛰어넘는 역사와 문화 또는 문명의 개념으로 접근해야 한다. 하나의 역사공간에서는 비록 혈통과 언어문화가 달라도, 또 중심부(中心部)와의 거리가 멀거나, 국부적인 자연환경에 차이가 있고, 정치체제의 차이가 있어도 느슨한 하나의 '통일체(統一體)' 또는 '역사유기체(歷史有機體)', '문명공동체(文明共同體)'를 이룰 수 있다. 그래서 역사공간은 영토나 영역, 정치장소로서가 아니라 총체적인 연결망, 즉 네트워크의 개념으로 접근할 필요가 있다.

필자는 역사공간을 전체이면서 부분인 터(場, field), 또 부분이면서 전체이기도 한 중핵(中核, 恒星)과 주변의 몇몇 소핵들인 행성(行星)들, 그들을 싸고도는 위성(衛星)들이 있고(multi-core), 이 모든 핵들을 연결하는 중첩적인 선(線, line)들로 이루어졌다고 보면서 역사공간을 이해한다. 이러한 해석틀을 '터와 다핵(field & multi core) 이론'이라고 명명했다.[2] 필자가 개념화한 '터'는 자연, 지리, 기후 등으로 채워지고 표현되는 단순한

---

[1] 윤명철 「한국의 고대문화 형성과 해양남방문화–소위 해양실크로드와의 관계를 중심으로」, 『국사관 논총』106, 2004. 발표한 논문들에서 朝漢 전쟁을 1차 동아지중해 국제대전, 高隋전쟁 高唐전쟁을 제 2차 동아지중해 국제대전으로 해석하였다.
[2] 이론의 대강은 윤명철, 『역사는 진보하는가』, 온누리, 1992, 12를 비롯한 몇몇 논문들이 있다. 「渤海 유역

공간은 아니고, 생태계 역사 등이 모두 포함된 총체적인 환경이다.

원(原)문화들은 작은 핵들과 선을 형성한 후에 다시 중심으로 향하면서 영향을 끼친다. 즉 전입과 전파가 하나로 연결되어 환류하는 '환류(環流) 시스템'을 이룬다. 역사공간에서는 이렇게 여러 요소들이 단절되고, 서로 무관하며 격절된 부분이 아니라 전체가 부분이 되고, 부분들이 다시 전체로 되가는 유기적인 관계에 있다. 늘 터 중핵(中核), 소핵(小核)들 선(線), 점(點)들이 유기적으로 네트워크화 되어야 작동할 수 있다. 이러한 '터' 이론으로 고대 동아시아 문명을 이해하면 다른 관점에서 이해할 수 있다.[3]

동아시아문명의 '계통화 작업(系統化 作業)'에 용이하다. 큰 문명들뿐 아니라 정치력의 우열로 인하여 큰 문명 속에 흡수되어 뭉뚱그려지거나 흡수된 소문명을 복원하여 계통화시킬 수 있다. 각각 고유한 지역 집단 민족의 역사 또는 문화 등을 설정하면서 큰 범주 내에서의 위상(位相)을 찾아주고 능동적인 주체자로서 역할을 부여할 수 있다. 동아시아 문명이라는 거대하고 다양한 터에서는 동일하지 않으면서도 유사하고, 상호존중하고 교호하면서도 다른 독특한 소문화권들의 설정이 가능하다. 또한 '터이론'을 통해서 보면 우주 생명체 인간과 마찬가지로 동아시아문명을 자체(自體)의 완결성(完結性)과 복원력(復原力)을 지니고 끝없이 부활하는 존재 혹은 유기체(초유기체)로서 인식할 수 있다.

그렇다면 역사상 또한 해양과 대륙을 유기적인 시스템으로 해석하는 해류사관 또

의 역사문화와 동아시아 세계의 이해- '터(場, field) 이론'의 적용을 통해서-」, 동아시아 고대학회, 2007 ; 「고구려 문화형성에 작용한 자연환경의 검토-터이론을 통해서-」, 『한민족 연구』4, 2007 ; 「고조선 문화 해석을 위한 역사관의 모색」, 『북방 문화와 한국상고문화의 기원연구』, 단국대 북방문화연구소, 2009, 6, 27 ; 「해양사 연구의 방법론 검토와 제언」, 『해양문화학 학술대회』, 목포대학교 도서문화연구소, 2009, 10, 22.

3 터이론을 이용하여 역사상의 실제적인 분석한 몇몇 연구가 있다. 졸저, 『고구려는 우리의 미래다』, 고래실, 2004 ; 「장수왕 장보고 그들에게 길을 묻다」, 포럼, 2006 ; 졸저, 「장보고를 통해서 본 경제특구의 역사적 교훈과 가능성」, 남덕우 편, 『경제특구』, 삼성경제연구소, 2003 ; 「동아시아의 해양공간에 관한 재인식과 활용 -동아지중해 모델을 중심으로-」, 『동아시아 고대』14, 동아시아 고대학회, 경인문화사, 2006.

한 필요하다. 인간은 다른 무엇과 관계를 맺고 자신을 전달하며, 사건과 현상을 해석하기 위해서는 반드시 기호(code)를 필요로 한다. 사관이란 역사를 효율적으로 해석하는 독특한 기호를 말한다. 그래서 일정한 집단에게 있어서 사관(史觀)의 존재와 성격 및 그것을 축으로 한 역사활동의 해석과 유형화 작업은 매우 중대한 의미를 갖고 있다. 특히 동일집단으로서 내적(內的) 통합성(統合性)을 유지한 채 장기간 지속되어온 집단에게 있어서는 더욱 그러하다. 역사는 한 집단의 존재이유(存在理由)와 존재과정(存在過程)을 재현시켜주고 있으며 사관은 존재자체의 문제, 즉 존재방식(存在方式)을 생산한 내적논리(內的論理)를 설명하여주기 때문이다. 또한 고대사에 관한 한 우리의 역사영역을 그대로 인정하고, 해양과 대륙 그리고 반도를 하나의 역사권으로 파악하는 해륙사관(海陸史觀)으로서 역사상과 역사기록을 해석할 필요가 있다. 역사공간을 한반도라는 고정된 틀과 육지위주의 질서 속에서 해석한다면 이는 사실성과 논리성, 그리고 자연적인 당위성을 결여한 결과를 낳을 수 있다.

해륙사관을 적용한다면 지역적이었던 우리 역사를 통일적(統一的)으로 이해할 뿐 아니라, 자체(自體)의 완결성(完結性)과 복원력(復原力)을 지닌 유기체로서의 우리역사를 파악하면서 모질서(母秩序)인 조선의 계승성을 주장할 수 있다. 뿐만 아니라 민족국가 혹은 민족역사 혹은 민족문화 등을 설정하면서 '계통화 작업(系統化 作業)'을 원활하게 추진할 수 있다. 또한 중국문명과는 동일하지 않으면서도 유사하고, 상호존중하고 교호하면서도 다른 독특한 문명권의 설정이 가능하다. 무엇보다도 우리는 대륙에 부수적인 반도적 존재가 아니며 역사발전도 주변부가 아닌 중핵에서 자율적으로 진행시켜 왔다는 사실을 확인할 수 있다.[4]

동아시아라는 역사의 '터'는 지리적인 관점에서는 대륙과 바다가 만나는 해륙적(海陸的) 환경의 지역이다. 또한 기후라는 면에서는 온대와 아열대 아한대가 섞여 있으

---

4 윤명철, 「한국사 이해를 위한 몇 가지 제언」, 『한국사학사학회보』9집, 한국사학사학회, 2004.

며, 바다와 평원 초원 사막 대삼림과 강 등이 한군데에 있으면서 서로 작용하고 있으며, 생활양식과 종족들의 분포 정치체제는 이루 말 할 수없이 복합적이다. 따라서 '일국가적(一國家的)인 관점', '일민족사적(一民族史的)인 관점', '일지역적(一地域的)인 관점'을 넘어서 그것들을 포함하면서 보다 더 거시적이고 확장된 凡아시아라는 대단위 문명사적인 관점에서 성격과 역할을 파악할 필요가 있다.

그 가운데 한 부분인 동아시아는 내부에 동방 북방 중국 등 3개의 터와 그 내부에서 주도적 역할을 하는 3개의 중핵(中核, 恒星)으로 구성되고, 다시 각 항성들은 주변의 작은 핵들(行星들)과, 관계성이 미약한 위성(衛星)들로 이루어졌다. 선을 이용하여 떨어진 다른 터와 간접적으로 연결되었다. 그 동아시아라는 터에서 형성된 문명은 북방, 중화(중국), 그리고 동방문명으로 구분된다.

우리는 동쪽의 동방문명권에 속하였다. 고대에 동방문명이란 터에 속한 나라는 고구려, 부여, 백제, 신라, 가야, 왜, 그리고 말갈과 거란의 일부, 선비의 일부 등이었다. 지리적으로는 현재의 한반도 북부와 남만주일대를 중핵으로 출발하여 점차 확장해가면서 만주 한반도전역 일본열도에서 꽃을 피운 문명이다. 일부에서는 일본문명이 독자적으로 존재했다고 하지만[5] 하나의 역사공간이었다. 우리와 일본은 7세기 이전에는 구분되는 부분이 적었다. 더욱이 동아시아 문명의 관점에서는 중국 및 우리의 문화는 공질성(共質性)이 강했다. 행성들은 각 중핵지역의 주변에 위치한 지역들이다. 동방문명의 터 속에는 북만주 일부, 일본열도, 연해주 전체가 행성들이다.

그런데 동아시아는 다양한 자연환경과 지리적인 특성을 갖추고 있다. 동아시아의 지리적인 범주는 아시아 대륙의 동쪽 하단부에 위치해 있으면서 중국이 있는 대륙, 그리고 북방으로 연결되는 대륙의 일부와 한반도, 일본열도로 구성된다. 한반도를 중심

---

[5] 새뮤얼 헌팅턴은 『문명의 충돌(The Crash of Civilizations)』에서 중국과 일본을 별개의 문명으로 설정하였다. 이는 동아시아를 분리시키려는 서구인들의 기본인식을 반영한다.

축으로 일본열도 사이에는 동해와 남해가 있고, 중국 사이에는 황해라는 내해(內海, inland-sea)가 있다. 한반도의 남부와 일본열도의 서부, 그리고 중국의 남부지역(양자강 이남을 통상 남부지역으로 한다)은 이른바 동중국해를 매개로 연결된다. 그리고 현재 연해주 및 북방, 캄차카 등도 동해연안을 통해서 우리와 연결되며, 타타르해협을 통해서 두만강 유역 및 북부지역과 사할린·홋카이도 또한 연결된다. 한반도와 남만주를 지리적인 중핵으로 삼고 한반도의 삼면을 바다로 둘러싸여 있으며, 다시 그 바다를 북만주와 중국대륙 사할린 일본열도가 환상형(環狀形)으로 감싸고 있다. 그리고 흑룡강(黑龍江), 송화강(松花江), 요하(遼河), 압록강(鴨綠江), 두만강(豆滿江), 우수리강, 대동강, 한강, 낙동강, 금강, 영산강 등 크고 길며 수심이 깊은 많은 강들이 바다로 흘러들고 있다. 비록 완벽하거나 전형적인 형태는 아니지만 비교적 지중해적 형태를 띠우고 있다. 이른바 다국간지중해해(多國間地中海海, Multinational-Mediterranean-Sea)에 해당한다. 필자는 동아시아의 이러한 지리적이고 문화적인 특성을 설명할 목적으로 동아시아의 내부 터로서 동아중해(東亞中海, EastAsian-Mediterranean-Sea)라는 모델을 설정하고 학문적으로 제시하였다.[6] 그 동아지중해의 한 가운데에 있으면서 북으로는 육지와 직접 이어지고, 바다를 통해서 모든 지역들과 연결되는 공간이 바로 우리의 역사터였던 한반도[7]이다. 그 한 부분으로서 황해와 변산반도(邊山半島)가 있다.

---

6 윤명철, 『동아지중해와 고대일본』, 청노루, 1996 ; 「장보고 시대의 해양활동과 동아지중해」, 학연문화사, 2002 ; 『한민족의 해양활동과 동아지중해』, 학연문화사, 2002 ; 『고구려 해양사 연구』, 사계절, 2003 ; 『바닷길은 문화의 고속도로였다』, 사계절, 2003 ; 『한국 해양사』, 학연문화사, 2003 ; 「장보고를 통해서 본 經濟特區의 역사적 교훈과 가능성」, 『경제특구』, 삼성경제연구소, 2003 ; 「동아시아의 相生과 동아지중해모델」, 『21세기 문명의 전환과 생명문화』, 세계생명문화포럼, 2003, 12, 북경대회.
7 엄격하게 필자의 역사관에 따르면 매우 부적절한 용어이다.

3. 변산반도의 해양적 환경

1) 해양환경의 이해

 황해는 동아지중해에서 중국과 한반도의 서부해안 전체, 그리고 만주남부(滿洲南部)의 요동지방(遼東地方)을 하나로 연결하고 인접한 각국들이 공동으로 활동하는 장의 역할을 하고 있다. 첫째, 황해는 얕은 바다와 복잡한 지형인 리아스식 해안, 발달된 만(灣)과 섬들로 구성되어 있다. 연안을 따라 먼 거리에 있는 사람들 간의 접촉이 쉬운 편이며, 섬들은 활동범위를 넓혀주었고, 징검다리 역할로서 해양의 반대편의 주민 및 문화와 직접 또는 간접접촉을 가능하게 하였다. 둘째, 동아시아 해류는 쿠로시오(黑潮)와 그 본류(本流)에서 갈라져 나온 지류(支流)들이 있다.[8] 중국연안을 남하하는 해류는 발해(渤海) 및 황해북부에서 기원하며 중국대륙연안을 따라 남하하다 남 방면으로 사라지는데 동계에는 수온이 낮다. 그런데 이 흐름이 7·8월에는 상해만 쯤에서 동으로 방향을 틀어 한반도 남부방향으로 간다. 전남 근해해역과 전북해역을 통과해 북상한다. 한편 항주만을 가운데 두고 밑에서 올라오던 해류는 동으로 돈 다음에 동남향하면서 일본열도의 서부인 고토(五島)열도 방면으로 사라진다.

 셋째, 한반도 서해안과 중국의 동해안은 조류의 흐름이 매우 빠르고 방향의 지역적 편차가 심하다. 조류의 움직임이 얼마나 복잡한가는 주산만(舟山灣), 청도만(靑島灣), 맹골수도(孟骨水道), 흑산제도(黑山諸島), 고군산군도(古群山群島), 경기만(京畿灣) 등 몇몇 특정 지역의 조류를 보아서 알 수가 있다. 이러한 복잡한 지역은 지역조류에 익숙한

---

8 黑潮를 가장 협의로 한다면 東中國海로 들어서면서 부터라고 말하는 것이 된다. 동중국해의 흑조는 중국연안에서 일본전역에 걸쳐 중요한 영향을 미치면서 일본 北陸外海에서 북태평양을 東方으로 흘러가는 暖流系의 해류이다. 흑조에 대하여 역사적 입장을 전제로 하면서 이론적 접근을 한 글은 茂在寅南의 『古代日本の航海術』, 小學館, 1981, pp.88~90, 『韓國의 近海航路志』.

해양민이 아니면 항해가 불가능하다. 북상할 때 전남 해안과 섬 지대를 피해 변산반도를 경유 또는 통과하는 상황을 초래한다. 서긍의 항해기록에서 나타난다. 변산반도 앞에는 상왕등도(上旺嶝島), 하왕등도(下旺嶝島), 위도(蝟島), 계화도(界火島) 등의 조그만 섬들이 있었다. 북쪽에는 고군산도(古群山島) 등 몇 개의 조그만 섬들이 있는데 항해에 방해받을 정도로 많거나 복잡하지는 않다.

넷째, 동아시아는 계절풍 지대이다. 황해나 동중국해는 동계(冬季)에는 북서풍이고, 때때로 편북(偏北)에서 편북동풍(偏北東風)이 된다. 하계(夏季)에는 편남(偏南) 또는 편남동풍(偏南東風)이 많고, 봄·가을에는 부정풍(不定風)이 많다. 그러나 때에 따라서 다르고 지역에 따라서 다른 것이 바다의 바람이다. 동아시아인의 해상 이동은 계절풍의 방향에 따라 상당한 영향을 받게된다. 봄에서 여름에 걸쳐 부는 남풍계열의 바람은 중국 남부해안과 한반도 혹은 일본열도와의 교류를 가능하게 한다. 반면에 가을에서 겨울에 걸쳐부는 북풍(北風)계열의 바람은 중국 북부와 한반도 북부 혹은 남부해안과의 교류를 가능하게 한다. 산동반도, 청도만 등에서 전북해안까지 항해를 가능하게 한다. 물론 그 반대도 가능하다. 『대동지지(大東地志)』에는 위도에서 바람을 이용해 배를 띄우면 중국으로 간다고 되어 있다. 북쪽에 있는 군산도 역시 동일한 기능을 하였을 것으로 판단된다. 한편 남풍(南風)계열의 바람은 일본열도에서 한반도로의 교류를 북풍계열의 바람은 한반도에서 일본열도의 남부와 서부해안과의 교섭을 가능하게 한다. 이처럼 해류, 조류, 바람 등의 자연조건들은 동아시아의 해양문화환경에 영향을 미친다.

다섯째, 전북해안 지역이 항해상에서 중요한 역할을 한 것은 해양환경 외에도 육지의 지형과 지리적 위치 때문이다. 다도해지역을 통과하여 북상한 선박들이 처음 부딪히는 곳이 변산반도와 군산 서부지역이다. 변산반도가 가진 항해상의 유리한 조건을 알기 위하여 시인거리를 계산하였다. 의상봉(義湘峯)은 시인거리가 52.38 해리, 바닷가에 있는 쌍선봉(雙仙峯)은 50.02해리이다. 근해항해를 한 선박들이 물표(物標)로 삼을 수 있는 호조건이다. 즉 서남해안을 돌아온 선박은 물론 양자강 유역에서 출발하여 (寧波부근의 해양)황해를 사단 해 온 선박들도 이곳을 목표로 항해할 수 있다. 위도의 망월봉(望月峯)은 해발 255m이므로 오히려 지형지물의 구실을 하였을 것이다. 그리고 때로는 피항지(避航地) 및 물 등 식수원(食水源)의 공급처 구실도 하였을 것이다. 위도(蝟島)에는 조선시대에 상선들이 모이는 곳이었으며 진(鎭)이 있었다. 또한 황해를 건너와 흑산도를 지나온 선박이 군산도를 가기 직전에 통과한 섬으로서 항해에 중요한 지표(指標)역할을 하였음을 알 수 있다. 서긍(徐兢)이 쓴 『선화봉사고려도경(宣和奉使高麗圖經)』에는 개경으로 가는 항해 도중에 군산도에 머무른 기록이 있다. 이 섬은 현재 선유도인데, 평균 지형이 150m이다. 따라서 시인거리는 30.96해리이다. 이러한 해양환경과 항로망 속에 자리한 공간이 변산반도와 그 해양이다.

여섯째, 변산반도 지역은 육지 및 강과의 연관성도 작용한다. 금강유역은 하구에서 만경강(萬頃江)이 합세하고 있으며, 현재의 군산지역은 상당한 부분이 바다였을 것으로 추정된다.[9] 『대동여지도(大東輿地圖)』를 보아도 현재의 지형과는 매우 달랐으며, 하구가 내륙 깊숙하게 들어왔음을 알 수 있다. 만과 포구가 발달하고, 강력한 해상세력이 있었을 가능성이 매우 높다. 필자는 만경강 하구, 금강하구, 동진강 하구는 지도와 지형을 고려하면 고대에는 하나의 만을 이루었다고 판단했다. 금강하구로 연결된 수로를 통해서 전북(全北)일대 및 충남(忠南)일대 전체까지 깊숙히까지 교통이 가능하다. 따라서 물자의 교역 및 운송에 적합하다.[10] 만경강 하구가 대외교역의 장소로서 사용되었을 가능성은 임피가 만경강 하구부근에 있었던 것으로도 확인된다.

---

9 이 부분에 대한 지리지질적 조사와 유적은 김중규, 『잊혀진 百濟,사라진 江』, 신아출판사, 1998, pp.74~80.
10 羅燾承, 「錦江水運의 變遷에 關한 地理學的 硏究」, 『公州教大論文集』16, 1980, pp.74~80.

2) 항로의 이해

해양문화의 메커니즘[11]과 항로의 메커니즘의 대해서는 여러 글에서 밝힌바가 있다. 간단히 언급하면 해양환경을 고려할 때 특정지역에서 출항하면 특정지역에 도착할 수밖에 없는 구조라는 점이다.[12] 첫째, 환황해 연근해항로(環黃海 沿近海航路)이다. 경기만, 금강하구 유역, 영산강 하구, 해남, 김해 등과 압록강 하구, 요동반도, 발해만, 산동반도의 봉래(蓬萊, 登州), 밀주(密州), 양자강 유역, 절강성의 항주만, 주산군도 및 영파지역 등으로 황해를 연근해를 이용하여 환상형으로 항해하는 항로이다. 그리고 일본열도의 대마도, 규슈북부의 하까다(博多)지역, 우사(宇佐)지역, 서북부의 지역 등이 연장된 항로상에 위치한다.

둘째, 황해중부 횡단항로는 황해중부에 해당하는 한반도의 중부지방과 일부 남부지방의 여러항구에서 횡단성 항해를 하여 산동반도의 여러 지역에 도착하는 항로이다. 경기만의 여러 항구에서 횡단 또는 충청도, 전라도 해안에서 약간 사선(斜線)으로 항해하면 청도만이나 산동반도 남단의 해역에 도착할 수 있다. 봄과 여름에 동풍 내지 남동풍을 이용하면 산동까지 항해가 가능하다. 반면에 황해서안의 해역에서 황해중부를 횡단하여 백령도, 현재의 연평군도, 덕적도 등을 경유하여 상륙하거나, 또는 근해의 섬들을 멀리서 보면서 근해를 남항하다가 중간에 태안반도, 금강하구, 영산강 하구 등을 물표로 삼거나 경유, 상륙하거나 최종목적지를 향했다.

---

11 해양문화의 메커니즘의 이해가 부족하거나 이론없이 해석하거나 논리를 전개하는 태도는 지양할 필요가 있다. 필자의 이론은 여러곳에서 밝혔으나 최근에 다시 정리하여 발표하였다. 「백제의 역사 속에 함축된 해양문화적 요소」, 『교류 왕국, 대백제의 발자취를 찾아서』, 2010, 세계대백제전 국제학술회의, 2010. 09. 30, pp. 133~135 참조.

12 항로의 선택과 정치세력간의 관계, 삼국의 일본열도 진출과정에 대해서는 尹明喆, 『동아지중해와 고대일본』, 청노루, 1996, pp. 159~165 참조 ;「海洋條件을 통해서본 古代 韓日關係史의 硏究」 참조.

한편 이 지역과 연관성 있는 일본의 견당선들이 항해한 항로는 해역에 따라서 대체로 3개로 구분하고 있다. 북로는 큐슈의 북안을 출발하여 이키(壹岐)와 쓰시마(對馬島)를 경유하여 거제도의 가리산을 지형지물로 삼아 한반도의 남부해안과 제주도 사이의 해역을 통과하여 서해근해를 따라 북상하다가 경기만의 먼 바다에서 산동반도를 향하여 횡단하는 항로이다. 이 북로에 대해서는 다소 다른 견해가 있다. 즉 서해 중부에서 직횡단을 하지 않고, 계속해서 서해 근해를 북상한 다음에 요동반도의 남동해안(南東海岸)에서 발해해협을 횡단하여 산동반도에 상륙하는 항로라고 이해하는 것이다. 물론 이러한 항로를 사용한다는 것은 당시의 정치적인 상황으로 보아 불가능한 일이었다.

셋째, 황해 남부 사단항로는 전라도 등의 해안에서 출발하여 사단으로 항해한 후에 강소성 절강성 등의 해안으로 도착하는 것이다. 출항지로서는 영광(靈光), 영산강 하구의 회진(會津)을 비롯하여 고창, 부안, 금강, 만경강 하구 등 전북의 몇 개 지역이다. 도착항구로서는 강소성의 연운을 중심으로 한 해안지방, 절강성의 항주, 영파(明 영파(舟山群島))이다.

넷째, 동중국해 사단항로는 절강 이남지역을 출발하여 동중국해와 제주도 해역, 황해남부를 거쳐 들어오는 항로이다. 이 항로의 일부는 남중국과 일본열도가 교섭하는 데에 사용되었다. 주요한 출발항구는 항추만과 안쪽의 염관(鹽管), 명주항(明州港, 寧波)이다. 『당회요(唐會要)』에는 망해진(望海鎭, 명주 정해현)이 일찍부터 신라원항 선박의 중요한 발착항구였다는 사실을 알려주고 있다. 『여지기승(輿地紀勝)』에도 명주 창국현(昌國縣)의 매잠산(梅岑山)은 고려 신라 발해이다. 등의 선박이 바람을 기다리는 곳이라고 하고 있다. 엔닌의 『입당구법순례행기(入唐求法巡禮行記)』에도 신라배들이 명(明) 또는 주산(舟山)하구에서 출발했음을 알려주고 있다. 지금도 그 곳에는 신라인과 관련된 신라초(新羅礁)가 있다. 경유지는 사단항로, 흑산도 등이며, 주요한 도착지점은 전라도 해안의 항구들, 예를 들면 회진, 청해진, 해남, 영광, 부안, 옥구 등이다. 이 두 항로는 거의 유사한데, 다만 한반도에서 중국강남으로 갈 때는 황해남부 사단항로를 사용했고, 반대로 중국 강남 또는 남부에서 올 때는 동중국해 사단항로를 사용했다. 일본의 견당사가 사용한 남로는 일부가 연결된다.

이러한 해양환경을 갖춘 변산반도 해역은 백제의 대외항로(對外航路)의 전초기지 내지 외항의 역할을 하였을 것이다. 오고가는 선박의 움직임을 관찰하고 통제하기에 적합한 장소로서 전략적인 지역이다. 또한 양자강(揚子江) 유역에서 산동반도·요동반도를 거치거나 혹은 황해를 직항해서 한반도·일본열도로 이어지는 동아시아 황해동안 항로의 중요한 몇 개 거점 중의 하나였을 가능성이 있다. 그리고 다음 장에서 언급할 항로들, 특히 황해남부 사단항로와 동중국해 사단항로는 남방문화 및 해양실크로드와 직접 연관이 깊다. 동남아시아와 아라비아까지 이어지는 항로와 중국의 남부지역에서 연결되기 때문이다.

4. 변산반도의 해양적 역사상과 죽막동 유적

죽막동 유적(竹幕洞 遺蹟)은 위에서 언급한 전북해안지방, 즉 부안의 끝부분인 바닷가에 있는 제사유적지다. 3~4세기의 단경호(短頸壺)를 비롯하여 5~6세기의 고배(高杯)·기대(器臺)·단경호(短頸壺)·대옹(大甕)·자라병(瓶)·중국청자(中國靑磁)·석제모조품(石製模造品)·대옹(大甕)·철모(鐵矛)·철도(鐵刀)·철검(鐵劍)·철족(鐵鏃)·안교(鞍橋)·행엽(杏葉)·철경(鐵鏡)·동경(銅鏡)·유리구슬·토제마(土製馬)가 다량으로 출토되었다. 그리고 8~9세기의 토기병(土器瓶)·단경호(短頸壺)와 고려시대의 청자병(靑磁瓶)·완(盌)·청자마(靑磁馬)·기와, 조선시대의 백자(白磁)대접·기와 등이 출토되었다. 중국도자기는 각각 1개체분의 청자호와 흑갈유옹이었는데 모두 백제와 중국 왕조와의 국제적인 교류의 산물로 보인다. 그리고 석제모조품(石製模造品)은 전형적인 고대

일본의 제사유물로서, 이곳이 고대 일본인의 제장(祭場)으로도 이용되었음을 보여준다.[13] 유물로 보아 4세기 중반에서 삼국시대(三國時代) 전시대(全時代)를 망라하고, 그 이후까지 계속 사용되었을 유물로 보아 4세기 중반에서 삼국시대 전시대를 망라하고, 그 이후까지 계속 사용되었다. 부안의 격포(格浦) 지역은 출발 직후나 도착 직전 항해 의례를 지내기에 아주 적합한 위치에 있다.

변산반도가 동아지중해의 해양문화에서 어떤 위상을 차지했는가를 시대순과 사용한 항로를 토대로 살펴보고자 한다.

동아지중해(東亞地中海)에는 각 해역과 지역을 연결하는 항로들이 개설되었다. 특히 황해 연근해항로와 황해중부횡단항로는 선사시대부터 비조직적이고 불연속적으로 이용됐다. 그리고 기원전 15세기 경부터는 정치력을 수반하여 본격적으로 활용되었다. 고인돌 문화의 전파, 벼농사 전파, 기타 토기 등을 비롯한 문화의 전파이다. 청동기문화의 분포권에서 확인되듯이 한반도 서해 남부해안지역은 원조선(原朝鮮) 지역과 해양을 매개로 연관성이 강하고, 문화적 낙차로 보아 영향권 아래에 있었을 가능성이 크다. 은(殷)시대에는 해양활동이 활발했고 남방과 무역을 하였다.[14]

그러나 기원 5C를 전후해서 전후한 시기에는 필자가 설정한 '동아지중해권' 이 발아하면서 형태를 드러내는 시기이다. 그 무렵에 황해연안과 근해를 항해하는 항로는 이미 빈번하게 사용됐다. 물론 황해 중부를 직항하여 서해 중부 및 남부해안으로 도착

---

13 제사유적에 대한 개념은 유병하, 「遺蹟의 性格」, 『扶安 竹幕洞 祭祀遺蹟』, 國立全州博物館, 1984, p.256에서 논한 것을 따른다. 이하 죽막동 유물·유적에 대한 편년 및 종류 성격에 대해서는 위의 『보고서』와 韓永熙·李揆山·兪炳夏, 「扶安 竹幕洞祭祀遺蹟 發掘調査進展報告」, 『考古學誌』4집, 韓國考古美術硏究所, 1992를 참고하고 따랐다.
14 殷墟에서 발굴된 청동기의 원료인 銅·錫 등은 중원에서 채굴된 것만은 아니고 華南 인도지나 원산도 있다. 그리고 화폐로서 사용된 子安貝 역시 남방이 원산이다. 이러한 사실들은 황해연안을 따라서 항해가 이루어진 것을 입증한다. 國分直一, 「古代東海の海上交通と船」, 『東アジアの古代文化』29號, 大和書房, 1981, p.39 참조.

하거나 교역을 했을 가능성도 많다. 동아지중해권은 점차 해양문화 수준이 높아지고 활동범위가 넓어지면서 기원을 전후로 한 시기에 이르면 환황해(環黃海) 전체를 하나의 원(circle)으로 연결하는 권이 형성되었다.[15] 특히 진(秦)의 통일로 인하여 연(燕)·제(齊)·조(趙) 등의 사람들이 대거 황해를 건넜을 것이다. 기존의 원조선인들을 비롯한 토착세력과 중국내의 정치적 변동에 의해 황해 동쪽 연안으로 포진한 동이인들은 연합하여 새로운 문화와 정치세력을 결성했을 것이고 그들은 경제력의 토대를 해양활동과 교역에서 구했을 가능성이 있다. 그리고 중국 남부지역을 매개로 남방문화와 간접적이나마 관계를 맺기 시작했다.

진(秦)은 경제에 관심을 기울였으며 남방과 교역을 활발하게 하였다. 인도양까지 항해가 이루어져 활동범위가 더욱 넓어졌다. 진시황은 33년(기원전 214)에 계림(桂林), 상군(象郡), 남해(南海)의 삼군을 설치했다.[16] 그런데 진시황(秦始皇)은 12년간, 4차에 걸쳐 연해순시(沿海巡視)를 했다.[17] 그리고 사기(史記)의 진시황본기(秦始皇本紀)에 따르면 이 때 제(齊)나라의 방사(方士)인 서복(徐福)을 파견하였다. 필자는 이 사건을 진나라 정책과 해양활동 능력, 동아시아에서 해양을 매개로 전개된 국제관계를 고려할 때 동방개척 사업 내지 교역권의 확대라는 측면이 있었을 것으로 파악하였다.[18]

원(原)조선은 멸망하고 말 왕인 준왕(準王)이 남천하여 이 주변 지역에 정착했다. 정치적인 역학관계에 큰 역할을 담당하는 것이다. 이어 위만조선이 성립하였다. 원조선의 정치권력을 탈취한 위만(衛滿)조선은 성장을 거듭했다. 특히 위만조선의 위치는

---

15 이 부분에 대해서는 尹明喆, 「黃海文化圈의 形成과 海洋活動에 대한 연구」, 『先史와 古代』11호, 한국고대학회, 1998. p.142 및 p.152 등 참조.
16 『史記』권6, 始皇本紀, 藤田豊八·池內宏編, 「支那港灣小史」, 『東西交涉史の硏究,南海編』, 萩原星文館, 1943, p.636.
17 張鐵牛·高曉星, 『中國古代海軍史』, 八一出版社, 1993, pp.18~19.
18 윤명철, 「서복의 해상활동에 대한 연구-항로를 중심으로-」, 『한민족의 해양활동과 동아지중해』, 학연문화사, 2002.

하나 뿐인 국제교섭통로의 목을 장악하여 황해 연안의 해양활동을 장악하므로써 정치 경제적인 이익을 획득할 수 있었다.[19] 따라서 이러한 정책을 취했다. 즉 한(漢)과 위만조선 간에는 교역이 있었고 보여진다. 전남 강진(康津, 일설에는 務安)에서 명도전 두 매가 발견된 사실,[20] 약간 후대의 것인 오수전(五銖錢), 포전(布錢) 등의 화폐가 제주도에서 발견되고 있다. 연(燕)의 명도전이 동아시아 지역에서 광범위하게 분포된 사실을 가지고 연(燕)의 경제권으로 설명하는 견해도 있다.[21] 그러나 명도전이 연인(燕人)의 것이므로 교역활동의 주체를 연인으로만 파악하는 것은 무리가 있다. 당시 연과 위만조선 혹은 연 지역에 있었던 조선인들과의 관계로 보아 그 교역의 주체가 위만조선으로 대표되는 조선인일 가능성이 적지 않다.

한편 삼한(三韓) 각국도 한(漢)과 교역하였는데, 『후한서(後漢書)』, 『삼국지(三國志)』 등에 기록을 통해서 확인된다.[22] 이 기록은 삼한(三韓) 각국들의 입견(入見)과 입조(入朝)에 관한 것이지 교역 자체를 말한 것은 아니다. 하지만 입조와 입견을 통한 교역의 가능성은 충분히 있다.[23] 교류가 활발했다는 증거는 기록이나 유물 등을 통해서 입증되고 있다. 삼한 사회의 구성원들 가운데 적지 않은 경우가 황해를 건너온 사람들이다.[24]

---

19 처몽룡은 「古代國家 成長과 貿易」에서 交易理論이 제기된 이래 위만조선에 대한 이런 해석을 지지를 얻고 있다. 전해종의 「古代 中國人의 韓國觀」, 『진단학보』46·47합, 1979, p.71에는 중국사서에 나타나는 朝貢品의 목록표가 들어있다. 최몽룡, 「上古史의 西海交涉史 硏究」, 『국사관논총』3, p.22 참조.

20 李基東, 「馬韓史 序章」, 『馬韓文化硏究의 諸問題』, 10회 마한백제문화학술회의, 1989, p.113에서 명도전의 출토가 일본 備後, 備前 지방을 비롯하여 오키나와의 那覇(나하) 등지에서 나온 것을 중시하여 康津의 明刀錢 발견을 韓半島, 西南海岸의 산물로 이해하고 있다.

21 江上波夫 등.

22 『後漢書』卷80, 東夷列傳 韓.
   ······ 其後遂通接商賈, 漸交上國 ······

23 全海宗의 「古代中國人의 韓國觀」, p.71에는 朝貢關係 記事를 분류하고 있고, p.75에는 지리 산물에 대한 기사가 나와있다.
   동덕모의 「韓國對外關係의 歷史的 背景」, 『朝鮮朝의 國際關係』, 박영사, 1970에는 전통외교 조공에 대한 약간의 이론과 내용을 소개하고 있다.

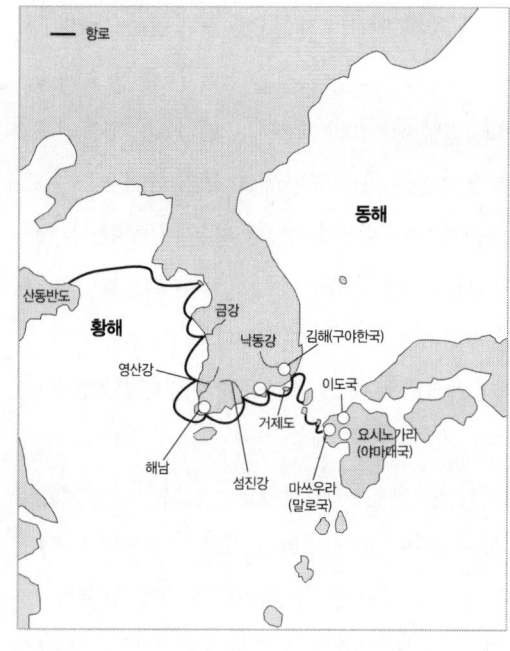

|그림 1| 기원 전후의 항로도

한(漢)의 무역망은 일본열도의 왜(倭)까지 이르는 긴 것이지만, 중간에서 반드시 경유할 곳은 당시의 항해술 수준으로 보아 한반도의 압록강 하구인 서한만(西韓灣)과 요동반도(遼東半島) 끝, 발해만(渤海灣) 해역이었다.[25] 자연스럽게 위만조선의 성장배경이 되었던 교통로의 확보와 교역이익의 독점은 한(漢)나라의 동방진출 및 경제권의 확대라는 정책과 충돌했고 전쟁으로 확대되었다.[26]

한편 한은 무제(武帝) 시대에 이르러 경제를 활성화시키고 대외무역을 확대시키는 일에 힘을 기울였다. 본격적으로 사막의 실크로드(오아시스 루트)를 개척하였고, 남에서는 해양실크로드를 활용하여 무역을 벌였다. 기원전 112년에는 양복(楊僕)이 10만의 수군으로 현재의 광동, 광서, 베트남 북부지역인 남월을 정벌하였다. 『사기』 식화열전(殖貨列傳), 『한서』 지리지(地理志)에 의하면 인도양에서 활동한 기록이 있다.[27] 동남아 및 인도양 동부의 여러 나라들

---

24 이러한 견해는 金哲俊, 「魏志東夷傳에 나타난 韓國古代社會의 性格」, 『한국문화사론』, 1990, p.108.
25 이 부분에 대해서는 윤명철, 「西海岸 一帶의 海洋歷史的 環境에 대한 檢討」 참고.
26 윤명철, 「黃海文化圈의 形成과 海洋活動에 대한 연구」, 『先史와 古代』, 한국고대학회, 1998. 이 논문에는 중국의 연구성과들을 소개하고 있으며, 특히 조한전쟁을 해양과 연관시켜 해석하였다.
27 『漢書』 권28, 지리지.

과 왕래를 시작했으며, 그 항해노정까지 기록되어 있다.[28] 이 길을 "도기로(陶器路)", 또는 "향료로(香料路)"라 부르기도 한다.[29] 이렇게 한(漢)을 매개로 서아시아 동남아시아 그리고 동아시아는 하나의 연결된 무역망을 갖추고 있었다. 방직제품 등을 로마에까지 수출하였다. 이는 모두 해양을 통한 교섭이었다.[30] 한을 통해서 동아지중해의 여러 지역들은 육상 실크로드와 해양실크로드의 문화를 수용하면서 그 체제로 편입되어 갔다.

그 후에 조선 영토와 영역에서는 한(漢)나라의 식민체제를 부정하고 저항하면서 북과 남의 여러지역에서 숱한 소국들이 형성되었다. 북에서는 부여와 고구려가 대표적인 존재로서 각각 통일전쟁의 주도권을 놓고 갈등을 지속하였다. 한편 남에서는 삼한연맹체들이 있었으며, 그들은 계속해서 한(漢)과 직접 또는 간접교류를 하였다. 일본열도도 한반도(韓半島) 남부(南部)를 통해 간접교역, 직접교역을 하였다.[31] 『한서(漢書)』 「지리지(地理志)」에서 왜(倭)란 명칭으로 나타난 이후 『후한서(後漢書)』 「동이전(東夷傳)」에 나온다 일본열도에서 발견되는 유물 중에는 전한 시대의 것들도 있어 양 지역의 교섭을 간접적으로 입증하고 있다. 『위서(魏書)』 왜인전에 따르면 3세기 전기에 왜로 가는 수행(水行)의 길이 대방을 출발하여 김해의 구야한국(狗邪韓國)으로 들어갔다가, 대마도·이키섬·오키노시마(沖島)를 거쳐 규슈의 각 지역으로 들어갔다.[32] 황해

---

28 『後漢書』南蠻西夷列傳·王莽傳 등에 나타난 기사를 보면 당시 漢은 印度 등과 교역을 맺은 것으로 보여진다. 汶江 著, 『古代中國與亞非地區的海上交通』, 四川省社會科學院出版社, 1989, pp.28~29.
藤田豊八 著, 池內宏 編, 『東西交涉史の研究』南海篇.
29 정수일, 『고대문명교류사』, 사계절, 2001, p.340.
무함마드 깐수, 『新羅·西域 交流史』, 단국대 출판부, 1992, p.490.
30 李永采·王春良 盖莉, 魏峰 著, 위의책, p.55 참조.
31 王仲殊, 『中國からみた古代日本』, 桐本東太 譯, 學生社, 1992.
32 『三國志』魏志 東夷 倭人傳에는 韓半島 西海岸을 떠나 南海岸을 거쳐 日本列島에 닿아 야마다이國까지 가는 길과 거리수, 그리고 거쳐야 되는 小國들을 명시해 놓았다. 왜인전에 나타난 行程에 대해서는 松永章生, 「魏志 倭人傳 行程」, 『東アジアの古代文化』秋 53號, 大和書房, 1987.

연근해항로와 중부횡단항로를 혼합해서 사용한 것이다. 이때 전북해양은 경유해역이었다.

그 후 마한이 남쪽으로 중심을 이동시킨 후에 11국은 진(晉)나라와 교섭을 한다. 함녕(咸寧, 275-279) 3년에 사절을 파견했으며, 그 후에도 여러 번 토산물을 보냈다.[33] 진서 장화전에는 신미국 등 20여 소국이 중국지역과 교섭을 하였다. 전북해안 지역으로 비정되는 몇 개의 소국(小國, 千寬宇 설)은 정치적으로 해양세력이거나, 또는 교역을 주로 하는 특수한 성격의 정치집단이었을 가능성도 있다. 이들이 교섭할 때 전북해양지역은 반드시 거쳐야 할 길목이었다. 근초고왕(近肖古王)이 마한을 멸한 이후에도 통치권이 영산강(榮山江)·보성강(寶城江) 하구 등 전남해안 지역까지 완전히 미쳤을 것 같지는 않다. 그런데 『일본서기(日本書紀)』 응신조(應神條)에 의하면 백제와 일본열도의 교섭은 3세기부터 나타난다. 따라서 한성백제로서는 전북해안을 출항지 또는 경유해역으로 삼아 근해항로를 택해 남해(南海) 서부해양(西部海洋)으로 진입하는 수밖에 없다.

개성부근에서 서진 시대의 청자호자(靑磁虎子)가 발견되었다. 근구수왕(近仇首王), 침류왕(枕流王) 때까지 동진(東晉)에 사신을 다섯 번 파견하고, 동진은 백제에 두 번 사신을 파견하는 등 비교적 빈번한 관계를 유지한다.[34] 석촌동 고분에서 동진의 청자노가, 성내동의 풍납토성에서 동진의 초두가 발견되었다. 구이신왕(久爾辛王) 대에 들어오면 양자강 유역에 수도를 둔 남조(宋)와 교섭이 활발해진다. 비유왕(毗有王) 대에는 교섭이 6번이나 있었고[35] 개로왕(蓋鹵王) 대에는 전사할 때까지 4번 교섭하는 등 비교적 활발하였지만 북위와 교섭하는 일은 고구려의 강력한 방해를 받았다.

한편 이 무렵 중국지역에서는 삼국시대(三國時代)가 끝이 나고, 서진(西晉)을 거쳐

---

33 『晉書』권3 帝紀 제3 (武帝 太康 元年, 二年 其主頻遣使入貢方物 七年·十年·又頻至)
34 『삼국사기』권24 백제본기 近仇首王 5년조, 枕流王 원년조.
35 『宋書』권97 열전 57 백제국전 元嘉 27년.

북쪽은 5호(胡) 16국(國) 시대가 되었다. 이때는 오아시스 루트가 활용되었으나 해양활동도 활발했다. 하지만 중국내부가 혼란에 휩싸이고 광주(廣州)나 교주(交州)지역도 끊임없는 반란에 휩싸여서 약 100년 동안 소위 '남해로(南海路)'를 통한 대외무역은 침체기에 접어들었다. 이 무렵에는 주로 한성(漢城)을 출항하여 '황해중부 횡단항로'를 사용했으며 전북지역은 상대적으로 소외되었다.

그런데 한반도 내부의 정세 또한 변하였다. 즉 한성백제(漢城百濟)의 멸망과 웅진백제(熊津百濟) 및 사비백제(泗沘百濟)의 시대가 도래한 것이다. 또한 국제적으로는 화북에서는 5호 16국 시대가 끝나면서 북위로 통일되고, 강남은 동진(東晋)이 멸망하고 송(宋)나라가 거국하였다. 소위 남북국 시대가 도래하였다. 웅진백제의 동성왕은 해양력(海洋力, sea-power)을 회복하고 황해 남부의 신항로를 개척하는 데 성공하였다. 6차례에 걸쳐 남제(南齊)와 외교관계를 지속한다.[36] 남조정권과 다양한 교섭을 하면서 정치적으로 위상을 높이고 문화적으로도 발전시켰다. 무령왕(武寧王)은 일본열도의 정치세력과 관계깊은 인물로서 512년, 521년 두 차례에 걸쳐 양나라에 사신을 파견한다. 서해의 제해권을 확보하여 정상적인 중국과의 교류관계가 회복되었음을 뜻한다.[37] 무녕왕릉의 축조양식과 부장품 등을 보면 양나라와 교류는 물론 문화적으로 영향을 깊게 받았음을 알 수 있다. 그 무렵의 이러한 상황을 알 수 있는 기록들이 있다. 『양서(梁書)』 백제전에는 백제가 "왜국과 가까우며 문신한 자가 많다. ……언어가 중국과 비슷하다. 진한의 남은 습속이라고 한다(其言參諸夏 亦秦韓之遺俗云)"고 전한다. 또 『북사(北史)』 고려전과 『수서(隋書)』에는 백제에 "왜와 중국 사람들도 많이 있었다"고 기록하였다.

한편 476년에 제주도인 탐라(耽羅)로부터 공물을 받았다. 498년에 탐라가 이탈하

---

36 곽동석, 제 2절, 「웅진기 중국과의 문물교류」, 『百濟의 文物交流』, 백제문화사 대계 연구총서 10, 충청남도 역사문화 연구원, 2007, p.232~233.
37 곽동석, 위 논문, pp.227~229.

려하자 동성왕은 위력적인 군사행위를 통해서 제주지역은 물론이지만 한반도 남해서부 및 서해남부해역에 대한 해상권을 더욱 공고화하였다. 이는 제주지역과 해역을 획득하고, 효율적인 대일본항로를 확보하는 결과를 가져와[38] 고대국가가 발전하는데 영향력을 행사하였다. 무녕왕 시대에는 일본열도 지역과 긴밀한 관계를 유지하였다.

이 때 금강하구(錦江河口)는 대외교섭의 출입항이었을 것이다. 물론 육로로 이동하여 서산, 강진 그리고 그 후에는 하동 등을 이용했을 가능성도 있다. 그러나 적어도 중앙정부의 외항은 금강하구와 전북해안 지역이었을 것이다. 백제는 황해남부 사단항로를 사용하여 남조국가(南朝國家)들과 해양교섭을 하였고, 남해항로를 이용하여 일본열도와 교류하였다. 그 항로상에 변산반도가 있었다. 그 증거 가운데 하나가 죽막동(竹幕洞) 제사유적에서 발굴된 유물들 가운데 5~6세기의 중국청자(中國靑磁) 제품들이다.

이러한 국제관계 속에서 백제의 교섭범위는 간접적으로 동남아와 인도에 이르렀다. 남조는 북위로 인하여 오아시스 루트가 막혔으므로 바닷길을 이용했다. 남조국가들은 불교를 숭상하였는데, 불교상품들이 동남아에서 중국지역으로 흘러 들어왔고, 이 물건들은 중계무역에 의하여 백제 신라 등으로 들어왔다. 양(梁)은 해양활동 능력이 뛰어났고, 대외교류가 활발한 나라였다. 2만 척의 대선(大船)을 보유하고 동남아시아는 물론, 인도, 실론을 거쳐 멀리 페르시아와 이라크의 유프라테스강까지 상선을 몰고 갔다. 동진의 승려인 법현(法顯, 338~423)은 소위 남해로를 이용하여 귀국하였다.[39] 이러한 상황 속에서 백제와 전북해안지역은 자연스럽게 해양실크로드와 간접적으로

---

38 윤명철, 「제주도의 해양교류와 대외항로」, 『동국사학 37, 동국대, 2002.
39 아랍사학자 알 마스오디도 저서, 『황금초석과 보석광』에서 6세기경에 중국상선들이 늘 페르시아만을 지나 유프라테스강까지 와서 히라城(Hira, 현 쿳파시 부근)에 정박하곤 하였을 뿐만 아니라 아만(阿曼), 시라프(페르시아 북안), 바하린(巴林), 오볼라(Obola, al-Ubullah, 유프라테스강 하구 入海處), 바스라 등 항구에도 기항하였으며 그 곳 배들도 중국에 항행하였다고 기술하였다. 이철영·정문수, 「장보고시대의 해양물류체계와 한반도 국제물류 중심화방안」, 『해상왕 장보고의 국제무역활동과 물류』, 해상왕 장보고 기념사업회, 2001. p.456.

이어졌다.

그 후에 백제는 660년 수륙양면 작전으로 사비성이 함락당하였다. 왜국의 사이메이(齊明) 천황은 661년 규슈에 임시정청(臨時政廳)을 설치하고 지원작전을 지휘하였다. 그녀는 급사하고 나가노오오에 왕자(천지천황)는 전선을 주도하며 백제의 복신에게 구원군을 파견하였다. 그러나 663년 백・왜 연합군은 하쿠스키노에(白村江, 중국측의 기록에는 백강(白江)으로, 그리고 삼국사기에는 기벌포(伎伐浦), 웅진강(熊津江)으로 되어있다. 금강하구 또는 동진강으로 추정 됨) 전투에서 나・당 연합군에게 패배하여 전선 400여 척의 손실과 27,000명의 전사자를 내고 퇴각하였다.[40] 전장은 변산반도와 연관성이 있고, 일본열도로 향하는 퇴각경로 또한 변산반도와 연관이 깊다. 백제가 멸망하면서 전북해안과 변산반도는 항로상의 경유지 역할을 상실하면서 역사의 중심부에서 후퇴하였다.

하지만 통일신라가 당나라와 교류하는 과정에서 민간인들, 장보고 선단, 승려들이 황해중부 횡단항로를 사용하면서 부분적으로 활용되기 시작했다. 장보고 선단은 서남해양인 완도에 거점을 두었고, 적산(赤山) 법화원(法花院)이나 엔닌(圓仁)의 항로 등에서 보여지듯 황해중부 횡단항로를 많이 이용하였다. 등주 외에 산동반도의 동쪽 끝인 성산(成山, 城山), 동남쪽인 적산포(赤山浦), 유산포(乳山浦) 등은 항구로 사용된 지역이다. 막야구(莫耶口, 현재 石島 앞에 모야도가 있다)는 엔닌은 847년 9월 2일에 출항한 장소이다. 통일신라시대 황해중부 횡단항로는 산동반도의 적산(赤山), 등주(登州)와 청도만(靑島灣)의 밀주(密州) 등 여러 지역에서 출발하여 횡단하다가 백령도, 현재의 연평군도 등 황해도 근해의 섬들을 멀리서 보면서 서해 근해를 남항하다가 중간에 영산강 하구의 무주 등을 경유하여 청해진에 도착한다. 그리고 각각의 목적지를 향해갔다.

신라는 당과도 무역을 했다. 금・은, 인삼, 우황, 세포(細布), 과하마(果下馬), 금・은

---

40 『日本書紀』天智 2年 3月 遣前將軍 上毛野君…率二萬七千人 打新羅…
『資治通監』卷 201 唐紀 17 高宗 中之上 焚其舟 四百艘 煙炎灼天 海水皆赤…

세공품을 수출했고, 라(羅), 능(綾), 의복, 서적, 문방구 등을 수입했다.[41] 그런데『삼국사기』권33 잡지(雜志)2의 색복(色服)·거기(車騎)·기용(器用)·옥사(屋舍)조에 보이는 대모(玳瑁)·자단(紫檀)·심향(沈香)·공작미(孔雀尾)·슬슬(瑟瑟)·구수(毬毯)·비취모(翡翠毛) 등은 소위 '남해박래품'이다. 또한 매신라물해에 적힌 물품목록에는 훈륙향(薰陸香)·청목향(靑木香)·정향(丁香)·곽향(藿香)·영류향감송향(零陵香甘松香)·용뇌향(龍腦香) 등은 남중국·동남아시아·인도·아라비아산의 각종 향료, 동남아시아·페르시아산 약재이다.[42] 이는 신라가 중계무역에 적극적이었으며, 당을 경유하여 육상 및 해양실크로드와 연결되었음을 알려준다. 이는 당나라가 구축한 해양실크로드와 연결되었다.

당나라는 태종 때에 광주에 시박사(市舶司)라는 전문관청을 두었고, 양자강 하구의 양주(揚州) 남쪽의 천주(泉州), 교주(交州) 등도 무역항이었다. 여기서부터 동남아시아(참파, 말레이반도), 인도, 페르시아, 아라비아까지 해상교역로(海上交易路)가 뻗어 있었다. 아프리카 동해안, 홍해, 페르시아 만, 인도, 동남아시아, 중국 연안을 연결하는 교역망을 확립해갔다.[43] 소위 남해로는 양주-광주-월남 동안-자바-수마트라-말라카해협-실론-인도서안(쿠로인항)-페르시아만(시라프항, 바스라항)-바그다드-콘스탄티노플(아나톨리아)-로마(혹은 페르시아만-남부예멘-아프리카 동안)의 순으로 연결되어 있었다.[44] 그러니까 통일신라시대에 이 길은 동아지중해의 해역과 직접 연결되었으며, 동아지중해의 문화와 경제에 적지 않은 영향을 끼쳤으며, 그 한 부분으로 메커니즘의 한 축을 담당한 것이 장보고 선단이다. 전북해양을 경유한 장보고 선단은 청해진을 거점으로 황

---

41 盧德浩,「羅末 新羅人의 海上貿易에 관한 硏究」,『이홍직박사 회갑기념 한국사학논총』, p.647 참고.
42 무함마드 깐수,『新羅·西域 交流史』, 단국대 출판부, 1992 등을 비롯한 몇몇 연구자들이 작성한 목록이 있다.
43 미야자키·이규조 역,『정화의 남해 대원정』, 일빛, 1999, p.14.
44 무함마드 깐수, 위의 책, p.507.

해·남해·동중국해를 넘나들면서 무역활동을 활발하게 벌였다.

변산반도 및 전북 해양은 10세기에 들어오면서 다시금 해양의 거점으로 부상했다.

견훤은 후백제를 건국한 다음에 수도를 전주에 두었다. 전주가 항구도시적인 성격을 띠고 있었으며, 후백제가 해양을 매우 중시한 정책을 취했음은 몇 편의 논문을 통해서 언급한바 있다. 후백제의 입장에서는 해양력의 강화를 위해서 금강 하구 및 전북해양에 외항을 구비하고, 선단 등이 가동할 수 있는 해군기지를 운영할 필요성이 크다. 후백제는 절강성 항주에 수도를 정한 오월국(吳越國)과 교류했으며, 927년에는 사신 반상서(班尙書)가 서신을 갖고 후백제에 왔다. 윤용이는 오월국과의 교섭을 고려청자 발전의 큰 계기로 보고 있다. 신라말의 보요선사(普耀禪師)는 두 번이나 오월(吳越)에 가서 대장경을 실어오는데, 동중국해 사단항로를 이용한 것이다. 이 때 고려에서 오월로 가는 항로는 이 황해남부 사단항로(黃海南部 斜斷航路)이다. 반대일 경우에는 동중국해 사단항로(東中國海 斜斷航路)이다.

고려 또한 오월국과 교류를 맺었으며, 통일을 이룩한 이후에는 정치적으로 남북(遼·宋, 金·宋) 등거리 외교를 추진하고, 경제적으로 무역을 위해 해양활동이 매우 활발했다. 현재의 부안군의 변산반도 남단이다. 고려와 송상인의 무역은 비록 양국 정부의 상업정책과 깊은 관련이 있긴 하지만, 국가주도의 관무역 뿐 아니라 사무역의 형태도 있었다.[45] 100명에서 300명을 태운 사신선들은 곧 공무역선이었다. 1078년에는 송이 100종이 넘는 품목과 6천 건에 달하는 물건을 보냈고, 고려 역시 그에 상당하는 물건을 보냈다.[46] 북송의 상인들은 주로 밀주, 동해(현재 강소성의 연운항)등을 출발하였는데 황해중부 횡단항로였다. 그러나 점차 절강성, 복건성, 광동성의 상인들이 고려로 들어왔다.

---

45 이정희, 「고려 전기 對遼交易」, 『지역과 사회』4호, 부경역사연구소, 1997, p.11.
46 黃寬重, 「宋麗貿易與文物交流」, 『진단학보』71·72합집, 3절.

『고려사』에 따르면 1012년부터 1278년까지 266년간 송나라의 상인이 129회 약 5000여명이 왔다. 이때 온 상인들은 절강성, 복건성, 광동성 등 주로 강남출신이었다.[47] 서역상인들도 많이 와서 1024년에는 100여명이 한 번에 온 적도 있었다.[48] 1025년과 1040년에도 그들은 대거 왔다. 이들은 향료, 물감, 조미료 등 남방물품들을 가져 져왔다.[49] 개성은 다양한 인종과 물건들이 모여드는 동아지중해의 유명한 국제도시이었다. 반대로 고려인들도 중국의 남방의 여러 도시에 진출하여 살고 있었다. 현재 영파시에서는 고려관터를 발굴하고 있다.[50] 고려는 통일신라가 동남아지역과 간접무역을 한 것을 계승하여 마팔국(인도), 삼라곡국(태국), 교지국(베트남) 등의 국가들과도 직접 교역을 하였다.

　이 무렵 송은 상업과 국제무역을 정책적으로 장려하고 있었다. 대운하 연변에 상업도시들이 생겨났고, 운하가 남북경제를 연결해주는 효과가 극대화되면서 전국적인 상업망이 형성되었다. 그리고 광주 이외에 천주, 복주, 명주, 항주 등지에도 집단 거주지가 형성되었다.[51] 송 정부는 국내 상인들에게도 적극적으로 해외무역을 권장하여 복건, 광동, 절강 등 동남 연안의 적지 않은 상인들이 동남아 지역으로 진출했다.[52] 송은 11, 12세기가 되면 교역범위가 말라카 해협을 넘어 인도양에까지 미치게 되고, 동의 '정크 교역권'과 서의 '다우 교역권'이 공생하는 시대로 들어선다.[53] 아시아의 바다 네트워크가 '도자기의 길(세라믹 로드)'이라고 불려지기도 했다.[54] 이 시대에 이르러

---

47 이 부분에 대해서는 金庠基, 「고려의 해상활동」, p.453 참조.
48 『高麗史』 세가 권 5 顯宗 15년.
49 김정위, 「중세 중동문헌에 비친 한국상」, 『한국사 연구』, 1977, p.34.
　9, 10, 11세기 신라와 고려에 대한 기록들을 소개하고 있다.
50 1999년 8월 현재 발굴을 계속하고 있다. 단 전에 알려진 곳이 아니라 근처임이 밝혀지고 있다.
51 양승윤·최영수·이희수 지음, 『바다의 실크로드』, 청아출판사, 2003, 7, p.52.
52 위의 책, p.57.
53 미야자키 마사카쓰 지음, 이규조 옮김, 『정화의 남해 대원정』, 일빛, 1999, pp.15~16.

이 해양실크로드는 동아지중해의 해역과 직접 연결되었으며, 동아지중해의 문화와 경제에 적지 않은 영향을 끼쳤다. 그 길은 결국 전북해양과 변산반도를 경유하여 개경으로 이어졌다.

변산지역은 서남해안을 돌아 다도해지역을 통과하여 북상한 선박들이 부딪히는 곳이며, 양자강 유역에서 출발하여 (寧波 부근의 해양) 황해를 사단 해 온 선박들이 항해목표로 삼은 곳이다. 앞에는 상왕등도(上旺嶝島), 하왕등도(下旺嶝島), 위도(蝟島), 고군산도(古群山島) 등의 섬들이 있다. 위도(蝟島)는 황해를 건너와 흑산도를 지나온 선박이 군산도를 가기 직전에 통과한 섬이다. 서긍(徐兢)이 쓴 『선화봉사고려도경(宣和奉使高麗圖經)』에는 항해 도중에 군산도에 머무른 기록이 있다. 『대동지지(大東地志)』에는 위도에서 바람을 이용해 배를 띄우면 중국

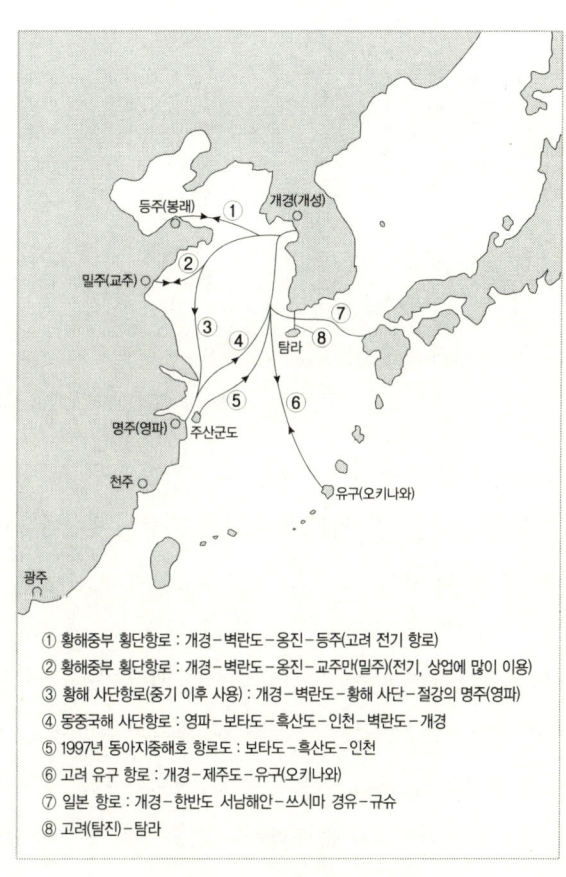

① 황해중부 횡단항로 : 개경-벽란도-옹진-등주(고려 전기 항로)
② 황해중부 횡단항로 : 개경-벽란도-옹진-교주만(밀주)(전기, 상업에 많이 이용)
③ 황해 사단항로(중기 이후 사용) : 개경-벽란도-황해 사단-절강의 명주(영파)
④ 동중국해 사단항로 : 영파-보타도-흑산도-인천-벽란도-개경
⑤ 1997년 동아지중해호 항로도 : 보타도-흑산도-인천
⑥ 고려 유구 항로 : 개경-제주도-유구(오키나와)
⑦ 일본 항로 : 개경-한반도 서남해안-쓰시마 경유-규슈
⑧ 고려(탐진)-탐라

| 그림 2 | 고려시대의 대외 항로

---

54 미야자키 마사카쓰 지음 , 이규조 옮김, 위의 책, pp.24~25.

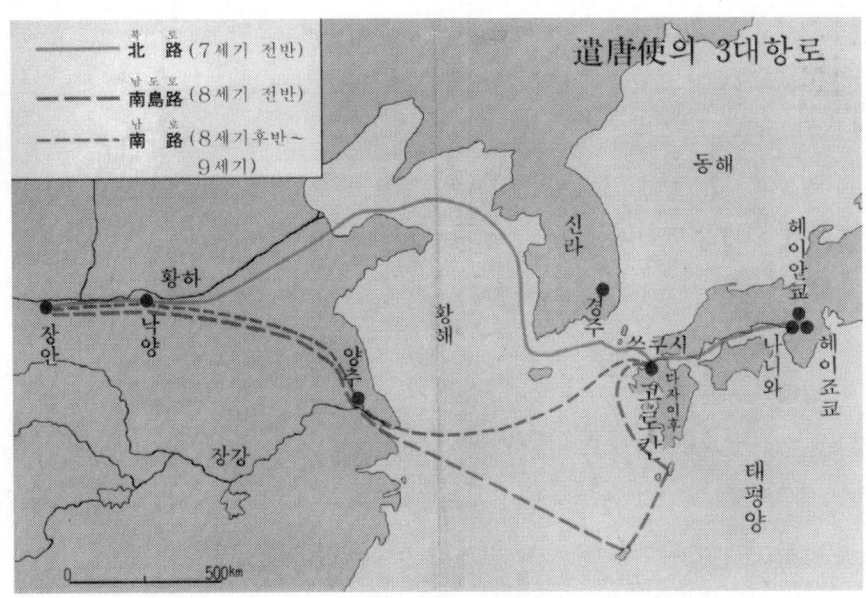

| 그림 3 | 일본 고로칸 작성 자료

으로 간다고 되어 있다. 고려의 멸망과 함께 우리의 해양문화는 약화되었으며, 바다를 이용한 대외무역도 거의 사라졌다. 그 결과 변산반도와 전북해양은 역사의 주변부로 물러나고 말았다.

　변산반도를 중심으로 한 전라북도 해양은 우리역사에서 중요한 역할을 할 수 있었던 시대가 여러 번 있었다. 그러한 배경 가운데 하나는 국제항로상의 중간 거점에 위치하고 있기 때문이다. 서해남부해역은 한반도 남부에 있는 세력들과 제주도(濟州道), 그리고 일본열도를 오고가는 경우에는 반드시 통과해야 하는 해양교통의 길목이었다. 또 한반도 북부를 통해서 내려오는 길과 중국 강남에서 들어오는 길, 그리고 제주도에서 올라오는 길, 한반도의 남부동안에서 오는 길, 그리고 일본열도(日本列島)에서 오는 길, 이러한 모든 물길이 상호교차(相互交叉)하면서 반드시 거쳐야 할 곳이 이곳이다.

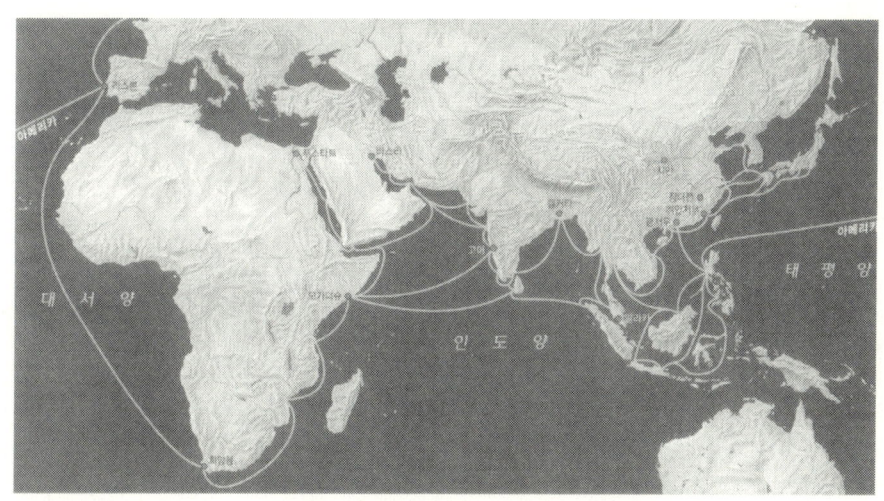

| 그림 4 | 『비단길에서 만난 세계사』 인용[55]

황해연근해항로가 활용되던 시대는 말할 것도 없지만 황해남부 사단항로 및 동중국해 사단항로를 이용하던 시대에는 중국지역의 남방을 중간거점으로 동남아시아의 여러 국가들, 인도, 아라비아까지 이어지는 남해로, 즉 해양실크로드와 직접 또는 간접으로 이어졌다. 특히 고려시대에는 사신단을 비롯하여 다양한 지역과 민족의 상인과 주민들의 이동과 정착도 이루어졌다. 그 과정에서 전북해양과 변산반도, 특히 변산반도 끝에 돌출되어있는 격포지역은 전 시대를 막론하고 해안을 오고가는 모든 선박의 움직임을 관찰하고 통제하기에 가장 적합한 장소로서 전략적으로 매우 중요한 지역으로 현실적으로나 상징적으로 위미가 큰 공간이다. 전북해양의 위상이 강화되고, 동아시아의 신질서와 문명의 전환점에서 전북해양과 변산반도는 역사적인 정체성을 회복하면서 새 역할론을 모색할 필요성이 크다.

---

[55] 정은주 외 지음, 『비단길에서 만난 세계사』, 창작과 비평사, 2007, p.78에서 재인용.

15 東海文化圈의 성격과 迎日灣의 문화적 위상[*]

1. 서 론

우리 역사학은 육지역사에 비하여 바다역사를 소외시켜왔고, 특히 동해(東海)는 황해(黃海)[1]나 남해(南海)에 비하여 상대적으로 역사의 주변부로만 인식하였다. 그러나 모든 것은 환류(環流)하고, 또 중심부에서 멀리 떨어져 있거나 한시적으로 역할이 미비했더라도 하나의 통일된 '역사체'의 일부분인 것은 틀림없다. 동해연안은 연해주와 사할린 및 일본열도의 여러 지역과 교류할 수 있는 자연환경이 조성되었다. 또한 해양문화의 특성상 육지문화와 달리 먼 거리를 이동해서 주민과 이동이 활발하였으므로 다양한 지역의 문화가 교류하였고 습합되었다. 이러한 몇 가지 점을 놓고 보아도 '동해문화권' 또는 '환동해권'의 성격을 규명하는 일은 필요하다. 일본은 오래 전부터 '일본해문화권'을 설정하고 심도 깊은 연구를 진행해왔다.[2]

---

[*] 「東海 文化圈의 성격과 迎日灣의 문화적 위상」, 『암각화연구』, 한국암각화학회, 2011.
[1] 윤명철, 「黃海의 地中海的 性格硏究」, 『韓中文化交流와 南方海路』(조영록 편), 국학자료원, 1997 ; 「黃海文化圈의 形成과 海洋活動에 대한 연구」, 『先史와 古代』, 한국고대학회, 1998.
[2] 古廐忠夫 編, 『東北アジアの再發見』, 有信社, 1994, p.5에서 環日本海라는 개념은 일본이라고 하는 바다를 중심으로 하는 지향도 갖고 있지만, 그 외연은 어느 지역까지 포함하고 있느냐에 대해서는 각각의 의

한국에서는 근래에 동해문화권,[3] 환동해문화권, 환동해선사문화권,[4] 동북아지중해론[5] 등을 거론하면서 이론을 전개하고 있다. 일본열도 진출과 문화전파의 해양적 메커니즘에 대해서는 필자가 상세하게 여러 차례 언급하였다. 그런데 근래에 연해주지역과 우리 동해안이 문화적으로 연결되었다는 연구결과들이 자주 발표되고 있다. 필자는 해양의 입장에서 이러한 교류가 가능했음을 1998년 이후 발표해왔고, 우리문화와 연해주문화의 연관성을 필자의 연구영역 한도 내에서 거론해왔다. 그리고 그 구체적인 문화접촉의 길, 즉 항로를 살펴보았다.

그러한 내용 가운데 하나가 암각화와의 연관성이다. 필자는 영일만의 칠포리 암

견이 있다. 현재 일본해로 출구가 없는 중국은 과거역사에 대한 비판 때문에 '環日本海'라는 호칭은 그다지 사용하고 않고, 다만 '동북아시아'라는 호칭을 사용하고 있다. 일본해라는 호칭은 1602년 마테오리치가 작성한 『坤輿萬國地圖』에서 포괄적으로 사용되었다. 그런데 일본해로 통일된 것은 근대 일본의 부국강병 제국주의화 아시아 침략의 과정과 궤를 같이하고 있는 것은 확실하다. 그는 일본해를 지중해세계나 동아시아아 세계로 부르는 것 같은 정치적・경제적 내지는 문화적으로 하나의 자기완결적인 지역을 상정하는 것은 곤란하다는 의견을 개진하고, 8쪽에서 동아시아 세계와 외연으로서 동북아시아라는 시점에서, 즉 동아시아의 서브시스템으로서 환일본해 지역을 보고 있다. 한편 일본열도에 있는 바다는 지중해와는 달리 교통로가 아니었고, 대륙으로부터 떨어져 있게 한 장벽이었다는 견해도 있다. 와쓰지 데쓰로우 저, 박건주 역, 『풍토와 인간』, 장승, 1993, pp.80~81.

3 金宅圭, 『동해문화권 탐방기 신라문학의 신연구』
윤명철, 「동해문화권의 설정 검토」, 『동아시아 역사상과 우리문화의 형성』, 민속원, 2005.
윤명철, 「東아시아의 海洋空間에 관한 再認識과 活用-동아지중해모델을 중심으로-」, 『동아시아 고대학』 14, 동아시아 고대학회, 경인문화사, 2006.
윤명철, 「고구려 문화형성에 작용한 자연환경의 검토-터이론을 통해서」, 『한민족 연구』4, 한민족학회, 2007.
4 강인욱, 「청동기시대~철기시대 한국과 연해주의 교류-환동해문화권의 제안과 관련하여」, 『부산 경남 월례발표회 자료집』제 75회, 2006, 김재윤, 「선사시대 극동전신상 토우와 환동해문화권」, 『한국상고사학보』60호, 2008.
5 윤명철, 「동아지중해 모델과 동아시아의 질서재편-동해역할론을 중심으로」, 『동북아 지중해 시대를 향하여』, 강원도민일보 및 관동대학교, 2010.
小川 雄平, 「東亞地中海 經濟圈과 日韓海峽 自由貿易圈構想」, 『동북아 지중해 시대를 향하여』, 강원도민일보 및 관동대학교, 2010.

각화⁶와 울산만의 천전리 암각화와 연관해서 해양적 성격을 논한바가 있다. 본고는 최근에 연해주(沿海洲) 일대와 사할린 지역을 조사하면서 얻은 지식과 인식을 바탕으로 기존의 내용을 보강하고, 특히 사할린 지역과 동해문화, 특히 영일만의 상관성을 언급하고자 한다. 따라서 2장은 필자가 동해문화권을 설정하는 이론적 검토를 할 예정이며, 3장에서는 동해문화권의 자연환경 검토를 4장에서는 동해의 해양문화와 영일만을 살펴보면서 항로를 중심으로 한 역사상과 영일만 자체의 해양환경을 분석하고자 한다.

2. 동해 문화권 설정의 이론 검토

역사에서 공간이 차지하는 비중은 매우 크다. 역사공간의 체계와 운행, 기능 등의 성격을 이해하려면 생태와 풍토 등 자연지리의 개념과 틀을 포함하면서 역사(歷史)와 문화(文化) 또는 문명(文明)의 개념 등으로 접근할 필요가 있다.

필자는 동아시아의 역사공간을 이해하는 해석 틀로서 '터와 다핵(多核, field & multi core) 이론'⁷을 제기하여왔다. 역사공간에는 전체이면서 부분인 터(場)가 있다.⁸ 터의 중

---

6 윤명철, 「영일만 지역의 해양환경과 岩刻畵의 길의 관련성 검토」, 『포항 칠포리 암각화의 세계』, 한국암각화 학회, 2005 ; 「해양문화와 천전리 암각화」, 『川前里 岩刻畵의 神話와 象徵世界』, 울산 암각화 박물관, 암각화학회, 2010.

7 '터이론'의 정식명칭은 '터와 다핵(field & multi core)이론' 이다. 줄인다는 의미에서 또 터는 다핵을 포함한 개념이므로 약칭 '터이론' 이라고 한다. 아래 문장에서는 터이론이라고 줄여서 사용한다. 다핵 등 용어와 개념의 유사성으로 인하여 인문지리학에서 사용하고 있는 中核 등의 용어 및 개념과 혼동 될 수 있다. 이 뿐만 아니라 그 분야의 비전문가인 역사학자의 입장에서는 터이론 등이 생태학, 도시생태학 등에서 전개하는 논리 및 내용과도 유사한 점이 있다고 보여 진다. 그렇지만 필자가 설정한 몇 가지 모델의 본질과 표현 방식 등은 우리 문화와 사상의 기반을 이루었던 것들을 지적으로 계승한 산물임을 밝힌다.

심은 부분(部分)들의 합(合)인 전체(全體)로서 다른 부분 및 전체와 비교되는, 독특하면서도 완벽한 기본핵(基本核, 中核, core)구조이고, 주변에는 몇몇 행성(行星)들과 위성(衛星)들이 돌고 있고(multi-core), 이 모든 핵들을 중첩적으로 연결하는 선(線, line)들로 이루어졌다. 뿐만 아니라 내부를 밀도 깊게 채우고 있는 무한의 점(點)들로 구성되었다고 이해한다. 평면의 형태가 아니고 입체적 형태이다. 즉 체계상으로 '다핵다중방사상(多核多重放射狀) 형태'를 띄우고 있다.[9] 이러한 체계 속에서는 운행상으로 전체인 터(field)가 부분들인 중핵(中核), 소핵(小核)들 선(線)들로 되고, 역으로 부분들이 전체로 되돌아가는 유기적(有機的)인 관계이다. 단순한 교환이나 상호작용이 아닌 일종의 '환류(環流) 시스템'을 이루고 있다. 특히 바다는 해류 바람 등의 자연요소가 지닌 성격으로 인하여 이러한 성격이 분명히 드러날 뿐 아니라 강하게 작동하고 있다. 따라서 해양을 둘러싸고 '통일체(統一體)' 또는 '역사유기체(歷史有機體)',[10] '문명공동체(文明共同體)'를 이룰 수 있다.

본고는 영일만과 연관하여 동해문화권의 성격을 또 하나의 관점에서 규명하고,

다만 현대적인 용어로 표현하고, 관찰과 분석과 실험 등의 결과물들을 차용하여 설득력을 높이는 수단으로 삼았음은 분명하다. 이러한 모델을 적용하여 발표했던 내용들은 졸고, 「동아시아의 海洋空間에 관한 재인식과 활용─동아지중해모델을 중심으로」, 『동아시아 고대학』 14, 동아시아 고대학회, 경인문화사, 2006 ; 「동해문화권의 설정 검토」, 『동아시아 역사상과 우리문화의 형성』, 민속원, 2005 등 참조. 또한 터 이론을 이용하여 역사상의 사건들을 실용적으로 분석한 몇몇 연구가 있다. 졸저, 『고구려는 우리의 미래다』, 고래실, 2004 ; 『장수왕, 장보고 그들에게 길을 묻다』, 포름, 2006; 졸고(남덕우 편), 「장보고를 통해서 본 경제특구의 역사적 교훈과 가능성」, 『경제특구』, 삼성경제연구소, 2003.
8 필자가 개념화한 '터'는 지리 기후 등으로 채워지고 표현되는 단순한 자연공간은 아니고, 생태계 인간의 거주형태, 국가 등의 정치체제, 경제활동, 문화 등이 포함된 총체적인 환경이다.
9 이러한 이론을 바탕으로 필자는 고구려 전성기의 외교형태를 '多核多重放射狀외교'라고 규정하면서 논리를 전개했다. 필자의 박사학위 논문 및 졸저, 『고구려 해양사연구』, 사계절, 2003 등.
10 유기체라는 용어는 단순하게 기계적인 것에 대응하는 개념으로 이해할 수 있으나, 이는 필자의 의도와는 다르다. 구조상으로는 일종의 네트워크시스템이며, 내용은 생명현상을 함유한 개념이다. 몇몇 논문에서는 대안으로 초유기체, 또는 '生命體'라는 용어를 사용하기도 했으나 가설상태이다.

그 내용을 채우는 것이 무엇인가를 모색하는 논문이다. 따라서 제기한 '터이론'과 '환류시스템 이론' 등에 근거하여 영일만이라는 부분을 동해와 동아시아라는 전체의 환경과 유기적(有機的)인 관계 속에서 파악하고자 한다.

동아시아의 지리적인 범주는 아시아 대륙의 동쪽 하단부에 위치해 있으면서 중국이 있는 대륙, 그리고 북방으로 연결되는 대륙의 일부와 한반도, 일본열도로 구성되어 있다. 이 지역의 지리와 지형을 살펴보면 산맥과 평원, 초원, 그리고 길고 수량이 풍부한 강들로 구성되었고, 특히 바다가 있다. 해양은 면적이 꽤 넓어서 3,400,000평방km 이상이다.[11]

이러한 환경 속에서 동아시아의 역사와 문화의 체계와 성격을 파악하려면 대륙과 반도 해양이 유기적으로 연결된 '해륙적(海陸的) 시스템'으로 파악하며, 동시에 동아시아 역사상에서 소외되었던 해양의 위치와 역할을 재인식하는 '해륙사관(海陸史觀)'을 적용할 필요가 있다.[12] 필자는 동아시아의 지리적이고 문화적인 특성을 설명할 목적으로 동아시아의 내부 터로서 '동아지중해(東亞地中海, EastAsian-Mediterranean-Sea)' [13]

---

11 동아지중해의 자연환경에 대한 검토는 윤명철,「海洋條件을 통해서 본 古代韓日 關係史의 理解」,『日本學』제14, 동국대 일본학연구소, 1995 ; 윤명철,「黃海의 地中海的 性格硏究」,『韓中文化交流와 南方海路』, 국학자료원, 1997 기타 논문 참고.
12 윤명철,「海洋史觀으로 본 한국 고대사의 발전과 종언」,『한국사연구』123, 2003.
윤명철,「한국사 이해를 위한 몇 가지 제언」,『한국사학사학회보』9, 한국사학사학회, 2004.
윤명철,「한국 고대사 연구의 반성과 대안」,『단군학 연구』11, 단군학회, 2004.
尹明喆,「東아시아의 海洋空間에 관한 再認識과 活用-동아지중해모델을 중심으로-」,『동아시아 고대학』14, 동아시아 고대학회, 경인문화사, 2006.
윤명철,「고구려 문화형성에 작용한 자연환경의 검토-터이론을 통해서-」,『한민족 연구』4, 한민족학회, 2007 등 기타.
13 千田稔,『海の古代史-東アジア地中海考』, 日本, 角川書店, 2002. 그는 서문에서 1996~98년까지 국제일본문화연구센터가 '동아시아 지중해세계에 있어서의 문화권의 성립과정에 대해서'라는 연구를 수행하고 그 보고서로서 이 책을 출판한다고 쓰고 있다. 그리고 그들의 동아지중해는 남지나해, 동지나해, 일본해, 황해, 발해를 가리키는 용어라고 규정하고 있다. 또한 이미 오래전부터 남방해양문화에 관하여 연구를 해 온 國分直一의 예로 들면서 그는 동아지중해를 4개의 지중해로 구성한다고 하면서 오호츠크해,

라는 모델을 설정하고 학문적으로 제시하였다.[14]

동아지중해는 문화적으로 농경의 정착성(定着性, stability) 문화와 유목 해양의 이동성(移動性, mobility) 문화가 만나 상호보완되면서 독특한 성격을 탄생시켰다. 지정학적으로는 북방과 중국에서 뻗쳐오는 대륙적 질서와 남방에서 치고 올라가는 해양적 질서가 각각의 종족들과 정치체를 중심으로 만나고 있다. 생활양식과 종족들의 분포 정치체제는 이루 말 할 수없이 복합적이다.[15] 따라서 한반도를 중핵(中核)에 두고 바다 주변의 주민과 문화는 상호간에 영향을 주고받는 일종의 '환류(環流)시스템'을 이루고 있었다.[16] 이는 또 다른 내부 지중해에 속하는 동해도 마찬가지이다.[17]

동아시아에서 해양을 매개로 공통의 문화권이 형성되었다는 주장들이 있다. 언어

일본해, 동지나해, 남지나해라고 하였다. 동아시아를 동아지중해라고 부르고 연구를 진행하는 또 다른 학자는 독일 뮌헨대학의 중국사전공자인 Angela Schottenhammer 교수이다. 그는 동중국해, 황해, 일본해를 "동아시아 지중해"라고 설정하고 있다.(Angela Schottenhammer, 「동아시아 해양국가의 양상, 1400~1800 동아시아 "지중해"에서의 한국인들의 활동」, 「21세기 동아시아 지역공존과 역사문제」, 동국대학교 건학 100주년 국제학술회의, 2007.)

14 윤명철, 『동아지중해와 고대일본』, 청노루, 1996 ; 『장보고 시대의 해양활동과 동아지중해』, 학연문화사, 2002 ; 『한민족의 해양활동과 동아지중해』, 학연문화사, 2002 ; 『고구려 해양사 연구』, 사계절, 2003 ; 『바닷길은 문화의 고속도로였다』, 사계절, 2003 ; 「한국 해양사」, 학연문화사, 200 ; 「장보고를 통해서 본 經濟特구의 역사적 교훈과 가능성」, 『경제특구』, 삼성경제연구소, 2003 ; 「동아시아의 相生과 동아지중해모델」, 『21세기 문명의 전환과 생명문화』, 세계생명문화포럼, 2003, 12.

15 윤명철, 「渤海 유역의 역사문화와 동아시아 세계의 이해- '터(場, field) 이론' 의 적용을 통해서-」, 동아시아 고대학회, 2007 ; 윤명철, 「고구려 문화형성에 작용한 자연환경의 검토-터이론을 통해서」, 『한민족연구』4, 2007 등 참고.

16 강한 문화력(culture power)을 가진 A의 문화는 주변인 B에게 일정한 문화를 전수한다. 그런데 시대와 상황에 따라 지향하는 문화가 다르다. B의 문화 또한 A에게 전수된다. 이 관계는 主와 副가 있고, 일종의 상호작용이라고 볼 수 있다. 그런데 A문화가 B로 갔다가 B의 영향으로 변형을 한 다음에 다시 A에게 와서 영향을 주는 경우가 적지 않다. 마찬가지로 B의 문화가 A에게 전해져서 가공과 변형을 거친 다음에 다시 A의 형태와 포장으로 전해질 수 있다. 그러므로 선의 위치와 역할을 정확하게 파악하고 이해하는 일이 필요하다. 이것이 필자가 동아시아의 역사와 문화를 해석하는 틀로서 동아지중해 이론을 설정하고, 그것을 보완하는 부차이론으로서 설정한 '環流시스템이론' 의 大綱이다.

17 강원도에서는 최근에 동해를 동북아지중해라고 부르자고 제안하면서 논리를 전개하고 있다.

의 공통,[18] 또는 신화나 설화의 유사성을 근거로 삼는다.[19] 사사키 고메이(佐佐木高明) 등은 소위 조엽수림문화(照葉樹林文化)가 양자강 유역에서 동중국해를 건너 일본열도로 전파되었다고 주장한다.[20]

동해와 연관된 역사터는 구체적으로 동쪽으로는 백두산에서 북으로 연해주와 이어지는 대삼림지대가 있고, 타타르해협(Tatar-strait)을 넘어 사할린과 홋카이도, 그리고 동해 너머의 일본열도의 혼슈 이북, 남으로는 동해중부와 남부를 경유하여 규슈나 혼슈남부로 이어진다.

선사시대부터 활동의 무대가 되어 비록 여러 지역들 간의 교류에 긍정적인 역할을 담당하였으며, 독특한 문화를 창조하는 터의 역할도 하였다. 동해문화의 성격과 위치, 역할, 그리고 향후 의미에 대한 고찰은 매우 필요하다. 필자는 이를 '동해문화권'으로 설정한바 있다.[21]

일본학자들은 근대 역사학의 초창기부터 이러한 인식은 지금도 지니고 있으며 심도깊은 연구를 진행하고 있다.[22] 야스다 요시노리(安田喜憲)는 도리이 류조(鳥居龍藏)의 『東部シベリアの以前』에서 이를 인용하고 있다. 즉 일본인의 본거지, 일본문화의 고향으로 보여지는 것은 동부 시베리아에서 흑룡강 유역 연해주, 그리고 만주에 이어지는 일본해의 내안(對岸)이다. 그리고 이것에 조선을 잇고, 사할린(樺太) 북해도, 그리고 사도섬(佐渡嶋), 노토(能登)반도 등 일본해 일대의 지방을 일괄해서볼 필요가 있다고 하

---

18 村山七郎, 「言語學から見た古代 環東シナ海文化圈」, 『東アジアの古代文化』14號, 大和書房, 1978 참조.
19 荒竹淸光, 「古代 環東シナ海 文化圈と對馬海流」, 『東アジアの古代文化』29號, 大和書房, 1981은 뱀신앙 등과 관련시켜 그 범위를 확대하고 있다.
20 照葉樹林文化에 대해서는 佐佐木高明, 『照葉樹林文化の道』, 日本放送出版協會, 1988 외.
21 윤명철, 「동해문화권의 설정 검토」, 『동아시아 역사상과 우리문화의 형성』, 민속원, 2005.
  이 논문에서 선사시대 이들 지역에서 이루어진 문화양상에 관한 일본학자들의 견해와 함께 연구성과를 소개했다.
22 安田喜憲, 「日本海をめぐる 歷史の胎動」, 『季刊考古學』15號, 雄山閣出版社, 1986, pp.14~16.

였다. 그는 이러한 논리 속에서 '나라림(졸참나무숲) 문화권'을 소개하고, 시베리아로부터 일본해(동해)를 건너 직접 동북일본에 도달했을 가능성이 높다고 하였다. 또한 사사키 고메이(佐佐木高明)의 남방문화론, 에가미 나미오의 기마민족설까지 소개하면서 소위 '일본해문화권(日本海文化圈)'에 대한 다각적인 연구의 필요성을 제기하고 있다. 에가미 나미오(江上波夫)는 동북아시아의 석도문화, 특히 세석기문화가 홋카이도, 혼슈로 전래를 하였고, 더욱이 특이한 석도촉이 홋카이도로 전파되었다고 주장하였다.[23]

또 다음 장에서 구체적으로 언급할 예정이지만 신석기문화와 청동기문화, 이어 철기문화도 연해주일대에서 동해안으로 이어졌다는 주장들이 있다. 또한 동해남부에서 발견된 암각화들을 흑룡강 중류인 하바로프스크 교외의 시카치알리안 지역과 연결시키는 주장도 있다.

이러한 문화의 이동과 현상, 성격은 해양과 불가분의 관계에 있고, 해양은 육지와 달리 독특한 메커니즘이 있다. 해양민들은 한 곳에 정착하지 않는 습성이 있다. 농경문화는 정해진 지역, 즉 농토라는 면(面)의 공간을 추구한다. 거기다가 속성상 안정성(安定性, stability)을 추구한다. 반면에 유목민(遊牧民)들은 초지(草地)를 따라, 수렵민(狩獵民)들은 사냥감을 따라 이동(mobility)하면서 선(線)의 공간을 추구한다. 해양민(海洋民)들이나 어렵민(漁獵民)들은 교역과 어업에 적합한 지역을 중심거점으로 삼고, 필요에 따라 이동하면서 활동하는 일종의 점(點)의 이동과 지배형태를 추구한다. '거점성(據點性)'을 갖고 있다.[24] 해양문화는 해류·조류·계절풍[25] 같은 자연환경이 문화가 만들어지는 틀과 성격에 강력한 영향을 끼친다.[26]

---

23 江上波夫,「古代日本の對外關係」,『古代日本の國際化』, 朝日新聞社國際심포지움, 1990, p.52.
24 유목민(nomade)들은 상황에 따라서 해양민(sailer)으로의 전환이나 해양활동에 금방 익숙해진다. 사고 자체가 이동적(mobility)이기 때문이다. 하지만 엄격하게 분류하면 성격에 차이가 있다.
25 바람이 항해나 조선술, 그리고 유럽의 제국주의적인 팽창과 깊은 관련이 있는 가와 구체적인 실례들은 앨프리드 W 크로스비 저, 안효상·정범지 역,『생태제국주의』, 지식의 풍경, 2002, pp.124~154 참고.

또한 해양문화는 모방성, 공유성이 강하다. 해양에서는 지역이나 나라, 문화 간에 교류가 빈번하기 때문에 주변 문화와 공통성(共通性)이 많고, 해양민들 사이에는 기술과 경험을 모방하고 공유하는 일이 필수적이다. 따라서 신앙, 설화, 체제운영 방식 등도 유사해지고, 기술자집단의 이동이 가능하다. 예를 들면 선박, 어로도구 및 항해술, 고기잡이 기술 등이 유사하다. 고래, 해달(海獺), 해구(海狗) 등의 특별한 해양포유류 등의 사냥은 '기술교류(技術交流)와 모방(模倣)'이 필수적이다.

그리고 해양문화에서 전파와 수용은 비조직성을 띠고 있다. 이동의 규모가 소규모이고, 비조직적이며, 불규칙적이므로 연속성이 떨어진다. 그 때문에 역사의 초기단계에는 자율적인 이동인 이주(移住, settlement) 형태가 주를 이루었고, 비로서 고대국가가 성립하고 발달해서야 대규모의 인원이 특정한 목적을 가지고 조직적으로 이동하는 일은 시간을 기다려야 했다.

3. 동해문화권의 자연환경 검토

필자가 설정한 동아지중해는 바다의 총 면적이 3,400,000km 이다. 동해는 남북 길이가 1700 km, 동서 최대 너비는 1000여 km, 면적이 107만 km 로서 3분의 1을 차지하고 있다. 여기에는 우리의 인식이 채 못 미치는 타타르해협까지 포함한 것이다.[27] 필자가 제기한 해륙사관(海陸史觀)의 입장에서 육지환경과 해양환경을 유기적으로 검토하

---

26 고대 사회에서는 환경이나 기후가 역사발전에 강력한 영향을 끼쳤다. 이러한 예는 이시 히로유끼·야스다 요시노리·유아사 다케오 지음, 이하준 옮김, 『환경은 세계사를 어떻게 바꾸었는가』, 경당, 2003; H H 램 지음, 김종규 옮김, 『기후와 역사』, 한울 아카데미, 2004 참고.
27 이 타타르해협을 중국, 일본, 러시아 학자 및 일부 한국학자들이 역사 및 고고학 논문 등에서 일본해라고 표기하고 있다.

고, 그것들이 시스템 속에서 어떠한 연결고리를 갖고 운동하는 가를 이해하고자 한다.

1) 육지환경 검토

동해문화권의 지리적인 공간은 해양 외에 연해주 일대, 사할린 해안, 한반도 동해 연안, 일본열도의 서안 등이다. 연해주 동부에는 2,077m의 시호테알린 산맥이 북에서 남으로 뻗어있다. 사할린은 남북간에 거리가 966km이며, 동서도 40~153km에 달한다. 또한 중간에 최고봉인 1609m인 산맥이 남북으로 길게 뻗어있다. 한반도의 동해안은 단조롭고, 해안선으로부터 서쪽으로 해발 1000m 이상의 태백산맥 능선이 발달하고 있어서 일반적인 해안지형과는 다르다.

이러한 지역들 가운데 우리와 깊은 문화적 · 종족적인 연관성을 지녔음에도 불구하고 인식과 연구활동에서 소외되었던 지역은 연해주(沿海洲, 프로모리예 Primorye라고 부름)의 연해(沿海)지역, 그리고 강해(江海)지역이다. 본고의 주제와 관련이 깊다. 연해주 일대는 여름에 따뜻한 날씨를 보이며, 몬순풍의 영향으로 태평양에서 많은 비가 올라온다. 그래서 전형적인 시베리아의 식생과는 다른 양상을 보인다.[28] 아무르강 유역 사할린 등의 남부지역은 기원전 1000년기에는 잡곡재배의 적지였다. 북위 50도 이남은 졸참나무 혼합림대가 넓게 퍼져있었는데,[29] 그 외에 소나무 등 한반도의 식생대와 많이 연관되어 있다.

한편 동해문화권을 논할 때 연해주의 육지환경 가운데 강의 존재는 매우 높은 비

---

28 제임스 포사이스 지음, 정재겸 옮김, 『시베리아 원주민의 역사』, 솔출판사, 2009, p.25.
29 동아시아 삼림대에서 특징적인 농경문화 유형을 인지해서 'ナラ林文化'로 명명한 사람은 中尾佐助이다. 이 문화는 기원전 3000년경부터 500년 정도까지 있었다. 이 문화는 대륙 동부에서 도래하여 순무나 W형 대맥 등으로 대표되는 북방계의 중요한 작물군을 받아들인 농경문화라고 생각된다. 松山利夫, 「ナラ林の文化」, 『季刊考古學』15號, 雄山閣出版社, 1986, p.43.

중을 차지한다.[30] 역사터에서 중요한 부분을 구성하고 역할을 담당한 제 3의 존재가 강(江)이다. 강은 육지에 부속된 단순한 부분이 아니다. 그리고 하구에서는 바다와 만난다. 육지와 해양은 면대면(面對面)으로 만나면서 관계를 맺기도 하지만 육지의 안쪽 깊숙이과 해양을 직접 연결하는 것은 강뿐이다. 동시에 강은 육지와 해양의 직접 마주치지 않은 각각 다른 공간들도 이어준다. 따라서 강은 산, 숲, 평야, 바다와 더불어 유기적인 자연공간으로서 생성과 종말을 함께 하면서 전체적인 시스템을 유지한다.

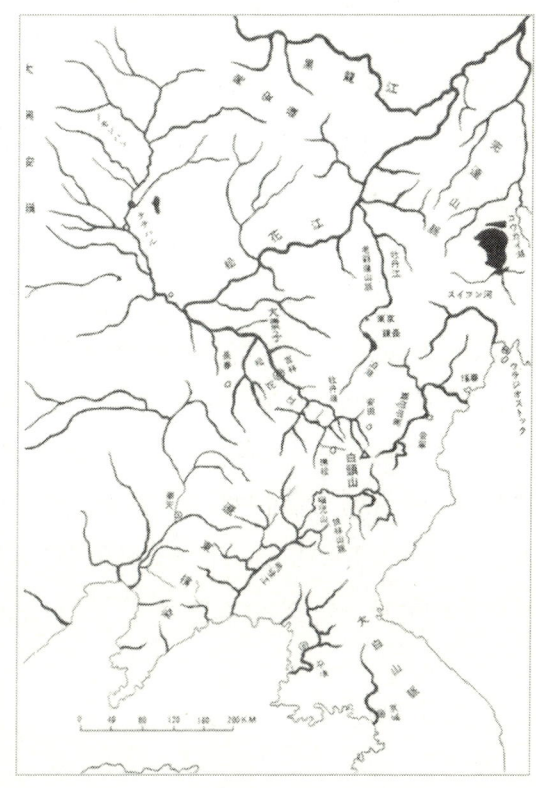

|그림 1| 만주지역의 강

특히 연해주 일대나 동해안처럼 육지의 평원이 발달하지 못하고 산과 숲이 발달한 지역은 강은 내부의 물류망 역할을 비롯해서 바다와 연결된 교통망으로서 중요성이 컸다.[31] 그 가운데에서 토기, 암각화, 주민, 어로 등 및 동해와 관련된 강은 흑수(黑水) 등으로 기록된 흑룡강(아무르 강)이다. 전 지역에 삼림이 울창하고 소택(沼澤)이 두루 퍼

---

30 강과 연관된 필자의 생각과 이론, 그리고 만주지역의 강에 대한 소개는 필자의 졸고들 참조.
31 그림 1은 이형석의 글에서 재인용한 지도이다.

져있으며, 각종의 모피 및 물고기들이 생산되었다.³² 이러한 생태계는 동해연안과 연결되어 있다. 흑룡강으로 모여든 강물은 하바로프스크에서 동북상하여 사할린 사이에 있는 타타르 해협의 북부해역과 오호츠크해로 흘러 들어간다. 이 선으로 이어진 공간에서 유사하거나 동일한 문화권이 형성되고, 이 문화는 동으로는 사할린 및 오호츠크 문화, 남으로는 한반도 동해 남부문화와 만나 습합되면서 확산된다. 연해주 남부에는 우수리강을 비롯하여 동해로 들어가는 수분하(綏芬河)를 비롯하여 두만강이 있다.

연해주는 그물처럼 엮어진 넓고 무성한 삼림과 높은 산들, 길고 수량이 풍부한 강들을 서식지로 삼아 생태계가 발달하였고, 이러한 생태계와 연관하여 생활양식과 문화가 영향을 받았다. 곰, 사슴, 호랑이, 담비, 늑대, 여우 등을 비롯한 야생동물과 말, 그리고 각종 어류가 풍부하였다. 그리고 강하구와 바다가 만나는 연해에는 연어, 송어 방어, 명태 등 일반적인 한류성 어류를 비롯하여 고래, 해구, 해달(海獺), 등의 부가가치가 높은 해양포유류 등이 서식하였다.³³

2) 해양환경 검토

동해는 지형 면에서도 서해 남해와 몇 가지 다른 점이 있었다. 8000년 전경에 들어와 대한해협과 황해 동해가 형성되었고,³⁴ 현재 동해의 해안선은 약 8000년경부터 4000년경 사이에 형성되었다. 전해안은 평지가 부족해서 농경이 발달하지 않고, 인구가 집중되지 못했다. 또한 대륙붕이 짧아 수심이 갑자기 깊어진다. 섬들이 적고 원양

---

32 王承禮 저, 송기호 역, 『발해의 역사』, 한림대학 아시아문화연구소, 1988, p.103.
33 三上次男・神田信夫 編, 加藤晋平, 「東北アジアの自然と人類史」, 『東北アジアの民族と歷史』, 山川出版社, 1992, pp.9~10.
34 박용안 외 25인, 「우리나라 현세 해수면 변동」, 『한국의 제 4기 환경』, 서울대학교 출판부, 2001, pp.117~155.

에 노출되어 있으므로 파도의 영향이 커서 무동력으로 항해하기에 불편하다. 또한 조석간만의 차이가 거의 없어 연안 어장이 발달하지 못했고, 주민들이 밀집해서 사는 지역도 적었다.

동해의 해양환경에 절대적인 요소는 해류 및 바람 등이다. 동해는 난류계인 쿠로시오(黑潮)와 한류계인 리만하류가 동시에 복합적으로 작동한다. 쿠로시오의 한 지파인 대한난류는 대마도(쓰시마)를 가운데에 두고 동수도(東水道)와 서수도(西水道)로 나뉜다. 서수도를 통과한 해류는 한반도 남동단을 지나 동해로 들어가다가 원산(元山) 외해(外海)와 울릉도(鬱陵島) 부근에 이르러 동쪽으로 전향한다. 동수도를 통과한 해류는 북동방향으로 흐르면서 일본서안(日本西岸)을 끼고 올라간다. 한편 리만해류는 연해주해류라고도 부르는데, 타타르해협의 북단에서 남으로 내려오다가 3개 해류로 갈라지는데, 사할린 남단까지 흐르는 흐름을 리만해류라고 부르며, 다른 하나는 일종의 회류(回流)로서 일본열도 쪽으로 가는 것을 연해주해류, 계속 남진해서 함경도 연안을 따라 내려오는 북한해류가 있는데, 겨울과 여름에 따라서 남하위치에 차이가 있다. 동해해역 남부까지 영향을 주게 되며, 경상북도

| 그림 2 | 동아시아 해류도(한국 및 일본자료를 활용, 작성)

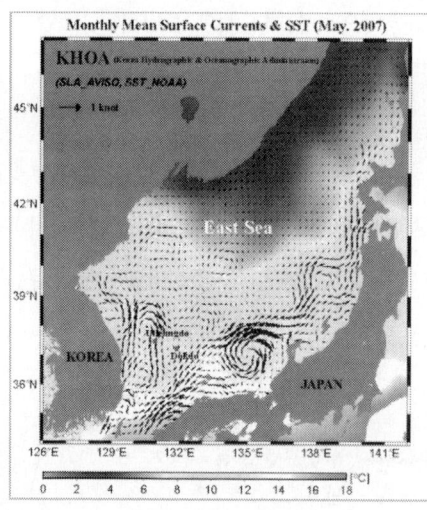 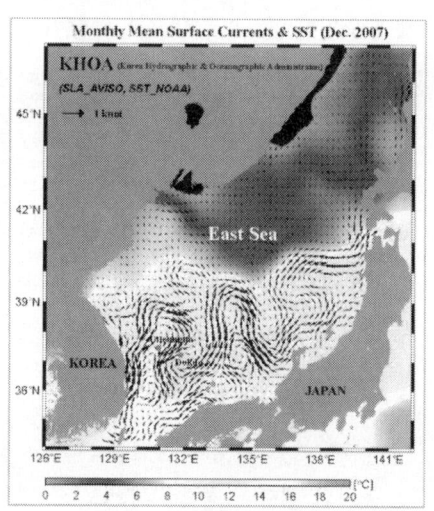

| 그림 3 | 동해 해류도 5월　　| 그림 4 | 동해 해류도 12월(한국해양연구원 박찬홍 자료 활용)

연안에서는 침강되어 영일만 이남에서는 저층수나 연안용승으로 나타난다.[35] 리만해류는 연해주의 연안을 통과해서 한반도 동안에 접근해서 남하하고, 서남쪽에서 북상해온 대한난류와 동해의 중남부 해상에서 만나 원산의 외해와 울릉도 부근에 이르러 그 일부는 방향을 동으로 움직여 횡단하다가 올라간다. 노토(能登) 반도의 외해에서 대마해류의 주류와 합류한다.[36] 때문에 한반도의 동남부를 출발하면 혼슈 중부 해안에 도착할 수 있다.

동아시아 해역의 바람은 계절에 따라 일정한 방향성을 가지고 있기 때문에 항해에 많은 영향을 끼친다. 특히 동해는 황해나 남해에 비하여 바람의 영향력이 강력하다.[37]

---

35 김복기 외 10인, 『한국해양편람』제4판, 국립수산진흥원, 2001, p.53.
36 『근해항로지』, 대한민국 水路局, 1973, p46.
37 『근해항로지』, 대한민국 水路局, 1973, p.1.

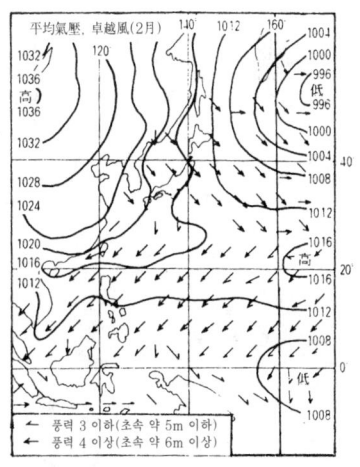
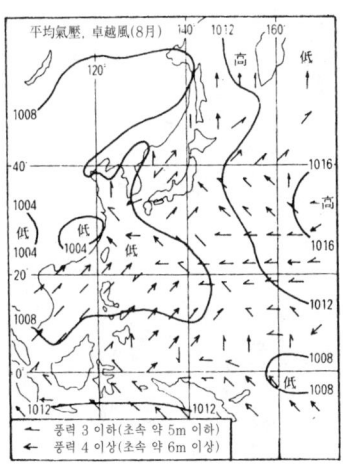

| 그림 5 | 계절풍도

그림 5 도표[38] 그림 6, 7은 많은 사실들을 시사하고 있다. 동해에서는 계절풍도(季節風圖)에서 보듯이 여름에는 풍력(風力)이 약하고 남풍계열의 바람이 분다. 동남풍은 4월 중순에 시작하여, 8월에 들어서면 제일 강성하며, 9월 이후에는 쇠퇴하기 시작한다. 반면에 서북풍이 주풍(主風)인 북풍계열의 바람은 9월 하순부터 시작하여 11월에 최강이 되고, 다음 해 3월까지 계속된다.

이러한 해양환경을 지닌 동해는 몇 가지 특성을 지니고 있다. 남풍계열의 바람은 일본열도에서 한반도로의 교류를 북풍계열의 바람은 한반도에서 일본열도의 남부와 서부해안과의 교섭을 가능하게 한다.[39] 특히 동해와 관련하여〈발해사 항해시기 도

---

38 茂在寅南의『古代日本の航海術』, 小學館, 1981, pp.96~97 ; 茂在寅男,「遺唐史槪觀」,『遺唐史と史料』, 東海大學出版部, 1989, pp.34~39 참조 ; 荒竹淸光,「古代 環東シナ海 文化圈 と對馬海流」,『東アジアの古代文化』29號, 大和書房, 1981, p.91 참조.
39 졸고,「海洋條件을 통해서 본 古代韓日 關係史의 理解」,『日本學』15, 동국대 일본학연구소, 1995 ;「渤海의 海洋活動과 동아시아의 秩序再編」, 고구려연구6, 학연문화사, 1988. 등에 도표 등이 자세하게 나와 있다.

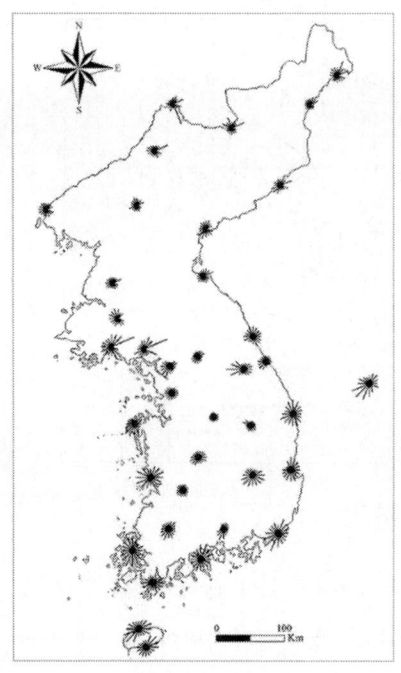

|그림 6| 7월 풍향도　　　　　　|그림 7| 1월 풍향도

표)[40]를 보면 발해인들은 일본에 갈 때는 늦가을부터 초봄에 걸쳐 부는 북풍계열의 바람을 이용하였다. 그런데 바람의 영향을 받아 풍력(風力) 8(34~40kn)이상 되면 표면수가 반대로 흐르는 경향이 있다. 또한 바다에서는 기상이변, 선체 파손, 내부혼란, 적대집단의 습격 등 비일상적인 상황으로 인하여 표류[41]가 발생한다. 표류의 길은 항로추적 및 문화교류를 이해하는데 큰 단서가 된다.[42]

40　위 논문에 실림. 吉野正敏, 앞의 논문, pp.16~17에는 발해의 遣日使들의 月別分析을 통해서 항해가 계절풍의 영향을 절대적으로 받았음을 보여준다.
41　사료에서는 漂流 외에 '漂着'(발해사신과 관련한 일본기록)이 또는 漂没, 漂到 등의 용어로도 사용된다.
42　李薰,『조선 후기표류민과 한일관계』, 국학자료원, 2000 ; 한일관계사학회 편,『조선시대 한일 표류민 연구』, 국학자료원, 2001 ; 정성일,『표류민 송환체제를 통해본 근현대 한일관계제도사적 접근(1868~

그림8의 표류도를 참고하면 동해를 사이에 두고 전 지역 간에는 교류의 가능성이 있음을 확인할 수 있다.

또 하나 중요한 해양환경 중의 하나는 바다의 넓이이다. 즉 항해구역의 넓이를 말한다. 동해는 해역넓이의 성격을 기준으로 크게 두 개의 해역으로 구분할 수 있다. 하나는 타타르 해협이고, 또 다른 하나는 우리가 통상적으로 이해하는 동해이다. 타타르 해협은 소베츠카야가반에서 건너편인 사할린의 오롤보까지는 불과 150km에 불과하고, 연해주의 가장 북부지역에서는 사할린과의 간격이 2.5km에 불과하다.[43]

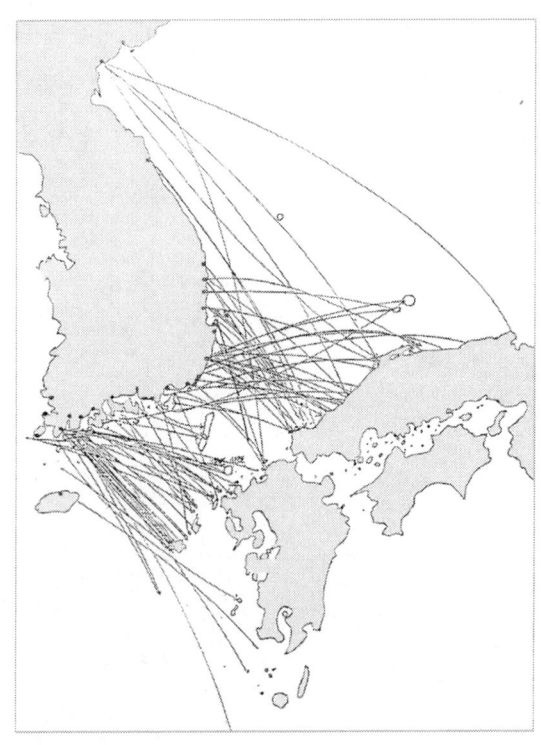

| 그림 8 | 표류도
1629~1840간 조선에서 일본에 표류한 선박들의 길.(시바다 게이시·손태순 삭성)
울산, 포항, 울진 등에서 출발한 배들은 야마구치현과 시마네현에 집중적으로 닿고 있다.

반면에 동해는 동서로 최대의 폭이 1000여 km에 달한다. 더구나 중간에는 항법상

1914)』, 한일관계사연구17, 2002 ;『조선시대(朝鮮時代)의 동해(東海) : 동해를 건넌 사람들』, 이사부기념사업회, 2009. 고동환,『조선후기 商船의 船行條件』,『한국사연구』, 2003, p.123 ; 윤명철,「남서해양과 연관된 표류와 역사의 발전」,『표류의 역사, 강진』, 한중일 국제학술회의;「표류의 발생과 역사적인 역할에 대한 탐구」,『동아시아 고대학』제 18호, 2008.
43 그 외 6.4km설, 7km 설 등 이 있지만 10km 미만인 것에는 일치하고 있다.

으로 도움을 받을 만한 섬들이 별로 없다. 울릉도와 독도가 있고, 일본 쪽에는 니가타 앞의 사도섬, 이시가와현의 노토반도, 그리고 혼슈남단인 오키제도 등이 있을 뿐이다. 따라서 각 지역 간에는 반드시 원양항해를 할 수 밖에 없는 것이다. 동해의 항해환경을 알기 위하여 시인거리를 추정하여 원양항해의 범위를 찾아내는 방법이 있다. 필자는 동해에서 원양항해로서만 항해할 수 밖에 없는 범위를 계산해낸 적이 있다. 1998년, 2009년[44]에 발표한 논문에서 동해에서 시인거리를 다양한 방식으로 계산하여 다음 같은 자료를 작성하였다.

그림9 자료를 보면 연해주 일대와 사할린지역은 원양항해구역이 아니지만 나머지는 모두 나이도가 높은 원양항해구역에 해당한다. 동해는 이러한 해양환경으로 인하여 다른 해역에 비하여 상대적으로 주민과 문화의 교류(交流)와 만남이 적었고, 문화가 활발하지 못했다. 그러

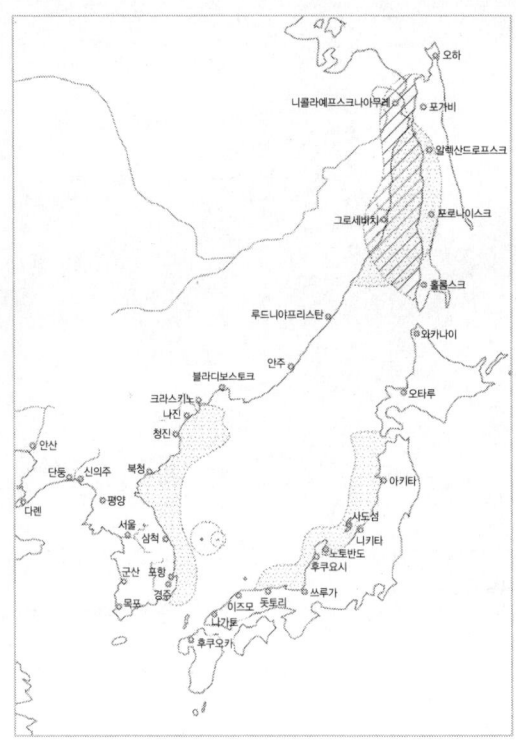

| 그림 9 | 시인거리를 계산하면 다음과 같은 도형이 나타난다. 점선 부분은 시인이 가능한 범주이다. 울릉도와 독도가 중요한 위치임을 확인할 수 있다. 또한 타르타해협에서는 사선의 영역처럼 어디서나 육지를 바라보면서 항해할 수 있다.

---

44 윤명철, 「渤海의 海洋活動과 東아시아의 秩序再編」, 『高句麗硏究 6』, 학연문화사, 1998 ; 「연해주 및 동해북부 항로에 대한 연구」, 『이사부와 동해』창간호, 한국 이사부학회, 2010, p.103.

나 황해 남해와 마찬가지로 우리의 해양문화 속에 포함되어 있었고, 한반도와 대륙이라는 육지와 하나가 되어 우리문화를 이루어 왔다. 특히 고대에 이르면 우리 역사의 중요한 활동범위였고, 그 시스템의 영향을 직접 간접으로 받으면서 움직였다.

4. 동해의 해양문화와 영일만의 해양환경

주민의 이동, 문화의 교류, 해양활동 등은 해양이 메커니즘상 결국은 항로의 문제로 귀착된다. 선사시대부터 고대에 이르기까지 영일만을 비롯한 동해안 문화의 몇몇 발상지와 그 연관관계를 살펴보면 해양과 불가분의 관계를 맺고 있음을 알 수 있다. 특히 앞장에서 언급한 자연환경을 토대로 역사유기체론, 환류시스템 이론들을 적용하면 동해해양문화와 영일만은 직접·간접 연결되어있을 수밖에 없다. 다만 교섭의 정도와 영향력의 배율의 차이는 있다.

우선 영일만이 부분으로 작동하는 동해 전체에서 나타난 문화교류와 해양활동의 양상을 항로를 통해서 살펴보고 이어 영일만으로 폭을 좁혀 구체적으로 영일만의 해양환경을 살펴보고자 한다.

1) 동해의 해양문화

(1) 동해 南北沿近海 항로

동해 남북연근해항로는 연안항해 또는 근해항해를 통해서 동해의 연안을 남북으로 오고가는 항로이다. 항구거점지역은 북으로 흑룡강 하구가 만나는 연해주의 북부 해안 일대에서 남부 해안, 두만강 하구, 동해의 북부와 중부 해역을 거쳐 남해의 여러 지역과 이어지는 긴 항로이다.[45] 비록 불연속적이고 점(點)형태이지만 선사시대부터 사용됐을 것이다. 함경도 해안에 서포항(西浦港) 패총 유적지가 있다. 신석기 1기층은 기원전 5000년 기 말 4000년기 초로 추정된다. 어망추, 작살 등과 고래뼈로 만든 노가 발견되어 해양활동 즉 어업에 활발하게 종사했음을 알려준다. 제3기, 4기의 토기가 연해주나 흑룡강성 지역까지 넓게 분포된 것은 확실하고, 흑룡강(黑龍江) 중류와 깊은 관련이 있다고 한다. 서포항(西浦港) 유적지 4기층에서 발견된 고래뼈로 만든 노는 기원전 4000년 기 후반으로 추정된다.[46]

그렇다면 육로와 강·해안을 유기적으로 이용한 교류의 흔적이라고 볼 수 있다. 함경북도 북부의 해안지대 및 연해주 남부지역을 포괄하는 문화가 존재했고, 그것을 옥저(沃沮)와 관련시키는 연구가 있었다.[47] 두만강과 가까운 연해주 지역 이즈웨스토프까에서도 일찍이 세형동검이 출토되었다.[48] 동해 북부의 양양군 오산리(鰲山里)유적은 기원전 6000년~4500년 사이의 것이다. 이 곳에서 발견된 융기문토기와 다량으로 출토된 결합식조침(結合式釣針)[49]과 흑요석제 석기[50]를 보면 중국의 흑룡강성, 백두산 지역, 규슈지역을 연결하는 문화의 교류가 있었음을 알 수 있다. 정징원과 소원철은 융기문토기가 노보페트로브카 유적을 위시한 동북지역에서 시작하여 오산리를 거쳐 남해안 및 규슈지역으로 퍼져 나갔을 것이라는 견해를 피력하였다.[51]

---

45 연해주 일대에서 선사시대부터 역사활동이 있었으며, 해양과 직접 간접으로 관계를 맺었을 것이다. 하지만 그 역사와 문화유적들이 우리 문화와 해양을 매개로 어떻게 연결될 수 있는지에 대해서는 아직 살펴볼 수가 없다.
46 이 서포항 유적지의 편년에 대해서는 대체로 의견이 일치되고 있다. 특히 임효재의 경우는 김용간의 초기 견해를 수용하고 있다.
47 송호정, 「두만강 유역의 고대문화와 정치집단의 성장」, 『호서사학』 제 50집, pp.28~29 참조.
48 姜仁旭·千羨幸, 「러시아 沿海州 세형동검 관계유적의 고찰」, 『韓國上古史學報』 42호, 2003, pp.1~34. 송호정, 위 논문에서 재인용.
49 任孝宰, 「신석기 시대의 한일문화교류」, 『한국사론』 16, 1986, pp.17~21.
50 임효재, 「중부 동해안과 동북 지역의 신석기 문화 관련성 연구」, 『한국고고학보』 26집, 1991, p.45.
51 임효재, 위 논문 p.48.

또한 2007년도에 '예맥문화재연구소'에 의해 발굴된 오산리 최하층의 자료를 보면 직립구연의 무문토기들도 다수 출토되었으며 오산리 최하층의 일부유물은 압인문 및 채도로 말르이쉐보(малышево) 문화와 비교가 된다[52]고

| 그림 10 | 강원도 정동진에서 사용된 통나무배(이원식〈한국의 배〉대원사)

하였다. 신석기시대에 가장 길고 확실한 동해안 남북 연근해항로를 사용한 증거이다. 속초시의 조양동 유적 제 2호 집자리에서는 어망추가 발견되었고, 강릉 등 동해중부 해안가에서는 패총유적들도 많이 발견되었다. 청동기시대에 들어와 무문토기도 동해안을 따라 확산·정착된 것으로 나타난다.[53]

이 이동민들은 선사시대에는 뗏목이나 통나무배(丸木舟·獨木舟) 등을 활용하였으며, 이러한 형태는 천전리 벽화나 반구대 벽화 등에서 찾아볼 수 있다. 강원도 해안에서 근래까지 사용된 '매생이' 등이나 두만강에서 사용된 통나무배들, 흑룡강 중하류에서 나나이족

| 그림 11 | 일본에서 사용된 통나무배(이원식〈한국의 배〉대원사)

---

52 강인욱, 「두만강 유역 청동기시대 문화의 변천 과정에 대하여」, 2007 ; 이외에도 고성 문암리는 아무르 지역의 말르이쉐보 및 연해주의 루드나야(руднинская культура), 보이스만문화와 같은 압인문계

| 그림 12 | 울릉도 학포에서 사용되었던 뗏목

등이 사용한 카누형 배들, 울릉도를 비롯한 동해연안에서 사용된 뗏목들은 그 무렵에도 이용됐을 것이다.[54] 동만주 일대 또는 연해주 지역에서 발달한 문화가 남북연근해항로를 이용해서 남으로 내려왔을 가능성은 역사시대에 들어오면서 더욱 커졌다.

| 그림 13 | 채취된 미역을 토막배로 올리는 모습. 『한국의 해양문화』 동남 해역 하2, pp.279~281.

| 그림 14 | 북만주 소흥안령 지역에서 판매되는 모형 자작나무배(흑룡강과 흥안령 일대의 강에서 사용)

통의 확산증거로 보인다.고 하여 문화적으로 깊은 관련이 있음을 주장하고 있다.
53 江原道, 『江原道史』(歷史編), 1995, p.220.
54 해수부, 『한국의 해양문화』, 동해해역 3장, p.31. 동해의 떼배는 나무를 엮어 만든 원시적인 배로 길이 3m 내외, 직경 20cm정도의 오동나무를 10개정도 엮어서 만들 것으로 한쪽에 높이 약 60cm정도의 노대를 만들어 노를 저어 앞으로 가게 만든 것이다라는 설명이 있다.

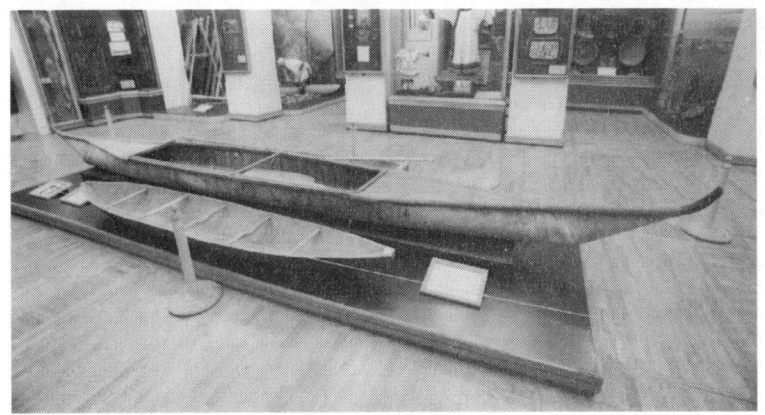

| 그림 15 | 블라디보스토크 향토박물관 자작나무껍질로 감싼 배. 앞뒤가 올라간 모습이 반구대암각화의 배와 유사하다.

| 그림 16 | 그림 위의 배그림 사진을 보면 반구대암각화의 내용과 유사하다.

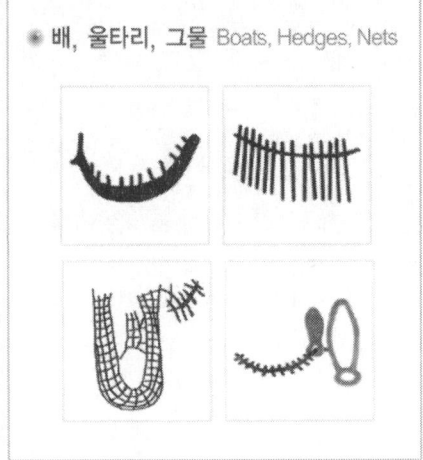

| 그림 17 | 울산 대곡리 盤龜臺 암각화의 곤도라형 배

| 그림 18 | 100년 전의 블라디보스토크만을 재현한 모습. 나무로 만든 뗏목배. 기간목으로 대나무를 사용하였고, 돛은 갈대를 짜서 만들었다.(러시아 블라디보스토크 향토자료관)

| 그림 19 | 카누형 통나무배를 쌍으로 엮어서 사용하였다. 연해주 일대의 강과 바다에서 사용된 것이다.(러시아 블라디보스토크 향토자료관)

| 그림 20 | ▲타이가의 침엽수로 만든 뗏목배(러시아 블라디보스토크 향토자료관)

| 그림 21 | 연해주 일대의 숲 사이를 흐르는 강에서 사용된 배 - 민속화 ▶

연해주 일대에서 해양과 연관하여 활동을 벌인 주체는 읍루로 추정된다.[55] 삼국지 위지 동이전에 따르면 읍루는 오곡농사를 짓고, 우마(牛馬)를 키우며, 마포(麻布)도 사용했다. 또 흑요석의 석촉을 사용하였는데, 독화살이었다. 바다에서 물고기도 사냥하였으며 조선술도 뛰어났다.[56] 『후한서』 동이전에는 '읍루는 옛 숙신국 땅이다. 남으로

| 그림 22 | 연해주 하바로프스크주 하바로프스크외곽 나나이 민속촌 자료관에 전시된 그림. 배를 건조하는 모습이 표현되어 있다.

는 북옥저와 접해있다'고 하였다. 3~4세기 전후의 상황을 말하는데, 연해주 일대로 보여진다. 동일한 상황을 기록한 신당서에는 '흑수(黑水)말갈은 숙신땅에 있는데, 이것은 또 읍루(挹婁)라고도 했다. 원위(元魏)때는 물길(勿吉)로도 불리었다.……동쪽은 바다에 닿아있고…….'[57] 이들 읍루인들은 동예, 옥저와 매우 유사하고, 함께 고구려 영역 내지 체제 속에 포함되었고, 나중에는 말갈이라는 이름으로 고구려 영토 안에 거주하는 주민들이었다.

---

55 이 부분에 대해서는 韓圭哲「肅愼 挹婁 硏究」를 비롯하여「渤海人이 된 高句麗靺鞨-The Koguryo-Malgal of Palhae People」, 『고구려연구』26집, 2007 등이 있다. 그는 근래 논문에서 말갈 연구사와 함께 자기 견해를 주장하고 있다. 즉 6세기 이후부터 사용되기 시작한 靺鞨은 他稱의 統稱(범칭)이면서 卑稱이었다는 점, 高句麗 時代 말갈로 불리는 사람들은 黑水말갈 즉 黑龍江地域住民들을 제외하고는 대개가 高句麗 邊防住民들을 異民族視하여 卑稱한 결과라는 점이다. 그렇다면 읍루의 성분에 대해서도 다양한 관점에서 볼 필요가 있다.
56 松山利夫, 「ナラ林の文化」, 『季刊考古學』15호, 雄山閣出版社, 1986, p.44.
57 『新唐書』卷219 北狄, 黑水靺鞨傳.

고구려는 광개토태왕 시대인 410년에 동부여를 병합하였다. 이때 물길지역을 정복하면서 두만강 하구와 연해주의 일부지방을 영역으로 삼았다.[58] 이 곳은 동류 송화강의 일부와 두만강, 얀치하, 우수리강, 흑룡강이 흐르는 곳이다. 이들은 고구려라는 모집단(母集團)을 매개로 물길과 문화적으로 관계가 깊었으며, 이는 역시 육로와 함께 해로를 활용하였을 것이다.[59] 고구려는 전기인 민중왕(閔中王) 때(47년)와 서천왕(西川王, 288년) 때 고래의 야광눈을 특별하게 왕에게 바친 기록을 남기고 있다. 이 때 어업집단이 동예, 옥저 혹은 물길과 깊은 관련이 있었을 것이며, 아마도 두만강 이북의 해안일 가능성이 크다. 또한 고구려라는 모집단을 통해서 동해중부 및 울릉도 등과 어업과 연관성이 깊은 문화교류들이 있었을 개연성이 높다.

발해가 멸망한 이후 동해북부 연안의 말갈은 독자적으로 해상활동을 전개하였다. 해적(刀伊)으로 변신하여 동여진(東女眞)은 1005년에 고려해안을 침략하였으며, 1018년(현종 9년)에 울릉도는 동여진의 침략을 받아 항복하였다. 여진해적들은 동해남부해안뿐만 아니라 일본열도까지 침범을 한다. 동해연근해항로는 물론이고, 동해 종단항로 등도 무수하게 활용되었을 알 수 있다. 흑룡강 중류의 시카치알리안 암각화지역을 비롯하여 일부만 남아있는 나나이족 등의 소수민족 등을 주목할 필요가 있다.[60]

동해는 크고 높은 산맥과 넓은 바다에 끼어 해안가의 면적이 좁아 농경에 적합하지 않고, 해안선이 직선에 가까운 데다가, 수심이 깊고 온도가 차며, 파도가 거칠어 정

---

58 徐榮洙,「廣開土王碑文에 보이는 征服記事 再檢討 中」,『歷史學報』, 1985, pp. 106~107.
59 말갈이 우리와 연관있다는 견해들이 있다.
　강인욱, 위 논문, p.33, 강인욱은 '말갈은 물길·두막루(또는 탁리국)와 가장 부합되는데, 물길은 좀 더 읍루-말갈의 문화상에 가깝고 두막루는 부여와 가깝다는 점에서 본다면 칠성하 유역의 집단은 두막루, 아무르강 중류지역은 물길로도 생각해 볼 수도 있다. ……부여의 멸망 이후 말갈은 유목문화의 요소를 받아들여서 유목과 농경,수렵채집 등을 병행하는 복합경제를 영위하게 되었다.' 라고 하였다.
　정석배,「아무르 연해주 지역의 말갈-연구현황과 과제-Malgal on the territory of Primoriye and Priamuriye-Research situation and objectives」,『高句麗渤海硏究』35輯, 2009.
60 일부에서는 漢·魏 때의 沃沮가 뒤의 兀者·赫哲(헤젠·나나이)로 된 것으로 본다.

박하기에 적합한 항구가 부족하고, 원거리 대양항해도 힘들었다. 반면에 조류의 영향력이 약하고 중간중간에 연안항해를 방해할 섬들이 적으므로 남북으로 이어지는 연안항해가 상대적으로 용이했다. 따라서 출발지인 내륙에서 강을 따라 내려오다가 연해주일대나 두만강 하구를 최종 출발항구로 삼고 연근해항해를 한다. 리만한류와 북풍계열을 이용하여 남항하다가 항구조건 혹은 어업과 관련하여 중간 중간에 정착을 한다.[61] 그러다가 최종적 혹은 중요한 도착지로 동해남부 해안을 삼아 정착했다. 하지만 후대의 발해에서 보이듯 동해를 건너 교류와 어업활동이 활발했고, 어쩌면 연해주의 대안(對岸)인 사할린지역이나 홋카이도 지역과 동해남부가 교류했을 가능성도 있다.

| 그림 23 | 하바로프스크주 하바로프스크 외곽인 아무르강변의 사카치알리안 암각화. 세계문화유산이다.

| 그림 24 | 하바로프스크주 하바로프스크 외곽인 아무르강변의 사카치알리안 암각화. 세계문화유산이다.

---

61 일종의 江海루트이다. 이 용어는 주채혁이 우리문화의 기원을 시베리아와 연결시키는 과정에서 설정한 용어이다.

| 그림 25 | 연해주 일대에 사는 소수민족의 생활을 그린 민속화. 모피에 그린 그림은 울산 반구대 암각화의 내용과 유사하다.

| 그림 26 | 연해주와 사할린 사이인 타타르해와 오호츠크해의 해류도

(2) 연해주 항로

연해주 항로는 북부와 남부 2개 항로로 분류할 수 있다.

북부항로는 아무르강(黑龍江)의 하구인 니콜라예프부터 그로세비치, 사마르가(강과 만나는 지역), 그리고 남으로는 블라디보스토크 등에 이르는 연해주(沿海洲) 해안에서 출항하여 타타르 해협을 도항한 다음에 사할린(高項島)의 최북단인 오카, 사카린, 오를보, 코름스크, 그리고 홋카이도(北海道)의 와카나이나 오타루 등 남단에 이르는 장소로 도착하는 항로이다. 앞에서 인용했듯이 소베츠카야가반에서 건너편인 사할린의 오롤보까지는 150km이고, 연해주의 북부지역에서는 사할린과 간격이 2.5km이다.[62] 선사시대에는 노를 저어서 도해가 가능하다. 12월에서 4월까지는 얼음 위를 걸어서 건너갈 수 있다. 마찬가지로 연해주 남부 및 두만강 하구도 타타르해의 건너편인 사할린지역 및 홋카이도 지역과 교류가 용이하다. 블라디보스토크와 홋카이도 남부의 오타루

---

62 그 외 6.4km설 7km 설 등이 있지만 10km 미만인 것에는 일치하고 있다.

는 동일한 위도상에 있어 지리적으로 매우 조건이 좋다.

연해주의 동부에는 시호테알린 산맥이 있고 반대편인 사할린과 홋카이도에도 산맥들이 있어 바다 한가운데 어디서도 사방을 바라보면서 지문항해를 할 수 있다. 봄·여름에는 남풍계열의 바람이 불고 6·7·8월에는 편남풍이 분다.[63] 날씨도 따뜻하고 바람도 세지 않아 해상상태도 상대적으로 안정되어 있으며, 해류는 북에서 남류하고 있다. 연해주에서 바다를 바로 동북상하여 사할린지역에 도착할 수 있다. 또한 홋카이도에 상륙하거나, 접근

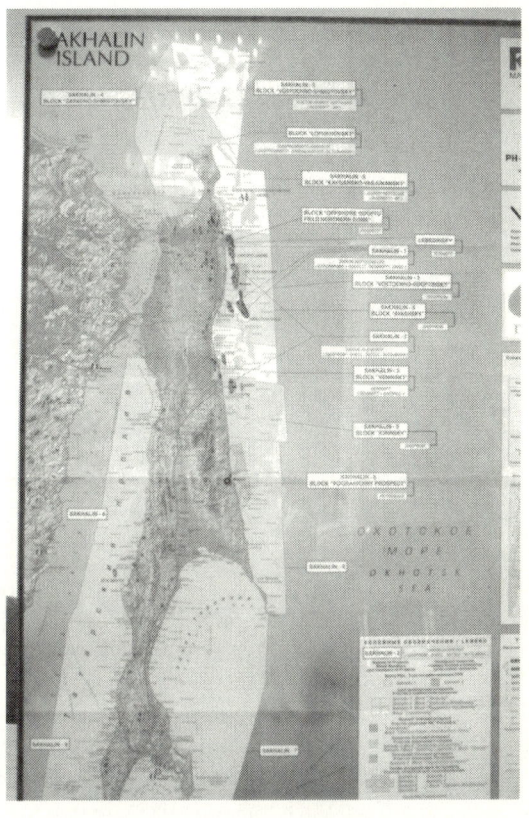

| 그림 27 | 연해주와 사할린 사이의 좁은 타타르해협

한 후에 연안항해를 통해서 출우(出羽) 등 혼슈 북부지역에 도착할 수 있다.

다만 일본열도의 혼슈지역으로 항해하는 데는 난이도가 높다. 한겨울에 북서풍을 이용해야하므로 난파 표류 등 실패의 확률이 높고, 또한 겨울 항해이므로 적합한 항구가 필요했다. 연해주일대는 겨울에 부동항이 없다. 발해인들이 출항했다고 알려진 포시에트만(波謝特灣)[64]은 부동항(不凍港)이 아니라고 주장을 북한학자들이 하고 있으며,

---

63 『근해항로지』, 대한민국 水路局, 1973, p.22.

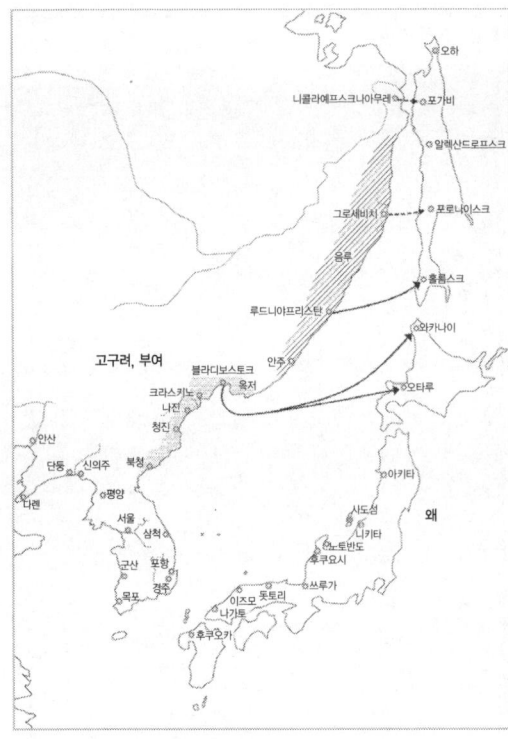

| 그림 28 | 발해인들의 연해주 항로

현대의 해양기상자료에 따르면 블라디보스토크를 비롯하여 함경북도 선봉군과 그 이북연해는 겨울철에 바닷물이 얼기 때문에 배가 다닐 수 없다고 한다.[65]

이 연해주 항로를 이용해서 양 지역을 오고간 사람들은 누구였을까? 이들 주민 및 문화와 영일만은 어떤 연관성이 있었을까?

여러 논고에서 언급하였듯이 이미 5000년 전부터 주민들은 건너다녔다.

하지만 역사시대에 들어와 초기에 연해주 항로를 이용했고, 해양활동을 벌인 주체는 읍루로 추정된다. 그런데 옥저가 연해주의 바다에서 활동했고, 연해주 항로를 활용했을 가능성을 보여주는 글이 있다. 『삼국지』 위서 동이전 동옥저전에는 '북옥저는 일명 『치구루(置溝婁)』라 하였다. 남옥저에서 팔백여리를 가면 된다. 그 풍속이 남옥저와 같고 남쪽은 읍루(挹婁)와 접한다. 읍루 사람들은 배를 타고 노략질하는 것을 좋아하므로

---

64 …추까노프까강이 있는데 과거에는 얀치헤(鹽州河)였다. 즉 발해시대의 鹽州인 것이다.
65 『근해항로지』, 대한민국 水路局, 1973, p.31; 채태형, 「발해 동경 용원부-훈춘 팔련성설에 대한 재검토」, 『력사과학』3호, 1990, p.50.

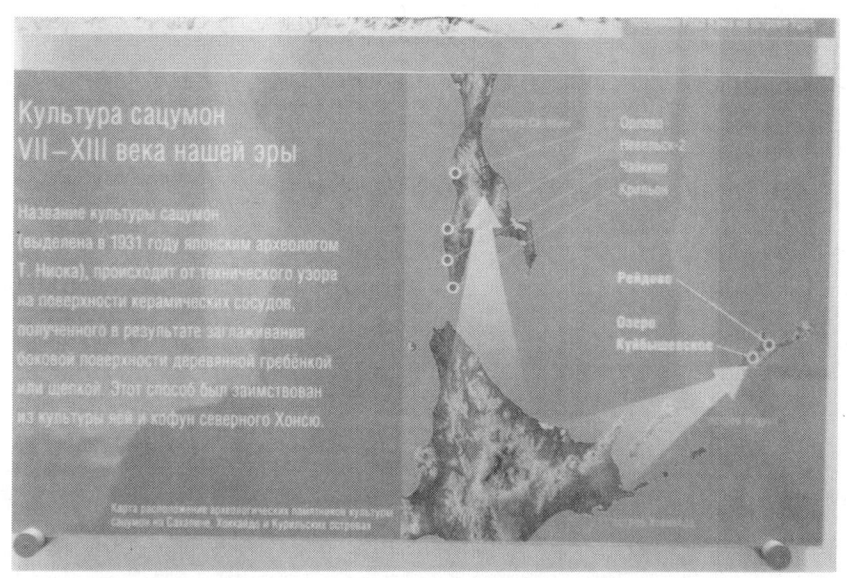

| 그림 29 | 사할린과 홋카이도, 쿠릴열도 간의 문화교류도(유스노사할린스크 박물관)

북옥저가 두려워해 여름에는 바위굴에 살면서 수비하고 겨울에 얼음이 얼어 뱃길이 통하지 않으면 내려와 촌락(村落)에 살았다.'⁶⁶ 이 글은 읍루의 남쪽에 있는 북옥저는 남옥저에서 8백리 북쪽에 있으며, 그들의 앞 바다 역시 겨울에는 언다는 사실이다. 이 기록을 그대로 믿는다면 북옥저는 한반도 북부지역이 아니라 연해주 지역에 있는 나라이다. 북옥저는 연해주의 바다에서 해양활동을 전개했고, 다양한 항로를 이용했던 것 같다. 기원전 5세기에서 기원 후 1세기까지 도문강(圖門江) 유역을 포함한 수분하(綏芬河) 유역, 목릉하(穆稜河) 상류 및 이 일대의 해변지역에서 발전한 단결문화(團結文化)는 옥저문화임이 확정되었다.⁶⁷

---

66 『삼국지』 위서 동이전 동옥저전.
67 孫進己, 『東北民族源流』, p.262.

『삼국지』 동이전 옥저전에는 또 다른 아래 기록이 있다. '옥저사람들은 고구려에 어염(魚鹽)과 해중식물을 바쳤다. 동예 사람들은 반어피(斑魚皮)를 바쳤으며, 먼바다까지 항해하였다.' 원양어업과 항해를 한 기록이다. 같은 책에는 또 다른 내용이 있다. '그 무렵 기로(耆老)들에게 들은 내용으로서 그들이 수 십 일을 표류하다가 큰 바다 가운데 섬에 닿았고, 그 곳은 말을 알아들을 수 없다고 하였고, 또 이어 바다 가운데 한 나라 이야기를 하면서 여자만 있고 남자는 없는 여인국이 있다.' 고 하는 등의 이야기이다.

그 섬들의 위치에 대해서는 여러 설이 있는데, 울릉도인 우산국이라는 이병도(李丙燾)나 이케우치(池內宏)[68]등의 견해가 있다. 그런데 오늘날의 쿠릴섬(사할린섬)일 것이라는 견해도 있다는 것은 놀라운 일이다.[69] 물론 아이누족인 하이(遐夷)들이 살았던 홋카이도일 가능성도 배제할 수는 없다. 읍루인들을 비롯한 옥저인들은 연해주 항로를 이용해서 사할린과 홋카이도 및 혼슈 북부를 오고가며 문화를 교류했을 가능성이 높다. 7, 8세기에는 홋카이도에는 주석(錫)제품 등 연해주로부터 반입된 것으로 생각되는 유물이 출토됐다.[70] 7세기 시대의 오타루(小樽)나 오가와(大川, 余市)의 주변에서는 주석(錫)제품 등 연해주로부터 반입된 것으로 생각되는 유물이 출토된다.[71] 일본에서 菊池俊彦, 臼杵薫 등은 말갈문화가 사할린과 홋카이도의 오호츠크문화에 영향을 주었다는 데에서 연구의 중심을 두고 있다.[72] 북해도의 오호츠크문화의 유적에서는 대

---

68 池內宏, 「伊刀の賊」, 『滿鮮史研究 中世』第1, 1933, p.316. 이 글에서 여진 해적과 울릉도 문제에 대해서도 다루고 있다.
69 孫進己, 『東北民族源流』, p.417.
70 동해북부와 타타르해협에서 이루어진 해양활동은 윤명철, 「渤海의 海洋活動과 東아시아의 秩序再編」, 『高句麗研究』6, 학연문화사, 1998; 『張保皐 時代의 海洋活動과 東亞地中海』, 학연, 2003 참조, 小嶋芳孝, 「日本海の島々と靺鞨・渤海の交流」, 『境界の日本史』, p.14. 이 외에도 북해도 각 섬들에 대한 개관 및 유적・유물 현황 들이 설명되어 있다.
71 小嶋芳孝, 「古代日本と渤海」, p.21.

류으로부터 전해진 물건들이 적지 않게 있었다. 그것들은 연해주지방에서 아무르강 유역 및 사할린을 경유하여 들어온 것이다.[73]

오호츠크문화와 고리야크문화에 있는 골각기의 제작기술의 발달, 해수(海獸)나 고래의 수렵이라는 경제형태는 환오호츠크해에서 발달한 독자적인 연해문화로서 파악하고있는데, 그런데 이는 우리 동해남부(東海南部)문화와도 연결되었을 가능성이 매우 크다.[74] 오호츠크문화란 북해도(北海島, 홋카이도)문화 및 사할린문화를 말한다.[75] 오호츠크문화와 말갈의 관계가 깊다면, 말갈과 우리와의 관계로 보아 직접 혹은 간접으로 연관성이 있을 것이다. 그 증거의 문제는 계속되는 연구과제일 수밖에 없다.

『통전』 유귀(流鬼)에는 말갈은 배를 타고 바다를 건너 이 나라와 무역을 한다는 기록이 있다. 이 무렵의 말갈은 다소 논란의 여지가 있지만 연해주 북부일대에 거주하고 있었다. 유귀의 위치에 대하여는 2가지 설이 있다.[76] 지금의 캄차카 반도라는 설과 지금의 쿠릴섬(사할린 섬)이어야 한다는 설이다.[77] 고대국가시대에 연해주 및 만주 일대와 사할린은 활발하게 교류한 것이다. 두 지역을 오고가던 문화는 해양의 메커니즘과 어로활동으로 인하여 직접항로 또는 간접항로 등을 이용하여 동해중부 나아가 동해남부까지 이어졌을 가능이 크다. 이지항은 영조 때 사람인데, 1756년 음력 4월 부산을 출항해서 동해를 표류하다가 말이 안통하고 몸에 검은 털이 난 하이(蝦夷)인들이 사는 홋카이도에 표착한다. 그는 움집 안에 고래포들이 산더미처럼 쌓여있고, 곰가죽 여우가죽 담비가죽으로 만든 옷을 입고 있다는 내용을 『표주록(漂舟錄)』으로 남겼다. 그의 표

---

72 강인욱, 위 논문, p.10.
73 菊池俊彦 著 『北東アジアの古代文化の研究』, 北海道大學 圖書刊行會, 1995, p.28.
74 위 책, p.29.
75 위 책, p.70.
76 이 부분에 대하여 손진기가 잘 정리해 놓았다. 『東北民族源流』, p.420 참조.
77 孫進己, 『東北民族源流』, p.418. 쿠릴섬에 최초로 들어가 살던 사람들은 通奇人, 즉 니프크(尼夫赫)족인데, 대략 1천 년경에 들어갔다고 보는 주장도 있다.

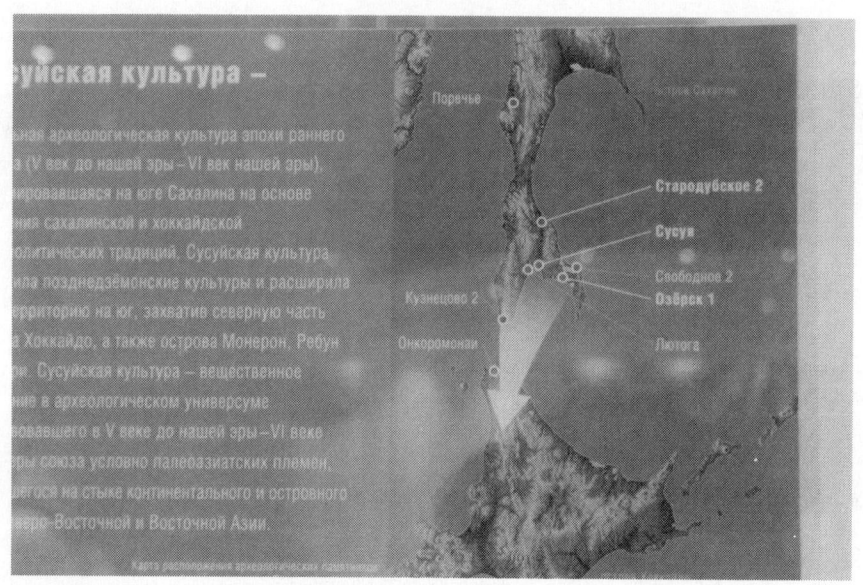

| 그림 30 | 유스노사할린스크 박물관 자료. 홋카이도와 사할린과의 문화교류를 보여주고 있다.

류행적은 동해남부와 홋카이도 북부까지 항해가 가능함을 반증한다.

(3) 동해남부 횡단항로

동해남부 횡단항로는 울산(蔚山), 감포(甘浦), 포항(浦港) 등 동해남부의 해안을 출발하여 동해남부를 횡단한 다음에 일본열도의 혼슈 남부지역인 산음지방의 돗도리(鳥取)현의 다지마(但馬), 호키(伯耆), 시마네(島根)현의 이즈모(出雲), 오키(隱岐), 야마구치현(山口縣)의 나가토(長門) 등이다. 이렇게 도착한 다음에, 목적에 따라 연안 혹은 근해항해를 이용하여 북으로는 후꾸이(福井)현의 쓰루가(敦賀)지역으로, 남으로는 규슈지역으로 다시 들어가기도 했다. 해양환경이 비교적 양호하여 선사시대부터 사용되었을 것이다.

특히 이즈모(出雲)지역은 경상남도 울산이나 포항지방과 위도상(북위 35.5도)으로

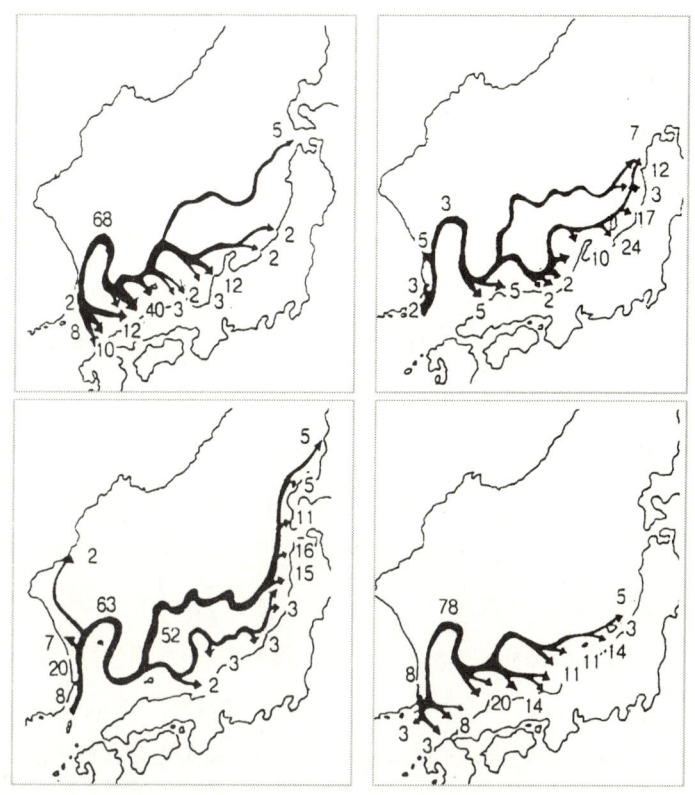

| 그림 31 | 해류병도
대한해협에서 투입한 표류병의 도착 상황. 겨울에는 전체의 40%가 이즈모(出雲) 지역에 도착하고 있다.
(일본동해대학교 자료)

보아 거의 비슷한 위치에 있다. 양 지역 사이에는 항로가 2개 있었다. 하나는 동해남부 또는 남해로 부터 리만한류를 타서 북위 30도 부근에서 대한난류 서파(西派)를 횡단하여 본류에 올라타서 이즈모(出雲) 서안에 도달하는 직접항로이다. 제 2의 항로는 한반도 동안에서 출발하여 오키(隱岐)에 도착하고, 다시 시마네 만두(島根灣頭) 혹은 이나바(因幡)해안에 도착하는 것이다.[78] 즉 흑조(黑潮)에서 분파된 해류는 동해 남부나 중부에서 출발한 선박을 일본해안으로 자연스럽게 밀어 붙이므로 물길과 계절풍을 활용한다면 항해는 성공할 수 있다.

『삼국유사』에 따르면 8대 아달라(阿達羅)왕 때(158년) 연오랑(延烏郞)과 세오녀(細烏女)가 일본에 건너가 소국의 왕과 왕비가 되었다.[79] 바위로 상징되는 항해수단을 이용했으며, 신라세력의 진출거점이 동해가의 영일만 부근이었음을 알려준다. 이와 비슷한 이야기가 『일본서기(日本書紀)』에도 있다. 스이닌(垂仁) 3년에 신라의 왕자인 아메노히보코(天日槍)가 배를 타고 건너왔는데, 혼슈 남단의 동해와 붙은 시마네(島根)현의 이즈모(出雲)지역에 정착한 세력을 말한다.[80] 그런데 『고사기(古事記)』와 『일본서기(日本書紀)』에는 스사노오노 미코토가 신라국에 내려와 살다가 흙(埴土)으로 만든 배를 타고 이즈모(出雲) 지방의 도리가미 노다께(鳥上峯)에 내려왔다고 한다. 1세기경 한반도의 동해안에서 건너온 신라인계 집단이 선주의 해인족(海人族)을 구축하였고, 그들은 2세기경부터 동(東)으로 이동하여 이즈모(出雲)의 사철지대를 점령하였다.[81] 영일만 일대는 철 생산지였다.

반대로 이즈모(出雲)에서 출발하는 경우는 규슈북안까지 대마해류의 반류에 타서 연안을 올라간 후, 규슈 북서부에서 이키・쓰시마를 경유해서 대마본류에 타서 '해(海)의 북도(北道)'를 탄다면 한반도의 동남부 또는 동부에 도착한다.[82] 2대인 남해 차차웅 때에는 왜인이 병선 100여 척에 나누어 타고 영일군 등 해안을 침범하였다.[83] 4대 왕인 석탈해는 삼국사기에 따르면 왜의 동북쪽 천여리에 있는 다파나국(多婆那國)에서 왔다고 하였다. 글자 그대로 해석한다면 북쪽에서 동해안을 근해항해하여 내려왔다

---

78 中田 勳, 『古代韓日航路考』 倉文社, 1956, pp.123~127.
79 『삼국유사』 권 1 기이 2.
80 이 부분에 대해서는 졸고, 「海洋條件을 통해서 본 古代 韓日關係史의 理解」, 『日本學』 14, 동국대 일본학연구소, 1995, pp.93~99 및 졸저, 『동아지중해와 고대일본』, 1996에 관련 자료들과 함께 기술하고 있다.
81 文脇禎二, 『出雲の古代史』, NHK ブックス, 1986, p.27.
82 松枝正根, 『古代日本の軍事航海史』上 かや書房, 1994, pp.109~111.
83 『삼국사기』 권1, 신라본기 南海次次雄 조.

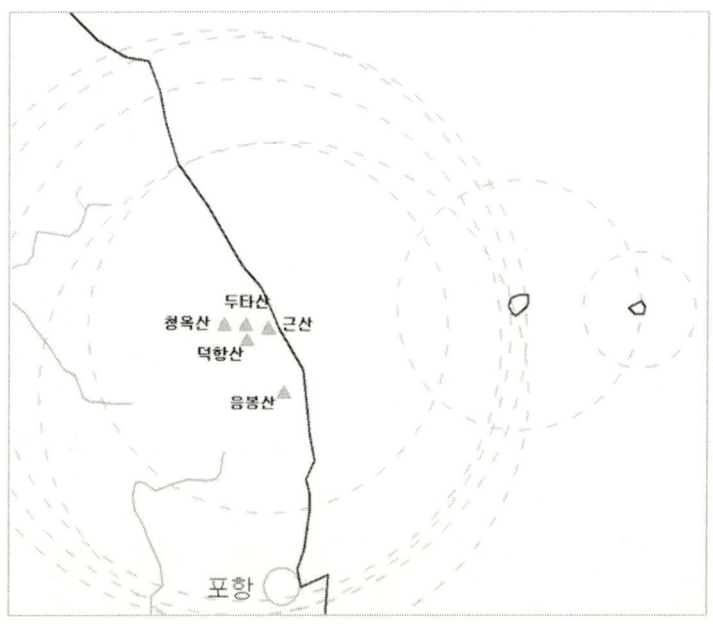

| 그림 32 | 근해항해 가능범위도

는 설이다. 『고사기(古事記)』와 『일본서기(日本書紀)』에는 스사노오노 미코토(須佐之男命)가 아마테라스 오미가미(天照大神)와 벌인 씨움에서 패배하자 근국(根國)인 신라로 돌아간다. 도착항구는 영일만일 가능성이 농후하다. 신라는 건국한 초기부터 동해에서 일본열도와 관계를 맺었음을 알 수 있다.

(4) 남해항로

해류와 남풍계열의 바람을 이용해서 남쪽의 대마도나 일본열도의 규슈지역에서 문화가 북상해서 영일만 지역과 직접·간접으로 관계를 맺었다. 부산의 조도나 동삼동패총과 마찬가지로 서생포의 신암리(新岩里) 유적에서 역시 조몬 토기들과 흑요석 석기들이 발견되었다.[84] 그 문화는 더욱 북상했을 가능성이 있다. 또한 제주도나 중국의 강남지역, 동남아지역의 문화도 동중국해와 황해남부를 통해서 들어온 이후에 남해동부를 경유하여 영일만 지역으로 들어왔거나 재경유하여 북상했을 가능성이 크다. 대한난류(對馬해류)와 난생신화(卵生神話)의 분포를 비교하여 하나의 문화권, 즉 동해문화권을 설정하는 설도 있다.[85]

2) 영일만의 해양환경 검토

(1) 자연환경 검토

영일만은 자연환경을 고려할 때에 동해남부의 북쪽지역인 영덕 및 울진, 남쪽지역인 감포(甘浦) 및 울산과 연결되면서 크게 보면 하나의 해양문화권을 형성할 수 있다. 특히나 신라의 수도였던 경주지역을 중핵(中核)으로 삼는다면 이러한 설정은 충분히 가능하다.

영일만으로는 형산강(兄山江)이 흘러들어오는데 길이가 63.34km, 동해로 흐르는 강 가운데 제일 길다. 경주에서 연일읍을 경유하여 포항을 통과한 다음에 영일만으로 흘러들어가 동해로 합류한다. 유역면적이 1,132.96km²로서 충적평야가 발달되었고, 농산물이 풍부한 곳이다.

영일만은 크고 작은 만으로 구성되어있다. 그 가운데 핵심지역은 현재 포항시 일대이다.

포항시는 옛날 영일현과 흥해군·청하현·장기현이 합해진 도시이며 항구이다. 포항은 북쪽은 흥해 울진, 남쪽은 울산에 연접해 있고 동해안에서 유일한 굴곡지역으로 구룡반도가 영일만을 감싸고 있는 형국을 하며 해안의 길이는 총 110km에 이른다.

---

84 任孝宰, 앞 논문, p.5.
85 金在鵬,「古代 南海貿易ルートと朝鮮. 上」,『東アジアの古代文化』25號, 大和書房, 1980 참고.

영일만이 동해문화권에서 중요한 위치를 차지하고 있고, 동해주변의 여러 지역과 해양교류를 활발하게 하려면 항구 등 해양활동의 중요한 조건들을 갖추고 있어야 한다. 포항을 중심으로 해양환경 및 항구조건 등을 살펴보자.[86]

먼 바다를 항해하거나 외부에서 진입하고자하는 집단에게는 육지의 산 등을 보면서 자기위치를 파악하고 항로를 결정하는 지표가 필수적이다. 그런데 영일만의 뒤편은 백두대간의 산들이 남북으로 1000m 이상으로 선(線)을 이루고 있다. 울산, 울진 등과 마찬가지로 먼 거리에서도 관측이 가능하다. 넓고 안정된 만(灣)이 발달해야하며, 만(灣)의 내부에는 물과 파도의 흐름을 조절할 수 있는 섬들이 존재하거나, 길게 내륙에서 뻗어 나오면서 만(灣)을 감싼 지형이 필수적이다. 그런데 영일만은 동해안에서 드물게 깊숙하고 넓어서 해양활동에 유리하다. 또한 동쪽에는 장기반도가 동북으로 길게 돌출되어있어 만을 한 쪽 날개처럼 감싸고 있으며 해안선을 따라 해안단구가 발달해 있다.

| 그림 33 | 규장각 소장 1872년 「전국지방지도」

---

86 이 부분은 주로 해수부, 『한국의 해양문화』, 동남해역(上) 해양수산부, 2002를 참고하였다.

| 그림 34 | 규장각 소장 1872년 『전국지방지도』

항로(航路)가 발달하는 데에는 외항(外港)뿐만 아니라 양질의 내항(內港)이 필수적이다. 다소 큰 규모의 선단(船團)을 보유하고 정박할 수 있는 효율성 높은 부두시설을 갖추어야 한다. 또한 악천후나 적의 급습을 받았을 때를 대비하여 피항(避港)할 수 있는 공간을 확보할 필요가 있다. 태풍은 동남해역을 끊임없이 괴롭히는 기상의 조건이다. 뿐만 아니라 동해는 겨울에 북서풍이 몰아치고, 파고가 높아서 황천항해가 불가피한 시기가 많다. 따라서 험악한 겨울환경을 반드시 고려하여 항구를 선택하고 건설해야 한다. 영일만은 피항(避港)조건을 잘 갖추고 있다.

영일만 북쪽 해안은 급경사의 구릉(100~200m)이 산재하고 구룡반도가 감싸고 있어서 외양의 영향이 상대적으로 적다. 다만 만의 입구부분이 동북향으로 되어 겨울에 북서풍이 몰아쳐 만안에 파고를 일으킬 가능성이 높고, 한류가 만안으로 들어오는 한계가 있다. 또한 항구는 교통망(交通網)[87]이 발달하야 한다. 동아지중해 같은 해류적(海陸的) 환경 속에서, 또한 국가가 해양을 중요시하는 정책을 취할 경우에는 육로교통(陸路

---

[87] 교통로와 교통망은 의미와 기능상에 차이가 있다.

交通), 내륙수로교통(內陸水路交通), 해양교통(海洋交通)이 유기적으로 연결되며 동시에 적합해야 한다. 그 외에도 영일만은 선박건조나 수리에 용이한 환경을 갖추고 있다. 동해남부 해역에서는 뛰어난 항구조건을 갖춘 몇 안되는 항구 가운데 하나이다. 전 근대에는 참포(塹浦),[88] 주진(注津),[89] 개포(介浦),[90] 통양포(通洋浦),[91] 칠포(漆浦, 柒浦),[92] 포이포(包伊浦)[93]를 비롯하여 주변에 형산포,[94] 석탈해의 도착지로 알려진 아진포(阿珍浦), 팔조포(八助浦), 감포(甘浦) 등이 있었다.

영일만은 입지 조건 자체뿐만 아니라 해양 지리적으로 해양문화가 발달하고 먼지역과도 교류가 활성화될만한 조건을 구비하고 있었다. 전 장에서 언급한 바와 같이 동해를 사이에 두고 다양한 항로들이 개설되어있는데, 영일만은 주변의 울산만 등과 동일하게 남북연근해항로와 동서항로(東西航路)가 마주치는 해류교차점 가운데 하나이다. 선사시대부터 고대를 거쳐 근대에 이르기까지 동해를 가운데 둔 해양교통의 중심지였다.

(2) 인문환경 검토

영일만은 해양을 매개로 삼은 경제활동을 벌이기에 유리한 환경이었다. 오호츠크

---

[88] 포항시 흥해읍 곡강천의 포구로 추정된다. 이하 포구의 내용은 新增東國輿地勝覽 외에 전덕재 집필, 고석규·강봉룡·윤명철 등 지음, 『장보고 시대의 포구조사』, 재단법인 해상왕 장보고 기념 사업회, 2005 참고.
[89] 『신증동국여지승람』 권 제23, 영일현 산천조에 '주진은 현의 북쪽 15리에 있다' 고 한 곳으로 현 경북 포항시 연일읍 생지리 근처에 위치한 포구이다.
[90] 『신증동국여지승람』 권 제23, 청하현 산천조. 경북 포항시 청하면 월포리에 위치한 포구이다.
[91] 『세종실록지리지』 경상도 영일현조. 경북 포항시 두호동에 위치한 포구이다.
[92] 『신증동국여지승람』 관방조. 포항시 흥해읍 칠포리에 위치한 포구이다. 권 제22 경상도 흥해군 산천조. 곡강천 하류에 있다.
[93] 경북 포항시 장기면 모포리에 위치한 포구이다.
[94] 『신증동국여지승람』 권 제21, 경상도 경주부 산천조에 '형산포는 안강현 동쪽 24리에 있다.

해 근해에서 남하하는 리만해류에서 갈라져 나온 한류인 북한해류가 겨울에는 동한해류의 안쪽을 흘러 영일만까지 남하한다. 난류와 한류가 교차하는 조경수역(潮境水域)이 형성되어 플랑크톤이 풍부하고, 따라서 난류성 어족과 한류성 어족이 모여들은 훌륭한 어장이 형성된다.[95] 한류성 어족인 대구·명태는 울진 근처에서 회유한다. 연어, 송어, 방어, 대구, 명태, 자해(紫蟹, 대게)등과 특히 홍해에서는 해삼 등이 생산되었다.[96] 꽈메기는 꽁치를 추위와 해풍에 얼려 건조하고 있으나 과거에는 청어를 말렸다. 이러한 방식은 연해주 및 사할린일대의 어부들이 지금도 사용하는 방식이다. 따라서 영일만은 어로집단이 정착하거나 어렵의 장소로 활용가능성이 높은 곳이다. 더더욱 선사시대부터 중요한 어로대상인 고래가 서식하는 해역이었다. 고래는 동쪽 아시아의 북쪽 바다 전역에 서식하였으며, 영일만은 북으로는 연해주 북부와 오호츠크해 베링해, 남으로는 울산만 울릉도 해역, 그리고 일본의 동해연안해역에 이르는 지역과 연결되었다. 한국 근해에는 주로 밍크고래가

| 그림 35 | 연해주 일대에 사는 소수민족의 생활을 그린 민속화.
타타르해나 오호츠크해에서 잡은 청어, 연어 등의 생선을 건조하는 풍경. 동해 남부 일부지역에 남아있는 과메기 제조 작어보가 유사하다.

| 그림 36 | 오호츠크해에서 늦봄에 잡은 생선

---

95 해수부, 『한국의 해양문화』, 동남해역(上) 해양수산부, 2002, p.167.
96 신증동국여지승람 및 국립수산진흥원에서 발간한 『한국연근해유용어류도감』 참고.

서식했는데, 고래는 종류에 따라서 약간씩의 차이는 있으나 회유성이 있다.[97] 이러한 회유성(回遊性)을 바탕으로 한 고래의 행동권을 따라다니는 어업민집단들도 '회유성(回遊性) 문화권(文化圈)'[98]을 형성하였을 것은 자명하다. 또한 해달(海獺)이 있다. 수달(水獺)과 달리 바다에 서식하는데, 값비싼 모피로 취급되어 무역의 상품이었다. 근대에 들어오면서 러시아인과 토착민들에 의해서 남획되었다. 오호츠크해, 베링해, 연해주해역에 살았으며, 기록에 따르면 울산과 함께 영일만도 산지였다.[99]

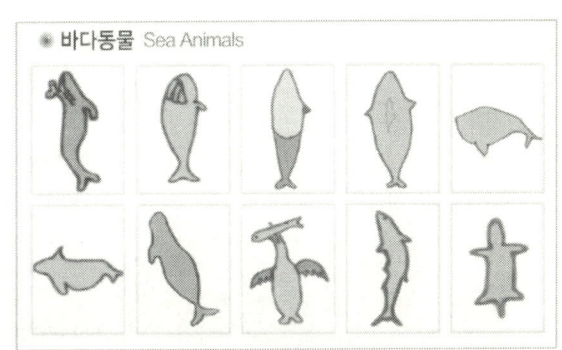

| 그림 37 | 울산 대곡리 반구대 암각화에 새겨진 고래들(울산 암각화 전시관 자료)

| 그림 38 | 물개(블라디보스토크 향토박물관)

---

[97] 이브 코아 지음, 최운근 옮김, 『고래의 삶과 죽음』, 시공디스카버리, 1995.
[98] 필자는 해양문화의 특성과 메커니즘을 규명하는 시도들을 하고 있는데, 그 하나는 운동의 특성을 설명하는 것이다. 유목민의 이동성과 구분하는 위미로 流動性을 사용하고 있다. 그런데 초원의 유목민 문화와 어렵민 문화현상을 설명하기 위해서는 '회유성 문화' 라는 단어의 설정을 제기하고 있다. 순록, 양떼나 연어 등의 어류와 고래 등의 해양포유류 등처럼 회유성 동물들을 따라 이동하면서 살아가는 집단의 문화로서 정착민과는 다른 독특한 특성이 있다.
[99] 『신증동국여지승람』 23권, 영일현【토산】해달.

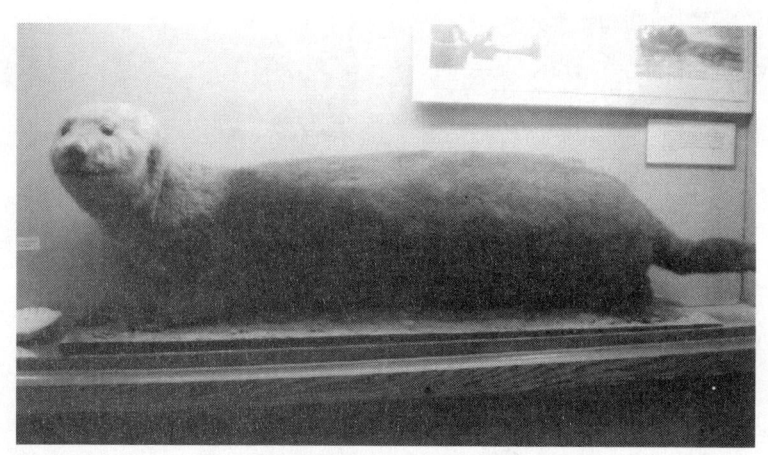

| 그림 39 | 해달(러시아 하바로프스크 향토박물관)

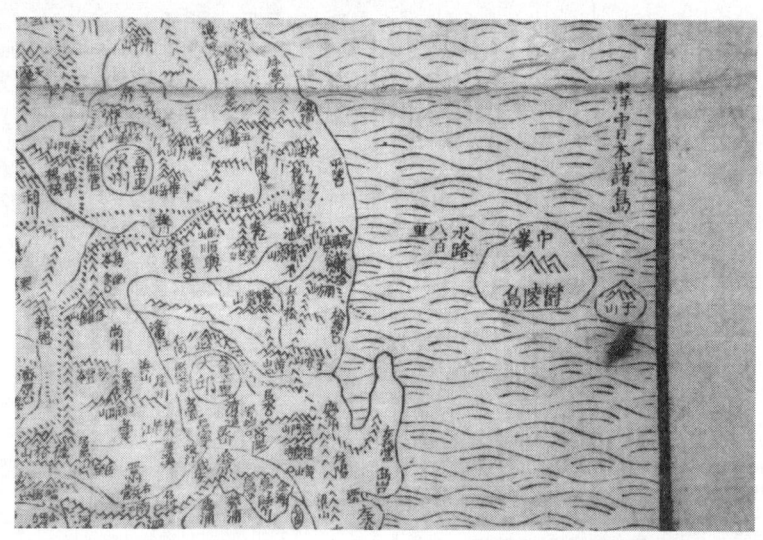

| 그림 40 | 대조선국전도동여도(大朝鮮國全圖-東輿圖), 19세기말, 영남대학교 박물관

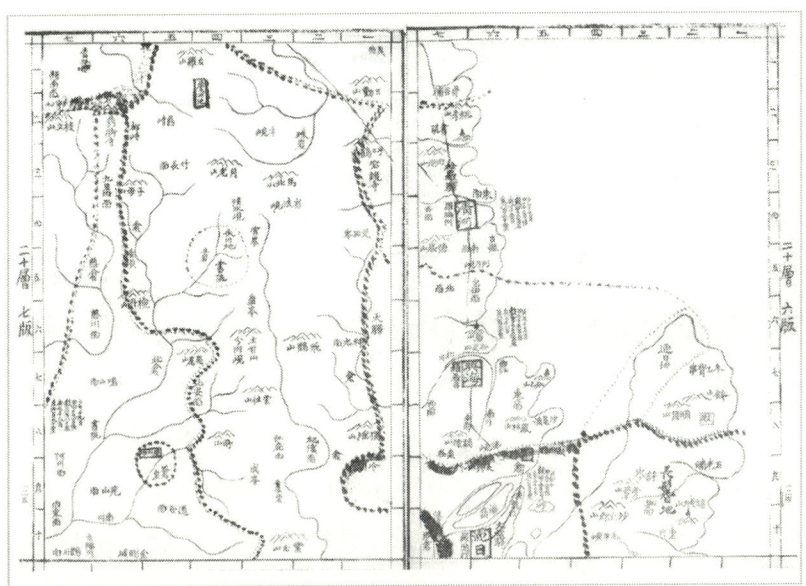

| 그림 41 | 청구도

　이러한 환경으로 인하여 포항은 영일만의 핵심 내항으로서 선사시대부터 문화가 발달하였는데, 특히 동해안의 다른 지역에 비하여 고인돌이 많이 분포되어 있다. 흥해읍(興海邑)의 칠포리·홍안리·용곡리에도 고인돌이 많이 분포되어 있다. 특히 암각화가 있는 칠포리에는 지석묘가 54기가 있어, 특별한 지역임을 알려준다. 근처인 북구 청하면, 남구 연일읍, 동해면, 구룡포읍, 대보면 장기면에 고인돌들이 분포하고 있다. 구평리(새바위)에도 지석묘들이 분포되어 있다. 이는 해양환경과 무관하지 않다. 흥해읍 칠포리의 암각화군, 울산 반구대와 천전리의 벽화 등은 이러한 영일만과 동해남부 해양의 환경에 힘입은 바가 크다.[100] 특히 동물문양들과 고래, 어류 등과 선박 등의 그

100　이 지역의 암각화는 전파의 입장에서 그동안 연구성과를 정리하면 북방 연해주지역에서 내려온 것으로 이해하고 있다. 시베리아의 미누신스크, 예니세이강, 아스키스, 아무르강 유역과 우리나라의 함북

| 그림 42 | 반구대 암각화와 유사한 모피

림들은 연해주지역과 관련성이 있음을 보여준다. 아울러 타타르해협을 사이에 두고 오고갔던 주민들의 해양활동도 영일만과 연관이 있었을 것이다. 근대까지 사용했던 연해주일대의 선박 등도 영일만 일대를 비롯한 동해상에서 사용한 선박들과 유사성을 검토하는 일이 필요하다. 영일만은 역사시대에 들어오면 왜구가 침공하는 지역이며, 고구려는 광개토태왕 시대와 장수왕 시대에 이 지역을 공격했다. 장수왕은 481년 3월에 미질부(彌秩夫, 興海)까지 진격하였다. 영덕까지 고구려의 행정단위가 구축되었다. 영해도호부는 고구려의 우시군(于尸郡)이었다

5. 결론

동아시아의 역사 특히 문명을 이해하고자할 때 대륙과 해양을 포괄하는 통일적이고 범아시아적인 인식과 방법으로 이해할 필요가 있으며, 자연환경에 대한 구체적이고 면밀한 검토가 필요하다. 동아시아 문명과 한민족의 문화를 이해하고자할 때 해양에 대한 이해는 필수적이다. 그럼에도 불구하고 해양에 대한 인식은 약할 뿐 아니라

웅기, 강원도 양양의 오산리, 경남 울주군 대곡리 반구대, 천전리, 부산 동삼동과 일본 규슈지방까지 연결되는 하나의 분포대로 규정하고 있다. 송화섭, 「한국 암각화의 신앙의례」, 『한국의 암각화』, 한길사, 1996, p.264.

연구도 충분하게 이루어지지 못했다. 그 가운데에서도 특히 동해는 소외되어 있었다. 하지만 동해 연안 문화는 지형 지리 기후 외에 해양환경 등으로 인하여 독특한 성격을 형성해가면서 동아시아의 역사와 문화발전에 적지않은 영향을 끼쳤다.

북으로는 연해주 북부의 연안과 해양에서 남쪽으로는 일본열도의 큐슈연안에 이르기까지 근해항로를 통해서 연결되었으며, 연해주에서 사할린 지역과 홋카이도 지역까지는 타타르해협을 통해서 이어졌다. 그리고 해양문화의 메커니즘과 주민들의 이동으로 인하여 연해주 지역의 문화와 영일만 등 동해남문화가 상호영향을 끼쳤을 가능성이 높다. 따라서 동해문화권의 범주를 보다 확장시킬 필요가 있으며, 동해를 사이에 둔 각 지역 간의 주민의 교류 및 산업기술의 교류 등 문화적인 교류 등에 대해서 적극적인 태도를 갖고 구체적으로 파악할 필요가 있다.

영일만은 동해남부의 한 부분이지만 본문에서 언급한 해양환경으로 인하여 동해에서 사용된 대부분의 주요항로가 거쳐가는 목(I.C)의 역할을 하였다. 뿐만 아니라 지역 자체의 조건 또한 양항(良港)의 조건을 갖추고 있다. 따라서 영일만 지역은 선사시대부터 문화가 발달하였으며, 이 문화현상들 가운데에는 연해주 일대와 일번열도의 규슈 및 혼슈남부지역과 연관성있고, 연해주의 북부지역 및 사할린 등과도 연관있을 가능성이 농후하다. 그 기운데 동해남부 지역의 암각화와 고래잡이를 비롯한 해양(海洋), 어로문화(漁撈文化) 등은 새로운 관점에서 주목할 필요가 있다. 어로문화는 선(線)의 이동에 따른 면(面)의 '확정거주(確定居住)' 이 아니라 점(點)의 이동과 회유성(回遊性), '불확정거주(不確定居住)' 라는 관점에서 살펴볼 필요가 있다. 따라서 주민의 성격과 문화 또한 또 다른 관점에서 살펴볼 필요가 있다.

Abstrat

Character of "The east-sea cultural area" and Cultural location of The Young-Il Gulf

Professor Myung-Chul Yoon
Dongguk university

The Young-Il Gulf is an origin of Korean petroglyph with the Ul-san Gulf. The depth of the East-sea is deep. It is surrounded with a few islands and they are distanced from each other. Nevertheless, people actively migrated as well as promoted cultural exchange and traded goods through appropriate use of the sea current and the wind. In recent, models, "The east-sea cultural area" is in the process of establishment.

The Young-Il Gulf is accounted for an important status in the East-sea cultural area. It is the biggest gulf located in the southern part of the East-sea. where the warm and cold currents are interchanged. It also has an environment which enables to connect several areas in the southern part of the East-sea. Through the ocean, not only it was able to connect to the ocean and shore of the norther part of the East-sea and Yunhaju but also further to Hokkido and Japanese area in the East-sea of Saghalien. Thus, various routes were established and developed.

The evidence of this interchange is found in various ways. The petroglyph discovered in the Young-il Gulf and the Ul-san Gulf strongly implies an association with Yunhaju area. It is considered that those two areas would have interconnections in various departments, more than simple migration of people or diffusion of art forms. It may include the oceanic culture such as residence, religions, household items, shipbuilding, sailing, and the fishing culture such as fishing, whaling, sea otter capturing. In order to investigate characteristics of the Young-il Gulf, it is important to understand mechanism of fishing culture and anadromous culture.

Key word   The east-sea cultural area, Yunhaju, Hokkido, Young-Il GulfSaghalien, fishing culture anadromous culture.

참고문헌

『삼국사기』
『삼국유사』
『신증동국여지승람』
『세종실록지리지』
『三國志』
『後漢書』
『北史』
『新唐書』

『근해항로지』, 대한민국 水路局, 1973.
김복기 외 10인, 『한국해양편람』 제4판, 국립수산진흥원, 2001.
江原道, 『江原道史』(歷史編), 1995.
『한국의 해양문화』 동남 해역 上·下, 해양수산부, 2002
『한국의 해양문화』, 동해해역 3장, 해양수산부, 2002.
『포항시지』
『울산 암각화 전시관』

『블라디보스토크 향토박물관』
『하바로프스크 향토박물관』
『나나이 민속자료관』
『유스노 사할린스크 박물관』

▶ 저서

윤명철, 『역사는 진보하는가』, 온누리, 1992, 12.
윤명철, 『동아지중해와 고대일본』, 청노루, 1996.
조희승, 『초기조일관계사』하, 사회과학출판사, 1989.

▶ 역서

와쓰지 데쓰로우 저, 박건주역, 『풍토와 인간』, 장승, 1993.
孫進己·林東錫 역, 『東北民族源流』, 동문선, 19920
王承禮 저, 송기호 역, 『발해의 역사』, 한림대학 아시아문화연구소, 1988.
趙賓福 저, 崔茂藏 역, 『中國東北新石器文化』, 集文堂, 1996.
바트 T 보크. 프란시스 W 라이트, 『기본항해학』, 대한교과서 주식회사, 1974.
앨프리드 W 크로스비 저, 안효상·정범지 역, 『생태제국주의』, 지식의 풍경, 2002.
H H 램 지음, 김종규 옮김, 『기후와 역사』, 한울 아카데미, 2004 참고.
이브 코아 지음, 최운근 옮김, 『고래의 삶과 죽음』, 시공디스커버리, 1995.
이시 히로유끼·야스다 요시노리·유아사 다케오 지음, 이하준 옮김, 『환경은 세계사를 어떻게 바꾸었는가』, 경당, 2003.
제임스 포사이스 지음, 정재겸 옮김, 『시베리아 원주민의 역사』, 솔출판사, 2009.

▶ 국내논문

강인욱, 「鞣鞨文化의 形成과 2~4세기 挹婁 鮮卑 夫餘系文化의 관계」, 『고구려 발해연구』33집, 2009, 3.
강인욱, 「청동기시대~철기시대 한국과 연해주의 교류-환동해문화권의 제안과 관련하여」, 『부산 경남 월례발표회 자료집』제75회, 2006.
강인욱, 「두만강 유역 청동기시대 문화의 변천 과정에 대하여」, 2007;
김재윤, 「선사시대 극동전신상 토우와 환동해문화권」, 『한국상고사학보』60호, 2008.
金宅圭, 『동해문화권 탐방기 신라문학의 신연구』
박용안 외 25인, 「우리나라 현세 해수면 변동」, 『한국의 제4기 환경』, 서울대학교 출판부, 2001.
손영종, 「광개토왕릉비를 통하여 본 고구려의 영역」, 『력사과학』1986-2.
송호정, 「두만강 유역의 고대문화와 정치집단의 성장」, 『호서사학』, 제50집.
송화섭, 「한국 암각화의 신앙의례」, 『한국의 암각화』, 한길사, 1996.
윤명철, 「海洋條件을 통해서 본 古代韓日 關係史의 理解」, 『日本學』15, 동국대 일본학연구소, 1995.
_____, 「渤海의 海洋活動과 동아시아의 秩序再編」, 고구려연구 6, 학연문화사, 1988.
_____, 「해양사관으로본 한국고대사의 발전과 종언-동아지중해 모델을 통해서-」, 『한국사연구』, 한국사연구회, 2003, 12.
_____, 「한국사 이해를 위한 몇 가지 제언」, 『한국사학사학회보』9, 한국사학사학회, 2004.
_____, 「한국 고대사 연구의 반성과 대안」, 『단군학 연구』11. 단군학회, 2004.
_____, 「동해문화권의 설정 검토」, 『동아시아 역사상과 우리문화의 형성』, 민속원, 2005.
_____, 「영일만 지역의 해양환경과 암각화의 길의 관련성 검토」, 『포항 칠포리 암각화의 세계』, 한국암각화학회, 2005, 5.

_____, 「동아시아의 해양공간에 관한 재인식과 활용―동아지중해모델을 중심으로―」, 『동아시아 고대학』14집, 동아시아 고대학회, 경인문화사, 2006, 12.
_____, 「고구려 문화형성에 작용한 자연환경의 검토-'터와 多核(field & multi-core)이론' 을 통해서」, 『한민족』4호, 2008 ; 「고구려 수도의 해륙적 성격」, 『백산학보』80, 2008 ;
_____, 「渤海 유역의 역사문화와 동아시아 세계의 이해-'터(場, field) 이론' 의 적용을 통해서-」, 『동아시아 고대학』17집, 2008 ;
_____, 「한민족 형성의 질적 비약단계로서의 고구려 역사」, 『한민족 연구』제 5호, 2008, 06, 30.
_____, 「고조선 문화 해석을 위한 역사관의 모색」, 『북방 문화와 한국상고문화의 기원연구』, 단국대 북방문화연구소, 2009, 6, 27.
_____, 「해양사 연구의 방법론 검토와 제언」, 『해양문화학 학술대회』, 목포대학교 도서문화연구소, 2009, 10, 22.
_____, 「동아지중해 모델과 동아시아의 질서재편―동해역할론을 중심으로」, 『동북아 지중해 시대를 향하여』, 강원도민일보 및 관동대학교, 2010.
_____, 「영일만 지역의 해양환경과 岩刻畵의 길의 관련성 검토」, 『포항 칠포리 암각화의 세계』, 한국암각화학회, 2005 ;
_____, 「해양문화와 천전리 암각화」, 『川前里 岩刻畵의 神話와 象徵世界』, 울산 암각화 박물관, 암각화학회, 2010.
李薰, 『조선 후기표류민과 한일관계』, 국학자료원, 2000 ; 한일관계사학회 편, 『조선시대 한일 표류민 연구』, 국학자료원, 2001.
任孝宰, 「신석기 시대의 한일문화교류」, 『한국사론』16, 1986.
임효재, 「중부 동해안과 동북 지역의 신석기 문화 관련성 연구」, 『한국고고학보』26집, 1991.
정성일, 『표류민 송환체제를 통해본 근현대 한일관계제도사적 접근(1868~1914)』, 한일관계사연구17, 2002.
_____, 『조선시대(朝鮮時代)의 동해(東海) : 동해를 건넌 사람들』, 이사부기념사업회, 2009.
채태형, 「발해 동경 용원부-훈춘 팔련성설에 대한 재검토」, 『력사과학』3호, 1990.
천관우, 「광개토왕비재론」, 『전해종화갑기념논총』, 1979.
韓圭哲, 「肅愼 挹婁 硏究」를 비롯하여 「渤海人이 된 高句麗靺鞨-The Koguryo-Malgal of Palhae People」, 『고구려연구』26집, 2007.

▶ 국외저서

일본

江上波夫, 「古代日本の對外關係」, 『古代日本の國際化』, 朝日新聞社國際심포지움, 1990.
古廐忠夫 編, 『東北アジアの再發見』, 有信社, 1994.
菊池俊彦, 『北東アジアの古代文化の硏究』, 北海道大學 圖書刊行會, 1995.
大林太良, 『北方の民族と文化』, 山川出版社, 1991.

茂在寅南, 『古代日本の航海術』, 小學館, 1981, 「遣唐史槪觀」, (『遣唐史と史料』東海大學出版部). 1989.
文脇禎二, 『出雲の 古代史』, NHK ブックス, 1986.
松枝正根, 『古代日本の軍事航海史』上 かや書房, 1994.
中田 勳, 『古代韓日航路考』 倉文社, 1956.
池內宏, 「伊刀の賊」 『滿鮮史硏究』 中世 弟 1, 1933.

중국

高靑山 외, 『東北古文化』, 春風文藝出版社, 1988 ; 백산자료원 再刊, 1994.
方衍主 편, 『黑龍江少數民族簡史』, 中央民族學院出版社, 1993.
孫進己, 『東北民族源流』.
王健群, 「古代日本北方海路的形成和發展」, 『博物館硏究』 55期, 3期, 1996.
王俠, 「集安 高句麗 封土石墓與日本須曾蝦夷穴 古墓」, 『博物館硏究』, 42期, 1993-2期.

▶ 국외논문

일본

加藤晋平, 「東北アジアの自然と人類史」, 『東北アジアの民族と歷史』(三上次男・神田信夫 編), 山川出版社, 1992.
森浩一 編, 江上波夫, 「古代日本の對外關係」, 『古代日本の國際化』, 朝日新聞社, 1990.
高瀨重雄, 「越の海岸に着いた高句麗使」, 『東アジアと日本海文化』, 小學館, 1985.
酒寄雅志, 「日本と渤海靺鞨との交流」, 『先史와 古代』, 한국고대학회, 1997.
國分直一, 「古代東海の海上交通と船」, 『東アジアの古代文化』29호, 大和書房, 1981.
茂在寅南, 「遣唐史槪觀」, (『遣唐史と史料』東海大學出版部). 1989.
三上鑛博, 「山陰沿岸の漂着文化」, 『東アジアの古代文化』, 大和書房, 1974.
小嶋芳孝, 「潮の道 風の道」, 『松原客館の謎にせまる』, 氣比史學會, 1994.
――――, 「環日本海交流史から見渤海と北陸道」, 『波濤をこえて』, 石川縣立歷史博物館, 1996.
――――, 「古代日本と渤海」, 『考古學ジャーナル』, 411, 1996.
――――, 「日本海の島々と靺鞨・渤海の交流」, 『境界の日本史』, 村井章介 佐藤信 吉田伸之, 山川出版社, 1997.
松山利夫, 「ナラ林の文化」, 『季刊考古學』15號, 雄山閣出版社, 1986.
安田喜憲, 「日本海をめぐる 歷史の胎動」, 『季刊考古學』15號, 雄山閣出版社, 1986.
齊藤 忠, 「高句麗と日本との關係」 (金達壽 外, 『古代の高句麗と日本』, 學生社, 1988.)
荒竹淸光, 「古代 環東シナ海 文化圏 と對馬海流」, 『東アジアの 古代文化』29호, 大和書房, 1981.

중국

王健群, 「古代日本北方海路的形成和發展」, 『博物館硏究』55期, 1996, 3期.

鄭永振,「沃沮 北沃沮 疆域考」,『한국상고사학보』제 7호, 1991.
기타.